Hermann Glaser
Kulturgeschichte
der Bundesrepublik
Deutschland
Band 1

Hermann Glaser
Kulturgeschichte der Bundesrepublik Deutschland

Zwischen Kapitulation und Währungsreform 1945-1948

Büchergilde Gutenberg

Lizenzausgabe für die Büchergilde Gutenberg,
Frankfurt am Main, Wien,
mit freundlicher Genehmigung
des Carl Hanser Verlags München Wien

Alle Rechte vorbehalten
© 1985 Carl Hanser Verlag München Wien
Umschlag: Angelika Richter, Mainz
Satz: LibroSatz, Kriftel
Druck und Bindung: Kösel, Kempten
Printed in Germany
ISBN 3 7632 3721-6

Inhalt

Erster Teil

Das panische Idyll

Reisen ins finsterste und innerste Deutschland

Schwierige Suche nach dem neuen Adam

Wann wird Frieden sein?

Schuld und Sühne

Zweiter Teil

Dem lebendigen Geist

Die unermüdliche wechselseitige Durchdringung der Meinungen

Welt der Künste

Anhang

Einleitung

Da sagt der Sohn zum Vater: »In einem Brief an die Frankfurter Allgemeine Zeitung hat ein Leser vorgeschlagen, wir sollten den 8. Mai zum Nationalfeiertag machen.« Der Vater antwortet: »Also den Tag, an dem wir von der Hitler-Regierung befreit wurden. Eine vernünftige Idee.« Der Sohn: »Aber begreifst du denn nicht? Das ist der Tag der bedingungslosen Kapitulation.« Der Einwand läßt den Vater stutzen. »Was macht dich nachdenklich?« »Daß du das Ende von etwas Schlechtem und den Anfang von etwas Besserem nicht feiern willst.« Ein solcher Dialog über Deutschland (von Richard Matthias Müller aus dem Jahr 1965) spricht ein Identitätsproblem an, das sich für das demokratisch-republikanische Selbstverständnis der Bundesrepublik als von größter Bedeutung erweist. Angesichts des Generationenwechsels ist »Nachdenklichkeit« über den kulturellen Ursprung unseres Staates mehr denn je notwendig: Die unmittelbar Betroffenen und Akteure der Zeit vor und nach 1945 verlassen die gesellschaftliche wie politische Arena. Die heranwachsenden Generationen haben vielfach von der Vergangenheit dieses Staates nur vage Vorstellungen. Erinnerungsarbeit ist, da sie vielfach Trauerarbeit bedeutet, nicht sehr beliebt. Doch ist auch »Stolzarbeit« durchaus angebracht. Der Staat und die Gesellschaft, die inzwischen geschaffen und in einem freiheitlichen Sinne gestaltet wurden, verdienen Wert-schätzung.

Wenn man von den Trümmerjahren als einer »Zeit der schönen Not« spricht, so hat das mit Zynismus nichts zu tun; gemeint ist vielmehr das (für viele anfangs freilich nur unbewußt erlebte) Gefühl geistig-seelischer Befreiung inmitten der Misere des Zusammenbruchs. Nun war die Stunde gekommen, da der deutsche Geist wieder in seiner Fülle und Tiefe aus der äußeren wie inneren Emigration heimkehren konnte, und das Getto eines dumpfen völkischen Provinzialismus aufgebrochen wurde.

Gerade die Kulturgeschichte der Nachkriegszeit macht deutlich, was das »Ende von etwas Schlechtem und der Anfang von etwas Besserem« bedeutete: nämlich die Möglichkeit, der totalitären Massenexistenz entfliehen und zu kultureller Selbstachtung zurückfinden, sich als denkendes, fühlendes, kreatives Individuum endlich verwirklichen zu können. Freilich wären der kulturelle Aufbau und Aufstieg, die kulturelle Wandlung und Besinnung – Schlüsselworte der Epoche – nicht möglich gewesen, wenn die westlichen Alliierten, bei aller Begrenztheit und oft auch Borniertheit ihrer politischen wie wirtschaftlichen Konzeptionen, nicht von Anfang an die »geistige Wiedergeburt« Deutschlands angestrebt und entscheidend gefördert hätten.

In dieser Kulturgeschichte der Trümmerzeit wird der Versuch unternommen, den Entwicklungssträngen des geistigen Geschehens analysierend und erzählend nachzugehen. Dabei geht es – bei aller Materialfülle, die ausgebreitet wird (denn die Quellen sind für viele nicht mehr oder nur sehr schwer zugänglich) – nicht um die Vollständigkeit der Fakten, sondern um erhellende Begründungszusammenhänge; verdichtet in »Knotenpunkten«, von denen aus die kulturelle Vielfalt der Zeit aufgerollt wird.

Einerseits bündeln solche Knotenpunkte auf übergreifende Weise – also unabhängig von »Spartenzugehörigkeit« – die Phänomene einzelner Kulturbereiche; auch beim Kunstwerk ist solche Zuordnung, die sich über ästhetische Kategorien hinwegsetzt, legitim. Andererseits sind das künstlerische Werk wie das kulturelle Phänomen auch bereichsimmanent, in ihrem Stellenwert innerhalb des jeweiligen Genres bzw. der jeweiligen Gattung, zu betrachten.

Insgesamt handelt es sich also um kulturgeschichtliche bzw. kulturphänomenologische »Synapsen« (Synapse: die Kontakt- bzw. Umschaltstelle zwischen »Nervenfortsätzen«, an der »Reize« von einem »Kulturneuron« auf ein anderes weitergeleitet werden) – und zwar doppelter Art. Am Beispiel erläutert: Die Situation im »finstersten Deutschland«, die große physische und mentale Not, die von höchster kultureller Bedeutung ist, läßt sich etwa im medizinischen Bereich gerade dann sehr gut begreifen, wenn man nicht nur die Rolle des Penicillins als konkretes »Prinzip Hoffnung« herausstellt, sondern auch den Film *Der dritte Mann* heranzieht. Daß dieses Kunstwerk so tief ins kulturelle Bewußtsein eindrang, ist eben nicht allein filmgeschichtlich zu würdigen, sondern als Element einer umfassenden kulturellen Konfiguration.

Oder, um ein anderes Beispiel zu nehmen: Jean-Paul Sartres Drama *Die Fliegen* ist ein herausragendes Ereignis für die Entwicklung des deutschen Theaters der Nachkriegszeit. Zugleich aber traf das Stück über seine Bedeutung im dramatischen Bereich hinaus den Nerv der Zeit, weil es, in der philosophischen Dimension, die zeitgenössische Bewußtseinskrise evident machte; sie bestand darin, daß man, nach den bitteren Erfahrungen mit dem traditionalen, auf oft fragwürdige Weise verabsolutierten Wertsystem, sich nach der Möglichkeit sehnte, Essenz durch Existenz zu schaffen. Mit dem Sprung in die bindungslose Freiheit ergab sich eine ungeheuere wie ungeheuerliche Perspektive, nämlich aus der Objektrolle heraustreten und zum geschichtlichen Subjekt werden zu können (gerade dadurch, daß man von der Geschichte Abschied nahm).

Schließlich, als drittes Beispiel, die Bedeutung der kleinen Universitätsstadt, die, soweit unzerstört, in ganz besonderer Weise die Stimmungslage der unmittelbaren Nachkriegszeit, nämlich das »panische Idyll«, prägte. So wichtig solch psychotopographischer Aspekt auch ist, die Rolle dieser Art von Universität erschöpft sich natürlich nicht darin, sondern muß gleichermaßen im Zusammenhang mit der Wissenschaftsgeschichte gesehen werden. Der Genius loci von Tübingen etwa ist die eine Seite; Tübingens universitäre Bedeutung im Gesamtzusammenhang von Bildung die andere.

Die Darstellung des Bandes ist somit »doppelwertig«. Die Kapitel des ersten Teiles sind mehr nach übergreifenden Gesichtspunkten gegliedert, die Kapitel des zweiten Teiles auf bestimmte Kulturbereiche ausgerichtet. Daraus ergeben sich Überlappungen, Wiederholungen; doch ist eben Wirklichkeit nicht linear zu begreifen, sondern bedarf entsprechender konvergierender Beschreibungen. Zeittafel und Personenregister können dabei helfen, solche, aus der Mehrdimensionalität der Phänomene sich ergebende »Aufspaltungen« wieder zusammenzu-fassen.

Eine Kulturgeschichte der Trümmerzeit kann natürlich, vor allem wenn sie nicht als Sammelband vieler Fachleute, sondern als Zusammenschau eines einzel-nen Autors konzipiert ist, nicht den Anspruch enzyklopädischer Vollständigkeit erheben. Dieses Buch erzählt Kulturgeschichte anhand ausgewählter Beispiele. Um Mißverständnissen vorzubeugen, sei darauf verwiesen, daß es sich hier nicht um eine Wirtschafts-, Ideologie-, Gesellschafts- und Politikgeschichte, auch nicht um eine Kunst-, Literatur-, Musikgeschichte handeln kann. Entwicklungs-*tendenzen* stehen im Mittelpunkt. Der Blick der Darstellung ist auf »Landschafts-formationen«, Umbrüche, Verwerfungen, und nicht auf einzelne »Berge, Wälder, Täler« gerichtet.

Diese Arbeit war möglich, weil die Fülle der Einzelstudien, die Quantität wie Qualität der Sekundärliteratur insgesamt, der sich der Verfasser mit großer Dankbarkeit verpflichtet fühlt, eine verläßliche Grundlage für einen solchen Versuch bieten. Dazu kam, daß eine sehr fundierte, für die Beschreibung der Nachkriegszeit geradezu unersetzliche Quelle zur Verfügung stand – nämlich die von der amerikanischen Militärregierung herausgegebene *Neue Zeitung*. Die wichtigsten Persönlichkeiten des geistigen und kulturellen Lebens kamen hier zu Wort; die umfangreiche Presseerfahrung der dort tätigen amerikanischen und deutschen Journalisten wie die reichen Ressourcen, die in dieser kargen Zeit von größter Bedeutung für Informationsfluß und Kommunikationsdichte waren, sorgten dafür, daß diese Zeitung eine reiche Fundgrube für das kulturelle Bewußtsein der Epoche darstellt.

Da gerade dieses wie anderes bedeutsame Zeitungs-, Zeitschriften- und son-stiges Quellenmaterial dem Leser nicht leicht zugänglich ist, werden wichtige Texte ausführlich referiert bzw. zitiert, was diesen Band auch als Materialienbuch verwendbar macht.

Daß der Verfasser bei der Arbeit neben seinem umfangreichen, seit 1946 systematisch aufgebauten Privatarchiv die Jahrgangsbände der *Neuen Zeitung* vollständig und unmittelbar zur Verfügung hatte, also seinen Arbeitsplatz dafür nicht in eine Bibliothek verlegen mußte, verdankt er einem privaten Sammler. Willy Prölß hat alle Exemplare der *Neuen Zeitung* von 1945-1948 zur Verfügung gestellt; als Lehrling – er arbeitete in einer Bleistiftfabrik – mußte er für seinen Chef jeweils die Zeitung kaufen; er erwarb dabei immer ein Exemplar für sich, was ihm angesichts seiner Lebensverhältnisse recht schwer fiel. Ein Beispiel für den Informationshunger, der diese Zeit bestimmte; Teil eines »Kulturverlan-gens« wie einer Kultursehnsucht, die zu den besten Errungenschaften der Trüm-merzeit gehörte – einer Zeit der schönen Not, die freilich von Abgründen umstellt war.

Am Anfang steht das »panische Idyll«, Ungleichzeitigkeit des Gleichzeitigen: der Ängste und Schuldgefühle, der Bedrückung und Hoffnung, der Zerstörung und des Aufbruchs. Diejenigen, die bereit und kompetent, vor allem auch moralisch legitimiert waren, an einem »anderen Deutschland« mitzuarbeiten,

»warteten auf den Jeep«, um von den kulturell meist gut informierten Siegern in verantwortungsvolle Positionen »befördert« zu werden (ehe noch die zaghaften Versuche deutscher Selbst- und Mitbestimmung einsetzten). Die Euphorie der Stunde Null, die vielfach einer Verdrängung von Schuld gleichkam, kann nicht darüber hinwegtäuschen, daß die Suche nach dem »neuen Adam«, die Bemühungen um ein demokratisches Menschenbild, angesichts des geistig-seelischen Kahlschlags und der kulturellen Verwüstung, die der Nationalsozialismus hinterlassen hatte, sich sehr schwierig gestalteten. Die »Reisen ins finsterste Deutschland« zeigten, daß »Frieden« noch eine Utopie war – auch wenn die Waffen schwiegen und die bedingungslose Kapitulation unterzeichnet war. »Schuld und Sühne« war die gravierendste Frage, der sich kulturelle Besinnung ausgesetzt sah. Die Entfaltung des künstlerischen Lebens in allen Bereichen, Theater, Kabarett, Musik, bildende Kunst, Literatur, machte deutlich, daß die Erwartung eines kulturellen Frühlings – »Er kommt nicht wieder!« (Kommt er wieder?) – berechtigt war.

Vierzig Jahre nach Kriegsende wird deutlich: Die Wurzeln bundesrepublikanischer Kultur sind vielfach verschüttet; sie müssen, um der republikanischen Identität willen, aufgedeckt werden. Die Dinge genau betrachten, heißt Abschied nehmen. Ein solches Wort von Günter Grass hat seine individuelle wie kollektive, historische wie anthropologische Berechtigung; Trümmerzeit ist, über die Jahre hinweg, zur historisch fixierten und relativierten Epoche geworden. Zugleich aber wird, wenn man mit Empathie und kritischer Reflexion diesen Wurzelgrund bundesrepublikanischen Daseins und Soseins aufspürt, deutlich, daß wir gerade von dieser Zeit und Welt nicht Abschied nehmen dürfen, sondern uns ihrer kulturellen Leistungen, Irrtümer, Errungenschaften, Fehlentwicklungen, Fortschritte, Versäumnisse, Erfolge, Rückschläge vergewissern sollten, um inmitten der gegenwärtigen Orientierungskrise geschichtlich fundiert nach- und damit vorausdenken zu können.

Die Erforschung der Nachkriegskultur ermöglicht faszinierende Erfahrungen; sie verhilft uns zu aktuellen Antworten auf die alten Sinnfragen: Woher kommen wir? Was sind wir? Wohin gehen wir?

Erster Teil

Abb. gegenüberliegende Seite: Der zerstörte Herkulesbrunnen am Lützowplatz in Berlin, 1946
(Photo: Friedrich Seidenstücker)

Das panische Idyll

Als die Welt endete, fing sie auch wieder an

>»Der lag besonders mühelos am Rand
>Des Weges. Seine Wimpern hingen
>Schwer und zufrieden in die Augenschatten.
>Man hätte meinen können, daß er schliefe.
>
>Aber sein Rücken war (wir trugen ihn,
>Den Schweren, etwas abseits, denn er störte sehr
>Kolonnen, die sich drängten), dieser Rücken
>War nur ein roter Lappen, weiter nichts . . .«[1]

Eine alltägliche Kriegserfahrung. Walter Höllerer, Jahrgang 1922, Soldat, dann in Gefangenschaft, nach dem Studium ab 1959 Professor für deutsche Literatur an der Technischen Universität in West-Berlin und von dort aus einer der bedeutsamsten bewegenden geistigen Kräfte der fünfziger und sechziger Jahre, hat in seinem ersten Gedichtband *Der andere Gast* (1952) dieses Erlebnis festgehalten.

Unerhörte Menschenopfer hatte der Zweite Weltkrieg gekostet. Die Bilanz der Katastrophe ergab (wobei man auf Schätzungen angewiesen ist): In Europa 19,6 Millionen Soldaten gefallen oder vermißt, darunter 3,7 Millionen Deutsche. 14,7 Millionen Zivilisten getötet (von den 3 640 000 Deutschen waren 540 000 Opfer der Bombenangriffe und etwa 2 Millionen Opfer der Vertreibung); etwa 6 Millionen Juden vieler Nationalitäten ermordet (umgekommen in den Konzentrationslagern insgesamt 9 Millionen Menschen). 9,6 Millionen nach Deutschland zwangsverschleppte Personen versuchten, in ihre Heimat zurückzukehren; 12 Millionen Deutsche waren als Heimatvertriebene auf der Flucht. 6 bis 7 Millionen deutsche Soldaten befanden sich in Kriegsgefangenschaft. Rund 2 Millionen deutsche Soldaten und Zivilisten waren Kriegsbeschädigte, 3 Millionen Menschen obdachlos; 2,25 Millionen Wohnungen total zerstört, 2,5 Millionen Wohnungen beschädigt. Die Schuttmenge, die sich als Folge der Kriegszerstörungen ergab, umfaßte etwa 400 Millionen Kubikmeter.[2]

Das Dritte Reich bringt sich um; doch die Leiche heißt Deutschland, notiert Erich Kästner in seinem Tagebuch, Berlin, 27. Februar 1945. Entsetzliche Nachrichten seien aus Dresden gekommen; die Stadt ausradiert. (Dem letzten furchtbaren Höhepunkt des Bombenkrieges waren in der mit Flüchtlingen vollgestopften Stadt wahrscheinlich über 35 000 Menschen zum Opfer gefallen.) »Wir haben die ersten Schneeglöckchen gepflückt. Und die heimkehrenden Stare flogen in lärmenden Geschwadern über unsre Köpfe. Frühling und Untergang, am Himmel wie auf Erden. Natur und Geschichte sind geteilter Meinung und streiten sich vor unseren Augen. Wie schön müßte es sein, auch einmal einen Frühling der Geschichte zu erleben! Doch er steht nicht auf unserm Kalender. Die historischen Jahreszeiten dauern Jahrhunderte, und unsere Generation lebt und stirbt im ›November der Neuzeit‹.« Dieser Eintrag antizipiert die Stimmung der Maitage 1945.[3]

Die Waffen schwiegen. Nach dem Selbstmord Hitlers am 30. April 1945 erfolgte die bedingungslose Kapitulation der deutschen Wehrmacht am 7. und 8. Mai in Reims und Berlin-Karlshorst. Ein wunderschöner Mai. Die Stunde Null gab sich als panisches Idyll. Stunde des Atemholens, umstellt von Schrecknissen. Ungleichzeitigkeit prägte individuelles wie kollektives Schicksal. Neben den Enklaven ländlicher, friedlicher Abgeschiedenheit die Zonen verbrannter Erde. Intakte Kleinstädte, die sich vom Flüchtlingsstrom irritiert sehen. Konzentrationslager, die, nun geöffnet, den Abgrund nationalsozialistischen Terrors offenbaren. Großstädte als Schuttberge; die verbliebene Bevölkerung meist in Kellern hausend. Neben den Noch-einmal-Davongekommenen diejenigen, die an der Sintflut sich erfreuen. Buchenwald neben Weimar. Die Vogelscheuche neben dem saturierten Spießer. »Ein Mann kommt nach Deutschland. Er war lange weg, der Mann. Sehr lange. Vielleicht zu lange. Und er kommt ganz anders wieder, als er wegging. Äußerlich ist er ein naher Verwandter jener Gebilde, die auf den Feldern stehen, um Vögel (und abends manchmal auch die Menschen) zu

erschrecken. Innerlich – auch. Er hat tausend Tage draußen in der Kälte gewartet. Und als Eintrittsgeld mußte er mit seiner Kniescheibe bezahlen. Und
nachdem er nun tausend Nächte draußen in der Kälte gewartet hat, kommt er
endlich doch noch nach Hause. Ein Mann kommt nach Deutschland.« (Wolfgang
Borchert)[4]

Aber die Überlebenden waren auch durch Kultureuphorie geprägt. Der
Kriegsheimkehrer Hartmut von Hentig, junger Offizier, auf Anraten des Vaters
in die Armee emigriert, empfindet wie so viele seiner Generation die Stunde Null
als die große Befreiung seines Lebens. »Chaos und Freiheit sind seitdem nie
wieder ganz für mich zu trennen und beide nicht von einem überwältigend
strahlenden Sommer, in dem man zu Fuß über Land ging wie hunderttausend
andere, hinter Hecken und in Scheunen schlief, sich ein Stück Brot erbettelte und
Fallobst am Wegrand auflas – und kein Mensch etwas von einem wollen konnte.
1945 – die Jahreszahl, die in den Geschichtsbüchern für Elend, letzte sinnlose
Zerstörung, nationale Erniedrigung, persönliche Vergewaltigung steht oder für
die Abstraktion ›Ende des Naziregimes‹, des tausendjährigen Reiches – markiert
eines der köstlichsten Jahre meines Lebens.«[5]

Die große Stunde, trotz tiefster Demütigung des eigenen Landes, könne in der
Rückkehr Deutschlands zur Menschlichkeit bestehen, so wandte sich Thomas
Mann aus dem amerikanischen Exil am 10. Mai 1945 an seine deutschen Rund-
funkhörer (in einer Sendereihe der BBC, die seit Oktober 1940 den Dichter zu
Wort kommen ließ). Diese Stunde sei hart und traurig, weil Deutschland sie nicht
aus eigener Kraft herbeiführen konnte. Furchtbarer, schwer zu tilgender Schaden sei dem deutschen Namen zugefügt und die Macht verspielt worden. »Aber
Macht ist nicht alles, sie ist nicht einmal die Hauptsache, und nie war deutsche
Würde eine bloße Sache der Macht. Deutsch war es einmal und mag es wieder
werden, der Macht Achtung, Bewunderung abzugewinnen, durch den menschlichen Beitrag, den freien Geist.«[6]

Hier sprach die Stimme eines hochgemuten Geistes, eines ironischen Mythen-
bewahrers, eines Dichters und Denkers, dem die Schläge, die ihm der nationalsozialistische Ungeist zugefügt hatte, letztlich nichts hatten anhaben können;
abgepolstert durch Weltruhm, hielt er unbeirrbar an der Welt der Ideen fest,
mochten diese auch immer wieder der Katharsis bedürfen. Diejenigen, deren
Leben aufs Elementare reduziert war, die etwa in der Kriegsgefangenschaft
dahinvegetierten, machten da eine andere Inventur.

>>Dies ist meine Mütze,
dies ist mein Mantel,
hier mein Rasierzeug
im Beutel aus Leinen.

Konservenbüchse:
Mein Teller, mein Becher,
ich hab in das Weißblech
den Namen geritzt.

Geritzt hier mit diesem
kostbaren Nagel,
den vor begehrlichen
Augen ich berge . . .«[7]

Günter Eich war einer der ersten Dichter der Nachkriegsgeneration, der »Inventur« machte: affirmativer Sprache den Stuck abschlug und mit seiner lyrischen Reduktionstechnik die »Lage« blank und schmucklos, tapfer und schutzlos beschrieb. Zwischen tradiertem Idealismus und geschichtlicher Entwürdigung tut sich eine schier unüberbrückbare Kluft auf; dem kulturellen Erbe ist der Grund entzogen.

»Über stinkendem Graben,
Papier voll Blut und Urin,
umschwirrt von funkelnden Fliegen,
hocke ich in den Knien,

den Blick auf bewaldete Ufer,
Gärten, gestrandetes Boot.
In den Schlamm der Verwesung
klatscht der versteinte Kot.

Irr mir im Ohre schallen
Verse von Hölderlin.
In schneeiger Reinheit spiegeln
Wolken sich im Urin.

›Geh aber nun und grüße
die schöne Garonne —‹
Unter den schwankenden Füßen
schwimmen die Wolken davon.«[8]

Freilich, so ferne dieses Gedicht (*Latrine*) auch den Sternbildern des Guten, Schönen und Wahren steht, die Botschaft, die Hölderlin als »reiner Dichter« verkündet – es hörte sie auch der in die Barbarei Hinabgestoßene. Die schöpferische Kraft war zwar verdorrt, aber nicht erstorben. Die Bleistiftmine wird dem im Gefangenenlager isolierten Dichter zum Instrument der Hoffnung; sie liebt er am meisten – »Tags schreibt sie mir Verse,/ die nachts ich erdacht.«

Als die Welt endete, fing sie auch wieder an. Später wurde klar, daß die Stunde Null gar kein wirklicher neuer Anfang gewesen war; aber angesichts des totalen Zusammenbruchs empfand man sie so: Formel der Hoffnung, Synonym der Erwartung.

Nach den Zeiten der Unterdrückung des freien Geistes setzte eine Sehnsucht nach den »Kulturgütern« ein, die durch die materielle Not nicht gedämpft, sondern im Gegenteil zu kompensatorischer Höchstleistung angeregt wurde.

Zerbombter Straßenzug in Hamburg, 1945

Der in den letzten Kriegsjahren kursierende zynische Satz »Laßt uns den Krieg genießen, denn der Frieden wird furchtbar sein« bewahrheitete sich nicht. »Als der Krieg zu Ende ging, als man plötzlich doch überlebt hatte, als man eben doch ungeheuerlich viel freier wieder seine Meinung sagen durfte, weiterexistieren konnte, Hoffnungslichter am Horizont erblickte: In diesem heillosen und heilvollen Jahr 1945 brach nicht etwa alles zusammen für die meisten jüngeren Menschen, die es durchmachten, sondern es brach vielmehr etwas auf!« (Joachim Kaiser)[9] Wie Phönix aus der Asche – solche Metaphern waren neben der desillusionierenden Reduktionssprache weiterhin sehr beliebt – erstand ein Kulturbewußtsein, das sich seinen Standort zwischen Gestern und Morgen, Überlieferung und Neuanfang, Provinzialismus und Urbanität erst suchen mußte. Am Beispiel Münchens hat Wilhelm Hausenstein in einem programmatischen Vortrag 1947 von der Notwendigkeit gesprochen, provinzialen (nicht provinziellen) Zauber mit zu erneuernder Weltbürgerlichkeit zu verbinden.

In der ersten Phase der Trümmerjahre wurde freilich die kulturelle Aufgabe oft mehr provinziell denn provinzial, mehr im Geiste des 19. Jahrhunderts (wie er noch im Bürgertum der Weimarer Republik verinnerlicht gewesen war) als in einem solchen moderner Urbanität verstanden. Immer wieder gutgemeinte, aufbauende Prosa; »Bekenntnis« zu den Klassikern, die in ihrem Ideenhimmel gepriesen werden – Vermittler zeitloser, ewig gültiger Werte, Lebenshilfe spendend. Daneben besinnliche Feuilletons aus literarischen Cafés, die es schon lange nicht mehr gab. Es rührt die Beflissenheit, mit der man daranging, Kultur nach einer barbarischen Zeit wieder zu etablieren; ein Nachholbedürfnis, das dann zunächst gar nicht viel Neues, wohl aber das Alte, gelöst von Ideologie, neu entdeckte. Auch hier die Ungleichzeitigkeit des Gleichzeitigen: das Nebeneinander von verwüsteter innerer wie äußerer Welt und enthusiasmiertem Glauben an die Strahlkraft der Humaniora.

Sozialpsychologisch ergab sich daraus oft genug ein »Verbindungszusammenhang«: Die Rückkehr des Volkes der Richter und Henker zu dem der Dichter und Denker vollzog sich rasch und reibungslos. Affirmative Kultur fühlte sich durch die Ästhetisierung der Barbarei nicht desavouiert, sondern weiterhin in der Lage, einer zerschlagenen Nation kulturelles Selbstbewußtsein zu vermitteln. Die Melancholie, die Trauerarbeit bewirkt hätte, wurde dadurch gebannt – und das hieß auch verdrängt. Da eben Kultur, der man nun wieder »dienen« konnte, eine allgemein verpflichtende, unbedingt zu bejahende, ewig bessere, wertvollere Welt zum Vor-schein brachte, eine Welt, die jedes Individuum von innen her verwirklichen konnte, war die Tatsächlichkeit des totalen Zusammenbruchs, der verlorenen Ehre, der zerschlagenen Gesittung, der korrumpierten Gesinnung von verhältnismäßig geringer Bedeutung. Im tristen Alltag der Nachkriegszeit erhielt Kultur mit ihren Aktivitäten und Gegenständen wieder ihre hoch über den Alltag emporgesteigerte Würde zurück; ihre Rezeption wurde zu einem Akt der Feierstunde und der Erhebung. Die Not des isolierten Individuums wurde mit dem Appell zur allgemeinen Menschlichkeit beantwortet, das leibliche Elend gemildert durch das Bekenntnis zur Schönheit der Seele.[10]

Die Neurezeption von Goethes *Iphigenie* war signifikant; viele Bühnen eröffneten mit diesem Drama ihre erste Spielzeit nach dem Krieg oder begriffen das Stück als Kern ihres »Trümmerzeit-Spielplans«. Die Toten, die Trümmer, das Elend im Nacken – man war beflügelt von einer alles versöhnenden Menschlichkeit.

»Thoas: . . . Du glaubst, es höre
      Der rohe Skythe, der Barbar, die Stimme
      Der Wahrheit und der Menschlichkeit, die Atreus,
      Der Grieche nicht vernahm?
Iphigenie: Es hört sie jeder,
      Geboren unter jedem Himmel, dem
      Des Lebens Quelle durch den Busen rein
      Und ungehindert fließt.«

Genau dies – daß jeder die Stimme der Wahrheit und Menschlichkeit höre – hatte das Dritte Reich auf ungeheuerliche Weise widerlegt; man wollte diesen Sachverhalt als »Kulturwesen« nicht zur Kenntnis nehmen. Die subjektive Ehrlichkeit, mit der man nun wieder, recht treuherzig, zur Humanität zurückkehrte, darf dem Kulturleben dieser Zeit nicht abgesprochen werden. Selbst die Emigranten, zumindest in ihrer Überzahl, überwölbten den Kahlschlag, den sie antrafen, mit einem Ideenhimmel von deutscher Geist- und Gemüthaftigkeit. Wolfgang Langhoff, vor den Nazis in die Schweiz emigriert, in Zürich als Schauspieler tätig, einer der ersten, der nach der Besetzung Deutschlands wieder zurückkehrte und Generalintendant der Städtischen Theater Düsseldorfs wurde (1946 ging er nach Ost-Berlin, wo er die Intendanz des Deutschen Theaters übernahm), schrieb in einem *Deutschlandbrief* an die in Zürich verbliebenen Freunde und Kollegen am 18. Februar 1946:

»Wenn ich zum Fenster hinausblicke, starren mich auf der anderen Straßenseite die leeren Löcher und zerbrochenen Fassaden der ausgebrannten Häuser an: ein Anblick, der dem Rückwanderer in den ersten zwei Wochen das Herz stillstehen läßt, an den er sich aber bald wie alle anderen so sehr gewöhnt, daß sein Auge darüber hinweggeht, als wäre alles in bester Ordnung. Was will man machen, wenn die Zerstörung das Normale, die Unversehrtheit das Anormale ist? Übertragt getrost dieses Bild des äußeren Zerfalls und die Gewöhnung daran auf den seelisch-sittlichen Zustand der Mehrheit der Bevölkerung, dann habt ihr einen ungefähren Begriff von den Aufgaben, die sich mit den Worten ›Wiederaufbau‹, ›Erneuerung‹, ›geistige Gesundung‹ und so weiter verbinden. Die Gewöhnung ist die furchtbarste Kraft und Fessel jeder Aufwärtsentwicklung . . .«

Trotz solcher pessimistischen, realistischen Einschätzung des Bewußtseinszustandes der Gesellschaft nach der Stunde Null erhebt sich Langhoff am Ende seines Briefes ganz in den Überbau affirmativer Kultur, die er bei den anderen, schuldverdrängend, am Werke sieht. »Es ist herrlich, wieder in der Heimat zu sein. Was liebe ich also? Die Landschaft? Die Sprache? Die Literatur? Den Rhein? Einen Traum? – Ich habe einmal in der Schweiz in einem Interniertenheim für Mädchen Gedichte gesprochen. Es waren Mädchen aller Nationen. Nach dem Vortrag waren wir noch lustig zusammen. Die Mädchen sangen Lieder in allen Sprachen, weniger schön, aber frisch und laut. Sie nickten den Takt mit den Köpfen. Dann sangen sie ein paar allein: Schlager, Spottverse, auch revolutionäre Lieder. Schließlich sang eine Fünfzehnjährige hell, dünn, glockenrein, ohne jede Sentimentalität, Dehnung oder Färbung: ›Sah ein Knab’ ein Röslein stehn . . .‹ Das ist es, glaube ich, was ich liebe und was mir den Glauben an Deutschlands Auferstehung erhält.«[11]

Auferstehung Deutschlands aus dem Geiste einer Tradition, die verschüttet gewesen war und nun wieder aus der Tiefe emporstieg! Verwüstete Gefilde. Erste grünende Hoffnung. Zweifel an dem, was da blieb. »Horch hinein in den Tumult deiner Abgründe. Erschrickst du? Hörst du den Chaoschoral aus Mozartmelodien und Herms Niel-Kantaten? Hörst du Hölderlin noch? Kennst du ihn wieder, blutberauscht, kostümiert und Arm in Arm mit Baldur von Schirach? Hörst du das Landserlied? Hörst du den Jazz und den Luthergesang?«[12]

Als im Dezember 1945 das von Thornton Wilder im Krieg geschriebene Schauspiel *Wir sind noch einmal davongekommen* bekannt wurde, empfand man es als ein seltsames, schwer zu verstehendes Stück. Das hatte seinen Grund darin, daß das ironische, zwischen Pessimismus und Optimismus schwankende Parlando, mit dem das Thema »Weltuntergang« abgehandelt wurde, dem deutschen idealistischen Ernst nicht leicht einging. Die Grundphilosophie des Stückes, daß die Erde immer wieder von den gleichen Katastrophen heimgesucht werde, das Böse

wie das Gute Bestandteil des Lebens seien und dessen Sinn lediglich im Leben-
digsein bestünde, entsprach nicht den Vorstellungen von einer moralischen
Wende, die man nun heraufziehen sah. Es irritierte, daß Sabina (Lilith) den Mr.
Antrobus (den ewigen Adam) trotz aller Katastrophen nicht ermutigt: »Woher
wissen wir, daß es nachher besser sein wird? Eines Tages wird die Erde ohnehin
erkalten, und bis dahin werden alle diese Dinge immer wieder geschehen: noch
mehr Kriege, und noch mehr Mauern aus Eis, und Sintfluten und Erdbeben.«
Aufhören solle sie, meint da Antrobus; nicht räsonieren, sondern arbeiten. Gut,
sagt darauf Sabina, »ich werde weitermachen, aus purer Gewohnheit, aber ich
halte nichts mehr davon«.[13] Vom Weitermachen und Neumachen hielt das kulturelle Bewußtsein der Trümmerjahre sehr viel. Die Sintflut war zwar herstellbar;
nun sollte jedoch der Neubeginn, nicht aus Gewohnheit, sondern aus innerem
Impetus heraus, gewagt werden.

   Das kulturelle Idyll, das zunehmend seine panische Dimension verlor und aufs
Gartenlaubenglück regredierte (später ins schwitzende Idyll der Wirtschaftswunderwelt umschlug), nistete sich in den Trümmerlandschaften der Städte ein;
es gewann besondere Bedeutung für die Provinz, die von den Auswirkungen des
Krieges weitgehend verschont geblieben war – auch wenn sie unter der allgemeinen Not litt.

Nachrichten aus der Provinz

Ein kleines oberbayerisches Dorf, Dezember 1946. 1177 Menschen, davon 510
Zugereiste. Aus Bauern à la Ludwig Thoma, die tagsüber ihre Äcker bestellten,
des Sonntags in die Kirche gingen und abends biertrinkend und kartenspielend
im Wirtshaus saßen, ist ein buntgewürfelter Haufen aller möglichen Menschen
aus allen Teilen und aus allen Gesellschaftsklassen des früheren Reiches geworden. Gestrandete Soldaten wohnen dort, Intellektuelle aus Berlin, Handwerker
aus dem Sudetenland, ungarische Adlige, Bauern aus Schlesien, die Gattin eines
in Nürnberg angeklagten Generals, Menschen ohne bestimmte Heimat, Arme
und Reiche, Intelligente und Dumme, Fleißige und Faule. Das politische Gesicht
des Dorfes veränderte sich freilich nur scheinbar; denn die Menschen veränderten sich nicht. Hier wehten einst, wie überall, viele Fahnen, und die Jugend
spazierte in Uniformen herum. Kein Mensch könnte jetzt sagen, wo die Fahnen
hingekommen sind. Geschimpft wird wieder wie vor dreiunddreißig. Wozu
haben wir die Demokratie? Manchmal ist am Sonntag Tanz. Die Jugend versammelt sich in ihren bunten Trachten und tanzt jodelnd Schuhplattler. Das Bier ist
schlecht; aber sie plattln trotzdem. Die Ortsfremden tanzen schüchtern mit;
manche von ihnen wohnen schon über ein Jahr da, aber sie haben immer noch
nichts mit den Dörflern gemein. Im Sommer grasen die Kühe auf den Feldern;
ihre Glocken läuten melodisch. Des Abends klingt von den Höfen Harmonika-
musik, in der Ferne erglüht der Gipfel der Zugspitze. Am Sonntag gehen die

Menschen in ihren kleidsamen Trachten zur Kirche; des Abends sitzen die Bauern im Wirtshaus und spielen Karten. Es sieht alles so aus, als wäre nichts geschehen. Der reiche adlige Herr sitzt auf seinem Schloß und wartet auf die Jagderlaubnis; die Bauern sitzen sicher auf ihren Höfen. In dem einen winzigen Zimmer wohnt die fremde Frau aus Schlesien mit ihren drei Kindern; zwischen zwei Betten ist gerade soviel Platz, daß man darin stehen kann. In der Ecke blakt ein rauchiger Ofen. Das Zimmer ist erfüllt von Essens- und Windelgerüchen.[14]

Heidelberg, August 1947. Juristenball im Schloß, mit Illumination und Feuerwerk. Schwarzpreis für die Eintrittskarte: 70 Reichsmark. Die Landestochter und die Studentin aus Elbing, Breslau, Hamburg oder Berlin bereiten die Balltoilette vor; für viele, auch die nicht mehr ganz Jungen, die erste überhaupt. Die Studenten zwängen sich in Frack und Smoking. Ab elf Uhr strömen Scharen den Schloßberg hinauf (seit einiger Zeit ist mit der Aufhebung der Sperrstunde auch Mondschein, Ruinenromantik und Nachtigallschlagen wieder frei erhältlich). Vor dem Hauptportal im schrägen Licht der Scheinwerfer Menschenschlangen und Polizei. Schlag zwölf Uhr rollen rote und grüne Feuerräder zwischen Kaskaden von grellem Magnesiumlicht, tauchen leuchtende Fontänen über die Fassaden des Schlosses. Der letzte Funke erlischt; zaghaft hebt es an: »Gaudeamus igitur . . .« und versickert nach zwei Zeilen. Man zerstreut sich achselzuckend und lächelt. Der Staub fliegt. Swing neben Walzer. Die Mädchen schreiten mächtig aus im ungewohnten langen Kleid; manche wieder setzen sich in Positur; die Jünglinge sind beflissen und spähen stets nach etwas aus und – stets ein wenig über ihre Begleiterin hinweg. Unten in der kühlen Schwemme trinkt und schunkelt man oder ißt stumm mehr oder minder belegte Brote. »Vivant omnes virgines« singen ernsthaft einige »Burschen«. Und ernsthaft hören es die besungenen Schönen an.[15]

Nachrichten aus der Provinz. Nachrichten von der Ungleichzeitigkeit des Gleichzeitigen. Die geistige Betroffenheit ist verflacht. Der gute Deutsche fühlt sich auf dem total platten Lande besonders wohl.

Provinz: das bedeutet aber auch unverwüstliche Vitalität, die mit kraftvollem Wärmestrom die Kultur der städtischen Trümmerlandschaft durchfließt – vor allem, wenn sie sich aus bayerischen Quellen speist. Bei dem vorherrschenden materiellen Elend, durchsetzt mit Neid, Klatschsucht, unsachlicher Kritik, sei das bayerische Bauernvolk im Kern gesund geblieben, schrieb der Sozialdemokrat Wilhelm Hoegner, im September 1945 durch die Amerikaner zum bayerischen Ministerpräsidenten ernannt, an den im Dritten Reich nach New York emigrierten Dichter Oskar Maria Graf.[16]

Die Blut-und-Boden-Ideologie hatte dieser kulturellen Ursprünglichkeit wenig anhaben können. Die Zäsur von 1945 unterbrach weder den künstlerischen Entwicklungsprozeß von Georg Britting noch von Carl Orff. Als Georg Brittings Roman *Lebenslauf eines dicken Mannes, der Hamlet hieß* (erstmals 1932) 1948 wieder erschien, bewirkte er zwar keine Sensation, doch traf er den Nerv eines Innerlichkeitsstrebens, das sich nicht süßlich-betulich abspeisen lassen wollte. Der dänisch-altbayerische Prinz, der sich in die Melancholie hinüberfrißt und

Franz Radziwill, Die Welt ohne Verhältnisse, 1947

-säuft, durch Korpulenz von der Welt abgepolstert, war insofern ein positiver Held, als er ruhig »einen letzten Tag erwartet, dem die draußen blind entgegenstolpern, einen Säbel in der Hand, oder eine Geldrolle, oder die Hand verkrampft in langes Frauenhaar«. Deutschland war wieder einmal Hamlet. »Warum lief man herum, warum schrie man, warum sah man noch stumm den blauen Himmel aufmerksam an? Und einmal, wenn man schon längst nicht mehr laufen konnte und schon längst nicht mehr schreien, und nicht einmal mehr stumm im Sessel sitzen konnte, zu schauen, zu schauen, dann war man etwas, was man tot sein nannte.«[17]

Carl Orffs Schaffen bezieht seine Kraft aus der konsequenten Reduktion der musikalischen Mittel, der starken Betonung des Rhythmischen und der Unterordnung der Musik unter das Theatralische (*Carmina Burana*, 1937; *Der Mond*, 1939; *Die Kluge*, 1943; *Die Bernauerin*, 1946). Seine elementare Volkstümlichkeit wurde von den Nationalsozialisten aus ideologischen Gründen bald abgelehnt, bald vereinnahmt (was seine Anerkennung im Ausland nicht schmälerte). Er galt als der einzig interessante Vertreter der jungen deutschen Musik, der unter dem Nazi-Regime weiterarbeiten konnte. Orffs Archaik empfand die Trümmerzeit als

Weg zum geistigen Urgrund des Lebens, in dem man Halt finden konnte. Als das Münchner Prinzregententheater im Juli 1947 (nach der Stuttgarter Uraufführung) *Die Bernauerin* unter der Regie von Hans Schweikart mit Caspar Neher als Bühnenbildner, Heidemarie Hatheyer als Agnes und Peter Pasetti als Herzog Albrecht herausbrachte, wurde dies ein »rauschender Erfolg, der auch ein besonderer Erfolg spezifisch bayerischer Theaterkunst, Theaterfreude, Theaterbesessenheit, Theatergeistes war«.[18]

Warten auf den Jeep

»Wir sind gestern leider nicht abgeholt worden. Stundenlang saßen wir gestiefelt und gespornt vorm Haus und warteten, daß der Jeep einböge. Hoffentlich kommt er heute«, schreibt Erich Kästner am 22. Juni 1945 in sein Tagebuch. Von Mayrhofen (Tirol) ist er nach P. in Bayern zurückgekehrt, hat Unterschlupf auf einem schönen Gutshof gefunden.

Kästner ist bereits mehrfach in München gewesen; dort regt sich wieder erstes kulturelles Leben. Die für Theater, Film und Presse zuständigen amerikanischen Besatzungsoffiziere brauchen sich über Mangel an Zulauf nicht zu beklagen. In ihren Büros wimmelt es von deutschen Schauspielern, Regisseuren, Journalisten und Filmleuten. »Man will Auskunft. Man sucht Anschluß. Man hat Pläne. Man fällt alten Kollegen vor Wiedersehensfreude um den Hals. Man wohnt noch auf dem Lande. Man will nach München ziehen. Wer erteilt die Genehmigung? Wird Falckenberg die Kammerspiele behalten? Womit wird er eröffnen? Mit Thornton Wilders ›Our Town‹? Wann? Erst im September?« Kästner trifft Wolfgang Koeppen und später, im Hof der Kammerspiele, Rudi Schündler und Arthur Maria Rabenalt. Die beiden wollen hier am Theater, mit Genehmigung der Stadt, ein Kabarettprogramm starten. Sie probieren schon; sind Feuer und Flamme. Vorgesehen sind Texte von Villon, Ringelnatz und Baudelaire, Blackouts, Tanzszenen, hübsche Mädchen (hübsche Mädchen seien weniger rar als gute Texte, und Chansons fehlten ihnen völlig). »Mich schicke der Himmel. Ich müsse mitmachen. Daß ich nichts Neues geschrieben hätte, sei bedauerlich, aber reparabel. Sie würden mir ein paar Tage Zeit lassen.« Das Gespräch wird fortgesetzt in der Ruine des Nationaltheaters; die Kantine ist dort intakt und wird notdürftig bewirtschaftet. Robert A. Stemmle gesellt sich dazu; er bereitet einen bunten Abend vor, mit dem er die amerikanischen Truppen amüsieren will; eine Art Wehrmachtstournee. »Ein handfester Plan, Arien gegen Zigaretten, Tänze gegen Konserven, Humor gegen Schnaps, Zauberkunststücke gegen Benzin. Im Augenblick hat er freilich Probenverbot. Warum? Er weiß es nicht. Hat man gegen das eine oder andere Mitglied seines Ensembles politische Bedenken? Oder gegen mehrere Mitglieder? Feststeht, daß er die Proben unterbrechen mußte.«

Am 25. Juni 1945 sitzt Kästner immer noch in P. »Es ist, um aus der Haut zu fahren. Der Jeep kommt nicht. Am Donnerstag wollte man uns abholen, und heute ist es Montag.« Endlich kommt er. Nach kurzem Aufenthalt in München kehrt Kästner nochmals nach Mayrhofen zurück, ehe er dann, nach einer Zwischenstation in Schliersee, an der von den Amerikanern herausgegebenen *Neuen Zeitung* die Leitung des Feuilletons übernimmt.[19]

Warten auf den Jeep! Szenen von realer wie symbolischer Bedeutung. Die Vertreter des kulturellen Lebens werden an den Orten, wo sie in innerer Emigration oder zumindest in einer gewissen Distanz zum Nationalsozialismus hatten »überwintern« können, im Frühjahr und Sommer des Jahres 1945 vorwiegend von den Amerikanern abgeholt und zu ihren neuen Wirkungsstätten gebracht. Jeeps transportieren wichtige Persönlichkeiten auch vom Ausland zurück ins zerstörte Deutschland. In seinen Erinnerungen *Ein Deutscher auf Widerruf* berichtet Hans Mayer (in dem Kapitel »Der Jeep«), wie er von Basel nach Frankfurt gebracht wurde:»Zwei lange Amerikaner in Uniform traten ein, begrüßten uns summarisch nach ihrer Art und mahnten zum Aufbruch; ich glaube mich zu erinnern, daß sie etwas von Schwierigkeiten mit den Franzosen murmelten, falls wir zu spät die Grenze nach Frankreich überschritten. Denn man mußte in jedem Fall durch das französische Gebiet, um nach Frankfurt zu gelangen. Von Frankfurt wurde gesprochen. Das aber lag in der amerikanischen Besatzungszone.

Natürlich hatten wir alle, wir sonderbare Heimkehrer, keinerlei Papiere für einen rechtmäßigen Übertritt: sei es in die französische, sei es in die amerikanische Zone. Übrigens auch keinerlei Recht, die Schweiz auf solche Weise zu verlassen, um dann gar später wieder, auch auf solche Weise, dahin zurückzukehren. Es war schon ein heikles Unternehmen, allein anders kam man nicht nach Deutschland. Einen Antrag stellen? Bei wem, und mit welcher Begründung? Das war ein Witz. Im Mai war noch Krieg gewesen, nun schrieb man Oktober.

Keinen von uns kümmerte das sonderlich. Wir wußten oder hatten jetzt begriffen, daß die Franzosen uns nicht hereinlassen würden. Andererseits durften sie die amerikanischen Transporte und Fahrten nicht kontrollieren. Also! Draußen wartete der amerikanische Jeep. Wir stiegen auf, eine Frau und drei Männer. Ein mäßig großer Koffer, ein Mantel, denn es war Herbst. Haben wir uns in Basel verabschiedet? Ich weiß es nicht mehr. Alles ging so rasch und planvoll vor sich.«[20]

Für den Aufbau des geistigen und politischen Lebens hatten die westlichen Alliierten vorgesorgt. So gab es zum Beispiel bei den anglo-amerikanischen Besatzungsverwaltungen eine »weiße Liste«, eine Personenkartei mit Namen von über 1500 Deutschen, die als neue gesellschaftliche Elite eingesetzt werden sollten.[21] Beraten von meist hervorragend informierten Emigranten, die häufig selbst führende Funktionen in der Armee innehatten, wurde der Umbruch des kulturellen Lebens in Deutschland eingeleitet; man setzte auf die Kompetenz und das demokratische Engagement von Einzelpersonen. Freilich blieb diese kühne, der Kraft eines neuen republikanischen Individualismus wie Idealismus mutig vertrauende Versuch bald in der bürokratisch gehandhabten Entnazifizierung stecken; die Hoffnung auf moralischen Wandel wurde zum Aktenvorgang. Zudem glaubte man ohne die aus dem NS-Staat überkommenen Funktionseliten nicht auskommen zu können; so legte man die Grundlage für einen Beamtenstaat, der freilich anfänglich, allein schon wegen seiner vielen Kleinräume und Wirkungskreise, kulturellen Eigen-sinn und kreative Spontaneität wenig behinderte.

Die neue Wirklichkeit, in der sich Kultur einrichtete, war bestimmt durch die bedingungslose Kapitulation als Besiegelung der totalen Niederlage. Gerade sie war von denjenigen herbeigesehnt worden, die im Dritten Reich als dem »Reich der niederen Dämonen« eine geistige und künstlerische Knebelung sondergleichen erfahren hatten. Hans Rothfels sprach von der »tiefen Paradoxie« einer solchen Situation: »Es waren deutsche Patrioten, die den Tag der Kapitulation herbeiflehen mußten, so wenig sie sich über das danach Kommende Illusionen machen mochten.«[22]

Die Einteilung des niedergeworfenen Deutschlands in vier Besatzungszonen prägte auch die kulturelle Entwicklung. Die amerikanische Zone umfaßte die Provinz Hessen-Nassau sowie die Länder Hessen (außer dem linksrheinischen Gebiet), Bayern (außer der Pfalz) und die Gebiete der Länder Württemberg und Baden nördlich der Autobahnlinie Karlsruhe–Stuttgart–Ulm, sowie den Stadtstaat Bremen.

Die britische Zone bestand aus den Provinzen Schleswig-Holstein, Hannover und Westfalen sowie dem Nordteil der Rheinprovinz mit den Regierungsbezirken Aachen, Düsseldorf und Köln, den Ländern Oldenburg, Braunschweig, Lippe und Schaumburg-Lippe sowie der Freien und Hansestadt Hamburg.

Zur französischen Zone gehörten der südliche Teil der Rheinprovinz mit den Regierungsbezirken Koblenz und Trier, den linksrheinischen Gebieten des Landes Hessen, den vier Kreisen der Provinz Hessen-Nassau zwischen Westerwald und Taunus, dem südlichen Teil der Länder Baden und Württemberg mit der preußischen Enklave Hohenzollern, der bayerischen Pfalz, dem Saargebiet sowie dem bayerischen Kreis Lindau am Bodensee.

Die sowjetische Zone setzte sich zusammen aus den preußischen Provinzen Ostpreußen, Grenzmark, Posen-Westpreußen, Nieder- und Oberschlesien, Pommern, Brandenburg und Sachsen sowie die Länder Sachsen-Anhalt, Thüringen und Mecklenburg.

Eine Sonderregelung war für Groß-Berlin getroffen; es wurde zu einer fünften Zone eigener Art, verwaltet von den vier Besatzungsmächten.

Die Zerstückelung Deutschlands hatten die »großen Drei« (Roosevelt, Churchill, Stalin) in Teheran, November 1943, und Jalta, Februar 1945, vorbereitet. Die »Berliner Deklaration« der Siegermächte vom 5. Juni 1945 besagte, daß Deutschland sich allen Forderungen, die ihm jetzt oder später auferlegt würden, zu unterwerfen habe. Im Abschlußprotokoll der Potsdamer Konferenz (17. Juli bis 2. August 1945) hieß es, daß das deutsche Volk anfange, »die furchtbaren Verbrechen zu büßen, die unter der Leitung derer, welche es zur Zeit ihrer Erfolge offen gebilligt hat und denen es blind gehorcht hat, begangen wurden«. Der deutsche Militarismus und Nazismus würden ausgerottet und Maßnahmen ergriffen werden, damit Deutschland niemals mehr seine Nachbarn und die

Erhaltung des Friedens in der ganzen Welt bedrohen könne. Doch liege es nicht in der Absicht der Alliierten, das deutsche Volk zu vernichten oder zu versklaven; vielmehr solle es die Möglichkeit erhalten, sein Leben auf einer demokratischen und friedlichen Grundlage von neuem wiederaufzubauen. Dann könne es auch »zu gegebener Zeit seinen Platz unter den freien und friedlichen Völkern« wieder einnehmen.

Von großer Bedeutung für das kulturelle Leben waren die von den Alliierten in Potsdam vereinbarten politischen Grundsätze. Darin hieß es u. a.:

Die nationalsozialistische Partei mit ihren angeschlossenen Gliederungen und Unterorganisationen ist zu vernichten.

Alle nazistischen Gesetze, welche die Grundlagen für das Hitler-Regime geliefert haben und eine Diskriminierung aufgrund der Rasse, Religion oder politischer Überzeugung errichteten, müssen abgeschafft werden.

Nazistische Parteiführer, einflußreiche Nazianhänger und alle anderen Personen, die für die Besetzung und ihre Ziele gefährlich sind, sind zu verhaften und zu internieren.

Alle Mitglieder der nazistischen Partei, welche mehr als nominell an ihrer Tätigkeit teilgenommen haben, und alle anderen Personen, die den alliierten Zielen feindlich gegenüberstehen, sind aus den öffentlichen oder halböffentlichen Ämtern und von den verantwortlichen Posten in wichtigen Privatunternehmen zu entfernen. Diese Personen müssen durch Personen ersetzt werden, welche nach ihren politischen und moralischen Eigenschaften fähig erscheinen, an der Entwicklung wahrhaft demokratischer Einrichtungen in Deutschland mitzuwirken.

Das Erziehungswesen in Deutschland muß also überwacht werden, daß die nazistischen und militärischen Lehren völlig ausgemerzt werden und eine erfolgreiche Entwicklung der demokratischen Ideen möglich gemacht wird.

Die Verwaltung Deutschlands muß in Richtung auf eine Dezentralisierung der politischen Struktur und der Entwicklung einer öffentlichen Selbstverwaltung durchgeführt werden. In ganz Deutschland sind alle demokratischen und politischen Parteien zu erlauben und zu fördern mit der Einräumung des Rechts, Versammlungen einzuberufen und öffentliche Diskussionen durchzuführen.

Der Grundsatz der Wahlvertretung soll in die Gemeinde-, Provinzial- und Landesverwaltungen so schnell, wie es durch die erfolgreiche Anwendung dieser Grundsätze in der örtlichen Selbstverwaltung gerechtfertigt werden kann, eingeführt werden.

Unter Berücksichtigung der Notwendigkeit zur Erhaltung der militärischen Sicherheit wird die Freiheit der Rede, der Presse und der Religion gewährt. Die religiösen Einrichtungen sollen respektiert werden. Die Schaffung freier Gewerkschaften, gleichfalls unter Berücksichtigung der Notwendigkeit der Erhaltung der militärischen Sicherheit, wird gestattet werden.

Geistesaristokratische Dynastien

Der neuen äußeren und inneren Ordnung wie der Schaffung einer den menschlichen Grundwerten verpflichteten Demokratie (zu der sich in beispielloser Heuchelei auch die stalinistische Sowjetunion bekannte) sollten vor allem jenen zum Durchbruch verhelfen, die zu ihren neuen Wirkungsstätten von den Alliierten »befördert« und in ihrem Bemühen von diesen auch entscheidend gefördert wurden. Vorwiegend kamen dafür drei Gruppen in Frage:

Persönlichkeiten, die in innerer Emigration – unter Wahrung ihrer persönlichen Integrität – gelebt und der geistigen Verführung und Korruption durch den Nationalsozialismus widerstanden hatten; nicht einfach war dabei häufig die Trennungslinie zu denjenigen zu ziehen, die eine Art Doppelleben geführt hatten: gewisse Zugeständnisse an den Ungeist gemacht, aber bei wesentlichen Fragen zum Nationalsozialismus auf Distanz gegangen waren. Dieser Gruppe kann man auch einen großen Kreis junger Menschen zurechnen, die, aus Krieg oder Gefangenschaft nun zurückgekehrt, ihren durch Hitlerjugend und Militär eingehämmerten Fanatismus rasch ablegten und (aufgrund ihrer Jugend von den alliierten Entnazifizierungsbestimmungen kaum belangt) innerhalb der demokratischen Gesellschaft sich zu engagieren bereit waren.

Persönlichkeiten, die im Dritten Reich verfolgt gewesen und meist erst durch die Alliierten aus den Gefängnissen und Konzentrationslagern befreit worden waren.

Schließlich Persönlichkeiten, die aus der Emigration zurückkehrten; sie waren geprägt einerseits von den bitteren Erfahrungen der Ausweisung, der Flucht und des Exils, andererseits voller Sehnsucht nach einem neuen Deutschland, in das sie ihre idealtypischen Vorstellungen von Demokratie hineinprojizierten.

Aus der Gruppe der »Daheimgebliebenen« sei am Beispiel von Theodor Heuss, Carlo Schmid, Hellmut Becker, Alexander Mitscherlich, Thorwald Risler, Wilhelm Hausenstein, Marion Gräfin Dönhoff aufgezeigt, wieviel individuelles Potential nach 1945 für das Kulturleben zur Verfügung stand und unter welch unterschiedlichen Konstellationen und Konditionen dieses sich entfaltete.

1945 zählte Heuss zu den Politikern der ersten Stunde. Er wurde in seinem Notquartier in Heidelberg ausfindig gemacht und als einer der Lizenzträger mit der Herausgabe der *Neuen Rhein-Neckar-Zeitung* in Heidelberg betraut. Später wurde er erster Kultusminister (»Kultminister«) des neuen Landes Württemberg-Baden. Er gehörte zu den Mitbegründern der Liberaldemokratischen Partei, die ihn 1948 zu ihrem Bundesvorsitzenden wählte. Außerdem wirkte er als Professor für neue Geschichte und vergleichende Staatenkunde an der Technischen Hochschule in Stuttgart. Heuss stammte aus einer Familie mit alter demokratischer Tradition; sein Vater Louis war Regierungsbaumeister in dem Städtchen Brackenheim im württembergischen Unterland, einem ländlichen Ort ohne Industrie, ohne Bahnanschluß. Dort verlebte Theodor, der jüngste von drei Brüdern, seine frühe Kindheit. (Während der Nazizeit wählte er, da er unter seinem Namen nicht mehr publizieren durfte, das Pseudonym »Thomas Brackenheim«.) Aufgewachsen ist Heuss dann in Heilbronn, im soliden Wohlstand einer Beamtenfamilie. In der Weimarer Zeit hatte er es zu einem gewissen literarischen Ruhm gebracht. In seinen gesellschaftlichen und politischen Ansichten war er stark von Friedrich Naumann bestimmt, der als Pfarrer über die Innere Mission zur Sozialpolitik gekommen war und als Gründer des Nationalsozialen Vereins das Ziel hatte, »das Kaiserreich zu demokratisieren und die marxistische Arbeitermasse zu nationalisieren«. Heuss war Redakteur der Naumann-Zeitschrift *Die Hilfe* und von 1912 bis 1917 Chefredakteur der *Neckar-Zeitung* in Heilbronn. Politik empfand er immer als Teil von Kultur. In seinem Buch *Hitlers Weg* (1932) versuchte er, das Phänomen Nationalsozialismus zu ergründen, wobei er allerdings diesen als ein Sammelsurium von aufgeputzten Ladenhütern der Wilhelminischen Epoche, also als viel zu harmlos begriff. Zusammen mit den vier anderen Abgeordneten der Deutschen Staatspartei stimmte er im März 1933 dem Ermächtigungsgesetz zu, worunter er später sehr gelitten hat. Sein Hitler-Buch wurde dennoch öffentlich verbrannt. Als Journalist und mit Hilfe seiner Frau Elly Heuss-Knapp, die als Werbetexterin arbeitete, konnte er im Dritten Reich wirtschaftlich über die Runden kommen.

»Dreikönigstag 1946. Stuttgart ein Trümmerhaufen. Mitten im Schutt, zwischen dem ausgebrannten Neuen Schloß und dem geborstenen Kleinen Haus der Württembergischen Staatstheater, veranstaltet die ›Demokratische Volkspartei‹ das erste Dreikönigstreffen seit 1933. Reinhold Maier, der Ministerpräsident, sprach vom Wiederaufbau, von Notwendigkeiten und Möglichkeiten des Neubeginns. Dann schlenderte ein gemütlich aussehender älterer Herr ans Rednerpult: . . . Theodor Heuss. Er war der Kultusminister der neugebildeten württemberg-badischen Regierung. Er redete das Honoratiorenschwäbisch, das jedem Württemberger vertraut ist. Doch das war nur äußerlich jener professorale Ton, der im württembergischen Humanismus Tradition hat. Inhaltlich war völlig Neues zu vernehmen, lange Verschüttetes. Die Bildungspartikel, von NS-Lehrern mit brauner Farbe verschmutzt und so verfälscht den Unmündigen eingeträufelt, begannen in reinen, verheißungsvollen Farben zu leuchten. Während seiner Rede kam er auf jenes Schillersche Gedichtfragment ›Deutsche Größe‹ zu sprechen, das mir schon als Schüler, erst recht aber als Soldat anmaßend, ja überheblich erschienen war: ›Stürzte auch in Kriegesflammen/ Deutsches Kaiserreich zusammen,/ Deutsche Größe bleibt bestehn.‹ Wie kann, wie darf ein Mensch, gar ein Politiker im Jahre 1946 von deutscher Größe faseln? Theodor Heuss faselte nicht davon, er sprach darüber mit einer Mischung aus großbürgerlichem Traditionspathos und der von ihm an Reinhold Maier gerühmten ›heiligen Nüchternheit‹. Und er kam, auch das ist noch Jahrzehnte später in Erinnerung, auf den Mißbrauch deutscher Geschichts- und Geistestraditionen durch die Nazis zu sprechen, beklagte sich darüber, daß Hölderlin an seinem hundertsten Todestag 1943 schier als ein alter Parteigenosse gefeiert wurde, ausgerechnet von jenen, die ihn wahrscheinlich wie Tausende Geisteskranke in Grafeneck vergast hätten.« (Gustav Roeder)[23]

Wie konnte es dazu kommen, daß ein Volk dieser Geschichte, dieser Leistungen in die zwölf Jahre des Dritten Reiches hineinging? fragte Theodor Heuss in einer seiner ersten großen Reden der Nachkriegszeit, die er am 18. März 1946 auf Einladung des »Kulturbundes zur demokratischen Erneuerung Deutschlands« in Berlin hielt: »Schuld, Schuld aller Deutschen? Schuld der Passivität? Wir sind alle in dieser Zeit und durch diese Zeit schmutzig geworden. Wenn man in ein Volk hineingeboren ist, in seiner geistigen Luft aufwuchs und seine Geschichte weiß, seine Landschaft kennt und liebt, dann liebt man dieses Volk, zu dem man gehört. So liebten wir unser Vaterland. So entstand, ohne daß wir plump und vertraulich dem Beethoven oder dem Kant auf die Schulter klopften, das Bewußtsein, daß wir stolz darauf waren, Deutsche zu sein. Und das war das Scheußlichste und Schrecklichste, das uns der Nationalsozialismus antat, daß er uns zwang, uns schämen zu müssen, Deutsche zu sein, daß dieser Zwang und dieses Schämen uns selber vor unserem Gefühl erniedrigte, und daß wir Sehnsucht haben müssen nach dem Tage, wieder mit freier Seele stolz darauf sein zu dürfen, Deutscher zu sein. Das ist ein schwerer Weg der Selbstreinigung, den wir gehen müssen.«[24]

Carlo Schmid begann seine politische und kulturpolitische Karriere nach 1945 als Staatsrat. Er stand an der Spitze des Landes Württemberg-Hohenzollern, das gebildet worden war, weil Besatzungsoffiziere südlich der Autobahn Karlsruhe–Ulm eine Demarkationslinie zwischen der amerikanischen und französischen Zone gezogen und aus den alten Ländern Baden und Württemberg drei gemacht hatten: Württemberg-Baden im Norden, Baden mit Freiburg und Württemberg-Hohenzollern mit Tübingen als Landeshauptstadt im Süden.

Die Wirtschaft lag danieder – Demontagen, miserable Versorgung mit Lebensmitteln (der Tiefstand wurde mit 600 Kalorien pro Tag erreicht), Mangel an Rohstoffen, Razzien auf Lebensmittel, große Arbeitslosigkeit; dennoch vollzog sich ein enormer geistiger Aufbruch, eine erstaunliche Aktivität im Bereich der Kunst, des Theaters, des Verlagswesen, vor allem auch an der Universität Tübingen. Carlo Schmid bewirkte, daß diese schon am 15. Oktober 1945 wieder den vollen Lehrbetrieb aufnehmen konnte. Er, der als Sohn einer französischen Mutter fließend Französisch sprach – er war siebzehn Jahre Privatdozent für öffentliches Recht gewesen, die Nationalsozialisten hatten seinen akademischen Aufstieg verhindert –, überredete die Franzosen dazu, namhafte Wissenschaftler zu berufen, darunter Eduard Spranger, Romano Guardini, Helmut Thielicke und eine Reihe bedeutender Naturwissenschaftler. Mit Hilfe seiner ausgezeichneten Mitarbeiter, die er oft persönlich in anderen Zonen abwarb, darunter Theodor Eschenburg, der zuerst Flüchtlingskommissar, dann Ministerialrat war – mit dieser munteren Schar junger Beamter, häufig ehemaliger Schüler Schmids (Carlisten genannt), schuf er in einem virtuosen Wurf die Staatsorganisation.

Als der französische Landeskommissar General Widmer 1952 das Land verließ – es wurde im selben Jahr ein Teil des neuen Bundeslandes Baden-Württemberg (Schmid hat dort noch bis 1950 als Justizminister agiert, seit 1949 war er, der inzwischen der Sozialdemokratischen Partei beigetreten war, auch Mitglied des

Bundestages, dann Bundestagsvizepräsident) –, sagte er in seiner Abschiedsrede, er nehme aus Württemberg-Hohenzollern etwas mit, was er in seiner Muttersprache nicht ausdrücken könne: une pièce de Heimat.[25]

Der Rechtsanwalt Hellmut Becker, nach Kriegsende am Bodensee lebend, kam zur Pädagogik, weil sein Freund Georg Picht nach dem Krieg die Leitung des Landerziehungsheimes Birklehof übernahm. Er vertrat in Streitfällen die Freien Schulen und betrieb die Verbesserung ihrer gesetzlichen Voraussetzungen; ein neues Privatschulrecht sollte echte pädagogische Alternativen zum staatlichen Schulsystem ermöglichen. Beckers erste größere Schrift, unter Mitarbeit von Alexander Kluge, damals Assistent in seinem Rechtsanwaltbüro, hieß *Kulturpolitik und Ausgabenkontrolle*. Hartmut von Hentig charakterisiert diesen Mann, der sich stets um die »Veränderung des Bewußtseins durch Institutionen« und »Veränderung der Institutionen durch das Bewußtsein« bemühte, als einen »unserer letzten Generalisten«: ausgebildet zum Juristen, von Victor von Weizsäcker in die Psychosomatik eingeführt, aus geistiger Neigung und Affinität der Psychoanalyse zugewandt, als Professor um die Soziologie des Bildungswesens bemüht, fließend Französisch und Englisch sprechend. Ein vir urbanus, im Gefüge der Freundschaften sicher beheimatet, hat er (1913 geboren) seinen Glauben an die Kraft aufklärender, diskursiver Verfahren durch Person und Tätigkeit beständig wahrgemacht.[26]

Im Herbst 1945, berichtet Hellmut Becker, habe er Alexander Mitscherlich auf einer jener eigentümlichen Veranstaltungen kennengelernt, zu denen man sich damals mit Fahrrad oder Holzvergaserauto an schwer erreichbaren Plätzen zusammenfand – wenn dort nur eine minimale gemeinsame Verpflegung ermöglicht werden konnte. Gastgeber war der Markgraf von Baden in Salem am Bodensee; der Teilnehmerkreis reichte von Friedrich Georg Jünger bis zu Thorwald Risler, dem späteren Generalsekretär des Stifterverbandes für die Deutsche Wissenschaft, von dem katholischen Psychologen Victor-Emil von Gebsattel bis eben zu Alexander Mitscherlich.

Mitscherlich war in dem kleinen Staat »Mittelrhein-Saar«, den die Amerikaner mit der Hauptstadt Neustadt an der Weinstraße geschaffen hatten und der nur einige Monate im Frühsommer 1945 bestand, in der dortigen Regierung Minister für Ernährung und Gesundheit. 1946 gab er mit Alfred Weber die Schrift *Freier Sozialismus* heraus; in dem von ihm verfaßten Teil »Entwicklungsgrundlagen eines freien Sozialismus« heißt es u. a.: »Wir sind tief mißtrauisch gegen den Staat. Er sollte die Form unseres besten öffentlichen Zusammenlebens sein. Wir können uns nicht mehr daran erinnern, seit wann in unserer Geschichte er dies nicht ist. Wir haben den Kontakt mit ihm verloren, denn er hat uns nicht vertreten noch gefördert – weder untereinander noch nach außen. Aber er hat uns vergewaltigt, mißhandelt... So gibt es niemanden mehr, der sich mit unserem Staat identifizieren möchte...«[27]

Mitscherlich setzt sich in dieser Schrift bereits mit dem sogenannten Fortschritt auseinander; er antizipiert die Dialektik der Aufklärung, die Dialektik der Technik, die Dialektik der Reform. Der Fortschrittsoptimismus sei verflogen.

Mitscherlich hat als Psychoanalytiker auch die Situation der Medizin als Wissenschaft in Frage gestellt. Als Sachverständiger und Berichterstatter war er beim Nürnberger Ärzteprozeß (1946) dabei; in seinem zusammen mit Fred Mielke verfaßten Buch *Medizin ohne Menschlichkeit* zeigte er auf, daß die medizinischen Verbrechen ihre Ursache nicht nur im verbrecherischen Geist des Nationalsozialismus, sondern auch in einer bestimmten Art naturwissenschaftlich-medizinischer Tradition hatten. Die Reaktion war entsprechend. »Die Anschuldigungen gegen uns nahmen schließlich ein groteskes Ausmaß an, und man konnte in der Folge manchmal glauben, wir hätten das alles, was hier verzeichnet ist, erfunden, um unseren ehrwürdigen ärztlichen Stand zu erniedrigen. Es ist nicht leicht, im Brennpunkt der Anfeindungen seiner Kollegen zu stehen, auch wenn man glaubt, die Motive zu verstehen. Die Entblößung all des Grauens vor den Augen der Weltöffentlichkeit, die darin gerade keinen ›großen Kriminalfall‹, sondern die belastendsten Zeugnisse gegen einen Stand, ein ganzes Volk erblicken mußte, war zu schwer. Neue Schuldige mußten zur Entlastung von der eigenen, so unbegreifbaren und doch so fühlbaren Mitschuld gefunden werden, und das waren Mielke und ich. Ziemlich hoffnungslos, mit unserer Publikation noch einen Beitrag zur Wendung des Geschicks ins Bessere leisten zu können, legten wir sie schließlich auftragsgemäß vor. 10 000 Exemplare gingen an die Arbeitsgemeinschaft der Westdeutschen Ärztekammern zur Verteilung an die Ärzteschaft. Im Gegensatz zum ›Diktat der Menschenverachtung‹ blieb jetzt die Wirkung völlig aus. Nahezu nirgends wurde das Buch bekannt, keine Rezensionen, keine Zuschriften aus dem Leserkreis; unter den Menschen, mit denen wir in den nächsten zehn Jahren zusammentrafen, keiner, der das Buch kannte. Es war und blieb ein Rätsel – als ob das Buch nie erschienen wäre. Nur von einer Stelle wissen wir, daß es ihr vorlag: dem Weltärztebund, der, wesentlich auf unsere Dokumentation gestützt, in ihm einen Beweis erblickte, daß die deutsche Ärzteschaft von den Ereignissen der verbrecherischen Diktatur abgerückt sei und sie wieder als Mitglied aufnahm.«[28]

Thorwald Risler war von 1945 bis 1947 Lehrer für Geschichte und alte Sprachen an der Schule Schloß Salem. In Freiburg und Rom hatte er außer Geschichte in der Hauptsache Archäologie studiert. In Baden (wo er 1913 geboren wurde) gehörte er 1945 zu den Mitbegründern der CDU und der Jungen Union. Er war Abgeordneter der ersten Bundesversammlung von 1949, somit an der Konstituierung der Bundesrepublik Deutschland aktiv beteiligt. Seit der Trümmerzeit hat er sich darum bemüht, ein Stiftungswesen aufzubauen, das einer demokratischen Gesellschaft zu einer geistigen Elite verhelfen könne.

Geprägt vom kulturellen Pioniergeist der Nachkriegszeit, da überall in Gruppen und Zirkeln die allgemeine Lage diskutiert und dann mit dem Aufbau einer demokratischen Kultur begonnen wurde, hat Risler seit jener ersten Intellektuellenkonferenz am Bodensee, über die Hellmut Becker berichtet, sich für Unternehmungen engagiert, die zwischen den Bereichen Politik, Wissenschaft, Wirtschaft und Pädagogik Verbindung herzustellen trachteten. Es dürfte kaum eine kulturelle Unternehmung von Rang nach dem Krieg geben, bei der Risler nicht in irgendeiner ihrer Phasen mitgewirkt hat. (Im Stifterverband für die Deutsche Wissenschaft war er 1965 bis 1978 Generalsekretär.)

Als ein Kristallisationskern des Münchner Kulturlebens erwies sich Wilhelm Hausenstein, seit 1917 Mitarbeiter und von 1934 bis 1943 Redaktionsmitglied der *Frankfurter Zeitung*. (Er lebte, mit einer französischen Jüdin verheiratet – die Tochter konnte 1942 noch ins Ausland gelangen –, seit 1932 in Tutzing; 1950 erhielt er den Ruf, als erster deutscher Geschäftsträger, zuerst als Generalkonsul, schließlich als Botschafter in Paris die diplomatische Beziehung zu Frankreich wiederherzustellen.) Die »Stadtpersönlichkeit München«, meinte er in seinem Vortrag *München – Gestern, Heute, Morgen*, gehalten am 27. Juli 1947 im Theater am Brunnenhof, zeige bei allem Provinzialismus die Fähigkeit, das Herankommende, von woher immer es sei, in das gemeinsame Münchnerische einzuschmelzen – in ein Münchnerisches, das weltbürgerlich zu sein vermöge, ohne im übrigen seiner starken örtlichen und regionalen Eigentümlichkeiten verlustig zu gehen.

Viele Intellektuelle, Künstler, Publizisten und Dichter hatten in Häusern und Villen, häufig am Starnberger und am Ammersee, das Ende des Krieges erwartet; sie waren nun begierig, daß München, auch wenn weitgehend in Schutt und Asche gelegt, kulturell wieder »leuchtete«. Hausenstein war neben dem Staatssekretär Dieter Sattler und Emil Preetorius maßgebend daran beteiligt, daß die »Bayerische Akademie der Schönen Künste« 1948 durch die Staatsregierung ins Leben gerufen wurde. Hausensteins Ziel war die konservative Erneuerung, wobei er München als einen zentralen Topos christlich-abendländischer und bayerisch-liberaler Kultur begriff. Zurückkehren sollten die Emigranten, damit die übernationale Universalität dieser Stadt wiederhergestellt werde und sie in einer Reihe mit Paris und Florenz erscheine. Die Gefahr einer provinziellen Selbstgefälligkeit mit kleinbürgerlichem Einschlag, dem die Stadt seit 1918 erlegen war, sei für immer zu bannen. Hausensteins Programm war auf eine Zusammenkunft von Vergangenheit und Zukunft, Bewährtem und Gewagtem, von Einheimischen und Zugewanderten, von Alten und Jungen ausgerichtet. Anknüpfend an die Gedankenwelt eines deutschen Juden, des Wahlmünchners Karl Wolfskehl, meinte er, daß die Gastlichkeit gegenüber dem Geiste den Lebensnerv Münchens darstelle, Focus und Herdfeuer aller tiefer begriffener Interessen der Stadt, die wirtschaftlichen eingeschlossen.[29]

Marion Gräfin Dönhoff wurde 1909 auf Gut Friedrichstein in Ostpreußen geboren. Nach dem Studium der Volkswirtschaft in Frankfurt am Main und in Basel, wo sie 1935 zum Dr. rer. pol. promovierte, übernahm sie die Verwaltung der Dönhoffschen Güter. Im Jahre 1945 verließ sie, zu Pferd, Ostpreußen vor den anrückenden sowjetischen Truppen. ». . . ›Ankommen‹, das war offenbar eine Vokabel, die man aus seinem Wortschatz streichen mußte. Es ging weiter durch die Mark, durch Mecklenburg, Niedersachsen nach Westfalen. Drei große Flüsse, die einmal unser östliches Deutschland charakterisierten, hatte ich überquert: Weichsel, Oder und Elbe. Bei Vollmond war ich aufgebrochen, inzwischen war Neumond, wieder Vollmond und wieder Neumond geworden. Im tiefsten

Winter war ich zu Haus vom Hof geritten, als ich schließlich bei Metternichs in Vinsebeck in Westfalen ankam, war es Frühling. Die Vögel sangen. Hinter den Drillmaschinen staubte der trockne Acker. Alles rüstete sich zu neuem Beginn. Sollte das Leben wirklich weitergehen – so, als sei nichts passiert?«[30]

1946 trat Marion Dönhoff in die Redaktion der Wochenzeitung *Die Zeit* ein, deren liberales Profil sie seitdem (ab 1968 als Chefredakteurin, ab 1972 als Herausgeberin) maßgebend bestimmt; ihr verdankt das Blatt einen guten Teil seiner Wirkung wie seines Aufstiegs.

Ruine in Berlin, 1945

Reisen ins finsterste und innerste Deutschland

Lust der nimmermüden Vergeblichkeit

Als Neutraler um eine unvoreingenommene Bestandsaufnahme bemüht, reiste der Architekt und Schriftsteller Max Frisch durch das von den Schrecken des eben zu Ende gegangenen Krieges geschlagene Europa. Im Mai 1946 kommt er über München nach Frankfurt: »Eine Tafel zeigt, wo das Goethehaus stand. Daß man nicht mehr auf dem alten Straßenboden geht, entscheidet den Eindruck: die Ruinen stehen nicht, sondern versinken in ihrem eigenen Schutt, und oft erinnert es mich an die heimatlichen Berge, schmale Ziegenwege führen über die Hügel von Geröll, und was noch steht, sind die bizarren Türme eines verwitterten Grates; einmal eine Abortröhre, die in den blauen Himmel ragt, drei Anschlüsse zeigen, wo die Stockwerke waren. So stapft man umher, die Hände in den Hosentaschen, weiß eigentlich nicht, wohin man schauen soll. Es ist alles, wie man es von Bildern kennt; aber es ist, und manchmal ist man erstaunt, daß es ein weiteres Erwachen nicht gibt; es bleibt dabei: das Gras, das in den Häusern wächst, der Löwenzahn in den Kirchen, und plötzlich kann man sich vorstellen, wie es weiterwächst, wie sich ein Urwald über unsere Städte zieht, langsam, unaufhaltsam, ein menschenloses Gedeihen, ein Schweigen aus Disteln und Moos, eine geschichtslose Erde, dazu das Zwitschern der Vögel, Frühling, Sommer und Herbst, Atem der Jahre, die niemand mehr zählt.«

Reisen im finstersten Deutschland: sie führen von zerstörter Stadt zu zerstörter Stadt. Dazwischen aber, unterwegs, »schönes deutsches Land« im Glanze des panischen Idylls. »Nichts als ein Wogen von fruchtbarer Weite, Hügel, und weiße Wolken darüber, Kirchen, Bäume, Dörfer, die Umrisse nahender Gebirge; dann und wann ein Flugplatz, ein Glitzern von silbernen Bombern, die in langen Reihen stehen, einmal ein zerschossener Tank, der schräg im Graben liegt und mit seiner Kanone in den Himmel zeigt, einmal ein verbogener Propeller in der Wiese –.«

Solche Topographie großstädtischer Trümmertristesse und heiterer ländlichen Abseits lokalisierte vielerlei Widersprüchlichkeiten. Die Last des ideologischen Schutts hatte geistige Regsamkeit nicht erdrückt; das neue Leben, das inmitten der Ruinen blühte, war durch kulturelle Hoffnung bestimmt. Man setzte auf Wandlung, Sammlung, Besinnung; zugleich kapselte man sich ab, verdrängte Schuldgefühle und flüchtete in Illusionen und Sehnsüchte. Trotz Trümmer, Elend und Hunger belebte das Gefühl, nun befreit zu sein, das geistige Deutschland, soweit es überwintert hatte. Soviel Anfang war nie! Die Stunde Null ging in die Stunde Eins über; im Kahlschlag wurde wieder aufgeforstet. Er habe, notiert Max Frisch, im Nachtrag zu seiner Deutschlandreise, oft die Empfindung, daß die einzige Zukunft, die möglich sei, bei den Verzweifelten läge. Wieweit würde der Selbstekel, den anzuhören ebenso erschütternd wie peinlich sei, fruchtbar werden? Sich als ein Vorbote wirklicher Erkenntnis, den die Verzweifelten an sich schon hätten, erweisen? Frisch konstatiert aber auch, daß das Elend jede Veränderung mehr und mehr verhindere. »Wenn ich in tödlicher Lungenentzündung liege und man meldet mir, daß mein Nachbar gestorben sei, und zwar durch mein Verschulden, mag sein, ich werde es hören, ich werde die Bilder sehen, die man mir vor die Augen hält; aber es erreicht mich nicht. Die tödliche Not, die eigene, verengt mein Bewußtsein auf einen Punkt.«[31]

Im finstersten Deutschland war durchaus Licht, ein solches der Erhellung, der Aufklärung, anzutreffen; vorherrschender war jedoch der von Mitscherlich so genannte und erläuterte Kaspar-Hauser-Komplex, sozialpsychologisch die geschichtliche Orientierungslosigkeit, die mit der Flucht in die Innerlichkeit korrespondierte, markierend.[32] Die geistige Lage im gegenwärtigen Deutschland, meinte der Pädagoge Herman Nohl, sei vor allem bei den jungen Menschen dadurch bestimmt, daß sie ein ganz sicheres Gefühl für »einfache Sittlichkeit« zeigten: Die elementare Tugend der Wahrhaftigkeit, Gerechtigkeit und Treue gehe einher mit der tiefen Verehrung des Geistigen und der Schönheit sowie einer dogmenlosen Frömmigkeit, die das Ewige suche.[33] Im finstersten Deutschland kreuzte sich die Vertikale gefühlvoller Nachdenklichkeit mit der Horizontale eines aufbrechenden Lebenswillens. War die Wandlung wirkliche Verwandlung, oder Autosuggestion? Konnte Deutschland aus der Asche (aus sehr viel Asche!) als ein geistiges Deutschland neu erstehen? In ihrem Essay *Von der Verwandlung* hat Marie Luise Kaschnitz 1946 davon gesprochen, daß mit Kriegsende erst die ganze Heimatlosigkeit und Armut der Deutschen zutage trete. Wer sich Rechenschaft ablege, gleiche dem Kapitän eines Schiffes, der sein Tagebuch schreibe, seine getreuen Aufzeichnungen über Kurs und Wetter und den Zustand von Schiff und Mannschaft; und da er Not leide, werde seine Handschrift immer unsicherer, und da er noch Hoffnung habe, strömten seine Worte über von lebensgierigem Schmerz. »Aber was das Wesentliche ist: er legt die Feder nicht hin, er macht das Buch nicht für immer zu. Solange das Schiff nicht untergegangen ist, wird er immer weiter Zeugnis ablegen. Seine Erfahrungen bilden nur einen winzigen Teil der Geschichte aller auf den Weltmeeren fahrenden Schiffe, gerade wie die Erfahrungen des in der Wüste verirrten Forschers nur einen winzigen Beitrag darstellen zu der unendlich mannigfachen, unendlich verwirrenden Geschichte der Welt.«[34]

». . . Und dann fuhr ich nach Dresden«: In den Septembertagen 1946 ist Erich Kästner seit Weihnachten 1944 zum ersten Mal wieder daheim. Das, was man früher unter Dresden verstand, existiert nicht mehr. Man geht durch die Stadt, als liefe man im Traum durch Sodom und Gomorrha. Durch den Traum fahren mitunter klingelnde Straßenbahnen. In dieser Steinwüste hat kein Mensch etwas zu suchen; er muß sie höchstens durchqueren. Von einem Ufer des Lebens zum anderen. Vom Nürnberger Platz weit hinter dem Hauptbahnhof bis zum Albert-

Wilhelm Rudolph, Dresden, 1946

platz in der Neustadt steht kein Haus mehr – ein Fußmarsch von etwa 40 Minuten. Kästners Eltern haben überlebt; glückliche Wiederbegegnung. Da erkennt er: Die meisten Dinge sind unwichtig. Die zwei Feuer der Schuld und des Leides sollten alles, was unwesentlich ist, zu Asche verbrannt haben. Dann wäre, was geschah, nicht ohne Sinn gewesen. Wer nichts mehr auf der Welt besitzt, weiß am ehesten, was er wirklich braucht. Wem nichts mehr den Blick verstellt, der blickt weiter als die anderen, bis hinüber zu den Hauptsachen. »So ist es! Ist es so?« Im finstersten Deutschland wird deutlich: Mensch werde wesentlich! Im finstersten Deutschland spürt man, daß die Essenz die Existenz ausmacht.[35]

Der totale Krieg hatte zur totalen Niederlage geführt. Wie bot sich ein Land dar, das aus unvorstellbarer Hybris in unvorstellbares Elend gestürzt war?

In der Weimarer Republik war Alfred Kerr der wohl einflußreichste Kritiker gewesen. Er schrieb für die *Neue Rundschau*, war von 1919 bis 1933 am *Berliner Tageblatt*; 1933 konnte er über die Schweiz und Frankreich nach England emigrieren. Fünf Tage war er, inzwischen Londoner Feuilletonkorrespondent der *Neuen Zeitung*, im Juli 1947 in Deutschland unterwegs (ehe er endgültig in die Heimat zurückkehrte und 1948 in Hamburg starb). »Bin heut, seit vierzehn Jahren zuerst wieder, in dem Land meiner Liebe, meiner Qual, meiner Jugend.

Und meiner Sprache . . . Ich werde nicht wehleidig . . . Aber wie kommt man sich vor, nach allem Vergangenen? Nicht wie ein nachtragender Feind – wahrhaftig nicht. Sondern wie ein erschütterter Gefährte. Erschüttert . . . aber mißtrauisch.« Kerr sah drei deutsche Städte: München, Nürnberg, Frankfurt. Der Eindruck überwiege: München sei keineswegs hoffnungslos. München werde auferstehen. Aber Nürnberg . . . Nur von dem schönen Traum wird zu sprechen sein. Und von einer Schutthalde. Das war gemütlich-bürgerlich; und ist ein Grauen. »Ein Grauen ohne Tragik; nur noch was Unangenehmes. Eine Ruppigkeit. Eine Häßlichkeit. Eine Trostlosigkeit . . . Eine Schutthalde. In den ›Meistersingern von Nürnberg‹ klang es behaglich, friedvoll: ›Wie duftet doch der Flieder‹ . . . Es hat sich ausgeduftet.« Zwar stehe noch die Lorenzkirche; auch ihr Gegenstück, die mit dem wundervollen Sebaldusgrab. Der Weg zwischen beiden aber bleibe eine Seelenfolter. Kaum etwas anderes als Geröll. Irreführend wäre das Wort »Ruinen«. Da denkt man immer an gewesene Hausungen; dies aber ist dem Staub viel näher als der billigen Vorstellung zerrissener Wände. Da stelle sich der Gedanke ein: dieses Trümmerfeld sei seinem Zustand zu überlassen und ein neues Nürnberg nebenan zu erbauen. Das alte Nürnberg wäre dann eine Sehenswürdigkeit wie Pompeji, wie Rothenburg; oder wie das erschütternde Timgad Nordafrikas. Eine Pilgerfahrt für die Fremden. – Frankfurt: Es wird am frühesten empfangsfähig sein. Es wird am frühesten eine gesellschaftliche Zukunft haben. Somit eine politische. »Ich weiß nicht, ob ich in fünf Tagen alles richtig gesehen – aber ich weiß, daß ich alles, was ich gesehen, richtig gesagt habe.«[36]

Trostreiche Örtlichkeiten

Von England aus – er war 1933 dorthin ausgewandert und in London als Schriftsteller, politischer Journalist und Übersetzer tätig – startete auch Peter de Mendelssohn zu einer langen »Deutschlandreise«; sie dauerte vier Jahre. Sie begann im Norden 1945, als die letzten Rauchfahnen noch vor den Geschützrohren standen, und endete 1949 im südlichsten, friedlichsten, unversehrtesten Zipfel, in Konstanz. Im Land seiner Väter, das nicht mehr das Land seiner Kinder war, erlebte er an der Figur Ernst Jüngers das aufwühlend Zwielichtige der deutschen Situation. Da ist einer, der sich, seine Fragwürdigkeiten elitär überspielend, durch den Strom der Zeit zum anderen Ufer wagt; einer, der seine Herzenskälte kultiviert, vom nationalsozialistischen Pöbel sich distanzierte, aber zugleich, als Angehöriger der deutschen Wehrmacht, nur Beobachter der Unmenschlichkeit war, sich zu keiner Widerstandsaktion entschloß – mehr fasziniert von der Verworfenheit des Barbarischen als engagiert für die Verwirklichung humaner Ideale. In Auseinandersetzung mit Jüngers Kriegstagebüchern *Strahlungen* (1949) schreibt Peter de Mendelssohn (teilweise im Rückblick, nun in Italien weilend) sein Tagebuch *Gegenstrahlungen*, das die Eindrücke seiner Lektüre mit seinen Erfahrungen in Deutschland verbindet. Das eigentlich Exemplarische an der Erscheinung Jüngers: daß er wirklich zu den echten, den großen Schiff-brüchigen der gegenwärtigen Zeit gehöre.

»Was kann man dem Menschen, und vor allem dem einfachen Menschen empfehlen, um ihn der Normung, an der auch die Technik ununterbrochen mitwirkt, zu entziehen? Nur das Gebet«, schreibt Jünger. Und an anderer Stelle: »Von allen Domen bleibt nur noch jener, der durch die Kuppel der gefalteten Hände gebildet wird. In ihm allein ist Sicherheit.« Solche Bemerkungen irritieren Peter de Mendelssohn in ganz besonderem Maße: »Reitet er ihn zu Gott? (Das Merkwürdige ist übrigens, daß gerade die Dome allerorten im zerstörten Deutschland unversehrt geblieben sind. Doch seit wann ist eine Kathedrale ein Ort der Sicherheit?) Und wer ist dieser Gott? Er ist – und das versöhnt mich fast, denn es zeigt mir, daß die Haut den Mann nicht heraus läßt, so dringlich er aus ihr herausschlüpfen möchte – kein anderer denn der Gott der ›Stahlgewitter‹. Er ist eine militärische Größe. Und das beruhigt mich hinsichtlich des Gebetes.«[37]

Was bei Jünger, mit exorbitanter Gebärde, gewissermaßen die Misere des verlorenen Krieges antizipierend, dem einfachen Volk als Weg nach innen gewiesen wird, charakterisiert eine wichtige Tendenz des kollektiven Bewußt-seins und Unbewußten dieser Zeit. Man war lange genug Kämpfer gewesen; nun wollte man Beter sein. Enttäuscht von einer Welt, an deren Verderben man allzu willig mitgewirkt hatte, erhoffte man sich Seligkeit (Aufhebung der moralischen Skrupel) durch Rückzug in die Enklaven der Innerlichkeit. Solcher Eskapismus ist gerade auch bei jenen vorhanden, die – und dann viel überzeugender – aus einem Schuldgefühl heraus im finstersten Deutschland aufs innere Licht hin transzendierten. Inmitten abendländischer Dunkelheit, nach dem Scheitern des »experimentum medietatis« (des Versuchs, sich an die Stelle Gottes in den Mittelpunkt der Welt zu rücken) machte man sich auf »Morgenlandfahrt«; ex oriente lux. Zudem stilisierte man das Dritte Reich, das Ernst Niekisch, ein überlebender Vertreter des nationalbolschewistischen Widerstands gegen Hitler, mit Recht ein »Reich der niederen Dämonen« genannt hatte, in eine »höhere Dämonie« hinauf; so erhielt das Weltgeschehen eine apokalyptische Dimension: »Hitler in uns« (so der Titel einer 1945 erschienenen philosophischen Abrech-nung mit dem Nationalsozialismus von dem Schweizer Max Picard) erschien um so »bewältigbarer«, je weniger er von der Banalität des Bösen geprägt war.

In Hermann Hesses *Glasperlenspiel* »hat sich im Bilde der hierarchisch geglie-derten Provinz Kastalien die seit dem Bewußtwerden des menschlichen Geistes wirkende Sehnsucht erfüllt: die Sehnsucht nach einem reinen und höheren Dasein. Die Worte Hermann Hesses aber sind für unsere Zeit gesprochen: ›Es können Zeiten des Schreckens und tiefsten Elends kommen. Wenn aber beim Elend noch ein Glück sein soll, so kann es nur ein geistiges sein, rückwärts gewandt zur Rettung der Bildung früherer Zeit, vorwärts gewandt zur heiteren und unverdrossenen Vertretung des Geistes in einer Zeit, die sonst gänzlich dem Stoff anheimfallen könnte.‹ Und ein weiteres Wort richtet Hesse besonders an uns, an die studierende Jugend: ›Du sollst dich nicht nach einer vollkommenen Lehre sehnen, sondern nach einer Vervollkommnung deiner selbst.‹ Dieses

Streben zur Vervollkommnung und das Wissen, daß Wahrheit nicht doziert, sondern gelebt wird, ist Knechts und Hesses Ziel und sollte auch das unsere sein.« So endet eine Besprechung Siegfried Unselds von Hermann Hesses *Glasperlenspiel*, erschienen Oktober 1948 in den Tübinger *Studentischen Blättern*.[38] Drei Jahre nach seinem Erscheinen in der Schweiz war der Roman durch den von Peter Suhrkamp geleiteten S. Fischer Verlag, Berlin, im Dezember 1946 dem deutschen Publikum zugänglich gemacht worden, »glücklich vorbereitet durch die Verleihung des Goethepreises an Hermann Hesse«.[39]

Diese Auszeichnung, so Unseld, sei mehr als nur Dank, den wir dem Dichter, dem beständigen Mahner und Warner schuldeten; sie wirke gleichsam als Symbol der innigen Verbundenheit, die Goethe und Hesse umschließe; das *Glasperlenspiel* werde zu Recht mit Goethes *Wilhelm Meister* verglichen. »Goethes ›pädagogische Provinz‹ ist im Bezirk Kastaliens Wirklichkeit geworden, ja man darf vielleicht sagen, daß das ›Glasperlenspiel‹ in der Konzentration seiner Gedanken, in einer fast an Zauber grenzenden Verdichtung feinster psychologischer Studien und in dem durchweg musikalischen, ehrfürchtig-meditativen Ton wohl an Goethes Alterswerk heranreicht.« Unseld erinnert in seiner Besprechung auch an Hesses Jugendgedicht *Stufen*; es wurde von einer Jugend rezipiert, die sich als »Restgeneration« der auf den Schlachtfeldern des Zweiten Weltkrieges Verbrauchten und Verheizten in eine ferne poetische Welt hinüberzuretten trachtete. »Es muß das Herz bei jedem Lebensrufe/ Bereit zum Abschied sein und Neubeginne,/ Um sich in Tapferkeit und ohne Trauern/ In neue, andre Bindungen zu geben.« Tapferkeit, wenn auch eine andere, war anerzogen worden; nun begab man sich »ohne Trauern« in neue andre Bindungen. »Und jedem Anfang wohnt ein Zauber inne,/ Der uns beschützt und der uns hilft, zu leben.« Romantik, weiterhin deutsches Schicksal, förderte die Realitätsverdrängung, die selbst im finstersten Deutschland den Neubeginn »zauberhaft« machte. So konnte gerade Hermann Hesse zu einem enthusiastisch begrüßten Lebensführer werden – sprach doch aus seinem Schaffen serene, abgeklärte, erdabgewandte Weisheit (eine Weisheit, die durch schwere Irrungen und Wirrungen hindurchgegangen, also den Anfechtungen abgerungen war).

> »Auf dem Rest einer Bank
> neben dem Rest eines Rummels,
> sitzt der Rest einer Generation,
> raucht den Rest eines Stummels
> und den Rest unseres Gefühls,
> den beresten wir zu Zweit!
> Ohne Hoffnung auf den Rest unsrer Zeit!«[40]

So lautet die letzte Strophe des Lieds *Das deutsche Liebespaar* aus der »Revue der Stunde Null« *Schwarzer Jahrmarkt*, die Günter Neumann 1947 in Berlin herausbrachte. Das war kabarettistische Übertreibung. Die »Restgeneration« hatte sich nämlich längst im Überbau einer neuen Sinnhaftigkeit eingerichtet; im finstersten Deutschland gab es genug trostreiche Örtlichkeiten, da man – wie in Hesses

Kastalien – von der alten, düsteren, bösen, verlogenen Zeit Abschied nehmen und, im heiteren Durchschreiten geistiger Räume, gesunden konnte.

Ein solcher Genius loci waltete in Tübingen. Natürlich war auch diese Stadt von deutscher Finsternis überschattet. Die sensiblen Geister spürten überall den Modergeruch des Abgründigen, der durch die Ritzen ins panische Idyll eindrang. Als abgeschirmte kulturelle Nische zeigte es jedoch auch einen Glanz von innen. Anknüpfend an die Tradition eines Hölderlin, Hegel, Schelling, Schiller, Mörike, Uhland, hatte württembergische liberale Humanität eine besondere Chance, zumal »Weimar«, abgesehen davon, daß es in der sowjetisch besetzten Besatzungszone lag, mit der Weimarer Republik abgewirtschaftet hatte; es war von »Potsdam« überlagert worden. Süddeutscher Republikanismus, zumal er sich auf eine Vielzahl hervorragender Philosophen, Theologen, Geistes- wie Naturwissenschaftler stützen konnte, war so von größter Bedeutung für die Demokratisierung Deutschlands.[41] Thaddäus Troll, eigentlich Hans Bayer, Jahrgang 1914, kam 1932 nach Tübingen, das mit seinen schlagenden Verbindungen deutschnational-reaktionär bis in die Knochen war; der Nationalsozialismus hat sich dort lauthals angekündigt. »Zuvor hatte ich einen Deutschlehrer, der zu mir sagte: ›Lies nicht so viel Tucholsky, lies nicht so viel Remarque, lies nicht so viel Döblin; es gibt zwei Bücher, die du lesen mußt: das eine ist Hitlers ‚Mein Kampf‘ und das andere ist Rosenbergs ‚Mythus des 20. Jahrhunderts‘. Ich habe diese verquasten, in schrecklichem Deutsch geschriebenen Bücher gelesen, wußte, was kommt und war dadurch immun. Die Korporationen waren zum größten Teil ›völkisch‹, viele Angehörige exerzierten in der Schwarzen Reichswehr, alles ist dort vorbereitet worden; auf der anderen Seite standen die Korporationen im Gegensatz zum NS-Studenten-Bund und wollten ihre Tradition bewahren.« Aus der Zeit nach 1945, da Tübingen zu einem Anziehungspunkt des »anderen Deutschland« wurde, erzählt Troll (der 1938 eingezogen und 1945 nach kurzer englischer Gefangenschaft entlassen worden war): »Im April 1946 habe ich meine erste Reportage über Tübingen geschrieben. Darin steht, die Besonnenheit des früheren Standortarztes habe Tübingen gerettet, der sich mit der Waffe in der Hand denen entgegenstellte, die wollten, daß nach ihrem jammervollen Abtreten die Sintflut käme. Die Franzosen hatten den Süden Württembergs besetzt und sahen milde auf die Stechspuren als Nachlaß gewisser Abzeichen auf dem Rockaufschlag. Sie hingen den Brotkorb höher als die Amerikaner, waren aber in der Entnazifizierung großzügiger. Es roch in den Straßen von Tübingen nach schlechtem Tabak, nach Chanel Nr. 5 und nach markenfreiem Weißkohl. Die Studenten waren dankbar, daß sie dem Krieg und dem politischen Terrorismus entronnen waren, sie waren fleißig und sahen eher wie pünktliche Buchhalter aus, die sich das Wohlwollen des Chefs verdienen wollten . . . Über ihnen hing das Damoklesschwert der Vermögensabwertung. Ich nannte sie damals in meiner Reportage ›Skeptiker, die zu den Krücken des Glaubens greifen, um sich in den Trümmern unserer geistigen Welt bewegen zu können‹.«

Tübingen hatte damals eines der besten deutschen Theater. Zum Ensemble gehörten Anna Dammann und Elisabeth Flickenschildt, Hanne Wieder und

Theodor Loos, Otto Wernicke, Angela Salocker und Werner Krauss (wegen seiner Mitwirkung in *Jud Süß* boykottiert). Carlo Schmid übersetzte Calderóns *Morgen kommt ein neuer Tag*, schrieb für Hanne Wieder großartige Kabarettsongs. Heuss sprach zu den Studenten: »Flucht in die Romantik der Illusionen ist Feigheit.«

Hans Bausch, später Intendant des Süddeutschen Rundfunks, der im Januar 1945 mit List und Tücke als schwerverwundeter Soldat sich nach Tübingen durchgemogelt und beim Einmarsch der Franzosen Anfang April 1945, seit drei Tagen frisch verheiratet, im Standortlazarett lag und von dort ins private Studentendasein entkommen konnte, erzählt: »Ich war damals nur Student, im AStA allerdings sehr aktiv. Bald erhielt ich eine ›carte rouge‹, die mir jederzeitigen Zutritt verschaffte zum französischen Universitätsoffizier René Chevall. Mit seiner Hilfe erhielt ich auch eine Lizenz für eine ›Revue Mensuelle‹ mit dem Titel ›Studentische Blätter‹ . . . Die Zeitschrift erschien monatlich in einer Auflage von 20 000 Exemplaren, wofür eine Tonne Papier jeweils bewilligt wurde. Auf der Suche nach einem Verleger stieß ich auf den alt renommierten wissenschaftlichen Verlag J. C. B. Mohr (Paul Siebeck). Eine Studentenzeitschrift paßte zwar nicht in das Verlagsprogramm, doch fand sich bald ein ›Firmenmantel‹, als ich von meiner Papierzuteilung sprach.«

Tübingen war damals eine Hochburg der Germanistik (mit Hugo Moser, Paul Kluckhohn, Hermann Schneider, Wolfgang Binder, Friedrich Sengle); juristische Vorlesungen hielten Theodor Eschenburg und Carlo Schmid, der im besonderen mit jungen Leuten, die durch die Nazis verführt waren, intensiv diskutierte, um in ihnen ein neues Demokratieverständnis zu wecken. Der Philosoph Wilhelm Weischedel lud jede Woche Doktoranden und Freunde zur Diskussion über ein bestimmtes Thema, das in der Luft lag, ein; beliebt und berühmt waren seine philosophischen Klausurtagungen, die sich über zehn Tage erstreckten (z. B. sich intensiv mit Martin Heideggers *Holzwegen* auseinandersetzten).

Martin Walser kam im Sommersemester 1948 von Regensburg nach Tübingen. »Mir jedenfalls ist aktuelle Literatur damals in Tübingen nicht bekanntgeworden, höchstens über den Film spielte die aktuelle Szene nach Tübingen herein. Es wurden damals in Tübingen gezeigt: ›Die Kinder des Olymp‹, ferner der Film von Käutner, ›Der Apfel ist ab‹. Das waren meine beiden Film-Erlebnisse, die ich in Tübingen hatte; aber sonst war das, verglichen mit heute an der Universität, grotesk. Ich bilde mir ein, ich war im Hörsaal, als der Germanist Hermann Schneider triumphierend von seinem Katheder in den überfüllten Saal ausrief: ›Ich reiche nur bis 1832‹ – aber das ›nur‹ war sozusagen Ironie. Er war glücklich, daß er nur bis dahin reichte . . . Und als Professor Beißner für meine Dissertation einen Koreferenten suchte, fand er keinen, der über eine Kafka-Arbeit mitbefinden wollte. Wenn es mir richtig berichtet wurde, hat Professor Kluckhohn damals gesagt, er würde diesen Koreferenten machen, wenn er diesen Kafka nicht auch noch lesen müsse. So habe ich es damals wenigstens gehört. Mit so etwas Neuem wollte man in Tübingen wenig zu tun haben. Dabei war Kafka natürlich auch schon fast 30 Jahre tot.«[42]

Rückkehr von Evakuierten nach Berlin, 1945

Unterwegs

Die Enklaven der kleinen Universitätsstädte (wie Tübingen, Erlangen, Göttingen, Marburg, Heidelberg), die den Krieg ziemlich unversehrt überstanden hatten, gehörten zum glücklichen Überbau. Drunten aber war's fürchterlich. Angesichts der Schuttmassen, die auf Deutschland lagen, schätzte man, daß der Wiederaufbau ein halbes Jahrhundert dauern werde. Die Versorgung mit Energie, Strom, Gas und Wasser war äußerst mangelhaft; von den zugeteilten Nahrungsmitteln konnte man kaum leben. Millionen waren unterwegs. Flüchtlinge, Vertriebene, Kriegsgefangene, Verfolgte; solche, die aus den Städten flohen, solche, die wieder in die Städte wollten; solche, die ihre Heimat verloren hatten; solche, die ihre Heimat wieder aufsuchten; solche, die im Zeitstrom untergingen; solche, die sich nur mühsam über Wasser halten konnten; solche, die erfolgreich wie Korken auf der Oberfläche dahintanzten. Vom Weg in die Innerlichkeit, auf ein geistiges Dasein ausgerichtet, zweigte eine breite Straße in entgegengesetzter Richtung ab: einem neuen Realitätsprinzip entgegen, das, aus der Not geboren, aus dieser Not eine Tugend und schließlich daraus das Wirtschaftswunder machte. Bald erhellten auch den Unterbau des finstersten Deutschlands Lichtblitze, die allmählich zu einer großflächigen Wolkenauflockerung führten. Kulturphänomenologisch erweisen sich als besondes markante Züge: eine radikale Durchmischung der Gesellschaftsgruppen, der Klassen, Stände, Schichten, regionaler wie stammesmäßiger Mentalitäten und Eigenarten; die Herausbildung eines bundesrepublikanischen Menschentyps, geprägt durch ein materialistisch orientiertes Sehnsuchtspotential.

Die Trümmerzeit ist eine transitorische Zeit. Man bewegt sich von totalitärer Unkultur in eine demokratische Kultur, aus eindimensionaler geistig-seelischer Befindlichkeit in die Offenheit einer pluralen Gesellschaft, aus totalitärem Puritanismus in zivilisatorischen Überfluß. Die Nachkriegswelt ist eine, die »unterwegs« ist, zunächst aus Not, dann, weil Mobilität Nutzen bringt. Durch das geschichtliche Schicksal wird »Beweglichkeit« auferlegt. Die Fluktuation auf den Straßen und entlang der Schienen entwickelt sich zur Migrationskultur, die improvisatorische Qualitäten fördert und die Unsicherheit des Reisens mit vagantenhafter Unbekümmertheit bewältigt. Dieses Oszillieren zwischen Zonen und Befindlichkeiten, Regionen und Verhaltensweisen, quer durch die zerklüftete deutsche Wirklichkeit, spiegelt sich in einer ausgeprägten Reportageliteratur, deren impressionistischer Realismus die großen Wanderungsbewegungen der Zeit festhält.

Der polnisch-englische Schriftsteller und Journalist Isaac Deutscher (1932 bis 1939 Mitglied linksgerichteter polnischer Organisationen in Warschau, Führer der antistalinistischen Opposition, 1939 nach England emigriert) veröffentlichte im Juni 1945 im *Economist* eine Reportage über die Straßen Bayerns. Wenn sie, meinte er, von dem sprechen könnten, was sie in den letzten Monaten und Wochen gesehen haben, »dann würden sie eine Geschichte erzählen, die ebenso umfassend, einfach und bewegend wäre wie Tolstois ›Krieg und Frieden‹, furchtbarer als Dantes Inferno oder die Erscheinungen Edgar Allan Poes und gelegentlich so tragikomisch wie Hašeks ›Der brave Soldat Schwejk‹«.

Jede große Landstraße biete einen Querschnitt der großen Probleme Deutschlands und Europas – ein chaotisches und zugleich einmaliges Bild: Vorbei an total zerstörten Städten und durch eine liebliche Landschaft, die kaum eine Spur von Zerstörung zeigt, zieht der Strom der Emigranten. Lange Lastwagen-Konvois, überladen mit deutschen Soldaten, voran die Offiziere in ihren Dienstautos, fahren in Sammelpunkten und Gefangenenbaracken ein. Die Soldaten sind entwaffnet, einige Offiziere haben noch ihre Seitengewehre und erteilen den Leuten, in typischer Feldwebelmanier brüllend, ihre letzten Befehle. Kolonnen der geschlagenen Wehrmacht treffen auf Kolonnen der Amerikaner, die in entgegengesetzte Richtung fahren; Momente der Verwirrung; verlegene deutsche Offiziere salutieren vor den Siegern. Die Soldaten beider Heere betrachten einander mit Neugierde oder Gleichgültigkeit, oder sie ignorieren einander, je nach ihrer Stimmung. Irgendwo am Straßenrand schleppt sich ein Mann in der gestreiften Kleidung eines KZ-Häftlings langsam nach Hause; kurz zuvor war er von einem SS-Offizier angehalten worden, der mit seinem Adjutanten im Auto vorbeikam; es kommt zu einem scharfen Wortwechsel und zu Drohungen, von heftigen Gesten begleitet. Da nähert sich ein amerikanischer Jeep, der Streit

Hamsterfahrt, 1947 (Photo: Friedrich Seidenstücker)

bricht ab, und das Auto des SS-Offiziers fährt weiter. Der ehemalige KZ-Häftling erklärt mit einem gewissen Stolz, daß er Funktionär der Sozialdemokratischen Partei in Breslau war. Die Bauern sind freundlich und entgegenkommend, sie nehmen den KZ-Mann über Nacht bei sich auf und stopfen seinen Rucksack mit Lebensmitteln voll, bevor er zu einem langen Tagesmarsch aufbricht. Seit Jahren hat er nichts mehr von seiner Familie gehört. Entlassene Kriegsgefangene, von der Last schwerer Rucksäcke gebeugt, das Haupt gesenkt, ziehen einzeln oder zu zweit ihrer Heimat entgegen. Es sind freigelassene Bauern, Bergarbeiter oder Transportarbeiter. Sehr wenige unter den Überlebenden der deutschen Wehrmacht scheinen zu glauben, daß der Führer wirklich tot ist.[43]

Hans Werner Richter nannte in einer Reportage den Schienenstrang, der kreuz und quer durch ein Land läuft, die Lebensader eines Volkes: »An ihm und auf ihm widerspiegelt sich der Geist eines Volkes, seine Mentalität, seine inneren und äußeren Sorgen, seine Furcht und seine Hoffnungen. Tausende von Gesprächen werden an ihm geführt, zwischen Menschen, die sich nie gesehen haben und die sich nie wiedersehen werden. Die Gespräche flattern auf und verklingen, sie kommen und gehen, tagaus, tagein, und enthalten doch alle ein Stück der Wahrheit, die der graue Alltag mit sich bringt. Wo sich ein Volk auf Reisen begibt, wird das Gesicht der Zeit sichtbar. Und heute ist ein Volk unterwegs. Es wandert vom Norden nach dem Süden, vom Osten zum Westen und vom Westen nach dem Osten. Es ist zum Teil heimatlos und bevölkert die Bahnhöfe und Züge. Es führt ein Leben am Schienenstrang. In tausend Gesprächen versucht es seine Existenzberechtigung zu beweisen, in tausend Unterhaltungen irrt es auf den Wegen der Vergangenheit und sucht die Hoffnung von morgen. Es sind immer die gleichen Gesprächsthemen, die es bewegen, der verlorene Krieg, die Zonengrenzen, die deutschen Mädchen, die Denazifizierung, die vermeintliche Demokratie und die hoffnungslose Zukunft.«[44]

Das Wort »Demokratie« werde gebraucht wie eine ausgelutschte Apfelsinenschale; es werde mit Niederlage, Hunger, Elend, Korruption und Bürokratismus gleichgesetzt. Wenn das Zugabteil keine Fensterscheiben hat, wenn die Toilette zu dicht besetzt ist, wenn der Zug mit Verspätung ankommt, dann sagen sie: Das ist Demokratie! Eine neue Verordnung der Militärregierung, die Kürzung der Fettrationen, der Registrierschein, die Kennkarte, das Schlangestehen, alles sind für sie Wesenszüge der Demokratie. Die deutschen Mädchen – beanstandet wird ihr Mangel an Nationalgefühl. Haben Sie das in Hamburg gesehen, sagt ein älterer Herr mit einem Kneifer und unrasierten, eingefallenen Wangen zu einem jüngeren, der sich, sehr gepflegt, eine amerikanische Zigarette anzündet: Alle Tommies mit deutschen Mädchen! Das geht zu weit, das geht entschieden zu weit. Darauf der Jüngere: Da müssen Sie erst mal nach Frankfurt kommen. Da können Sie was erleben. – Eine alte Frau, die sehr weitgereist aussieht, mischt sich ein: Was reden Sie da! Hunger tut weh. Und schließlich: Es gibt auch noch anständige Mädchen!

Der Bürokratismus: Nichts hat die deutsche Verwaltung unserer Zeit so in Mißkredit gebracht, wie der Fragebogen und der ständig wachsende Papierkrieg. Immer wieder der Vergleich mit der nationalsozialistischen Bürokratie – und daß es nur noch schlimmer geworden sei. Dreihundert Gramm Fett und zehn Fragebogen und zwanzig Registrierscheine und dreißig Kennkarten und hundert Beamte, um das alles zu verwalten.

Vom verlorenen Krieg spricht man nicht, dafür um so mehr vom kommenden Krieg. Die Russen werden kommen, und dann ist es aus mit den neudeutschen Demokraten, sagen die einen; und die anderen: Die Amerikaner werden die Russen bis an den Ural zurückjagen, und dann haben wir Ruhe. Denken wir an die Atombombe, meint ein wohlbeleibter nervöser Mann zu einem anderen, der wie ein entlassener Offizier aussieht. Unsinn, antwortet dieser; halb so schlimm, die Russen haben viel zuviel Panzer; bei denen liegt die Entscheidung; auch heute noch. Eine Frau: Warum sprechen Sie immer vom Krieg? Es gibt keinen Krieg, es darf keinen Krieg geben.

Dolf Sternberger, geboren 1907, bis zur Streichung von der Berufsliste wegen politischer Unzuverlässigkeit (1943) Redakteur der *Frankfurter Zeitung*, veröffentlichte seit 1945 in der von ihm unter Mitwirkung von Karl Jaspers, Werner Krauss und Alfred Weber herausgegebenen Zeitschrift *Die Wandlung* ein Tagebuch, in dem er vor allem die Erfahrungen seiner Reisen »im dunkelsten Deutschland« festhielt. Wenn man, heißt es in einem Bericht Sommer 1945, am Schalter des Bahnhofs seine Bestellungen aufgebe, Bestellungen, die angesichts der Gesamtsituation Staunen machten – dreimal Koblenz, zweimal Bremen, einmal Berlin –, so wisse niemand, ob er seinen Bestimmungsort überhaupt erreiche; so viele Namen, so viele Wagnisse. Der Begriff der »Anschlüsse« sei längst phantastisch geworden, und zudem lägen Zonengrenzen zwischen hier und diesen Zielen, unsichtbare, aber sehr fühlbare Mauern quer durchs Land, von denen wir noch nicht ahnen, ob sie uns Durchlaß bieten werden.

»Diese kleine Öffnung in der Scheibe eines Amtsfensters muß als der Kreuzpunkt ungeahnter und ahnungsloser Geschicke aufgefaßt werden. Der improvisierte Beamte mitsamt seinem Knaben, der hinter ihm am Tische eifrig Karten ausschreibt, als ein Zauberer, der alle Wünsche erfüllt, schlechthin alle. Und alle Wünsche sind doch nur einer und derselbe: ›to go home‹; so steht's auf allen Zetteln, welche die Wandernden vorzeigen, um ihre Anweisung auf die Glückseligkeit zu erhalten. Lopodunum ist wie der geometrische Ort aller Heimkehrwege. Wer hätte gedacht, daß diese schmale Hintertür und diese hohe Bahnhofshintertreppe zu solchem Zauberort führten! Wer aber keinen Zettel hat mit jener ergreifenden Aufschrift – ›to go home‹ –, den schickt der junge Mann im Schillerkragen zum Bürgermeister, daß er sich einen hole. Auf daß keiner leer ausgehe und ohne dieses Ziel alle Ziele. Oder ist es bloß ein Austausch von Papieren? Ein wesenloses Flattern von Zetteln hin und wider? Sie werden aber geborgen in hundert fleckigen Röcken und schweißverklebten Taschen, allemal dort, wo es am sichersten zu sein scheint, am nächsten der Brust und dem klopfenden Herzen. Hundert Versuche, heimzukehren.«[45]

Klaus R. Scherpe hat darauf hingewiesen, daß die Reportageliteratur der Nachkriegszeit einen deutlichen Kontrapunkt zur Innerlichkeitsliteratur setze, die eine fatale Neigung zum Wesentlichen, zum »Inbegriff«, zur seelischen und metaphysischen Beglaubigung der Außenwelt zeige. Diese Gegenbewegung eines »Realismus des Unmittelbaren« bewirkte Tausende von Alltagsgeschichten, Erfahrungsberichten, Realitätsnotaten, Reiseerlebnissen und -reflexionen, Deutschlandbriefen und Interviews. Es käme eine »erzählte Wirklichkeit« zum Vorschein, die äußerst bedeutsam war als beschreibendes und effektives Moment der realen Nachkriegsentwicklung; sie war vor allem auf Information und Kommunikation eingestellt. »Man hat sich viel zu erzählen in dieser Zeit der persönlichen Trennung und des politischen und sozialen Umbruchs im geteilten Deutschland. Die Reise geht von Zone zu Zone, von Stadt zu Stadt, um den durch die Zerstörung der Verkehrswege und die politische Teilung entstandenen Informationsmangel auszugleichen. Das permanente Besorgen und Versorgen schafft aber auch vor Ort einen Zwang zur Mobilität. Man begibt sich in Lebensbezirke, die sonst unbekannt blieben – auf den Güterbahnhof, aufs Stoppelfeld oder in die Großküche der Stadt. Der Bericht darüber schafft Vertrautheit und ein wenig Sicherheit auf unbekanntem Terrain. Zugleich kann der bitteren Notwendigkeit durch die Reproduktion in der Reportageform der eine oder andere Reiz – Protest, Abenteuerlichkeit oder auch der erleichternde Ulk – abgewonnen werden. Kohlenklau und Hamsterfahrt gehörten, abenteuerlich genug, zur Lebensgeschichte.«[46]

Der Bahnhof als Knotenpunkt des Elends. Der Bahnhofstumult umgreift das ganze deutsche Chaos der Flucht, der Heimkehr, des Hungers und des schwarzen Marktes. Ganz Deutschland ein großer Wartesaal. Von »Quarantäne«, »Niemandsland«, »Vakuum«, »Interregnum« ist häufig die Rede. Solche Metaphern entsprachen einer bestimmten Mentalität, an der alle Schichten der Bevölkerung ihren Anteil hatten: daß nämlich keine »Gesellschaft« mehr existiere. Zugleich aber spürte man, daß solcher Verlust von Gesellschaft Übergangsphase zu einer ganz neuen Gesellschaft sein könne. Der Zusammenbruch der Produktion, der Verkehrswege und der Versorgung, die Trennung der Familien und das Flüchtlingsschicksal, die Umschichtung der Geschlechterrollen und der Berufe bei weitgehender Arbeitslosigkeit, der Prozeß der Dezentralisierung und Regionalisierung, nicht zuletzt die fremde, unerfahrene Autorität in Politik und Verwaltung: diese objektiven Fakten der »sozialen Desorganisation« erzeugten im individuellen Erfahrungsbereich die Realität eines sozialen Identitätsverlustes. Aber inmitten des sozialen Leistungsvakuums entstand der Mut zum »Selbermachen« (der einzelne genoß es, eine Art Robinson zu sein). Es zeigten sich Ansätze solidarischen Handelns; das individuelle Sichdurchschlagen und Durchhalten im Daseinskampf trug nicht nur aggressive und destruktive Züge, sondern auch solche der Mitmenschlichkeit. Zur autoritären Persönlichkeit erzogen, reagierte man zunächst mit Angst und Unsicherheit gegenüber den neuen Identifikationsangeboten, die jedoch zunehmend akzeptiert wurden. Man hatte die Hinfälligkeit der Klassenstruktur der Gesellschaft erfahren, den Verlust der institutionellen Hierarchie in Staat und Gesellschaft – sah darin aber auch eine Chance für andere Strukturen. Mit dem Abbau waren die Haltepunkte überkom-

Harald Duwe, Nachkriegszeit, 1946/48

mener Regeln und Werte verschwunden; soziale Typisierungen, nach Schicht,
Beruf, Bildung, Religion, traten in den Hintergrund gegenüber Schicksalskate-
gorien wie Heimkehrer, Flüchtling, Kriegsgefangener, Kriegerwitwe, Displaced
person, KZ-Häftling. Die »kulturelle Freisetzung«, durch die Stunde Null bewirkt, wurde zur Last *und* Lust.

Als Fixpunkte zur Definition der Nachkriegsreportage seien, so Klaus F.
Scherpe, tauglich:

Das Bedürfnis nach Konkretisierung und Auffüllung der als »Niemandsland«
und »Vakuum« empfundenen Lebenszeit; die Tendenz zur absoluten Vergegen-
wärtigung, zur Sinnfindung auf engstem Raum (bestärkt durch die vorgegebene
Publikationsform in Zeitungen und Zeitschriften); unter diesen Bedingungen
und unter dem Primat der raschen, aber bedeutungsvollen Wahrnehmung erscheinen die meisten Texte als »leer« oder zumindest zurückhaltend und unbe-
stimmt, was die historische Auseinandersetzung mit dem Faschismus und den
Möglichkeiten einer gesellschaftsrelevanten Zukunftsprognose angeht.

Die gesellschaftliche Leere und Unbestimmtheit, die beobachtet wird, soll
jedoch nicht ablenken von der gesellschaftlichen Dynamik, die in dem Bedürfnis
nach einem konkreten Lebenszusammenhang und persönlich zu verantworten-
dem Handeln verborgen liege. Die Auflösung von aktuellen Informationen,
historischem Wissen, Lebensgeschichten und Lebenserinnerungen, ebenso die
auffällige personale Perspektivierung des Alltagsgeschehens, lockern die Pro-

portionen der Reportage; die Illusion von der persönlichen Tätigkeit und Machbarkeit der gesellschaftlichen Verhältnisse wird dadurch verstärkt.

Vor der Zeit der Repolitisierung und Resozialisierung des gesellschaftlichen Lebens handelt die Nachkriegsreportage fast ausschließlich von den zwischenmenschlichen Beziehungen. Auch dort, wo die für die »klassische Reportage« der zwanziger und dreißiger Jahre verbindliche Thematik der Arbeitswelt, der Justiz und des politischen Geschehens in den Blick kommt (wie Nürnberger Prozeß, Wiederaufbau bei Krupp), dominieren der Bericht und die Erzählungen von den zwischenmenschlichen Ereignissen.

Signifikant, daß hinsichtlich der Reportagenstruktur häufig von »Mosaik« und »Kaleidoskop« die Rede ist. Kann man die historische Schreibpraxis der Nachkriegsreportage als »offen« im Sinne des Mangels an übergreifenden historischen Konturen, als »leer« in dem historisch bestimmten Sinn der »Nachkriegsvakuums« bezeichnen, so verbietet sich eine strengere Normierung.

Der Übergang zur Kurzgeschichte ist fließend. Im Erfahrungs- und Beobachtungsgebiet von Wartesaal, Bahndamm, Ruine und Flüchtlingsasyl gibt es im Sinne der Zeit eine grüne Grenze zwischen Stoff- und Lebensfülle und den einprägsamen »menschheitlichen« oder historischen Bedeutungen.

Keiner hat diese Fähigkeit zur dichterischen Reportage (verdichteter Alltagswahrnehmung) ergreifender zur Geltung gebracht als Wolfgang Borchert. In der Sicht der linken Literaturkritik von heute gehört er zu den »scheinkonkreten« Autoren, da er mit seinem Aufschrei über die Bösartigkeit des Menschen, aber auch mit seinem Pathos die sozioökonomischen Bedingtheiten der Misere nicht beachtete. Dafür hat er die Migrationskultur in Poesie transponiert und sublimiert; Zeugnis abgelegt für eine transitorische Generation, die aus dem Geworfensein heraus mit expressiver Gewaltanstrengung Hoffnung wagte. Im finstersten Deutschland war man nicht nur unterwegs, man hoffte auch auf Ankunft.

»Wir begegnen uns auf der Welt und sind Mensch mit Mensch – und dann stehlen wir uns davon, denn wir sind ohne Bindung, ohne Bleiben und ohne Abschied. Wir sind eine Generation ohne Abschied, die sich davonstiehlt wie Diebe, weil sie Angst hat vor dem Schrei ihres Herzens. Wir sind eine Generation ohne Heimkehr, denn wir haben nichts, zu dem wir heimkehren könnten, und wir haben keinen, bei dem unser Herz aufgehoben wäre – so sind wir eine Generation ohne Abschied geworden und ohne Heimkehr.

Aber wir sind eine Generation der Ankunft. Vielleicht sind wir eine Generation voller Ankunft auf einem neuen Stern, in einem neuen Leben. Voller Ankunft unter einer neuen Sonne, zu neuen Herzen. Vielleicht sind wir voller Ankunft zu einem neuen Lieben, zu einem neuen Lachen, zu einem neuen Gott.

Wir sind eine Generation ohne Abschied, aber wir wissen, daß alle Ankunft uns gehört.«[47]

Abb. gegenüberliegende Seite: Karl Hofer, Berührung, 1945

Schwierige Suche nach
dem neuen Adam

Werwölfe werden zu Unschuldslämmern

»Eine Weltkatastrophe kann zu manchem dienen. Auch dazu, ein Alibi zu finden vor Gott. Wo warst du, Adam? ›Ich war im Weltkrieg.‹« Theodor Haecker notierte dies am 31. März 1940 in seinen *Tag- und Nachtbüchern*. Heinrich Böll stellte das Wort seinem Roman *Wo warst du, Adam?*, der den Krieg und seinen abgründigen Mechanismus anhand einiger Lebensschicksale aufzeigt (1951), voran.

Welcher Adam war es nun, der in der Stunde Null zutage trat? Gab es überhaupt noch ein, wenn auch schwaches Alibi angesichts der furchtbaren Verbrechen, die von den Nationalsozialisten mit weitreichender Billigung des Volkes begangen worden waren? Konnte man auf einen neuen Menschen hoffen – auf einen Menschen, der, durch Scham und Schuld geläutert, die Rückkehr Deutschlands zu den menschlichen Grundwerten aktiv vollzog? Die Betrachter des deutschen Psychogramms, vor allem diejenigen des westlichen Auslands, darunter viele Emigranten, die sich auf die Reise durchs finsterste Deutschland machten, zeigten große Unsicherheit. Gerade wenn sie sich mit der deutschen Geschichte und dem deutschen Nationalcharakter intensiv beschäftigt hatten, standen sie vor einem Rätsel: Mit Kriegsende waren (fast) alle Nationalsozialisten verschwunden. Fanatismus hatte man erwartet; Wölfe (Werwölfe); man traf auf Unschuldslämmer. Verwandelt schien dieses Volk; war es eine Wandlung? Konnte man sich auf die Mutation verlassen?

Die »blonde Bestie«, die im hybriden Rassenwahn die anderen Völker unterjocht, das europäische Judentum ausgerottet, den deutschen Geist zerstört, den totalen Krieg provoziert und ein unermeßliches Trümmerfeld hinterlassen hatte – sie war domestiziert. Eifrig ging sie in die Klippschule der Demokratie. Selbst die höchsten nationalsozialistischen Führer, die im Nürnberger Prozeß belangt und verurteilt wurden, behaupteten, von den Verbrechen kaum etwas gewußt zu haben. Hitler und Himmler hätten, so funktionierte die individuelle wie kollektive Autosuggestion, zusammen mit wenigen Schergen die Untaten allein zu verantworten. »Hitler in uns«? Dort jedenfalls saß er nicht. So bedurfte es auch keiner exorzistischen Anstrengungen, um vom nationalsozialistischen Menschenbild und von nationalsozialistischer Weltanschauung freizukommen. Die neue Umwelt bewirkte den neuen Phänotyp des demokratischen Staatsbürgers in schier unvorstellbar kurzer Zeit. Das deutsche Volk ein Volk von Verwandlungskünstlern, die geradezu besessen, je nach Besatzungszone, russisches, englisches, französisches und vor allem amerikanisches Denken wie Fühlen verinnerlichten! Die zelotische Jugend, lange Zeit den Mythos des unbesiegbaren deutschen Soldaten verkörpernd, wurde mit einem Schlag zivil; sie, ursprünglich zum bedingungslosen Gehorsam erzogen, war am impulsivsten bereit, sich neu zu orientieren. Der Loslösungsschmerz war kurz. Einer aus dieser Generation berichtet: »Und dann kam der Tag, an dem ich meinen Führer verleugnete. Ein betrunkener polnischer Korporal hatte meine Mutter und mich nachts aus dem Bett geholt. Er bedrohte uns mit der Pistole, stieß unsere Köpfe zusammen und schrie: ›Ich polnische SS! Du lieben Hitler.‹ In meiner Todesangst fing ich an zu reden wie ein Sturzbach: ›Hitler ist ein Verbrecher, Hitler ist verrückt. Wir lieben Hitler nicht, wir hassen ihn, usw.‹ Durch den Lärm im Haus wurden die Hühner aus dem Schlaf gescheucht. Der Hahn krähte mitten in der Nacht. Ich fühlte mich wie Simon Petrus.«[48] War das Gebäude der Ideologie auch zusammengebrochen – im Seelenschutt fand das aufkeimende total veränderte Selbstbewußtsein rasch neuen Wurzelgrund.

Alexander und Margarete Mitscherlich haben später das Phänomen der versäumten Trauerarbeit analysiert. Hätten, so ihr Gedankengang, nicht die Abwehrmechanismen der Verleugnung, der Isolierung, der Verkehrung ins Gegenteil, des Aufmerksamkeits- und Affektenzuges vor allem, also der Derealisation, der ganzen Periode des Dritten Reiches gegenüber eingesetzt, so wäre im Nachkriegsdeutschland der Zustand schwerer Melancholie für eine große Zahl von Menschen die unausweichliche Konsequenz gewesen, als Konsequenz ihrer narzißtischen Liebe zum Führer und der in seinem Dienst verübten Verbrechen. »In der narzißtischen Identifikation mit dem Führer war sein Scheitern ein Scheitern des eigenen Ichs. Zwar hat die Derealisation und haben die übrigen Abwehrvorgänge den Ausbruch der Melancholie verhindert, aber sie haben nur unvollständig die ›großartige Ich-Verarmung‹ abwenden können.«[49]

Was im Rückblick auf die Genealogie des bundesrepublikanischen Menschentyps als fatales Defizit erscheint, nämlich das Versäumnis zur Trauerarbeit, war umgekehrt die Voraussetzung dafür, daß überhaupt dieser bundesrepublikanische Typus entstand. Die Verdrängungsleistung ermöglichte Anpassung, die Anpassung ermöglichte Öffnung; und in den Besatzungszonen der westlichen Alliierten war dies Anpassung an ein mehrdimensionales, humanes, demokratisches Menschenbild. Was Friedrich Nietzsche im *Zarathustra* an den »Gegenwärtigen« ironisiert, daß sie nämlich mit fünfzig Klecksen bemalt an Gesicht und Gliedern dasäßen und alle Zeiten und Völker bunt aus ihren Schleiern blickten, dahinter aber nur Vogelscheuchen steckten – solcher Eklektizismus erwies sich als die große Chance der kulturellen Neuorientierung nach 1945. Die Konturlosigkeit des ehemaligen Volksgenossen ermöglichte es, ihm ein neues Profil anzuziehen. Anders formuliert: Der Bewußtseinswechsel war offensichtlich eine Kleiderfrage. Übrigens durchaus auch wörtlich verstanden.

Die Trümmermode, freilich von der Not des Alltags erzwungen, trug die neue Offenheit zur Schau. Kopftücher in allen Schattierungen, Mäntel mit eckig ausgestopften Schultern, lange Hosen, Pumphosen, Restbestände aus Theatergarderoben, Trainingsanzüge, Faltenröcke, dicke Wadenstrümpfe, Skistiefel, Ballschuhe, Pelzmäntel (Felle aller Tierarten), Schlapphüte, Baskenmützen, Schirmmützen (entmilitarisiert), schlotternde Hemdkragen in allen Weiten (meist zu weit), Krawatten aller Farben, graue Leder- und schmalschultrige Militärmäntel (ohne Epauletten), Doppelreiher-Sakkos, Knickerbocker – man hatte die braune Monotonie abgelegt und erschien kunterbunt-kreativ. Josef Müller-Marein berichtet, autobiographisch, von solcher Umwandlung. In Lübeck, einen Tag bevor die Engländer kommen, findet er im Stadttheater einen Unterschlupf. Er zieht seinen Waffenrock aus und besorgt sich aus dem Fundus etwas Lustiges, Friedliches. »Es hatte alles seine Richtigkeit. Etwas ging weg, ein anderes kam hinzu. Krieg verschwand, Frieden nahte. Tausche Krieg gegen Frieden . . . Hose beige, Jackett zartbraun. Beides von elegantem Schnitt. Und ganz merkwürdige Knöpfe. Auf der Innenseite des Kragens ein eingenähter Zettel unter Cellophan: ›Hochzeitsnacht im Paradies. Buffo Walter Müller.‹ So fein gekleidet ging ich vormittags aus, und ich sah, was die Engländer mit mir gemacht hätten, wenn der Tausch der Kostüme nicht gelungen wäre. Sie trieben meine Kameraden zusammen. ›Schnell, schnell!‹, stießen sie, traten sie mit Stiefeln, pferchten sie für die Nacht in Parks und auf Rasenstücken ein, zogen einen Zaun herum und ließen sie am anderen Tage nach Schleswig-Holstein marschieren, ohne sie für den langen Marsch erst verpflegt zu haben. Das Gewand der ›Hochzeitsnacht‹ trug ich noch, als wir die ›Zeit‹ gründeten, ich hatte keine andere Zivilkleidung und trug sie noch jahrelang. Als der Anzug endlich zerschlissen war und ich ihn wegwarf, sagte Marion Dönhoff, nie hätte ich das tun dürfen. Es kann auch sein, daß hier mein Verhalten ein Fehler war. Richtete man nämlich einen Scheinwerfer auf das Jackett, so leuchteten die Knöpfe mit wunderbarer, unvermuteter Kraft und Herrlichkeit auf. Notfalls genügte zu diesem Effekt auch schon die Sonne.«[50]

Solche Szenen sollen nicht überinterpretiert werden; bezeichnend sind sie allemal. Kleiderwechsel, Gesinnungswechsel und neues Kulturbewußtsein gehörten zusammen. Einer der ersten florierenden Gewerbzweige bestand in kleinen Schneidereien, die aus Bettüchern »Staubmäntel« fabrizierten; denn diese verbreiteten einen Flair frühlingshafter Urbanität; konnte man dazu eine Sonnenbrille organisieren und sich eine amerikanische Zigarette anstecken, erfaßte Otto Normalverbraucher ein Hauch der großen weiten Welt. Gute Kleidung milderte die Schwerkraft des mühevollen Alltags. Inmitten der Trümmerlandschaft bewegten sich Menschen, die ordentlich und bald auch fesch und schick gekleidet waren. Trümmerjahrlook.

Es wäre ungerecht, Mode automatisch mit Luxus gleichzusetzen, heißt es in einem Bericht der *Neuen Zeitung* vom 31. Mai 1946 über die Wiederbelebung der Bekleidungsindustrie. Mode gehöre zum Leben wie Sonne, Blumen, wie alles, was Auftrieb, Freude, Farbe hineinbringe in unseren grauen Alltag. Das verdüsterte Straßenbild erhalte durch sie wieder Bewegung und Belebung. Alle Schaffenden seien jetzt bemüht, uns aus der Lethargie herauszureißen, damit wir wieder richtig fühlen und sehen lernten. Kunst, Kultur, unser ganzes Gesellschaftsleben hätten die schwersten Erschütterungen durchgemacht; nun suche man nach neuem Ausdruck, ringe auf allen Gebieten nach persönlicher Form, und jedes Ziel sei nur ein Meilenstein auf dem nicht absehbaren Weg der Entwicklung. Wenn einige Modegegner nüchtern einwendeten: »Was brauchen wir jetzt die Mode – in unserer Armut, unserer Not können wir uns dies und jenes ja gar nicht leisten«, so müsse man ihnen antworten: Wichtig sei alles, was Werte schaffe, gerade jetzt! Und außer ihrer kulturellen Bedeutung stelle die Mode eines der größten Verbrauchsgüter dar; als sogenannte Schlüsselindustrie halte sie andere Industrien in Gang und werde als Wirtschaftsfaktor auch künftig nicht auszuschalten sein.[51]

Nach all den drohenden Toden noch unter der Sonne

Das Dritte Reich, so Joachim Fest, habe die bei Kriegsende Achtzehn- bis Fünfundzwanzigjährigen auf die eine oder andere Weise politisch gemacht. Sein Untergang bedeutete freilich auch den Gewinn einer Freiheit, die das Menschenrecht, unpolitisch sein zu dürfen, einschloß. Viel mehr aber habe sich bei dieser Generation der demokratische Ausgangsgedanke festgesetzt, wonach der Mensch nicht so sehr im Privaten, in der Befriedigung persönlicher Neigungen und Vorlieben, kurz in politischer Indolenz sein Glück finde, sondern eingebunden sein müsse in gesellschaftliche Zusammenhänge und ihren Anspruch.[52] In

HJ, Arbeitsdienst und Wehrmacht aufgewachsen, war der einzelne dazu verurteilt gewesen, ständig ein Rädchen im Getriebe der Staatsmaschinerie zu sein. Die Freiheit zum Privaten verschaffte nun große Befriedigung. Um aber solches Glück genießen zu können, und das hieß auch, um seine Erhaltung besorgt zu sein, mußten die gesellschaftlichen und politischen Voraussetzungen dieser Freiheit gesichert werden. So schuf Privatismus Überzeugungsdemokraten: Möglichst wenig Staat wollten die Vorläufer der skeptischen Generation (ablehnend gegenüber allen vereinnahmenden Ideologien) haben – aber doch so viel, daß der ersehnte Individualismus und Eudämonismus geschützt werden konnten.

Es gelte, aus der Schicksalsphäre einer verlorenen und mißbrauchten Generation heraus- und in jene Individualform hineinzuwachsen, die jenseits oder abseits aller Generationen stets geliebt worden sei und die es immer geben werde, schrieb Walther von Hollander zum Schicksal der Dreißigjährigen 1948. »Die völlige Einsamkeit der Reste unserer Generation«, habe ihm ein Betroffener gesagt, »verdammt uns zur Unfruchtbarkeit. Denn das, was wir zu sagen hätten, kann kein Echo finden, weil unsere Generationsgenossen fast ausgerottet sind und weil die anderen unsere Art zu sprechen, zu denken, zu leben, aus ihrer ganz anders gearteten Situation heraus einfach nicht verstehen können.« Das sei Ausdruck eines unberechtigten Pessimismus (so Hollander); denn diese verlorene Generation sei auch vom Schicksal bevorzugt: gehöre sie doch zu den Überlebenden. Sie sei durch so viel Unglück hindurchgegangen, daß sie auch eine besondere Durchsetzungskraft besitze, wenn sie diese entdecke und nutze. »Zumindest sind die jetzt Lebenden dadurch ausgezeichnet, daß sie furchtbare Gefahren bisher überstanden haben, daß es ihnen vergönnt ist, nach all den drohenden Toden noch unter der Sonne und den wechselnden Gestirnen zu leben. Warum sollten sie, nachdem sie die Kraft hatten, alle Gefahren zu überstehen, nicht auch die Kraft haben, ein ganzes und volles Leben aufzubauen?«[53]

Heute, da die Davongekommenen Fünfzigjährige sind, sei zu fragen, so Winfried Maaß bei seinem Versuch, in Form von Einzelbiographien das »Porträt einer verratenen Generation zu zeichnen« (1980), ob sie selbst genug getan hätten, ein besseres Deutschland aufzubauen.

»Die Generation der ›gebrannten Kinder‹ begriff schneller als andere den Wert einer demokratischen Staatsordnung. Aber sie kämpfte zu wenig für ihren Aufbau.

Viele blieben lange im politischen Abseits, weil sie ihre ganze Kraft brauchten, die nackte Existenz zu sichern. Sie hatten fast alle einen schweren Start. Lücken in der Schulbildung behinderten sie. Nur ein kleiner Teil ehemaliger Luftwaffenhelfer holte nach dem Krieg noch das Abitur nach. Hunderttausende mußten sich eine neue Heimat suchen. Manche kehrten aus Krieg und Gefangenschaft mit schweren psychischen oder körperlichen Schäden heim. Die Universitäten waren überfüllt, Lehrstellen rar. Deutsche Großunternehmen, darunter das Wolfsburger Volkswagenwerk, ließen mit Hilfe von ›Heranziehungsbescheiden‹ der Militärregierung heimgekehrte Kindersoldaten als Handlanger an die Fließbänder kommandieren, statt ihnen eine Ausbildung in ordentlichen Berufen zu bieten.

Wohnung in München,
1947

Hitlers letzte Helden waren Westdeutschlands erste Gastarbeiter, ein leicht hin
und her zu kommandierendes Reserveheer der Arbeit. Schmächtige Jungen und
Mädchen, noch gezeichnet vom Krieg, halfen aufbauen, was dann wieder denen
gehörte, durch deren Mitschuld alles zerschlagen worden war.

Erst als Ende der sechziger Jahre die Studenten auf die Barrikaden gingen, als
eine Außerparlamentarische Opposition gegen die Große Koalition unter dem
früheren NSDAP-Mitglied Kurt Georg Kiesinger Front machte, wachte auch
ein Teil der nunmehr Vierzigjährigen aus der politischen Lethargie auf. Als
Journalisten oder Schriftsteller gaben sie den gegen autoritäre Staatsstrukturen
Rebellierenden publizistische Unterstützung. Der damals knapp vierzigjährige
Reinhard Lettau formulierte den Slogan: ›Nicht mehr schreiben, sondern handeln!‹ Die Älteren fühlten sich den Jüngeren solidarisch verbunden, aber große
Veränderungen haben sie nicht mehr zu bewirken vermocht. Schaudernd zogen
sie sich in ihre Eigenheime zurück, als die Unruhen in sinnlosem Terrorismus
verebbten.

Heute nun, in ihren Fünfzigern, ist die Generation der in der zweiten Hälfte
der zwanziger und zu Beginn der dreißiger Jahre Geborenen aufgespalten wie

unsere Welt – in Westdeutsche und Ostdeutsche, Sozialdemokraten, Liberale, Unionschristen und Kommunisten, in Konformisten und Nichtkonformisten. Aber was auch immer sie sein mögen, die Verratenen von einst müssen sich nun fragen, ob sie mittlerweile nicht selbst Verrat an ihren Kindern begangen haben. Ist in den Jahren, für die sie Mitverantwortung tragen, die Demokratie vorangekommen, das Leben in Deutschland freier und menschenwürdiger geworden?«[54]

Von der NS-Maid zur Trümmerfrau

Bei der Herausbildung des bundesrepublikanischen Menschentypus spielten die Frauen wohl die entscheidendste Rolle. Die deutsche Frau – das war ein düsteres Kapitel patriarchalischer Unterdrückung gewesen! Zum ersten Mal bot sich die Chance einer wirklichen Emanzipation. Anknüpfend an die Frauenbewegungen des Zweiten Reiches und der Weimarer Republik, waren es freilich nur wenige, die sofort nach 1945 bewußt auf die Gleichberechtigung hin arbeiteten und die gesellschaftliche Stellung der Frau in Familie, Beruf und Öffentlichkeit zu stärken trachteten (dem dreieinhalb Jahre nach der militärischen Niederlage des Nationalsozialismus, seit September 1948, mit der Abfassung des Grundgesetzes betrauten Parlamentarischen Rat gehörten von insgesamt 65 stimmberechtigten Mitgliedern lediglich vier Frauen an; nach heftigen Auseinandersetzungen gelang es, im Artikel 3, II die Gleichberechtigung von Mann und Frau zu verankern).

Die Erbschaft des Dritten Reiches war schlimm genug: Die nationalsozialistische Ideologie hatte die Frau dem männlichen Suprematsanspruch völlig unterstellt; der rassistische Männlichkeitswahn, verbunden mit einem rein zweckhaft orientierten Mutterschaftskult, machte aus ihr eine Gebärmaschine, die den imperialistischen Zielsetzungen das entsprechende Menschenmaterial zu liefern hatte. Die Mißachtung und Unterdrückung der Frau gelang deshalb so total, weil man es verstand, den dadurch bewirkten Frustrationsstau durch hysterischen Führerkult zu kompensieren. Die durch die nationalsozialistischen Parteiorganisationen wie BDM, Arbeitsdienst, NS-Frauenbund etc. bewirkte physische wie mentale Indienstnahme wurde propagandistisch geschickt kaschiert, die Mißachtung der Frau »ästhetisch« verpackt. Die »NS-Maid« zeigte einen hohen Idealismus mit dem Pathos völkischer Aufgeblasenheit, der sich vor allem in sentimentalem Liedkitsch niederschlug. Sportmädelhafte Muskelstählung und Fruchtbarkeitserziehung, kerniges Kameradschaftsglück und sentimentale Unterwerfungsgestik dem »Helden« gegenüber, Sehnsucht nach dem Schönen, Dienstwilligkeit und Einsatzbereitschaft prägten sie. Damit wurde die geistige und seelische Leere aufgefüllt, die das Ergebnis ihrer (auch pädagogischen) Mißachtung war. Die Jungmädelführerin war ein Ober-Gretchen mit Amazonenallüren; »Glaube und Schönheit« hieß die Parole.

Trümmerfrauen in Berlin, 1945

Hinter einer ästhetischen Fassade vollzog sich die Unterwerfung der Frau nach den Gesichtspunkten des rassischen Züchtungsideals; Adolf Hitlers Standpunkt, wie er ihn in *Mein Kampf* unverhüllt darstellte, war derjenige des herrischen kleinbürgerlichen Patriarchen, dem die Ehe lediglich der Vermehrung und Erhaltung der Art und Rasse diente. Nur das sei ihr Sinn und ihre Aufgabe. Der Mann solle seiner Fortpflanzungsfähigkeit entsprechend frühzeitig heiraten; die Frau sei ja hier ohnehin nur der passive Teil.

Als seelenlose und geistfeindliche Bewegung konnte der Nationalsozialismus Liebe nur als Wollust oder Fortpflanzungsmechanismus begreifen; so war es konsequent, daß man für die Zeit nach dem Kriege, da nun »viel Erbmasse verlorengegangen war«, eine Art nationales Fruchtbarkeitsbordell plante. »Zukunft, Leben eines Volkes sind desto gesicherter, je zahlreicher die Geburten dieses Volkes sind . . . Nun können Frauen, die nach diesem gewaltigen Krieg nicht mit einem Mann verheiratet sind oder werden, ihre Kinder ja nicht vom Heiligen Geist bekommen . . . Wir müssen wünschen, daß die Frauen, die nach diesem Kriege keinen Ehemann mehr haben oder bekommen, mit möglichst einem Mann ein eheähnliches Verhältnis, aus dem möglichst viele Kinder erwachsen, eingehen . . . Wir müssen – um die Zukunft unseres Volkes willen – geradezu einen Mutterkult treiben . . . Auf besonderen Antrag sollen Männer nicht nur mit einer Frau, sondern mit einer weiteren ein festes Eheverhältnis eingehen können, in dem die Frau dann ohne weiteres den Namen des Mannes erhält, die Kinder ohne weiteres den Namen des Vaters.« (Martin Bormann)[55]

Hatte die Entwürdigung der Frau im Dritten Reich ihren Tiefstand erreicht, so bot die totale Niederlage die Chance eines tiefgreifenden Neuanfangs. In tiefenpsychologischer Sicht kann man davon sprechen, daß die weibliche Emanzipationssehnsucht angesichts der Unterdrückung und Ausbeutung sich zu einem gewaltigen Potential aufgestaut hatte, das nun wirksam werden konnte: als die Fähigkeit und Bereitschaft, das eigene Schicksal, das der Familie und auch der Gesellschaft »in die Hand« zu nehmen. Die patriarchalisch-autoritären Ideologie- und Organisationsmuster waren zusammengebrochen, ein Großteil der Männer nicht zu Hause (gefallen, verschollen, kriegsgefangen, untergetaucht, unterwegs), arbeitslos, »aus der Bahn geworfen«, moralisch verunsichert . . . Da begannen die »Trümmerfrauen« mit dem Aufbau. Der dabei gezeigte Optimismus und Mut, gepaart mit Findigkeit und Improvisationsgeschick, ermöglichte insgesamt die Überwindung von Lethargie und Resignation, wie sie sich seuchenartig inmitten der Trümmerlandschaft des verlorenen Krieges auszubreiten drohten.

Kriegsende: »Kaum eine Familie, die von den Verfolgungen durch die Nazis, durch den Krieg, den Zusammenbruch des Regimes oder Entnazifizierung nicht in der einen oder anderen Weise betroffen gewesen wäre. Kaum ein Körper oder eine Psyche, die die grauenhaften und entsetzlichen Ereignisse unbeschadet überstanden hätten.« (Angela Vogel)[56] Helmut Schelsky spricht in seinem Buch *Wandlungen der deutschen Familie der Gegenwart* von 1,5 bis 2,5 Millionen Kriegerwitwen, 2,5 Millionen Schwerversehrten, 4,5 bis 6 Millionen Bombengeschädigten, 1,5 bis 2,5 Millionen Deklassierten und schätzt die Zahl derjenigen, die in der Nachkriegszeit von »typisch sozialen Schicksalen« betroffen wurden, auf ein Drittel der westdeutschen Bevölkerung.[57] Zwar liegen bis 1949 keine statistischen Angaben über Einkommenshöhen und Arbeitslosigkeit vor, doch noch nach 1950 betrug die Arbeitslosenquote 11%. Der männliche Durchschnittsverdienst lag bei 304 DM brutto, der der Frauen bei 165 DM; entscheidend waren freilich bis zur Währungsreform die Usancen des Schwarzmarktes. 1946 gab es 7 283 000 mehr Frauen als Männer, davon waren 6 bis 7 Millionen Frauen im heiratsfähigen Alter. Bis 1947 erhielten arbeitsfähige Kriegerwitwen keine Rente; 1946 wurden allein in Berlin 25 000 Ehen geschieden; das waren auf 724 625 anwesende, verheiratete Männer bezogen 3,5% Ehescheidungen; 140 793 Berliner waren zu dieser Zeit noch in Gefangenschaft. 1948, dem Rekordjahr und Nachkriegshöhepunkt der Scheidungswelle, kamen in den Westzonen auf 100 000 Einwohner 186 Scheidungen; in diesen Jahren wurden 80 000 Kinder zu sogenannten Scheidungswaisen; noch 1950 lebten nur etwa 60% der gesamten westdeutschen Bevölkerung in »vollständigen Familien«.

Vor dem Hintergrund solcher statistischen Zahlen kann man das Ausmaß der jeweils individuellen Betroffenheit als ungeheuer wie ungeheuerlich bezeichnen. Eine Frau erinnert sich an den Sommer des Jahres 1945: »Ich mußte eine Beschäftigung haben. Allmählich begaben sich unsere Evakuierten auf die Rückwanderung in die zerbombten Heimatstädte. Ich tat mich mit einer Bekannten und ihren drei Kindern zusammen, wir bekamen einen Passierschein, drängten uns in einen Lastwagen, der uns bis Immenstadt mitnahm. Dort fanden wir einen Zug. Die Franzosen hatten in ihrer Zone als erstes die Eisenbahnen wieder in Betrieb gesetzt. Freilich dauerte das Vergnügen nur bis Lindau. Von dort brauchte man einen neuen Passierschein. Und den gab es erst am nächsten Morgen.

Frau R. mit den drei Kindern fand ein Quartier auf dem Heuboden, der zum deutschen Polizeirevier gehörte. Ich selbst erinnerte mich an die Schwester einer Freundin, die unweit von Lindau ein altes Schlößchen bewohnte. Ich trampte los, fand das Schlößchen und traf dort auch die Freundin, die mit Mann und drei Kindern von Riga bis an den Bodensee geflüchtet war. Das Ehepaar, völlig abgemagert, zog gerade los, um bei einem Bauern, der zwei Fußstunden entfernt wohnte, etwas Milch zu erbetteln. Das Wiedersehen war voller Freude – so wie man sich über jeden freute, der alles lebend überstanden hatte. Und ich bekam sogar ein Bett.

Sogar ein Bett . . . In der Erinnerung scheint mir das am wichtigsten gewesen zu sein. Ein Bett zu finden, war in jenen Zeiten ein Glücksfall. Am nächsten Tag dann anstehn um den Passierschein für das nächste Stück Weiterfahrt. Wir fanden einen Lastwagen, der uns mitnahm. Am Abend suchten wir irgendwo in einer Halle mit ausgeschlagenen Fenstern einen Schlafplatz. In der Nacht bin ich weinend vor Kälte aufgewacht. Die dreizehnjährige Tochter von Frau R. kroch zu mir und versuchte mich zu wärmen.

Eine Reise in vielen Etappen, so wie alle Reisen in diesem Land zu jener Zeit. Am nächsten Mittag waren wir in Ulm. Da standen Bänke an einem Tisch, und es gab heiße Suppe mit Nudeln – gratis und eßmarkenfrei. Die Frau, die dieses Essen für die vielen Rückwanderer organisiert hatte, war die Frau des neuen Ulmer Oberbürgermeisters: die Mutter der hingerichteten Geschwister Scholl . . .«[58]

Inge Stolten hat die Situation der Frauen nach 1945, autobiographische Berichte resümierend, als »Hunger nach Erfahrung« beschrieben.[59] Als die Frauen die Trümmer beiseite räumten, Betriebe leiteten, ihre Kinder aufzogen, als Bürgermeisterinnen das Leben in Städten und Gemeinden wieder in Gang setzten, in sogenannten Männerberufen arbeiteten, unter schwierigsten Bedingungen also insgesamt den größten Teil des Wiederaufbaus leisteten (bis die Männer aus der Kriegsgefangenschaft zurückkehrten und die Söhne wie Töchter erwachsen waren), vollzog sich Emanzipation durch Praxis. Das Bewußtsein blieb freilich hinter einer derartigen Wirklichkeit zurück: Die Chance der »Festschreibung« solchen Fortschritts wurde schließlich vertan. Weniger ihre Kinder hinderten die Frauen daran, ihr eigenes Leben zu führen, als das Streben nach einem Familienglück, das vor allem der Bequemlichkeit der Männer diente. Sie ließen sich wieder aus der Hand nehmen, was die Männer ihnen in der Kriegs- und Nachkriegszeit überlassen hatten.

Eine der frühesten Familienuntersuchungen nach dem Kriege (Hilde Thurn-

Mittagspause, Berlin 1948
(Photo: Friedrich Seiden-
stücker)

walds *Gegenwartsprobleme Berliner Familien,* 1948[60]) zeigt beispielhaft nicht nur hinsichtlich der Ergebnisse der Studie, sondern auch der die Autorin bestimmenden erkenntnisleitenden Sozialmoral, wie stark das Spannungsfeld von emanzipatorischem Erfahrungshunger und regressiver patriarchalischer Struktur war – ein Konflikt, wie er sich im ersten Nachkriegsdezennium auf den verschiedenen Ebenen abspielte, in den politischen Parteien, der Publizistik und anderen Medien; die durch die Notlage bewirkte, unter Rückgriff auf liberale und feministische Positionen gestützte Notwendigkeit voller Gleichberechtigung wurde bezweifelt und bekämpft.

Einen solchen Spannungsbogen zeigt auch der Film dieser Zeit, wenn man etwa den zeitkritisch-satirischen, erotisch-despektierlichen, »heilige Gefühle« verletzenden Film *Der Apfel ist ab* von Helmut Käutner (1948) mit der *Berliner Ballade* (ebenfalls 1948, Buch Günter Neumann, Regie R. A. Stemmle), in der das kleinbürgerliche private Familienglück als einzig sinnvoller Lebensinhalt beschworen wird, kontrastiert. (Schon während der Dreharbeiten von *Der Apfel ist ab* gab es massive Proteste des Erzbischöflichen Ordinariats München, das sich gegen die kabarettistische Behandlung des Sündenfalls wandte. Durch Vermittlung der Militärregierung von Bayern kam es zu einem Burgfrieden in Form eines Kommuniqués, in dem Käutner erklärte, daß ihm bei der Herstellung des Films jegliche Absicht einer Verletzung des religiösen und sittlichen Empfindens fernliege und seine Weiterarbeit an diesem Film auch künftig von diesem Gedanken getragen werde. Die Kirche ihrerseits, neben der katholischen war auch die evangelisch-lutherische vertreten, erklärten, daß sie bis zur Fertigstellung dieses Films von einer Beeinflussung der Öffentlichkeit absehen würden).

Für Hilde Thurnwald geht es um die erneute Befestigung traditioneller Werthaltungen. Interfamiliale Konflikte seien dann zu meistern, wenn die Familien zur Moral der kleinbürgerlich-christlichen Leistungsidee zurückfänden. Die Konflikte entstünden als Folge individuellen Versagens: nämlich mangelnder Anpassungsfähigkeit an die gegebenen Umstände und Mißachtung gültiger Moral. In destabilisierten Familien würden »minderwertige Charaktere« vorgefunden; diese, sozusagen familienuntauglich, genügten den bürgerlichen Tugenden nicht, die familiäres Leben bestimmen und organisieren sollten: Sparsamkeit, Ordnungsfähigkeit in Zeit und Raum, Repetitionsfähigkeit bei Frauen und in unteren Schichten, physische und psychische Belastbarkeit (oberste Ziele sind dabei absolute Selbstbeherrschung, Ausgleichsvermögen, Opfer- und Leidensfähigkeit), Häuslichkeit, Planungs- und Einteilungsvermögen, Fähigkeit zum Lustaufschub und -verzicht, Seßhaftigkeit, Gehorsam, Disziplin, Fleiß, Gewissenhaftigkeit, Arbeitsfreude, Bescheidenheit, Achtung des Privateigentums ... Alles andere sei von Übel und wird auch so benannt: Faulheit, Schlampigkeit, Depressivität, Verzweiflung, Verschwendung, Ichsucht und Egoismus, sexuelle Hemmungslosigkeit, Übervorteilung (Schmarzmarktgeschäfte werden als moralische Verfehlungen angeprangert). Als wichtigster positiver Wert wird generell die Fähigkeit zu widerspruchsloser Triebzügelung bzw. -unterdrückung bei allen Familienmitgliedern hervorgehoben. Thurnwald zeigt durchgängig Verständnis für Kriegsheimkehrer, die sich nur schwer an das wieder geltende Monogamiegebot gewöhnen könnten, währenddessen die Verletzung desselben bei Frauen zur »Verwahrlosung« führe. Einsichtig sei, daß vielfach die heimgekehrten Männer gegen die zu große Selbständigkeit, die ihre Frauen während der langen Trennung erworben haben, opponierten; »auch wenn der Mann die Nötigung der Frau zu selbständigem Planen, zu verantwortlichem Handeln in den Jahren der Trennung anerkannt hat, wünscht er meistens die Frau bei seiner Heimkehr so vorzufinden, wie er sie verlassen hat«. Gesteigert werde dieser Wunsch durch eine »überbetonte Selbständigkeitshaltung jüngerer Frauen, vor allem aber durch die niedergedrückte Seelenverfassung, in der viele Männer heimkehrten«. Die harte Wirklichkeit hole sie ein: Arbeitslosigkeit, Deklassierung, unbefriedigender Berufswechsel, Kriegsversehrung, Niederlagengefühle, Verlust von Haus und Habe, die »verblühte Frau«, die »öfter unter der jahrelangen Last der Verantwortung und Ausschöpfung aller Kräfte eine Gefühlsverhärtung und betont rationalistische Haltung ausgebildet« habe. Thurnwald konstatiert korrekturbedürftige Minderwertigkeitsgefühle und Autoritätsverlust bei den Männern. Bei mangelndem Verständnis der Frau für die »besondere und schwierige Seelenlage des heimgekehrten Mannes« flüchte dieser zu seinen Eltern. Bei Vater und Mutter suche »der Mann als Kind den Trost, den ihm die Frau als Gefährtin nicht zu geben« vermöge. Auf die Tatsache, daß Frauen als Scheidungsgrund häufig Gewalt und Brutalität der Männer angäben, geht Hilde Thurnwald nicht ein.

Als ideologieträchtige Handlungsanweisung zielte die Studie von Hilde Thurnwald, darin ist sie paradigmatisch für das Familienverständnis im westlichen Nachkriegsdeutschland (die Fortschritte der Stunde Null kritisierend bzw. zurücknehmend), auf Regulierung familiärer Arbeitsteilung und deren geschlechtsspezifische Internalisierung. »Die Hausfrau als Hüterin des Hauses und liebendes, pflegendes, heilendes Aktionszentrum der Familie sollte eigenverantwortlich, aber ungratifiziert reproduktiv wirtschaften, Nachwuchs gebären und im Sinne der dargestellten Moral sozialisieren. Der Mann aber sollte physisch, psychisch und moralisch zugunsten des außerhäuslichen Erwerbslebens entlastet werden. Als Haushaltsvorstand jedoch sollte er kompensativ jene Autorität (zurück)erhalten, die ihm die Gesellschaft durch Industrialisierung, Technisierung, Zerstörung von Besitz, Macht und Einfluß (u. a. damals auch als Folge von Faschismus, Krieg, Niederlage und Aufteilung des Deutschen Reiches) jenseits der Familie in unterschiedlichem Maße entweder genommen hatte oder sowieso verweigerte . . . Die so genormte Geschlechterhierarchie, strukturelles Merkmal der bürgerlichen Familie überhaupt, erscheint in der damals anerkannten Wahrnehmung und der dazugehörigen Sprachregelung als ›Gleichwertigkeit in der Verschiedenheit‹ . . . Damit waren für lange Zeit die ideologischen und strukturellen Familienweichen gestellt. Die Chancen wurden vertan, Form und Struktur intimen Zusammenlebens von Erwachsenen und Kindern als Frage des Freiheitsanspruchs und der Selbstverwirklichung zu diskutieren.« (Angela Vogel)

Blick auf das zerstörte Dresden, 1945

Wann wird Frieden sein?

Wenn man Fleisch hat und lädt Freunde ein . . .

Bei dem Sehnsuchtspotential, das sich als herausragendes kulturanthropologisches Phänomen im finstersten Deutschland ausbildet, handelt es sich vorrangig um ein Hinwegträumen aus der materiellen Misere; zugleich entfacht ein solches »Prinzip Hoffnung« eine Aktivität, die dazu dienen soll, eines Tages die Träume »einzuholen«. Wann wird das sein? In Nummer 5 des *Ulenspiegel* (1948) gab Karl Schnog darauf eine Antwort:

> »Wenn in aller Welt die Kinder lachen,
> Wenn die Mieten steigen und die Drachen,
> Wenn die Ärzte nach Patienten schrein;
> Wenn's von Häusern leuchtet:
> ›Frisch gestrichen‹,
> Wenn man Hüte ablegt, deren Band verblichen,
> Wenn der U-Bahn-Nachbar flüstert
> ›Sie verzeihn‹.
> Dann wird endlich Frieden sein.
>
> Wenn man Silos baut und Lagerschuppen,
> Wenn ein Backfisch fragt:
> ›Was ist das – Truppen?‹ . . .
>
> Wenn das Zähnezieh'n die größte Pein;
> Wenn die Zeitungen von Fettsucht melden,
> Wenn nur Sportgewinner große Helden.
> Dann wird endlich Frieden sein.
>
> Wenn die Mütter froh die Kinder schwenken,
> Wenn die Onkels Neffen Uhren schenken,
> Wenn man Wohnung wechselt ohne Schein;
> Wenn, wer's Auto kauft, auch selber steuert,
> Wenn man Hausrat, der nicht paßt, erneuert,
> Wenn man Fleisch hat und lädt Freunde ein.
> Aber, Enkelchen, wann wird das sein?«[61]

Der *Ulenspiegel*, Zeitschrift für Literatur, Kunst und Satire, war von Herbert Sandberg, der im Zuchthaus und KZ geplant hatte, daß er, wenn er herauskomme, so etwas wie den *Simplicissimus* neu machen werde, zusammen mit Paul

Rilla, Horst Lommer und Günther Weisenborn gegründet worden; 1945 erhielt er eine amerikanische Lizenz in Berlin.

Etwa zur gleichen Zeit, da Karl Schnogs Gedicht im *Ulenspiegel* erschien, analysierte die *Neue Zeitung* Wunschträume von Kindern und Jugendlichen, wie sie sich aus einem Aufsatzwettbewerb von Volks-, Mittel- und Oberrealschulen ergaben. Das Hauptthema der meisten Aufsätze war das Essen. »Ich könnte in den Bäckerladen gehen und Schnecken, Brezeln und andere Süßigkeiten herauslangen. Außerdem könnte ich zum Metzger gehen und Würste essen.« . . . »Ich sehe Berge von Schokolade, Nährstangen, Drops, Dörrobst und Pudding.« . . . »Ich laufe zu einem Bäcker und hole mir eine Tasche Semmeln. Darauf eile ich schnell zu einem Milchladen und nehme mir drei Pfund Butter. Jetzt setze ich mich vor den Milchladen und esse mein gutes Vesper.« Neben Befreiungsphantasien (die Kinder träumen davon, ihre Väter und Angehörigen aus Gefangenschaft oder anderen Notlagen zu befreien) als dominantes Motiv auch Aufbruchsphantasien, die gerne mit Essensphantasien verknüpft sind: »Wenn ich unsichtbar wäre, tät ich nie in die Schule gehen. Und wenn ich Hunger hätte, tät ich zu den Bauern in die Speisekammern gehen und holte mir etwas zu essen. An Sonntagen ging ich immer ins Kino. Ich brauchte mich nie anzustellen. Ich könnte nach Afrika fahren, um Abenteuer zu suchen. Ich könnte in jeden Zirkus und in jedes Kino gehen.«[62]

Die spätere Wirtschaftswunderzeit erwuchs, was die Kinder und Enkel der Trümmergeneration später kaum mehr nachzuvollziehen vermochten, aus bitterster Entbehrung und schwerster existentieller Bedrohung. Das kulturelle Ideal der »Amerikanisierung des Daseins« wurde so zum Teil einer Ästhetik, die nach einer Phase totalitärer Dunkelheit Menschenwürde als »schöneres Leben« mit all seinen körperlichen wie geistig-seelischen Bedürfnissen begriff, aber dann immer mehr zum Konsum-Fetischismus degenerierte.

Vorbote dieser Amerikanisierung, wie sie dann im Zeichen des zunehmenden Ost-West-Gegensatzes seit 1947 durch den nach dem amerikanischen Außenminister George Catlett Marshall genannten Marshallplan als maßgebliche Verbesserung der Lebensverhältnisse auf breiter Basis in Gang gesetzt wurde, war (neben der Schulspeisung) das Care-Paket. Einzelpersonen, Gruppen und Organisationen in den USA sowie amerikanischen Staatsbürgern, die der Besatzungstruppe angehörten, war dadurch die Möglichkeit geboten, Nahrungsmittel an bestimmte deutsche Empfänger zu schicken. Das Care-Paket ließ mit seinem Inhalt, aber auch mit der perfekten, warenästhetisch eindrucksvollen Verpackung den Mythos der »schönen neuen Welt« aufscheinen und inspirierte auch Schriftsteller und Künstler zu entsprechenden »materialistischen« Lobpreisungen. Es enthielt – Abbreviaturen eines kleinen irdischen Paradieses –: etwa 8,8 Pfund Fleisch, 5,8 Pfund Nährmittel und Kekse, 3,5 Pfund Zucker und Schokolade, 3,2 Pfund Marmelade und Pudding, 2 Pfund Gemüse, 1 Pfund Kakao, Kaffee und Getränkepulver, 350 Gramm Milch, 200 Gramm Butter, 200 Gramm Käse – insgesamt 40 000 Kalorien Nährwert. Zwei Monate nach Errichtung des »Deutschen Zentralausschusses für die Verteilung

E. Kappes, Plakatentwurf, 1947

ausländischer Liebesgaben« in Stuttgart (am 20. Juni 1946) waren bereits 32 000 Pakete an 27 000 Empfänger in der amerikanischen Zone ausgeliefert; weitere 68 000 Anweisungen lagen vor; 113 000 waren auf dem Schiffsweg unterwegs. Für die Zukunft rechnete man mit 600 000 Paketen pro Monat für ganz Deutschland.[63]

Die Volkszählung von 1946 in den vier Besatzungszonen erbrachte ein Ergebnis von 46,8 Millionen Bewohnern (43 Millionen im Jahre 1939). Man konnte sicher sein, daß die meisten von ihnen hungerten. Die tägliche Ration betrug am Anfang 800 bis 900 Kalorien täglich, später lag sie zwischen 1000 und 1200 Kalorien (als Mindestmenge galten 2200 Kalorien). Am meisten litten die Städter, die keine Verwandten oder Bekannten auf dem Lande hatten; wer nur auf Marken angewiesen war, hatte zu wenig zum Leben und zu viel zum Sterben. Ein männlicher Erwachsener in der amerikanischen Zone wog Mitte 1946 im Durchschnitt 51 Kilo; nur 12% aller Kölner Kinder besaßen Ende 1945 das Normalgewicht, das ihrem Alter entsprochen hätte. In Hamburg wurden noch eineinhalb Jahre nach Kriegsende bei über 100 000 Menschen Hungerödeme diagnostiziert. Hunger war ein physiologisches, politisches und kulturelles Phänomen. Es könne, schrieb der Ernährungswissenschaftler F. H. Rein 1946, keinen materiellen und moralischen Wiederaufbau geben, solange nicht die Möglichkeiten zu einer natürlichen, freien Kostwahl – also letzten Endes Abschaffung der Rationierung – zurückgegeben seien. Denn die »Futtersuche« entziehe dem Aufbau einen großen Teil der ohnehin verringerten Denk- und Handlungsfähigkeit der chronisch Hungernden. Der Versuch einer Währungs-

69

Suche nach Eßbarem und Brennmaterial auf einem Schuttabladeplatz der Amerikaner in Berlin, 1945

reform scheitere beim Fehlen der Möglichkeit ehrlicher Zusatzbeschaffung, da der Weg des »schwarzen Marktes« vom moralisch hochstehenden Menschen unweigerlich nur als letzte Notmaßnahme beschritten würde. Jede moralische Erziehungsarbeit zu demokratischem Gemeinsinn durch Schule, Kirche und Gesetz bliebe illusorisch, solange physiologische Gesetzmäßigkeiten an vielen Stellen zu Unehrlichkeit und egoistischem Handeln zwängen, ja sogar die verordnende Behörde unehrlich sei, indem sie stillschweigend annehme, der einzelne werde schon für sich sorgen.[64]

Eine große Ermutigung stellte da die Aktion des englischen Verlegers und Schriftstellers Victor Gollancz dar, der als Begründer des Komitees »Rettet Europa jetzt!«, als »mutiger Streiter für Humanität und abendländische Kultur«, gerade auch für die Deutschen menschenwürdige Lebensverhältnisse forderte. Im November 1946, auf einer Deutschlandreise, die ihn auch in das Ruhrgebiet und nach Berlin führte, übte Gollancz schärfste Kritik an der Tatsache, daß dem britischen Volk – wenn auch noch so geringe – Sonderzuteilungen zu Weihnachten in Aussicht gestellt würden; er bezeichnete dies angesichts der Lage im Ruhrgebiet als »monströs« und erklärte, derartige Dinge brächten nicht nur die Menschen in der britischen Besatzungszone in Deutschland zur Verzweiflung, sondern seien dem Prestige Englands in Deutschland überaus abträglich. In seinem Buch *Unsere bedrohten Werte* hatte Gollancz praktische Vorschläge für eine britische Deutschlandpolitik gemacht; im einzelnen schlug er die Abschaffung des »Zonenwirrwarrs« vor. »Gebt der Bevölkerung genug zu essen, um sie gesund zu erhalten! Beschlagnahmt nicht die guten Häuser für unsere Armee und für die englischen Ehefrauen, während die Einheimischen zwischen Ruinen leben! Achtet die zivilen Rechte! Unterstützt die demokratischen Parteien! Gebt der Demokratie die Chance!« Gollancz behandelte den Zerfall des europäischen Sittenkodex und die Gefahren, die bei seiner totalen Auflösung drohten. Die gefährdeten Werte seien typische Werte der westlichen Kultur; sie hätten sich trotz des europäischen »Registers« an Grausamkeiten, Gewalttätigkeiten und Habgier und trotz dauernder Rückschläge langsam und schmerzvoll durchgesetzt. Und nun, befürchtete er, bestehe die Gefahr einer rückläufigen Entwicklung.

Victor Gollancz' Engagement machte eine »Voraussage« von Thomas Mann wahr: »Wenn das deutsche Volk nach dem Hitler-Regime zusammengebrochen ist, dann wird es ein Jude sein, der zuerst seine Stimme wieder für Deutschland erhebt.« Für viele Deutsche wurde er zum Protagonisten einer praktizierten abendländischen Kultur, die sich nicht in einen Ideenhimmel flüchtete, sondern die Beseitigung der konkreten Not und damit angewandte Menschlichkeit forderte. »Wenn wir nicht durch Eingriffe in unseren Verbrauch oder durch Hergabe aus unseren Vorräten oder sonst nicht die Deutschen auf das immer noch kümmerliche Niveau von 1500 Kalorien bringen, dann werden wir für die abendländische Kultur die Teile Deutschlands verlieren, die noch gehalten werden könnten, und was ärger ist, es wird in unseren eigenen Seelen etwas kommen, dem wir nicht entrinnen können, und das wird von keinem Segen sein. Wir stehen vor einer moralischen Krise, die vielleicht schwerer ist, als die physische während des Krieges war. Wählt die Menschheit Gier, Haß und nationalen Eigennutz, dann wird sie mit oder ohne Atombombe im Untermenschentum enden.«[65]

Die meisten hungerten; aber einige nicht. Die Schieber und Schwarzhändler, die Kriegs- und Friedensgewinnler, die Leute mit Einfluß und Verbindungen ließen sich's gutgehen. Sehnsüchtig wartete man darauf, daß die Wirtschaft wieder funktioniere, daß man dann auch ohne »Beziehung« oder »Schein« (Bezugsschein, Berechtigungsschein) leben, und zwar gut leben könne. Wann wird Friede sein? Wenn man Wohnung wechselt ohne Schein. Wenn, wer's Auto kauft, auch selber steuert. Wenn man Hausrat, der nicht paßt, erneuert . . .

Die Alltagsethik lag in der Trümmerzeit weithin danieder. Die »Großen« führten es vor: Zerstückelung Deutschlands, Demontagen, Arbeitslosigkeit; die Kleinen hatten keine andere Wahl, als sich durch die Misere hindurchzumogeln. Bezeichnend, daß in dem zitierten Aufsatzwettbewerb für die Trümmerkinder das Wort »Stehlen« eine Schlüsselvokabel darstellt: »Ich täte in einen Laden gehen und Waren stehlen.« . . . »Dann täte ich ein Auto stehlen« . . . »Dann täte ich dem König Gold und Silber aus seiner Schatzkammer stehlen.« . . . »Ich könnte auf die Post gehen und ein paar Päckchen stehlen.« . . . »Wenn ich hungrig wäre, könnte ich in einen Laden gehen und mir einen Kuchen stehlen.« . . . »Ich könnte einbrechen, ohne gesehen oder erwischt zu werden.« . . . »Ich täte dem Lebensmittelhändler die ganzen Waren stehlen.« . . . »Ich könnte mir einen Flieger stehlen.« Der Bedeutungsinhalt des Wortes »Stehlen« war gleichzusetzen mit dem des »Organisierens«, eine sozusagen naturrechtlich legitimierte Form des Aneignens im Lebenskampf, um nicht untergehen zu müssen. Es gebe, meinte Margret Boveri in einer Berliner Reportage aus dem Winter 1945/46, auch eine »Moral des Stehlens«:

»Anderen Menschen darf man nichts wegnehmen, auch in Zeiten, in denen es nicht möglich ist, mit den behördlichen Zuweisungen am Leben zu bleiben. Aber der öffentlichen Hand kann man etwas nehmen, wenn es der Allgemeinheit nicht schadet. Parkbänke würde ich immer stehenlassen. U-Bahn-Zäune dagegen, die durch aufgewachsene Hecken ersetzt sind, würde ich ohne Bedenken holen. In ein oder zwei Jahren sind sie doch verfault. Außerdem ist es nicht mehr nötig, Menschen, die einige Jahre lang Luftangriffe und dann auch noch eine Stadtschlacht erlebten, davor zu bewahren, einen U-Bahn-Damm hinunterzufallen. Ich will mit diesem Bericht auch gar nicht andere Menschen zum Holzstehlen anstiften, sondern allen, wie mir, wünschen, daß sie noch Holz oder Kohlen zugeteilt bekommen. Ich wollte nur beschreiben, wie es heute in Berlin ist. Denn ich bin nicht die einzige. Und die Frau, die ich heute früh ertappte und der ich im Näherkommen beruhigend zurief: ›Nur keine Angst, ich gehöre auch dazu‹ – die Frau sagte in einem harten und böse klingenden ostpreußischen Dialekt: ›Wir werden ja dazu gezwungen!‹ «[66]

Schwarzer Markt

Der Schwarzmarkt entstand, weil die Reichsmark als Zahlungsmittel fast wertlos geworden war; bedingt durch die hohen Ausgaben für Kriegsrüstung, war in Deutschland zuviel Geld im Umlauf; angesichts des geringen Umfangs der für den Handel verfügbaren Konsumgüter tauschte man Ware gegen Ware; oder Zigaretten ersetzten das Geld als Währung. Wie dieser Kreislauf funktionierte, beschrieb der *Telegraf* Juni 1947: »Einem hungrigen Freunde wurde ein Pfund Butter für 320 Reichsmark angeboten. Er nahm sie auf Kredit, weil er so viel Geld nicht hatte. Er wollte sie morgen bezahlen. Ein halbes Pfund bekam seine Frau. Mit dem Rest gingen wir ›kompensieren‹. In einem Tabakladen gab es für das halbe Pfund 50 Zigaretten. Zehn Stück behielten wir für uns. Mit dem Rest gingen wir in eine Kneipe. Wir rauchten eine Zigarette, und das Geschäft war perfekt: Für die 40 Zigaretten erhielten wir eine Flasche Wein und eine Flasche Schnaps. Den Wein brachten wir nach Hause. Mit dem Schnaps fuhren wir auf das Land. Bald fand sich ein Bauer, der uns für den Schnaps zwei Pfund Butter eintauschte. Am nächsten Morgen brachte mein Freund dem ersten Butterlieferanten sein Pfund zurück, weil es zu teuer war. Unsere Kompensation hatte eineinhalb Pfund Butter, eine Flasche Wein, zehn Zigaretten und das Vergnügen eines steuerfreien Gewerbes eingebracht.«[67]

Die Aktivierung händlerischer Geschicklichkeit, die gänzlich unheroische

Schwarzer Markt in Berlin,
1946

Schlauheit, mit der man obrigkeitliche Regulationen verletzte (denn der Schwarzmarkt war natürlich streng verboten), förderten die Beweglichkeit eines Menschentyps, der sich nicht mehr den »großen Heldentaten« verpflichtet fühlte – »Du bist nichts, dein Volk ist alles!« –, sondern der den kleinen Sehnsüchten, nicht auf geraden Wegen, vielmehr mäanderhaft, nachging. Hier auf dem Schwarzmarkt wurde die Qualität einer »freien Wirtschaft« vorweggenommen – im Gegensatz zur verbürokratisierten Zwangswirtschaft, die mit ihrem Bezugsscheindenken eine gerechte Verteilung der kargen Güter zwar anstrebte, aber nicht erreichte und statt dessen frustrierende Warteschlangen bewirkte.

Auf der anderen Seite war der Schwarzmarkt, vor allem, wenn es um die Aktionen der Großschieber ging, sozialdarwinistisch strukturiert. Die Schwachen wurden immer mehr ausgepowert; die Starken konnten die Güter akkumulieren. In einer Reportage von 1947 spricht Thaddäus Troll vom »Januskopf des schwarzen Marktes«. Auf der einen Seite seien seine wirtschaftlichen Auswirkungen destruktiv, seine menschlichen Auswirkungen demoralisierend; auf der anderen Seite seien unsere Lebensbedingungen so schwer, daß der schwarze Markt für viele Menschen lebensnotwendig geworden sei, daß er Hunderttausende vor Verwahrlosung und Hungertod bewahre.[68] Das krude kommerzielle Denken, die geradezu wütende Konzentration auf das Materielle, die Erhebung der Wirtschaft in den Rang einer Ideologie – all das waren auch Folgen der Schwarzmarktzeit; sie stellte sozusagen die Inkubationszeit des Wirtschaftswunders und die Lehrzeit der Wirtschaftswunderkapitäne dar – insgesamt ein Vorgriff auf die später folgende Marktwirtschaft. »Dies gilt nicht nur im übertragenen Sinn, denn der Grundstock zu den meisten großen Vermögen, die dann in wenigen Jahren mit der neuen D-Mark gemacht wurden, ist in der Schwarzmarktzeit mit gehorteten Waren gelegt worden. Niemand, der es erlebt hat, wird je das ungläubige Staunen vergessen, mit dem die Menschen am Tag nach der Währungsreform in Schaufenster starrten, die jahrelang leer gewesen waren und nun über Nacht solche Wunderdinge wie Armbanduhren oder Nylonhemden enthielten.«[69]

Als der Schweizer Publizist Adolf Guggenbühl die Eindrücke seiner ersten Deutschlandreise nach Kriegsende in dem Aufsatz *Die deutsche Tragödie* zusammenfaßte, verstand er darunter vor allem den Schwarzhandel als Folge einer fatalen Ernährungslage; er sei nicht einfach die Folge der Güterknappheit, sondern eines organisierten planwirtschaftlichen Chaos. Erst die freie Marktwirtschaft würde die enervierenden, alle Kraft aufzehrenden Umtriebe im Nebel der Illegalität nicht mehr nötig machen. Den kulturmoralischen Niedergang in Deutschland erläutert er unter anderem an der Fallstudie einer 65jährigen, »einst sehr distinguierten Rektorsgattin«, die zum Erhalt ihrer Familie auf Hamsterfahrt gehen muß.

»Da in Bochum bis jetzt fast keine Winterkartoffeln zur Verteilung kamen, beschließt sie, wie das jedermann macht, aufs Land zu fahren, um sich dieses wichtige Nahrungsmittel zu verschaffen. Durch Abgabe von ein Paar alter Stiefel von einem der Söhne tauscht sie einen alten Kartoffelsack ein und einen primitiven Wagen, ein Brett auf vier kleinen Rädern. Nun fährt Frau Pasedag 200 Kilometer weit in das Gebiet von Hannover zu einem Bauern, dessen Tochter früher Dienstmädchen bei ihr war. Sie fährt die ganze Nacht hindurch. Von der Bahnstation bis zum Hof sind es zwei Stunden. Sie findet ihr Ziel, erfährt aber, daß der Bauer im Krieg gefallen ist. Andere Leute wohnen auf dem Gut. Man will ihr nichts abgeben. So klopft sie nun, wie es zahllose Hamsterer auch machen, aufs Geratewohl bei Unbekannten an. Oft öffnet man ihr nicht einmal die Türe; gelegentlich wagt sie sich dem Haus nicht zu nähern, weil ein großer Hund gefährlich die Zähne fletscht. Endlich findet sie einen Bauern, der bereit ist, ihr 50 Kilogramm Kartoffeln abzugeben. ›Geld – kommt nicht in Frage, was können Sie sonst bieten?‹ Frau Pasedag tut, was Tausende von deutschen Frauen in ähnlicher Lage getan haben: sie zieht seufzend ihren goldenen Ehering vom Finger. Der Bauer besitzt bereits ein gutes Dutzend solcher Ringe. Dann befördert Frau Pasedag ihre Kartoffeln zur Bahnstation zurück. Auf dem Weg bricht der improvisierte Wagen zusammen. Der alten Dame bleibt nichts anderes übrig, als die Kartoffeln auf dem Rücken zu schleppen. Alle zehn Minuten muß sie ausruhen. Als sie endlich wieder auf die Bahnstation kommt, ist der vorgesehene Zug längst abgefahren. Sie muß im Wartesaal übernachten. Einzuschlafen wagt sie nicht, aus Angst, die Kartoffeln könnten ihr gestohlen werden. Als sie am anderen Morgen den Zug besteigen will, sind die ankommenden Wagen bereits überfüllt, und auf dem Perron warten Hunderte, die auch noch mit wollen, mit Säcken, Ballen, Koffern. Der alten Frau gelingt es nicht, sich hinein zu drängen. Es bleibt ihr nichts anderes übrig, als einen andern Zug zu nehmen, mit dem sie aber umsteigen muß. Tödlich erschöpft sitzt sie auf ihrem Kartoffelsack. Plötzlich hält der Zug. Alles aussteigen, Kontrolle! Eine Welle der Verzweiflung geht durch die Hamsterer. Aber niemand revoltiert. Die eingetauschten Waren werden von der Polizei entschädigungslos beschlagnahmt. Mehr tot als lebendig kommt Frau Pasedag wieder in Bochum an, ohne Kartoffeln, ohne Ehering. Zu allem Unglück sind auf der abenteuerlichen Reise die einzigen Schuhe, die sie besaß, defekt geworden. Sie muß also die Reise nochmals unternehmen, den zweiten Ehering opfern, und dann gelingt es ihr vielleicht, die dringend benötigten Kartoffeln aufzutreiben.«[70]

Im Oktober 1947 berichteten die *Frankfurter Hefte* von einer Durchsuchung der Bauernhöfe in einigen niederbayerischen Kreisen; dabei seien durchschnittliche Bargeldbeträge von 150 000 Mark festgestellt worden, ferner Vorräte von Gebrauchsgütern, die für ein Jahrzehnt und länger ausreichen. Eine Untersuchung in Hessen habe zu ähnlichen Ergebnissen geführt. In einem Hof reichten die Lederplatten aus, den Schuhbedarf der Familie und des Gesindes für vierzig Jahre zu decken; Kisten voll von Hufeisen, Nägeln; Schränke voll mit Leinen; verschimmelnder Speck . . . Natürlich gäbe es genug Bauern, die korrekt und anständig seien; eines aber sei sicher: das hungernde Volk der Großstädte glaube nicht mehr an jene korrekte und anständige Mehrheit. »Schon ist ein Hof angezündet worden, schon beginnen in der Nähe der Großstädte die Felddiebstähle den Charakter organisierter Raubzüge anzunehmen, schon sind halblegale ›direkte Aktionen‹ von Gewerkschaftsgruppen vorgekommen; schon hört man öffentlich aussprechen, daß man sich zurückholen werde, was man aufs Land geschleppt habe. Mit anderen Worten: gegenüber dem, was man als direkten Klassenkampf der Bauern empfindet, beginnt sich eine tätige Gegenfront zu bilden. Daß die Besatzungsmächte das Schlimmste verhindern werden, ändert nichts an dem Zustand selbst.«[71]

Die bäuerliche Bevölkerung, so stellte Clemens Münster (ebenfalls in den *Frankfurter Heften*) fest, habe – von rühmlichen Ausnahmen abgesehen – gegenüber den beiden großen, ihr in diesen Jahren gestellten Aufgaben versagt: nämlich einmal gegenüber der Pflicht einer (unter Berücksichtigung eines durchaus großzügig angesetzten Eigenbedarfs) vollständigen Ablieferung der Produktion, wozu auch die Anwendung aller verfügbaren Mittel zu ihrer Steigerung gehörten, und gegenüber der Aufgabe der Aufnahme der Ostflüchtlinge. Es sei bekannt, daß die Schuld an den Schwierigkeiten mit den Ostflüchtlingen nicht nur auf seiten der Bauern, aber dort vorwiegend läge. Wer im übrigen das Verhältnis kenne, das auf dem Dorf zwischen großen und kleinen Bauern und zwischen Bauern und auf dem Dorf wohnenden Arbeitern zu bestehen pflegt, den könne gerade dieses Versagen nicht überraschen, ebensowenig die Tatsache, daß die Leistungen der Kleinbauern und der Häusler im Durchschnitt wesentlich diejenigen der großen überträfen. »In diesem Versagen gegenüber zwei zeitbedingten Forderungen offenbart sich aber zugleich die Aushöhlung des christlichen Lebens im Dorf. Denn es ist gleichbedeutend mit einem Versagen der Gerechtigkeit – und der Liebe, des höchsten und ersten Gebotes. So kann es

Conrad Felixmüller,
Kartoffelstoppler, 1948

nicht überraschen, daß wesentliche Unterschiede zwischen katholischen und evangelischen, christlichen oder nichtchristlichen Dörfern kaum zu beobachten sind.«[72]

Die kleinen Tragödien der Schwarzmarktjahre, die sich zur großen Schuld der Zeit aufaddierten, haben in dem englischen Film *Der dritte Mann* (Regie: Carol Reed, Buch: Graham Greene) eine geradezu legendäre Verdichtung erfahren. Der Penicillin-Schieber Harry Lime (Orson Welles) will sich durch einen vorgetäuschten Tod den Nachforschungen der Polizei entziehen. Der Chef der britischen Militärpolizei Calloway (Trevor Howard) führt Limes Freund, den amerikanischen Schriftsteller Holly Martins (Joseph Cotten) durch Besuch in einem Hospital drastisch vor Augen, wie viele Menschen dahinsiechen und sterben müssen, weil Schieber das Heilmittel verwässern. Martins hilft bei der Fahndung nach Lime, der nach einer aufregenden Jagd durch die Kanalisation Wiens umkommt. Der Film endet, wie er begonnen hat: mit dem (nun wirklichen) Begräbnis Limes. – Daß der Film, mit der »nervösen« Zithermusik von Anton Karas, die Menschen der Trümmerzeit tief aufwühlte und sie geradezu mythisch ansprach, hing nicht zuletzt damit zusammen, daß hier ein Heilmittel zum Objekt verbrecherischer Manipulationen gemacht wurde, auf das die Sehnsüchte sich in ganz besonderem Maße richteten. Amerikanisierung des Lebens: das verhieß Befreiung von Krankheiten und Seuchen, an denen im daniederliegenden Deutschland kein Mangel war.

Wann wird Friede sein? »Wenn die Ärzte nach Patienten schrein!« Mit Hilfe von Penicillin, Streptomyzin, Paludrin, zu denen später weitere Antibiotika, vor allem auch die Sulfonamide und Streptomyzine traten (im wahrsten Sinne auf amerikanischen »Nährböden« gewachsen), konnten Krankheiten geheilt werden, die noch kurz zuvor als tödlich galten – und meist schlagartig, in wenigen Tagen. Besonders segensreich war, daß die aufgrund der Unterernährung sehr weit verbreiteten Lungenentzündungen durch Penicillin mit fast 99prozentigem Erfolg zu bekämpfen waren. 1946 stellten die Vereinigten Staaten allein pro Monat über 800 Milliarden Einheiten Penicillin her, die in fast alle Länder ausgeführt wurden.[73]

Die Städte planen den Wiederaufbau

Wann wird Friede sein? »Wenn's von Häusern leuchtet: Frisch gestrichen!« Die Sehnsucht der Trümmerzeit, einer Migrationskultur, zielte auf Seßhaftigkeit. Was die existentialistische Philosophie »Geworfensein« nannte, war eine tagtägliche Erfahrung. Die Unbehausten wollten wieder Heim und Heimat finden. Kinder suchten ihre Eltern, Eltern ihre Kinder; die Evakuierten strebten in die Städte zurück (auch wenn es nur noch Trümmerwüsten waren); die Vertriebenen wollten sich wieder niederlassen; die Kriegsheimkehrer erhofften sich familiäre und berufliche Geborgenheit; die Emigranten waren der Fremde überdrüssig ... Als ehemalige Kriegsgefangene im März 1946 in München zu einer Konferenz zusammenkamen, sagte der bayerische Ministerpräsident Wilhelm Hoegner: »Ihr Heimkehrer findet eine vielfach zerstörte Heimat vor. Ihr seid jung genug, darob nicht zu verzweifeln. Die Heimat ladet euch ein, unverdrossen ans Werk zu gehen, mit dem Glauben an die Zukunft, der Berge versetzt, und mit dem Willen, der das Unmögliche schafft. Wenn ihr davon beseelt seid, werdet ihr euch aus der vielfach trostlosen Gegenwart in eine bessere Zukunft hineinarbeiten.« – Einer der Konferenzteilnehmer zitierte Friedrich Hebbel: »Das deutsche Volk ist unvorsichtig und verliert immer und immer wieder seine politische und wirtschaftliche Freiheit. Wenn es merkt, was es versäumt hat, möchte es sich wieder die Finger blutig kratzen, bis es wieder in den Besitz dieser Freiheit kommt«; er fuhr fort: »So wollen wir in diesen Tagen, aber auch Wochen und Jahre nachher, unsere Finger blutig kratzen, bis wir wieder in den Besitz eines anständigen Lebens und einer wirklichen positiven politischen und wirtschaftlichen Freiheit gelangen können.«[74]

Daheimsein, das bedeutete: menschenwürdig wohnen. 1947 analysierte der Schriftsteller Rudolf Krämer-Badoni, damals Redakteur der Zeitschrift *Die Wandlung*, das Leben in einer Trümmerstadt – am Beispiel Frankfurts. Man habe errechnet, daß der Wiederaufbau der Stadt mit den vorhandenen Facharbeitern bei reibungsloser Lieferung des erforderlichen Materials achtzehn Jahre dauern würde. 44,4% der Wohnräume seien durch Kriegseinwirkungen zerstört. Die Wohndichte betrage 1,37 Personen je Raum; 1939 seien es 0,8 gewesen. Eine solche Statistik sei freilich noch geschönt, denn auch die Qualität der Räume habe sich verschlechtert. Jetzt rechne man jeden nur notdürftig hergestellten Raum (z. B. im Keller oder auf dem Boden, auch die Küche) mit dazu. Krämer-Badoni berichtet von einer Rundreise durch Kellerwohnungen von höchst unterschiedlicher Qualität, Spiegelbild einer Gesellschaft, die trotz radikaler »Durchmischung« ein deutliches Schichtengefälle zeigte. Da ist Herr

Notwohnungen in Berlin
(Photo: L. Winkler)

L.; er hat Glück: Aus seiner früheren Tätigkeit in irgendeiner Branche-en-gros verfügt er über Beziehungen; so konnte er sich behaglich einrichten und sogar einen Holzboden einziehen. Die Wände sind zwar naß, werden aber durch eine reiche Bibliothek verdeckt. Durch den Vorraum, der wie die großzügige Diele einer Wildwestfarm anmutet, geht es direkt in den Garten, in dem sich unter hohen alten Bäumen eine Laube befindet. Mit dem Essen kommen Herr L. und seine Frau zurecht; sie haben noch genügend Besitztümer, die sie auf dem schwarzen Markt verhökern können. (»Hm, das nächste Opfer ist einer der Perserteppiche.«)

In einem anderen Gewölbe: Kälte und Nässe; der Raum ist nur elektrisch beleuchtbar; eines der dort wohnenden Kinder hat Gelenkrheumatismus und mußte drei Monate auf zwei Stühlen liegen, weil die Betten zu naß wurden. Ein kleiner Ofen, ein Militärspind, eine Lade. »Wo und wie sie früher gewohnt habe? In der Obermainstraße in zwei Zimmern und Küche. Ihr Mann sei 1937 an Tuberkulose gestorben. Sie gehe arbeiten, Rente beziehe sie nicht, da der Mann zu wenig geklebt habe. Brand habe sie noch keinen, im Mai seien ihr die Hausbrandkarten und verschiedenes andere gestohlen worden; sie zeigt mir die kriminalpolizeiliche Bestätigung. Bis jetzt habe sie trotz vieler Lauferei niemand gefunden, der ihr ein Doppel ausgestellt habe. Im Winter nach der Schneeschmelze stünden 30 cm Wasser im Keller . . . So wohnt sie jetzt seit zwei Jahren. ›Da bauen sie Kirchen‹, sagt die Höhlenbewohnerin bitter. ›Wenn die Paulskirche fertig ist, ziehe ich in die Sakristei.‹«[75]

So sahen die Wohnungen aus, in denen sich der Aufbauwille, langsam von Verbesserung zu Verbesserung fortschreitend, ausbildete – oft freilich auch in Widrigkeiten sich festlief und in Verzweiflung endete.

Angesichts der Kriegszerstörungen wurde der Bedarf an Wohnungen auf 6,5 Millionen geschätzt. »Wiederaufbau? Technisch, geldlich nicht möglich, sage ich Ihnen; was sage ich? – seelisch unmöglich! Aber schlichte Räume lassen sich auf den bestehenden Grundmauern und aus den brauchbaren Trümmerstoffen errichten, schlichte, helle Räume, in denen ein schlichtes, für jedermann gleiches und durchsichtiges Recht verhandelt und entschieden wird, ohne Hinterklauseln und ohne Stuckornamente. Auf, ihr Juristen und Architekten, plant und entwerft Formen, Räume von eindeutiger Klarheit und einfältiger Kraft, darin unsere Kinder und Enkel aufrichtig und also frei dem gemeinsam anerkannten Rechte sich fügen!« Otto Bartnings *Ketzerische Gedanken am Rande der Trümmerhaufen*[76] – hier vor dem Justizpalast einer zerbombten Stadt, die er wie ein »zerklüftetes steinernes Geripppe« empfindet – charakterisieren in einem allgemeinen Sinne die Grundstimmung der Davongekommenen, die nach dem totalen Krieg nun die Bilanz der totalen Niederlage zogen. Verzweiflung, Pessimismus, Resignation überwogen. Dennoch begann man bald in fast allen Städten an Wiederaufbauplänen zu arbeiten, die von unterschiedlichen Prämissen ausgingen.

Der für die Architekturgeschichte Nachkriegsdeutschlands außerordentlich wichtige, die Diskussion um Stadtentwicklung zum ersten Mal intensiv entfachende Strukturplan des Raumes Berlin (»Kollektivplan«), der unter der Leitung von Hans Scharoun, erster Stadtbaurat nach dem Kriege, erarbeitet wurde, ließ vom geschichtlichen Berlin kaum noch etwas übrig. Schnellstraßen standen im Mittelpunkt; lediglich das alte Zentrum der Stadt und die Museumsinsel wurden als eine Art Erinnerungsstück von der Radikalkur ausgenommen. Scharoun schrieb dazu: »Was blieb, nachdem Bombenangriffe und Endkampf eine mechanische Auflockerung vollzogen, gibt uns die Möglichkeit, eine Stadtlandschaft zu gestalten.« Und: »Unsere Meinung ist, daß die Großstadt nicht überholt ist, sondern daß sie bisher eine ihr gemäße, wahre Form noch gar nicht gefunden hat. Wenn wir Prag als eine Stadtlandschaft, Paris als einen Salon der Welt, New York als Ausdruck der Macht der Technik sehen, in Rom die Beständigkeit im ewigen Wandel bewundern oder London als eine Summe geistiger Traditionen betrachten, so klingen darin lediglich Lösungen von einzelnen Motiven her an. Eines ist klar: Großstädte sind kulturelle, politische und wirtschaftliche Konzentrationspunkte, die man nicht aus der Welt wird fortdenken können.« Auf Berlin übertragen, bedeutete dies für Scharoun eine neuartige Anordnung der Straßen; das bisher angewandte Radial- und Ringstraßensystem wurde als überholt betrachtet. Die weiträumigen und gleichgewichtigen Wirtschafts- und Wohnflächen der modernen Großstadt verlangten eine ausgeglichene Bedienung, ein neues System des Straßennetzes. Die rationelle Ausnutzung der modernen Fahrzeuge erfordere eine völlige Trennung der Geh- und Fahrbahnen als besondere Wege für Fußgänger, Radfahrer, Autos und Bahnen. »Wir brauchen keine Rennbahnen durch Berlin, sondern ein Gefüge gleichrangiger, rechteckig zueinander angeordneter Schnellstraßen.« Man habe berechnet, daß trotz des Ausbaus solcher Straßen auf die Dauer erhebliche Ersparnisse gemacht werden könnten; schon im Jahre 1927 hätten 32 000 Unfälle mit rund 15 000 Toten und Verletzten Ausgaben in Höhe von 1,2 Milliarden Mark verursacht, während die Kosten aller Straßendämme einschließlich der Brücken lediglich eine halbe Milliarde betrügen. Durch ein solches Straßensystem würden die Wohn- und Arbeitsräume so zueinander geordnet, daß für die Fahrten zur Arbeitsstätte eine verkehrsarme Stadt sich ergebe. Das bedinge, daß den Wohngebieten ein sehr hoher Wohnreiz gegeben werde, um der Flucht vor allem der qualifizierten Arbeiter aus dem Stadtraum an die Peripherie entgegenzuwirken. Man beabsichtige, Grundeinheiten, die in ihrer Größe etwa den Kern der Siedlung Siemensstadt ausmachten, so zu gestalten, daß sie die Einheit des Lebens widerspiegelten. Sie würden neben den Geschoßwohnungen Einfamilienhäuser und Ledighäuser in Verbindung mit einem Gästehaus enthalten. In sie hinein gehörten der kulturelle und der soziale Mittelpunkt; Sanitätshaus, Kindergarten, Kinderheim, Kino, Theater, Büchereien und so weiter. Acht Grundeinheiten sollten mit einem Krankenhaus und einer Poliklinik, sechzehn Grundeinheiten mit einem Stadtbad versehen sein. Auch die Verteilung der Schulen füge sich in die neue Gliederung der Stadt ein; je Grundeinheit seien eine Grundschule und meist auch eine höhere Schule vorgesehen. Im Zuge dieser Pläne wolle man ferner die durch die Kriegszerstörung gegebene Möglichkeit, die Wohnblocks zu öffnen und Sonne und Luft in die Wohnungen eintreten zu lassen, systematisch nutzen. Die Berliner City werde das Schaufenster Berlins im breitesten Sinne werden: Ausstellungsraum, Vorführraum, Uraufführungstheater, gleichsam Treffpunkt und Konferenzsaal in einem. Ferner sollten in ihr das Zeitungs-, Zeitschriften- und Buchverlagswesen, der Papiergroßhandel, der Export, die Konfektions- und Bekleidungswirtschaft, das Versicherungswesen, Großbanken und Großhandel und die Filmunternehmungen untergebracht werden. Daneben würden die Verwaltungsgebäude der Stadt, des Staates und der großen öffentlichen Unternehmen stehen. Außerdem sollten dort blockweise die überbezirklichen Einkaufshäuser und repräsentativen Einkaufsstraßen, die großen Theater und Museen ihren Platz haben.[77]

Großstadt der Zukunft: Die Charta von Athen, die stadtarchitektonische Programmschrift von Le Corbusier aus dem Jahr 1928, ließ grüßen. Die Zertrümmerung durch den Krieg schien die Chance zu bieten, die Geometrieträume von Architekten, die jedem organischen Wachstum abschworen und ganz der planetarischen Abstraktion vertrauten, zu verwirklichen. In der Ausstellung »Planungen zum Wiederaufbau Berlins« (1946) wurden freilich auch alternative Vorstellungen gewürdigt, die die historische Substanz stärker berücksichtigten.

Werner Heldt, Zerfetzte
Stahlträger, 1947

Diese stand ganz im Mittelpunkt der Nürnberger Wiederaufbauplanung. Man
legte z. B. fest, daß das Geflecht der mittelalterlichen Straßen und Gassen
erhalten werden solle; die Häuser müßten fränkische Giebeldächer haben und in
ihrer Höhenentwicklung so begrenzt sein, daß der Blick auf die Burg von den
verschiedensten Stellen aus möglich sei.

Exemplarisch sind damit Positionen markiert, die insgesamt die Diskussion
um den Wiederaufbau bestimmten. Die eine Richtung, beeinflußt von der
funktionalistischen Architektur eines Mies van der Rohe, Gropius, Scharoun,
forderten aufgrund der »Schutthaufensituation« eine radikale moderne Gesamt-
lösung. Mit den progressivsten baukünstlerischen Kräften der Gegenwart sollten neue »Stadtorganismen« geschaffen werden. 1947, dem Jahr, da als Teil der
antikommunistischen Truman-Doktrin der Marshallplan verabschiedet und damit für Deutschland auch umfassende Aufbauhilfe zu erwarten war, veranstaltete
die amerikanische Militärregierung eine Vortragsreise von Walter Gropius nach
Deutschland, auf der er aufs neue die Ideen des »Bauhauses« vertrat und Scharoun als den »besten Planer und Architekten« des Landes pries. Die aus Deutschland vertriebene sozialreformerische Architektur kehrte als Symbol von Freiheit

Otto Kohtz, Entwurf zum Wiederaufbau einer Großstadt, 1945

und Individualität in einem ihrer prominentesten Vertreter in das verunsicherte Deutschland zurück. Die moderne Architektur sollte mit ihrer »Ehrlichkeit«, »Durchsichtigkeit«, »Offenheit« den jungen Staat, dem man die gleichen Eigenschaften zuordnete, repräsentieren und spiegeln. Im Zeichnen eines leichten, beschwingten, liberalen internationalen Stiles, der ganz auf technischen und zivilisatorischen Fortschritt ausgerichtet war und die sozialutopischen Vorstellungen von der Gleichheit im Wohnen transportierte, wandte man sich gegen Provinzialismus, Folklorismus, Monumentalismus, Historismus, zumal gerade diese Bauformen vom Nationalsozialismus bevorzugt worden waren.[78]

Die andere Richtung betonte die Notwendigkeit, das Vergangene zu bewahren und zu erhalten; mit besonderem Engagement wurde die Wiederherstellung alter Stadtkerne gefordert. In dem Gutachten, das Heinrich Tessenow 1947 über vier Entwürfe zum Aufbau der Lübecker Innenstadt abgab, vertrat er die Ansicht, daß der »hygienischste Anspruch«, jedermann solle Licht, Sonne und Garten haben, nicht ohne weiteres an alte Wohnungen gestellt werden könne, genauso wie die historischen Stadtzentren nicht auf moderne Verkehrsanforderungen hin umgeplant werden dürften. Er kritisierte die fast ausschließlich im Interesse des Automobilverkehrs konzipierten Lösungen und empfahl, alle bestehenden Häuser, Baufluchten und Straßenbreiten zu erhalten, etliche zerstörte Gebäude innerhalb der alten Baufluchtlinie wiederaufzubauen und einige neue Freiflächen zu schaffen.

Welches Lager sich jeweils durchsetzte, war für den Wiederaufbau der einzelnen Stadt dann maßgebend. In München, Nürnberg, Freiburg, Mainz, Würzburg kam es zu einem behutsamen, historisierenden Wiederaufbau, orientiert am geschichtlichen Stadtgrundriß. In Berlin, Hannover, Frankfurt, Köln setzte sich der »Neubau« durch, der die Straßenstruktur, den Anforderungen des Fahrverkehrs folgend, grundsätzlich veränderte.

Die meisten Städtebauerwägungen, schrieb der Architekt Alfons Leitl in den

Frankfurter Heften Juli 1946, die Modernisten unterstützend, zeigten eine kompromißlerische Halbheit, die geradezu erschreckend sei. Noch von kaum einer Stadt – Hannover sei da ausgenommen – habe man gehört, daß sie einen grundlegenden neuen Gedanken erwäge; nur Erhaltung, Wiederherstellung, bestenfalls vorsichtige Korrektur. Und daran glaubten offensichtlich die Städtelenker und jeder einzelne Bürger. Es gehe aber im Grundsätzlichen keineswegs um Straßen- und Stadtbilder, um Fluchtlinien, um Platzgestaltungen, sondern um den geistigen und tatsächlichen Vollzug veränderter Lebens- und Wirtschaftszustände. »Seit fünfzig Jahren führen Städtebauer, Wohnungs- und Sozialreformer, Männer der Volksgesundheit einen aufopferungsvollen Kampf gegen die städtebauliche Erbschaft des 19. Jahrhunderts, gegen die Auswucherungen und Verzerrungen unserer Städte. Heute wäre in fürchterlicher Einmaligkeit Gelegenheit nicht nur zu kleinen mühsamen Korrekturen, sondern zu einer grundsätzlichen Neuordnung. Und wir stellen fest: Erwägungen über Heimatschutz und Denkmalspflege. – Müßte nicht die ungeheure Verpflichtung gegenüber den Lebenden und den Kommenden uns Gedanken und Lösungen von vollendeter und klarer Folgerichtigkeit geradezu abzwingen? Wäre heute nicht das Bild der Stadt als wohlgegliedertes, lebensfähiges und lebenerfülltes Gefüge neu zu entwerfen mit allen geistigen, sozialen, gesundheitlichen und künstlerischen Folgerungen? Statt dessen kann es geschehen, daß einem gewissenhaften Städtebauer, einem erfahrenen und klugen Lehrer der Stadtbaukunst, eine Welle der Empörung entgegenschlägt, weil er den konsequenten Vorschlag macht, den alten, völlig vernichteten Kern einer Stadt nicht mehr aufzubauen, sondern an günstigerer Stelle eine neue Stadt zu errichten.«[79]

Modernisten und Traditionalisten fanden aber auch immer wieder einen gemeinsamen Nenner. Unter dem *Aufruf zum Neuaufbau* von 1947, der »in fast biblischen Tönen vom ›sichtbaren Einsturz‹ als ›Ausdruck der geistigen Zerrüttung‹ spricht und die Forderung nach dem Einfachen und Gültigen aufstellt«, stehen einträchtig die Namen von so unterschiedlichen Persönlichkeiten wie Willi Baumeister, Richard Döcker, Egon Eiermann, Hans Schmidt, Hans Schwippert, Max Taut, Wilhelm Wagenfeld, Heinrich Tessenow und Otto Bartning.[80]

Der Streit um die Gestaltung des Goethehauses in Frankfurt am Main (Goethes Elternhaus am Hirschgraben) wirkte wie ein Brennspiegel, in dem die gegensätzlichen Gestaltungsvorstellungen der Modernisten und Traditionalisten gebündelt in Erscheinung traten – und nicht nur auf die Architekten bezogen. Ernst Beutler, Leiter des Goethemuseums und des Freien Deutschen Hochstifts, wollte eine naturgetreue Wiederherstellung des alten Baues, wobei das Fehlende imitiert werden sollte. Karl Jaspers, Ernst Robert Curtius, Max Planck stimmten dem Plan sofort zu; andere, wie Reinhold Schneider, Leopold Ziegler, Karl Scheffler, wandten sich gegen einen solchen Wiederaufbau. Schneider schrieb: »Ist es nicht, als ob wir mit einer Lüge uns über unsere Verluste, unsere Schmerzen, das Unheil unserer Geschichte hinweghelfen wollten? ... Das Goethehaus wäre schwerlich gefallen, wenn wir uns des Dichters ehrfürchtig bewah-

Gerhard Weber, Entwurf für die Neugestaltung der Ruine des Goethehauses
in Frankfurt am Main, 1947

renden Sinn, seine Hingabe an die Menschlichkeit bewahrt hätten ... Wir
können der Frage nicht ausweichen: Wäre eine solche täuschende Nachahmung
des Geburtshauses in Goethes Sinn?« – Die Goetheverehrer des In- wie des
Auslandes förderten durch viele Spenden den Plan der Restauration; der Architekt Otto Bartning meinte: In der Diskussion gebe es ein Sowohl-Als-auch; für
den Architekten oder für den Bauhandwerker gebe es aber nur ein Entweder-
Oder. Zum Beispiel: Soll man bei der Wiederherstellung des Goethehauses alles
lot- und waagerecht bauen, oder etwas altersschief? Die Stuckdecke, einst mit der
Hand geformt: soll man sie weiß lassen wie zu Vater Goethes Zeiten, etwas
angestaubt wie 1832, oder stärker angestaubt wie 1932? Die erhaltene Zimmertür
wird eingesetzt: soll die neue Schwelle nun scharfkantig werden oder bereits
etwas abgetreten? Kopiert man die übrigen Türen mit ihren Schnitzereien: wird
man diese Tausendkünstler (im Kunsthandel Fälscher genannt) finden, die solche
Nachahmungen täuschend echt zuwege bringen? ... Das Ergebnis, meinte Bartning, wäre ein Pseudo-Goethehaus, in dem man nicht mehr unterscheiden
könne, was echt und was echt-imitiert sei. Der Weg des Goethehauses läge ja
nicht in seinen stilistischen, baukünstlerischen Formen, die man der Gegenwart
übermitteln wolle, sondern in der Atmosphäre, in den weihevollen Gefühlen,

nun jene Schwelle zu überschreiten, die einst Goethes Fuß selbst berührt hat. Bartning schlägt vor, auf dem Fundament des Goethehauses schlichte Räume herzustellen, die den früheren Proportionen und Lichtverhältnissen entsprechen und so in einer würdigen, neutralen Form die geretteten Möbel, Bilder und Geräte aufnehmen könnten. Alle weiteren Räume, die das Hochstift benötige, sollten in einfacher Form an dieses Herzstück anwachsen.

Am Goethehaus war eine Diskussion festgemacht, die mehr oder weniger alle zerstörten oder schwer beschädigten Baudenkmäler Deutschlands betraf. Die Frage lautete: Romantik oder Wirklichkeit? So formulierte es Bruno E. Werner in seinen *Gedanken über den Wiederaufbau*, Juli 1947: »Werden eines Tages an ihre Stelle Imitationen, Panoptikumstadtteile rücken? Oder wird man den Mut haben, das, was völlig vernichtet ist, einer versunkenen Zeit zu überlassen und statt dessen lebensvolle, neue architektonische Leistungen zu schaffen, die dem Geist der Gegenwart, den neuen Baustoffen, den neuen Aufgaben entsprechen?«[81] Bruno E. Werner verkannte dabei, so stringent und »ehrlich« auch die Ideen funktionalistischer Architektur anmuteten, daß diese leicht vom ökonomischen Denken usurpiert werden konnten. Die »Klarheit« des Betons war vor allem billig; es ging weniger um Metropolis als um Profitopolis.

In den unmittelbaren Nachkriegsjahren war die Diskussion um die jeweilige Konzeption des Wiederaufbaus der Städte vorwiegend eine Auseinandersetzung um Pläne und Zeichnungen. Die Städte mußten zunächst enttrümmert, die Wohnungen notdürftig repariert, Baulücken mit billigen und formal bescheidenen Häusern gefüllt werden. Improvisation und Provisorien bestimmten fast ausschließlich die Bautätigkeit. Mit besonderer Aufmerksamkeit wurde jeweils der Fortschritt bei der Trümmerbeseitigung registriert. An der »Sauberkeit« der Räumungen konnte man den Pegelstand des Aufbauwillens ablesen. Als aber, zumindest bis zur Währungsreform, der Trümmerbeseitigung kaum Wiederaufbautaten folgten – es fehlte an Materialien und Fachkräften (die Schwarzarbeit dagegen florierte) –, verlor die Vokabel »Wiederaufbau«, die am Anfang von zündender Kraft gewesen war, an Wirksamkeit. Besonders demoralisierend wirkte sich aus, daß die Baustoffe vielfach auf dem Schwarzmarkt verschoben wurden und meist nur diejenigen, die über Beziehungen bzw. Tauschmittel verfügten, in der Lage waren, ihre Wohn- und Produktionsstätten wiederherzustellen bzw. zu verbessern.

Beswingtes Kellerleben

Das Gehäuse, in dem man sich viel wohler fühlte als in den notdürftig geflickten Wohnungen und verödeten Stadtlandschaften, war ein »ätherisches«. Die Schall- und Ätherwellen spielten keine unerhebliche Rolle, wenn es darum ging, in die Heiterkeit eines neugewonnenen Da-seins zu expandieren.

»Alle Welt scheint am Werke, einen Überfrühling der Künste vorzubereiten.

Daß man wie die Zigeuner leben muß, hinter zerbrochnen Fenstern, ohne Buch und zweites Hemd, unterernährt, angesichts eines Winters ohne Kohle, niemanden stört das. Keiner merkt's. Das Leben ist gerettet. Mehr braucht's nicht, um neu zu beginnen«, schrieb Erich Kästner September 1945.[82] Solche Hochstimmung war von Anfang an musikalisch unterlegt. Der Übergang von den Götterdämmerungsmusiken zum amerikanischen Jazz – das war ein deutliches Zeichen für die heitere, »beswingte« Zeit, die nun anbrach. Der Jazz war im Dritten Reich zwar als »Niggerkunst« bekämpft worden; doch hatte er sich in privaten Nischen, vor allem bei oppositionell bzw. regimekritisch eingestellten Jugendlichen halten können. Sein Bruder Robert, ein Jazzfan, erzählt Walter Kempowski, habe während des Krieges so viele Schellackplatten besessen, daß er zehn eng beschriebene Schreibmaschinenseiten brauchte, um die rund 250 Titel, von Ambrose und Armstrong bis Fats Waller und Benny de Weille aufzuzeichnen.[83] »Swing-Heinis« nannte man diese Jugendlichen; Swing war eine Musik von Zivilisten für Zivilisten, die im Zweiten Weltkrieg besonders auch von alliierten Soldatensendern, als Ableger der BBC an der französischen Küste installiert, verbreitet wurden. Die Musik von Benny Goodman, Tommy Dorsey, Artie Shaw und vor allem Glenn Miller begeisterte die Landser, die dann als Kriegsgefangene noch mehr in den Sog dieser, ein neues Lebensgefühl bekundenden Melodien gerieten. Viele deutsche Berufs- und Amateurmusiker spielten schließlich, nach Hause zurückgekehrt, in amerikanischen Clubs.

»Nach der Todesdroge zynisch-flotter Märsche führte die Musik der Unterdrückten die Menschen wieder zusammen. Wir haben es erlebt, im Jazz. Aus Sklavenliedern, auf den Baumwollfeldern in den Südstaaten entstanden, hat er den Aufbruch der Minderheiten in aller Welt artikuliert, die Grenze zwischen Rassen, das Verbot der Fraternisation weggetrommelt.

Musikalisch betrachtet, ist es nur ein kleiner Schritt von der Unterdrückung zur Freiheit. Mit dem Zwei-Viertelrhythmus des Marsches schüchtert Staatsgewalt zum Gehorsam ein, beim Vier-Viertelrhythmus, in den man aus dem Zwei-Viertelrhythmus nahezu unbemerkt hinübergleiten kann, verpufft jeder Kampfgeist, entkrampft sich der Mensch und schwingt brüderlich mit allen andern im Kollektiv.

Wir haben's erlebt. Wir haben herumgehorcht und uns dazugemogelt, wenn sich die Jazzmusiker trafen, nachts, nach Beendigung ihrer Engagements, Amerikaner und Deutsche, um miteinander zu spielen. Nicht zum Tanz, nicht für Publikum, nur zum eigenen Spaß, musikantisch in freier Improvisation, ohne Noten, ohne Gage, ohne zeitliche Begrenzung.

Jam Sessions nannten sich diese Entdeckungsreisen ins Reich der Töne. Hier wurde der Jazz als lebendige Sprache vorangetrieben, neue Gruppierungen, neue Ausdrucksformen, neue Harmonien entwickelten sich von selbst.

Aus Variationen über ein bekanntes Stück entstand mitunter ein neues. Da legte einer ein Thema vor, ein anderer übernahm es oder antwortete, ein dritter widersprach. Es kam zu hinreißenden Instrumentaldialogen, bis sich die Beteiligten schließlich einigten und harmonisch kühn im Satz, ohne Unterschiede der

Berlin 1947

Hautfarbe oder Nationalität, ihre Übereinstimmung auskosteten, wieder und wieder, weil es so schön war . . .« (Oliver Hassencamp)[84]

Die Stunde Null war, kulturell gesehen, vor allem eine Stunde des Radios. Die Theater und Kinos waren vielfach zerstört oder für die Sieger beschlagnahmt; die Sperrstunde hielt die Menschen zu Hause fest. Da waren die Rundfunksendungen eine willkommene Abwechslung.

»Wir jungen und nicht mehr ganz jungen Jugendnachholer saßen nachts vor dem Radio, um zu hören, was wir endlich ungestraft hören durften: Swing von AFN, dem American Forces Network, wie der alliierte Soldatensender hieß. Wenn Mark White, der kleine, zierliche Discjockey mit der sonoren Stimme, im Programm *Midnight in Munich* die Platten ankündigte und abspielte, schwelgten wir in unserem Lebensgefühl. Schon mittags hatten wir Swing getankt. Bei *Luncheon in Munchen,* einer täglichen Sendung aus dem ehemaligen Palais des Malers Friedrich August Kaulbach.«[85]

Radio München, ein Sender der Militärregierung, der 1945 seine Tätigkeit aufnahm, setzte nicht nur auf belehrende Umerziehung, sondern vor allem auch auf kesse Musik. Zusammen mit Werner Götze übernahm Jimmy Jungermann vom amerikanischen Soldatensender AFN das Programm *Midnight in Munich* und machte es als *Mitternacht in München* zu einer der heißesten Jazz-Sendungen Europas. Zwei Jahre lief die Sendung: 60 000 Hörerwünsche trafen ein. Ein Drittel all dieser Hörerwünsche galt einem einzigen Lied: »Don't Fence Me In« (»Sperr mich nicht ein«).

»Ein großes Aufatmen scheint durch die Musik dieser und durch die Schallplatten der folgenden Jahre zu gehen; ein Hauch von Freiheit und wiedergewonnenem Optimismus, der schon aus den Titeln der neuen oder auch älteren, jetzt endlich gefahrlos hörbaren Hits spricht. Von Harry James und seiner Trompete geleitet, sieht man nun wieder Licht: ›I'm Beginning To See The Light‹. Doris Day malt die ›Sentimental Journey‹ an den sich langsam erhellenden Horizont. Peggy Lee verweist auf ›Manana‹, und alle Sorgen verstummen, wenn Louis Armstrong in ›Blueberry Hill‹ tröstet ›I'll Bring My Horn With Me‹. Gleichzeitig bringen die Andrew Sisters mit ›Rum And Coca Cola‹ die Symbole des American way of life ins deutsche Nachkriegs-Dasein.

Die erste deutsche Jazzschallplatte nach der ›Stunde Null‹ entsteht im Osten Berlins. Rex Stewart, der Trompeter aus dem Orchester Duke Ellingtons, spielt mit deutschen Musikern. Es ist eine Zeit der Begegnung überall. Freddie Brocksieper hätte nie zu träumen gewagt, daß er Lionel Hampton, diesen fernen Meister von jenseits des großen Teiches, einmal lebendig vor sich sehen und sogar mit ihm zusammen musizieren würde.

Margot Hielscher: ›Eine Zeit, in der man wenig zu essen hat und nicht weiß, wo man schlafen kann, wird phantastisch nur durch Musik. Was sich tat, das tat sich auf diesen fünf Notensystemen.‹«[86]

Der Keller, nicht nur der Jazz-Keller, war ein zentraler Topos für die Trümmerzeit-Vergnügungen. (Das waren eben Räume, die den Bombenangriffen am ehesten standgehalten hatten und so verhältnismäßig leicht ausgebaut werden konnten.) Das Keller-Kabarett, das Keller-Varieté, das Keller-Restaurant mit Revue und Show – wie Pilze schossen solche Etablissements aus dem Boden, deren weltstädtischer Anspruch meist in umgekehrtem Verhältnis zu ihren Möglichkeiten stand. Die Tanzschulen erlebten eine Renaissance. Nach Abschluß der Tanzkurse bildeten sich vielfach Tanzclubs, die auf privater Basis Bälle organisierten, wobei man, da in den Großstädten die Säle meist zerstört waren, auf umliegende Landgasthäuser und Restaurants auswich.

War der Jazz auch beliebt, so doch nur bei einer Minderheit; die Mehrheit wollte sich nach wie vor auf »Negerkunst« nicht einlassen. Dementsprechend war die übliche Tanzmusik gemäßigt modern bis konservativ; die neu entstehenden Tanz- und Unterhaltungsorchester gaben einen »gepflegten« Ton an, der den regressiven Sehnsüchten entsprach: nämlich Rückorientierung an die Five-o'clock-tea-Kultur der Weimarer Republik, die in bestimmten großstädtischen Bereichen auch im Dritten Reich weiter bestand und sich mit der von den Machthabern geförderten Wiener-Blut-Romantik verband. Symptomatisch, daß Radio München 1947 seine Jazz-Sendungen zugunsten von »Volksmusik« einschränkte und bereits 1948 die Platte *Capri-Fischer* bei Polydor (»hergestellt unter der Zulassung Nr. B 510 der Nachrichtenkontrolle der Militärregierung«) erschien, wobei deren Urheberrecht aus dem Jahre 1943 datierte. Daß man bald nicht mehr Boogie-Woogie und Swing tanzte, sondern Walzer, Tango, Polka, hing mit der Verbesserung des Lebensstils zusammen; lange Röcke etwa waren modische Accessoires eines neuen Sozialprestiges, das die elementare und spontane Lebensfreude der Trümmerzeit abzulösen begann.

Jedenfalls, so oder so, »beswingt« oder »polkaesk«, der Frieden kündigte sich an; Lebenslust mied das finsterste wie das innerste Deutschland. Die Mahner waren unbequem, aber sie machten sich dennoch vernehmbar.

Felix Nussbaum (1944 im Konzentrationslager Auschwitz ermordet), Einsamkeit, 1942

Schuld und Sühne

Erschüttertes Gewissen weckt Gewissen auf

»Die Sieges- und die Friedensglocken dröhnen, die Gläser klingen, Umarmungen und Glückwünsche ringsum. Der Deutsche aber, dem von den Allerunberufensten einst sein Deutschsein abgesprochen wurde, der sein grauenvoll gewordenes Land meiden und sich unter freundlicheren Zonen ein neues Leben bauen mußte, – er senkt das Haupt in der weltweiten Freude; das Herz krampft sich ihm zusammen bei dem Gedanken, was sie für Deutschland bedeutet, durch welche dunkle Tage, welche Jahre der Unmacht zur Selbstbesinnung und abbüßender Erniedrigung es nach allem, was es schon gelitten hatte, wird gehen müssen.«[87]

Mit dem Pathos des Praeceptor Germaniae, des Vertriebenen, der recht behalten hatte, voller Verständnis für sein tief gesunkenes Volk, das nun für das begangene Unrecht büßen müsse – ein Unrecht, das man auch ihm angetan hatte (als man ihm sein Deutschtum absprach) –, mit dem Anspruch moralischer Selbstgewißheit fordert Thomas Mann vom fernen Amerika aus seine Landsleute zur radikalen Umkehr auf. (Es war die fünfundfünfzigste und letzte Radiosendung nach Deutschland. Seit 1940 hatte die British Broadcasting Corporation, BBC, die Ansprachen gebracht; sie waren zunächst als Texte nach London gekabelt und dort verlesen, später durch Schallplatte, die der Dichter in Los Angeles besprach, auf dem Luftwege nach New York geschickt, von dort durch Telefon nach London übertragen und, erneut auf Schallplatte aufgenommen, vor dem Mikrophon abgespielt worden.) Gerade diejenigen, die im Dritten Reich verfolgt, verfemt, in die äußere oder innere Emigration getrieben worden waren, empfanden die Verpflichtung, sich mit der deutschen Schuld auseinanderzusetzen und über Sühneleistung »Reinigung« (Katharsis) zu bewirken.

Zu den ersten Büchern, die nach Kriegsende publiziert wurden, gehörte die Schrift *Das Unzerstörbare* von Reinhold Schneider. Der 1903 in Baden-Baden geborene Schriftsteller beschäftigte sich von einem unorthodoxen Standpunkt aus vorwiegend mit geschichtlichen Themen (»Das Geheimnis der Kreuzigung ist unwiderlegbare Antwort an die Geschichte«); seinen Kampf gegen den Naziungeist führte er auf zwei Ebenen: zu einem mit einer Vielzahl von Betrachtungen, Meditationen, Predigten, Sonetten, die sich an alle jene richteten, die weder mit Literatur noch mit Geschichte sonderlich vertraut waren; zum anderen mit seinen äußerst anspruchsvollen, großen geschichtlichen Abhandlungen, die im Sinne von Friedrich Schlegels Begriff der »rückwärts gewandten Prophetie« die unmittelbare Gegenwart anpeilten, wenn sie von der Vergangenheit sprachen. Tief betrübt war Schneider über das Versagen der katholischen Kirche und des christlich erzogenen Bürgertums im Dritten Reich. »Spätestens am Tage des Synagogensturmes hätte die Kirche schwesterlich neben der Synagoge erscheinen müssen. Es ist entscheidend, daß das nicht geschah. Aber was tat ich selbst. Als ich von den Bränden, Plünderungen, Greueln hörte, verschloß ich mich in meinem Arbeitszimmer, zu feige, um mich dem Geschehen zu stellen und etwas zu sagen.«[88]

Die Jugend, hieß es in der Schrift *Das Unzerstörbare*, betrete nun ein Trümmerfeld, auf dem sie ihr Leben bauen solle. Schmerz und Scham müßten sie bewegen, vielleicht auch der Groll auf die Väter, die ihr die verwüstete Welt vererbt, sie ihr bereitet hätten. Nur einige Wünsche würden sich erfüllen lassen: Die Weiten, auf die der Mensch sein natürliches Anrecht habe, seien verschlossen; das Leben im Reich des Geistes werde auf das bitterste erdarbt, erlitten werden müssen. Die Jugend brauche nicht mehr aus Träumen gerüttelt werden, sie sei angesichts der furchtbaren Erde, die von Gräbern, Trümmer und Schuld überdeckt sei, hellwach. Eine Macht war heraufgezogen, die den Menschen haßte, wie er vielleicht noch nie gehaßt worden sei. Hinter Greueln und Leiden verberge sich diese dämonische Sucht, den Menschen zu erniedrigen, ihm den Adel seiner Freiheit und seines Erwähltseins zu entreißen und ihn einer Bestimmung zu unterwerfen, die Menschen unter der Gewalt des Dämons erdacht hätten, und der sich der Mensch nimmer beugen dürfe. »Es ist auch unser Stolz, uns, was die Schuld betrifft, vorerst auf uns selbst zu beschränken und nicht etwa zu sagen, daß auch andere schuldig seien. Dieses ›auch‹ ist ein kindisches Wort. Gewiß wird keine Schuld begangen, deren Ursprung sich nicht in der Welt verzweigt. Aber in dem ›auch‹ ist keine Haltung, und auf sie kommt es an. Sühne ist die Haltung dessen, der sich seiner Würde, ob sie auch verletzt ist, bewußt bleibt und sie wieder gewinnen will. Wer in die Zusammenhänge der Schuld gestellt ist und nicht sühnt, gibt seine Würde endgültig auf.« Es könne im Leben eines Volkes eine Phase eintreten, da Sühne die einzig mögliche Haltung und damit die geschichtliche Tat dieses Volkes sei. Ein wirklich erschüttertes Gewissen wecke Gewissen auf. »Das redliche Geständnis der Schuld und der Mitschuld, der feste Wille zu sühnen, zu reinigen, bleiben gewiß nicht allein, solange noch Menschen guten Willens auf Erden sind; können wir doch auch im eigenen Leben kein Schuldbekenntnis anhören, ohne eigener Schuld innezuwerden und sie auszusprechen. Tragende sühnende Geduld ist die Kraft, die des schwersten Leidens mächtig wird. Insofern ist dem, der die Schuld ergreift und sie in Wahrheit zu seinem Anliegen macht, ein Wort vorbehalten, das weiter in die Zukunft dringt, das geschichtsträchtiger ist als das Wort der Ankläger. Nur wer sich bekehrt, hilft mit zur Bekehrung der Welt. Vom Gewandelten gehen wandelnde Kräfte aus. Und daß die Welt, über die ein Gericht ohne Beispiel gekommen ist, sich wandeln muß, und zwar aus dem Innersten, steht wohl nicht mehr in Frage.« Die große Gnade, das große Recht der Jugend sei es, »das Wort dieser Wandlung« zu sein.[89]

Ob aus religiösem oder allgemein humanitärem Engagement heraus – viele der hervorragenden Dichter und Denker drängten sofort nach Kriegsende auf eine tiefgreifende Auseinandersetzung mit dem Nationalsozialismus; ausgehend von der Reue des Herzens (contritio cordis) wollten sie durch das Bekenntnis des Mundes (confessio oris) der Welt deutlich machen, daß die Stunde Null eine Abkehr von Irrtum, Verfehlung und Verbrechen bedeute; man war bereit, durch Handeln (satisfactio operis) Sühne zu leisten. Konnte man dabei von einer deutschen Kollektivschuld sprechen? Hatten die Nationalsozialisten den deutschen Geist »nur« verführt? Hatten sie mit der Fassade bürgerlicher Wohlanständigkeit ihre ruchlosen Ziele kaschiert, oder hatte es sich um eine Komplizenschaft von Verbrechern und Bürgertum gehandelt? War der Nationalsozialismus im deutschen Wesen und in deutscher Kultur angelegt oder lediglich ein Betriebsunfall deutscher Geschichte?

In der *Neuen Zeitung* vom 25. Oktober 1945 äußerte sich die norwegische Romanschriftstellerin und Nobelpreisträgerin Sigrid Undset, die während des Krieges in die USA geflohen war, zur Umerziehung der Deutschen in pessimistischer Weise. Es sei selbstverständlich, daß in einem Volk von 70 Millionen anständige wie grausame Männer und Frauen, intelligente wie auch abgestumpfte Geister existierten, doch gebe es etwas wie eine nationale Geisteshaltung, die klar sichtbar hervortrete. »Es muß Millionen deutscher Kinder geben, deren Väter sich an den Grausamkeiten gegen Zivilisten, Frauen und Kinder in Rußland, Polen, Jugoslawien, Griechenland, Frankreich oder Norwegen beteiligt haben! Zahllose deutsche Kinder haben Eltern, die eine kurze Prosperität infolge der Ausraubung Europas erlebt oder die sich an der Ermordung von vier Millionen Juden beteiligt haben und einen Teil der Beute, die den Ermordeten abgenommen wurde, einsteckten! Es muß Millionen Kinder von Müttern geben, welche die deutsche Frau fast noch verhaßter gemacht haben als den deutschen Mann, als sie Heime und Höfe in den besetzten Ländern übernahmen und anderer Leute Haushaltsgüter jubelnd wegtrugen – sogar die Familienbilder, die sie manchmal ihren wirklichen Besitzern zu hohem Preis wieder anboten! . . . Das größte Hindernis auf dem Weg der Umerziehung Deutschlands ist nicht die deutsche Gedankenwelt, sondern die Taten sind es, die, infolge des deutschen Denkens, begangen worden sind.«[90]

Ihr antwortete Karl Jaspers, wobei er unter Bejahung der deutschen Kollektivschuld »die Empörung der Norwegerin Sigrid Undset uneingeschränkt berechtigt« fand; aber: »Wer hoffnungslos verurteilt ist, kann nicht mehr antworten. Er hätte in völliger Ohnmacht nur gehorsam zu sein und zu dulden, sofern er noch weiterleben will. So nun ist unsere Lage nicht. Von Siegermächten, deren Völker die Menschenrechte anerkennen und auch dem Schuldigen gegenüber achten, ist uns gesagt worden: das deutsche Volk solle nicht vernichtet werden, das heißt, uns wird eine Lebenschance gegeben. Und das deutsche Volk solle erzogen werden, das heißt, wir dürfen unsere eigentliche, gute geistige Welt wieder aufbauen und weiterentwickeln.«

Karl Jaspers, im Dritten Reich verfemt und 1937 aus seinem Lehramt entlassen, wirkte nun wieder als Professor für Philosophie in Heidelberg. In seinem Beitrag fordert er einen tiefgreifenden Wandel des deutschen Bewußtseins; die Umerziehung müsse dabei folgendes beachten:

Konzentrationslager in Nordhausen nach der Befreiung, 1945

Erstens: Rückhaltlose Auffassung der Tatsachen der letzten zwölf Jahre und unserer gegenwärtigen Lage. Es ist eine harte Aufgabe, der Wahrheit ins Angesicht zu blicken. Wir müssen aber die Wurzeln und Zusammenhänge der nationalsozialistischen Taten erkennen; und daß diese durch die geistige Bereitschaft in allen Kreisen der Bevölkerung möglich geworden sind.

Zweitens: Wir müssen lernen, miteinander zu reden. Das dogmatische Behaupten, das Anbrüllen, das trotzige Empörtsein, die Ehre, die bei jeder Gelegenheit gekränkt die Unterhaltung abbricht – all das darf es nicht mehr geben.

Drittens: In geschichtlicher Selbstbesinnung müssen wir uns den Grund des Jahrtausends, aus dem wir leben, vergegenwärtigen. Das neue geschichtliche Bild kann nur in gründlicher Forschung erwachsen. Der Weg von Friedrich dem Großen zu Hitler war, aufs Ganze gesehen, eine langfristige, nun abgeschlossene Episode. Jetzt in der Not spüren wir stärker als je: die hohen Geister unserer Ahnen wollen wieder zu uns sprechen und die verführenden inhumanen Idole durchleuchten. Hitler-Deutschland ist nicht das wahre Deutschland. Aber Deutschland hat dieses Regime hervorgebracht und es geduldet, zu großen Teilen aktiv oder durch Furcht erzwungen, mitgemacht.[91]

1948, ein Jahr nach der Veröffentlichung seines Buches *Die Schuldfrage*, in dem

er sich noch einmal sehr intensiv mit dem Nationalsozialismus auseinandergesetzt hatte, folgte Karl Jaspers, inzwischen auch Träger des Frankfurter Goethe-
Preises (1947), einem Ruf an die Universität Basel. Eine gewisse Resignation war
unverkennbar, auch wenn der Philosoph in der Erklärung zu seinem Weggang
feststellte, daß weder sein Hierbleiben noch sein Fortgang ein Bekenntnis darstelle. Es zöge ihn in die geliebte Welt der Schweizer Freiheit und Humanität; es
lockten ihn die Weite Europas, die Verfügbarkeit der Literatur der ganzen Erde
und damit neue Antriebe für die Entfaltung seiner Arbeit.[92] Eine moralische
Instanz, die, wie die nachfolgenden Jahre zeigten, zwar immer wieder zum
politischen, kulturellen und gesellschaftlichen Leben der Bundesrepublik Stellung nahm, aber dann eben von außen, verließ in einem Augenblick Deutschland, als die geistige Bereitschaft zur Auseinandersetzung mit der Vergangenheit
bereits zu erlahmen begann.

Absagen an Deutschland

Ein anderer großer Moralist war erst gar nicht nach Deutschland zurückgekehrt.
Zur Enttäuschung vieler Dichterkollegen und einer breiteren Öffentlichkeit
hatte es Thomas Mann abgelehnt, seinen Wohnsitz wieder in der alten Heimat zu
nehmen. Walter von Molo, Autor geschichtlicher Romane, vor 1933 Präsident
der Preußischen Dichterakademie, hatte ihn im August 1945 dazu aufgefordert:
»Bitte, kommen Sie bald und geben Sie den zertretenen Herzen Trost durch
Menschlichkeit und den aufrichtenden Glauben zurück, daß es Gerechtigkeit
gibt, man nicht pauschal die Menschheit zertrennen darf, wie es so grauenvoll
hier geschah. Dieser Anschauungsunterricht entsetzlicher Art darf für die ganze
Menschheit nicht verlorengehen, die nach Glauben und Wissen in einer dämonischen und höchst unvollkommenen Welt zu existieren versucht, mit dem in
unserer Epoche die Blutrache beendenden, nach fester Ordnung suchenden
Flehen: ›Vergib uns unsere Schuld, wie auch wir vergeben unseren Schuldigern.
Erlöse uns von dem Übel!‹
    Wir nennen dies Humanität.
    Bitte, kommen Sie bald und zeigen Sie, daß der Mensch die Pflicht hat, an die
Mitmenschheit zu glauben, immer wieder zu glauben, weil sonst die Menschlichkeit aus der Welt verschwinden müßte. Es gab so viele Schlagworte, so viele
Gewissensbedrückungen und so viele haben alles vor und in diesem Kriege
verloren, schlechthin alles, bis auf eines: Sie sind vernünftige Menschen geblieben, ohne Übersteigerung und ohne Anmaßung, deutsche Menschen, die sich
nach der Rückkehr dessen sehnten und sehnen, was uns einst im Rate der Völker
Achtung gab.«[93]
    Molos Brief, der nach seiner Veröffentlichung großes Aufsehen erregte, wurde
von Frank Thieß in einem Beitrag aufgegriffen, in dem er für die Einheit von
innerer und äußerer Emigration plädierte:

»Auch ich bin oft gefragt worden, warum ich nicht emigriert sei, und konnte immer nur dasselbe antworten: Falls es mir gelänge, diese schauerliche Epoche (über deren Dauer wir uns freilich alle getäuscht hatten) lebendig zu überstehen, würde ich dadurch derart viel für meine geistige und menschliche Entwicklung gewonnen haben, daß ich reicher an Wissen und Erleben daraus hervorginge, als wenn ich aus den Logen und Parterreplätzen des Auslands der deutschen Tragödie zuschaute. Es ist nun einmal zweierlei, ob ich den Brand meines Hauses selbst erlebe oder ihn in der Wochenschau sehe, ob ich selber hungere oder vom Hunger in den Zeitungen lese, ob ich den Bombenhagel auf deutsche Städte lebend überstehe oder mir davon berichten lasse, ob ich den beispiellosen Absturz eines verirrten Volkes unmittelbar an hundert Einzelfällen feststellen oder nur als historische Tatsache registrieren kann . . .

Wir erwarten dafür keine Belohnung, daß wir Deutschland nicht verließen. Es war für uns natürlich, daß wir bei ihm blieben. Aber es würde uns sehr unnatürlich erscheinen, wenn die Söhne, welche um es so ehrlich und tief gelitten haben wie ein Thomas Mann, heute nicht den Weg zu ihm fänden und erst einmal abwarten wollten, ob sein Elend zum Tode oder zu neuem Leben führt. Ich denke, nichts ist schlimmer für sie, als wenn diese Rückkehr zu spät erfolgt und sie dann vielleicht nicht mehr die Sprache ihrer Mutter verstehen würden.«[94]

Schließlich antwortete Thomas Mann (Oktober 1945). Mit einer gewissen Ironie konstatierte er, daß es ihn natürlich freue, wenn Deutschland ihn als Mensch und Person, und nicht nur seine Bücher, wiederhaben wolle. Aber: »Sind diese zwölf Jahre und ihre Ereignisse denn von der Tafel zu wischen und kann man tun, als seien sie nicht gewesen? Schwer genug, atembeklemmend genug war, Anno dreiunddreißig, der Choc des Verlustes der gewohnten Lebensbasis, von Haus und Land, Büchern, Andenken und Vermögen, begleitet von kläglichen Aktionen daheim, Ausbootungen, Absagen . . . Schwer genug war, was dann erfolgte, das Wanderleben von Land zu Land; die Paßsorgen, das Hoteldasein, während die Ohren klangen von den Schandgeschichten, die täglich aus dem verlorenen, verwildernden, wildfremd gewordenen Land herüberdrangen. Das haben Sie alle, die Sie dem ›charismatischen Führer‹ (entsetzlich, entsetzlich die betrunkene Bildung!) Treue schworen und unter Goebbels Kultur betrieben, nicht durchgemacht. Ich vergesse nicht, daß Sie später viel Schlimmeres durchgemacht haben, dem ich entging: aber das haben Sie nicht gekannt: das Herzasthma des Exils, die Entwurzelung, die nervösen Schrecken der Heimatlosigkeit.« Thomas Mann rechnet ab mit der »Verleugnung der Solidarität«, die er erfahren habe.

»Heute bin ich amerikanischer Bürger, und lange vor Deutschlands schrecklicher Niederlage habe ich öffentlich und privat erklärt, daß ich nicht die Absicht hätte, Amerika je wieder den Rücken zu kehren. Meine Kinder, von denen zwei Söhne noch heute im amerikanischen Heere dienen, sind eingewurzelt in diesem Lande, englisch sprechende Enkel wachsen um mich auf. Ich selbst, mannigfach verankert auch schon in diesem Boden, da und dort ehrenhalber gebunden, in Washington, an den Hauptuniversitäten der Staaten, die mir ihre Honorary

Degrees verliehen, habe ich mir an dieser herrlichen, zukunftatmenden Küste mein Haus errichtet, in dessen Schutz ich mein Lebenswerk zu Ende führen möchte – teilhaft einer Atmosphäre von Macht, Vernunft, Überfluß und Frieden. Geradeheraus: ich sehe nicht, warum ich die Vorteile meines seltsamen Loses nicht genießen sollte, nachdem ich seine Nachteile bis zur Hefe gekostet. Ich sehe das namentlich darum nicht, weil ich den Dienst nicht sehe, den ich dem deutschen Volke leisten – und den ich ihm nicht auch vom Lande California aus leisten könnte.

Daß alles kam, wie es gekommen ist, ist nicht meine Veranstaltung. Wie ganz und gar nicht ist es das! Es ist ein Ergebnis des Charakters und Schicksals des deutschen Volkes – eines Volkes, merkwürdig genug, tragisch-interessant genug, daß man manches von ihm hinnimmt, sich manches von ihm gefallen läßt. Aber dann soll man die Resultate auch anerkennen und nicht das Ganze in ein banales ›Kehre zurück, alles ist vergeben!‹ ausgehen lassen wollen.«[95]

Auf großartig-fragwürdige Weise blieb sich Thomas Mann seiner Rolle treu: derjenigen eines »komfortablen Märtyrertums«. In seiner Innenstruktur ein sensibler, zerrissener »Schwieriger«, war er im bürgerlichen Dasein stets darauf aus, sein von Unsicherheit und Angst zerquältes Leben mit Erfolg vor jeder Fatalität abzuschirmen – mit Hilfe relativierender Reflexion, distanzierender Ironie und schwindelsicherer Solidität. Als er sich dann doch, nach längerem Zögern, 1952 in der deutschsprachigen Schweiz niederließ (seit 1954 in Kilchberg am Zürichsee), waren junge Publizisten wie Ulrich Sonnemann, Walter Boehlich, Hans Egon Holthusen über diesen »Dichter ohne Transzendenz« enttäuscht; sie wandten sich von ihm ab. Die Aufbruchsbegeisterten und Umkehrwilligen fanden in ihm, dem alles zum »gesitteten Abenteuer« geriet, keinen Mentor.

Auch ein anderer großer deutscher Dichter, der freilich schon seit Jahrzehnten in der Schweiz lebte (1919 war er nach Montagnola im Tessin übergesiedelt), Hermann Hesse, lehnte die Aufforderung, nach Deutschland zu kommen, um an der Umerziehung mitzuwirken, ab. »Ich bin alt und müde geworden, und die Zerstörung meines Werkes hat meinen letzten Jahren den Grundton von Enttäuschungen und Kummer gegeben.« Hesse beklagte den Opportunismus, der sich in Deutschland ausbreite und aus vielen Briefen, die ihn erreichten, spräche. Es handle sich zwar um Hunderte von Absendern, aber im Grunde doch nur um wenige Grundmuster. Da seien zum Beispiel alle jene alten Bekannten, die in dem Augenblick nicht mehr geschrieben hätten, als sie merkten, daß der Briefwechsel für sie schädlich sein könne. »Jetzt teilen sie mir mit, daß sie noch leben, daß sie stets warm an mich gedacht und mich um mein Glück, im Paradies der Schweiz zu leben, beneidet hätten, und daß sie, wie ich mir ja denken könne, niemals mit diesen verfluchten Nazis sympathisiert hätten. Es sind aber viele dieser Bekenner jahrelang Mitglieder der Partei gewesen. Jetzt erzählen sie ausführlich, daß sie in all diesen Jahren stets mit einem Fuß im Konzentrationslager gewesen seien, und ich muß ihnen antworten, daß ich nur jene Hitlergegner ganz ernst nehmen könne, die mit beiden Füßen in jenen Lagern waren, nicht mit dem einen im Lager, mit dem anderen in der Partei.«

Dann gäbe es Briefschreiber, die langatmig ihre tiefe Verachtung für Thomas Mann aussprächen und ihr Bedauern oder ihre Entrüstung darüber äußerten, daß er, Hesse, mit einem solchen Mann befreundet sei. Schließlich die Gruppe jener, die offen und eindeutig all die Jahre mit an Hitlers Triumphwagen gezogen hätten. »Sie erzählen eingehend von ihrem Alltag, ihren Bombenschäden und häuslichen Sorgen, ihren Kindern und Enkeln, als wäre nichts gewesen, als wäre nichts zwischen uns, als hätten sie nicht mitgeholfen, die Angehörigen und Freunde meiner Frau, die Jüdin ist, umzubringen und mein Lebenswerk zu diskreditieren und schließlich zu vernichten. Nicht einer von ihnen schreibt, er bereue, er sehe die Dinge jetzt anders, er sei verblendet gewesen. Und auch nicht einer schreibt, er sei Nazi gewesen und werde es bleiben, er bereue nichts, er stehe zu seiner Sache. Wo wäre je ein Nazi zu seiner Sache gestanden, wenn diese Sache schief ging? Ach, es ist zum Übelwerden.«[96]

Zusammen mit Thomas Mann und Hermann Hesse konstatieren viele Deutschlandbeobachter und Deutschlandreisende, daß man der inneren Wandlung nicht trauen dürfe. Man träfe freilich überall Verwandlungskünstler, die sich nun im Büßergewand darstellten; an der Ehrlichkeit ihrer Reue aber müsse man zweifeln. Mißtrauisch stand man vor allem auch denjenigen gegenüber, die im Dritten Reich eine zwielichtige Rolle gespielt zu haben schienen. Ernst Jünger gehörte zu ihnen; Martin Heidegger, Gottfried Benn.

Bei Heidegger irritierte, daß er, der 1933 zum Rektor der Universität Freiburg gewählt wurde, vier Monate nach Hitlers Ernennung zum Reichskanzler von der »Größe und Herrlichkeit« dieses Aufbruchs gesprochen hatte, sich nun aber als großer Schweiger (ohne jede Demutsgebärde) erwies. Das Gewissen als Ruf der Sorge schien in seiner eigenen geistigen Existenz kein Echo zu finden.

Gottfried Benn, zu Beginn des Dritten Reiches von dessen rasantem Irrationalismus fasziniert, wurde als gefährlich empfunden, da er mit dem Parlando seiner expressiven wie artifiziellen, mystischen wie rhapsodischen Lyrik zusehends zu einem Idol der aus der Bahn geworfenen geisteswissenschaftlich orientierten akademischen Jugend wurde. Hier war einer, der schon einmal durchlebt hatte, was nun als Nihilismus auf viele eindrang; der Ton seiner zwischen Zynismus und Melancholie oszillierenden Sprache ging ins Blut. Sehnsüchte und Ängste erhielten eine Glasur von »Stil«.

»Die deutsche Jugend von 1945, entmündigt und im Stich gelassen wie vielleicht nie eine Jugend vor ihr, geriet an das Rauschgift von Benns Versen und verwechselte deren Nihilismus mit ihrer eigenen Verzweiflung. Sie hätte einen besseren Tröster verdient. Überall in der Welt war inzwischen die große Wendung der Kunst ins Ethische, Religiöse vor sich gegangen, nur in Deutschland wußte man noch nichts von ihr. Statt auf die Worte der Geopferten zu hören, ließ man sich von einem Meister der lyrischen Betäubung einschläfern, wo jetzt doch alles auf klare Gedanken und ein reines Gewissen ankam.«[97] So Walter Muschg, in seinem Urteil ganz von aufklärerischem Bekehrungseifer erfaßt.

Abschied von bisheriger Geschichte

Den Moralisten, die auf Umerziehung drängten, war im besonderen auch Gott-fried Benns Überzeugung, daß Geschichte sinnlos sei – »... das Ganze ist zweifellos die Krankengeschichte von Irren ...« –, ein Dorn im Auge. Man unterschied streng zwischen falscher und richtiger Geschichte, falschem und richtigem Bewußtsein, falschem und richtigem Ideenhimmel.

»Wird das deutsche Volk, dies ordnungsliebende und – das wird man nicht bestreiten – tapfere, dies in seiner breiten Masse reich begabte, aber zu großen Teilen heute so völlig sich selbst entfremdete Volk begreifen, was eigentlich mit ihm geschehen ist? Nicht äußerlich. Hier werden bald auch die Blinden die furchtbare Logik der Gesamtvorgänge greifen können, wenn sie erst die wahren Tatsachen erfahren haben werden, die ihnen weithin bisher vorenthalten oder verzerrt geboten wurden. Aber als geistiger Körper! Wird es imstande sein, wird es die seelische Größe haben, in seinem Jammer und Elend unter fremdem Druck und fremder Herrschaft mit sich selber abzurechnen? Wird es die Fähigkeit besitzen, in sich selber niedersteigend, die eigenen menschlichen Tiefen wieder zu entdecken, dort einen neuen Grund zu finden, aus dem befreiende Quellen fließen? Statt sich – das entsetzliche Geschehen, das es verschuldet hat, entstell-lend oder vergessend – in bitterer Reaktion oder, schlimmer noch, in Haß gegen die harten Vollstrecker des selbstgerufenen Schicksals zu verzehren? Wird es diese schwerste Probe, die über ein großes Volk in der Geschichte verhängt werden kann, derart bestehen, daß es Überwinder wird? Überwinder seines eigenen Schattens. Wird es in einem neuen Lichte seinen inneren Reichtum, gegen sich selber kämpfend, neu entdecken? Es würde dadurch jedem anderen Volk der Erde wieder ebenbürtig.«[98]

Alfred Weber, der diese Fragen in der Vorbemerkung zu seinem noch vor dem Zusammenbruch geschriebenen Buch *Abschied von der bisherigen Geschichte* stellt, wollte nicht nur apokalyptische Abendland-Untergangsstimmung beschwören, sondern vor allem auch Wege zur Überwindung des Nihilismus aufweisen. Nie wäre es zu diesem Nullpunkt gekommen, wäre nicht seit etwa 1880 jene dem bisherigen Geist des Abendlandes entgegengesetzte Welle in die Höhe gekom-men, jene Absage an die frühere Tiefe des Abendlandes, dessen angeblich den Nihilismus bewältigender, in Wahrheit vornehmster nihilistischer Höhepunkt der späte Popular-Nietzsche wurde, jenes in Wahrheit Antigeistige, das sich neben der vornehmen Libertinage des Geistigen und jener brutalen Libertinage der Macht in den immer höhere Wellen schlagenden Naturalismen, in Imperialis-men und Nationalismen austobte. Der mit Blut und Gemeinheit in die Ge-schichte eingegangene Rassegedanke mit seinem Vererbungseinmaleins sei nur das demagogisch breitgewalzte, ödeste und flachste Massiv, die glücklich vom Abendland nach allen Absagen an Tiefe erstiegene Höhe, auf der in Wahrheit nur noch Fratzen tanzten, wo ehemals freilich undurchsichtiges, aber unberechenbar reiches geistiges Wachstum war – ein Kehraus, weiter nichts. Da in Deutschland der unbeugsame Wille zum eigenen Urteil und die Festigkeit, auch gegenüber eigenen Nachteilen danach zu handeln, fehlte, versiegten die Freiheitsregungen, und es entstand der Untertan, das lammfromme Ordnungstier von heute. Die bisherigen Erzieher und die bisherige Lebensauslese hätten weitgehend versagt.

»Wohlan, heran an die Gestaltung einer neuen Art der Erziehung und einer anders inspirierten Art der Auslese. Beides hängt innerlichst zusammen. Wir werden ein bettelarmes Volk sein, wir werden zunächst wenige für die neue große Aufgabe der Volksumwandlung wirklich brauchbare Erzieher und im ganzen einen alten eingewurzelten Trott der Erziehung und der Auslese haben. Wenn wir intensive Charakterumformung und Urteilserweiterung schon in der Erziehung anbahnen wollen, dann müssen wir uns daran erinnern, daß das angeblich kulturell zurückgebliebene Rußland die Norm von zwanzig Schülern – Volksschülern! – auf einen Lehrer sich zur Maxime gemacht und damit etwas erreicht hat. Ins Volk gehen und seine charakterliche und Urteilsumbildung zunächst durch intensivste Erziehung anbahnen, dieser Drang müßte sich wie ein Strom durch unsere verbleibende oder heranwachsende geistige Auslese ergießen. – Gibt es denn etwas Schöneres und Wertvolleres als den noch unverbildeten jungen Menschen, den Menschen, in dem man ein neues Ideal heranbilden kann? Es war eine vermessene Torheit, den Übermenschen, einen gespenstigen geistigen Luxusausschuß, bilden zu wollen; bilden wir vor allem einmal erst durch Hervorholen rezessiver und Zurückdrängen bisher dominant gewesener Anlagemächte aus seiner angeborenen Vielschichtigkeit den Menschen . . .

Dann wird dieser Mensch sich aus sich entscheiden können; dann wird er aus sich selbst Ja und Nein sagen; dann wird in ihm ein klares, eindeutiges Gefühl liegen, auch wenn er noch so kompliziert ist, was er als entfaltete Erscheinung sein soll. Dann kann er als freier Bürger in Menschenwürde leben, auch wenn er äußerlich noch so arm und unbegütert ist. Das ist es, was wir brauchen. Hier liegt unsere Zukunft.«[99]

Das Dunkel war hell genug. Man mußte nur aus dem geschichtlichen Dickicht sich befreien und den richtigen Weg einschlagen – und schon war die Erlösung in Sicht. Der diesen pessimistischen, generalistischen, eine Inventur des Abendlandes betreibenden Historiographien immanente Sing-out-Optimismus zeigt auch Friedrich Meineckes »Betrachtungen und Erinnerungen« *Die deutsche Katastrophe* (1946). Indem man, und zwar mit Recht, die bisherige deutsche Geschichte Grau in Grau malte, ihre Irrwege, Holzwege, Sackgassen aufzeigte, ergab sich bei Einkehr und Umkehr die Möglichkeit, ein »neues, zwar gebeugtes, aber seelisch reineres Dasein zu beginnen und den Entschluß zu stärken, für die Rettung des uns verbliebenen Restes deutscher Volk- und Kultursubstanz den uns verbliebenen Rest der eignen Kraft einzusetzen«. Hatte man den Weltgeist in die Schranken gerufen und ihn auch, wo es notwendig war, dekuvriert; hatte man die deutsche Katastrophe mit metaphernreicher, vom eigenen Erleben durchglühter Sprache beschrieben, so blieb als »letzte« Lösung doch immer das »innere Deutschland« übrig, das verläßliche, auf das man bauen konnte, da man es nicht vom Kopf auf die Füße stellen mußte. Auf eine geradezu rührende Weise beschließt Friedrich Meinecke sein Monumentalwerk, das das Geschichtsbewußtsein der Nachkriegszeit aufwühlte, indem er ein »Wunschbild, das ihm in den furchtbaren Wochen nach dem Zusammenbruch in den Sinn kam«, ausmalt. Deutlich wird durch die nachfolgend ausführlich zitierte Schlußapotheose des Buches (die zur biedermeierlichen Genremalerei gerät), wie wenig die Stunde Null eine solche war, sondern wie ungehindert affirmative Kultur – aus dem 19. Jahrhundert emporsteigend, im Bildungsbürgertum ihren sichersten Garanten findend, allerdings von der nationalsozialistischen Massenbewegung nivelliert (doch nicht liquidiert) – in den Trümmern in alter Frische, in der Frische von gestern, wieder aufgrünen konnte. Am deutschen wahren (»goetheanischen«) Wesen konnte, wenn schon nicht mehr die Welt, so aber doch das daniederliegende Deutschland wieder genesen. Pflege unseres Kulturgutes, hieß die aufbauende, Schuld und Scham aufhebende Parole. Wohlan – heran ans deutsche Schatzkästlein!

»Unter den guten Erfahrungen, die wir dabei benutzen, befinden sich sogar solche, die aus dem Dritten Reiche stammen. Der schlaue Goebbels wußte nämlich ganz genau, wie man harmlose Seelen dadurch einfangen konnte, daß man ein paar gute und preiswerte Artikel in das Schaufenster der Partei legte. Jeden Sonntag vormittag zur Zeit des Gottesdienstes, von dem man damit ablenken wollte, wurde durch den Rundfunk ein ›Schatzkästlein‹ dargeboten, das schönste deutsche Musik und auserlesene poetische Stücke den Hörern bot. Ich hörte dann, wie nicht lange vor dem Zusammenbruch der alte Friedrich Kayssler im Harnackhaus von Dahlem einen Goethe-Nachmittag veranstaltete und Goethesche Gedichte rezitierte vor einem kleinen, aber ungewöhnlich empfänglich gestimmten Hörerkreise. Und schließlich gingen die Gedanken zurück zu den Griechen und wie sie ihren Homer anfangs viel mehr durch die Rhapsoden, denen sie lauschten, als durch die Lektüre ins Herz gesenkt bekamen . . .

In jeder deutschen Stadt und größeren Ortschaft wünschen wir uns also künftig eine Gemeinschaft gleichgerichteter Kulturfreunde, der ich am liebsten den Namen einer ›Goethegemeinde‹ geben möchte. Aber wird das nicht, so mag man einwenden, als unerlaubter Wettbewerb mit der längst bestehenden, in Weimar beheimateten Goethegesellschaft mit ihren zahlreichen Ortsgruppen aufgefaßt werden? Ich hoffe nein, da die Aufgaben verschieden sind und da es ein Goethemonopol nicht geben sollte. Ich könnte mir sogar ein zwar nicht organisatorisch aber menschlich nahes und förderndes Verhältnis zwischen den Mitgliedern der Goethegesellschaft und den ›Goethegemeinden‹ vorstellen und wünschen.

Den ›Goethegemeinden‹ würde die Aufgabe zufallen, die lebendigsten Zeugnisse des großen deutschen Geistes durch den Klang der Stimme den Hörern ins Herz zu tragen – edelste deutsche Musik und Poesie zugleich ihnen immer zu bieten. Die Not, nämlich der Mangel an Büchern, in den wir alle durch die Verbrennung so vieler Bibliotheken, Büchereien und Verlagshandlungen geraten sind, unterstützt diesen Vorschlag. Wer ist denn heute noch im vollen Besitz auch nur seiner Lieblingsbücher, seines vollständigen Goethe, Schiller usw.? Vielen jungen Menschen kann vielleicht in Zukunft der erste Zugang zu den unvergänglichen Gedichten Hölderlins, Mörikes, C. F. Meyers, Rilkes erschlossen werden durch eine jener regelmäßigen musikalisch-poetischen Feierstunden der ›Goethegemeinden‹, die wir uns nun als feste Einrichtung überall wünschen. Etwa wöchentlich zu einer späten Sonntagnachmittagstunde – und wo es irgend möglich wird, sogar in einer Kirche! Denn der religiöse Untergrund unserer großen Dichtung rechtfertigt, ja fordert es, daß er auch durch einen derartig symbolischen Vorgang anschaulich werde. Anfang und Schluß solcher Feierstunden seien dann immer durch große deutsche Musik, durch Bach, Mozart, Beethoven, Schubert, Brahms usw. emporgehoben.

Lyrik und Gedankendichtung mögen dann den inneren Kern solcher Feierstunden bilden. Lyrik von jener wunderbaren Art, wie sie in Goethe und Mörike gipfelt, wo Seele zu Natur und Natur zu Seele wird, und tiefsinnige Gedankendichtung von der Art der Goetheschen und Schillerschen sind vielleicht das Deutscheste vom Deutschen in unserem gesamten Schrifttum. Wer sich ganz in sie versenkt, wird in allem Unglück unseres Vaterlandes und inmitten der Zerstörung etwas Unzerstörbares, einen deutschen *character indelebilis* spüren.«[100]

Zeitstück und Zeitroman als Geschichtsdeutung

Den eindrucksvollsten Geschichtsunterricht zu dieser Zeit gab – zwischen Einfühlung und Verurteilung, Anklage und Rechtfertigung, Schuld und Exkulpierung balancierend – Carl Zuckmayer mit seinem Drama *Des Teufels General*, das nach kurzer Verzögerung (denn die Alliierten zögerten bei der Freigabe) seinen Siegeszug über fast alle deutschen Bühnen und Notbühnen antrat. Der Dichter, der aus seinem amerikanischen Exil 1945 als Zivilbeauftragter der amerikanischen Regierung für Kulturfragen nach Deutschland zurückgekommen war, wollte mit diesem Stück am Beispiel des sympathischen Fliegergenerals Harras aufzeigen, wie ein Spezialist, einer, der einen Narren an der Fliegerei gefressen hat, den Nationalsozialisten verfällt, obwohl er die Partei eigentlich ablehnt. Dem Stoff zugrunde lag das Schicksal von Ernst Udet, Generalluftzeugmeister der Deutschen Armee, der 1941 beim Ausprobieren einer neuen Waffe tödlich verunglückte, evtl. auch umgebracht wurde; er erhielt ein Staatsbegräbnis. Selbsterkenntnis und die Einsicht in seine Mitschuld bringen den General schließlich dazu, daß er bewußt in eine defekte Maschine steigt, um sich so den Tod zu geben. Die Differenzierung in den Gestalten – als Gegenpol zu Harras erscheint der Gestapo-Mann Dr. Schmidt-Lausitz, ein eiskalter, gefährlicher Funktionär –, der Verzicht auf jede Schwarzweißmalerei, die das Stück durchziehende Diskussion um Schuld und Sühne machten das Ganze, so schrieb die *Neue Zürcher Zeitung,* zu *dem* deutschen Trauerspiel. Gibt es eine sittliche Pflicht, gegen eine verbrecherische Regierung zu revoltieren, oder ist man auch dann noch an seinen Treueeid gebunden? Darf man sein Können gegen die eigene Gesinnung einsetzen, oder bedeutet das ein Schuldigwerden vor sich, seinem Land und seinem Volk? Das waren Fragen, die im besonderen die aus dem Krieg Heimgekehrten bewegte – wurde ihnen doch damit, zumindest im nachhinein, die eigene Schuldfrage vor Augen geführt.

Neben dem großen Zeitstück stand der große Zeitroman: 1947 erschien Thomas Manns *Doktor Faustus. Das Leben des deutschen Tonsetzers Adrian Leverkühn erzählt von einem Freunde.* Das Interesse an diesem Buch war deshalb so groß, weil in diesem Werk eine metaphysische Deutung des Phänomens Nationalsozialismus vorgenommen wurde – was indirekt diejenigen, die Hitler verfallen gewesen waren, als eine gewisse Aufwertung empfinden konnten. Die in der Gestalt Leverkühns gezeigte Gefährdung des Künstlers symbolisiert die Gefährdung der deutschen Seele, ihre Vergewaltigung und endgültige Vernichtung durch den Nationalsozialismus.

Das Leben des modernen Faust erzählt sein Freund, der Gymnasialprofessor Doktor Serenus Zeitblom. Der Komponist stammte aus einer Familie ›besten deutschen Schlages‹, hatte das Gymnasium einer mittelalterlich gebliebenen Kleinstadt besucht und dann Theologie, später Musik studiert. Der Infizierung in einem Bordell folgt in den späteren Jahren eine zunehmend stärker werdende geistige Erkrankung nach. Adrian zieht nach München; der Zerfall der bürgerlichen Gesellschaft wird vom Dichter in einem breiten Panorama von Figuren und Geschehnissen eingefangen. Auf einer Italienreise begegnet Leverkühn dem Teufel. Auch die Dirne (Esmeralda) ist satanisches Werkzeug gewesen. Große Werke wird Leverkühn nun mit Hilfe des Teufels schaffen. Als er nach achtzehn Jahren ländlicher Zurückgezogenheit, in der er seine Tonwerke schreibt, schließlich dem Wahnsinn endgültig verfällt, aber ein paar Freunden noch die letzte Komposition (die symphonische Kantate »Doctor Fausti Weheklag«) vorspielen will, fällt er tot zu Boden. Es ist das Jahr 1930; der Erzähler jedoch schließt seinen Bericht erst gegen Ende des Zweiten Weltkrieges ab; der Zusammenfall der Schilderung von Leverkühns Tod mit dem Zusammenbruch des Hitler-Reiches ist typisch für die Parallelität, die Thomas Mann in diesem Roman versucht hat. »Die Deutschen kommen immer zu spät. Sie sind spät wie die Musik, die immer von allen Künsten die letzte ist, einen Weltzustand auszudrücken, wenn dieser Weltzustand schon im Vergehen begriffen ist. Sie sind auch abstrakt und mystisch wie diese ihnen teuerste Kunst – beides bis zum Verbrechen«, schrieb Mann in dem Vortrag *Deutschland und die Deutschen.* Man suche in Deutschland gern Lösung und Erlösung in einem überzüchteten Ästhetizismus, oder man wende sich dem Primitiv-Triebhaften zu. »Der Durst eines stolzen und von Sterilität bedrohten Geistes nach Enthemmung um jeden Preis« sei ihm, so berichtet der Dichter zu seinem Roman, als Parallele erschienen zu der verderblichen deutschen, »in den Kollaps mündenden Euphorie mit dem faschistischen Völkerrausch«.[101]

Doktor Faustus als ein Buch des Endes, vom Ende her angelegt, wollte das »Gefühl des Endes in jedem Sinne« beschwören: Ende des bürgerlichen Künstlers, Ende des Bürgertums, Ende der bisherigen Kunst, Ende der bisherigen Philosophie, Ende des traditionellen Humanismus, Ende des Vernunfts- und Wissenschaftsbegriffs, Ende des liberalen Staates, Ende der kapitalistischen Gesellschaft ... Das bisherige Deutschland geht zugrunde. Die bisherigen Träger des kulturellen Lebens treten ihre Höllenfahrt an.[102] Serenus Zeitbloms »Nachschrift« zur Biographie Leverkühns endet mit Sätzen, die freilich insofern hoffen ließen, als man – bereits auf »des Schlundes Grund« angelangt – nun das Licht der Hoffnung tagen sah.

»Deutschland, die Wangen hektisch gerötet, taumelte dazumal auf der Höhe wüster Triumphe, im Begriffe, die Welt zu gewinnen kraft des einen Vertrages, den es zu halten gesonnen war, und den es mit seinem Blute gezeichnet hatte. Heute stürzt es, von Dämonen umschlungen, über einem Auge die Hand und mit dem andern ins Grauen starrend, hinab von Verzweiflung zu Verzweiflung. Wann wird es des Schlundes Grund erreichen? Wann wird aus letzter Hoffnungslosigkeit, ein Wunder, das über den Glauben geht, das Licht der Hoffnung tagen? Ein einsamer Mann faltet seine Hände und spricht: Gott sei euerer armen Seele gnädig, mein Freund, mein Vaterland.«[103]

Neben Carl Zuckmayers und Thomas Manns Analyseversuchen kreisten eine Reihe weiterer wichtiger Werke um Schuld und Sühne – von Autoren, die im Dritten Reich schwer gelitten hatten oder ermordet worden waren:

1945 entstand Günther Weisenborns Drama *Die Illegalen*, ein Werk, nach dem Vorbild Brechts mit Songs durchsetzt, über die Widerstandsbewegung; es wurde an über 350 Bühnen aufgeführt; der Dichter war 1942 zu Zuchthaus verurteilt worden.

Im gleichen Jahr kamen die *Moabiter Sonette* von Albrecht Haushofer, die dieser in politischer Haft geschrieben hatte, heraus (er wurde kurz vor dem Fall Berlins von der Gestapo ermordet): Reflexionen über die Zeit der Finsternis, in die Deutschland geraten war.

1946 erschienen postum *Auf dem Weg zur Freiheit. Gedichte aus Tegel* des von den Nationalsozialisten umgebrachten Theologen Dietrich Bonhoeffer und die antifaschistischen Gedichte *Dies irae* des zur inneren Emigration gehörenden Werner Bergengruen.

1947 wurden veröffentlicht: die *Tag- und Nachtbücher 1939-1945* von Theodor Haecker, der darin sein inneres Leiden am nationalsozialistischen Unrechtsregime aufgezeichnet hatte; das Drama *Draußen vor der Tür* von Wolfgang Borchert, der zweimal wegen Wehrkraftzersetzung verurteilt worden war; ferner *In den Wohnungen des Todes* von Nelly Sachs, die als Jüdin 1940 mit Hilfe der schwedischen Dichterin Selma Lagerlöf gerade noch aus Deutschland nach Schweden hatte entkommen können.

Wer guten Willens und von der Notwendigkeit des Bekenntnisses zur Kollektivscham wie Kollektivschuld überzeugt war, wurde durch die dichterische Verarbeitung des Unrechtsgeschehens zutiefst betroffen; die allgemeine Resonanz war jedoch sehr gering. Die »Zuschauenden« schauten weiter zu:

»... Ihr Zuschauenden,
Die ihr keine Mörderhand erhobt,
Aber die ihr den Staub nicht von eurer Sehnsucht
Schütteltet,
Die ihr stehenbliebt, dort, wo er zu Licht
Verwandelt wird.«

(Nelly Sachs)[104]

Abrechnung und politischer Neubeginn

Die Großzahl der Prozesse, die nun von alliierten Gerichten gegen die Urheber der Verbrechen, ihre Organisatoren und Exekutoren, vor allem auch gegen die KZ-Schergen geführt wurden, zeigten nicht nur die ungeheure Schuld, die das nationalsozialistische Regime auf sich geladen hatte; deutlich wurde auch, daß diejenigen, die mit »arischem« Rassenwahn die Vernichtung der »Untermenschen« betrieben hatten, zur Gruppe der »niederen Dämonen« gehörten. »Der Polizeiagent, der Falschspieler, der Lügner, der Defraudant, der Hochstapler, der Geldschrankknacker, der schwere Junge, der Ordensschwindler, der Abenteurer, der Quacksalber, der Sektierer, der kitschige Gemütsathlet, der Schauspieler, der Schwätzer, der Folterknecht, der Bauchaufschlitzer: das ist die Personage des Dritten Reiches.«[105]

Gleichermaßen erbärmlich war das Bild, das die führenden Figuren des Dritten Reiches boten, als am 20. November 1945 der Prozeß gegen die Hauptangeklagten in Nürnberg eröffnet wurde. In der Weltöffentlichkeit empfand man diese »Abrechnung« auch als ein »kulturelles« Ereignis: Erhoffte man sich doch Aufschlüsse darüber, wie es möglich gewesen war, daß ein Volk der Dichter und Denker in ein Volk der Richter und Henker pervertierte – eine Formulierung von Karl Kraus, die, so unstimmig sie aus verschiedenen Gründen auch war, in der Berichterstattung immer wieder eine Rolle spielte. Gestellt wurde die Frage nach der Entwicklung des deutschen Geistes und den Gründen seiner Zerstörung im 19. und 20. Jahrhundert, nach den weltanschaulichen Vorläufern und Bahnbrechern des Nationalsozialismus. Unter anderen berichtete John Dos Passos für *Life*, Erika Mann für den Londoner *Evening Standard*, Peter de Mendelssohn für den *New Statesman*. Als der Sonderberichterstatter der *Neuen Zeitung*, Erich Kästner, am zweiten Prozeßtag nach München zurückfährt, notiert er: »Jetzt sitzen also, der Krieg, der Pogrom, der Menschenraub, der Mord en gros und die Folter auf der Anklagebank. Riesengroß und unsichtbar sitzen sie neben den angeklagten Menschen. Man wird die Verantwortlichen zur Verantwortung ziehen. Ob es gelingt? Und dann: es darf nicht nur diesmal gelingen, sondern in jedem künftigen Falle! Dann könnte der Krieg aussterben. Wie die Pest und die Cholera. Und die Verehrer und Freunde des Kriegs könnten aussterben. Wie die

Bazillen. Und spätere Generationen könnten eines Tages über die Zeiten lächeln, da man einander millionenweise totschlug. Wenn es doch wahr würde! Wenn sie doch eines Tages über uns lächeln könnten.«[106]

Hans Mayer, damals bei Radio Frankfurt, schrieb nach Abschluß des Prozesses einen der bedeutsamsten Kommentare; darin hieß es:

»Es gibt ein furchtbares Evangelien-Wort. Es ist das Wort, wonach das Ärgernis kommen muß, aber wehe dem Menschen, durch den das Ärgernis in die Welt gelangt. So etwas haben wir im weltlichen Bereich auf der Anklagebank in Nürnberg gesehen. Es mußte dahin kommen; alles war im Untergrund des deutschen Lebens reif, diese Krankheitskeime zur Entfaltung zu bringen. Mitgearbeitet hatten daran die Generale, die nach dem letzten Weltkrieg geblieben waren, auch als der Kaiser ging. Mitgeholfen hatten die Richter des Reichsgerichts, die mittaten bei der geheimen Aufrüstung. Mitgeholfen hatten jene Wirtschaftsführer, die mit ihrem Geld die Bürgerkriegsbanden organisierten. Mitgeholfen hatten die Stahlhelmführer und die nationalistischen Sprecher der Kriegervereine. Mitgeholfen hatten deutsche Erzieher und deutsche Intellektuelle. Man sehe sich den bürgerlichen Beruf der 21 Männer von Nürnberg an, um zu erkennen, daß noch viele ihresgleichen unter uns weilen, auch wenn sie nicht so weit gelangten, wie diese Frank, Frick und Funk. Mitgeholfen haben alle jene Politiker von Brüning über Papen und Schleicher, die daran arbeiteten, die deutsche Republik zu unterhöhlen, widerstandsunfähig zu machen und an den Terror auszuliefern.

Es mußte ja Ärgernis geben. Jene Männer von Nürnberg und ihre Helfershelfer haben der Welt das Schauspiel dieser Erkenntnis geboten. Sie haben ihre Sühne erhalten oder werden sie erhalten. Doch uns bleibt die Lehre: die Notwendigkeit einer geistigen Erneuerung, als Abkehr von jenem Kult von Blut und Eisen, des Hohns auf Freiheit, Humanität, Menschenrecht und Völkerrecht. Es bleibt die Rückkehr zur einfachen menschlichen Anständigkeit. Das Urteil von Nürnberg wendet sich an uns alle. An uns liegt es, das Wort Kants dennoch wahrzumachen. Um es zu wiederholen: ›Die Welt wird keineswegs dadurch untergehen, daß der bösen Menschen weniger wird. Das moralisch Böse hat die Eigenschaft, daß es in seinen Absichten sich selbst zuwider und zerstörend ist, und so dem moralischen Prinzip des Guten, wenngleich durch langsame Fortschritte Platz macht.‹«[107]

Wie geht die Entwicklung in Deutschland weiter? So fragte Adolf Guggenbühl, der Schweizer Publizist, als er bei seiner Deutschlandreise 1948 auch ein Resümee zweieinhalbjähriger »Vergangenheitsbewältigung« zog. »Es gibt zwei Möglichkeiten: Die eine, auf die wir hoffen, liegt darin, daß das Schuldgefühl plötzlich mit elementarer Wucht durchbricht. Dann ist die Bahn frei für den Aufbau. Dann bedeutet der Zusammenbruch nicht mehr sinnlose Tücke eines blindwütigen Schicksals. Dann wird er sinnvoll, eine Buße, die man mit Würde aufnehmen kann. Dann entsteht aus Blut und Tränen ein neues Deutschland, fähig zu großen Leistungen . . . Wird aber der deutsche Wandel nicht oder nur teilweise Wirklichkeit, dann ist mit Sicherheit etwas anderes zu erwarten, näm-

David Low zum Nürn-
berger Urteil (Neue
Zeitung, 14. Oktober 1946)

lich das Auftauchen falscher Propheten als Träger von Ersatz-Erlösungsreligio-
nen.« Ganz im tiefsten Grunde wüßten die Deutschen um ihre Schuld. Weil sie
sie aber nicht anerkennen, werde ihnen der Weg zur Sühne und dadurch zur
seelischen Befreiung versperrt. Infolgedessen schaffe das unbewußte Schuldgefühl eine Straferwartung. Die Deutschen würden aus diesem Schuldgefühl heraus von bösen Träumen verfolgt, von Untergangsphantasien, die sie nachher
rationalisierten, für die sie nachher in der Wirklichkeit Beweise suchten. Vielleicht aber, meinte Guggenbühl, habe die Umkehr schon begonnen. Unbeachtet,
vielleicht verachtet, seien die Träger der neuen Gesinnung eventuell schon da.[108]
   Sie waren in der Tat präsent und durchaus fähig, sich bemerkbar zu machen.
Es handelte sich vor allem um diejenigen, die durch die nationalsozialistische
Verfolgung in ihrem Wesen geprägt worden waren; viele von ihnen waren erst
durch die Alliierten aus den Konzentrationslagern und Gefängnissen befreit
worden; sie waren zu demokratischem und humanitärem Engagement bereit;
entschlossen, in den neugegründeten politischen Parteien die Ausrottung des
Faschismus zu einem der wichtigsten Programmpunkte zu machen.
   Der demokratische Grundkonsens von 1945 beruhte auf dem leidenschaftli-
chen und kompromißlosen Bekenntnis zu einer republikanischen, freiheitlichen
Staatsform; Übereinstimmung bestand darin, daß mit den politischen und ideologischen auch die sozialen und wirtschaftlichen Grundlagen des Nationalsozialismus ein für allemal zerstört werden müßten. Die »Eliten« des Dritten Reiches
waren aus ihren Machtpositionen in Staat und Wirtschaft zu entfernen, die
gesellschaftlichen Strukturen so grundlegend zu verändern, daß sie nicht erneut
faschistische Tendenzen hervorbringen könnten.
   Bereits am 19. April 1945, also noch vor Kriegsende, trafen sich sozialdemokratische Funktionäre in Hannover auf Initiative von Kurt Schumacher, der
rund zehn Jahre, vom Juli 1933 bis März 1943, im Konzentrationslager Dachau

Kurt Schumacher bei der SPD-Großkundgebung auf dem Frankfurter Römerberg,
1. Juni 1947

verbracht hatte, um die Parteigründung vorzubereiten, die dann im Mai, ebenfalls in Hannover, stattfand. Schumacher stellte in seinem Grundsatzreferat fest,
daß das Volk die SPD als den eigentlichen Gegenpol des Nazismus begreife. Die
SPD sei die einzige Partei in Deutschland gewesen, die an der großen Linie der
Demokratie und des Friedens ohne Konzessionen festgehalten habe. Die Bürgerlichen hatten die staatspolitische, die Kommunisten die klassenpolitische Notwendigkeit der Demokratie nicht erkennen können. Dem deutschen Volke sei
klarzumachen, daß es jetzt die unabwendbaren Folgen dessen erlebe, was es zu
einem großen Teil selbst verschuldet habe. Weil weite Volkskreise eine Regierung gewollt und geduldet hätten, die sich jeder Kontrolle entzog, würden die
Deutschen heute von fremden Mächten kontrolliert. Schumacher beschwor die
Geistesgüter der englischen und französischen Revolution und der amerikanischen Unabhängigkeitserklärung; Freiheit und gesellschaftlicher Fortschritt rea-
lisierten sich im Aufeinanderprallen der Ideen, in der politischen Auseinandersetzung der großen Parteien und Klassen. Aus den bitteren Erfahrungen der
Weimarer Republik habe man die Lehre gezogen, daß es unter den besonderen
deutschen Verhältnissen ein Funktionieren der Demokratie und damit die Erhaltung des Friedens nur gäbe, wenn gewisse sozialistische Voraussetzungen erfüllt
seien.

Der Aufruf der Sozialdemokratischen Partei Deutschlands, Berlin, 15. Juni
1945, forderte unter anderem:

Restlose Vernichtung aller Spuren des Hitler-Regimes in Gesetzgebung,
Rechtsprechung und Verwaltung.

Sicherung der Ernährung. Bereitstellung von Arbeitskräften und genossenschaftlicher Zusammenschluß in der Landwirtschaft. Sicherung des lebensnotwendigen Bedarfs der breiten Volksmenge an Wohnung, Kleidung und Heizung mit Hilfe der kommunalen Selbstverwaltung.

Wiederaufbau der Wirtschaft unter Mitwirkung der kommunalen Selbstverwaltung und der Gewerkschaften.

Volkstümlicher Kulturaufbau. Erziehung der Jugend im demokratischen, sozialistischen Geiste. Förderung von Kunst und Wissenschaft.

Neuregelung des Sozialrechts. Freiheitliche und demokratische Gestaltung des Arbeitsrechts. Einbau der Betriebsräte in die Wirtschaft.

Förderung der Wohnungsfürsorge und des Siedlungswesens. Kommunale Wohnungsaufsicht.

Verstaatlichung der Banken, Versicherungsunternehmungen, der Bodenschätze, Bergwerke und der Energiewirtschaft. Beschränkung des Erbrechtes auf die unmittelbaren Verwandten.

Anpassung des Rechtes an die antifaschistisch-demokratische Staatsauffassung. Staatlicher Schutz der Person. Freiheit der Meinungsäußerung in Wort, Bild und Schrift unter Wahrung der Interessen des Staates und der Achtung des einzelnen Staatsbürgers. Gesinnungsfreiheit und Religionsfreiheit.

Die Schuld an allem Unglück Deutschlands, hieß es im Protokoll der SPD von ihrem Hannoveraner Parteitag 1946, sei die Klassenpolitik des Großbesitzes gewesen; der Nazismus erscheine als letzte Konsequenz der Klassengegensätze, als die gefährlichste Erscheinungsform des Spätkapitalismus.

In ihrem rigorosen Antikapitalismus und Bekenntnis zum Sozialismus stand aber die SPD keineswegs allein. Bei der Gründung der Christlich-Demokratischen Union wirkten viele Männer und Frauen mit, die im Dritten Reich bei Verfolgung und Widerstand die Notwendigkeit des Friedens zwischen den Konfessionen und die Solidarität aller Demokraten erkannt hatten und tiefgreifende soziale Reformen anstrebten. Die Kölner Leitsätze der CDU vom September 1945 forderten dazu auf, die Vorherrschaft des Großkapitals, der privaten Monopole und Konzerne zu beseitigen. Im Aufruf der CDU vom 26. Juni 1945 hieß es:

»Das unermeßliche Elend in unserem Volke zwingt uns, den Aufbau unseres Wirtschaftslebens, die Sicherung von Arbeit und Nahrung, Kleidung und Wohnung ohne jede Rücksicht auf persönliche Interessen und wirtschaftliche Theorien in straffer Planung durchzuführen. Das Notprogramm für Brot, Obdach und Arbeit geht allem voran. Dabei ist es unerläßlich, schon um für alle Zeiten die Staatsgewalt vor illegitimen Einflüssen wirtschaftlicher Machtzusammenballungen zu sichern, daß die Bodenschätze in Staatsbesitz übergehen. Der Bergbau und andere monopolartige Schlüsselunternehmungen unseres Wirtschaftslebens müssen klar der Staatsgewalt unterworfen werden.

Wir bejahen das Privateigentum, das die Entfaltung der Persönlichkeit sichert, aber an die Verantwortung für die Allgemeinheit gebunden bleibt.«[109]

Die Frankfurter Leitsätze derselben Partei stellten fest: »Wir bekennen uns zu

Konrad Adenauer in Westberlin, zusammen mit dem Berliner Oberbürgermeister
Ernst Reuter (links) und dem Stadtverordnetenvorsteher Otto Suhr, 1948

einem wirtschaftlichen Sozialismus auf demokratischer Grundlage.« Die hessische Verfassung vom Dezember 1946 enthielt unter Zustimmung der CDU
Artikel zur Überführung von Grundindustrien in Gemeineigentum. Die in den
einzelnen Städten und Gemeinden für den Aufbau einer christlich-sozialen
Volkspartei sich engagierenden Kräfte schlugen oft noch radikalere Töne an;
etwa ein Aufruf der CDU in Berlin (1946): »Arbeiter der Stirn und der Faust! Wir
stehen am Anfang einer Zeitenwende! Das bürgerlich-kapitalistische Zeitalter ist
vorbei! Dem Sozialismus gehört die Zukunft! Doch wahrer Sozialismus heißt
nicht Kollektivismus, verantwortungsbewußter Sozialismus nicht Vermassung!
Arbeiter! Bist Du für eine sinnvoll gelenkte Planwirtschaft? Bist Du für einen
gerechten Ausgleich der Kriegslasten? Bist Du für eine soziale Preis- und Lohn-
politik? Dann kämpfe mit uns für einen Sozialismus aus christlicher Verantwortung, für vollste Freiheit der Persönlichkeit, für echte demokratische Selbstverwaltung. Arbeiter! Darum hinein in die Christlich-Demokratische Union
Deutschlands, hinein in die große deutsche sozialistische Volkspartei.«
   Eindeutig war auch der Wille der CDU, die Hitler-Diktatur in ihren Aus- und
Nachwirkungen zu bekämpfen.

Die Chancen christlicher Erneuerung

Die Frage von Schuld und Sühne stand im Mittelpunkt des Ringens um Erneuerung auch in der evangelisch-lutherischen Kirche. Das Dritte Reich hatte eine tiefgreifende Spaltung bewirkt. Da gab es die »intakten Kirchen«, wie in Württemberg, Bayern und Hannover, in denen sich die Kirchenleitungen 1933 dem Ansturm der Deutschen Christen hatten erwehren können; und die »zerstörten Kirchen«, in denen Bruderräte, Organe der Bekennenden Kirche, im Gegensatz zu den deutsch-christlichen Kirchenleitungen mühsam und unter Verfolgungen agiert hatten.[110] Daß nach 1945 ein Kirchenbund der Landeskirchen, trotz unterschiedlicher Flügel, möglich wurde, nämlich die Bildung der Evangelischen Kirche in Deutschland (EKD), war im besonderen Kirchenführern wie etwa dem württembergischen Landesbischof Theophil Wurm zu danken, die sich mutig gegen den Nationalsozialismus behauptet hatten. Solche Kräfte bewirkten auch, daß bereits auf der 2. Sitzung des Rates der EKD am 18. und 19. Oktober 1945 in Stuttgart eine »Schulderklärung« abgegeben wurde, die dann freilich innerhalb der Kirche leidenschaftlich umstritten war. »Mit großem Schmerz sagen wir: Durch uns ist unendliches Leid über viele Völker und Länder gebracht worden. Was wir unseren Gemeinden oft bezeugt hatten, das sprechen wir jetzt im Namen der ganzen Kirche aus: Wohl haben wir lange Jahre hindurch im Namen Jesu Christi gegen den Geist gekämpft, der im nationalsozialistischen Gewaltregiment seinen furchtbaren Ausdruck gefunden hat; aber wir klagen uns an, daß wir nicht mutiger bekannt, nicht treuer gebetet, nicht fröhlicher geglaubt und nicht brennender geliebt haben.«[111]

Nun sollte in der evangelischen Kirche ein neuer Anfang gemacht werden. Das war freilich nicht einfach, denn das Lager derjenigen, die sich um Verharmlosung, Entschuldigung und Selbstrechtfertigung bemühten, war groß – Folge auch einer fragwürdigen Luther-Tradition, die mit ihrem unkritischen Verhältnis zur Obrigkeit die Anbiederung an den Nationalsozialismus erleichtert hatte. Die Aufforderung zur »Treue der Kirche gegenüber« sollte die nun auftretenden moralischen Skrupel ausräumen oder betäuben helfen.

Die *Offenen Briefe*, die der Theologe Karl Barth, maßgebend am Widerstand gegen Hitler beteiligt und 1935 seines Lehramtes an der Universität Bonn enthoben, ab 1945 aus der Schweiz absandte, waren nicht zuletzt gegen die Heuchelei gerichtet, die alle Schuld mit dem pastoral-dekorativen Mantel brüderlicher Nächstenliebe bedecken wollte.[112] Barth kreidete im besonderen den deutschen Intellektuellen (und seinen theologischen Berufskollegen) an, daß sie den Staat hätten dahinvegetieren lassen. Nicht in Bismarck oder Hitler, sondern in der Anfälligkeit der Intellektuellen für Bismarck und Hitler läge das deutsche Problem. Für Deutschland sieht er zum ersten Mal die reale Möglichkeit eines völligen Neuanfangs: Die totale Niederlage ermögliche eine totale Umkehr. »Gottes Barmherzigkeit hat sich immer den Elenden zugewandt, die Deutschen sind heute solche Elenden geworden«, schreibt er an die deutschen Theologen in Kriegsgefangenschaft im Juli 1945.

Otto Dix, Ecce homo,
1949

Einen glaubwürdigen Zeugen Jesu Christi nannte Karl Barth den »guten Pastor und Bekenner« Martin Niemöller. Wie kein anderer bekämpfte dieser den Geist ethischer Unentschiedenheit und theologischer Beschwichtigung.[113] Als Generalsuperintendent Otto Dibelius – schon im Zweiten Reich Vertreter des Bündnisses von Thron und Altar – die Losung ausgab, die Kirche habe 1945 da wieder anzufangen, wo sie 1933 aufgehört habe, widersprach Niemöller, im Dritten Reich der wichtigste Protagonist der Bekennenden Kirche, empört; er bekannte sich zur Kollektivschuld. Er verstand es zudem als persönliche Schuld, daß er, im Ersten Weltkrieg Patriot und U-Boot-Kommandant, Hitler bis 1933 vertraut und nicht daran mitgewirkt hatte, den braunen Fanatismus auf dem Weg zur Macht aufzuhalten. (Als stellvertretender Vorsitzender des Rates der EKD und Leiter des kirchlichen Außenamtes war er maßgeblich an der Formulierung des Stuttgarter Schuldbekenntnisses beteiligt.) Niemöller, der 1937 ins Konzentrationslager Sachsenhausen, später nach Dachau gekommen war, aus dem ihn im April 1945 die Amerikaner befreiten, fühlte sich zu Kurt Schumacher, wie er ein Unbeugsamer, hingezogen; 1946 führten die beiden in Detmold ein langes Gespräch. Bald mußte Niemöller erkennen, daß die neu entstandene Gesamtkirche auf Anpassung aus war und der großen Versuchung erlag, »in ein Reich des Trostes und des Friedens einzugehen, ohne durch die Pforte der Buße« hindurchgegangen zu sein – was er für seine Person ablehnte; »Evangelium ist Angriff«, stand in einem seiner Briefe aus dem Konzentrationslager.

Als Martin Niemöller am 22. Januar 1946 vor etwa 1200 vorwiegend evangelischen Studenten der Universität Erlangen eine Rede hielt, in der er betonte, daß das Schuldbekenntnis des ganzen deutschen Volkes zu den Untaten der letzten zwölf Jahre eine wesentliche Voraussetzung zur geistigen Erneuerung Deutschlands sei, löste dies bei den Zuhörern heftigen Widerspruch aus, der in Zwischenrufen seinen Ausdruck fand. Am Schwarzen Brett der Universität wurde von den Studenten ein Flugblatt angeschlagen, in dem Niemöller heftig angegriffen wurde. Der bayerische Ministerrat befaßte sich mit den Vorfällen und verpflichtete den Rektor der Universität, gegen militaristische und nationalsozialistische Kreise unverzüglich vorzugehen, die Rädelsführer festzustellen und jeden bei solchen Kundgebungen Mitwirkenden rücksichtslos zu relegieren. (Zu dieser Zeit mehrten sich an den Universitäten die studentischen Mißfallensäußerungen gegenüber politischen Stellungnahmen von Professoren oder Vortragenden; in Göttingen führte eine kritische Bemerkung über Hitler zu dem Zwischenruf: »Es wird Zeit, daß wir wieder eine Feme bekommen!«)

Martin Niemöllers Erlanger Rede bedeutete einen moralischen wie kulturellen Höhepunkt bei den Bemühungen antifaschistischer Kreise, Trauerarbeit zu leisten und eine innere Wandlung der Menschen zu bewirken. Er spreche, sagte Niemöller, als ein Mann, der den Zusammenbruch des Volkes und Vaterlandes mit heißem Herzen miterlebt habe – einen Zusammenbruch, der nicht nur das politische, wirtschaftliche und soziale Leben erschüttert, sondern die religiös-ethische Grundlage all solchen Lebens ins Wanken gebracht habe. Die Christen in Deutschland seien schuldig geworden durch die Blindheit, Kälte und den Mangel an Liebe; sie seien schuldig geworden an sich, an der Welt. Es werde viel gejammert und geklagt, aber wenig sei die Rede von dieser großen deutschen Schuld. »Gewiß, die Augen müssen uns erst geöffnet werden! Es ist viel Jammer über unser Elend, über unseren Hunger, aber ich habe in Deutschland noch nicht einen Mann sein Bedauern aussprechen hören, von der Kanzel oder sonst, über das furchtbare Leid, das wir, wir Deutsche, über andere Völker gebracht haben, über das, was in Polen passierte, über die Entvölkerung von Rußland und über die 5,6 Millionen toten Juden. Das steht auf unseres Volkes Schuldkonto, das kann niemand wegnehmen! Es gibt nur eine Macht, die Vergiftung, die diese Schuld in der ganzen Welt hervorgerufen hat, wiedergutzumachen, die Luft wieder rein zu machen. Das ist die vergebende Liebe Gottes, die, wenn sie Wirklichkeit würde, ein so unglaubliches Wunder wäre, daß wir mit unserem Verstand es niemals fassen könnten. Ohne den Heiligen Geist kann diese Liebe nicht geglaubt werden. Diese Liebe Gottes kann allein den Frieden des eigenen Volkes und den mit anderen Völkern herstellen! Wir haben dieses Schuldbekenntnis vor den Vertretern ausländischer Kirchen abgelegt. Aber wir haben sie auch als Christenmenschen angesprochen. Wir haben gesagt: ›Liebe Brüder! Wir fühlen uns schuldig!‹«[114] Das Protokoll der Rede verzeichnet, daß gerade an den Stellen, da Niemöller die Verbrechen an den Polen und Russen sowie das

Stuttgarter Schuldbekenntnis ansprach, Empörung, Scharren und Zwischenrufe laut wurden; der Studentenpfarrer erinnerte an die Würde der Stätte – es handelte sich um die Neustädter Kirche – und forderte Disziplin.

Mit der Unterzeichnung des Reichskonkordats am 20. Juli 1933 hatte die katholische Kirche das nationalsozialistische Regime anerkannt. Eine ganze Reihe von Kirchenvertretern bekannte sich zum Dritten Reich; andere wiederum, wie etwa der Münchner Kardinal Michael von Faulhaber, leisteten mutig Widerstand. Insgesamt war die katholische Kirche durch Anpassung bestimmt; vor allem mit ihrem Schweigen angesichts der Verfolgung und Vernichtung des europäischen Judentums hatte sie schwere Schuld auf sich geladen. Am 23. August 1945 veröffentlichte der deutsche Episkopat einen gemeinsamen Hirtenbrief zu den Ereignissen im Dritten Reich: »Furchtbares ist schon vor dem Kriege in Deutschland und während des Krieges durch Deutsche in den besetzten Ländern geschehen. Wir beklagen es zutiefst: Viele Deutsche, auch aus unseren Reihen, haben sich von den falschen Lehren des Nationalsozialismus betören lassen, sind bei den Verbrechen gegen menschliche Freiheit und menschliche Würde gleichgültig geblieben; viele leisteten durch ihre Haltung den Verbrechen Vorschub, viele sind selber Verbrecher geworden. Schwere Verantwortung trifft jene, die aufgrund ihrer Stellung wissen konnten, was bei uns vorging, die durch ihren Einfluß solche Verbrechen hätten verhindern können und es nicht getan haben, ja diese Verbrechen ermöglicht und sich dadurch mit den Verbrechern solidarisch erklärt haben.«[115]

Geschickt wurden die kirchliche Verantwortung und das Verhältnis von Katholiken und Juden ausgeklammert; die Auswirkungen des Nationalsozialismus wurden vorwiegend theologisch als »Abfall von der Kirche« gedeutet, während doch gerade die Kirche selbst, in ihrer Gleichgültigkeit, den Nationalsozialismus begünstigt hatte. Aus der Tiefe der Hölle seien die Dämonen legionsweise heraufgezogen, klagte Kardinal Faulhaber; er hätte sein kritisches Augenmerk mehr auf den Vatikan und die bischöflichen wie sonstigen kirchenfürstlichen Residenzen richten sollen!

So wie Martin Niemöller im protestantischen Lager, versuchte Eugen Kogon (zusammen mit Walter Dirks) den Katholizismus für die neuen moralischen Aufgaben zu sensibilisieren. Der Österreicher Kogon, der bei der Angliederung Österreichs im März 1938 als Gegner des Nazi-Regimes verhaftet worden war, kam in die Hölle des Konzentrationslagers Buchenwald; der befohlene Abtransport nach Auschwitz konnte dreimal verhindert werden; auf abenteuerliche Weise wurde sogar ein Fernschreiben des Reichssicherheitshauptamtes erwirkt, das Kogons Liquidierung bis Kriegsende aufschob. Zuletzt sollte er, kurz vor der Befreiung durch die Alliierten, zusammen mit sechsundvierzig Kameraden erschossen werden; das Massaker fand nicht mehr statt.

Kogon wurde von der amerikanischen *Psychology Warfare Division*, die gleich mit den ersten Panzereinheiten einrückte, gebeten, zusammen mit verschiedenen Gruppen von Mitgefangenen einen ausführlichen Bericht über die Rolle der Konzentrationslager im nationalsozialistischen Staat zu verfassen. Auf Anregung eines amerikanischen Generals wurde der Text dann zum Buch umgearbeitet und ausgeweitet: *Der SS-Staat. Das System der deutschen Konzentrationslager.*

Eugen Kogons Buch, so Walter Jens, sei das Zeugnis eines Mannes, der, während er schreibt und Rechenschaft ablegt, bereits vom anderen Ufer aus argumentiert: im Licht der wiedergewonnenen Vernunft – ein Nathan, der der Vernunft wieder zum Durchbruch zu verhelfen sucht, und zwar, trotz aller furchtbaren Erfahrungen, vom Standpunkt eines Christen aus.[116] – Zusammen mit Walter Dirks gründete Eugen Kogon die *Frankfurter Hefte* als »Zeitschrift für Kultur und Politik«; Heft 1 erschien April 1946. Von einem pazifistischen, antifaschistischen, linkskatholischen Standpunkt aus wollte man an die Erneuerung Deutschlands herangehen. Dafür erhoffte man nachdenkliche und engagierte Leser, die aus ihrer »Nachdenklichkeit« heraus zu den notwendigen Scheidungen und Entscheidungen, zum mutigen Nein oder Ja bereit waren. »Wir wiederholen es, weil es wichtig ist: Mut zum Nein und noch mehr Mut zum Ja, und wir möchten die Kraft des Herzens und des Geistes, die dazu gehört, mit Einsicht nähren. Das klärende und nährende Wort, das hier zu lesen sein wird, soll vom christlichen Gewissen bestimmt sein; die Welt aber, auf die es sich bezieht, ist nicht etwa ›das Religiöse‹, sondern die ganze, vielschichtige, reiche, arme Wirklichkeit.«[117] Im ersten Heft setzte sich Eugen Kogon ausführlich mit dem Thema »Gericht und Gewissen« auseinander, wobei er seinem Beitrag das Gedicht *Die letzte Epiphanie* von Werner Bergengruen, aus dem Zyklus *Dies irae*, voraussstellte (». . . Ich kam als Gefangener . . . Nun komm ich als Richter . . .«). Von einem Hitler verführt, habe das deutsche Volk die mannigfache mahnende Erscheinung des Herrn nicht erkannt; von den Stimmen der Beschuldigung betäubt, erkenne es ihn auch heute als Richter nicht an. Das deutsche Volk solle mit jener Objektivität, die es einst ausgezeichnet habe, lesen, was in den Prozeßakten der Wahrheit als ermittelt und bezeugt geschrieben steht, und dann sich selber fragen: Wo sind wir hingeraten? Wie war das möglich? Was können wir tun, um vor uns selbst und der Welt zu bestehen?

Als Volk hätten die Deutschen auf das Unrecht nicht reagiert; das sei eine bittere Wahrheit, aber eine Wahrheit. Millionen einzelner Deutsche paßten sich dem System der Diktatur an. Wenn man ihre hohen Qualitäten: den Fleiß, die Sauberkeit, die Ordnungsliebe, die Pflichttreue, das Ehrbewußtsein, die Objektivität und das rechtliche Empfinden im Auge habe, dann könne man nur sagen: Es war eine Tragödie sondergleichen. »So rückblickend möge Deutschland sich selbst erkennen: seine edlen und seine entsetzlichen Züge, damit das entstellte, das verzerrte Antlitz wieder Gleichmaß gewinne. Es wird den Richter dann nicht mehr zu fürchten brauchen, weil es sich selber ehrlich beurteilt hat. Und wenn er die Frage erneut an Deutschland stellt: ›Kennt ihr mich jetzt?‹, dann wird es in ihm den Erlöser sehen aus Irrtum, Verbrechen, Blutschuld, Schande und Not, den Erlöser zur Freiheit und Menschenwürde. Weit werden die Konzentrationslager dann hinter dem erneuerten Deutschland liegen, – nur noch eine Mahnung aus den Zeiten der Finsternis dieses Dritten Reiches.«[118]

Was Eugen Kogon als Person angesichts seiner furchtbaren Erfahrungen im Dritten Reich in ganz besonderem Maße exemplarisch vorlebte, machte das kulturelle »Wunder« der Trümmerjahre aus: daß nämlich die Verfolgten, Geschundenen, Gefolterten, Überlebenden die Kraft für praktizierte Humanität, unermüdliches demokratisches Engagement fanden. Die Nationalsozialisten hatten in diesen Menschen den freiheitlichen Geist und die Liebe zum Menschen nicht brechen können. Der Wärmestrom des Idealismus durchfloß das erstarrte Land; die Trauerarbeit entband den Glauben an ein besseres und eines Tages auch glücklicheres Deutschland.

Im Rückblick, vom Standpunkt des Jahres 1964 aus, spricht Walter Dirks davon, daß die unmittelbare Nachkriegszeit Wochen und Monate der Hochstimmung mit sich gebracht habe:

»Niemals in unserem Leben erschienen uns die Chancen und Aufgaben christlicher Erneuerung der Gesellschaft so groß. Nur die Alliierten bremsten, aber das würde, so nahmen wir an, nicht ewig dauern. Manche Katholiken haben damals sogar von einer christlichen Gesellschaft geträumt, von einer Erneuerung des christlichen Abendlandes . . . Zudem hatten die meisten von uns im offenen oder verborgenen Widerstand so sehr die innere Kraft nichtchristlicher Positionen, vor allem der Kommunisten und der Sozialdemokraten zu respektieren gelernt, daß sie nicht eine christliche, sondern eine weltliche Gesellschaft erstrebten, eine Gesellschaft allerdings, in der die Kraft der christlichen Überlieferung und des christlichen Glaubens wirksam und möglicherweise führend zur Geltung kommen werde. Die Solidarität mit der weltlichen Welt, eine tiefe Solidarität vor allem mit den Bedürftigen jeder nur denkbaren Art war uns in die Seele gebrannt, nicht nur in der Sphäre der Religion, sondern als Dimension des Glaubens selbst, als Aufgabe nicht des kirchlichen Amtes, sondern der christlichen Weltpersonen, der Laienschaft.«

Die katholischen Sozialisten sahen die Chance gekommen, die Schlüsselindustrie und das Bankkapital als Gemeinbesitz verwalten zu können; im übrigen bevorzugten sie genossenschaftliche Lösungen, ohne den Privatbesitz an Produktionsmitteln grundsätzlich abzulehnen. In Dokumenten wie den Düsseldorfer oder den Frankfurter Leitsätzen und später auch noch dem Ahlener Programm der CDU, einem 1947 vom nordrhein-westfälischen Ministerpräsidenten Karl Arnold und linkskatholischen Gesinnungsfreunden inspirierten Entwurf, ist diese Phase festgehalten. Man verwechselte das angestrebte Gesellschaftsmodell zwar nicht mit dem Reiche Gottes, wohl aber glaubte man daran, daß ein in der Not geläutertes, aus der Wüste der Zerstörung kommendes Volk seine gesellschaftliche Struktur nach Grundnormen sozialer Gerechtigkeit neu ordnen wolle und könne. Auch die Neoliberalen bekannten sich zu Reformen.

Die alten Besitz- und Machtstrukturen waren jedoch viel widerstandsfähiger, als man 1945 gemeint hat. Kapitalbesitzer erholten sich vom Schock und befestigten den Status quo schon vor der Währungsreform. Was von ihnen galt, traf auch für alle nur denkbaren Interessen und Ideologien zu; sie erwiesen sich als stabil. Walter Dirks kommentierte: »Dazu erlahmte der christliche Reformimpuls im Werktag der ersten Jahre, der alle Kräfte für die Caritas verbrauchte, für die wieder in Gang zu bringende Verwaltung, für die ständige Auseinandersetzung mit den Besatzungsmächten, sowie bald auch mit den beiden sozialistischen Parteien. Es war schon sehr früh eine schmerzliche Erfahrung, daß sich zuerst die Kommunistische Partei, dann die Sozialdemokratie unverwandelt aus den Lagern und Kellern erhob ... Die Christliche Unionspartei war geradezu eine neue Konzeption, aber durch die Restauration der beiden Linksparteien wurde sie gegen den Willen eines Teils ihrer Gründer die Erbin aller früheren bürgerlichen Interessen und Parteien. Dadurch wurde der Reform-Impuls der katholischen Erneuerung bald entscheidend gebremst.«[119]

Das gespaltene Bewußtsein

Konrad Adenauer war in seinen späteren Jahren gerade auch deshalb so erfolgreich, weil er dem Volkswillen entgegenkam, der sich eben keine Trauerarbeit aufbürden wollte. Unmittelbar nach 1945 war der spätere Bundeskanzler jedoch von der Notwendigkeit einer auf ethischen Grundlagen basierenden Partei überzeugt: »Der nationalsozialistische Staat hatte uns die Augen dafür geöffnet, welche Macht ein diktatorisch regierter Staat besaß. Ich hatte die Greueltaten des Nationalsozialismus, die Folgen einer Diktatur kennengelernt. Ich hatte meine Tätigkeit, an der ich mit meinem ganzen Herzen hing, verloren, meine Frau war infolge des Aufenthaltes im Gestapogefängnis Brauweiler hoffnungslos erkrankt. Ich hatte die Folgen des Krieges erfahren. Drei meiner Söhne standen an der Front, ich hatte täglich um sie bangen müssen, einer war schwer verwundet worden. Ich hatte von den Verbrechen gehört, die an Juden begangen, die von Deutschen an Deutschen verübt worden waren. Ich hatte gesehen, wohin eine atheistische Diktatur den Menschen brachte. Ich hatte den Sturz des deutschen Volkes ins Chaos erlebt.«[120]

Doch ließ sich Adenauer, statt grundsätzliche Fragen radikal, das heißt bis zu den Wurzeln hinab, zu durchdenken, immer mehr durch Pragmatismus bestimmen, was im ganzen seiner Wesensart entsprach. Sosehr er sich bei einer schlecht ausgeführten Reparatur seines Mercedes um die politischen Hintergründe kümmerte (»Ich bin überzeugt, daß Herr Dr. Kurt Schumacher von der SPD ganz anders behandelt worden wäre als ich«), um die Pflanzenbehandlung bei anhebendem Frost besorgt war, bei der Übersendung kolorierter Rheinbilder kritisierte, daß eine falsche Farbe verwendet worden sei (». . . da in allen Rheinorten keine roten Ziegeldächer stehen, sondern Schieferdächer . . .«), Kardinal Frings gegenüber die Haltung der katholischen Kirche im ersten Bundestagswahlkampf beanstandete, beim Ernährungsminister darauf pochte, daß dann, wenn die Zahl der Hühner geringer sei als die Kopfzahl der Personen, Eier nicht abzuliefern seien (»Ich besitze 5 Hühner, mein Haushalt besteht aus 8 Personen . . .«) –, sowenig war dieser geniale Realist und Konkretist bereit und in der Lage, Politik auf Dauer am Vor-schein der Idee zu orientieren.[121]

»Bewältigung von Vergangenheit« versprach keine sichere Mehrheit – so trachtete er danach, zumindest die juristische Auseinandersetzung mit den NS-Verbrechern möglichst schnell zu beenden, Verurteilte frei zu bekommen und im übrigen die Dinge einer »wohltätigen Verjährung« entgegenreifen zu lassen. Die geplante Westintegration der jungen Bundesrepublik war nur über die Verteidigungsbereitschaft, also die Wiederbewaffnung möglich; die »Ohne-mich-Stimmung«, die sich aufgrund der Kriegserfahrungen ausgebreitet hatte, konnte nur abgebaut werden, indem man die deutsche Kollektivschuld verneinte. Der deutsche Soldat hatte tapfer gekämpft; solcher »Stolz« wäre nicht aufrechtzuerhalten gewesen, wenn man herausstellte, daß gerade diese Tapferkeit millionenfaches Verbrechen abgeschirmt und dadurch mit ermöglicht hatte.

Der antifaschistische Konsens hielt nicht lange; der Weg ging vom sozialistischen Antifaschismus zum restaurativen Antisozialismus. Freiheit war gerade dann eine große Last, wenn sie den Gerichtstag über das eigene Ich und das nationale Selbstbewußtsein einschloß. Die Furcht vor solcher Freiheit entsprang der Angst, der kollektiven Melancholie zu verfallen. Man wollte aber aufbauen und vorankommen. Die Sehnsucht, der äußeren Misere zu entfliehen, war größer als die Bereitschaft, die innere Misere anzugehen.

Zwiespältig war das Verhältnis zu Gericht und Bekenntnis, Scham und Reue, Schuld und Sühne bei denjenigen, die sich zur inneren Emigration rechneten. Sie suggerierten sich einerseits ein gutes Gewissen, da sie ja nichts getan hatten, um den Nationalsozialismus zu fördern; sie hatten im Gegenteil (eine meist vorsichtige) Distanz bewahrt. Gerade aber mit dieser Distanz, die oft genug mehr einer Indifferenz dem Unheil gegenüber glich, hätte man ins Gericht gehen müssen – wollte man die volle Wahrheit übers eigene Ich ergründen. Schuld hatte man nicht auf sich geladen, so verdrängte man auch die Scham darüber, daß man nichts gegen diejenigen getan hatte, die im Namen des Volkes zu Verbrechern wurden. Zur Kompensation eigener Fragwürdigkeit dramatisierte man den Zustand der Isolierung und Angst, in dem man sich während des Dritten Reiches befunden hatte, wie man denn auch den Moralismus überbetonte, mit dem man nun in der Trümmerzeit fürs Positive sich engagierte. Der Streit um Thomas Manns »Rückkehrunwilligkeit« warf da ein bezeichnendes Licht auf die pharisäerhafte Attitüde der Daheimgebliebenen. Natürlich war damit nur *ein* Eckwert des weiten Mentalitätsspektrums innerer Emigration charakterisiert (eine moralisch aufgeblasene, unehrlich-kompensatorische, das Selbstmitleid stilisierende, die eigene Bedeutung hervorhebende Eitelkeit). Das Spektrum zeigte viele Nuancen – bis hin zur erbarmungslosen Selbstanklage und Selbstzerfleischung. Am Beispiel seines Vaters Eberhard Meckel (1907-1969, erfolgreicher Schriftsteller der dreißiger Jahre) hat sein Sohn Christoph die Situation der »Rückzugslyriker«, derjenigen, die sich angesichts der nationalsozialistischen Brutalität in ein Reich empfindsamer Innerlichkeit davonmachten, mit kritischer Empathie beschrieben:

»Ich habe meinen Vater oft gefragt, was die Dreißiger Jahre für ihn waren und wie er lebte, vor allem: was er und seine Freunde dachten, und keine besonders erhellende Antwort bekommen. Während Brecht, Döblin und Heinrich Mann emigrierten, Loerke und Barlach in Deutschland zu Tode erstickten, während Dix und Schlemmer in süddeutschen Dörfern untertauchten, Musiker, Wissenschaftler und Regisseure verschwanden, Kollegen diffamiert, verfolgt, verboten, Bücher verbrannt und Bilder beschlagnahmt wurden, schrieb er ruhige Verse in traditioneller Manier und baute ein Haus, in dem er alt werden wollte. Der Exodus von Juden, Kommunisten und Intellektuellen, das plötzliche und allmähliche Verschwinden der gesamten Avantgarde schien von ihm kaum zur Kenntnis genommen zu werden. Während die SA marschierte, der Reichstag brannte, er selber Zeuge von Deportationen war (ein Kommando verhörte auch ihn und durchsuchte die Bücher), schrieb er weiter Erzählungen und Gedichte, in denen sich die Zeit nicht bemerkbar machte. Er stand mit dieser Haltung nicht allein. Allerlei Literaten seiner Generation (eine ganze Phalanx der jüngsten Intelligenz) lebten erstaunlich zeitfremd weiter. Man kapselte sich in Naturgedichten ab, verkroch sich in die Jahreszeiten, im Ewigen, Immergültigen, Überzeitlichen, in das Naturschöne und in das Kunstschöne, in Vorstellung von Trost und in den Glauben an die Hinfälligkeit zeitbedingter Miseren. Er wahr ehrgeizig, sportlich, gesund und ohne Erfahrung und hatte einen Namen zu gewinnen. Günter Eich hatte Sinologie in Paris studiert und Huchel war jahrelang durch Europa gereist, aber er hatte nur in Deutschland gelebt und nichts als deutsches Geistesleben erfahren. Mit keinem Gedanken und keinem Wort verließ er den Umkreis einer verfestigten, geistesgläubigen, deutsch-literarischen Bürgerlichkeit. An Flucht oder Landwechsel wurde nicht gedacht. Es ist nicht anzunehmen, daß zwischen ihm und den Freunden von Emigration die Rede war. Eine Notwendigkeit schien nicht vorhanden. Sie konnten leben, hatten Familie und Haus, wurden beruflich kaum in Frage gestellt noch aus Gründen der Herkunft oder Gesinnung verfolgt. Sie hatten soeben mit der Arbeit begonnen, sich eingerichtet im ersten, bescheidenen Erfolg, in dichterischer, beruflicher und privater Selbstgewißheit, außerhalb Deutschlands hatten sie keine Chance, waren überhaupt zu jung und besaßen keinen Namen, der ein Dasein in anderen Sprachen getragen hätte. Mein Vater lebte unbehelligt im Dritten Reich, lebte blind in die kürzer werdende Zukunft, betonte Widerwillen, Verachtung, Stolz und vertraute machtlos auf die Macht des Geistes. Alles Weitere überließ er dem Schicksal. *Schicksal* – der Begriff stand kostenlos zur Verfügung und war ihm in die Wiege gemurmelt worden. Aufdringlich, dumpf und unabwendbar stand die Begriffswelt des deutschen Idealismus in den Dreißiger Jahren herum, wurde von Staatspropaganda aufpoliert, verdeckte ganz andere Weltbilder und ließ sich – nach persönlichem Bedarf – zu erstaunlich dichten Scheuklappen umarbeiten. Er war, wie auch Martin Raschke, durchaus nicht unempfindlich für die *Atmosphäre* des nationalsozialistischen Fortschritts, aber er war und blieb außerstande, die reale Politik zu erkennen. *Ich lebe den Augenblick, ich lebe den Tag.* Die Naturlyrik richtete sich in der Laubhütte ein, aber die Laubhütte stand auf eisernem Boden und war von Mauern aus Stacheldraht umgeben.«[122]

Was hier impressionistisch-biographisch festgehalten ist, hat Hans Dieter

Paul Rosié, Kapitulation

Schäfer im Rahmen einer systematischen Untersuchung »gespaltenes Bewußtsein« genannt.[123] Die Lebenswirklichkeit im Deutschland der Jahre 1933 bis 1945 werde zwar meist als durchorganisiertes und perfekt arbeitendes Herrschaftssystem beschrieben, doch ermöglichte dieses auch vielfältige Zwischenlösungen, von denen gerade die Intellektuellen und Künstler Gebrauch machten – was sie dann nach dem Zusammenbruch verdrängten, obwohl das Faktum, daß sie im Land geblieben waren und ein Auskommen haben mußten, ihre Zugeständnisse ans Regime voll verständlich hätten erscheinen lassen; nur war ihr Verhalten dann eben nicht von der hohen moralischen Qualität, die sie sich nach der Stunde Null gerne anstilisierten, geprägt. »Wie das deutsche Volk nach dem ›Zusammenbruch‹ Hitler als Übermächtigen dämonisierte, um die Frage nach der eigenen Verantwortlichkeit abzuwehren, so übertrieben viele Schriftsteller und Publizisten die Durchsetzung der reaktionären Kunstpolitik der Nationalsozialisten, blendeten ihre eigenen Arbeiten aus und entwirklichten das kulturelle Leben des Dritten Reiches. Immer wieder lenkten die Autoren der ›Stunde Null‹ den Blick auf die Gleichschaltungsversuche des Regimes, auf Bücherverbrennungen und die Vertreibung. Von der Tatsache, daß sich im Hitlerstaat – wie in jeder Diktatur – dennoch spontane Beziehungen, teilweise sogar öffentlich behaupten konnten, wurde aus Rechtfertigungs- und Legitimationsbedürfnissen bisher nur wenig bekannt. Ohne Zweifel wollte der Führerstaat die mit einer lebendigen Kultur verbundene individuelle Freiheit unnachsichtig zerstören, gleichzeitig mußte er eine politikfreie Sphäre fördern, um die Mehrheit der Bevölkerung auf Dauer an sich zu binden. Durch diese schwer voneinander abzugrenzenden Ziele ergaben sich für eine Reihe junger, zunächst noch unbekannter Schriftsteller Publikationsmöglichkeiten, obgleich ihre Auffassungen von den ästhetischen Normen des Nationalsozialismus zum Teil erheblich abwichen.«

So begannen in Verlagen wie C. H. Beck, Goverts, Rauch, S. Fischer/Suhrkamp, in Zeitschriften wie *Neue Rundschau, Europäische Revue, Deutsche Rundschau, Literatur, Hochland, Eckart* und in den Feuilletons des *Berliner Tageblatts*, der *Frankfurter Zeitung*, der *Kölnischen Zeitung*, aber auch der Wochenzeitung *Das Reich* (völkisch-nationaler Propaganda näherstehend) Autoren wie Emil Barth, Johannes Bobrowski, Günter Eich, Peter Huchel, Karl Krolow, Horst Lange, Wolf von Niebelschütz und Eugen Gottlieb Winkler ihre dichterische Laufbahn. Max Frisch machte sich in Deutschland schon unter der Hitler-Diktatur einen Namen; mehr als ein Drittel von Günter Eichs Nachkriegsgedichtband *Abgelegene Gehöfte* (1948) wurde bereits während des Dritten Reiches geschrieben und zum Teil in Zeitschriften und Zeitungen gedruckt. Ähnliches gilt für Peter Huchel, von dem bis 1939 vierzehn Hörspieltitel bekannt sind; von Eich wurden bis 1940 zweiundzwanzig Hörspiele gesendet. Wolfgang Koeppens Roman *Die Mauer schwankt* erschien 1935. Desgleichen waren viele Feuilletonisten, die in der Nachkriegszeit das geistige Leben bestimmten, bereits vor 1945 maßgebend tätig gewesen. Die Dichtungen der inneren Emigration sind durch einen »mittleren«, um Ausgleich bemühten Stil geprägt; er war besonders gut geeignet, sich nach dem Zweiten Weltkrieg unter einer verstärkten Rezeption der modernen Klassik des Auslandes weiterzuentwickeln. Es handelte sich zumeist um Versuche, der Versklavung durch futuristische Technik und der Vereinnahmung durch Partei und Propaganda zu entkommen. »In einigen Fällen gelang es, den schwankenden Boden in der ›allereigensten Enge‹ zur Sprache zu bringen, andere beruhigten ihre Angst an Pflanzen und Steinen, kapselten sich in alte Formen ein oder entwarfen – tröstend – wie auf Kissen gestickte Spruchbänder. Indem die jungen Dichter den Standortverlust und die Versteinerung als Erscheinungen wahrnahmen, legten sie – ohnmächtige Zuschauer – von dem Verfall der Zukunft Zeugnis ab.«

Wenn Oskar Loerke sich »an die Grundmächte« wandte, so waren damit nicht die welt- und geschichtsbewegenden Kräfte angesprochen; »Natur« diente dazu, das Programm des Eskapismus zu überwölben:

> »Es zählt vor euch nicht, daß ich Schmerzen leide,
> Es schweigt die Weide,
> Wenn man zur Flöte sie schneidet und schält.
> Doch daß ich leide und nicht meutere,
> Und was ich mir draus läutere
> Zum Zwiegespräch mit euch, es zählt.«[124]

Der Auseinandersetzung mit dem Thema Schuld und Sühne waren die ersten künstlerischen Erfolge des Nachkriegsfilms zu danken. Während einige Zeit noch die Leinwand von den Produkten einer illusionistischen Ablenkungsstrategie, mit der die nationalsozialistische Propaganda bis in die letzten Kriegstage hinein arbeitete, besetzt war, gab es bald bemerkenswerte Versuche, die Bilanz der vergangenen zwölf Jahre zu ziehen – darunter 1947 Helmut Käutners *In jenen Tagen*, Harald Brauns *Zwischen gestern und morgen*, Kurt Maetzigs *Ehe im Schatten* und 1948 Erich Engels *Affäre Blum*, Eugen Yorks *Morituri*. Mit *Die Mörder sind unter uns* (1946), produziert von der in Ost-Berlin lizenzierten Defa, als erstem Spielfilm nach dem Zusammenbruch, begann Wolfgang Staudte seine Laufbahn als großer Moralist des Nachkriegskinos. In Polen ist der Arzt Dr. Mertens (Ernst Wilhelm Borchert) Zeuge geworden, wie ein Offizier unschuldige Geiseln hat erschießen lassen. In der Heimat trifft er ihn wieder, nun in der Gestalt eines ehrbaren, im Wohlstand lebenden Fabrikanten (Brückner), den keine Gewissensbisse plagen. Mertens lernt eine ehemalige KZ-Insassin (Hildegard Knef) kennen, durch deren Liebe er von seinem Schuldkomplex befreit wird; sie hält ihn auch zurück, als er Brückner erschießen will; in der Originalfassung des Drehbuches erschießt Mertens den Fabrikanten tatsächlich; der Schluß wurde auf Einspruch des sowjetischen Kulturoffiziers geändert, da Selbstjustiz nicht propagiert werden sollte.

Staudte, der dann mit dem Meisterwerk *Der Untertan* (1951) der Genese des Nationalsozialismus nachspürte, »wollte begreifen und durch seine Filme begreifbar machen, wie das Ungeheuerliche überhaupt möglich war. Diese Absicht schloß von vorneherein jene Art von Filmen aus, die eine bloße alibihafte Bewältigung der deutschen Kollektivschuld anstrebten – und dann ›die Sache‹ auf sich beruhen lassen wollten.«[125]

Staudtes Film zeigte die Verstrickung des Menschen im totalitären Machtapparat, den Mechanismus von Befehl und Erfüllung; er verdeutlichte damit auch die Kollektivschuld; denn ohne die vielen einzelnen, selbst wenn sie innerlich dem Bösen widerstrebten, hätte das System nicht funktionieren können. Er zeigte die tiefen traumatischen Folgen solchen Ausgeliefertseins, eröffnete jedoch den Weg zur Kartharsis; gerade die Liebe einer Verfolgten und ihre verstehende Menschlichkeit läßt die Wunden heilen.

Die These von der Kollektivschuld entlaste den einzelnen, meinte dagegen Oskar Kokoschka, der große österreichische Maler; 1934 war er nach Prag, 1938 von dort nach London geflohen. Das Individuum könne und dürfe sich nicht hinter einer Gesamtheit verstecken, sondern müsse für die Welt einstehen, die es mit zugrunde gerichtet habe. »Hitlers Saat geht auf«, schrieb er 1948 in einem Brief an Alfred Neumeyer; »sein krankhaftes Gehirn ersann die Idee der Kollektivschuld, und die Nachkriegswelt bleibt unglücklicherweise bei der Wahnvorstellung eines Verrückten, indem sie nach solchen Begriffen Gericht hält. In einer solchen Welt kann ich nicht leben! Ich fühle mich persönlich verantwortlich für die Verbrechen einer Gesellschaft, deren Mitglied ich bin.«[126]

Drei Tage nachdem sich die deutschen Truppen in Italien ergeben hatten, am 5. Mai 1945, reist der bekannte Sohn eines berühmten Vaters als Sonderberichterstatter der US-Armeezeitung *Stars and Stripes* von Rom über Florenz, Bologna und Verona nach München; dort sieht er sich auch das Haus an, in dem seine Familie einst gewohnt hat. Am 16. Mai 1945 schreibt Klaus Mann an seinen Vater Thomas Mann nach New York: »In Deutschland . . . kann man jetzt viel zerknirschte Reden hören; die Niederlage ist zu eklatant: man gibt sie zu; geleugnet wird nur noch die eigene Schuld.« Klaus Mann besucht auch Richard Strauss in Garmisch. Mit sanft-sonorer Stimme spricht der Komponist davon, daß die Nazi-Diktatur auch für ihn in mancher Beziehung lästig gewesen sei; da sei zum Beispiel der höchst ärgerliche Zwischenfall mit den Ausgebombten gewesen, die in sein Haus hätten einquartiert werden sollen. »Man stelle sich das vor! Fremde – hier, in meinem Heim! Manche der Nazi-Häuptlinge – sagt Richard Strauss – waren famose Menschen: Hans Frank, zum Beispiel, der Fronherr des Polenlandes (›Sehr fein! Sehr kultiviert! Er schätzt meine Opern!‹) und Baldur von Schirach, der über die ›Ostmark‹ (sonst Österreich genannt) zu gebieten hatte. Dank seiner Protektion genoß die Familie Strauss in Wien eine Vorzugsstellung – und dies, obwohl der Sohn des Komponisten eine rassisch nicht einwandfreie Gattin hat! ›Ich darf wohl behaupten, daß meine Schwiegertochter die einzige freie Jüdin in Großdeutschland war.‹

›Frei? Nicht doch, Papa! Oder doch nicht so ganz!‹ Es war Frau Strauss ›junior‹, geborene Grab, die kokett-wehleidig protestierte. ›Meine Freiheit ließ zu wünschen übrig. Du vergißt, was ich auszustehen hatte. Durfte ich etwa jagen gehen? Nein! Sogar das Reiten war mir zeitweise verboten . . .‹ Ich schwöre es, dies waren ihre Worte! Die Nürnberger Gesetze sind gewesen; Auschwitz ist gewesen; ein Massaker ohne Beispiel hat stattgehabt; das infamste Regierungssystem der Weltgeschichte hat die Juden zum Freiwild degradiert. All dies ist bekannt. Und die Schwiegertochter des Komponisten Richard Strauss beklagt sich, weil sie nicht *jagen* durfte . . .«

Begegnung zweier Kulturen. Ein Deutscher der äußeren Emigration trifft auf einen daheim gebliebenen Deutschen. Voller Zorn auf den Nationalsozialismus, der den deutschen Geist zerstörte, hofft er, daß dieser Geist doch noch irgendwo anzutreffen sei. Zum Beispiel bei diesem Musiker von Weltruf. Aber »Scham und Takt sind seine Sache nicht. Die Naivität, mit der er sich zu einem völlig ruchlosen, völlig amoralischen Egoismus bekennt, könnte entwaffnend, fast erheiternd sein, wenn sie nicht als Symptom sittlich-geistigen Tiefstandes so erschreckend wäre. *Erschreckend* ist das Wort. Ein Künstler von solcher Sensitivität – dabei stumpf wie der Letzte, wenn es um Fragen der Gesinnung und des Gewissens geht! Ein Talent von solcher Originalität und Kraft, ein Genie beinahe – und weiß nicht, wozu seine Gaben ihn verpflichten! Ein großer Mann – so völlig ohne Größe! Ich kann nicht umhin, dies Phänomen erschreckend und auch ein wenig degoutant zu finden.«[127]

Reeducation

Die alliierten, vorwiegend von den USA und Großbritannien getragenen Umerziehungsmaßnahmen waren in der ersten Phase durch große Rigorosität bestimmt. Das deutsche Volk sollte über Bestrafung zur politischen und kulturellen Moral zurückfinden. Mit der Veränderung der weltpolitischen Lage, als der kalte Krieg einsetzte, wurden Sanktionen zunehmend durch Gratifikationen ersetzt. Als die alliierten Truppen einmarschierten, galt für sie das Fraternisierungsverbot. Die Oberbefehlshaber verboten den Soldaten, mit der deutschen Bevölkerung privaten Kontakt aufzunehmen. Die Begründungen zeigen, wie hoch man den nationalsozialistischen Einfluß einschätzte und wie verheerend man sich die Wirkungen des ideologischen Giftes vorstellte.

»Die Offiziere und Mannschaften der 21. Armeegruppe haben auf den Straßen, in Häusern, Cafés, Filmtheatern usw. sich den deutschen Männern, Frauen und Kindern fernzuhalten. Ein Kontakt mit der Bevölkerung ist nur im dienstlichen Verkehr gestattet. Jede Art des persönlichen Umgangs hat zu unterbleiben. Ich wünsche keine gegenseitigen Besuche, keine Teilnahme an sozialen Veranstaltungen, kein Händeschütteln. Bloße Kapitulation bedeutet noch nicht Friede. Der Einfluß der Nazis hat alles durchdrungen, selbst die Kirche und die Schulen. Die Besetzung Deutschlands ist ein Kriegsakt, dessen oberstes Ziel die Vernichtung des Nazisystems ist. Für euch Soldaten ist es noch zu früh, zwischen guten und schlechten Deutschen zu unterscheiden. Nichtanbiederung bedeutet nicht Rache. Wir kennen nicht die Theorie der Herrenrasse, aber wir wollen es erreichen, daß die Schuldigen nicht nur verurteilt werden, sondern auch das Ausmaß ihrer Schuld begreifen. Nur wenn das erreicht wird, ist der erste Schritt zur Neuerziehung der Deutschen getan, ein Schritt, der es ermöglichen soll, die Deutschen zur menschlichen Anständigkeit zurückzuführen. Das vorige Mal gewannen wir den Krieg, aber wir ließen uns den Frieden aus den Händen gleiten. Diesmal dürfen wir nicht erschlaffen. Wir müssen den Krieg und den Frieden gewinnen.«[128]

So hart man auch gegen die Deutschen vorzugehen beabsichtigte, die Überlegungen der Reeducation liefen darauf hinaus, ein geläutertes Deutschland wieder in die Gemeinschaft der Nationen einzugliedern. Damit war der Morgenthauplan[129], der von Finanzminister Henry Morgenthau, einem engen Vertrauten des amerikanischen Präsidenten, September 1944 auf dem Hintergrund der von den Nationalsozialisten betriebenen »Endlösung« der Judenfrage entwickelt worden war, überwunden (Deutschland sollte in einen Agrarstaat verwandelt werden ... das Schicksal der Bevölkerung interessiere nicht; man habe diesen Krieg nicht gewollt, man habe nicht Millionen von Menschen in die Gaskammern geschickt ... Sie, die Deutschen, wollten es nicht anders haben ...). Roosevelt, der den Plan zunächst akzeptiert hatte, ließ ihn aufgrund der massiven Kritik in der amerikanischen Öffentlichkeit rasch wieder fallen. Es setzten sich jene Politiker durch, die eine amerikanische Deutschlandpolitik wünschten, die durch keine kleinliche wirtschaftliche Rache beeinflußt sei. Am 16. Mai 1945 schrieb Henry L. Stimson auf Ersuchen von Roosevelts Nachfolger, Präsident Truman, ein

Erste Annäherung trotz Fraternisierungsverbot, Bayern im Mai 1945
(Photo: Hans Schürer)

Memorandum, in dem es heißt, daß die früheren Vorschläge für die Behandlung Deutschlands – es am Rande des Hungerns zu halten, um es für begangene Missetaten zu bestrafen – einen schweren Fehler darstellten. Stimson besaß unter den führenden Politikern in Washington (von 1929 bis 1933 war er Außenminister, unter Roosevelt Kriegsminister) das tiefste Verständnis für die europäischen Probleme; er erinnerte an die schlimmen wirtschaftlichen Auswirkungen des Versailler Vertrages und plädierte für eine Wirtschaftspolitik, die einen dauerhaften Frieden gewährleiste.

In seinen Memoiren berichtet Dwight D. Eisenhower, 1943 bis 1945 Oberkommandierender der britisch-amerikanischen Invasionsstreitkräfte in Europa und erster amerikanischer Militärgouverneur, daß er und General Lucius Clay (erst sein Stellvertreter, dann, von 1947 bis 1949, sein Nachfolger) überzeugt gewesen wären, daß die baldige Wiederherstellung des Ruhrgebietes, das Morgenthau in eine Geisterlandschaft hatte verwandeln wollen, auch im amerikanischen Interesse läge. Deutschland werde sonst schwersten Hunger leiden. Die Amerikaner dürften ihre ehemaligen Feinde nicht verhungern lassen und müßten freiwillig die kostspielige Aufgabe ihrer Ernährung übernehmen.

Hunger und Not hätten auch revolutionäre Bestrebungen gefördert; und die wollte man auf keinen Fall. Den Sozialisierungsabsichten standen die westlichen Alliierten skeptisch gegenüber. Den Gewerkschaften wurde nur ein langsamer Aufbau ermöglicht; so sollte die Gefahr vermieden werden, daß sie in falsche

Hände gerieten. Desgleichen erfolgte die Zulassung der Parteien restriktiv; der demokratische Aufbau sollte von unten nach oben, über lokale und regionale Gründungen sich vollziehen. Das bürgerliche Lager hatte dabei größere Chancen, wieder zur beherrschenden Kraft zu werden.

Für Reeducation war Kulturpolitik das wichtigste Instrument; man setzte dabei weniger auf Institutionen denn auf Personen. Im Oktober 1945 gab die Leitung des amerikanischen Nachrichtenkontrollamtes bekannt, daß sie die Namen von 1440 Deutschen zusammengestellt habe, die die Möglichkeit ihrer Betätigung auf irgendeinem Gebiet des Kulturwesens in der amerikanischen Besatzungszone festlege. Die Liste sei von besonderer Bedeutung, da alle Betätigungen im Nachrichten- und Kulturwesen, die während der vergangenen sechs Monate von den Besatzungsmächten ausgeübt worden waren, allmählich wieder erprobten deutschen Zivilpersonen anvertraut werden sollten. Auf der »weißen Liste« waren 441 Deutsche angeführt, von denen 207 als politisch zuverlässig für führende Stellungen befunden wurden; die übrigen 234 Personen könnten eine Schlüsselstellung nur probeweise erhalten. Die 389 auf der »grauen Liste« genannten Deutschen könnten sich auf kulturellem Gebiet ebenfalls betätigen, jedoch nicht in politisch führender, schöpferischer oder geschäftsführender Stellung. Auf der »schwarzen Liste« standen 327 Personen, denen eine Betätigung grundsätzlich untersagt war, und 283 Personen, die »nach Möglichkeit« nicht anzustellen waren.

Unter den Prominenten der »schwarzen Liste« befanden sich der Pianist Walter Gieseking, der bayerische Generalmusikdirektor Hans Knappertsbusch, der Filmschauspieler Emil Jannings, die Schriftsteller Ernst Jünger und Friedrich Sieburg. Viele der von dem Verbot Betroffenen gaben lange Erklärungen ab, in denen sie sich zu exkulpieren trachteten.[130]

Künstler im Zwielicht

In einem offenen Brief, unterschrieben von einer Anzahl prominenter Berliner Persönlichkeiten, forderte man die Rückkehr des ebenfalls inkriminierten Wilhelm Furtwängler als Dirigent des Philharmonischen Orchesters Berlin. Die amerikanischen Behörden erklärten, daß der Dirigent auf der »schwarzen Liste« bleiben müsse, da er sich im Dritten Reich durch seine Tätigkeit in prominenter Stellung mit dem Nationalsozialismus identifiziert habe. Die Anteilnahme der Welt am Fall Furtwängler, meinte Alexander Mitscherlich in einer »Analyse des Stars« (Juli 1946), beweise, daß es sich nicht um eine rein deutsche Angelegenheit handle; es gehe um die Entscheidung einer prinzipiellen Frage, um eine Machtprobe. Das Wort von der Kunst, die nichts mit der Politik zu tun habe und dem Künstler den sacro egoismo zubillige, könne angesichts der nationalsozialistischen Verbrechen nicht mehr gelten. Leute wie Furtwängler wollten, daß alles vergessen werde, die Instrumente neu gestimmt würden und das Spiel weitergehe. »Es wird sicher weitergehen. Soll es mit den alten Spielern weitergehen? Gilt für Furtwängler selbst, was er von Hindemith sagte, ehe er ihn vergaß, daß man auf einen Mann seiner Qualität nicht so ohne weiteres verzichtet? Man muß es, wenn man in einen unauflöslichen Konflikt mit dem sauberen Gewissen gerät. Wenn alles mit den alten Spielern weitergehen sollte, dann wäre wieder nichts gewonnen, dann wäre jedes Opfer umsonst.«[131]

Einen aufschlußreichen Einblick ins künstlerische Psychogramm dieses herausragenden »Kulturschaffenden« im Dritten Reich – im Aussagewert wohl typisch für viele ähnliche Fälle – gab das Entnazifizierungsverfahren, das im Dezember 1946 gegen Furtwängler lief. Der Vorsitzende der Entnazifizierungskommission erklärte, daß Furtwängler zwar niemals der Partei oder einer ihrer Gliederungen angehört habe, daß aber in der Hauptverhandlung geklärt werden müsse, in welchem Umfang sich der Dirigent als Staatsrat, als Vizepräsident und Präsidialmitglied der Reichsmusikkammer und als Leiter des Philharmonischen Orchesters an der Verbreitung der nationalsozialistischen Ideologie beteiligt habe. Furtwängler betonte bei seiner Vernehmung, er habe mit der Regierung arbeiten müssen, um gegen die Regierung arbeiten zu können. Er habe den ihm 1933 verliehenen Titel eines Preußischen Staatsrates nicht ablehnen können und hätte es damals außerdem für die Pflicht eines jeden Deutschen gehalten, bei der neuen Regierung auf das Beste zu hoffen. Er hätte mehrmals an Goebbels appelliert, den Parteiterror im Musikleben zu unterbinden. Der Anklagevertreter konterte, indem er einen Brief Furtwänglers an Goebbels vorlegte; darin hatte dieser sich zwar für die Dirigenten Bruno Walter und Otto Klemperer eingesetzt, aber auch die »Bekämpfung zersetzender Elemente« gebilligt. Was Furtwänglers zahlreiche Konzerte im Ausland betraf, so bemerkte der Dirigent, daß er stets die Kunst über die Politik gesetzt habe; es sei ihm allerdings klar gewesen, daß das Propagandaministerium aus kulturpolitischen Gründen an seiner Tätigkeit im Ausland ein Interesse gehabt hätte. Als Protest auf das Verbot, Werke von Hindemith aufzuführen, habe er seine Ämter niedergelegt, lediglich den Staatsratstitel beibehalten. Eine formelle Aussöhnung mit den Führern des Dritten Reiches sei dann durch seine spätere »Loyalitätserklärung« zustande gekommen, die in der Öffentlichkeit bekannt wurde, als er zum ersten Mal wieder das Berliner Philharmonische Orchester zugunsten des Winterhilfswerkes dirigierte. Nach Abschluß des Konzertes habe ihn Hitler mit Händedruck begrüßt.[132]

Gustaf Gründgens, dem die Nationalsozialisten als Intendant des Berliner Staatstheaters ebenfalls den Titel »Staatsrat« verliehen hatten und der nach 1945 mehrfach verhaftet wurde, schrieb 1946 in einem Aufsatz zur »Soziologie des deutschen Schauspielers«, daß dieser in seiner Gesamtheit politisch uninteressiert gewesen sei. »Im Vordergrund hat für den Schauspieler die Kunst gestanden oder besser gesagt, die gute Rolle, die interessante schauspielerische Aufgabe. Diesen Mangel an politischer Erziehung teilt der deutsche Schauspieler mit dem gesamten deutschen Volk . . . Der Nationalsozialismus, der eine Lehre der Oberfläche war und nur mit Massenpsychose gearbeitet hat, ging ja nicht – wenigstens für die meisten Menschen bewußt nicht – in die Tiefe, und so kommt das für den

Betrachter von außen verwunderliche Bild zustande, daß sich die Schauspieler, die in den letzten 12 Jahren Theater gespielt haben, zum großen Teil nie vom Nationalsozialismus getroffen fühlten und sich auch mit seinen Schandtaten nicht identifiziert haben. Folglich erkennen sie zwar das, was man Kollektivschuld der Deutschen nennt, resigniert auch für sich an, ohne sich einer Einzelschuld bewußt zu sein.«[133] Man könne annehmen, heißt es dagegen im wöchentlichen Informationsbulletin der US-Militärregierung Ende Januar 1946, daß kein namhafter Künstler gezwungen worden sei, Mitglied der Nazi-Partei zu werden. Das Propagandaministerium habe sie mit Glacéhandschuhen behandelt. Theaterleute hätten Lippenbekenntnisse abgelegt entweder der Karriere wegen oder weil sie exponiert waren durch jüdische Verwandtschaft oder kommunistische Aktivität. Viele dagegen, deren Fragebogen in Ordnung sei, hätten sich als Nazis hervorgetan.[134]

Solche Ambivalenz des künstlerischen Verhaltens im Dritten Reich führte bei den Alliierten zu entsprechend ambivalenten Reaktionen. Was Carl Zuckmayer 1943 in einer Expertise für die US-Regierung über führende Persönlichkeiten des deutschen Kulturlebens festgestellt hatte, daß Schauspieler nämlich das Dritte Reich als Inszenierung, in der sie eine Rolle spielten, genössen[135], entsprach nicht dem moralischen Raster, mit dem man das kulturelle Leben ordnen, das heißt vom Nationalsozialismus reinigen wollte. Quasi anekdotische Vorkommnisse dokumentieren jedoch die Unsicherheit der Alliierten solchem »Spielverhalten« gegenüber. (Er halte Gründgens, hatte Zuckmayer erklärt, keineswegs für einen abgründigen Bösewicht, sondern für eine Spielernatur, die auf dem Theater wie im Leben auf »grand jeu« eingestellt sei.)

Helge Rosvaenge konnte im Oktober 1945 bereits wieder ein Konzert in Stockholm geben; doch wurde er kurz darauf als Sympathisant der Nationalsozialisten geächtet. Mit anderen Auswanderern machte er sich in einem gebrechlichen Kutter nach Venezuela auf, blieb aber im faschistischen Spanien hängen – und sang dort. Der Luxemburger René Deltgen spielte in München nichtsahnend den Macduff, als er erfuhr, daß er in seiner Heimat als Kriegsverbrecher gelte und sein Eigentum beschlagnahmt worden sei. Mitten aus einer Probe in Stuttgart wurde Rudolf Fernau zum Verhör ins Amtsgericht beordert; kurz darauf wurde er zu neun Monaten Gefängnis und lebenslänglichem Spielverbot verurteilt; das Urteil wurde bereits Anfang Januar 1946 in eine geringe Geldbuße umgewandelt. Ähnlich erging es Victor de Kowa in Berlin. Seine Verhaftung erfolgte, als er ein Chanson vortrug; das Publikum glaubte an einen Regieeinfall und applaudierte. Heinrich George, ehemaliger Intendant des Schiller-Theaters in Berlin (früher Kommunist), kam in ein Internierungslager. Willy Birgel jedoch – belastet durch den von Goebbels sehr geschätzten Film ... *reitet für Deutschland* – konnte sich am Wörther See über die Runden bringen. Der Regisseur des Films, Arthur Maria Rabenalt, inszenierte trotz Berufsverbot in Heidelberg; als die Amerikaner protestierten, wechselte er nach Baden-Baden, wo die französischen Behörden erklärten, er sei beim Aufbau des deutschen Kulturlebens wünschenswert. Emil Jannings' Bemühungen um Rehabilitierung

– er war von Geburt Schweizer – scheiterten. Im Salzkammergut saßen Karl Böhm und Clemens Krauss untätig. Herbert von Karajan, 1942 aus NSDAP ausgeschlossen, gab eine begeistert aufgenommene Vorstellung in der britischen Zone, wurde dann denunziert und erhielt Auftrittsverbot. Das Ehepaar Attila Hörbiger und Paula Wessely durfte zunächst nur in Innsbruck, aber nicht in Wien spielen. »Verboten« war auch Hans Moser, der mit einer Jüdin verheiratet war. Und so fort . . .

Daß die Entnazifizierung Publikumslieblinge dem Theaterbetrieb entzog, verübelte man den Alliierten sehr; freilich standen die meisten Betroffenen bald wieder auf der Bühne, denn man akzeptierte deren Entschuldigungsgrund: daß gerade der darstellende Künstler, wolle er überhaupt vorankommen, zwischen Kunst und Politik trennen müsse.

Auf der anderen Seite empörten sich diejenigen Künstler mit Recht, die im Dritten Reich mit Berufsverbot belegt worden waren und nun sahen, daß die Routiniers des Opportunismus rasch den Übergang von einem Regime ins andere, den Wechsel von einer einflußreichen Position in die nächste bewerkstelligten und entsprechend reüssierten. Vom Standpunkt des bildenden Künstlers hat solche Irrwege bei der Vergangenheitsbewältigung Georg Meistermann (im Dritten Reich mit Ausstellungsverbot bedacht) kritisiert. Der Zustand geistiger Verrottung sei 1945 keineswegs zu Ende gewesen.[136] Als zum Beispiel Theodor Heuss 1949 eine Notgemeinschaft der Kunst ins Leben rief, umfaßte die Liste der einzuladenden Künstler zuerst ausschließlich Namen der im Hitler-Deutschland prominenten Maler und Bildhauer. Georg Meistermann gelang es dann, mit Hilfe einer Alternativliste die Namen derer, die verfemt gewesen und »entartet« genannt worden waren, die man mit Polizeigewalt an künstlerischer Arbeit gehindert hatte, denen man Farbe und Leinwand weggenommen hatte, deren Werke in den dreißiger Jahren zu Tausenden aus den deutschen Museen entfernt, verbrannt oder ins Ausland verkauft worden waren, ins Bewußtsein zu rücken. Fatal wirkte sich aus, daß häufig die Kulturberichterstattung von allzu konservativem Standpunkt aus erfolgte und damit, zwar nicht politisch, aber ästhetisch, restaurative oder gar reaktionäre Wirkungen zeitigte. Dabei kam es zu paradoxen Situationen. So gelang es einer »Kulturmeute«, Hermann Kaspar, der Hitlers Reichskanzlei ausgestattet und den Fackelzug zur Einweihung des »Hauses der Deutschen Kunst« entworfen und organisiert hatte, als den vertriebenen Carl Caspar, der zu rehabilitieren gewesen wäre, den Alliierten zu unterschieben.

Die Widersprüche lagen vor allem in der Situation selbst: Nur ganz wenigen der Kulturschaffenden war es gelungen, sich konsequent jeder Vereinnahmung durch das totalitäre Regime zu entziehen. Schon vor 1933 hatte zum Beispiel Emil Nolde Memoiren geschrieben, in denen er deutsch-völkische Kunst, das was man später »Blut-und-Boden-Kunst« nannte, propagierte und gegen Cézanne und die ganze französische Kunst polemisierte. 1928 war er in die NSDAP eingetreten. »Daß er später mit den ›Entarteten‹ in einen Topf geworfen wurde, geschah, um eine Diskussion zu verhindern, die wahrscheinlich viel Staub aufgewirbelt hätte, der den Nazis nicht gelegen sein konnte. Der deutsche

Statthalter in Wien hatte nämlich 1941 die Idee, Nolde zu rehabilitieren mit einer großen Ausstellung dieses ›echt‹ völkischen Künstlers und nationalsozialistischen Vorkämpfers deutscher Kunst. Diese Ausstellung verhinderte Goebbels ausdrücklich mit dem Argument, daß man erst den Krieg gewinnen müsse, bevor man in Details käme.«[137]

Die von der amerikanischen Militärregierung herausgegebene *Neue Zeitung* hatte ihren eigenen Fall künstlerisch-politischer Ambivalenz, der großes Aufsehen erregte. Der Schriftsteller und Journalist Erich Ebermayer arbeitete fürs Feuilleton; seine Beiträge schienen nicht nur literarische Bedeutung zu haben, sondern auch von einem Verfasser zu erzählen, der im Dritten Reich unterdrückt gewesen war. Da wurde der Zeitung ein Brief Ebermayers aus dem Mai 1942 zugespielt, in dem dieser sich des Wohlwollens der höchsten Stellen des Reiches rühmt. Die Stellungnahme, die die Redaktion daraufhin abgab, spiegelt den moralischen Rigorismus wider, mit dem diejenigen, die sich ihre ideologische Reinheit hatten erhalten können, »Doppelleben« richteten: »Der Schriftsteller Dr. jur. Erich Ebermayer, zur Zeit Bürgermeister und Notar in Kaibitz, ist der Sohn des verstorbenen demokratischen Oberreichsanwalts Ebermayer, den die Nationalsozialisten absetzten, und der Vetter des nationalsozialistischen Reichsleiters Philipp Bouhler, der eine Biographie Napoleons schrieb, worin er nachwies, daß Napoleon hauptberuflich ein Vorläufer Adolf Hitlers war. Obwohl Erich Ebermayer der Vetter eines Reichsleiters war, hatte er im Dritten Reich bei Buchveröffentlichungen gelegentlich Schwierigkeiten. Obwohl er diese Schwierigkeiten hatte, war er einer der angesehensten Drehbuchautoren. Obwohl er einer der angesehensten Filmautoren war, beschäftigte er jahrelang, manches riskierend, eine jüdische Sekretärin. Obwohl er eine jüdische Sekretärin beschäftigte, schrieb er einem Kollegen, der eines der Ebermayerschen Bücher abfällig kritisiert hatte, den Brief, den die ›Neue Zeitung‹ abbildet. Obwohl er einen solchen Brief schreiben konnte, hat er, kaum daß die Nationalsozialisten weggefegt waren, in einem Vorabdruck aus seinem dreibändigen Tagebuch ›Nacht über Deutschland‹ den tiefen Abscheu geschildert, der ihn anläßlich der Bücherverbrennung vor Goebbels und den anderen braunen Männern erfüllt hatte. Und obwohl derselbe Mensch jenen Brief und diesen Abscheu niederschreiben konnte, hat er einen hochangesehenen demokratischen Oberreichsanwalt zum Vater gehabt. Es ist kein Wunder, daß ausländische Beobachter über derartig doppelseitige ›Charaktere‹ den Kopf schütteln und daß viele Deutsche dabei rot werden. Man kann sich zahllose Menschen vorstellen, welche die Bücherverbrennung angewidert hat, und leider auch andere, die imstande gewesen wären, einen ähnlichen Brief zu schreiben wie den, den wir faksimilieren. Aber sich jemanden, der beides fertigbringt, vorzustellen, das ist ein Kunststück. Solche Wendigkeit verletzt nicht nur unser sittliches Empfinden, sondern so etwas attackiert auch den guten Geschmack! Und das ist vielleicht noch schlimmer!«[138]

Es war aber nicht nur verfehlte Vergangenheitsbewältigung, die das Kulturleben der Trümmerzeit in immer neue Turbulenzen versetzte, auch Parteinahmen und Sympathieerklärungen im nachhinein konnten Skandale hervorrufen. Der

Fall Jürgen Fehling kann diesen Aspekt des künstlerischen Schuld-und-Sühne-Komplexes exemplifizieren.

Mit Begeisterung hatte man 1946 in Berlin vernommen, daß Wolfgang Langhoff, der nun, nach Düsseldorf, die Intendanz des Deutschen Theaters übernommen hatte, den »genialen Regisseur« an sein Theater binden werde; man sprach von einer neuen Epoche. Als Heinrich George am 25. September 1946 starb, schrieb Fehling in einem Nachruf, den der amerikanisch-lizenzierte *Kurier* am 12. Januar 1947 veröffentlichte: ». . . Ich habe ihn geliebt wie keinen lebenden Schauspieler deutscher Zunge . . . Er apportierte mir wie ein mächtiger Hund alle Rollen . . . Unter seinen Kollegen wirkte er wie ein alter Steinadler zwischen Hühnern.« Langhoff, der George nie in einer seiner großen Rollen gesehen hatte, veröffentlichte eine Replik, in der er Fehling der »Verachtung der heutigen deutschen Schauspieler« bezichtigte; ihm, Langhoff, sei in der heutigen Geburtsstunde einer neuen kommunistischen, menschlichen und einfachen Theaterkunst das Ensemble wichtiger als der noch so geniale einzelne. Fehling übergab daraufhin dem *Kurier* die Beschreibung seiner Unterredung mit Langhoff. »Was sich im Zimmer, wo einst Max Reinhardt und vor ihm Brahms gesessen hatte, begab, war horrend. Ich unterließ es nicht, mein Gegenüber an Brutus zu erinnern, der mit seinem vielleicht edlen, aber vor der Geschichte hassenswerten ›Idealismus‹ das Dümmste und Unverantwortlichste tat, als er um der Mediokrität, der nivellierten Masse willen, als er um der Urteilslosen willen, den einen, der regieren konnte und regieren mußte, wenn das gefährdete römische Reich nicht zerfallen und törichten und egozentrischen Prominenten – pardon, ich meine Diadochen – zum Fraße vorgeworfen werden sollte, preisgab.«[139] Schon vor dieser Veröffentlichung teilte das Deutsche Theater mit, daß die Verhandlungen mit Fehling angesichts seiner übersteigerten Forderungen abgebrochen worden seien; der Nachruf auf Heinrich George zeige zudem, daß er nicht fähig sei, zwischen der Kunstepoche des Dritten Reiches und derjenigen der kommenden Zeit einen Trennungsstrich zu ziehen; es gäbe »Grenzen der Anbetung eines Genies, die nicht überschritten werden dürfen, ohne das ganze Gebäude zu vernichten oder zu sprengen«.

Abbruch des geistigen Gettos

Schwierigkeiten hatten die Alliierten auch mit Unbotmäßigkeiten bei neuen publizistischen Unternehmungen, die den Umerziehungstendenzen in die Quere kamen. Der spektakulärste Fall war dabei das Verbot der Zeitschrift *Der Ruf*, die von Alfred Andersch herausgegeben wurde; als Redakteur hatte er Hans Werner Richter verpflichtet, der 1945 in amerikanischer Kriegsgefangenschaft an einer Zeitung gleichen Namens (für die deutschen Kriegsgefangenen in den USA) mitgewirkt hatte. »Die Redaktion besteht aus einem einzigen Zimmer. Es befindet sich in einem Haus in Krailling, zwanzig Kilometer vor München. Die

Redaktion setzt sich zusammen aus zwei Tischen, drei Stühlen, einer alten Schreibmaschine, einer Redaktionssekretärin – eine bayerische Buchhändlerin, deren Dialekt ich nicht immer verstehe – und aus einem Redakteur, der ich bin. Alfred Andersch, der Herausgeber, kommt nur gelegentlich vorbei. Er arbeitet in der ›Neuen Zeitung‹ unter Erich Kästner. Aus unserer ersten Begegnung in München – ich kannte ihn aus der Kriegsgefangenschaft nicht – ist eine kritische Freundschaft entstanden. Das erleichtert die Zusammenarbeit. Es gibt Gegensätze. Andersch will die Umerziehungspolitik der Amerikaner unterstützen, mehr oder weniger, mit Vorbehalten natürlich, ich wünsche härteste Kritik, klare Distanz zu den Besatzungsmächten und Ausnützung aller demokratischen Rechte.«[140]

Schon die erste Nummer des *Ruf,* vom 15. August 1946, machte deutlich, daß man sich nicht zur Kollektivschuld bekannte, den Maßnahmen der amerikanischen Militärregierung kritisch gegenüberstand und sich von der politischen Linie der Sieger bewußt abgrenzte. Man fühlte sich als »Junges Deutschland«, der Jugend Europas verbunden. Humanistisch sei Europas Jugend in ihrem unerschöpflichen Hunger nach Freiheit; Humanismus bedeute ihr Anerkennung der Würde und Freiheit der Menschen – nicht mehr und nicht weniger; sie wäre bereit, das Lager des Sozialismus zu verlassen, wenn sie darin die Freiheit des Menschen aufgegeben sähe zugunsten jenes alten orthodoxen Marxismus, der die Determiniertheit des Menschen von seiner Wirtschaft postuliert und die menschliche Willensfreiheit leugnet. Fanatismus für das Recht des Menschen auf seine Freiheit sei kein Widerspruch in sich selbst, sondern die große Lehre, welche die Jugend Europas aus der Erfahrung mit der Diktatur zöge; sie werde den Kampf gegen alle Feinde der Freiheit fanatisch führen. »Eine starke Wurzel dieses doppelten Suchens nach Freiheit und sozialer Gerechtigkeit liegt in dem religiösen Erlebnis, das die junge Generation aus dem Krieg mitbringt. Echte religio ist nicht möglich, wo der Mensch Bluts- oder Klassengesetzen unterstellt wird, die er angeblich nicht durchbrechen kann. Nichts beweist die Freiheit des Menschen mehr als seine freie Entscheidung für oder gegen Gott.« Dem üblen Klischee von der »verlorenen Generation« dürfe man nicht verfallen; wenn man Belehrung negiere, dann deshalb, weil man das Erlebnis der Freiheit suche, man den radikalen Neubau aus eigenen Kräften schaffen wolle. Der neue Geist der deutschen Jugend drücke sich auch in dem unermeßlichen Hunger aus, die geistige Entwicklung der letzten Jahre nachzuholen. »Es wird nicht lange mehr dauern, bis die junge Generation Deutschlands ›aufgeholt‹ haben wird. Ihre Losung lautet schon jetzt: Die Erzieher müssen überholt werden. Auf keinen Fall wird sich das junge Deutschland von dem jungen Europa abschneiden lassen. Es wird auch nicht schwerfällig und widerstrebend dahinterher trotten. Schon deshalb nicht, weil das junge Europa ohne das junge Deutschland nicht existieren kann.«[141]

Peter de Mendelssohn, der als englischer Presseoffizier wirkte, meinte, man habe damals den Mund doch sehr voll genommen. Man sei aggressiv, überheblich, arrogant gewesen, äußerte Hans Werner Richter im nachhinein selbst. Doch man war erfolgreich. Mit der vierten Nummer erreichte *Der Ruf* die Grenze von hunderttausend verkauften Exemplaren; er wurde überall, vor allem von Kriegsheimkehrern gelesen. Bis zur fünften Nummer schrieben Andersch und Richter, beide nun auch Herausgeber, die Leitartikel, Glossen, Reportagen und Kommentare fast allein; dann kam eine Reihe von Mitarbeitern hinzu, darunter Walter Maria Guggenheimer, Hildegard Brücher, Walter Mannzen, Heinz Dietrich Ortlieb, Wolfdietrich Schnurre, Nicolaus Sombart, Wolfgang Bächler.

Es erschienen die ersten Angriffe gegen den *Ruf* in der *Neuen Zeitung* von Karl Hermann Ebbinghaus, in der *Süddeutschen Zeitung* von Erich Kuby. »Der Vorwurf: ungerechtfertigte Kritik an den Besatzungsmächten und Nationalismus. Der Vorwurf des Nationalismus ärgert mich besonders. Ich fühle mich als Deutscher, ich bin Deutscher, ich kann nicht aus meiner Haut heraus. Aber ich bin nicht verantwortlich für Hitlers Verbrechen und für den Chauvinismus vergangener Zeiten. Und die jungen, heimkehrenden Soldaten sind es ebensowenig, ganz gleich, ob sie an den Nationalsozialismus geglaubt haben oder nicht. Ich bin auch nicht bereit, die imperialistischen Ansprüche der Siegermächte kritiklos hinzunehmen. Wir schreiben weiter. Wir verlangen eine Reform der Universitäten, eine Arbeiter-Universität, wir halten die Entnazifizierung für eine Farce und sagen es, und wir wenden uns immer wieder gegen die Demütigung eines ganzen Volkes. Sie wird nach unserer Meinung nicht dadurch gerechtfertigt, daß Hitler viel Schlimmeres getan hat. Wir wehren uns gegen die Angriffe, nicht in Leitartikeln, sondern in Glossen. Wir versuchen, die Argumentation unserer Gegner lächerlich zu machen.« (Hans Werner Richter)[142]

Den Amerikanern ist die Tonlage des *Ruf* zu widerspenstig; man erwartet größere Demut, größere Anpassung; man übe unerlaubte Kritik an der Politik der Alliierten in Deutschland, greife internationale Persönlichkeiten ungerechtfertigt an und berichte falsch über das Verhalten alliierten Soldaten. Nummer 17 (April 1947), geprägt durch eine scharfe unabhängige Linkstendenz – einerseits sich abgrenzend von einem dogmatischen, veralteten Marxismus, und andererseits ein vereintes sozialistisches Europa fordernd, voller Verzweiflung über den sich ausbreitenden Opportunismus –, wird nicht mehr genehmigt. Andersch und Richter verlieren die Lizenz; sie geht auf Erich Kuby, der in der Publikations-Abteilung der amerikanischen Militärregierung arbeitet, über.

Eine so krasse Fehlentscheidung wie beim *Ruf* gehörte freilich zu den Ausnahmen westalliierter Kulturpolitik. Die für die Neuordnung von Presse, Verlagswesen, Erziehung und Theater eingesetzten Offiziere waren meist gebildete, freiheitlich gesonnene, mit deutscher Geschichte und deutschem Geistesleben gut vertraute Persönlichkeiten. Von besonderer Wichtigkeit für die Einschätzung der deutschen Situation waren dabei die von Emigranten (u. a. der »Frankfurter Schule«, darunter Herbert Marcuse) zwischen 1943 bis 1945 geschriebenen Berichte für den amerikanischen Geheimdienst.[143]

Die lange deutsch-amerikanische Symbiose hatte vielfach den Bildungsgang der amerikanischen Kulturoffiziere geprägt; oft handelte es sich um Leute, die, wie etwa Shephard Stone (der zunächst als Major in der Informationsabteilung

THEODOR PLIEVIER

Stalingrad

ROMAN

1·50 MARK

ROWOHLT VERLAG HAMBURG STUTTGART

Titelblatt von Theodor Plievier,
Stalingrad

in Wiesbaden wirkte und u. a. 1945 Theodor Heuss die Zeitungslizenz erteilte), Deutschlands Geistesleben in der Weimarer Republik kennengelernt hatten. Sie waren mit Kompetenz und Engagement bemüht, die Mauern des Gettos, in dem Deutschland eingeschlossen gewesen war, abzubauen.

Ernst Rowohlt erhielt im Frühjahr 1946 in Hamburg – er hatte sich ein notdürftiges Büro in einer Mansarde des zerbombten Druckhauses Broschek eingerichtet – die Möglichkeit, seinen vom Hitler-Regime zugrunde gerichteten Verlag wieder aufzubauen; er erwies sich erneut als der bedeutendste deutsche Vermittler für moderne, vor allem amerikanische Literatur. In einem Gespräch Dezember 1946 sagte er: »Wissen Sie, daß wir es in Deutschland mit einer ganzen Generation zu tun haben, die von all dem, was für uns Literatur heißt, nichts ahnt? Sinclair Lewis, Joseph Conrad, André Gide – sie kennt kaum die Namen. Schon 1938 konnte kein englischer oder amerikanischer Autor mehr herausgebracht werden und mit dem Kriegsausbruch verschwand alles Ausländische auch aus den Bibliotheken. Die heute Dreißigjährigen waren damals siebzehn. Das ist es, das allein, was mich zur Zeit interessiert, dieses geistige Vakuum in der Generation, die doch jetzt den Karren aus dem Dreck ziehen soll. Hier sehe ich meine Aufgabe.« Wie unter den heutigen Verhältnissen ein so weitgespanntes Programm überhaupt denkbar sei? Es fehle für die Buchproduktion an den elementarsten technischen Voraussetzungen (Qualitätspapier und alles Material, das die Buchbinderei benötige). Es wären also nur geringe Auflagenhöhen möglich, zu einem entsprechend hohen Preis. Ein gebundenes Buch koste heute zwischen sechs und zehn Mark. Das erweise sich in kurzer Zeit als ein unerschwinglicher Preis, gerade für die Leser, auf die es ankomme. Rowohlt faßte nun den Plan, auf die Buchform zu verzichten und für die Verbreitung moderner Literatur Zeitungspapier und Rotationsmaschinen einzusetzen. Die Lesehefte sollen das Format 23 × 30 cm haben, ohne besonderen Umschlag und ohne jede buchbinderische Verarbeitung gefalzt aus der Maschine kommen. Mit 32 Seiten, dreispaltig bedruckt, entsprach dies einem Umfang von 350 Buchseiten; bei einer Auflage von 100 000 ließ sich pro Heft der Preis auf 50 Pfennig festsetzen. Mitte Dezember 1946 wurden die ersten Rowohlt-Rotations-Romane (rororo) ausgeliefert. »Dieser Plan bricht mit einer Tradition: der Neigung des Deutschen zur ›Mumifizierung‹ von Bibliotheken. Aber sollen wir ihn irreführen, indem wir ihm um teueres Geld ein schlecht gebundenes Buch auf verderblichem holzartigen Papier liefern? Und wo will er in seiner heutigen Behausung noch große Regale unterbringen? Unser Notprodukt entspricht also in jeder Beziehung den Zeitverhältnissen. Andererseits bedeutet es aber auch keine Konkurrenz zum Buch. Im Gegenteil. Wenn es mir gelingt, von 100 000 Lesern eines Heftes auch nur 10 000 für einen Autor wirklich und nachhaltig zu interessieren, so ist das eine Werbeaktion für eine spätere Zeit, in der Bücher wieder unbeschränkt erscheinen können.«[144] Die erste Auslieferung (». . . eine glückliche Mischung«) umfaßte Titel wie Ernest Hemingways *In einem anderen Land*, Kurt Tucholskys *Schloß Gripsholm*, Alain Fourniers *Der große Kamerad*, Joseph Conrads *Taifun*; es folgten Erich Kästner, *Drei Männer im Schnee*, Jörgen Frantz Jacobsen, *Barbara und die Männer*, Joseph Hergesheimer, *Das Pariser Abendkleid*, William Faulkner, *Licht im August*, Sinclair Lewis, *Sam Dodsworth*, Richard Hughes, *Ein Sturmwind von Jamaika*.

Als der Verleger Peter Suhrkamp bald nach Kriegsende, seiner erzieherischen Neigung entsprechend, sich bemühte, mit einem *Taschenbuch für junge Menschen* den Heimkehrern aus dem Krieg einen neuen Weg in die Welt und ins Leben zu weisen, schrieb er in einem unveröffentlicht gebliebenen Nachwort: »Bis 1939 hatten die jungen Menschen nur ein Leben in Mauern gekannt, die übrige Welt war ihnen versperrt gewesen. Danach hatten sie durch ganz Europa stürmen dürfen, aber das Europa, das sie kennenlernten, war in anormalen Verhältnissen. Überall stießen sie in die Auflösung alter und in sich gefährdeter Verhältnisse. Sie hatten zu verwalten, zu erziehen und – unter Umständen – Henkersknechte zu spielen, bevor sie sich unterrichten konnten. Die Welt aber hatte unbegrenzt vor ihnen gelegen. Und nun waren mit einem Schlag die Mauern wieder da, noch realer und noch abschließender als vor dem Krieg. Die unendlichen Möglichkeiten waren geschmolzen zu einem Nichts an Möglichkeiten.«[145]

Als das wichtigste Vehikel, das den Transport von Geistesgütern über die Mauern des kulturellen Gettos in vorbildlicher Weise besorgte, erwies sich die von der amerikanischen Militärregierung herausgegebene, von Hans Habe und Hans Wallenberg brillant redigierte *Neue Zeitung*, die in der Tat, wie es General Dwight D. Eisenhower in der ersten Nummer, am 18. Oktober 1945, »zum Geleit« formulierte, der neuen deutschen Presse und darüber hinaus dem Kulturleben durch »objektive Berichterstattung, bedingungslose Wahrheitsliebe und durch ein hohes journalistisches Niveau« als Beispiel dienen konnte.[146] Hans Habe verkörperte den Geist einer eleganten, mokanten, leicht versnobten, zum Posieren neigenden kosmopolitischen Urbanität, die für das verdumpfte und in abgründige Provinzialität gestoßene Deutschland von erweckender Bedeutung war.

Das isolierte Deutschland hatte seine Fürsprecher beim »anderen Deutschland«, dessen Vertreter sich trotz der bitteren Erfahrungen von Verfolgung und Emigration vielfach zu einer Rückkehr, zumindest auf Zeit, entschlossen.

Der über Frankreich nach New York geflohene deutsche Schriftsteller Otto Zoff schrieb am 28. Dezember 1942 in sein Tagebuch: »Je sicherer der siegreiche Ausgang des Krieges für die Alliierten wird, desto häufiger kommt unter den Emigranten das Gespräch auf: wird man zurückgehen, wird man hierbleiben? Das Gespräch bleibt nie ohne gegenseitige Verachtung und Gehässigkeit. Die politisch interessierten Leute werden wohl alle zurückgehen. Sogar aus der jüngeren Generation. Für die reinen Juden, die sich nicht gleich und flink hier gesetteled haben, ist es ein Problem, das kaum zu lösen ist. Am einfachsten, wenn ihnen nahe Verwandte oder gar die Eltern dort drüben ermordet wurden. Das persönliche, entsetzliche Erlebnis läßt sie bei dem Gedanken, je wieder mit den Mördern zusammenzustoßen, erschauern. Für andere wieder taucht die Frage auf: ist das persönliche Erlebnis wichtiger als das Bleibende, das Ewige: die spirituelle Verbundenheit mit den Jahrhunderten einer starken und nicht zu überwindenden Kultur?«[147] Diese Verbindung war immerhin so stark, daß dem Exodus eine starke Rückwanderungsbewegung folgte, wobei freilich – wie es Zoff voraussah – die jüdischen Vertreter deutscher Kultur, mit wenigen Ausnahmen, eine dauerhafte Rückkehr nicht wagten.

Insgesamt war es für die Exilierten gar nicht so einfach, nach Deutschland hereinzukommen. Da sie einerseits dem Nationalsozialismus eine klare Absage erteilt hatten, was ihnen eine große moralische Legitimation gab, andererseits sich aber vielfach weigerten, den Besatzungsbehörden als politische Erfüllungsgehilfen zu dienen, waren sie nicht besonders erwünscht. Die in London lebenden Mitglieder des sozialdemokratischen Parteivorstandes mußten bis Februar 1946, Ernst Reuter, der spätere Regierende Bürgermeister Berlins, sogar bis Oktober 1946 warten, ehe sie deutschen Boden wieder betreten konnten. Auf nicht legale Weise gelangte der dann als bayerischer Ministerpräsident eingesetzte Wilhelm Hoegner Anfang Juni aus der Schweiz nach München[148]; wie Hans Mayer wurde er von US-Offizieren mit dem Jeep in Zürich abgeholt und beim Passieren der französischen Zone als Amerikaner ausgegeben, um eine Zurückweisung durch die dortigen Behörden zu verhindern. Die Tatsache, daß Ende April 1946 zwölfhundert in Großbritannien gestellte Visa-Anträge von Exilierten noch nicht genehmigt waren, kommentierte der *Aufbau* mit den Worten: »Es besteht wenig Aussicht dafür, daß sie in nächster Zeit zurückgehen können. Transportschwierigkeiten waren bisher unüberwindlich. Noch komplizierter ist das Problem der Einreise-Erlaubnis. Es besteht vorläufig keine Möglichkeit, Eintritt in die britische Besatzungszone Deutschlands zu erhalten. Nur in ganz wenigen Ausnahmefällen haben die englischen Behörden selbst um die Rückkehr von ein paar Politikern und Journalisten ersucht. Die Russen ... haben 300 bis 400 Visa in Aussicht gestellt, aber sich vorbehalten, jeden Antragsteller auf seine politische ›Zuverlässigkeit‹ zu untersuchen.«[149] Die französische und die amerikanische Militärregierung verfuhren ähnlich. Die Exilierten hatten zu warten, wie dringlich auch immer nach ihnen gerufen wurde.

Sosehr die Exilierten die Vorgänge in Deutschland verfolgt und mit der Entwicklung Schritt gehalten hatten, sowenig freilich hatten die im Land Verbliebenen eine Ahnung von der Quantität und Qualität des kulturellen Verlustes. Als Richard Drews und der aus den USA zurückgekehrte Alfred Kantorowicz 1947 mit der Anthologie *Verboten und verbrannt* eine erste Bilanz zogen, nämlich eine ungefähre Vorstellung von dem zu geben versuchten, was auf geistigem Gebiet zwölf Jahre lang unterdrückt worden war, sahen sie sich einer kaum bewältigbaren Aufgabe gegenüber. Allein die »in den letzten 15 Jahren im Auslande erschienenen, zum Teil vergriffenen und schwer auffindbaren Veröffentlichungen Hunderter deutscher Schriftsteller zu sammeln, zu klassifizieren, durchzuarbeiten und das literarische Fazit des Gesamtwerkes jeden Autors zu ziehen, ist eine Arbeit, die langer Sicht und langer Bemühungen qualifizierter Literaturkritiker bedarf. Dabei haben wir noch nicht gesprochen von der noch weit schwierigeren Aufgabe, der bisher ungedruckten Werke der deutschen Schriftsteller im Exil habhaft zu werden; und gerade unter diesen in Manuskriptform liegengebliebenen und zum Teil im Ausland oder im Inland verschollenen Arbeiten werden sich Meisterwerke finden, die, nicht für den Tag und nicht für ein sogleich empfängliches breites Publikum geschrieben, sich dereinst als unvergängliche Bestandteile großer zeitgenössischer Literatur erweisen werden. Es ist daher notwendig zu sagen und für den Leser notwendig zu verstehen, daß wir mit dieser Publikation nichts anderes beabsichtigt haben, als Stichworte zu geben, eine erste, rohe, ungegliederte und noch nicht ganz vollständige Übersicht darzubieten, eine Art Nachschlagbüchlein, das den Umkreis um die Verbrannten und Verbotenen absteckt, nicht mehr und nicht weniger. Das ist keine Entschuldigung, es ist eine Feststellung dessen, was im Augenblick zu tun möglich, und im Augenblick zu tun nötig war.«[150]

Bei seiner 1947 vorgelegten deutschen Literaturgeschichte vom Naturalismus bis zur unmittelbaren Gegenwart war Paul E. Lüth unter anderem von Alfred Döblin (aus Los Angeles nach Baden-Baden zurückgekehrt), F. C. Weiskopf (New York) und Werner Bock (Buenos Aires) beraten worden; Verleger und Autoren des In- und Auslandes hatten Material zur Verfügung gestellt. So konnte er im besonderen eine Übersicht der Strömungen und Entwicklungen seit 1933 geben. Dieser Überblick – und darin lag Lüths besonderes Verdienst – ging sowohl auf die Literatur während des Dritten Reiches als auch auf die Exilliteratur ein. Der Verfasser bezog klare Stellung gegenüber jenen Autoren, die den Nationalsozialismus vorbereitet, sich ihm zur Verfügung gestellt oder zumindest sich ihm angepaßt hatten. Die Lage des Jahres 1945 sei dadurch charakterisiert, daß nach der Euphorie, die mit der Befreiung vom faschistischen Terror verknüpft gewesen sei, die »unausbleibliche Depression« einsetze.

Der deutsche Geist müsse sich, wobei der Jugend eine besondere Bedeutung zukomme, nach der Zeit der gewaltsamen Vereinfachung der großen Fülle seiner literarischen Zeugnisse bewußt werden. In einem Augenblick, da alles in Trümmer gesunken sei, komme der Dichtung eine neue Rolle zu. Lüth schließt sein Werk, indem er Alfred Döblin zitiert: »Wo das Göttliche sich nähert, mit seinem Ernst, seinen Schauern, seiner Wahrheit und seiner Herrlichkeit, klingen die Lieder der Kunst anders. Die Harfen werden neu gestimmt. Es ist keine Zeit für eine Klassen-, Individualisten- oder Nationenepoche, wenn wieder einmal – und es ist nicht das letztemal – nach einer Prüfung die Frage nach dem Menschen aufgeworfen wird.«[151]

Während Lüth einen intensiven, wenn auch unzulänglichen Versuch unternahm, sich mit den literarischen Vorläufern und Protagonisten des Nationalsozialismus auseinanderzusetzen, vertrauten die alliierten Behörden mehr auf »Säuberung«. Die Deutschen sollten mit gefährlichem Geistesgut nicht mehr in Berührung kommen können; die Asepsis schien verläßlicher als die Immunisierung. Die deutschen Behörden entwickelten bei solchen Aussonderungsbemühungen, wohl angetrieben von schlechtem Gewissen, besonderen Eifer. In Berlin etwa wurde mit Hilfe eines städtischen Prüfungsausschusses nicht nur nationalsozialistisches und faschistisches Schrifttum aus den Bibliotheken entfernt; rund 350 Autoren schöngeistiger Werke, 370 Verfasser von Jugendschriften und etwa 1500 politische und wissenschaftliche Schriftsteller wurden aus den Bibliotheken »ausgemerzt«. Bei manchen Autoren strich man einzelne Werke, von Hans Carossa zum Beispiel das *Rumänische Kriegstagebuch*; von Knut Hamsun, der zu dieser Zeit als Kriegsverbrecher in Norwegen angeklagt wurde, durfte man nur noch einige Werke ausleihen. Auf der Indexliste standen u. a. Werner Beumelburg, Rudolf G. Binding, Arnolt Bronnen, Edwin Erich Dwinger, Walter Flex, Gorch Fock, Hermann Löns, Walter von Molo, Luis Trenker, Georg von der Vring, Hans Zöberlein, Ernst von Wolzogen, Adolf Bartels, Houston Stewart Chamberlain, Sven Hedin, Paul von Lettow-Vorbeck, Erwin G. Kolbenheyer, Heinrich von Treitschke.[152] Von Ernst Jünger wurden nur die Schriften verbannt, die Krieg und Kampf bejahten, nicht aber seine essayistischen und aphoristischen Bände wie *Das abenteuerliche Herz, Blätter und Steine, Auf den Marmorklippen*. Das Gesamtwerk von Wilhelm von Scholz, Erwin Guido Kolbenheyer (ausgenommen vier Reden), Walter von Molo und Hans Fallada blieb unangetastet; ferner wurden in die Liste nicht aufgenommen alle repräsentativen Schriftsteller, die sich dem Nationalsozialismus zwar gebeugt hatten, aber nicht voll vereinnahmt worden waren, wie Rudolf Herzog, Wilhelm Schäfer, Rudolf G. Binding, Paul Alverdes, Josef Weinheber. Bei der historisch-dokumentarischen Literatur verfuhr man ebenfalls »großzügig«; man verbot weder Friedrich den Großen noch Clausewitz, weder Bismarck noch Moltke, nicht einmal Hindenburg, wohl aber diejenigen ihrer Schriften, die von den Nationalsozialisten bearbeitet und neu herausgegeben worden waren. Den gleichen Grundsatz wandte man bei Treitschke und Nietzsche an. Nicht betroffen waren auch Paul de Lagarde, Karl Eugen Dühring und Oswald Spengler.

Eine gewisse normative Rolle für die Verbotspolitik in allen Besatzungszonen spielte die Deutsche Bücherei in Leipzig, die, unter Mitwirkung des Volksbildungsamtes der Stadt Leipzig, im Mai 1946 ein umfassendes Verzeichnis der Literatur herausgab, die ausgesondert werden sollte: Es enthielt 15 000 Buchtitel und 150 Zeitschriften. Ausgangspunkt war, wie bei allen diesen Maßnahmen, die Ausschaltung der Literatur faschistischen und militaristischen Inhalts, ferner der Schriften, die machtpolitische Expansionsgedanken enthielten, nationalsozialistische Rassentheorien propagierten oder sich gegen die Politik der Alliierten richteten.

Revolution auf dem Papier

Das Kernstück der alliierten Umerziehungsstrategie stellte die Entnazifizierung dar, wobei der »Fragebogen« als Instrument der Erfassung diente. Während in Nürnberg vor dem Internationalen Militärtribunal der Prozeß gegen die Hauptkriegsverbrecher stattfand (elf von ihnen wurden am 16. Oktober 1946 hingerichtet, Hermann Göring hatte einen Tag vorher Gift genommen), begann eine gigantische »weltanschauliche Bestandsaufnahme« der Bevölkerung, eine »Revolution auf dem Papier«. Mit Hilfe von 131 Fragen wollte man die Deutschen auf Herz und Nieren prüfen. »Bis zum 15. März 1946 wurden in der US-Zone ungefähr 1,4 Millionen Fragebogen eingereicht, etwa 742 000 bearbeitet. Die Notwendigkeit, ›einwandfreie Gutachten‹ als Leumundszeugnis bei den Entnazifizierungsstellen vorzulegen, führte alsbald zu einer Überflutung der Ausschüsse mit sogenannten ›Persilscheinen‹, die unbelastete Deutsche ihren Landsleuten, oft auch aus Mitleid und Gefälligkeit, ausstellten. Vielfach waren ideelle Beziehungen persönlicher Art oder materielle Korruption in Form von Bestechung im Spiel. 19% der Untersuchten waren aus ihren Stellen zu entlassen, bei 7% wurde Entlassung empfohlen, bei 25% anheimgestellt, bei 49% lagen keine Anzeichen für nationalsozialistische Aktivitäten vor, 0,4% konnten Widerstand nachweisen, was sie für eine Anstellung empfahl. Bei der überwiegenden Mehrzahl der Internierten in der US-Zone handelte es sich um ›Funktionäre der Ortsebene, kleine Angestellte der öffentlichen Hand‹ und Angehörige mittelständischer Berufsgruppen. Von ›konzentrierten Maßnahmen gegen die deutsche Elite‹ konnte nicht die Rede sein.« (Theodor Eschenburg)[153]

Zahlreiche offenkundige Mängel und eklatante Fehler bei den Verfahren führten dazu, daß die Entnazifizierung bald in deutsche Hände überging. Man wollte zudem die Selbstregierung der Deutschen an diesem unpopulären Prozeß beteiligen und hoffte, daß gerade solche »Kooperation« zu demokratischer Praxis erziehe. Die Parteien drängten ebenfalls auf Überlassung der Entnazifizierung, da sie an einer anderen Handhabung interessiert waren. Die CDU/CSU und

FDP strebten lediglich die Verfolgung des nationalsozialistischen Führungspersonals in Politik und Wirtschaft und der Kriminellen des Regimes an. Die Massen der Betroffenen sollten durch Rehabilitierung gesellschaftlich reintegriert und so der innere Frieden wiederhergestellt werden. Den Sozialdemokraten ging es, in unterschiedlicher Nuancierung, um eine durchgreifende Säuberung mit dem Ziele einer umfassenden gesellschaftlichen Strukturreform als Ergänzung und zur Sicherung der geplanten Vergesellschaftung.

Am 5. März 1946 wurde das »Gesetz der Befreiung vom Nationalsozialismus und Militarismus« von den Regierungschefs im Länderrat unterzeichnet. Das »Befreiungsgesetz« basierte auf der amerikanischen Regelung, mit Zusätzen, bedingt durch die Einschaltung der Deutschen; es kam einem Diktat der Militärregierung gleich. Die Einstufung der Betroffenen sah fünf Gruppen vor: Hauptschuldige, Belastete, Minderbelastete, Mitläufer, Entlastete. Von 13 Millionen Fragebogen in der US-Zone waren 3 Millionen weiterzuarbeiten. Es gab 545 Spruchkammern mit 22 000 Bediensteten. Die Spruchkammern konnten, weil es an Personal, Möbeln, Büromaschinen und Material (einschließlich des Papiers für die ungeheueren Mengen von Formularen) fehlte, vielfach erst verspätet beginnen. Die Kammermitglieder hatten oft keine juristische Vorbildung; Korruption konnte nicht ausgeschlossen werden; Zufälle, vor allem bei Belastungs- und Entlastungszeugen, führten laufend zu Ungerechtigkeiten. Dazu kam, daß die Amerikaner viel schärfer als die Engländer und Franzosen die Entnazifizierung betrieben, allerdings durch zwei Amnestien ungefähr 3 Millionen Menschen »entlasteten« (solche, die nach dem 1. Januar 1919 geboren oder körpergeschädigt waren oder deren Steuerpflicht das Jahreseinkommen von 3630 Reichsmark nicht überschritt).

Im August 1947 wies der amerikanische Kriegsminister – da man ja nun Westdeutschland in ein antisowjetisches Bündnissystem einbeziehen wollte – General Clay an, die Entnazifizierung bis zum 31. März 1948 zu beenden. Dagegen wehrten sich die deutschen Stellen, denn sie hatten bislang erst die leichteren Fälle abgeurteilt und die schwierigen zurückgestellt. »Die Kleinen hängt man, die Großen läßt man laufen.« In einem Brief an Walter Dorn (amerikanischer Historiker und Zivilbeamter der Militärregierung) schrieb der bayerische Ministerpräsident Hoegner, der das »Befreiungsgesetz« befürwortet hatte, daß der Wechsel in der Entnazifizierungspolitik die Folge habe, »daß die kleinen Leute am Anfang von der ganzen Schwere des Gesetzes getroffen wurden, während die wahren Schuldigen, die jetzt erst an die Reihe kommen, in den Genuß der milderen Praxis gelangen. Die Zeit heilt eben alle Wunden . . . In wenigen Jahren werden die ehemaligen Nationalsozialisten die deutsche Verwaltung wieder beherrschen, das ist keine Übertreibung.« Die passive Wählbarkeit ehemaliger Mitläufer habe schon die verblüffende Folge gehabt, daß an vielen Orten die ehemaligen Nazibürgermeister mit großen Mehrheiten wiedergewählt worden seien.[154]

Zahlenmäßiges Fazit: Im Bereich der amerikanischen Besatzungsbehörde war gegen ein gutes Viertel der 13 Millionen Fragebogenpflichtigen Anklage erho-

H. M. Brockmann, Patentlösung für die Entnazifizierung

ben worden: 950 000 Verfahren wurden durchgeführt, 600 000 Personen bestraft, davon 500 000 mit einer Geldstrafe. Hauptschuldige der Gruppe I gab es 1549, Belastete der Gruppe II 21 600.

Der Fragebogen des Entnazifizierungsverfahrens war von seinem moralischen Ansatz her der Versuch, den einzelnen zur Überprüfung seiner eigenen Identität zu zwingen. Eine puritanisch motivierte Introspektion sollte nicht nur die bürokratische Prozedur der Bestrafung, sondern auch die innere Einsicht fördern. Statt dessen habe die Entnazifizierung, so Lutz Niethammer in seiner umfassenden Studie *Die Mitläuferfabrik*, die deutsche antifaschistische Selbstorganisation im Keim erstickt. Denn die Ausschaltung deutscher Antifaschisten und die Heranziehung konservativer Kreise zum Wiederaufbau einer funktionsfähigen und unpolitischen Verwaltung sei im Trend der Entstehungsgeschichte des »Befreiungsgesetzes« gelegen. In seiner endgültigen Fassung entpolitisiert und allein auf die administrative Umsetzung der Entnazifizierung zugeschnitten, wurde es, wie Hoegner voraussah, zum entscheidenden Instrumentarium der Massenrehabilitation ehemaliger NS-Anhänger.

»Die Entnazifizierung drängte einen großen Teil insbesondere der Mittelschichten und der öffentlichen Bediensteten unmittelbar nach dem Dritten Reich in eine Abwehrhaltung und verschüttete Motive einer aktiven politischen Umorientierung bei der Masse der ehemaligen NS-Anhängerschaft, bestärkte diese vielmehr in ihrer Neigung, sich an die jeweils herrschende Ordnung anzupassen, solange diese privaten Erfolg ohne öffentlichen Konflikt ermöglicht. Als steckengebliebene Maßnahme einer liberalen Besatzungsdiktatur hat sie zugleich autochthone Alternativen zum Faschismus paralysiert, indem sie auf der Rechten die Ansätze zu einem autoritären Rechtsstaat unterhöhlte und auf der Linken antifaschistischen Strukturreformen mit dem Ziel einer gesellschaftlichen Umschichtung den Wind aus den Segeln nahm. Noch bevor sich der Kalte Krieg dramatisch zuspitzte, wurden damit in der Entnazifizierung amerikanischer

Prägung unter dem Vorzeichen radikaler Maßnahmen gegen den Nationalsozialismus soziale Grundlagen für die Westintegration gelegt, die dazu beitrugen, die tiefgehende gesellschaftliche Krise nach dem Zusammenbruch des Faschismus durch stabilisierende Eingriffe der Besatzungsmacht im Sinne weitgehender Kontinuität der Gesellschaftsordnung und ungehinderter Etablierung liberaler politischer Institutionen zu überwinden. Zugleich forderte die Entnazifizierung jedoch auch Abstriche an diesem liberalen Ziel. Denn im Zuge der Eindämmung autoritärer und sozialistischer Alternativen zum Faschismus mußte die Wiedergewinnung der Rechtssicherheit ebenso vertagt werden, wie das Interesse an politischer Teilnahme bei großen Gruppen nicht geweckt werden konnte.«[155]

Die Art und Weise, wie die Entnazifizierung gehandhabt wurde – Ernst von Salomon wurde dadurch zu seinem autobiographischen Bestseller *Der Fragebogen* (1951) inspiriert –, verstärkte die Problematik, in der sich diejenigen befanden, die im Interesse der Demokratisierung Deutschlands mit den Besatzungsmächten zusammenzuarbeiten bereit waren: vorwiegend Emigranten und Verfolgte, aber auch solche, die das Scheitern des Dritten Reiches überwunden hatten und sich nun für einen neuen Staat und eine neue Gesellschaft engagieren wollten. Diese Problematik ließ sich mit Eugen Kogon auf die Frage bringen: Sind wir Kollaborateure? Auf der einen Seite war man davon überzeugt, daß nur rigorose Maßnahmen die tiefe Verankerung des Nationalsozialismus in der Masse der Bevölkerung abkappen konnten; auf der anderen widersprachen der Formalismus und die oft genug anzutreffende Willkür dem Idealbild eines sauberen Deutschlands, das man anstrebte. Der Unterschied zwischen gerechtfertigter Zusammenarbeit und verächtlicher Kollaboration war derjenige zwischen Sachlichkeit und Servilität, Einsicht und Kadavergehorsam, echter Partnerschaft und purem Auftragsverhältnis.

Man kann geradezu von einem Kulturschock sprechen, der all diejenigen traf, die – aus welchen Gründen auch immer – an der ehrlichen Partnerschaft zwischen Alliierten und Deutschen bei der »Bewältigung« des Nationalsozialismus zu zweifeln begannen. Vor allem die Zurückgekehrten spürten die Einsamkeit, die sie zunehmend als »moralische Mahner« umgab.

Die »verordnete Demokratie« mit dem Purgatorium der Entnazifizierung war fragwürdig; aber es fehlte auch die innere Bereitschaft der Deutschen, umzudenken und sich von ihrer Vergangenheit zu lösen. Die Unfähigkeit zu trauern wurde mit Überheblichkeit kompensiert. Als Ludwig Marcuse zum ersten Mal (verhältnismäßig spät, 1949) nach Deutschland kam, empfand er dies als eine »Rückkehr in die Fremde«; 1933 war er aus Deutschland weggegangen, sechs Jahre später aus Frankreich nach Amerika geflohen, wo er 1945 an der Universität von Southern Carolina einen Lehrstuhl für Germanistik und Philosophie erhielt. Nach einem Besuch bei Dolf Sternberger in Heidelberg berichtet er in einem Brief an Harold von Hofe und Stanley R. Townsend, Universitätskollegen, von seinen Erfahrungen:

»Ilschen, seine jüdische Frau (er ist Protestant), eine alte Freundin von uns. Toll vor Freude, uns wiederzusehen. Wir fahren mit ihrem Volkswagen hinaus.

Neckar aufwärts. Auf der andern Seite. Essen in einem kleinen Dorf. Berühmt für Himbeergeist. Reden, reden, reden. Sprechen schlecht über die Belzners. Sprechen schlecht über Dombrowski. Sind isoliert und einsam (wie alle meine Bekannten in Deutschland). Sagen: in der Hitler-Zeit hatte man noch Freunde. Zusammenschluß der Antis. Jetzt ist jeder gegen jeden. Nein, Deutschland kommt für mich nicht in Frage. Johst: als ›Mitläufer‹ eingestuft; Sieburg: großer Mann bei der ›Gegenwart‹? Ich schenkte Belzner den Titel für den Artikel über mich: *Rückkehr in die Fremde*. Auch Novalis kann mir Sieburg nicht schmackhaft machen. Deutschland hatte eine Vergangenheit – und hat keine Zukunft (was unsere Lebenszeit betrifft).«[156]

Als sich der Abgeordnete Keetenheuve im »Nibelungenexpreß« auf der Fahrt nach Bonn (in Wolfgang Koeppens Roman *Das Treibhaus*, 1953) an die unmittelbare Nachkriegszeit erinnert – er war nach elf Jahren Emigration ins zerstörte Deutschland zurückgekehrt –, konstatiert er melancholisch ein Scheitern der hochgesteckten Erwartungen.

»Keetenheuves Beschäftigungen, seine Mitarbeit am Wiederaufbau, sein Eifer, der Nation neue Grundlagen des politischen Lebens und die Freiheit der Demokratie zu schaffen, hatten es mit sich gebracht, daß er in den Bundestag gewählt wurde. Er war bevorzugt aufgestellt worden und hatte sein Mandat bekommen, ohne sich als Wahlredner anstrengen zu müssen. Das Kriegsende hatte ihn mit Hoffnungen erfüllt, die noch eine Weile anhielten, und er glaubte, sich nun einer Sache hingeben zu müssen, nachdem er solange abseits gestanden hatte. Er wollte Jugendträume verwirklichen, er glaubte damals an eine Wandlung, doch bald sah er, wie töricht dieser Glaube war, die Menschen waren natürlich dieselben geblieben, sie dachten gar nicht daran, andere zu werden, weil die Regierungsform wechselte, weil statt braunen, schwarzen und feldgrauen jetzt olivfarbene Uniformen durch die Straßen gingen und den Mädchen Kinder machten, und alles scheiterte wieder mal an Kleinigkeiten, an dem zähen Schlick des Untergrundes, der den Strom des frischen Wassers hemmte und alles im alten stecken ließ, in einer überlieferten Lebensform, von der jeder wußte, daß sie eine Lüge war.«[157]

Zweiter Teil

Abb. gegenüberliegende Seite: Antiquariat Rosen am Kurfürstendamm in Berlin 1947
(Photo: Friedrich Seidenstücker)

Dem lebendigen Geist

Innere Reform und pädagogischer Urzustand

War die Entnazifizierung durch rigide amerikanische Dominanz geprägt, so
spiegelten die Konzepte für die schulische Umerziehung stärker das Bemühen,
liberale Reformen gemeinsam mit den deutschen Behörden zu verwirklichen.
Zwar war die Zahl der Lehrkräfte, die das Dritte Reich »unbelastet« (in Distanz
zum Nationalsozialismus) durchstanden hatten, gering; sie, die nun ein besonders starkes demokratisches Engagement zeigten, kamen aber bald in führende
Stellungen, etwa als Leiter von Schulen oder als Spitzenbeamte bei kommunalen
Schulbehörden und Kultusministerien. Es sei an der Zeit, von etwas anderem zu
reden als von der Unschuld der Herren Parteigenossen; dieses Thema beherrsche
in aufreizender Vordringlichkeit die Diskussion, meinte Hans von Eckardt vom
Bayerischen Staatsministerium in einem Zeitungsartikel Oktober 1945. Das
dringendste Problem der geistigen Erneuerung sei:

»Wir brauchen Lehrer; es fehlt uns an jungen, frischen, begeisterten Kräften, die helfen, die Kinder von der Straße zu holen, zu erziehen und mit Gedanken vertraut zu machen, wie: Man muß tüchtig lernen, um ein Mensch zu sein, und nicht nur als forscher Kerl den Nachbarbuben verhauen und den Schwachen als minderwertig verspotten. Edel, dachten wir, hilfreich und gut solle der Mensch sein, und das würde eingesehen werden. Und Goethes Wort: er hasse nichts so wie die Pfuscharbeit, denn sie sei die unverzeihlichste aller Sünden, wäre nun nach zwölf Jahren ruhmrediger Nichtskönnerschaft und gräßlicher Verwahrlosung der Erziehungsarbeit für jeden verantwortungsvollen Schulmann, für Eltern und Politiker, Staatsminister und Beamte, Pastor und Bischof, brennendes Herzensbedürfnis. Aber nein. Weit gefehlt! Wohin man kommt, ist immer wieder von der Pflicht die Rede, die Herren Parteimitglieder zu verstehen, denen bitteres Unrecht geschehe, wenn man sie ersuche, zurückzutreten, um jetzt endlich jenen Raum zu gewähren, die zwölf Jahre nicht arbeiten durften, die etwas zu sagen hatten und das Maul halten mußten, die etwas können, Verantwortung spüren, das eigene Volk lieben und an die Leistung als Maßstab der Bewährung jedes einzelnen glauben!« Auf den Grundlagen »sauberer Gesinnung, männlicher Entschlußkraft und ehrlicher Selbstbesinnung« müsse sich die Demokratie mit Hilfe der Pädagogik entwickeln; dafür seien die Reinen und Aufrechten, wie Professor Huber und die zarte Sophie Scholl, die Gott mehr fürchteten als die Menschen, gestorben; es sei an der Zeit, daß die Erbärmlichkeit sich selbst erkenne und schweigend lerne.[158] Eine solche Mischung aus idealistischem Pathos, das die Abgründe des Nationalsozialismus zu überwölben trachtet, und burschikoser Pädagogik, deren Tugendsystem nach konservativem Muster ausgestanzt bleibt, charakterisiert insgesamt das Mentalitätsmuster derjenigen, die es nun als »Ehrenpflicht empfanden, ungesäumt Hand anzulegen«. Man sprach zwar unablässig von »innerer Reform«, vertraute aber, neben der Reinigung vom faschistischen Ungeist, vor allem auf die (wenig reflektierte) Tradition. Hingen die allgemein-öffentlichen Einrichtungen und das private Dasein in gefahrvoller Schwebe, steckten sie in jämmerlicher Verelendung, dann suchten die Menschen Halt am Überlieferten. »Wonach denn sonst könnten sie greifen?« (Gerhard Storz)[159]

Die CDU formulierte als erste Partei ihre pädagogischen Interessen (Juni 1946 im *Berliner Aufruf*): 1. Garantie des Elternrechts; 2. die kirchliche Leitung des schulischen Religionsunterrichts; 3. den sittlichen Wiederaufbau des deutschen Volkes durch die »Lehren echter Humanität«; 4. die Erschwerung des Zugangs zur höheren Schule.

Die Erfahrungen im Dritten Reich, da der Staat das Elternrecht eingeschränkt, den kirchlichen Einfluß ausgeschaltet und die höhere Schule zugunsten rassistischer Ideologie nivelliert hatte, führten nicht zu einem bildungspolitischen Weiterdenken, sondern zu einem Rückfall auf konservative Positionen.[160]

Die Sozialdemokraten dagegen waren traditionell reformpädagogisch eingestellt; sie hatten in ihrer Geschichte für die Einheitsschule plädiert und in Weimar zumindest die vierjährige gemeinsame Grundschule durchgesetzt; wichtige Forderungen waren die Trennung von Staat und Kirche und die Demokratisierung des Bildungswesens (der u. a. die Unentgeltlichkeit des Unterrichts und der Lehrmittel, die Mitwirkung der Eltern und eine einheitliche Lehrerausbildung dienen sollten). Obwohl die SPD nach 1945 in ihren Forderungen recht vage blieb (aus der »Partei der armen Leute« wollte sie sich zur »Volkspartei« wandeln), ergab sich zunächst eine Konvergenz mit den amerikanischen Vorstellungen. Die Anweisungen an die US-Erziehungsoffiziere gingen dahin, demokratische Reformen zu ermutigen und zu unterstützen. Angestrebt wurde ein zusammenhängendes Erziehungssystem (*a comprehensive educational system*). Anstelle verschiedener Schulformen sollten zwei aufeinander folgende Schulstufen, der Elementar- und Sekundarbereich, geschaffen werden; bei Differenzierung der Sekundarstufe wären dann Übergänge innerhalb der Stufen jederzeit möglich gewesen. Für die Lehrerausbildung wurde einheitlich Universitätszwang proklamiert; zusätzlich ging die Forderung auf Schulgeld- und Lernmittelfreiheit sowie Unterstützungsbeihilfen für sozial Schwache.

Noch im Februar 1948 interpretierte Oskar Vogelhuber, Ministerialrat im Bayerischen Kultusministerium (bald danach ein Hort pädagogischer Restauration), die Einheits- bzw. Gesamtschule als Verwirklichung sowohl des amerikanischen Demokratiemodells als auch des christlichen Gedankens von der Gleichheit aller Menschen ohne Unterschiede der Herkunft, des Standes und Vermögens vor Gott. Die Einheitsschule der Humboldt-Zeit sei Ausdruck gewesen des damals hervortretenden allgemeinen deutschen Nationalbewußtseins, das durch »Einigkeit und Recht und Freiheit« die Enge der territorialen Kleinherrschaften und deren Obrigkeits- und Untertanengeist überwinden wollte. »Dieser nationale Einheitsschulgedanke ist dann in ein neues Zeitalter getreten, das mit Weltkriegen beginnt und aus den vergangenen Wirren den Auftrag hat, den Weltfrieden durch Zusammenarbeit und durch soziale Demokratie allüberall zu verwirklichen. Das entspricht dem amerikanischen Plan der sozialen und demokratischen Einheitsschule. Er ist durch den Gang der Geschichte begründet und der ›Befehl‹ der Militärregierung, die getrennte Schule als Einheitsschule neu zu gestalten, ist identisch mit dem Anruf einer bildungsgeschichtlich reif gewordenen Situation.«[161]

Die rasche Gangart progressiver amerikanischer Schulpolitik führte jedoch zu einer Belastung des sich allmählich abzeichnenden geheimen Bündnisses zwischen der CDU und konservativen amerikanischen Kreisen. Die Interessengruppen, die für die Restauration des neuhumanistischen Bildungsideals, die Unterstreichung des elitären Charakters des Schulsystems und den erneuten Einfluß der Kirchen arbeiteten, begannen Widerstand zu leisten. Die Reformpolitiker konnten sich den Realpolitikern gegenüber nicht durchsetzen.

Alle Strukturdiskussionen waren überschattet von den Problemen materieller Not; die verstellte Praxis wurde zum Alibi für all diejenigen, die einem grundsätzlichen Nachdenken über die Bildungssituation aus dem Weg gingen. Die vielen völlig zerstörten oder nur noch teilweise brauchbaren Schulhäuser waren wieder aufzubauen, was im besonderen die Großstädte jahrzehntelang beschäftigte. Außerdem wurden viele Schulgebäude als Lazarett, Flüchtlingslager, Notunterkünfte für Ausgebombte und für Zwecke der Besatzungsmächte genutzt. In Hamburg waren von 400 Schulen nur noch 60 wirklich brauchbar. In Kiel gab es vor Ausbruch des Zweiten Weltkrieges 1134 Unterrichtsräume; am 1. September 1945 waren von diesen gerade noch 100 erhalten und benutzbar. (1952 fehlte trotz siebenjährigem Wiederaufbau insgesamt noch ein Viertel des Schulraumbestandes von 1939; verglichen mit den Zahlen von 1939 bedeutete dies in Köln 64% des Schulraumbestandes, in Düsseldorf und Bremen 32%, in Bonn 33%, in München 35%, in Mannheim 57%.)

Die geburtenstarken Jahrgänge der Vorkriegszeit wuchsen ins Schulalter hinein; hinzu kamen die Flüchtlingskinder. Außerdem herrschte Lehrermangel. So stieg zum Beispiel in Bayern die Gesamtzahl der Volksschüler von 1939 bis 1947 um 59,4%, in Schleswig-Holstein um 136%. In Bayern kamen im Jahr 1946 65 Schüler auf einen Lehrer (1939 waren es 44); in Schleswig-Holstein im Jahr 1947 78 Schüler auf einen Lehrer (gegenüber 39 zu Kriegsbeginn). In Niedersachsen sah sich der Oberpräsident von Hannover gezwungen, im Jahre 1946 die Schülermeßzahl für die Planstellenverteilung auf 70 zu erhöhen.[162]

Wie bei den Schulräumen gab es großen Mangel an Schulbänken, Geräten, Lehrmaterialien und Unterrichtsmitteln. In dem »pädagogischen Urzustand« der unmittelbar auf den Zusammenbruch folgenden Jahre habe fast alles gefehlt, was zu den bisher als unabdinglich erachteten Requisiten des Lehrens und Lernens zu gehören schien, heißt es 1948 in der von Adolf Grimme seit 1946 herausgegebenen Zeitschrift *Die Schule*, die in ihren ersten Jahrgängen den charakteristischen Untertitel *Monatsschrift für geistige Ordnung* trug. Der Mangel erstrecke sich auf Fenster und Türen, Tische und Bänke, Tafel und Schreibhefte. »Trotzdem wurde die Arbeit begonnen und eine Schwierigkeit nach der andern überwunden. Was die anonyme Tüchtigkeit des deutschen Jugenderziehers hier geschaffen hat, vermag mehr über die geistige Situation der Schule von heute auszusagen als der laute oder leise, im Grunde aber meist unpädagogische Streit um die Schulreform.«[163]

Bei den Schulbüchern war die Qualität ein besonderes Problem. Man benötigte millionenfache Auflagen, konnte jedoch die propagandistisch und ideologisch infiltrierten Bücher des Dritten Reiches in fast keinem Fach mehr verwenden. So griff man vielfach auf Vorlagen aus der Zeit vor dem Jahr 1933 zurück. Die Schulbuchmisere spiegelten dann Druckvermerke, die den Übergangscharakter des Lehrmaterials betonten: »Das vorliegende Buch gehört zu einer Reihe von Schulbüchern, die auf Anordnung des Obersten Befehlshabers der Alliierten Streitkräfte veröffentlicht werden . . . Dieses Buch wurde gewählt nach gründlicher Untersuchung vieler Schulbücher, die in Deutschland vor der Machtübernahme durch den Nationalsozialismus in Gebrauch waren. Es ist die gekürzte Form eines Buches, von Deutschen geschrieben, und die gelieferten Auszüge werden hiermit ohne jedwede Textänderung neugedruckt. Die Tatsache des Neudruckes bedeutet nicht, daß dieses Buch vom erzieherischen und anderen Gesichtspunkt völlig einwandfrei ist. Aber unter gegebenen Umständen ist es

Schulbeginn an der Münchener Amalienschule, Herbst 1945 (Photo: W. B. Francé)

das geeignetste Buch . . .« Eilig wurde versucht, möglichst viele unbelastete Autoren für die Herstellung neuer Schulbücher zu gewinnen. In Bayern fand bereits Anfang 1946 ein Preisausschreiben statt, das breite Kreise zur Mitarbeit ermunterte;[164] dort prüfte die Militärregierung von Juni bis Dezember 1945 318 Lehrbücher für die höhere Schule; 175 wurden zugelassen, 30 mit Veränderungen angenommen, 113 zurückgewiesen.[165]

Am schlimmsten erwies sich der Mangel an Lehrern. Kriegsverluste, der ebenfalls kriegsbedingte Ausfall an Nachwuchs und die Entfernung vieler Lehrer aus dem Amt aufgrund der Entnazifizierung (in der amerikanischen Besatzungszone 50%) wirkten sich fatal aus. Das Durchschnittsalter der Lehrkräfte war verhältnismäßig hoch; 53% waren 1945 über 38 Jahre alt. Das bedeutete, daß eine große Zahl bereits während des Dritten Reiches unterrichtet hatte und nun – meist als »Mitläufer« eingestuft – nicht gerade zu den engagiertesten Vertretern der neuen Staatsform gehörte.

Um möglichst rasch neue Lehrer zur Verfügung zu haben, wurden für den Volksschuldienst Ausbildungskurse eingerichtet, bei denen nicht die Vorbildung, sondern die politische, soziale, menschlich-schicksalsmäßige Situation maßgebend war. Ein Leistungstest und eine psychologische Eignungsuntersuchung entschieden über die Aufnahme. In einer Reportage über eine solche Prüfung heißt es: »Das vorläufige Ergebnis: 4 Prozent besonders geeignet, 48 Prozent geeignet, 33 Prozent weniger geeignet, 15 Prozent nicht geeignet. Die

Prüfenden betonen den guten Willen und das geistige Streben. Aber sie betonen auch das ›oft erschütternde Mißverhältnis, in dem Bildungsbesitz und Bildungsmöglichkeiten dazu stehen‹. Es ist eine bittere Tatsache, daß nicht einmal die 52 Prozent der beiden ersten Kategorien Aufnahme in die Junglehrerkurse finden können. Dazu kommt die andere Schwierigkeit, daß mancher vielleicht besonders begabte ›Zugereiste‹ für die vorgeschriebenen – und nur zu notwendigen – ersten Jahre an der Dorfschule rein aus sprachlichen Gründen einfach ungeeignet ist. Wie soll ein Westpreuße, ein Pommer, ein Schlesier sich mit den ABC-Schützen eines abgelegenen Dörfchens im Bayerischen Wald verständigen, wie das Vertrauen der oft so mißtrauischen, in sich beschlossenen bäuerlichen Eltern gewinnen? Die Auswahl erfordert Strenge, die sich aus dem hohen Ziel rechtfertigt. Wie gern möchte man die Härte vermeiden, die unverdient diese schon vom Schicksal so schwer heimgesuchten jungen Menschen nun erneut trifft.«[166]

Neben solchen Notmaßnahmen kehrte man bei der Lehrerausbildung zu den unterschiedlichen, in der Weimarer Zeit praktizierten Formen zurück. In Hamburg erfolgte sie an der Universität; in der übrigen britischen Zone richtete man Pädagogische Hochschulen ein; in Süddeutschland gab es teils hochschulartige, teils seminarähnliche Institutionen der Lehrerbildung. Eingangsvoraussetzung für all diese, weitgehend auch konfessionellen Lehrerausbildungsstätten war das Abitur.

Bei den Gymnasien versuchte man die Lücke vor allem dadurch zu schließen, daß man Pensionisten (auch solche hohen Alters) einstellte und, zum Beispiel bei den Naturwissenschaften, Fachleute aus anderen Bereichen abwarb.

Immerhin gab es im Herbst 1945 in Groß-Berlin schon wieder 96 höhere Schulen mit insgesamt 27 863 Schülern und Schülerinnen (1938 waren es rund 58 000). In der britischen Zone waren 330 höhere Schulen mit 110 000 Schülern wiedereröffnet, in Nord-Württemberg 90 mit 30 000 Schülern, in Württemberg-Baden und Großhessen 213, in Bayern 123 mit 30 575 Schülern (dort wurde freilich, da nicht geheizt werden konnte, in den meisten Klassen täglich nur ein bis zwei Stunden unterrichtet).[167]

Wie das Lehrerkollegium eines Gymnasiums kurz nach der Stunde Null aussah, schildert Gerhard Storz (von 1958 bis 1964 Kultusminister von Baden-Württemberg) am Beispiel seiner Schule in Schwäbisch-Hall:

»Als sich die Lehrerschaft am ersten Schultag versammelte, fand ich keineswegs den gewohnten Kreis wieder. Denn die Kollegen, die ehedem das Hakenkreuz-Zeichen, den ›Angstknopf‹, mehr übel als wohl im Knopfloch getragen hatten, fehlten zum größeren Teil. Nur einer oder zwei waren von der ›Spruchkammer‹, der neuen, deutschen Behörde für die ›Entnazifizierung‹ des öffentlichen Dienstes, bereits als unbelastete ›Mitläufer‹ rubriziert und von der Besatzungsbehörde zum Unterrichten zugelassen worden. Andere Kollegen waren bei der Spruchkammer noch nicht an der Reihe. Einer brauchte darauf nicht mehr zu warten: zum Volkssturm eingezogen, hatte er auf einer Schwarzwaldstraße wenige Tage vor Kriegsende durch einen Granatsplitter den Tod gefunden. Neue Kollegen, die zuvor in Stuttgart gewohnt und unterrichtet hatten, gehörten jetzt zu unserem Gymnasium. Außerdem solche aus Mitteldeutschland, aus dem Osten, aus dem Banat, sogar ein Kollege, der vor der Vertreibung der Deutschen an einem Gymnasium in Dorpat tätig gewesen war. Ihm sah man die Strapazen der Flucht und die nachfolgenden Entbehrungen noch deutlich an. Zwei der neuen Lehrer hatten nicht nur den Wohnort, sondern, zeitweilig, auch den Beruf gewechselt: ein Ingenieur, gleichfalls aus dem Baltikum; ein Chemiker aus der Industrie, der seinen Wohnsitz im Rheinland gehabt hatte. Beide warteten in Hall auf die Rückkehr in ihre Berufe und stellten sich einstweilen der Schule zur Verfügung. Mit der Schulleitung war interimistisch der dienstälteste Lehrer aus unserem Kollegium beauftragt worden. Den Major der Reserve, den er mit Kriegsende ausgezogen hatte, rechneten ihm die Amerikaner glücklicherweise nicht als politische Belastung an.«[168]

Der Glaube an die Ewigkeit der geistigen Welt

Jenseits der schulischen Pragmatik und der politischen Auseinandersetzung um die Strukturen des Schulwesens – Demokratisierung über Amerikanisierung in der US-Besatzungszone, weitgehende Zurückhaltung und frühzeitige Einschaltung deutscher Behörden in der englischen und französischen Zone – vollzog sich im Bildungsbereich eine mit hochgemutem Pathos durchsetzte Werte-Diskussion. Der weit über den Kreis der Pädagogen hinaus beachteten Zeitschrift *Die Sammlung* gab Herman Nohl im Oktober 1945 als Leitspruch mit auf den Weg: »Unser Kompaß ist die einfache Sittlichkeit, ein standhafter Glaube an die Ewigkeit der geistigen Welt . . . Wurde bisher sehr laut gesprochen, so wollen wir still und sachlich werden, und wurden Phantasie und Gedanken unseres Volkes zu lange einseitig nach außen gewiesen, so wollen wir sie wieder nach innen lenken und zur Sammlung führen.« An der Gestalt des am 20. Oktober 1944 hingerichteten Pädagogen Adolf Reichwein wurde der im Kern moralische Widerstand gegen Hitler herausgestellt.

Adolf Grimme, sozialdemokratisch-preußischer Erziehungsminister der Weimarer Zeit, »legte den Hamburger Lehrern den ›Sinn der Erziehung‹ von der idealistischen Geist-Materie-Polarität her dar, ohne jeden Anflug von gesellschaftspolitischer Strukturproblematik der Schule, aber ohne daß ihm, der aus dem Kreis der entschiedenen Schulreformer kam, dieser Aspekt fremd gewesen wäre, wie gerade seine Tätigkeit als niedersächsischer Kultusminister 1946/47 zeigen sollte. Es gab aber für ihn wie für viele andere eine klare Priorität: die innere hatte den Vorrang vor der äußeren Schulreform. Wie Grimme, so wollte auch der sozialdemokratische Pädagoge Erich Weniger bei der Wiederherstellung der preußischen Pädagogischen Akademien unter dem Namen Pädagogische Hochschulen den Akzent der Lehrerbildung auf eine ›radikale Besinnung auf die Grundelemente des Sittlichen‹ legen. Im ›Volkslehrer‹ sah er ›einen Anwalt des Bauerntums und des Proletariats‹, dem aber zugleich in der Nachfolge der deutschen Bildungsidee eine sozialintegrative Aufgabe zugeschrieben wurde, insofern er ›die Gegensätze überbrückt . . . und das gemeinsame deutsche Bildungsgut in den Mittelpunkt seiner Arbeit stellt‹.« (Karl Dietrich Erdmann)[169]

Die Bildungspläne, die nach dem Zusammenbruch für die höhere Schule entwickelt wurden, sind im wesentlichen Ausdruck eines idealistischen Höhenflugs, der die Realitäten wie Realien von Erziehung weitgehend aus dem Auge verliert.[170]

Der Nordwestdeutsche Plan (vorwiegend von Josef Schippenkötter entwickelt) zielt auf einen christlichen Humanismus; der Humanismus sei die Antwort auf die Krise, in der alles Humane fraglich wurde; die geradezu »leidenschaftliche Besinnung auf das Humanistische« erweise sich als notwendige Reaktion. Wenn man das Wort Humanismus ausspreche, so werde für den Kenner eine ganze Welt lebendig, eine Welt reicher Inhalte, geistiger Werte, feinster menschlicher Haltung und tiefer Gestaltung, großer Ideale und sinnvoller Zusammenhänge. Antike, das bedeute: »Besinnliches Bekenntnis zu ewigen Werten, zu bewährten Erkenntnissen, zu gesunder Geistigkeit«, »geprägte Form«, »heilige Heiterkeit«, »klare Erkenntnis und sonnige Wärme edler Menschlichkeit«. Hier geschehe der »tiefste Vorstoß rein menschlichen Suchens und Forschens, Erkennens und Begreifens, so tief, daß uns damit Ewiges packt und damit zugleich immer auch lebendig Neues und schöpferisch Fruchtbares für Gegenwart und Zukunft gegeben ist«. Der Standpunkt der universalen Weite, Größe und Tiefe im abendländischen Format umfasse die ganze Wirklichkeit, schließe aber auch ein »Bekenntnis zur Transzendenz des persönlichen Gottes« ein. »Wir sind der Überzeugung, daß ohne diese schöpferische Polarität ein echter Humanismus nicht möglich ist, ja, daß das eigentliche Menschwerden nur aus der hier angenommenen Gottebenbildlichkeit erwachsen kann.« Das Christentum wird in engster Verknüpfung mit der gesamten abendländischen und besonders der deutschen Kultur gesehen, zugleich »im Sinne eines geprägten und geformten Kirchentums, das sich auf Christus als den Herrn und Gott beruft« verstanden.

Die sogenannten »Marienauer Pläne«, von Adolf Grimme im Februar 1946 in *Die Schule* ohne Verfasserangabe publiziert, kreisen um drei Leitbegriffe: Antike – Christentum – Mathematik. Die neue Erziehung müsse einen deutschen Menschen formen, »der fähig ist, hochwertige Arbeit zu leisten, der den Willen hat, einen demokratischen und sozialen Rechtsstaat zu schaffen und diesen Staat in die Gemeinschaft der friedliebenden Völker einzugliedern, einen deutschen Menschen, der von dem Glauben beseelt ist, daß ein Volk allein durch die Macht geistiger und religiös-sittlicher Kräfte gerettet werden kann«. Die Hauptgründe für den geistigen und moralischen Verfall seien die Unterbewertung des Geistes und die Erkrankung des Wertgefühls gewesen; deshalb müsse die deutsche Jugend vor dem Kult der Gewalt und des materiellen Erfolgs bewahrt werden. »Ohne die Erweckung der religiösen Kräfte im deutschen Volk ist die Rettung der Nation undenkbar.« Das religiöse Gefühl müsse auch außerhalb des Religionsunterrichts gepflegt werden, indem alle Fächer »bis an die Grenzen zwischen Erforschlichem und Unerforschlichem« führen und dieses Jenseits als einen Bereich religiösen Lebens erfassen lehren. »Die Vermittlung für den Daseinskampf ausreichender Erkenntnisse und Fähigkeiten, die vom Kind und von der Gesellschaft verlangt wird, ist unterzuordnen dem Hauptziel der Bildungsarbeit, zu klarer Erkenntnis der Wirklichkeit, zum Erlebnis und zur Anerkennung der unbedingten Werte und zum sittlichen Handeln zu führen.«

Der Fendt-Plan, entworfen vom bayerischen Kultusminister Franz Fendt (1946), geht in seiner Zielvorstellung davon aus, daß die Gesamtformung der Gesellschaft von der Wiederbelebung der kulturellen Werthaltung abhängig sei, daß also aus der Rückkehr zur Humanität die Kraft zur Überwindung eines wertfreien Naturalismus gewonnen werden müsse. Die Idee der wahren Menschlichkeit, schon von Humboldt dargestellt, müsse ins Politische übersetzt werden durch soziale Demokratie. »Bildungsziel ist: die Harmonie der sozialen Humanität« – »eine Synthese der Werte des Individuellen, Sozialen und Sittlichen im Sinne der Bindung an das Gewissen«. Untypisch für Bayern, werden in den grundsätzlichen Teilen des Planes die Worte »Christentum« und »Religion« nicht erwähnt; an die Stelle des absoluten Wertes tritt die Demokratie, im engsten Einvernehmen mit amerikanischen Auffassungen. Da formale Bildung sich nur an werthaltigen Sachgehalten vollziehe, lehnt Fendt enzyklopädisches Streben ab. Durch die Überprüfung der Werthaltigkeit hofft er zu einer weisen Begrenzung der Bildungsgüter zu kommen. Die spätere Auseinandersetzung um die Bedeutung des Exemplarischen und Elementaren klingt hier bereits an. Nicht nur die individuelle Begabung, sondern die Vielgestaltigkeit der menschlichen Neigungen, Fähigkeiten und Bereitschaften wird berücksichtigt und in ihnen die Vielfalt der Bildungswege begründet. Dem Argument, die höhere Schule sei Standesschule, tritt Fendt mit der Forderung entgegen, daß diese dem Nachwuchs aus dem Kreise der Bauern, der Bürger und der Arbeiterschaft weiter geöffnet werden müsse.

1947 legte Franz Schramm seinen Plan »als Beitrag zum Aufbau einer neuen Volksbildung« vor. Aus Kenntnis der vielen Entwürfe und Programme, auch der amerikanischen Vorstellungen, versucht er, ein Gesamtkonzept zu entwickeln. Seine Leitbilder sind in Pestalozzis Grabinschrift »Mensch, Christ, Bürger, alles für andere, für sich nichts« und in den drei Ehrfurchtshaltungen Goethes zusammengefaßt (in *Wilhelm Meisters Wanderjahre* hatte Goethe die Ehrfurcht »vor dem, was über uns ist«, »vor dem, was unter uns ist« und »vor dem, was uns gleich ist« proklamiert). »Der Untergang des christlichen Abendlandes vollzog sich auf deutschem Boden mit solch orkanhafter Wucht, daß der einzelne, auch ganze Menschengruppen, gegen dies Geschehen machtlos waren, daß man nur noch darum beten und darauf hoffen konnte, daß ein Himmelssturm – das Pneuma Theou – dies Unwetter, das er hatte heraufziehen lassen, wieder verwehen ließe. Dies ist nun geschehen.« Von Schnippenkötter unterscheidet sich Schramm dadurch, daß bei einer ebenso tiefen christlichen Deutung der Zeit und des Menschen alle im engeren Sinne humanistischen Thesen fehlen; die sozialen und demokratischen Ziele Grimmes und Fendts sind voll aufgenommen, werden aber noch eindeutiger als bei Grimme aus einer christlichen und philosophischen Anthropologie und Geschichtsdeutung verstanden. Bei allen welt- und heilsgeschichtlichen Perspektiven bleibt Schramm aber konkret bezogen auf die Probleme der Gegenwart, die gemeistert werden müssen. Ein Wahlsystem soll der Begabung des einzelnen Schülers gerecht werden. »In jeder Begabung, die ein Mensch mit auf die Welt bringt, liegt ein Recht begründet wie auch eine Verpflichtung: ein Recht des Einzelnen auf Entwicklung der in ihm liegenden Gaben, ein Recht der Gemeinschaft auf all die geistigen Reichtümer, die in dem einzelnen Menschen entwickelt sind.«

Gemeinsam ist fast allen Reformplänen, daß sie drei Grundwerte an die Spitze stellen: Humanismus, Christentum, Demokratie. Diese werden mehr interpretiert als ergänzt durch die anderen erkenntnisleitenden Begriffe: Antike, Kultur, Abendland; Religiosität, Sittlichkeit, ewige Werte; Freiheit, soziales Denken, Selbständigkeit. Wissenschaftlich-mathematisches Denken und Berufstüchtigkeit werden nur zurückhaltend hinzugefügt oder eingeordnet.

Pflanzstätten des Geistes

»Tiefgreifendes Werte-Bewußtsein« auch beim Aufbau der Universitäten. Der Nationalsozialismus hatte den Ideenhimmel nicht verdüstern können; nun erstrahlten die Sterne des Schönen, Guten und Wahren neu, in unvergänglicher Reinheit.

Am 6. November 1945 wurde die Hamburger Universität wieder der Jugend übergeben; Senator Landahl rief in seiner Rede dazu auf, zum »Besten des schwer geprüften Volkes«, »zum Ruhme der ewig jungen Hansestadt Hamburg«, »den deutschen Anteil an der abendländischen Kultur zur Ehre des unsterblichen deutschen Geistes« wieder mehr zur Geltung zu bringen. »In dieser Stunde der feierlichen Wiedereröffnung der Universität Hamburg, die nicht mehr und nicht weniger als eine Wiedergeburt aus neuem Geiste sein mußte und sein wird, gilt unser erster Gedanke den Studenten aller Universitäten und Hochschulen der alten und der neuen Welt, die in dem sechsjährigen Völkerringen auf den Schlachtfeldern und Meeren der ganzen Erde kämpfend den Tod gefunden haben. Ihr Leben war noch im ersten Anstieg, überstrahlt vom Glanze des Idealismus, der jeden echten Jüngling beseelt. Früh hat sich ihr Leben vollendet. Tränen der Mütter, der jungen Frauen, der Bräute sind um sie geflossen, und werden noch lange fließen . . . Wir Deutsche wollen der bitteren Wahrheit mutig ins Auge sehen und uns keinen billigen Selbsttäuschungen hingeben. Nur so werden wir Haltung und Würde angesichts des Zusammenbruches finden und bewahren. In zwei gewaltigen Kriegen militärisch besiegt durch die Schuld einer dilettantischen und verantwortungslosen politischen Führung, stehen wir heute nicht nur inmitten der Trümmer unserer Städte, sondern auch unseres Reiches – und unseres Geistes.«[171]

Von den Ritualen der Mainzer Universitätseröffnung berichtete Alfred Döblin in der von ihm herausgegebenen Zeitschrift *Das Goldene Tor* im September 1946: »Gegen zehn Uhr beginnt hinten im Vorraum eine zarte, ja wunderfeine Musik zu spielen, aus Mozarts ›Zauberflöte‹, und währenddem rührt sich der Saal. Es nähern sich Schritte, und dies ist der Einzug der Universität. Man kennt diese feierlichen Prozessionen, zu zweien nebeneinander und langsamen Schrittes gelehrte Herren in weiten Roben, meist von schwarzer Farbe, sie tragen auf ihren nicht mehr dunklen, oft weißen, oft kahlen Häuptern die schwarzen Tellermützen, die ihnen ein vergangenes Jahrhundert hinterlassen hat . . .

Der Prozession folgt eine Reihe bürgerlicher Herren, Honoratioren, Beamte, und darauf Uniformen. Wir kennen sie, den Direktor der Education Publique, General Schmittlein, den Chef der Zivilverwaltung der Zone, Mr. Laffon, zuletzt das Haupt der Militärregierung, General König. Man hört gelegentlich die süßen Klänge aus der ›Zauberflöte‹, aber das Rauschen, Scharren und Flüstern verschlingt die Musik . . .

Als erster erhebt der Bürgermeister seine Stimme und der Lautsprecher trägt sie zu den Hunderten draußen im Vorraum, auf der Treppe und auf dem Hofe. Der Bürgermeister kann nicht umhin, zu gestehen, er hätte, als man ihn dazu drängte, eine Studienkommission für die Neuerrichtung der Universität zu bilden, nicht an ein greifbares Resultat dieser Studien geglaubt. Zu groß wäre die Zerstörung der Stadt und die Niedergeschlagenheit der Bevölkerung gewesen. Und die Sorge um die tägliche Nahrung, um Kleidung und Unterkunft waren so vordringlich, daß alles, wie ihm schien, für lange dahinter zurücktreten mußte. Mit Vergnügen bekenne er, sich getäuscht zu haben. Nach knappen neun Monaten befinde man sich hier und weihe die Universität ein . . .

Der Regierungspräsident von Hessen-Rheinland, nun an der Reihe, nennt die Gutenberg-Universität den Schlüssel zum materiellen und kulturellen Aufbau dieses Gebietes – in ein schönes Bild kleidet der Mainzer Bischof, der ihn ablöst, seine Wünsche für die neue Schöpfung: so wie der Mainzer Dom in seiner Architektur alle Stile vereinigt, so möge dieses geistige Zentrum alle intellektuellen Dinge an sich nehmen, sie assimilieren und durch die ewigen Wahrheiten krönen – eine Orgel für den Festraum spenden die evangelischen Gemeinden, der Regierungspräsident Dr. Boden ruft der Universität zu: sie möge wachsen, blühen und gedeihen, und Professor Geiler bringt einen Ausspruch des englischen Geschichtsamateurs Wells mit, wonach Geschichte ein Wettlauf zwischen Erziehung und Katastrophe sei: möge die Universität zum Siege der Erziehung beitragen.«[172]

Die Universität begriff sich, ungeachtet ihrer tiefen Verstrickung in den Nationalsozialismus, als abgehobener Ort. Man kultivierte einen trutzigen Dennoch-Ton: Der deutsche Geist sei zwar mißbraucht und entehrt worden; dennoch habe er überlebt. Der Kahlschlag sei sehr groß gewesen; dennoch würden die Universitäten als Pflanzstätten des Geistes Aufforstung wieder ermöglichen.

Die Kriegsheimkehrer, die vorwiegend die Universitäten bevölkerten, zogen sich nun gerne aus den Weiten der eroberten Länder in die Gefilde geistiger

Provinz zurück; sie hatten die Nase voll von der großen Zeit, deren Pathos jedoch, ins Demokratische gewendet, ihnen weiterhin willkommen war; nicht zuletzt half es darüber hinweg, daß die Wirklichkeit der »neuen Universität« anders aussah, als es die Metaphern der Festredner suggerierten.[173]

Im November 1945 wird aus Heidelberg berichtet: Die medizinische Fakultät konnte von 5000 Bewerbern lediglich 1000 zum Studium annehmen (für Studenten der theologischen Fakultät waren freilich noch Plätze offen). Das Studentenproblem habe solche Ausmaße angenommen, daß man erwarte, die abgewiesenen Studenten würden versuchen, »schwarz« zu studieren. Das einzige Mittel hiergegen sei, so die Ansicht des Rektors, Professor Bauer, die Eröffnung weiterer Fakultäten. Heidelberg entwickelte ein bestimmtes System, nach dem die Aufnahme bzw. Ablehnung der Studenten erfolgte. Von vornherein ausgeschlossen vom Studium waren: nationalsozialistische Aktivisten; Studenten, die Ämter in der Hitlerjugend oder im Bund Deutscher Mädchen innehatten; Freiwillige der ehemaligen SS; Schüler und Angehörige von Ordensburgen. Bei der Aufnahme wurden bevorzugt: politisch Geschädigte; Kriegsinvaliden; Studenten, die ihr Studium lange unterbrechen mußten; Nichtparteigenossen; Heidelberger und Flüchtlinge aus dem Osten.

Göttingen: Am 3. September 1945 war dort die Universität feierlich eröffnet worden; von 10 000 Anwärtern konnten nur 4830 aufgenommen werden. Strenge Auslese nach Begabung und Vorbildung sei der beste Weg, das Niveau der Hochschule zu heben. Zum Abschluß des ersten Semesters müßten die Studenten ein Examen ablegen, so daß etwaige Irrtümer, die bei der Auswahl der Studenten entstanden sein könnten, bereinigt werden. »Der 87jährige Professor Max Planck, Träger des Nobelpreises und des diesjährigen Goethepreises, der Schöpfer der Quantentheorie, ist durch den Verlust seines Sohnes, der im Juli 1944 von den Nationalsozialisten in Zusammenhang mit den Ereignissen des 20. Juli gehängt wurde, körperlich gebrochen; aber er hat sich seine geistige Frische bewahrt und wird als der ›Nestor‹ der in den Naturwissenschaften führenden Universität betrachtet.«

In Gießen wurde zu dieser Zeit der wissenschaftliche Betrieb vorbereitet; man erwartete hier insgesamt 3000 Studierende (rund 1200 waren es früher). Zusätzlich wurde eine Kaserne als Lehrstätte gewonnen.

Die Universität Marburg eröffnete am 6. November 1945 ihre medizinische Fakultät; die theologische folgte kurz darauf. Eingerichtet wurden Nachholkurse – so für die jungen Ärzte, die vor dem Einrücken der Amerikaner die Schlußprüfung in großer Eile abgelegt hatten; auch Studenten mit Notabiturzeugnissen ohne Reifeprüfung und solche, die länger als ein Jahr ausgesetzt hatten, mußten in einem Vorsemester ihre Kenntnisse ergänzen.

Im kollektiven Unterbewußtsein der studentischen Jugend wogten die Turbulenzen weiter, die der Zusammenbruch des Dritten Reiches hinterlassen hatte; der Überdruck fand jedoch selten ein Ventil. Als in Marburg im September 1946 die erste große internationale Begegnung auf deutschem Boden seit Beendigung des Zweiten Weltkrieges stattfand (im Rahmen eines internationalen Ferienkurses, zu dem zwanzig Hochschullehrer von amerikanischen, britischen, französischen und schweizerischen Universitäten gekommen waren), notierte ein Beobachter der Diskussionen, die sich vor allem auch der deutschen Vergangenheit und Gegenwart zuwandten, zum Psychogramm der deutschen Studenten: »Die Hilflosigkeit, mit der die Mehrzahl ihre Ansicht in Worte zu bringen versucht, die Sprunghaftigkeit, mit der man von Thema zu Thema jagt, die Heftigkeit, ja manchmal unkontrollierte Leidenschaft, die aufflammt, sobald sich eine unerwartete Antwort meldet, der häufige Gebrauch von Schlagworten, der Drang zur Bevormundung des anderen, die erschreckende Unkenntnis, diese übersteigerte, geradezu nervöse, nationale Empfindlichkeit. Das alles fällt auf. Ihr Denken ist nicht beweglich, auch nicht konsequent. Es ist überstürzt, innerlich gehetzt oder starr. Das Gefühl der fertigen Meinung, das einem allenthalben begegnet, ist wohl eine Folge der unbedenklich gehandhabten Handlungsfreiheit im Kriege.«[174]

Karl Barth verfaßte Ende 1947 eine umfangreiche Analyse zur Situation des deutschen Studenten.[175] Zunächst entwickelte er einen Katalog der Forderungen, wie sie die Zukunft dem deutschen Akademiker stelle. Wer morgen die Universitäten verlasse und in die Verantwortlichkeiten einer führenden Stellung im deutschen Leben übergehe, werde sich inmitten eines materiell verarmten und geistig verwirrten Volkes befinden – selber in den allermeisten Fällen ein Verarmter. Aber er dürfe an der geistigen Verwirrung seines Volkes möglichst wenig Anteil haben, müsse ihr möglichst überlegen gegenüberstehen. Von ihm wird, indem er äußerlich mitleide, was in Deutschland äußerlich noch für Jahre und Jahrzehnte zu leiden sein wird, verlangt sein, daß er zu unterscheiden und zu beurteilen wisse, was geistig, moralisch, gesellschaftlich, politisch gesunde und kranke Gedanken und Tendenzen sind. »Er wird von einer nüchternen, ebenso positiven wie kritischen, von bestimmten alten Mythen befreiten und hoffentlich von neuen Mythen tunlichst unbelasteten Anschauung der deutschen Geschichte aus denken müssen, um der deutschen Gegenwart, die auf alle Fälle im Zeichen eines Neuanfangs sondergleichen stehen wird, gerecht zu werden. Er wird es nötig haben, von den großen Traditionen dieser Geschichte in einer Anteilnahme, Tiefe und Freudigkeit zu leben, wie es die früheren, vermeintlich glücklicheren Generationen noch gar nicht gekonnt, geschweige denn getan haben. Er wird es aber nötig haben, von bestimmten kleinen und abwegs führenden Traditionen, in denen besonders die letzten deutschen Generationen gelebt haben, mit ruhiger Überzeugung und eiserner Konsequenz Abstand zu halten.« An ihm, dem deutschen Akademiker, werde es morgen zuerst sein, im deutschen Volk anstelle der Begeisterung für gefährliche Illusionen und Ideologien, wie sie von den deutschen Universitäten allzu lange ausgegangen und genährt worden sind, die schwerere und fruchtbarere Begeisterung für den gesunden Menschenverstand zu verbreiten und an Stelle der Apathie, die nach den Aufregungen der Hitlerzeit und angesichts ihrer erst nach der Niederlage fühlbar gewordenen Folgen aufkam, den zähen, mutigen Willen zur Kleinarbeit zu setzen. Und wieder an ihm, dem deutschen Akademiker, werde es sein, das deutsche Volk mit der wirklichen, es umgebenden Welt, mit den Völkern Europas, aber auch mit Amerika und Rußland, wie sie sind (nicht wie sie sich in irgendeiner deutschen Konstruktion darstellen), bekannt und vertraut zu machen, es zu einem neuen realistischen Zusammenleben mit dieser seiner Umgebung anzuleiten.

Im zweiten Teil seiner Untersuchung äußert Barth sich zu der Frage, ob der deutsche Student von heute sich all dieser Probleme bewußt sei und dementsprechend studiere; ob er erkenne, daß dies die Situation und die Erfordernisse seien, denen er morgen, wenn er ins Berufsleben übergeht, gerecht werden müsse. Insgesamt kommt Barth zu einem positiven Ergebnis. Er habe jedenfalls die deutschen Studenten im ganzen offener und ernsthafter als erwartet vorgefunden. Auch die Tatsache, daß die heutigen deutschen Studenten alle durch die Hitlerjugend, durch den nationalsozialistischen Arbeitsdienst, durch die Armee und den Hitlerkrieg hindurchgehen mußten, gehöre nicht zu den Hindernissen für eine neue Gesinnung und Gesittung. Freilich gäbe es auch erhebliche Gefahren:

Die sehr harte und vielfach aussichtslose äußere Lebenslage, in der sich die Studenten und ihre Familien heute fast alle befinden, führt dazu, daß man sein Studium als Vorbereitung zum Broterwerb möglichst rasch hinter sich zu bringen trachtet. »Es ist klar, daß dieser Studententypus das Salz der Erde nicht wird, das er morgen sein müßte.«

Die deutschen Menschen, die nicht schon vorher überzeugt davon waren, daß die Alliierten im vergangenen Krieg Deutschland gegenüber die bessere Sache vertraten, können durch Besatzung, die Anwesenheit der Alliierten in Deutschland, auch nicht überzeugt werden. »Es ist offenbar nicht leicht, Sieger und dem besiegten Volk gegenüber zugleich Polizist, Richter, Schuldeneintreiber, Erzieher und womöglich praktisches Vorbild zu sein.«

Die immer noch fast hermetische Abschließung Deutschlands dem Ausland gegenüber trägt zum Heranwachsen einer neuen, besseren Akademikerschicht nichts bei. Es tut dem deutschen Studenten nicht gut, in dem Getto zu leben, in das er jetzt mit seinem ganzen Volk verwiesen ist. Die wichtigsten Anregungen im Blick auf seine Zukunft entgehen ihm, solange die deutschen Universitäten vom Ausland her nicht wieder frei und allgemein besucht werden können und solange die ausländischen Universitäten den deutschen Studenten (mit Ausnahme weniger Glücklicher, denen mit Ach und Krach der Zugang schließlich gelang) verschlossen bleiben. »Und höchst wahrscheinlich ist auch dies, daß die Isolierung, in der der deutsche Student jetzt studieren muß, der Neubildung, eben der geistigen Autarkie, eben der deutschen Introvertiertheit, Vorschub leisten wird, die Deutschland und der übrigen Welt bisher wahrhaftig nicht zum Guten gedient hat.«

Die Mehrheit der Professoren, der Denazifikation unter irgendeinem Titel entkommen, sind ungeeignet, der akademischen Jugend gerade bei der für ihre Zukunft so dringend nötigen Klärung des Verhältnisses von deutscher Vergangenheit und Gegenwart und zu einer wirklichen Aufgeschlossenheit für neue Fragestellungen zu helfen. »Es ist fatal, daß so viele deutsche Studenten dem

Unterricht, der Erziehung, dem Vorbild gerade dieses Professorentypus ausgeliefert sind. In dieser Schule werden sie keine freien Männer werden.«

Und dennoch: Die geistige Verfassung der deutschen Studentenschaft gebe in
Hinblick auf ihre Zukunft zu guten Hoffnungen Anlaß. Man könne zur Not auch
jenem äußeren Druck der Lage mit gutem Humor standhalten; man könne sich
zur Not auch durch all die Begehungs- und Unterlassungssünden der Alliierten
nicht irremachen lassen. Man könne zur Not auch im deutschen Getto zu einem
ernsthaften und offenen Mann heranwachsen. Man könne zur Not auch über die
direkten und indirekten Unkenrufe der älteren Generation hinweghören. Man
könne als deutscher Student zur Not schon heute das werden, was man in der
Zukunft sein müsse. »Es geht faktisch zur Not, aber es geht. Wenn ich mit dieser
Feststellung, mit der ich einen bestimmten Typus unter den jungen deutschen
Kommilitonen in aller Form ehren möchte, recht habe, so gibt es verborgene
Möglichkeiten, die stärker sind als alle noch so sichtbaren Gefahren.«

Karl Barths Kritik am alten Geist der neuen Universitäten fand eine besondere
Bestätigung auch dort, wo Wissenschaft in neue Bereiche vorzustoßen versuchte
und damit den eingefahrenen Forschungsbetrieb mit dem ihm zugrundeliegen-
den affirmativen Menschenbild frag-würdig machte. Das traf für die Psychoanalyse und die psychosomatische Medizin zu. Einer ihrer hervorragendsten Vertreter, Alexander Mitscherlich, wurde entsprechend »akademisch« negiert, auch
diffamiert. Noch 1956, als die hessische Landesregierung unter dem Ministerpräsidenten Zinn anläßlich des 100. Geburtstages von Sigmund Freud einen Lehrstuhl für Psychoanalyse und Psychosomatische Medizin schuf, war die Universität Frankfurt daran uninteressiert; sie wollte nicht mit der Psychoanalyse und
Psychosomatik unter einem Dach leben. Die amerikanischen Bemühungen, die
von den Nationalsozialisten verbotene und verfolgte Psychoanalyse wieder in
Deutschland heimisch zu machen, gelang nicht oder nur in sehr bescheidener
Form. Die Szenerie, so berichtet Mitscherlich über Heidelberg, wo er mit seiner
Arbeit begann, »sah trüb aus, denn es war höchst zweifelhaft, ob wir Mittel für
die psychosomatische Forschung, sei es von privater, sei es von staatlicher Seite
bekommen würden. Man kann so gut wie sicher sein, daß wir das Geld nie
bekommen hätten, wenn nicht Alan Gregg sich bereit erklärt hätte, uns aus den
Mitteln der Rockefeller Foundation eine halbe Million zur Verfügung zu stellen.
Diese großzügige Stiftung war allerdings gemäß den Bestimmungen daran
gebunden, daß die gleiche Summe von deutscher Seite aufgebracht werden
mußte. Vermutlich wäre weder die von Alan Gregg vermittelte Stiftung noch das
erfolgreiche Sammeln der deutschen komplementären halben Million möglich
gewesen ohne den Glücksumstand, daß ich als politisch ›Nichtbetroffener‹ und
›Verfolgter‹ die Anträge gestellt hatte. Diese Bezeichnung galt während der
Entnazifizierung für solche, die in keine Aktivitäten des Hitlerreiches verwickelt
gewesen waren oder darüber hinaus unter dem Regime zu leiden hatten. So aber
konnten wir nach erfolgreichem Sammeln der Mittel schrittweise damit anfangen, die psychosomatische Abteilung aufzubauen. Das geschah in den Jahren
1949/50, und zwar gegen die Absichten der tonangebenden Leiter der großen

Kliniken. Es wäre eine grobe Übertreibung zu sagen, daß die Universität auf das Auftauchen dieses neuen klinischen und theoretischen Forschungsbereichs stolz gewesen wäre. Man hielt uns auf kleiner Flamme, soweit es nur irgend ging. Ich bin heute noch bereit, mich darüber zu entrüsten, daß die Universität Heidelberg mit ihrer liberal-humanistischen Tradition unfähig war, den Humanismus Freuds aufzunehmen.«[176]

Als Karl Jaspers, damals Ordinarius für Philosophie an der Universität Heidelberg, im Frühjahr 1947 bei einer Konferenz der Universitätsrektoren der US-Zone (in Anwesenheit britischer Gäste) die Verantwortlichkeit der Universitäten beschrieb, bewegte er sich weitgehend im Bereich von »Fiktionen«; er beschrieb idealtypisch, was die deutsche Universität der Nachkriegszeit weder einlösen konnte noch wollte.

Den Geist der Universität, ihre Idee, den Funken in der Asche wieder zur Flamme zu bringen – darin bestehe die Aufgabe; sie könne nur gelingen durch die Gemeinschaftsarbeit forschend produktiver geistiger Menschen, die in ihrer Gesamtheit, trotz aller unvermeidlichen Versager, ein geistiges Fluidum ausstrahlten. Diese Wiederherstellung sei untrennbar von der Revolution der Denkungsart, die aus unserer Katastrophe entspringe, die, seit langem vorbereitet, 1939 überraschend hereinbrach. »Wir können nicht leben, als ob nichts geschehen sei, als ob wir wieder anfingen, wo wir 1933 aufhörten, als ob wir bloß wiederherstellten, was war. In einer neuen Welt haben wir uns selbst zu finden und dadurch unseren bescheidenen Beitrag zu leisten auf dem Weg zur Weltordnung. Es steht noch nicht fest, was wir sind und was wir sein werden. Es bleibt im Sittlichen und Geistigen entscheidend Sache unserer Freiheit. Die Universität soll die geistige Springfeder der kommenden Demokratie als Ethos von Lebensart sein, nicht durch politische Aktivität, sondern durch Vorbereitung. Entweder wird sie sich selbst und die Jugend erziehen in der vollen Freiheit der in radikaler Diskussion hervorgehenden Wahrheit; und dann wird bis zum Ton der Sprache hin die Wahrheit ihr Wesen zeigen, die Menschen miteinander zu verbinden. Oder die Universität verschwindet in der Nivellierung einer bloßen Schule mit nur endlichen Zwecken des Nutzens, ohne Kraft der Menschenformung.«[177]

Genau das letztere aber fand statt. Weder legitimierte sich die Universität als »Volksuniversität«, wie Karl Jaspers es forderte (Auslese der Besten aus der gesamten Bevölkerung), noch gelang es ihr, aus dem Geist sozialer und politischer Verantwortung zu wirken. Sie verschwand »in der Nivellierung einer bloßen Schule mit nur endlichen Zwecken des Nutzens ohne Kraft der Menschenformung«. Hätte man im Sinne von Karl Jaspers die Verantwortlichkeit der Universitäten ernstgenommen, hätte der Materialismus der fünfziger Jahre nicht in diesem Maße grassieren und den geistigen Aufbruch der Trümmerzeit paralysieren können, wäre auch der spätere Aufstand gegen die Universitäten (mit dem tausendjährigen Muff unter den Talaren) nicht nötig gewesen.

Die Volkshochschule

Die Volkshochschule erlebte kurz nach Kriegsende einen großen Aufschwung; freilich mißlang der Brückenschlag zur Universität, was beiden Institutionen neue Bereiche erschlossen hätte. Die idealistischen, vorwiegend schöngeistigen Tendenzen der Erwachsenenbildungsbewegung in der Weimarer Republik setzten sich fort und erfuhren im Rahmen des allgemeinen Rückzugs auf Innerlichkeit eine wesentliche Verstärkung. Wie im Schul- und Universitätswesen überwogen, zumindest im Überbau, die Aufforderungen zu »Wandlung«, »Besinnung« – vorgetragen mit dem Pathos »radikaler Humanität«; der zeitweilige Niedergang der deutschen Kultur ändere nichts an der »Unsterblichkeit des deutschen Geistes«. In den großen wie kleinen Städten entstanden Volksbildungswerke bzw. Volkshochschulen, die sich dem Prinzip »Begegnung« aller Schichten, Stände, Berufe und Altersgruppen verpflichtet fühlten, damit die pluralistische Gesellschaft in Praxis vorwegnehmend, ehe sie staatsrechtlich auf den Begriff gebracht wurde. Der Versuch freilich, einen gemeinsamen Nenner für all die verschiedenen Interessen und Erwartungshaltungen, bei höchst unterschiedlicher Vorbildung, zu finden, führte oft genug zu einem verwaschenen Bildungsjargon, den später Theodor W. Adorno als »Jargon der Eigentlichkeit« kennzeichnete; er stellte jedoch nicht nur die »Verpackung« konservativer Denkmuster, sondern auch demokratischer Fortschrittlichkeit dar.

Hermann Hesse sprach in seinem Roman *Das Glasperlenspiel* vom Heraufziehen des durch kulturelle Oberflächlichkeit charakterisierten »feuilletonistischen Zeitalters«; diejenigen, die dem Geist treu geblieben, hatten ihren Ort in Kastalien, einer Provinz des Geistes inmitten einer chaotischen Welt. »Volkshochschule« war beides: Feuilletonismus und kastalische Einkehr. Eklektizismus, der sich in die Klause zurückzog, die Welt von innen her, aber dilettantisch (als »Liebhaber« des Geistes) betrachtend.

In kastalischer Mentalität lag auch der Wurzelgrund für die in den verschiedenen Landesteilen entstehenden, mit der Volkshochschulbewegung oft eng verknüpften Evangelischen bzw. Katholischen Akademien; Örtlichkeiten, die für den besinnlichen Trümmergeist, für die engagierte Bereitschaft, Probleme im Geiste offener Brüderlichkeit anzugehen, charakteristisch waren: Ausdruck einer dann in den fünfziger Jahren ihren Höhepunkt erreichenden Begegnungseuphorie, die Studienräte und Pastoren, musisch aufgeschlossene Hausfrauen und zaghaft skeptische Gymnasiasten, inspiriert von ehemals jugendbewegten Erwachsenenbildnern, zu Grundsatzdiskussionen in ländlich abgeschiedener Atmosphäre zusammenführte. Die evangelische Kirche habe, so Heinz Flügel im *Hochland* 1947, mit den Akademien Stätten der Begegnung geschaffen, wo fortlaufend ein systematischer *»dialogus christianus«* zwischen der evangelischen Kirche und der Welt geführt werde. Es gehe um den Versuch eines offenen Dialogs mit der Welt, deren Kritik sich die evangelische Kirche mit derselben Offenheit aussetze, mit der sie dem Laien die Antwort auf den Ruf Gottes, »Adam, wo bist du?«, abverlange.[178]

Eine Übersicht (April 1946) des Wiederaufbaus des Volkshochschulwesens, das als freie Erwachsenenbildung 1933 zerschlagen worden war, verweist, bei aller örtlichen Verschiedenheit, auf folgende, den Institutionen in den verschiedenen Zonen und Ländern gemeinsame Merkmale[179]:

Sie stehen allen erwachsenen Personen, unabhängig von Geschlecht, Abstammung und Konfession, gegen minimale Gebühren offen;

sie umfassen grundsätzlich alle Wissensgebiete, richten aber ihr besonderes Augenmerk auf die politische und soziale Erziehung der Hörer;

ihr Ziel ist nicht Forschung, sondern Menschenbildung; im Mittelpunkt steht nicht das Fachwissen, sondern der freie Meinungsaustausch.

Konstatiert wird, daß der Andrang erheblich sei, da die Volkshochschule dem Bedürfnis der Bevölkerung entgegenkäme. Allein in Groß-Berlin waren zu diesem Zeitpunkt 25 Volkshochschulen eröffnet, in denen man eine Gebühr von 1,50 RM für die Doppelstunde zahlte (Opfer des Faschismus und Lehrlinge wie Schüler die Hälfte); Hörerzahl pro Trimester: 40 000, davon 60% Frauen, 20% Arbeiter, 40% Angestellte, 10% Beamte, der Rest Jugendliche und Angehörige freier Berufe. 40% der Hörer waren unter 25 Jahre alt, 35% standen zwischen dem 25. und 40. Lebensjahr. Etwa 800 Dozenten gaben 945 Kurse.

Die Münchner Volkshochschule etwa umfaßte zu dieser Zeit 50 Kurse und Arbeitsgemeinschaften; unter der Leitung von Max Ludwig Held arbeitete sie mit den Münchner Bibliotheken und Kunstsammlungen zusammen; Professoren und Dozenten der Münchner Hochschulen, »bedeutende Privatgelehrte und bekannte Kräfte des Wirtschafts- und Kulturlebens« waren tätig. Besonderer Wert wurde auf Arbeitsgemeinschaften gelegt. »Ihre Aufgabe liegt in der Klärung wissenschaftlicher Begriffe und in der Erziehung zu selbständigem Urteil, durch freie Aussprache auf einer überparteilichen und überkonfessionellen Basis nach dem Muster der englisch-amerikanischen Debating-Clubs.«

In der britischen Zone waren 35 Volkshochschulen eröffnet worden; auf einer Arbeitstagung in Hannover, bei der namhafte Vertreter des Volkshochschulgedankens zusammenkamen, bezeichnete Adolf Grimme die Volkshochschulerziehung als eine Arbeit am deutschen Menschen, der ebenso ein guter Deutscher wie ein guter Europäer sein müsse, wenn Deutschland noch eine Zukunft haben solle.

Ein Bericht vom November 1946[180] stellt ein weiteres Wachstum der Volkshochschulen fest; ein kräftiger geistiger Auftrieb rege sich in den großen wie kleinen Städten. Das Erstaunliche sei, daß der Grad der Zerstörung einer Stadt sich nicht entscheidend auswirke. Den Ausschlag gebe vielmehr die innere geistige Lebendigkeit des Ortes und die fördernde Anteilnahme des Stadtregiments. Für Berlin werden 38 000, für Hamburg 15 000, für Düsseldorf 12 000 Hörer gemeldet. Diese imponierenden Zahlen enthielten freilich nicht weniger als 16 000 Sprachenschüler. Hinsichtlich der Altersschichtung waren in Stuttgart 80% zwischen 18 und 35 Jahren, in Hamburg 78% zwischen 16 und 25 Jahren. Die Zahl der männlichen Teilnehmer steige wesentlich an, überwiege in Berlin bereits gegenüber den weiblichen Hörerinnen.

Im Gegensatz zu den stark besuchten Kursen für praktische, unmittelbar berufsbezogene Fächer und zu Vortragsreihen über kulturgeschichtliche und philosophische Themen fänden Jugend-Themen wenig Interesse; Veranstaltungen wie »Gespräche mit der Jugend über die Jugend«, »Forum der Jugend« etc. erwiesen sich als glatter Reinfall. Das bedeute, daß es der älteren Generation nicht gelingt, die Jugend in ihrem eigentlichen Bereich direkt anzusprechen. Auch politische Themen zeigten schwache Besetzung (»Volk, Staat, Demokratie«, »Der Aufbau des Reiches«, »Der Kampf um die Wirtschaftsdemokratie«, »Sozialistische Grundsätze«). Die generelle Ablehnung der zeitkritischen Themen gebe zu denken.

Maßgebende Impulse gingen von der Volkshochschule Ulm aus. Die Leiterin war Inge Scholl, Tochter des damaligen Oberbürgermeisters, Schwester der von den Nationalsozialisten ermordeten Geschwister Hans und Sophie Scholl. Mit 28 Jahren gründete sie im Sommer 1946 die Volkshochschule, die ein Jahr später 3000 Mitglieder, das waren 5 % der Bevölkerung, umfaßte. Jeder Hörer konnte mit zwei Mark Monatsgebühr beliebig viele Veranstaltungen, Kurse, Arbeitsgemeinschaften besuchen. Die Monatsarbeit wurde jeweils unter ein bestimmtes Leitmotiv gestellt. Es gab zudem moderne Kunstausstellungen, Dichterlesungen und Führungen durch technische Betriebe. Im ersten Jahr wurden »Preisarbeiten« durchgeführt. Ein Thema stellte die Frage: »Was halten Sie für besser: einen Wiederaufbau Deutschlands, der fünfzig Jahre dauert, weil er die Freiheit, Unantastbarkeit und Würde der Person und damit Meinungsverschiedenheiten achtet, oder einen diktatorischen Aufbau, der über den einzelnen mit Gewalt verfügt und der deshalb in fünf Jahren vonstatten gehen kann. Warum?« Ein anderes Thema hieß: »Ulm im Jahre 2000«. Eingerichtet wurde auch ein Theaterstudio, das hauptsächlich mit Laien betrieben wurde.[181]

Inge Scholl eröffnete der Volksbildung, in Fortführung der Bauhausidee, eine neue (ästhetische) Dimension, indem sie die Gründung einer »Hochschule für Gestaltung« bewirkte: »Die Geschwister-Scholl-Hochschule will ihre Schüler zu selbständigem politischen Denken erziehen. Sie will am Aufbau einer demokratischen Elite mithelfen. Als Erbe der Widerstandsbewegung der Geschwister Scholl will sie den fortschrittlichen politischen Kräften Rückhalt geben . . . Sie will vor allem auf die Gestaltung der Sozialprodukte Einfluß nehmen und der Industrie helfen, Form und Qualität in Einklang zu bringen. Über die dadurch mögliche Exportsteigerung will sie den Lebensstandard erhöhen helfen.«[182] (Der Schweizer Max Bill, Architekt und Bildhauer, selbst Bauhaus-Schüler, entwarf die Hochschulbauten und wurde 1951 der erste Rektor; 1955 hielt Walter Gropius zur offiziellen Eröffnung die Festrede. Inge Scholls Mann, der Architekt Otl Aicher, prägte vom Design her – vor allem in Zusammenarbeit mit der Frankfurter Elektrogerätefabrik Max Braun – die Produktentwicklung der Bundesrepublik; es entstand ein Stil »schöner Sachlichkeit«.)

Trümmerjugend

Die Situation der Jugend insgesamt war trist. Da waren die Trümmerkinder, die nicht mehr zur Wehrmacht eingezogen worden waren (höchstens in letzter Minute zum Volkssturm oder als Flakhelfer): einige von ihnen, aufs Land verschickt und dem Bombenhagel entronnen, lebten in einer verhältnismäßig idyllischen Atmosphäre, aus der sie mit der Stunde Null, in die zerstörten Städte zurückkehrend, jäh herausgerissen wurden. Die anderen aus dieser Trümmergeneration, in Kellern und Notquartieren hausend oder auf der Flucht von Ost nach West, durchlebten vielfach eine Odyssee, die mit ihren Ungeheuerlichkeiten nur durch Verdrängung und kindliche Abkapselung zu überstehen war. Diese schutzschildartige, das Unheil sowohl registrierende als auch kupierende Mentalität einer Generation, der die Beschädigung wie die Rettung zunächst kaum bewußt wurde, spiegeln Tausende von Aufsätzen wider, die kurz nach 1945 zum Thema »Kriegserleben« angefertigt wurden. Der dadurch vermittelte Einblick in Lebensläufe gibt zugleich einen Einblick in den kollektiven »Erlebnisstoff«, der dann den Lebenswillen der Nachkriegszeit fermentierte. In einem dieser Schulaufsätze (von insgesamt 7000, wie sie vom Nürnberger Schulamt 1946 initiiert worden waren) heißt es:

»Ich bin am 10. Juli 1932 in Nürnberg geboren. Als ich sieben Jahre alt war, brach der Krieg aus. Ihm folgten Hunger, Entbehrungen, Angst, Not, Tränen und furchtbare Fliegerangriffe. Wir verbrachten Wochen im Bunker, bis die Amerikaner kamen. In und um unsere Stadt wurde viel und schwer gekämpft. Wir sehen mit Grauen dem Winter entgegen. Vor einigen Wochen erhielt ich dann die Nachricht, daß mein Papa kurz vor Kriegsende gefallen ist. Dieser Schlag war sehr hart für uns, insbesondere, da ich noch mehr Geschwister habe. Aber es ist besser zu wissen, er ist tot, als daß er irgendwo in Rußland oder Sibirien verhungert oder erfriert. Nun bin ich vierzehn Jahre alt und ich muß daran denken, eine Arbeit anzunehmen. Ich will Korrespondentin werden, und ich muß noch sehr viel lernen, bis ich diesen Beruf voll und ganz erfüllen kann. Aber es wird schon gehen, und mit der Zeit werden auch die Wunden, die der Krieg uns schlug, vernarben.«[183]

Paradiesische Erinnerungen an die Vorkriegszeit tauchen auf; da gab es Bonbons, Schlagsahne, Schokolade; neiderfüllt schaut man auf die Amis, die auch alles haben, aber in ihren zivilisatorischen Gettos leben, während rundherum die Bevölkerung darbt. (Allerdings verbreitet die Schulspeisung einen Hoffnungsschimmer.) Man erinnert sich daran, wie es war, als die Nachricht kam, daß der Vater gefallen ist. Man erfährt den Krieg in unmittelbarer Umgebung, auch am eigenen Leib; am brutalsten in den Bombennächten und im Bordfeuer der Tiefflieger. »Das grüne Gras war rot von Blut.« Im anerzogenen altklugen Aufsatzdeutsch, mit entlehnten Metaphern und Spruchweisheiten, in vorgestanzten Gefühlsmustern werden die dramatischen Ereignisse geschildert. Erschütternd die redselige Sprachlosigkeit wie die Diskrepanz zwischen Vorkommnis und Aussage.

»Ich lief sofort in den Keller. Nach einiger Zeit ist wieder Ruhe gewesen. Aber

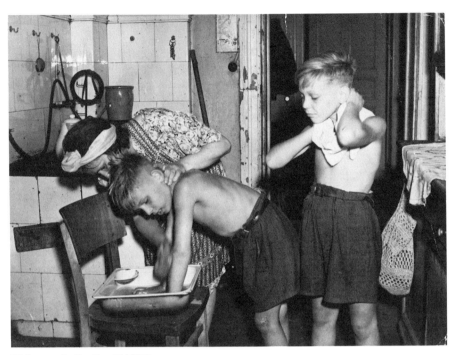

Wohnung in Berlin, 1945/46

wie ich hinaus ging, da brannte schon die halbe Stadt. Ich ging heim und schaute, was bei uns los war. Zum Glück brannte unser Haus nicht. Aber dafür war ein Unglück geschehen, da meine Mutter ums Leben gekommen war, denn sie ist zu Hause geblieben. Mein Vater war in der Arbeit. Ich lief zu ihm und erzählte ihm, daß die Mutter tot sei. Da rollten ihm schon die Tränen aus den Augen. Er ging nach Hause. Am nächsten Tag wurde meine Mutter begraben.«

Ein Bericht über eine Verschüttung durch Sprengbomben schließt mit dem »Aktenvermerk«: »Es kamen die Flaksoldaten und gruben uns heraus. Zuerst meinen Großvater, dann mich, dann meine Großmutter. Dann meinen Onkel. Es kamen ums Leben: meine Mutter, der Hausherr.«

»Ich möchte fast meinen, diese Zeit habe ich nur geträumt«, schreibt einer, »so mechanisch ging das alles.«[184]

Im Oktoberheft 1949 der Zeitschrift *Die Sammlung* schrieb Rosemarie Winter zum Phänomen solcher Aufsätze, sich auf 10 000 Aufsätze des Landes Nordrhein-Westfalen aus dem Jahre 1948 beziehend:

»Viele Stöße beschriebener Blätter – Hefte waren im vorigen Jahr noch selten – offene Auseinandersetzungen, so offen, wie es die Schüler innerhalb der bekannten zwölf Jahre niemals gedurft hätten. Die, die es noch erlebten, haben es vergessen. Einige, die erst jüngst aus der Ostzone kamen, widmen der Möglichkeit, frei schreiben zu dürfen, manchmal ein dankbares Wort.

Und die Lehrerschaft? Sie fühlte sich in vielen Fällen kontrolliert. Einige fragten: ›Sollen wir unseren Feinden diesen Einblick in die Seele unserer Jugend gestatten?‹ Es gab auch andere, die das Ergebnis dieser Sammlung als den Hilferuf auffaßten, der er ist: ›Wir haben es mit einer Jugend zu tun, deren Gemüt mit Erlebnissen und Erinnerungen belastet ist, die sie vielfach gar nicht zu verarbeiten vermag. Denn die Jugend sucht zwischen aller materieller Not auch innere Wege. Und dieser Zwiespalt fordert unsere Hilfe.‹ – Wird die Schule von heute dieser Aufgabe gewachsen sein?«[185]

Im Gebiet der jetzigen Bundesrepublik gab es nach dem Zweiten Weltkrieg etwa 1 250 000 Kinder und Jugendliche, die ihre Väter durch den Krieg verloren hatten. 250 000 von ihnen waren Vollwaisen, sie hatten also auch ihre Mutter verloren. Für das Land Bayern liegt in Hinblick auf das Jahr 1949 eine genaue Statistik vor: 244 462 Kinder und Jugendliche waren ohne Väter, 3455 von ihnen hatten auch keine Mütter mehr. Einen komprimierten zahlenmäßigen Überblick der Notlage gibt, auf gründlichen Recherchen fußend, Ulrich Chaussy: »Die Situation der 1,25 Millionen Halbwaisen war von der zwangsweisen Berufstätigkeit der Mütter geprägt. Diese Kinder und Jugendlichen blieben sich meist den Tag über selbst überlassen. Die Älteren unter ihnen mußten neben ihrer Arbeit für die Schule oder am Ausbildungsplatz frühzeitig die Verantwortung für die Aufsicht über die jüngeren Geschwister und erhebliche Mitarbeit im Haushalt übernehmen.

Vergleichbar hart, wenn nicht noch härter, war das Schicksal einer anderen Gruppe. Im Bundesgebiet lebten Ende 1949 insgesamt 1 555 000 jugendliche Heimatvertriebene im Alter von 14 bis 24 Jahren. Der durch die Bombenangriffe dezimierte Wohnraum war zu dieser Zeit selbst für die im Gebiet der Bundesrepublik traditionell ansässige Bevölkerung zu knapp. So waren 730 000 dieser jugendlichen Flüchtlinge in provisorischen Lagern und Notunterkünften auf dem Land untergebracht. Allein in Bayern lebten Ende 1949 27 000 Jugendliche in 496 sogenannten ›Massenlagern‹. In Schleswig-Holstein war die Enge noch drangvoller, dort hatte man 61 034 Jugendliche in 491 großen Lagern zusammengepfercht.

Doch selbst wenn den Flüchtlingen von den Behörden einmal Wohnraum zugesprochen war, wurden sie zumeist gegenüber den Einheimischen benachteiligt. Das ›Jugendaufbauwerk‹ wertete in einem Bericht im Januar 1950 über die Situation der Flüchtlingsjugend nachfolgendes Beispiel aus einer nicht genannten hessischen Kleinstadt als typisch: Dort lebten im Schnitt drei Einheimische in zwei Räumen, während sich bei den Heimatvertriebenen durchschnittlich neun Personen mit zwei Zimmern ungefähr gleicher Größe zufriedengeben mußten. Ein nicht unerheblicher Teil der Flüchtlinge im jugendlichen Alter zwischen 14 und 24 aber war obdachlos. Im Februar 1950 schätzte die Zeitung ›Die Welt‹ ihre Zahl auf 100 000.

Trotz aller Wiederaufbau-Anstrengungen dauerte die materiell ungesicherte Situation für große Teile der Jugendlichen über Jahre hinaus an. Im April 1952 veröffentlichte der ›Kommunalpolitische Ausschuß der SPD‹ diese Zahlen:

›Neun Millionen Kinder und Jugendliche wohnen unzulänglich, oft menschenunwürdig. Rund die Hälfte all der über 300 000 Lagerinsassen sind Kinder und Heranwachsende.‹ Und noch 1956 wohnten im gesamten Bundesgebiet etwa 100 000 Jugendliche in Heimen oder sogenannten Jugenddörfern. Ebenfalls in diesem Jahr 1956 gab es allein in Bayern noch immer 216 ›kriegsbedingte‹ Wohnlager mit insgesamt 48 000 Bewohnern. 12 000 dieser Lagerbewohner waren Kinder und Jugendliche bis 14 Jahre.«[185]

Im Oktober 1949 wandte sich der Bayerische Staatsminister für Arbeit und Soziale Fürsorge mit einem tausendfach verbreiteten *Aufruf zur Behebung der Berufsnot der Jugend* an die Öffentlichkeit: »Über 80 000 Jugendliche sind in Bayern ohne Arbeit oder Berufsausbildung. Tausende von ihnen sind jugendliche Flüchtlinge und leben in Massenlagern unter unwürdigen sozialen Verhältnissen. Handwerker, Industrielle und Kaufleute: Schafft Lehrstellen für unsere Jugendlichen! Nur einer von zehn Jugendlichen kann heute eine Lehrstelle erhalten. Der Lehrling von heute ist der Facharbeiter von morgen. Eine geordnete Berufsausbildung ist die beste Erziehung zum Staatsbürger. Müßiggang dagegen, wenn auch unverschuldeter, ist eine sittliche Gefahr und führt zu verneinender Grundhaltung gegenüber Staat und Gesellschaft . . . Die Bereitstellung von Wohnraum für Lehrlinge ist für die Behebung der Berufsnot der Jugend genauso wichtig wie die Lehrplätze selbst! Darum: Nehmt Lehrlinge in euren Familienkreis auf und meldet Unterkunftsmöglichkeiten beim Arbeitsamt.«[187] Noch im Mai 1950 waren in Westdeutschland 472 121 Jugendliche im Alter unter 25 Jahren arbeitslos gemeldet; nahm man die arbeitslosen Schulabgänger hinzu, so kam man auf eine geschätzte Zahl von 700 000. Das waren 20 bis 25 % der Gesamtzahl an Arbeitslosen.

In der Trümmerzeit nahm angesichts der wirtschaftlichen Misere die Jugendkriminalität zu. »Verwahrlosung der Jugend« wurde zu einem Schlüsselbegriff; man beklagte sich, man empörte sich, man versuchte, ihr notdürftig entgegenzutreten. Aber da die Wurzel des Übels die Umstände waren und diese Umstände lange Zeit anhielten, war man ziemlich machtlos. Ende 1947 ergab eine Umfrage Einblick in das Milieu, in dem die Jugendlichen heranwachsen mußten.[188] In Fürth zum Beispiel hatten von 11 000 Schulkindern 60 % keine festen Schuhe, 35 % schliefen zu zweien und dreien in einem Bett, 40 % hatten keine Winterkleidung. In Kassel waren 7,5 % überhaupt ohne Schuhe. In Berlin wurden 125 000 Kinder gezählt, die kein einziges Paar brauchbarer Schuhe hatten. In München lebten 20 000 Kinder von den Eltern getrennt, 17 000 schliefen nicht im eigenen Bett, 14 000 hatten keine Zahnbürste. In Mannheim gaben 70 % an, daß die Eltern nichts zum Heizen hätten; nur die Hälfte hatte einen zweiten Anzug, 12 % litten an Hungerödemen. In Frankfurt übernachteten täglich bis zu 100 Jugendliche im Hauptbahnhofbunker; von ihnen hatten durchschnittlich 60 % als einziges Ausweispapier den Entlassungsschein einer Strafanstalt.

Fallstudien[189] zeigen auf, wie weit gefächert der Begriff »Verwahrlosung« war (oft charakterisierte er nur eine besondere Form von Überlebenskunst):

Eine Zwölfjährige schreibt, daß der schönste Tag in ihrem Leben der Sterbe-

An der Havel in Berlin, um 1946   Paul Rosié, Auf der schiefen Bahn, 1948

tag des Bruders gewesen sei, weil sie damals dessen Schuhe und Pullover
bekommen habe.

Eine Dreizehnjährige wird Mutter und ein halbes Dutzend Fünfzehnjähriger
streitet sich um die Ehre der Vaterschaft.

Ein verheirateter Zweiundzwanzigjähriger studiert und treibt Schwarzhandel;
seine Kunden und seine Professoren sind gleichermaßen zufrieden mit seinen
Leistungen; schwarzhandeln muß er, um sein Studium finanzieren und seine
Familie erhalten zu können; studieren will er, um einmal mit dem Schwarzhandel
aufhören zu können.

Ein Flüchtlingsmädchen, in Stettin einst eine tüchtige Sekretärin, mit erstklas-
sigen Zeugnissen versehen, wird vom Arbeitsamt immer wieder zu Stallarbeiten
vermittelt, bis sie schließlich auf gut Glück in die Großstadt durchgeht; das
gleiche Arbeitsamt erlaubt der Tochter eines Bauern, die die Stallarbeit von Kind
auf gelernt hat, die Schreibmaschine im Büro des Dorfschulzen als Sekretärin zu
bearbeiten; die durchgebrannte Sekretärin bekommt zwar eine Stellung in der
Großstadt, nicht aber die Zuzugsgenehmigung; sie muß sich in allerlei Gefällig-
keitsquartieren aufhalten; eines Tages landet sie beim Spezialisten für Haut- und
Geschlechtskrankheiten; nun wird sie als »verwahrlost« rubriziert, die maschi-
neschreibende Bauerntochter nimmt weiter Zigaretten und Blusenstoffe entgegen, ohne daß ihr Ruf leidet.

Ein vierzehnjähriger Berliner befindet sich seit fünf Monaten in einem bayerischen Verwahrlager; sein Vater war Transportarbeiter, den ganzen Krieg

hindurch an der Front; seine Mutter in der Fabrik; warmes Essen gab es nur am Abend, dann ging es in den Luftschutzbunker. »Mein Bruder Willi ist achtzehn, HJ und mit sechzehn Jahren Volkssturm. Er kämpfte noch, als die russischen Panzer schon in Berlin waren. Die Russen haben ihm nichts getan, aber die Nachbarn. Überall flog er raus, weil die Nachbarn anzeigten, daß er bis zuletzt gekämpft hat. Als ich mit der Schule fertig war, sind wir getürmt. Schwarz über die Zonengrenze – Razzia – keine Papiere – eine Woche ins Gefängnis. Da haben wir allerlei Leute kennengelernt. Jetzt bin ich im Verwahrungslager und arbeite am Bau. Ich möchte Feinmechaniker werden – und vor allem aus diesem Lager raus. Hier wird geklaut, und die Strohsäcke sind dreckig.«

Diejenigen, die sich artikulieren konnten und wollten (in Briefen an Zeitungen, Rundfunkanstalten, vor allem auch bei Diskussionen), ließen als Hauptkomponente ihres Psychogramms, des »Seelenbildes« einer verlorenen und verratenen Generation, eine Aversion den Älteren gegenüber erkennen. Man habe weder 1933 gewählt noch sei man später abstimmungsberechtigt gewesen; das nationalsozialistische, militaristische Gedankengut sei in Schule und Lehre als das allein Wahre und einzig Richtige intensiv gepredigt worden. Ein Sechsundzwanzigjähriger schrieb: »Es erniedrigt unsere Vätergeneration, daß sie heute ihre seinerzeitige Einstellung, mit der sie uns erzogen und in tragische Schuld gestürzt hat, verleugnet. Denn wir, wir konnten keine Vergleiche zu früheren Zeiten ziehen und daher keine Kritik üben. Wo sind heute die Väter, die beim Marschieren der HJ an den Straßen standen und sagten: ›Diese glückliche Jugend!‹ Diese Väter sind heute nie Nazis gewesen. Damals jedoch forderten die meisten Jugenderzieher die Mitgliedschaft zur HJ ... Was kannten wir denn in unserer Jugendzeit, die diesen Namen wahrhaftig nicht verdient? Zwang und Befehle! Und was erlebten wir in den letzten sechs Jahren, die die glücklichsten und köstlichsten sein sollten? Grauen, Tod und herzzerreißendes Elend! Mußten wir diese Fesseln brechen, während die ältere Generation, die diese Diktatur in den Sattel hob, fast ausnahmslos nichts gegen das Regime tat? Ist das unsere Schuld?«

Neben Enttäuschung, Apathie, Ausbrüchen von Verzweiflung auch ein zaghafter Aufbauwille, Sehnsucht nach »Führung und Geleit«. Heinz Piontek – der spätere Lyriker und Schriftsteller, der damals in München Germanistik, Philosophie und Kunstgeschichte studierte – schrieb 1946 (damals 21jährig) in einem Brief, die Einsamkeit der Jugend dichterisch charakterisierend:

»Mit aufgerissenen Augen taumeln Jungen und Mädchen, durch Nöte und Gefahren der Kriegszeit älter und stiller geworden, in ein neues, unbekanntes Leben. Verständnislos hören und lesen sie über Ränke und Intrigen einer schamlosen Politik, über Blutgier, Brutalität und Größenwahnsinn ihrer Führer und glauben zu träumen, wenn man ihnen Zug um Zug beweist, daß alle Ideale, die man ihnen einst gegeben, einem überheblichen und gewissenlosen Hirn entsprungen, nicht einen Pfifferling wert sind ... Wir klammerten uns selbständig an diese Ideale, um nur den einen Gedanken nicht Herr werden zu lassen: Wir opfern uns für ein Nichts auf ... Wir stehen nun in einer neuen Welt. Die alten

Götzen haben wir zum Teufel gejagt. Wir möchten arbeiten, schaffen, um das Versäumte nachzuholen, unsere Schuld zu tilgen. Doch zu verschieden sind die neuen Pole, die uns machtvoll an sich reißen wollen. Noch ist Gut und Böse nicht in uns gefestigt, noch sind wir nicht fähig, klar unser Ziel zu sehen. Hilflos schauen wir auf die Älteren, Reifen, Erfahrenen. Wir brauchen Führer, nein, besser, Erzieher, die das Edle in uns fördern und festigen, bis wir dann selbst so weit sind, auf eigenen Füßen zu stehen. Und so bittet einer für viele: Männer und Frauen, die ihr trotz Lüge und Verleumdung mit edlem Herzen und klarem Verstand den Weg zu einem besseren Menschentum erkannt habt, nehmt euch der Jugend an.«[190]

Als die Münchner Kammerspiele, das Jugendreferat der Stadt München, die Zeitschrift *Echo der Woche* und der Bayerische Jugendring im März 1948 viele Hundert Jugendliche ins Münchner Rathaus einluden, um mit dem Dichter Carl Zuckmayer über sein Schauspiel *Des Teufels General* zu diskutieren, erhob sich spontaner Beifall, als der Dichter formulierte, daß Demokratie ein Prozeß fortgesetzter Selbstkritik sein müsse. Als ein Diskussionsteilnehmer feststellte: »Wir Jungen sehen als die eigentlich tragische Figur des Stückes den Leutnant Hartmann an« (ein junger Soldat, der anfangs an die Ideale glaubt und später deren Hohlheit erkennt), gab es wiederum donnernden Applaus, so wie bei der Äußerung eines anderen Sprechers, der feststellte: »Herr Zuckmayer, Sie können uns glauben, Nazis sind wir alle nicht mehr, aber nicht jeder von uns traf einen Harras, der ihm rechtzeitig die Augen öffnete.« Ein Mädchen beklagte: »Was uns schön und ideal erschien und woran wir uns begeisterten, wie kann dies alles, alles plötzlich verbrecherisch sein?« Scharfe Bemerkungen fielen über die Vorbilder in der heutigen Demokratie und über die Erziehungsarbeit der Besatzungsmächte. Leider, hieß es, sei ein großer Teil der Welt auf einem Wege, den man selbst überwunden habe.

Sieht so das Bild einer hoffnungslosen, apathischen, nihilistischen Jugend aus? fragte Bruno E. Werner, einer der führenden Kulturkritiker der damaligen Zeit. »Man wurde vielmehr den Verdacht nicht los, als hätte diese Jugend auf Grund ihres Erlebens einen Schritt vorwärts getan, den die Älteren in seiner Tragweite noch gar nicht begriffen haben. Dies wurde deutlich, als sich einmal ein etwa Fünfzigjähriger erhob und nicht frei von Pathos mit Brusttönen in die Diskussion eingriff. Seine Worte schwebten wie Fremdkörper im Raum und hinterließen in dieser gereinigten Luft einen peinlichen Geschmack. Denn diese Jugend ist frei von Pathos. Große Worte sind ihr verdächtig geworden. Wer sich an seine Studentenzeit nach dem vorigen Krieg erinnerte, der verglich im Geist die pathetischen, geschwollenen Reden in den damaligen Versammlungsräumen, die von Schlagworten schwirrten, von parteipolitischen Doktrinen bestimmt, von ideologischen und ständischen Vorurteilen eingeengt waren, mit den Reden dieser Jungen von 1948. Unbeholfen oder gewandt sprachen sie auf das schlichteste von ihrem eigenen Erleben, kaum einmal tauchten Schlagworte auf, und wenn, dann wurden sie mit heiterem Gelächter quittiert. Nichts war von parteipolitischen Parolen zu hören. Fragend, selbstkritisch meldeten sie sich zu Wort, und man konnte nicht übersehen, daß hinter ihrer Skepsis und Nüchternheit der Drang nach Wahrheit glühte und die Erkenntnis, daß ein gänzlich neuer Weg gefunden werden müsse. Ein Unbekannter, der mit uns die dunkle Rathaustreppe hinunterstieg, meinte: ›Von dieser Jugend können sich die Herren Politiker eine Scheibe abschneiden.‹«[191]

Diejenigen, die den gesellschaftlichen, politischen, wirtschaftlichen und kulturellen Neubeginn wagten, besaßen vielfach nicht das Vertrauen der Jugend, die sich verführt und verraten fühlte. Ob Politiker, ob Erzieher, ob Geistlicher, ob Künstler, ob Elternhaus – das Mißtrauen richte sich gegen die ältere Generation als Ganzes; das Generationenproblem sei zu einem Schlüsselproblem geworden, das Mißtrauen der Jungen gegen die Älteren drohe jede Einflußnahme dieser auf jene unmöglich zu machen, hieß es in einer Analyse der *Frankfurter Hefte* im Juli 1947.[192]

Da die Jugendverbände vor allem von älteren Funktionären wiedergegründet und -aufgebaut wurden und dabei stark an die von den Nationalsozialisten unterdrückten früheren Organisationsformen anknüpften – es handelte sich um traditionelle Jugendverbände der evangelischen und katholischen Kirche, der bündischen, sozialistischen und gewerkschaftlichen Jugend, die sich auf lokaler Ebene zu Kreisjugendringen, auf Landesebene zu Landesjugendringen (später auf Bundesebene zum Deutschen Bundesjugendring) zusammenschlossen –, war ihre Resonanz nicht sehr stark.

Großer Beliebtheit erfreute sich am Anfang die Jugendarbeit der amerikanischen Regierung, die dafür bis Herbst 1950 60 Millionen DM investierte; Herzstück der damit finanzierten Aktivitäten waren die Heime der GYA (*German Youth Activities*). Die Sympathie für diese Einrichtungen erwies sich freilich häufig als sehr vordergründig. Die Programmdirektorin der GYA-Organisation meinte 1951: »Die erste Zeit – wir nennen sie heute die Schokolade-Bonbon-Ära – zeichnete sich hauptsächlich dadurch aus, daß unsere amerikanischen Soldaten mit den deutschen Kindern ganz wie mit der amerikanischen Jugend umgingen, sie mit Candy und Coca-Cola versorgten, sie kleine Jazz-Bands bilden ließen und Baseball und Football mit ihnen spielten, denn den gerade erst in Deutschland eingetroffenen Offizieren war zu diesem Zeitpunkt die deutsche Lebensart noch unbekannt.«[193]

Die Beliebtheit von Jugendzeitungen und Jugendzeitschriften, die ein weites kulturelles Spektrum abdeckten und hohe Auflagen erreichten, war darin begründet, daß hier die Jugendlichen sich als Individuen, und zwar von ihresgleichen, von den Jüngeren nämlich und nicht von altklugen Älteren, die zudem versagt hatten, angesprochen fühlten. (Herausragend die von Franz Josef Bautz ab April 1946 herausgegebene »Zeitung der jungen Generation« *Ende und Anfang* sowie die Zeitschriften *Junge Welt, Start, Pinguin, Horizont, Ziel, Ins Neue Leben, Die Zukunft, Jugend, Wir*, die schon von ihren Titeln her das neue Lebensgefühl signalisierten.)

Die Alliierten hatten bei der Lizenzerteilung vor allem das alte Genre der Jugendzeitschrift im Auge; sie wünschten »jugendbewegte« Artikel, idealistische

Erzählungen, schwärmerische Gedichte, Sport, Wandervorschläge, Rätsel, Bastel- und Witzecke. Die Jugendzeitschriften erwiesen sich jedoch zunehmend als Debattierclubs; sie wurden zu Ventilen des aufgestauten kritischen Unmuts der jungen Generation.

Entmythologisierung

Das philosophische Bewußtsein dieser Zeit – als Kernstück geistiger Demokratie begriffen – war durch Entmythologisierung bestimmt. »Heilige Nüchternheit« sollte walten; die eigene Existenz und deren Entscheidungsfreiheit rückten in den Mittelpunkt eines neuen Individualismus. War auch der Überbau der pädagogischen Reformpläne durch die Aufforderung zu einer schwärmerischen Gläubigkeit geprägt (Glauben ans Christentum, an die Antike, an den Humanismus, an die Demokratie, an die Ideen und Ideale schlechthin), der aus der Trümmerwelt aufsteigende Skeptizismus strebte nach einer Ethik des Tuns; die Bereitschaft, die Essenz mit der Existenz zu setzen, nahm zu, als die jüngere Generation die Chance bekam, in wichtige führende Positionen zu gelangen.

Gerade im Nachdenken über Glauben und Religion wagten die geistig Unruhigen und Beunruhigten den Sprung in die Freiheit einer neuen, nun in Selbstentscheidung einzugehenden Bindung, die Bereiche einer traditionell-idealistisch-affirmativen Innerlichkeit hinter sich lassend; sie wurden dabei von »Nestoren« angeleitet bzw. »angestiftet«, die sich dem Nationalsozialismus gegenüber stets ablehnend verhalten hatten.

Große Philosophen und Theologen, in den achtziger Jahren des letzten Jahrhunderts geboren, 1945 an der Schwelle zum sechsten Jahrzehnt stehend, also die geschichtlichen Erfahrungen dieses Jahrhunderts personifizierend, spielten mit ihren Schriften in der Nachkriegszeit eine bedeutsam-irritierende Rolle. Die Rede ist von Rudolf Bultmann, geboren 1884, Romano Guardini, geboren 1885, Karl Barth und Paul Tillich, geboren 1886. (Vor allem die evangelische Theologie entwickelte sich vom kirchlichen auf ein gesellschaftsbezogenes Denken zu; sie griff über die Exegese hinaus und verstand sich als handlungsorientierte Wissenschaft.)

Romano Guardini, der aus dem katholischen Zweig der Jugendbewegung hervorgegangen war, bewirkte mit seinen Nachkriegsvorlesungen an der Universität München (seit 1948) eine Regeneration des Laienkatholizismus. Sein 1950 erschienenes Buch *Das Ende der Neuzeit* (hervorgegangen aus Vorlesungen erst in Tübingen, dann in München) kommt zu dem Ergebnis, daß die neuzeitlichen Ideen »Natur«, »Subjektivität«, »Kultur« nun versänken. Die Natur büßt ihre rettende und bergende Kraft ein, sie erscheint unvertraut und gefährlich; an die Stelle der reichen Individualität tritt der Massenmensch; die Verheißungen der Kultur werden mit der Erschütterung des Vertrauens in einen automatischen Fortschrittsprozeß unglaubwürdig. Gerade dadurch aber eröffne sich dem Menschen die Chance, nun endlich »Person« zu werden, d. h. die Verantwortung, in die ihn Gott gerufen hat, auf sich zu nehmen. »In jeder Person fällt die Entscheidung über den Sinn der Welt.« Diese Zuversicht basiert auf der Annahme, daß Personalität und Individualität sich gleichsam umgekehrt proportional zueinander verhalten. Der Mensch muß erst die natürlichen und kulturellen Reichtümer verlieren, die ihm seine individuelle Selbstverwirklichung ermöglicht haben, um die Wesentlichkeit seiner Armut, seines auf sich gestellten und zugleich absolut beanspruchten Personseins erfahren zu können. Guardini bot mit seiner Theologie einer in Trümmern lebenden und geistig verstörten Generation eine Orientierungshilfe an, die sie mit Begierde aufgriff.

»Der Orientierungsversuch spiegelt die Aufbruchsstimmung wider, die nach 1945 in Deutschland herrschte. Motiviert war er wohl durch das Bedürfnis, die – allerdings nie wirklich beim Namen genannte – Naziherrschaft aus jahrhundertelangen Entwicklungen zu verstehen. Aber das leitende Ziel ist nicht Kritik der Vergangenheit, sondern Verständigung über die Tendenzen, in denen eine neue Epoche sich ankündigt. ›Mit genauestem Recht‹, heißt es in dem Buch, ›kann man sagen, daß von jetzt an ein neuer Abschnitt der Geschichte beginnt.‹ Im herannahenden Zeitalter sieht Guardini im Grunde sogar mehr als bloß eine Epoche. In seiner Sicht ist der Augenblick gekommen, in dem der Mensch sich entweder endgültig verliert oder sich so verwirklicht, wie es seiner ewigen Bestimmung entspricht.«[194]

Der Schweizer Karl Barth, als maßgebender Vertreter der Bekennenden Kirche zum Sprecher geistiger Erneuerung legitimiert, vertrat auf protestantischer Seite eine Theologie, die den Nationalsozialismus als Folge einer »Welt ohne Gott« begriff. Mit seiner Kritik an religiöser Saturiertheit, an den versteinerten Institutionen, der Fehlentwicklung der Kirche radikalisierte er den Religionsbegriff; der Gläubige war herausgefordert, sich existentiell zu bewähren. Barth, der 1934 als Bonner Hochschullehrer den Eid auf Hitler verweigert hatte und Deutschland verlassen mußte, galt als der eigentliche Programmatiker des theologischen Widerstandes im Dritten Reich; einer seiner Anhänger war der später von den Nazis hingerichtete Pastor Dietrich Bonhoeffer.

»Wir dürfen Gottes Zeugen sein. Seine Advokaten, Ingenieure, Manager, Statistiker und Verwaltungsdirektoren zu sein, hat er uns nicht berufen.« Barth forderte dazu auf, und das entsprach der Leidenssehnsucht der Trümmergeneration wie ihrem Leidensmut, den Weg durch den Abgrund hindurch zu nehmen und sich nicht an ihm vorbeischleichen zu wollen. Im Brief an die kriegsgefangenen Theologen (Juli 1945) heißt es: »Ist es nicht, als ob alle Engel des Himmels den Atem anhielten in Erwartung dessen, was jetzt, wo es mit allem deutschen Reichtum, Ruhm und Stolz zu Ende ist, unter den Deutschen geschehen könnte, geschehen müßte. Man könnte die Deutschen beneiden um das Angebot, das jetzt gerade ihnen gemacht wird.«[195] Damit bekundete Barth seine große Hoffnung auf die geistige und moralische Erneuerung eines Landes, dem gerade dadurch, daß es heimgesucht war, das »Heilende« zuwuchs.

Dem Menschen, so Rudolf Bultmann, sei ein endliches Wissen um sich selbst gegeben, das aller Reflexion, allen anthropologischen Feststellungen und erkenntnistheoretischen Problemen vorausliege; dieses sein Urwissen ergebe sich aus der »Urtat« des gläubigen Anerkennens, mit der er sich der Erlösung unterziehe; sie lasse ihn von sich selbst loskommen und frei werden für die offene Zukunft Gottes. Der Glaube, in dem wir unsere eigene Nichtigkeit anerkennen und uns als Sein-Können, als Möglichkeit unserer selbst, entdecken lernen, sei die Befreiung zur Zukunft, sei bereits das Heil; er gebe dem offenbaren Worte Gottes die Antwort.[196]

»Der Mensch ist aber kein vorhandenes Ding, das objektivierend gesehen werden kann, wie etwa eine Sache, ein Tier. Der Mensch transzendiert sich selber, ist nur im Verhältnis zu einer transzendenten Welt Mensch. Nur im Bezug zu einem jenseits seiner selbst ist er als Mensch verstehbar.

Das erklärt ja gerade der Begriff der Geschichtlichkeit, wie Heidegger ihn gefaßt hat: der Mensch ist geschichtlich, das heißt, sein Jetzt steht immer in einer Entscheidung zwischen seiner Vergangenheit mit ihrem Erbe oder ihrem Fluch und seiner Zukunft, die auf ihn zukommt. Und so kann man sagen, daß der Mensch immer nur der ist, der er wird. Er selbst steht sich noch bevor, sein wahres Jetzt liegt vor ihm, und er kann es gewinnen, er kann es auch verlieren – im Leben wie im Sterben; auch im Tode wird Gott auf mich zukommen und mich herausfordern in seine Zukunft, in meine Freiheit. Wie er mir begegnen wird, weiß ich nicht zu sagen; aber ich weiß, daß er mich da trifft und mir die Freiheit eröffnet . . .«[197]

Die biblische Mythologie, die Bultmann vom Standpunkt der modernen Naturwissenschaft aus kritisiert, ohne daß er deshalb meint, diese könne die ganze Wirklichkeit umfassen, redet von Gott in »unangemessener« Weise. Mythen erweisen sich als Ausdruck für die Einsicht, daß der Mensch nicht Herr der Welt und seines Lebens ist, daß die Welt, in der er lebt, voller Rätsel und Geheimnisse steckt. Die Mythologie ist der Ausdruck eines bestimmten Verständnisses der menschlichen Existenz; sie glaubt, daß die Welt und das Leben ihren Grund und ihre Grenze in einer Macht haben, die außerhalb von all dem steht, was wir berechnen und kontrollieren können. Insofern kommt der Mythos der ganzen, die Welt umfassenden Wahrheit näher als die Naturwissenschaft; nur spricht die Mythologie über diese Macht auf unzureichende Weise, denn sie spricht von ihr wie von einer weltlichen Macht. Der Mythos objektiviert das Jenseitige zum Diesseitigen. Die radikale Wahrheit aber ist eine solche der Entmythologisierung: Mythos ist nur das Kleid der Religion. Man kann nicht elektrisches Licht und Radioapparat benutzen, in Krankheitsfällen moderne Medizin und klinische Mittel in Anspruch nehmen und gleichzeitig an die Geister und Wunderwelt des Neuen Testaments glauben. Erledigt sind Geister- und Dämonenglaube, erledigt sind die Wunder als Wunder. Erledigt sind die Geschichten von Himmel- und Höllenfahrt Christi, von der Wiederkehr des Menschensohns zum Jüngsten Gericht. Daß die Worte der Schrift Worte Gottes sind, kann man nicht beweisen. Darin liegt aber nicht die Schwäche des Glaubens, sondern seine wahre Stärke; denn wer jede Sicherheit aufgibt, wird wahre

Gewißheit finden. Der Mensch kann von Gott kein objektiviertes Wissen haben. Für Bultmann ist die radikale Entmythologisierung die Parallele zur paulinisch-lutherischen Lehre von der Rechtfertigung ohne des Gesetzes Wert, allein durch den Glauben. Entmythologisierung zerstört jedes Verlangen nach Sicherheit; es gibt keinen Unterschied zwischen der Sicherheit auf der Basis von guten Werken und der Sicherheit, die auf objektivierendem Wissen beruht. Der Mensch, der an Gott glaubt, müsse wissen, daß er nichts in Händen hat, worauf hin er glauben könne, daß er gleichsam in die Luft gestellt ist und keinen Ausweis für die Wahrheit des ihn anredenden Wortes verlangen kann. Grund und Gegenstand des Glaubens sind identisch.[198]

Credo, quia absurdum. Eine Generation, die ihre Sach' auf nichts gestellt sah, erlebte in der existentialistischen Herausforderung einer solchen Theologie eine neue Qualität von Hoffnung: »Geworfen« in eine alles umfassende Unsicherheit, fand man Grund in der Entscheidung zum Glauben. Auch im Weltlich-Gegenwärtigen galt: Man hatte nichts in Händen, aber man konnte »guten Glaubens« sein – wenn man den Gutgläubigen mit ihren »versichernden« Mythen mißtraute.

Erst die Existenz setzt die Essenz

Neben die theologische Radikalität, die in einer Welt ohne Transzendenz die Transzendenz zur eigentlichen Welt erklärte, trat der atheistische Existentialismus, der die Transzendenz der Immanenz entdeckte. Übereinstimmung bestand bei beiden Strömungen darin, daß erst die Existenz die eigentliche Essenz setze, die Existenz der Essenz vorausgehe; daß man in Tradition, Glaube, Sitte keine vorgegebenen, verläßlichen Strukturen besitze, in denen man sich geborgen fühlen könne. Man war in diese Welt »geworfen«, auch in ihr »verworfen«; mußte sich dadurch zurechtfinden, daß man Verantwortung durch Entscheidung übernahm. Der Mensch – so Jean-Paul Sartre, der in der Trümmerzeit zunehmend Einfluß auf das deutsche Geistesleben ausübte – unterliegt als handelndes Wesen in seinen Entschlüssen keinen bestimmten Notwendigkeiten; was er ist, wird er erst durch die Art, wie er handelt. Für dieses Handeln gäbe es keine andere Anweisung als die, daß sie auf unserer eigenen freien Entscheidung beruhen müsse; sich dabei an irgendwelche Normen binden, hieße, die Freiheit verraten. Auf die Frage, warum man jeweils sich so und nicht anders entschieden habe, bleibt für den freien Menschen Sartres nur zu sagen übrig: Eben weil ich mich so entschieden habe. Die Freiheit, so wandten besorgte deutsche Philosophen ein, könne da an ihrem eigenen Überschwang ersticken, denn wo gar keine Gründe des Für oder Wider mehr möglich seien, werde der Mensch letztlich nichts mehr zu entscheiden haben und sich damit begnügen müssen, wie eine Kugel zwischen den Klippen des Lebens einherzurollen.

Die Kunde von Sartre und seiner Philosophie blieb zunächst vage; noch im

Juli 1947 stellte Julius Ebbinghaus, Professor der Philosophie in Marburg, fest, daß er Sartres Romane nicht habe auftreiben können. »Aber vielleicht gelingt es, die Besatzungsbehörden zu einer Lockerung der Büchersperre zu veranlassen, wenn wir ihnen vorstellen, wie gern wir wüßten, was für eine aufregende Literatur die Franzosen dadurch zuwege gebracht haben, daß sie einer in Dänemark erfundenen, in Deutschland systematisierten Philosophie den allzu tiefsinnigen Kopf abschlugen.«[199] (Gemeint waren damit Kierkegaard, Jaspers und Heidegger.)

Immerhin brachte einige Zeit danach der von den Russen gegründete Berliner Theaterclub »Möwe« – die arrivierte Kunstwelt traf sich dort bei Bier, Wodka, Würstchen, Borschtsch – Sartres 1942 entstandene existentialistische Orestie *Die Fliegen* heraus. Zur Premiere war der Dichter mit seiner Lebensgefährtin Simone de Beauvoir angereist.[200]

Orest hat den Mord an Stiefvater und Mutter vollzogen; während Elektra, der Mitwisserin, das Gewissen schlägt, steht Orest ganz zu seiner Tat. »Ich habe *meine* Tat getan, Elektra, und diese Tat war gut. Ich werde sie auf meinen Schultern tragen, wie ein Fährmann die Reisenden durchs Wasser trägt. Ich werde sie ans andere Ufer bringen und darüber Rechenschaft geben. Und je schwerer sie zu tragen ist, um so mehr werde ich mich freuen, denn meine Freiheit, das ist diese Tat. Gestern noch ging ich aufs Geratewohl über die Erde, und Tausende von Wegen flohen unter meinem Schritt, denn sie gehörten andern. Ich bin sie alle gegangen, den Weg der Treidler, der den Fluß entlangführt, und den Saumpfad, und die gepflegte Straße der Wagenlenker, aber kein einziger gehörte mir. Heute gibt es nur einen, und Gott weiß, wohin er führt, aber es ist *mein* Weg.« Die Erinnyen, einst dunkle Mahner an göttliche Gerechtigkeit, gibt Sartre als Schar widerlicher Schmeißfliegen, welche die Stadt bedecken und zu einem Ort des Ekels machen. Die Götter selbst gleichen einer Bande feilschender Gauner; die Angst und das schlechte Gewissen der Menschen sind ihnen ein »angenehmes Düftchen für die Nase«. Orest sagt sich von ihnen los; er allein gibt sich die Gesetze seines Handelns; er ist sich sein eigener Gott. »Ich bin weder Herr noch Knecht, Jupiter, ich *bin* meine Freiheit! Kaum hast du mich erschaffen, so habe ich auch schon aufgehört, dein eigen zu sein . . . Plötzlich ist die Freiheit auf mich herabgestürzt, und ich erstarrte, die Natur tat einen Sprung zurück, und ich hatte kein Alter mehr, und ich habe mich ganz allein gefühlt, inmitten deiner kleinen, harmlosen Welt, wie einer, der seinen Schatten verloren hat, und es war nichts mehr am Himmel, weder Gut noch Böse, noch irgendeiner, um mir Befehle zu geben . . . Mir selber fremd, ich weiß. Außerhalb der Natur, gegen die Natur, ohne Entschuldigung, ohne andere Entschuldigung, ohne andere Zuflucht als zu mir selbst. Aber ich werde nicht unter dein Gesetz zurückkehren: ich bin dazu verurteilt, kein anderes Gesetz zu haben als mein eigenes. Ich werde nicht zu deiner Natur zurückkehren: tausend Wege sind darin gezogen, die zu dir führen, aber ich kann nur meinem Weg folgen. Denn ich bin ein Mensch, Jupiter, und jeder Mensch muß seinen Weg erfinden.«[201]

In den Westzonen waren Sartres *Fliegen* zunächst wegen ihres aufrührerischen und auch amoralischen Gehalts verboten; im September 1947 brachte Gustaf Gründgens sie dann in Düsseldorf heraus. Von einer Aufführung des Dramas in Berlin berichtete Friedrich Luft im Februar 1948, zugleich die inzwischen »fortgeschrittene« Diskussion über den Existentialismus charakterisierend:

»Es waren ›Die Fliegen‹ Sartres gezeigt worden, die vom Regisseur so kompakt auf die Bühne gebracht worden waren, daß der Berliner Witz das Stück schon am Abend der Premiere in ›Die Brummer von Fehling‹ umtaufte. Aber um so schwerer war durch die sehr deutsche Darstellung das Gedankengewicht geworden: Abkehr von der Reue und das Postulat unbeschränkter Freiheit des Menschen. Als Sartre in der vergangenen Woche in Berlin eintraf, als er vom Magistrat der Stadt, vom Schutzverband deutscher Autoren empfangen wurde, als er in privater Diskussion sich zur Begriffserklärung stellte, mußte der zuvor hergestellte Eindruck völlig revidiert werden. Klein, völlig unprätentiös, höchst interessiert hinter den dicken Brillengläsern hervorblickend, verbindlich und geschickt im Umgang, hatte er gar nichts von dem Zerrbild eines lustvoll bei Absinth mit dem Nihilismus liebäugelnden, verantwortungslosen Literaten . . . Er brachte Klärung, als er am Sonntagvormittag im überfüllten Hebbeltheater sich zu einer Rundtischdiskussion stellte. Klüglicherweise beschränkte er das Thema auf eine Aussprache, die nur von den hier bekannten ›Fliegen‹ ausgehen sollte. Und wieder bestach die Art, wie er die oft hitzig werdende Diskussion immer wieder in die Sphäre sauberen Denkens zurückführte . . . Sartre zeigte, wie sein Stück, das als ein verkappter Aufruf zur Résistance während deutscher Okkupation geschrieben war, heute und hier offenbar die Wirkung verkehrt hat: Die Negierung der Reue, die er damals, als von den Nazis suggeriert, bekämpft habe, käme offenbar in der heutigen deutschen Situation gerade denselben Nazis zu Hilfe. Auf das mit sichtbarem Behagen von marxistischer Seite vorgebrachte Argument, daß so das Stück also gerade dem dialektischen Prozeß unterlegen sei, den Sartre in seinem System leugne, konnte er erwidern, daß Reue geschichtlich nie Handlung ausgelöst habe. Wohl aber Verantwortlichkeit, die er in seinem Stück niemandem erlasse. Wenn er volle Freiheit fordere, so ziehe die auch die absolute Verantwortung mit sich. Hier kam ihm der Einwand von der christlichen Tischseite: Freiheit ohne Richtung sei unstatthaft. Freiheit, wofür postuliere er denn? Sartre gab zurück, daß diese Fragestellung schon unfrei sei. Auch der Christ habe ja seine Freiheit schon benutzt, indem er Gott wählte. Er, Sartre, der Atheist, habe sie gebraucht, um Gott zu negieren. Auf dieses Argument konnte ihm der christliche Redner die Grunddifferenz zwischen ihren beiden Anschauungen entgegenhalten, daß nämlich in der christlichen Welt unweigerlich das Wesen vor dem Sein fungiere. Er schloß versöhnlich mit dem sehnsüchtigen Pascal-Zitat, daß der Christ in der Angst lebe, Gott zu verlieren, der Atheist aber in der Furcht, ihn zu finden. Sartre stellte dann, wieder von marxistischer Seite attackiert, seinen Freiheitsbegriff klar, den er dreigeteilt definierte als metaphysische, als künstlerische und endlich als soziale und politische Freiheit.«[202]

Man begann den Wurzeln des existentialistischen Denkens nachzuspüren. Karl

Jaspers war, im Gegensatz zum französischen Philosophen, in der Trümmerwelt von Anfang an präsent. Daß man im Scheitern das eigentliche Sein ergreife, war Balsam für die Wunden derjenigen, die in der Stunde Null zunächst keine Hoffnung mehr gefaßt hatten. Jaspers hatte aufgezeigt, daß die Menschen zwar beständig im Namen gewisser angeblich absoluter Forderungen zu handeln und zu denken vorgäben, daß aber das, was sie wirklich täten, dazu im krassen Widerspruch stünde. Sie redeten von Sittlichkeit und Recht, aber gerade in diesen Forderungen verberge sich die Unsittlichkeit und die Gewalt; sie verdammten wechselseitig ihre Meinungen im Namen irgendeiner Wahrheit, aber diese unerfüllbare Prätention von Wahrheit sei es, die alle zu Lügnern mache. Was sich unter dem Deckmantel der Objektivität breitmache, sei in Wirklichkeit die sich widerrechtlich aufblähende Subjektivität selber, die eben dadurch die Subjektivität der anderen wie die eigene verletze. Demgegenüber hielt sich der existentielle Dialektiker an das Paradoxon, daß der Mensch nur im Verzicht auf jegliche Normativität seines Tuns die Norm für seine Existenz habe, in der er den Weg zu sich selbst und den anderen finden könne.

Auch die Philosophie Martin Heideggers wurde wiederentdeckt; sie begreift das Dasein des Menschen als Sorge; der Mensch verliert sich in den mannigfaltigen weltlichen Besorgungen und Besorgnissen. Die Angst erscheint als Grundbefindlichkeit, die die Verlorenheit in einer »unheimlichen« Welt offenbart. In seinem Buch *Holzwege* (erschienen 1949) gab Heidegger eine »Stimmung« wieder, die seit Nietzsche den deutschen Geist bestimmte, die Stimmung des Untergangs nämlich.

Der dem Selbstruin sich entgegenstellende Planungsoptimismus würde mit seinen mehr und mehr sich vervollkommnenden und verselbständigenden Werkzeugen der Wissenschaft und Technik den Fortschritt auf dem Wege des Verderbens noch fördern. Ähnlich wie bei Gottfried Benn zeigt sich bei Heidegger stets ein schicksalhaftes, mythisches Untergangsdenken, das sich mit einem starken Antiaffekt der Technik gegenüber verbindet und in einer Sprache ausdrückt, die mit ihren raunenden Mystifikationen »Aufklärung« (Erhellung durch Ratio und »logisches« Denken) verhindert.[203]

Die Verpackung als Botschaft! Theodor W. Adorno nannte solches »Sprechen« später »Jargon der Eigentlichkeit«; Heuchelei werde zum Apriori: alltägliche Sprache jetzt und hier gesprochen, als wäre sie die heilige. »Dieser könnte eine profane sich nähern durch Distanz vom Ton des Heiligen, nicht durch Nachahmung. Blasphemisch frevelt daran der Jargon. Bekleidet er die Worte fürs Empirische mit Aura, so trägt er dafür philosophische Allgemeinbegriffe und Ideen wie die des Seins so dick auf, daß ihr begriffliches Wesen, die Vermittlung durchs denkende Subjekt, unter der Deckfarbe verschwindet: dann locken sie als Allerkonkretestes. Transzendenz und Konkretion schillern; Zweideutigkeit ist das Medium einer sprachlichen Haltung, deren Lieblingsphilosophie jene verdammt.«[204]

Als der eigenen Situation am meisten entsprechend empfand man Albert Camus' *Mythos von Sisyphos*. Auch wenn der Text seines Werkes (1943) noch nicht verfügbar war, sein »absurdes Denken« war gewissermaßen osmotisch ins Trümmerjahrbewußtsein eingeflossen. Man war fasziniert von der Idee, daß Handeln zugleich sinnlos wie sinnvoll sein konnte. Es galt den Stein zu wälzen, ohne Chance, ihn nach oben zu bringen – und doch Glück zu empfinden. Wer sich zu aktivem Tun entschloß, gab seiner Existenz den Sinn, den ihr die Realität vorzuenthalten schien. Der *Mythos von Sisyphos* wurde zum Brevier einer Generation, die dem Druck des anonymen Schicksals dadurch zu entfliehen suchte, daß sie dieses als »eigenes« annahm. Denn darin besteht die ganze verschwiegene Freude des Sisyphos: sein Schicksal gehört ihm, sein Fels ist seine Sache. »Der absurde Mensch sagt Ja, und sein Mühsal hat kein Ende mehr.«

Wenn es ein persönliches Geschick gibt, dann gibt es kein übergeordnetes Schicksal oder zumindest nur eines, das er unheilvoll und verächtlich findet. Darüber hinaus weiß er sich als Herr seiner Zeit. Gerade in diesem Augenblick, in dem der Mensch sich wieder seinem Leben zuwendet (ein Sisyphos, der zu seinem Stein zurückkehrt), bei dieser leichten Drehung betrachtet er die Reihe unzusammenhängender Taten, die sein Schicksal werden, seine ureigene Schöpfung, die in seiner Erinnerung geeint ist und durch den Tod alsbald besiegelt wird. Überzeugt von dem rein menschlichen Ursprung alles Menschlichen, ist er also immer unterwegs – ein Blinder, der sehen möchte und weiß, daß die Nacht kein Ende hat. Der Stein rollt wieder.

»Ich verlasse Sisyphos am Fuße des Berges! Seine Last findet man immer wieder. Nur lehrt Sisyphos uns die größere Treue, die die Götter leugnet und die Steine wälzt. Auch er findet, daß alles gut ist. Dieses Universum, das nun keinen Herrn mehr kennt, kommt ihm weder unfruchtbar noch wertlos vor. Jedes Gran dieses Steins, jeder Splitter dieses durchnächtigten Berges bedeutet allein für ihn eine ganze Welt. Der Kampf gegen Gipfel vermag ein Menschenherz auszufüllen. Wir müssen uns Sisyphos als einen glücklichen Menschen vorstellen.«[205]

Und dann war der Stein doch plötzlich oben. Der kalte Krieg machte es möglich. Der philosophische Radikalismus wurde durch den von den westlichen Alliierten in Gang gebrachten deutschen Materialismus verdrängt. Die nun reüssierende »skeptische Generation«, die den Weg ins Wirtschaftswunderland planierte, war »skeptisch« insofern, als sie der Welt der Ideen mißtraute.[206] Der Mut zum Absurden wurde ersetzt durch einen geschärften Wirklichkeitssinn, der für das Praktisch-Handfeste sich entschied. An die Stelle von Existentialismus trat Konkretismus; die geistige Ernüchterung setzte Kräfte frei für die Entfaltung ungewöhnlicher Lebenstüchtigkeit. Die Vertikale der Innerlichkeit schlug um in die Horizontale eines expansiven Erfolgsstrebens, das sich mehr für die Preise als für die Werte interessierte.

Als die vierziger Jahre zu Ende gingen, als die westdeutsche Gesellschaft mehr und mehr durch Wiederaufbauprozesse, Restauration und Konsolidierung wie Steigerung des Lebensstandards bestimmt war, fand sich eine Jugend ein, die eine tiefgreifende Sehnsucht nach Sicherheit bewegte; sie sah ihre wesentliche Aufgabe darin, die persönliche und private Welt des Alltags vom Materiellen her zu stabilisieren und in ihrer Lebensqualität auszubauen. Der »Skeptizismus« als geistige Einstellung dieser Jugend war eine Absage an romantische Freiheits- und Naturschwärmereien, an einen vagen Idealismus, dem die Konkretisierungsmöglichkeiten fehlten, aber auch an intellektuelle Planungs- und Ordnungsschemata, die das Ganze mit einem Griff zu erfassen und zu erklären glaubten. Vorherrschend war ein geschärfter Wirklichkeitssinn und ein unerbittliches Realitätsverlangen. Aus solcher Grundeinstellung entwickelte sich eine fast meisterliche Bewegungsfähigkeit in den Bezirken des praktischen Lebens, ein klarer und sicherer Sinn für das Mögliche und Nötige, ein scharfes, nüchternes Abschätzen eigener und anderer Fähigkeiten und ein erstaunliches Gespür für Nützlichkeiten.

Der Existentialismus, wie er in aufwühlender Weise die Sensibilisierten der Trümmergeneration bestimmt hatte, verkam zur Mode. Die Essenz wurde freilich weiterhin durch Existenz gesetzt: als Freiheit zum Konsumzwang, der das Sozialprestige bestimmte. Das Absurde, vom Kopf auf die Füße gestellt, lernte gehen; bewegte sich aus dem Gefilde der Sinnfragen in die Bezirke des Zweckhaften. Im Verdinglichten fanden die armen Seelen Ruh'.

Abb. gegenüberliegende Seite: Am Hauptbahnhof München, 1949 (Photo: Hans Schürer)

Die unermüdliche wechselseitige
Durchdringung der Meinungen

Glanz und Elend der Lizenzpresse

In keinem anderen Bereich, so Norbert Frei, haben die strukturellen und perso-
nellen Eingriffe der Alliierten eine so fundamentale Bedeutung für die spätere
Entwicklung in der Bundesrepublik erlangt wie bei Presse und Rundfunk.[207] Der
Gedanke der Umerziehung fand hier einen besonders fruchtbaren Boden, und
zwar aus verschiedenen Gründen:

Die westlichen Alliierten kannten aufgrund ihrer eigenen Geschichte die
große Bedeutung der Publizistik für eine demokratische Gesellschaft.

Es standen ihnen hervorragende Experten zur Seite, die zum einen über lange
Erfahrungen mit der Pressefreiheit in England und Amerika verfügten, zum
anderen sich aber auch der Fehlentwicklungen des westlichen Pressewesens
bewußt waren; die Tabula rasa der Stunde Null verschaffte ihnen die Chance,
idealtypische Konstruktionen im besetzten Land zu versuchen.

In der deutschen Bevölkerung bestand ein großer Hunger nach Information, verstärkt durch die Einsicht, die selbst bei ehemaligen Nationalsozialisten um sich griff, daß man durch die nationalsozialistische Propaganda in unglaublicher Weise belogen worden war.

Die alliierten Presseoffiziere hatten nicht nur eine gute Personenkenntnis hinsichtlich unbelasteter Journalisten, sondern auch ein gutes Gespür für junge Kräfte, die bald zum Zuge kamen (auch wenn die Veteranen von Weimar dominierten). Dem Nachwuchsproblem widmete man große Aufmerksamkeit. München wurde zum Zentrum von Förderungsmaßnahmen: Otto Groth, ein 1933 entlassener ehemaliger Redakteur der *Frankfurter Zeitung* und Zeitungswissenschaftler, führte ab 1946 Pressekurse durch; Werner Friedmann, Mitlizenzträger der *Süddeutschen Zeitung*, rief eine Lehrredaktion ins Leben, aus der die Deutsche Journalistenschule e. V. hervorging.

Als »Hauptheer« standen freilich vornehmlich diejenigen wieder zur Verfügung, die im Dritten Reich mitgemacht und sich nun umgestellt hatten; ihre Entnazifizierung erfolgte verhältnismäßig zügig; man wollte ihre Erfahrung nutzen.

Die alliierte Pressepolitik hatte für die erste Phase ein allgemeines Blackout vorgesehen; bis zur Gesamtkapitulation sollte die Bevölkerung von jeder Information abgeschnitten sein; beabsichtigt war, solcher »Reinigung« die Reorientierung in Form eines neuen Pressewesens folgen zu lassen. Da aber der Krieg noch längere Zeit auf deutschem Boden andauerte, konnte man das Konzept nicht verwirklichen. Während in Berlin und München noch der *Völkische Beobachter* als offizielles Organ der NSDAP herausgebracht wurde, mit immer neuen Durchhalte- und Endsieg-Parolen, wurden im westlichen Deutschland bereits alliierte Armeegruppenzeitungen in deutscher Sprache veröffentlicht. Am 24. Januar 1945 erschien das erste dieser Blätter, die *Aachener Nachrichten*, gegründet von einem Team des Presse-Abteilungsleiters der PWD (*Publicity and Psychological Warfare Division*) im Alliierten Hauptquartier, Luther Conant; als Herausgeber fungierte der Sozialdemokrat Heinrich Hollands. Die Schlagzeilen der Titelseite waren: »Russischer Siegeszug rollt weiter«, »Bromberg erobert, Ostpreußen überrannt, 270 km vor Berlin«, »Alliierte Flugzeuge zerschlagen Rundstedt's Rückzugskolonnen«, »Alliierte Bomber greifen Treibstofflager in Duisburg an«, »Alliierte Heeresleiter konferieren«, »Amerikanische Truppen rücken auf Manila vor«, »Firmenfabrikant erhält Gefängnis wegen Hamsterei«, »Polizeistunde wird morgen vorgerückt«.

Die *Aachener Nachrichten* stellten eine Art Pilotprojekt dar; von Bad Nauheim aus schuf und dirigierte dann der Leiter des PWD in der 12. Armeegruppe, Hans Habe, acht dieser Armeegruppenzeitungen in deutscher Sprache, die eine Gesamtauflage von fast vier Millionen Exemplaren erreichten; sie wurden regionalisiert und erhielten Namen wie *Kölner Kurier*, *Braunschweiger Bote*, *Augsburger Anzeiger*, *Stuttgarter Stimme*. Als »Habe-Presse« stellten diese Zeitungen zwar nur eine Übergangslösung dar, verzögerten aber vielfach den Beginn der Lizenzierung neuer deutscher Zeitungen.

Die Ablösung der alliierten Militärzeitungen durch die deutsche Lizenzpresse führte dann zum eigentlichen »Pressewunder«. Am 27. Juni 1945 wurde die erste Lizenz an die *Aachener Nachrichten* erteilt, die dadurch an einen deutschen Herausgeber überging; am 1. August 1945 folgte die *Frankfurter Rundschau*. Zwischen Juli 1945 und September 1949 lizenzierten die drei Westmächte auf der Basis der Nachrichtenkontroll-Vorschrift Nr. 1 vom 12. Mai 1945 155 neue Tageszeitungen (Amerikaner und Briten je 61, die Franzosen 33). Darunter waren in der amerikanischen Zone die *Süddeutsche Zeitung* (München), die *Nürnberger Nachrichten*, der *Münchner Merkur*, die *Stuttgarter Zeitung*, die *Stuttgarter Nachrichten*, der *Weser-Kurier* (Bremen). In der britischen Zone wurden u. a. die *Rheinische Post* (Düsseldorf), die *Westfälische Rundschau* (Dortmund), die *Hannoversche Presse*, das *Hamburger Echo*, die *Kölnische Rundschau* und die *Freie Presse* (Bielefeld) genehmigt. Zugelassene Berliner Zeitungen waren *Der Tagesspiegel*, *Telegraph*, *Der Kurier*, *Der Morgen*, *Nachtexpreß*, *Berlin am Mittag*.

Gerade am Beispiel Berlins kann man das rasche Entstehen einer vielfältig gegliederten »Zeitungslandschaft« gut illustrieren. Von einem »Zeitungsparadies Berlin« spricht Peter Weidenreich, der Berliner Chefkorrespondent der *Neuen Zeitung*, bereits acht Monate nach Kriegsende.[208] Drei Millionen Berlinern stünden täglich etwa drei Millionen Zeitungen zur Verfügung. 1937/38 wurden für über vier Millionen Berliner täglich nur 2,5 Millionen Zeitungen gedruckt. »Der Grund für die Popularität der neuen journalistischen Produkte ist neben dem

Verkauf der »Süddeutschen Zeitung« in München, 1946 (Photo: Hans Schürer)

Bedürfnis des deutschen Lesers nach den Informationen einer freien Presse zweifellos darin zu suchen, daß jedes der Berliner Blätter, in größerem Maße, als es selbst vor 1933 der Fall war, allmählich einen ganz ausgeprägten und entschiedenen Charakter entwickelt. Der durchschnittliche Zeitungsleser in Berlin kauft sich täglich mindestens zwei Blätter, und zwar gewöhnlich ein ›Nachrichtenblatt‹ und eine ›Parteizeitung‹.«

Der Berliner, das Nachrichtenblatt der britischen Militärbehörde, sei wohl die beliebteste Zeitung Berlins; es unterscheide sich von anderen Blättern dadurch, daß es fast ausschließlich unkommentierte Nachrichten bringe. Der Tagesspiegel führe eine außerordentlich scharfe Feder, auf unparteiliche Weise; in den Artikeln sollen den deutschen Lesern die Zusammenhänge der gegenwärtigen Weltpolitik und auch die Zusammenhänge der Ereignisse in den letzten zwölf Jahren deutlich gemacht werden. Der Nachtexpreß erinnere nicht nur dem Namen nach, sondern auch in Aufmachung und Stil an die ehemalige Berliner Nachtausgabe; das Boulevardblatt bringe die Abendnachrichten unter Benutzung mehrerer Nachrichtenagenturen, einen Fortsetzungsroman mit dem Titel »Mord in der Oper« und Lokalglossen mit Schlagzeilen wie »Dreimal klopfen, einmal Kaviar«.

»In den letzten Monaten hat sich in der Berliner Presse eine ziemlich scharfe Polemik entwickelt, die, von einigen unerfreulichen Ausnahmen abgesehen, im allgemeinen objektiv und sachlich bleibt. Maßnahmen des Magistrats oder der Parteien, Forderungen der Anhänger des Föderalismus, die Handhabung der politischen Säuberung, peinliche soziale Erscheinungen der Nachkriegszeit, die Frage der parteipolitischen Einheit werden lebhaft erörtert und kritisiert. Auch auf dem Gebiet der Kultur und der Kunst finden angeregte Kontroversen statt. Die starre Uniformiertheit der nationalsozialistischen Presse ist in Berlin einer anregenden und vielfach fruchtbaren Vielseitigkeit gewichen und die kampfeslustige Auseinandersetzung hat schon viel zur Klärung der schwebenden Probleme beigetragen.«

Ein Bericht wenig später über das frühere Ullstein-Haus gibt einen Einblick in die Bedingungen, unter denen der Aufstieg des Berliner Pressewesens sich vollzog.[209] Das Druckhaus Tempelhof wurde am 25. April 1945 von russischen Kampftruppen besetzt, in der zweiten Hälfte des Juni den vom Magistrat der Stadt Berlin bestellten Sachwaltern der Betriebe übergeben. Es gab kein Gebäude mehr, das nicht durch Brände und Beschießung erheblichen Schaden genommen hatte. Die Zeitungsrotationsmaschinen waren zwar noch vorhanden, aber nicht in betriebsfähigem Zustand. Etwas mehr als hundert Menschen nahmen die Arbeit auf; die Werkstätten und dann die Maschinenanlagen wurden hergerichtet, die hydraulischen Matern-Prägepressen unter meterhohem Schutt geborgen. Aus drei lädierten Setzmaschinen bastelte man eine betriebsfähige zusammen. Die Angestellten und Arbeiter arbeiteten zunächst ohne jedes Entgelt; angebranntes Papier und anderes halbverkohltes Altmaterial wurde verkauft, um die ersten Mittel aufzubringen. Da zugleich auch eine Anzahl von Verlagsfilialen in der Stadt in Betrieb genommen wurde, konnte der Vertrieb zweier Zeitungen der neuentstandenen politischen Parteien übernommen werden. Unter den Trümmern wurde ein Tresor gefunden, der voll von Bargeld war.

Im Juli 1945 besetzte die amerikanische Armee ihren Sektor in Berlin, in dem sich die beiden Druckereibetriebe des Ullstein-Hauses befanden; ihnen wurde die Herstellung und der Vertrieb der von der amerikanischen Armee herausgegebenen *Allgemeinen Zeitung* übertragen. Das bedeutete für den Wiederaufbau einen mächtigen Impuls: Die Zeitung erschien dreimal wöchentlich, zunächst mit einer Auflage von 200 000, dann 300 000 Exemplaren. Bald gesellte sich der Druck der deutschen Zeitung der britischen Militärbehörde, *Der Berliner*, und der von der französischen Militärregierung lizenzierten Zeitung *Der Kurier* hinzu. Es folgte der Auftrag zu Herstellung und Vertrieb der von der amerikanischen Militärregierung lizenzierten Zeitung *Der Tagesspiegel*, die seit November bereits täglich erschien. Der dem Verlagshaus Ullstein angegliederte *Deutsche Verlag* wurde mit der Herstellung und dem Vertrieb der lizenzierten Zeitungen und Zeitschriften *Sie* (einer Wochenzeitung für die Frau), *Horizont* (einer Halbmonatszeitschrift für junge Menschen), *Ulenspiegel* (einer Halbmonatszeitschrift für Literatur, Kunst und Satire), *Petrus-Blatt* (dem katholischen Kirchenblatt für das Bistum Berlin) und *Kirche* (dem Blatt der evangelischen Christen) beauftragt. Es begann auch die Produktion von Büchern für die von der amerikanischen Militärregierung lizenzierten Verlage. Ab Januar 1946 wurde schließlich Ullstein der Vertrieb der *Neuen Zeitung*, der Zeitschrift *Heute*, der *Amerikanischen Rundschau* und der *Neuen Auslese* übertragen.

Der Aufstieg des Pressewesens war eng verknüpft mit dem Neubeginn bei den Nachrichtenagenturen. Bis Ende 1945 war von zentraler Bedeutung der *Allied Press Service* (APS), London, an dessen Gründung der ehemalige Ullstein-Journalist Peter de Mendelssohn mitgewirkt hatte. Ab Juni 1945 gab es sowohl für die amerikanische wie die englische Zone einen *German News Service* (GNS). Das Unternehmen wurde dann umgetauft und belieferte als *Deutsche Allgemeine Nachrichtenagentur* (*Dana*, ab 1947 *Dena*) die amerikanisch lizenzierten Blätter. Im Oktober 1946 entstand der *Allgemeine Deutsche Nachrichtendienst* (ADN); der von den Engländern in Hamburg betriebene GNS hieß ab Dezember 1945 *Deutscher Presse Dienst* (*dpd*). Die Franzosen gründeten in Baden-Baden die *Rhenia*, später *Süddena*. Erheblich länger als im Zeitungs- und Zeitschriftenbereich behielten sich die Alliierten bei den Agenturen die unmittelbare Leitung vor; bis 1947 blieben die Wirkungsmöglichkeiten für Deutsche auf redaktionelle Mitarbeit beschränkt. Nachdem *Dena* und *dpd* Juli 1947 den Lizenzverlegern übertragen worden waren, fusionierten 1949 *dpd* und *Dena* zur *Deutschen Presse-Agentur* (*dpa*). Chefredakteur Fritz Sänger, SPD-Mitglied, dessen Berufung der eben gewählte Bundeskanzler Konrad Adenauer hatte verhindern wollen, veranlaßte als erste Meldung folgenden Text: »Die Pflege der objektiven Nachricht und die Unabhängigkeit von jeder staatlichen, parteipolitischen und wirtschaftlichen Interessengruppe werden das Merkmal der neuen Agentur sein.«

Anders als in Berlin und in der sowjetischen, englischen und französischen Zone, wo die Parteien an der Zeitungsherausgabe beteiligt wurden, vergaben die

Amerikaner Lizenzen nur an Herausgeberkollegien von drei und mehr Männern unterschiedlicher politisch-weltanschaulicher Orientierung, die gemeinsam die Verantwortung übernehmen mußten. »Dieses *panel*-Modell ging von der Vorstellung aus, daß jede einzelne der wenigen, zunächst nur in den größeren Städten zu gründenden Zeitungen in ihrem Kommentarteil möglichst das volle Spektrum demokratischer Meinungen widerspiegeln sollte. Für den Nachrichtenteil galten die Gebote der Fairneß, Unabhängigkeit und Objektivität. Die ›meinungslose‹ Generalanzeigerpresse und selektiv berichtende Parteiorgane sollten der Weimarer Vergangenheit angehören. In diesem Vorgehen zeigte sich das Bemühen, aus den (von Emigranten in kenntnisreichen Studien dargelegten) historischen Strukturmängeln der deutschen Presse zu lernen, ohne deswegen den Versuch zu machen, die eigenen heimischen Gegebenheiten plump zu oktroyieren.

Allerdings kam es in manchen dieser *panels*, die eine wirkliche Neuerung bedeuteten, bald zum Krach: fast regelmäßig dort, wo unter den Lizenzträgern auch KPD-Leute waren; ihnen entzogen die Amerikaner mit Verschärfung des ›Kalten Krieges‹ bis Ende 1947 die Lizenzen wieder. Aber auch negative Erfahrungen mit Fachfremden, die als eindrucksvolle politische Persönlichkeiten und vorbildliche NS-Gegner anfangs häufig Lizenzen bekommen hatten, ohne sich dann um die Überwindung ihres Dilettanten-Status zu bemühen, veranlaßten die *Information Control* zu einer Korrektur ihres Konzepts. Die Presseoffiziere wählten pro Zeitung meist nur noch zwei Lizenzträger mit klar getrennten Aufgabenbereichen (*editor* und *publisher*) und bemühten sich, dafür Leute zu finden, die schon während der Weimarer Zeit in der Presse gearbeitet und/oder im Dritten Reich ihre Schriftleiterlizenz aus politischen Gründen verloren hatten. Die Riege der Lizenzträger verjüngte sich dank dieser Kriterien freilich nicht gerade – ihr Durchschnittsalter lag in der US-Zone bei 50 Jahren.«[210]

Das Auswahlverfahren war gründlich; in Bayern sollen für 49 Lizenzen mehr als 2000 Bewerber überprüft worden sein. Das Verhältnis des Journalisten zu seinen Produktionsmitteln wurde freilich im Rahmen der Lizenzpresse nicht neu bestimmt. Die neue Presse war zwar kapitalunabhängig; die neuen Verleger jedoch entwickelten sich zu »Kapitalisten«, von denen dann die Journalisten erneut abhängig waren; Fremdbestimmung also nach wie vor. Man fing eben dort wieder an, wo man 1933 aufgehört hatte.[211] Die Lizenzzeitungen florierten, da sah man keine Notwendigkeit, sich um Mitbestimmungs- und Mitbeteiligungsmodelle zu bemühen. Der »Verein Bayerischer Zeitungsverleger« begründete die Akkumulation sogar ethisch. Die von der amerikanischen Presseregierung lizenzierte neue deutsche Presse sei ins Leben gerufen worden, um damit überparteiliche Zeitungen auf Dauer zu gründen, heißt es in einer Entschließung vom Oktober 1946; das setze ihre geistige und wirtschaftliche Unabhängigkeit voraus. »Diese ist nur gesichert, wenn die Lizenzträger, denen die persönliche Verantwortung übertragen ist, ihre Entscheidung frei und unbeeinflußt von äußeren Entwicklungen treffen können. Daher müssen sie auch wirkliche Inhaber ihrer Betriebe sein, nicht nur Treuhänder eines fremden Vermögensträgers mit allen daraus notwendig hervorgehenden Gefahren wie Verbeamtung und

Bürokratisierung sowie Lähmung der persönlichen Initiative in geistiger und wirtschaftlicher Beziehung.«[212] Demgegenüber stellte Helmut Cron (Jahrgang 1899, bis 1933 Chefredakteur des *Mannheimer Tageblatts*, ab 1946 leitender Redakteur und Mitherausgeber der *Wirtschafts-Zeitung*, 1949 bis 1953 Vorsitzender des Deutschen Journalistenverbandes – einer der führenden Journalisten der Aufbauzeit) fest: »Man halte uns Journalisten nicht für unbescheiden, wenn wir es für einen Vertrauensverlust der gesamten Presse ansehen, daß die Lizenz-Dilettanten mit Hilfe ihres politischen Papiers nach einigen Jahren zu großen Privatvermögen gekommen sind. Diese Art Kommerzialisierung unseres Berufes ist das Traurigste, was es je in der deutschen Presse gegeben hat.«[213]

Die Lizenzverleger nutzten ihre Monopolstellung marktmäßig geschickt aus, indem sie für die jeweilige Region Kopfblätter schufen, das Inseratengeschäft fest in ihre Hand brachten und, oft auf Kosten der Quantität und Qualität des Redaktionspersonals, ihre Betriebe technisch modernisierten. Freilich: Die politische Moral hatten sie nicht mehr so hinter sich wie zu Anfang, wo es zum Beispiel im amerikanischen Handbuch für die Kontrolle der deutschen Informationsdienste hieß, daß der Lizenzträger durch Beantragung und Entgegennahme der Lizenz seine Absicht bekunde, sich im öffentlichen Interesse zu betätigen mit dem Ziel, Freiheit in der Demokratie zu erlangen. Als Treuhänder gegenwärtiger und zukünftiger deutscher Demokratie hätte man größere wirtschaftliche Zurückhaltung üben müssen. Die Lizenzträger der deutschen Presse adressierte Geoffry Parson, der Chefredakteur der Pariser Ausgabe der *New York Herald Tribune*, bei einem Treffen in Coburg (September 1947) mit den Worten: »Sie, meine Herren, die Sie hier versammelt sind, sind heute die bedeutendsten Männer in Deutschland. So viel hängt von Ihnen ab. Wenn Sie Ihre Aufgabe richtig erfüllen, so leisten Sie einen gewaltigen Beitrag, nicht nur für Deutschlands Zukunft, sondern auch für die Zukunft der ganzen Welt.«[214] Etwa ein Jahr später konstatierte Eugen Kogon in den *Frankfurter Heften*, daß die »bedeutendsten Männer« keine gute Arbeit geleistet hätten; er sprach vom »Elend unserer Presse«.

»Die Lizenzpresse ist eine Erscheinung der Not. Das kann nicht klar, nicht deutlich, nicht oft genug gesagt werden. Wer sie verewigen will, ist ein Reaktionär gegen den Fortschritt der geistigen und der materiellen Freiheit, ein monopolistischer Klassenkämpfer gleich welcher Farbe. Der Geist braucht keine Sicherung durch Lizenzen, sie korrumpieren ihn sogar; er ist, wenn er echt ist, selbst so stark wie Ekrasit, ja ein wahrer Atomzertrümmerer. Was er hingegen wohl braucht, ist ein Standort. Den wählt er selbst. Die objektiven Voraussetzungen der Wahl soll man ihm schaffen, denn man braucht ihn, wenn man nicht in einen Zustand der Idiotie verfallen will.

Die Einführung von Presselizenzen durch die Alliierten hatte den Wert einer Gehschule, das ist alles. Man entwickelt sich in ihr, dann übersteigt man ihr Geländer. (Genau so ist es mit der Entstehung der allgemeinen Demokratie: Das deutsche Volk ist nicht eine Dauerklasse von zurückgebliebenen Volksschülern, die zeit ihres Lebens Nachhilfeunterricht erhalten müßten.)«[215]

Etwa um die gleiche Zeit konstatierte Thomas Dehler, Landesvorsitzender der FDP in Bayern (1946 Generalstaatsanwalt und -ankläger in Entnazifizierungsverfahren, von 1949 bis 1953 Bundesjustizminister): »Das Schicksal der deutschen Demokratie wird weitgehend von der Güte ihrer Presse abhängen. Sie wurde durch ein System der Lizenzierung geschaffen, das für den Übergang und für Monate sinnvoll war, durch die Weiterführung aber zu einem schwer erträglichen, notwendig schädlichen Monopol der mehr oder minder zufällig Privilegierten wurde, deren hauptsächliches Bestreben es nun ist, ihre Position zu behaupten und auszubauen ... Wird der Lizenzierungszwang durch die Besatzungsmacht aufgehoben, dann haben sich die bisher Begünstigten in der Hauptsache so breit ins Nest gesetzt, daß kein anderer mehr Platz haben wird. Von einer wirklichen Freiheit und der Möglichkeit des Wettbewerbs wird nur schwerlich die Rede sein können.«[216]

Dehler hatte freilich die Wettbewerbssituation zu düster gezeichnet. Die Altverleger, 1945 ausgebootet, hatten sich zu gut funktionierenden Arbeitsgemeinschaften zusammengeschlossen; sie gingen die juristische Haltbarkeit der Zwangspachtverträge an, die sie auf Befehl der Militärregierung mit den in ihren Druckereien einquartierten Lizenzträgern hatten schließen müssen (soweit nicht automatisch konfiszierte Verlagshäuser aus NSDAP-Besitz zur Verfügung standen).

Als die westlichen Alliierten dem Artikel 5 des am 23. Mai 1949 verabschiedeten Grundgesetzes Rechnung trugen und die Lizenzpflicht aufhoben, schnellte noch im gleichen Jahr die Zahl der Zeitungen von 150 auf fast 550 empor; bis Ende 1950 stieg sie nochmals um 80. Weder wurde die Altverlegerpresse zu einer Gefährdung der Demokratie, noch schoß deren Antiamerikanismus ins Kraut (waren die Altverleger auch nicht gut auf die amerikanischen Freunde der Lizenzpresse zu sprechen, ihr Konservativismus war stärker).

Die Lizenzpresse wurde dennoch nicht ausgebootet; sie überstand mit wenigen Ausnahmen die Erschütterung ihres Alleinanspruchs. Die Altverleger konnten auch qualitativ nicht mehr aufholen. »Alle heute führenden Tageszeitungen – einschließlich der am 1. November 1949 aus der ›Mainzer Allgemeinen Zeitung‹ hervorgegangenen ›Frankfurter Allgemeinen‹ – wurzeln im Lizenzgrund. Ähnliches gilt für die großen Zeitschriften- und Buchverlagshäuser: Namen wie Augstein, Bauer, Burda, Bertelsmann (Mohn), Ganske, Gruner & Jahr, Holtzbrinck, Springer, die die bundesdeutsche Presselandschaft charakterisieren, waren in der Weimarer Republik noch unbekannt.«[217]

Den Schlußpunkt der langjährigen Konkurrenz, die gelegentlich auch die Bezeichnung »Pressekrieg« verdiente, setzte am 15. Juli 1954 der Zusammenschluß der bis dahin konkurrierenden Alt- und Lizenzverleger-Organisationen *Verein Deutscher Zeitungsverleger* und *Gesamtverband der Deutschen Zeitungsverleger* zum *Bundesverband Deutscher Zeitungsverleger*.

Die *Nürnberger Nachrichten* gehörten zu den kurz nach Kriegsende lizenzierten Regionalzeitungen. Die Feuilletonseiten der ersten Nummern vermitteln einen Eindruck vom kulturellen Leben in einer fast völlig zerstörten Stadt.

11. Oktober 1945. Nummer 1 der *Nürnberger Nachrichten* erscheint. Sechs Seiten. Eine Seite Kultur. »Keine Last zu schwer für uns. Gelöbnis der deutschen Frau.« Eine Betrachtung von Liselotte Krakauer: »Gerade uns Frauen erwarten neue Aufgaben, denen wir mutig entgegentreten müssen. Nach diesen grausamen Kriegsjahren ist uns kein Ausruhen vergönnt. Wir müssen rührig bleiben und wollen es gern, denn wir wissen, es hat wieder Sinn zu arbeiten, zu sorgen und zu leben. Für uns – für unsere Lieben.«

Ein Zwiegespräch mit dem Intendanten des Nürnberger Opern- und Schauspielhauses: »Dürfen wir mit dem baldigen Erscheinen einer Oper rechnen, oder sind die Schwierigkeiten in dieser Hinsicht noch zu groß?« »Nein, auch in dieser Hinsicht haben wir unser Möglichstes getan und werden in Kürze die ›Zauberflöte‹ von Wolfgang Amadeus Mozart in Szene setzen.«

Ein kurzer Bericht über das Konzertleben in den USA. Der Abdruck des Gedichts *Die öffentlichen Verleumder* von Gottfried Keller. Unter der Rubrik »Was wir nicht lesen durften« ein Feuilleton von Alfred Polgar (*Schulaufsatz*). Ein paar Verse – *Vaterland* – von Friedrich Georg Jünger. Schließlich eine Kurzgeschichte aus *Reader's Digest*.

Die Kulturarbeit begann werktäglich; ohne programmatisch-pathetische Erklärungen. Eine feuilletonistische Mischung – so normal und banal, daß man meinen konnte, eigentlich sei gar nichts geschehen.

Gerade darin aber sind die Texte typisch. In der ersten Phase der Trümmerjahre wurde die kulturelle Tradition so fortgeführt, wie sie, aus dem 19. Jahrhundert übernommen, vor 1933 vom bürgerlichen Mittelstand gepflegt und gehegt worden war.

Immer wieder gutgemeinte, aufbauende Prosa, zum Beispiel an die Frauen, an die Jugend gerichtet. »Langsam lösen sich ihre jungen unerfahrenen Lippen von den seinen. Ihr erster Kuß. Heiß strömt es durch sie hindurch; das war die Erfüllung der unerkannten und unerklärbaren Sehnsüchte ihres 17jährigen Daseins.«

In Nummer 5 der *Nürnberger Nachrichten* wird ein Brief Friedrich Schillers an den Herzog Christian von Augustenburg zitiert:

»Wenn also die ästhetische Bildung in diesem doppelten Bedürfnis begegnet, wenn sie auf der einen Seite die rohe Gewalt der Natur entwaffnet und die Tierheit erschlafft, wenn sie auf der anderen die selbsttätige Vernunftkraft weckt und den Geist wehrhaft macht, so (und auch nur so) ist sie geschickt, ein Werkzeug zur sittlichen Bildung abzugeben. Diese doppelte Wirkung ist es, die ich von der schönen Kultur unnachläßlich fordere, und wozu sie auch im Schönen und Erhabenen die nötigen Werkzeuge findet.«

Solches war nun die Hoffnung: daß die rohe Gewalt der Natur entwaffnet und die Tierheit erschlafft sei und Schönheit das Werkzeug zur sittlichen Bildung abgäbe. Es war ein Schönheitsbegriff, der ohne den »Gerichtstag übers eigene Ich« auszukommen glaubte; es fehlte die Axt »für das gefrorene Meer in uns«; noch war Kafka nicht rezipiert.[218]

Typisch für die Feuilletons: Es regte sich »Besinnlichkeit«; mit rührendem

Fleiß versuchte man »aufzuarbeiten«. Das Gutgemeinte offenbarte freilich den Mangel an Professionalität; vor allem wird deutlich, wie abgehängt-provinziell sich der deutsche Geist nach zwölf Jahren Diktatur gerierte. Urbanität war ein ferner Traum; die materielle Misere erschwerte zudem umfassende Information und kulturelle Öffnung. Auch wenn es durchaus sympathisch anmutet, daß die Kulturredaktionen in fast allen Blättern auf kulturprogrammatische Erklärungen verzichteten, so überrascht doch, mit welcher Beliebigkeit man die Arbeit aufnahm – übrigens in diametralem Gegensatz zum Pathos, das beim Wiederbeginn im schulischen und universitären Bereich vorwaltete.

Tour d'horizon der Weltkultur

Hätte es in der Trümmerzeit die *Neue Zeitung*, eine »amerikanische Zeitung für die deutsche Bevölkerung«, nicht gegeben, die kulturelle Entwicklung dieser Zeit hätte eine andere, und zwar negativere Entwicklung genommen; sie löste die amerikanischen Heerestruppenblätter ab und wurde, großformatig, in der ehemaligen Druckerei des *Völkischen Beobachters* in München gedruckt. Mit den Chefredakteuren Hans Habe und, ab Januar 1946, Hans Wallenberg (einem gebürtigen Berliner mit US-Staatsbürgerschaft, der zuvor in seiner Geburtsstadt die als amerikanische Konkurrenz zur sowjetischen *Täglichen Rundschau* entstandene *Allgemeine Zeitung* geleitet hatte) sowie mit Erich Kästner als Feuilletonchef sorgte die *Neue Zeitung* für eine Erweiterung des geistigen und kulturellen Horizonts, wie sie die deutsche Publizistik jahrelang nicht zuwege brachte. Ihre Auflage betrug im Mai 1946 1 328 500 Exemplare, so daß, statistisch gesehen, auf je 15 Einwohner der amerikanischen Besatzungszone eine Zeitung kam. Beim einjährigen Bestehen der Zeitung richtete Hans Wallenberg Dankesworte an die Mitarbeiter (»Tausend im Haus, Hunderttausend draußen«), die den gesamtkulturellen Stellenwert dieser Zeitung – durchaus objektiv – markierten:
»Sie alle haben in einer Kraftanstrengung, für die es im modernen Journalismus keine Parallele gibt, die ›Neue Zeitung‹ zu dem gemacht, was sie heute ist: ein Blatt, das von anderthalb Millionen Menschen gekauft und von dreimal soviel Menschen gelesen wird. Ein Blatt, das sich in den Mittelpunkt der öffentlichen Kritik gestellt hat und mit dem öffentlichen Vertrauen belohnt worden ist. Ich bin überzeugt davon, daß das nicht gelungen wäre, hätten wir paar Amerikaner . . . den Fehler gemacht, uns nur auf uns zu verlassen, wir hätten es nicht schaffen können. Ich möchte sagen, daß unser Betrieb in seiner Gesamtheit schon in einem sehr frühen Augenblick die kommenden Friedensschlüsse vorausgenommen hat. Wir haben hier im Kleinen, wenn auch nicht im ganz Kleinen, uns bemüht, das, was wir als die Aufgabe unseres Blattes auffassen, in der täglichen Arbeit zu bestätigen: Verständnis und Verständigung . . . Ich hoffe, daß es uns allen vergönnt sein möge, die Früchte dieses ersten konstruktiven Jahres noch selber zu ernten. Daß es uns vergönnt sein möge, den Frieden,

David Low, Auf die Arbeit jedes einzelnen kommt es an! (Titelseite der ersten Nummer der »Neuen Zeitung«, 18. Oktober 1945)

der zwischen uns herrscht, sich in einen Frieden zwischen den Völkern verwandelt zu sehen. Und daß dieser Friede zwischen den Völkern ein Friede für die Seelen der Menschen werde.«[219]

Die Vermittlung und Würdigung deutscher Exilliteratur stellte einen Schwerpunkt der Redaktionsarbeit dar. Allein im Jahre 1946 erschienen zu diesem Thema von F. C. Weiskopf, dem aus Prag stammenden kommunistischen Schriftsteller, die Aufsätze *Die Schule des Exils*, *Das deutsche Buch im Exil*, *Deutsche Zeitschriften im Exil*, *Das humanistische Erbe im Exil*, *Der Sprung in die fremde Sprache*, *Getarnte Exilliteratur*. Vor allem aber kamen in fast jeder Nummer Schriftsteller und Publizisten der Emigration selbst zu Wort, darunter auch linke Sozialisten und Kommunisten (z. B. Johannes R. Becher, Stefan Heym, Anna Seghers). Es gab kaum eine wichtige Stellungnahme zur deutschen Situation, die nicht in der *Neuen Zeitung* veröffentlicht wurde. Solches Engagement, auch das Bemühen um Heinrich Heine (ein weitgehend tabuisiertes Thema), brachten der *Neuen Zeitung* heftige Attacken ein. Das Blatt wie ihr Chefredakteur wurden generell der Linkslastigkeit bezichtigt. Als Wallenberg 1948 in die USA zurückkehrte, sollte aus diesem Grund seine Anstellung als Rundfunkredakteur bei der »Stimme Amerikas« hintertrieben werden. In Deutschland überwog jedoch die Zustimmung zu einer Redaktionspolitik, die sich der Aufklärung und damit den besten Traditionen des journalistischen Liberalismus verpflichtet fühlte.

Viel weniger erfolgreich war das britische Pendant zur *Neuen Zeitung*: *Die Welt*. Die Gründung der *Welt* – nach Vorbereitungsmonaten im ersten Nachkriegswinter erschien das Blatt zum ersten Mal am 2. April 1946 – erfolgte nach keinem Konzept. Die Briten nahmen die Aufgabe der Umerziehung sowieso eher lässig.

Dennoch (oder gerade deshalb, auch aufgrund der bevorzugten Papierzuteilung) stieg die Auflage rasch auf eine Million. Die Zeitung blieb in den Augen der Öffentlichkeit ein Zwittergebilde, ohne klare Kontur. Der erste Chefredakteur Hans Zehrer scheiterte daran – und an den Einwänden der Hamburger Sozialdemokraten, die ihn als einen Mann aus dem *Tat*-Kreis vor 1933 für untragbar hielten; er wurde im Frühjahr 1946 von Rudolf Küstermeier abgelöst.

Vor allem aber gelang es der Zeitung nicht, kulturelle Maßstäbe zu setzen; sie war primär an Politik und Wirtschaft orientiert; aber von dort waren in der unmittelbaren Nachkriegszeit keine besonderen Impulse zu erwarten. Die Bedürfnisse der hungernden, frierenden, geistig wie seelisch depravierten Bevölkerung waren auf das Überlebensmittel Kultur gerichtet; die *Welt* versäumte diese Chance, die *Neue Zeitung* nahm sie voll wahr.[220]

In einer Attacke des in die USA emigrierten, zeitweise einflußreichen Historikers Werner Richter auf die »kommunistelnde« linke amerikanische Publizistik in Deutschland stand der Satz: »Lasky gehört auch dazu.« Gemeint war Melvin J. Lasky, damals Herausgeber des in Berlin neugegründeten *Monat*. Diese »internationale Zeitschrift« knüpfte an alliierte Zeitschriften an, die, teilweise noch während des Krieges konzipiert, unmittelbar nach Kriegsende, herausgegeben vom Alliierten Informationsdienst, erschienen: Der *Ausblick* vermittelte ausgewählte politische, literarische und allgemeinbildende Beiträge aus der internationalen Zeitschriftenliteratur; die *Neue Auslese* berichtete aus dem Schrifttum der Gegenwart; *Die Amerikanische Rundschau* machte vor allem, wie ihr Name besagte, mit dem »Wesen der amerikanischen Kultur und des amerikanischen Volkes« in Geschichte und Gegenwart bekannt; die *Dokumente* waren die erste deutschsprachige Zeitschrift, die auf dem Boden der französischen Besatzungszone erschien.

Der Monat, im Oktober 1948 erstmals erschienen, sollte »Forum einer offenen Aussprache und Auseinandersetzung auf der Grundlage freier Meinungsäußerung« sein und »einer möglichst großen Zahl verschiedener Stimmen aus Deutschland und allen Teilen der Welt Gehör verschaffen«. Melvin J. Lasky, geboren 1920, 1942 bis 1943 Literaturredakteur des *New Leader*, 1944 bis 1945 Kriegsberichterstatter, 1946 bis 1948 Auslandskorrespondent, erfüllte als Chefredakteur diesen Anspruch auf exzellente Weise. Neben ihm wirkte Hellmut Jaesrich, das literarische Gewissen der Redaktion. Das Inhaltsverzeichnis der Nummern 1-5 kann verdeutlichen, auf welch urbane und kosmopolitische Weise man hier eine Tour d'horizon der Weltkultur versuchte. Schwerpunktmäßig wurden behandelt: das »Schicksal des Abendlandes« (Bertrand Russell, Franz Borkenau, Arnold J. Toynbee), der »West-Östliche Gegensatz« (Barbara Ward, Sidney Hook, James Burnham), die »Hoffnung auf eine bessere Welt« (Benedetto Croce, Hans Kohn, Aldous Huxley), »Wege zu einem neuen Europa« (Bertrand de Jouvenel, Arthur M. Schlesinger jun., Karl von Schumacher, Manuel Gasser, Walter Maria Guggenheimer), der »Streit um den Sozialismus« (Wilhelm Röpke, Paul Tillich, Sidney Hook, Friedrich A. Hayek, Joseph Schumpeter, Willy Brandt). Jean-Paul Sartre behandelte das Thema »Die Intellektuellen in der Krise der Gegenwart«, Golo Mann setzte sich mit Toynbee auseinander, Arthur Koestler berichtete aus Tel Aviv, Ritchie Calder aus Mexico City, Hillar Kallas aus Helsinki. Die Briefe aus Italien, New York, Istanbul, London, Belgrad – höchsten Informationswert mit bester feuilletonistisch-impressionistischer Sprachkunst vereinend – stammten von Cecil Sprigge, Norbert Mühlen, Arnold Toynbee, Manuel Gasser, Peter Schmid. Zeitgeschichtliche Themen behandelten »Lenins letzte Tage« (David Shub), die »Konstruktion der Luftbrücke«, die neue Komintern (Franz Borkenau) und die »Tragödie Chinas«. Louis Fischer würdigte Gandhi, »Heiliger und Märtyrer«, zum ersten Jahrestag seiner Ermordung. George Orwell und Henry Steele Commager behandelten »Armut und Hoffnung Großbritanniens«. An Dichtern wurden ausführlich, mit jeweils mehreren Beiträgen und Werkauszügen gewürdigt: Thomas Wolfe, T. S. Eliot, Thomas Mann (hier der *Doktor Faustus*), George Orwell mit *Der Hofstaat der Tiere*, W. B. Yeats, Salvatore Quasimodo; die Aufsätze stammten u. a. von H. M. Ledig-Rowohlt, Alfred Kazin, Edouard Roditi, Ernst Robert Curtius, Klaus Pringsheim, W. H. Auden, C. M. Bowra. Unter den ausführlich rezensierten Büchern (des öftern aufs Original bezugnehmend, da noch keine Übersetzungen vorlagen) waren Carlo Levi, *Christus kam nur bis Eboli*; Thornton Wilder, *The Ides of March*; Winston Churchill, *Memoiren*; Joseph Goebbels, *Tagebücher*, Aldous Huxley, *Ape and Essence*; Arnold Zweig, *Das Beil von Wandsbek*; Ulrich von Hassel, *Vom Andern Deutschland. Aus den nachgelassenen Tagebüchern 1938 bis 1944*; Theodor Plivier, *Stalingrad*; Paul Serin, *Jenseits des Kapitalismus*; Leo Trotzki, *Stalin*; Jean-Paul Sartre, *Betrachtungen zur Judenfrage*; Josef W. Stalin, *Gesammelte Werke*; Ernest Hemingway, *Wem die Stunde schlägt* (aus dem Roman wurde auch ein umfangreiches Kapitel veröffentlicht); Klaus Mann, *André Gide*; Harold Laski, *The American Democracy*.

Mit gleichem Gespür für Aktualität und Qualität waren die Beiträge zu Fragen des Films, des Theaters und der bildenden Kunst ausgewählt; sie setzten sich unter anderem auseinander mit Sergej Eisensteins letztem Werk, Laurence Oliviers Hamletfilm, D. W. Griffith; mit Jean-Louis Barrault und dem magischen Theater, Jean-Paul Sartres *Die schmutzigen Hände*; mit Joan Miró, Marc Chagall, Picasso.

Jenseits hoher und hohler Worte wurde in den Heften des *Monat* abendländisches Bewußtsein tradiert und problematisiert; es gab kaum einen westlichen Autor von Rang, der nicht im und für die Zeitschrift schrieb. Junge Autoren wurden entdeckt und in den steten Diskurs einbezogen.

Im Vorspann des ersten Heftes hieß es: »Noch nie zuvor hingen die Schatten des Krieges und der brutalen Gewalt so schwarz und drohend über jedem einzelnen Bürger fast jeden Landes. Es ist deshalb auch nicht genug damit getan, nur zu begreifen – so notwendig diese erste Voraussetzung auch ist. Man muß über sie hinaus zum Protest, zur Tat fortschreiten, wenn es nötig ist. Denn nur wenn man nach der erworbenen Erkenntnis handelt, ist man ganz der Devise des größten deutschen Philosophen würdig: ›Die höchste Aufgabe des Menschen ist zu wissen, was einer sein muß, um ein Mensch zu sein.‹ (Immanuel Kant)«[221]

Mit dem 243. Heft (1968) war dann der alte *Monat*, damals, nachdem Melvin J. Lasky die Chefredaktion zunächst an Fritz René Allemann weitergegeben hatte, von Hellmut Jaesrich, Peter Härtling, Klaus Harpprecht geleitet, am Ende; man versuchte, ihn zu modernisieren, in einem negativen Sinne zu »amerikanisieren«. Der Geist des steten Diskurses war gerade zu einer Zeit, da der Vietnamkrieg in seine entscheidende Phase eintrat, nicht mehr gefragt; 1971 stellte der *Monat* sein Erscheinen ein; 1980 erlebte er ein kurzes, mißglücktes Comeback.

Der *Monat*, so Hans Schwab-Felisch in einer der wenigen fundierten Würdigungen, die die Zeitschrift bei ihrer Einstellung erfuhr (offensichtlich wollte man die Dankesschuld angesichts eines zunehmenden Antiamerikanismus verdrängen), sei auf der deutschen Bühne als Exponent des amerikanischen Liberalismus erschienen – eines Liberalismus, der noch an sich selbst glaubte und bei uns eine ganze Nachkriegsgeneration in ihren Denkweisen mitprägte. Zu ihm habe sich früh die große Familie derer gesellt, die »an einen Gott geglaubt hatten, der nun keiner mehr war« (frühere Kommunisten – dann Antikommunisten, u. a. Koestler, Silone, Stephen Spender, Sidney Hook). Was sich heute ohne konkretere Nachprüfung als Position des »Kalten Krieges« ausnehmen mag, mit polemischer Kommunismusfeindschaft auf der einen und der Freiheitsstatue auf der anderen Seite, war im Kontext der damaligen Zeit kein Schwarzweißgemälde. Es handelte sich um eine stete Auseinandersetzung auf hohem Niveau.[222]

Im Oktober 1968 schrieb Hellmut Jaesrich über den deutsch-amerikanischen »Kulturfrühling« – er kommt nicht wieder! –, auf die äußeren wie inneren Anfänge des *Monat* zurückblickend: »Es war eine Zeit großer Gefahren und schroffer Gegensätze. Es war die Zeit, in der ein gründlich besiegtes und geteiltes Deutschland auf beiden Seiten der Kluft, die durch Europa, quer über den Planeten lief, als Bündnispartner in Anspruch genommen wurde, was möglicherweise weder dem einen noch dem andern Teil charakterlich sehr gut bekommen ist. Die Geschwindigkeit, mit der sich die Deutschen des Westens von Kippensammlern zu Mercedesfahrern wandelten, ließ zum Nachdenken wenig Zeit. Der ›Monat‹ suchte – gemeinsam mit vielen deutschen Publikationen, einer ganzen ›presse bien-pensante‹, die freilich nicht immer das Ohr der Bevölkerung hatte – dem Übel zu steuern, er suchte Begriffe zu klären, Fronten zu verdeutlichen, Vorurteile auszuräumen. Er suchte verständlich zu machen, daß nicht Rußland, sondern der Stalinismus unser Gegner sei und daß weder der Marxismus noch der Kapitalismus sich eine Verteufelung gefallen zu lassen brauchten.«[223]

Zeitschrifteneuphorie

Hans Schwab-Felischs »Nachruf« auf den *Monat* erschien im *Merkur*, einer »Deutschen Zeitschrift für europäisches Denken«.[224] Der *Merkur* gehört bis heute zu den wenigen überlebenden Zeitschriften, die in der Trümmerzeit entstanden waren. Damals konnte man von einer »Zeitschrifteneuphorie« sprechen; Hartmann Goertz charakterisierte Januar 1947 dieses Phänomen mit dramatischem, dem Psychogramm dieser Zeit aber durchaus angemessenem Pathos: »Es ist rund zwanzig Monate her, da erschien in der amerikanischen Zone die erste Zeitung. Nach Wochen völliger Ungewißheit, in denen Gerüchte wie Lawinen sich mit den Menschen über die Straßen wälzten und die wenigen Nachrichten, von den nur noch vereinzelt funktionierenden Rundfunkapparaten empfangen, zumeist entstellt weitergegeben wurden, war das Erscheinen einer Zeitung wie ein Licht in der Finsternis. Mit welchem Aufatmen, mit welchem Interesse wurden die oft schon längst überholten Nummern gelesen, weitergegeben, oft mißtrauisch studiert und diskutiert. Jeder wird sich dessen noch erinnern. Und es kam noch eins hinzu. Schon will uns die offene Diskussion von politischen, kulturellen und wirtschaftlichen Fragen wie eine Selbstverständlichkeit erscheinen. Wir ermessen die Veränderung im Tenor der öffentlichen Meinungsäußerung, deren allmähliche Entwicklung wir miterlebt haben, nur noch zuweilen an dem Erstaunen von Menschen, die, wie die Kriegsgefangenen, aus Lagern weit außerhalb Deutschlands zurückkehren und sich diesen veränderten Tatsachen plötzlich gegenübersehen. Dann wird es uns blitzartig klar, aus welcher Uniformierung wir befreit wurden . . . Das Gespräch zwischen gleichberechtigten Partnern konnte beginnen, der Weg war endlich frei, und die Fülle der Fragen war kaum zu übersehen.«[225]

Realiter hatte ein Volk, das den totalen Krieg, den totalen Sieg gewollt hatte und nun die totale Niederlage durchleiden mußte, nichts mehr zu sagen; geistig aber identifizierte es sich mit denjenigen, die den Mut und die Fähigkeit aufbrachten, sich mit eigener Stimme zu melden. Die Zeitschriftengründer und Zeitschriftenautoren waren in ihrer überwältigenden Mehrheit zu solcher Selbständigkeit dadurch legitimiert, daß sie entweder im Dritten Reich Widerstand geleistet hatten und entsprechend verfolgt gewesen waren, oder sich zur inneren Emigration gehörig fühlen konnten; sie waren nicht auf eine Umerziehung von außen angewiesen, sondern forderten dazu auf, diese aus eigener Kraft zu vollziehen. Der Reeducation-Politik der westlichen Alliierten standen sie – mit wenigen Ausnahmen (etwa des *Ruf*) – insgesamt positiv gegenüber; doch versuchte man, auch hier eine eigenständige Position zu beziehen. Mit bewegten und bewegenden Worten wird der Wille zur geistigen Konzentration aufs Wesentliche bekundet; dieses Wesentliche war Überlieferung, Besinnung, Erneuerung, Wandlung, Aufbau. Schon die Zeitschriftennamen bekundeten solches idealistische Engagement: *Aussaat, Die Sammlung, Begegnung, Besinnung, Bogen, Einheit, Ende und Anfang, Die Fähre, Frischer Wind, Gegenwart, Geist und Tat, Das Goldene Tor, Horizont, Neubau, Neues Abendland, Neues Europa, Neue Ordnung, Prisma, Standpunkt, Umschau, Weltstimmen, Zeitwende, Die Pforte, Die Kommenden . . .*

Im Geleitwort für die im November 1945 erstmals erscheinende, von Dolf Sternberger und Lambert Schneider redigierte Zeitschrift *Die Wandlung* schrieb Karl Jaspers:

»Wir haben fast alles verloren: Staat, Wirtschaft, die gesicherten Bedingungen unseres physischen Daseins, und schlimmer noch als das: die gültigen uns alle verbindenden Normen, die moralische Würde, das einigende Selbstbewußtsein als Volk. Es ist wie am Ende des Dreißigjährigen Kriegs, als Gryphius schrieb:

Doch schweig ich noch von dem, was ärger als der Tod,
Was grimmer denn die Pest und Glut und Hungersnot:
Daß auch der Seelen Schatz uns gar ist abgezwungen.

Haben wir wirklich alles verloren? Nein, wir Überlebenden sind noch da. Wohl haben wir keinen Besitz, auf dem wir ausruhen können, auch keinen Erinnerungsbesitz; wohl sind wir preisgegeben im Äußersten; doch daß wir am Leben sind, soll einen Sinn haben. Vor dem Nichts raffen wir uns auf.

Eindeutig ist nur das äußere Geschehen: das wortlose Verschwinden der Gewalthaber, das Ende selbständiger deutscher Staatlichkeit, die Abhängigkeit unseres gesamten Tuns von dem Willen der Besatzungsmächte, die uns befreit haben vom nationalsozialistischen Joch. Unsere Initiative ist beschränkt auf den Spielraum, den sie uns gewähren.

Eine solche Chance für unsere Initiative ist die Erlaubnis einer Zeitschrift. Wir dürfen öffentlich miteinander reden. Sehen wir zu, was wir einander zu sagen haben!

Wir sind innerlich und äußerlich verwandelt in zwölf Jahren. Wir stehen in weiterer Verwandlung, die noch unabsehbar ist. Aus ihr wollen wir mitwirken, indem wir Deutsche bitten, zu sprechen, ihre Gedanken mitzuteilen, Bilder zu gestalten, öffentlich fühlbar werden zu lassen, daß und wie sie leben. Wir wollen aber auch die Stimmen der Welt vernehmen und vernehmlich machen.

Ein Anfang muß sein. Indem wir beginnen, die Verwandlung sich offenbaren lassen und fördern, hoffen wir auf dem Wege zu sein dahin, wo wir wieder einen Grund legen werden. Wir fangen so ganz von vorn an, daß wir noch nicht einmal dieser Fundamente gewiß sein können.«[226]

Im ersten Heft der *Frankfurter Hefte*, Zeitschrift für Kultur und Politik, erschienen im April 1946, hieß es im Vorspann von Eugen Kogon und Walter Dirks (letzterer war von 1935 bis 1943 Feuilletonredakteur der *Frankfurter Zeitung* gewesen, er gehörte der linkskatholischen inneren Emigration an und wurde nach dem Krieg Hauptabteilungsleiter Kultur des Westdeutschen Rundfunks):

»Wir werden um Klarheit sehr bemüht sein, aber der Leser wird sich ebenfalls anstrengen müssen. Die gängige Phrase, das Nebelwort, das man so leicht einsog und rasch aus dem Hirn wieder verdampfen ließ, hat die Atmosphäre des Denkens verdickt. Wir können nicht atmen in ihr, wir wollen gute Sicht und einen präzis funktionierenden Verstand, – das lebendige Herz, das im Rhythmus der Zeit für die ewigen Ziele schlägt, versteht sich von selbst.

Wir erwarten also ›nachdenkliche‹ Leser. Wir glauben, daß wir so der Erneuerung Deutschlands einen Dienst erweisen – wir, das heißt die Herausgeber, die Mitarbeiter und jene Leser schon inbegriffen. Das Dunkel um uns soll sich lichten. Wir wollen alle mithelfen, das Undurchsichtige und das Rätselhafte, das uns bedroht, zu klären, soweit das uns, die wir eben aus einem Abgrund kommen, und dem Menschengeist überhaupt vergönnt ist.«[227]

Das Goldene Tor (1946) war ganz von seinem Herausgeber Alfred Döblin, der sich dem Katholizismus zugewandt hatte, geprägt. Der Dichter, von der französischen Kulturbehörde mit der literarischen Zensur beauftragt, hatte schon Ende 1945, gleich nach seinem Amtsantritt in Baden-Baden, mit den Vorbereitungen zur Gründung einer literarischen Zeitschrift begonnen:

»Golden strahlt das Tor, durch das die Dichtung, die Kunst, der freie Gedanke schreiten. Das Tor ist herrlich, aber was sich jetzt unter seinem weiten Bogen aufhält, sieht nicht nach Friede, Freude, Besinnlichkeit aus. Das schimmernde Gold des Tores und die heiteren und stolzen Reliefs passen schlecht zu den schlaffen, abgerissenen Figuren, die hier herumstehen, am Boden kauern und kaum ein Wort miteinander wechseln ... Für die Enttrümmerung und das Abräumen im Geistigen haben wir die Instrumente des Urteils und der Kritik. Wir wollen die guten Dinge, für die wir einstehen und die entstellt und aus dem Gesichtskreis gerückt waren, wieder an ihren Platz stellen und sind gewiß, damit Spalten schließen zu helfen und zu stärken.

Verschüttet war über ein Jahrzehnt eine ungeheure Masse von seelischer und geistiger Kraft im Lande ... Die Kräfte stehen wieder zur Verfügung. Wir werden uns aber keinen Illusionen hingeben und nicht erwarten, nun eine doppelt und dreifach reiche Ernte einzubringen. Es ist in Deutschland anders als in Frankreich, wo während der Besetzung der erbitterte unterirdische Kampf die Kräfte steigerte und jene junge originelle Literatur der Résistance ins Leben rief, die eine vitale Funktion erfüllte. Wir werden an die Verhinderung und Absperrung in Deutschland denken. Man wird sehen, es lebt und regt sich hier wieder, der Geist ist nicht erschlagen, die Erholung ist gewiß.

Verschüttet und nicht vorhanden für das Land waren die Kräfte, die man zu tausenden einsperrte und ins Ausland jagte. Auf ihre Stimme warten viele im Lande. Das ›Goldene Tor‹ läßt die Exilierten ein. Wir werden auf diesen Blättern ihre Worte lesen.«[228]

Rudolf Pechel engagierte sich in seiner nun wieder fortgeführten *Deutschen Rundschau* von einem konservativen Standpunkt aus. »Das uns hierdurch geschenkte Vertrauen glauben wir nicht besser rechtfertigen zu können als durch die Fortsetzung des Kampfes für Freiheit des Geistes, für Wahrheit, Recht und Humanität, für Demokratie und Verständigung aller Völker untereinander – eines Kampfes, den die ›Deutsche Rundschau‹ bis zu ihrem Verbot im Jahre 1942 unter Reinhaltung ihres Gesichts in der Zeit deutscher Selbsterniedrigung unablässig geführt hat.«[229] Die ganz besondere Sorge und Liebe gelte der deutschen Jugend; man wolle ihrem neu erwachten Wahrheitsdrang und Wirklichkeitssinn eine feste Grundlage geben, um sie zu einer aufrichtigen Zusammenarbeit mit allen anderen Völkern zu befähigen. Die gestellten Aufgaben werde man in völliger geistiger Freiheit und Unabhängigkeit anpacken, nicht im Dienste einer Partei oder Gruppe, auch nicht im Dienste der Besatzungsmächte, sondern verantwortlich nur dem eigenen Gewissen und den großen Mächten des Geistes wie der Menschlichkeit.

Der *Merkur*, begründet von Joachim Moras und Hans Paeschke, verzichtete zwar im Heft 1/1947 auf eine programmatische Erklärung, doch konnte man aus Hans Paeschkes in diesem Heft veröffentlichtem Aufsatz *Verantwortlichkeit des Geistes* die Zielsetzung – nämlich eine solche europäischer Besinnung – klar ablesen: »Aufgabe: eine möglichst erschöpfende und genaue Definition der Gegenwart zu finden, die nicht einfach Aktualität bedeutet, sondern Kontinuität, d. h. Mittlertum im Strom der Zeit. Es geht um eine schöpferische Polarisierung von Tradition und zu Gestaltendem. An unsere Vergangenheit kettet uns die Verantwortung für die Schuld. Wir gehen damit in eine harte, aber gute Lehre über den Sinn aller politischen Freiheit: daß ein jeder für die Freiheit eines jeden einzustehen habe. Aus dieser Verantwortung ziehen wir den Mut zur Gestaltung des Künftigen. Dies bringt uns in eine selbstverständliche Distanz gegenüber avantgardistischen Parolen. Wir sind in diesem Jahrhundert so oft und in so furchtbar falschem Sinne neu geworden, daß ein esprit de suite das erste ist, was nottut. Es ist dies nicht nur ein Gebot der geschichtlichen Erfahrung, sondern auch der Selbstachtung. Was könnte uns, an diesem Tiefpunkt unserer Geschichte, auch anderes tragen als die Achtung vor den großen Weltgültigen unserer Vergangenheit?«[230]

Einige der Zeitschriften hatten institutionelle Träger, wie die *Zeichen der Zeit* als evangelische Kirchenzeitschrift und der *Aufbau* als Zeitschrift des »Kulturbundes zur demokratischen Erneuerung Deutschlands« (der, wenn auch kommunistisch bestimmt, aufgrund seiner überparteilichen Weite und der demokratisch-antifaschistischen Programmatik 1945 noch eine gesamtdeutsche Leserschaft ansprach und dementsprechend ein positives Echo in allen Lagern fand). Das *Hochland*, erstmals November 1946, setzte unter seinem Herausgeber und Schriftleiter Franz Joseph Schöningh seine katholische Tradition fort (im ersten Heft wurde u. a. das Werk des Begründers der Zeitschrift Carl Muth als »europäisches Vermächtnis« gewürdigt).

Bei fast allen Zeitschriften spielten literarische wie überhaupt kunstbezogene Themen eine große Rolle. Literatur sei dabei Asyl gewesen, meint Heinrich Vormweg[231]; der Umgang mit der Kultur, so Theodor W. Adorno, »habe etwas von dem gefährlichen und zweideutigen Trost der Geborgenheit im Provinziellen gehabt«.[232] Sicherlich entsprach dies der herkömmlichen deutschen Werte-Hierarchie (von den Höhen der Kultur zu den Niederungen der Politik); doch war man auch bereit, die negativen Erfahrungen mit bildungsbürgerlichem Bewußtsein anzugehen: nämlich die Trennung zwischen Denken und Handeln aufzuheben, sich um eine politische Kultur und eine kulturelle Politik zu bemühen.[233] So ist es bezeichnend, daß eine große Zahl dieser Zeitschriften auf die Verbindung von Kultur und Politik im Untertitel hinwies: »Zeitschrift für Kultur und Politik« (*Frankfurter Hefte*); »Kulturpolitische Monatsschrift« (*Aufbau*); »Halbmonatsschrift für Völkerverständigung, Kultur, Politik, Wissenschaft« (*Neues Europa*); »Beiträge zu kulturellen und politischen Fragen der Zeit« (*Ost und West*); »Zeitschrift für Politik, Kultur und Geschichte« (*Neues Abendland*); »Zeitschrift für politische, soziale und kulturelle Neugestaltung« (*Das neue Wort*). Die Editorials bestätigen den Eindruck, daß der Kombination beider

Begriffe ein programmatischer Stellenwert zukam. Zusammenfassend wurde dieser Bereich oft als das »Geistige« umschrieben. Aber im Verständnis vieler Autoren umfaßte »Kultur« doch mehr. In Zusammenhang mit ihr ist in Leitartikeln die Rede von »öffentlichem Geist«, vom »Aufgang einer neuen Kultur«, dem »Wiedererwachen des geistigen Lebens«. »In diesem Kontext bedeutet Kultur offenbar eine Gesamtheit von Werthaltungen und Orientierungen, die Menschen befähigen, sich in ihrer Umwelt zurechtzufinden und zu handeln, ja diese erst zur Gesellschaft zu prägen. Scheint damit eine Nähe zum angelsächsisch-westlichen Kulturbegriff gegeben zu sein, so deuten die Grundbegriffe auch auf einen Unterschied hin: Kultur wird in den Nachkriegszeitschriften vielfach abgesetzt vom Chaos und Nihilismus, die gesellschaftliche Existenz zerstören. Demnach scheint ein derartiges Verständnis von Kultur für zahlreiche Zeitschriften von konstitutiver Bedeutung gewesen zu sein.« (Ingrid Laurien)

Gegenüber der Asylthese wird damit ein neuer Universalismus deutlich, der die Trennung zwischen Kultur und Politik, Kennzeichen affirmativer Kultur, im Sinne einer demokratischen Kultur zu überwinden trachtet. Dafür spricht, daß gerade auch im *Ruf*, der gern als die Zeitschrift apostrophiert wird, die sich mehr als andere der Gegenwart stellte, eine symptomatische Vorliebe für Literatur vorhanden war. »Literatur, das war für uns etwas anderes als der Unterhaltung dienende Belletristik. Es war für uns Einflußnahme, Veränderung der Mentalität, langfristig natürlich, nicht kurzfristig. Wir glaubten noch an das geschriebene Wort, an die Möglichkeit, mit Schreiben die Gesellschaft mit verändern zu können.« (Hans Werner Richter)[234]

Die politische Machtlosigkeit der Deutschen in einem von den Alliierten besetzten Land wird von vielen Zeitschriftenautoren nicht nur als Behinderung, sondern auch als Chance aufgefaßt. Deutschland habe jetzt Zeit, heißt es in Heft 1 der *Gegenwart*, seine politischen Begriffe gründlich zu klären; es habe bei allem Unglück das Glück, sich nicht sofort entscheiden zu müssen, die Pflicht, nicht ungeduldig in der geistigen Sphäre sich zu regen.

Die politische Kultur im Nachkriegsdeutschland wurde durch die vielen Zeitschriften in einer ungemein positiven Weise beeinflußt; die Bildung demokratischer und republikanischer Identität erfuhr Förderung, der geistige Horizont erfuhr eine wesentliche Ausweitung. In einer Stunde äußersten physischen und geistigen Elends, der Unfähigkeit zu kritischem Denken, der Anfälligkeit für die geringsten Tröstungen (Heinrich Vormweg)[235], trugen die Zeitschriften dazu bei, daß das materielle Elend sublimiert, der ideologische Wahn abgebaut, kritisches Denken erneuert und Kultur als Lebenshilfe empfunden werden konnte. Das Spektrum dieser Zeitschriften war dabei in jeder Hinsicht sehr weit – auch was Auflagenhöhe, Verbreitung, Erscheinungsdauer, thematische Ausrichtung, weltanschauliche Orientierung betraf. Alle jedoch kamen dem Kommunikationsbedürfnis, das jeden herkömmlichen Rahmen sprengte[236], auf anregende, motivierende Weise entgegen. Die zunehmende Quantität beeinträchtige aber, so Hartmann Goertz, die Qualität; der Herausgeber mag noch interessieren; unter den Autoren begegne man sowieso seit geraumer Zeit immer den gleichen Namen: »Soweit es sich um das erste Heft handelt, finden sich die Grundsätze noch einmal aneinandergereiht in einer Anrede an die Leser wieder. Ich kann mir vorstellen, daß es bei den Lesern nachgerade eine Grundsatzmüdigkeit geben muß. Und hinter dieser Anrede öffnen sich die Schleusen der Essayistik.« Das Wort könne sehr oft eine Flucht vor der Wirklichkeit und ihren Aufgaben sein. Wenn man die Flut des Gedruckten kritisch betrachtet, scheine sich darin eine Flucht zu offenbaren, die man die Flucht in die Zeitschrift nennen könne. »In einem Münchner Kabarett konnte man unlängst ein Lehrstück sehen. Vor einem Schutthaufen, der in seiner Existenz aus bemalter Pappe sowohl realiter als auch symbolisch genommen werden kann, stritten heftig drei gut gekleidete Herren miteinander. Es ging anscheinend um höchste Aufgaben, und im allgemeinen Hin und Her waren nur einige Schlagworte zu verstehen. Inzwischen wurde nebenan auf der Bühne ein Schutthaufen von einem schweigsamen Mann, verbissen arbeitend, in ein kleines Haus verwandelt, das in seiner Existenz aus bemalter Pappe sowohl realiter als auch symbolisch genommen werden kann. Der schweigsame Mann bezog schließlich das Kulissenhaus und stellte sogar allen sichtbar einen Blumentopf an sein Fenster. Die drei Herren nebenan diskutierten inzwischen leidenschaftlich vor ihrem Schutthaufen weiter. Vielleicht war einer von ihnen der Herausgeber einer Zeitschrift.«[237]

Bald jedoch war der »Zeitschriftenunmut« hinfällig geworden. Die Euphorie erwies sich als Heiterkeit vor dem Tode. Mit der Währungsreform starben die meisten Periodika. Nun baute man reale Häuser. Von Grundsatzdiskussionen war nicht mehr viel die Rede.

Neben den Zeitungen und Zeitschriften erlebten auch die Wochenzeitungen einen großen Aufschwung (und meist konnten sie sich bis heute halten).[238]

1946 erschien erstmals die *Allgemeine Wochenzeitung der Juden in Deutschland*, ein Organ der nach Deutschland zurückgekehrten Juden, gegründet von Karl Marx, der großes internationales Ansehen genoß. Ab 1. 1. 1947 wurde der *Rheinische Merkur*, unter der Leitung von Franz Albert Kramer, der acht Jahre in der Emigration verbracht hatte und nun nach Koblenz gekommen war, als Wochenblatt herausgebracht; gedacht war er als ein »Meldegänger christlich-katholischer Botschaft«. Vorbild war der alte *Rheinische Merkur* der Jahre 1815 bis 1816, herausgegeben von Joseph Görres. – Februar 1948 entstand das *Deutsche Allgemeine Sonntagsblatt* als »Unabhängige Wochenzeitung für Politik, Wirtschaft und Kultur«, herausgegeben von dem damaligen Landesbischof Dr. Hanns Lilje, Hannover. Hinter der Namengebung stand der Gedanke, durch »überregionale, mit hohem politischen, wirtschaftlichen und kulturellen Anspruch geleistete Arbeit einen oft mißverstehenden Gattungsbegriff aufwerten zu helfen«.[239] Die Lizenzierung von *Christ und Welt* erfolgte wenige Tage vor der Währungsreform, im Juni 1948; Eugen Gerstenmeier, der Leiter des Hilfswerks der Evangelischen Kirche, zeichnete verantwortlich für dieses zunächst als »Informationsblatt« bezeichnete Organ. Klaus Mehnert, aus Ostasien heimgekehrt, wurde Chefredakteur; weitere konservative Journalisten wurden für die Mitarbeit gewonnen, darunter auch solche, deren Haltung im Dritten Reich keineswegs unumstritten war.

Als die bedeutendste Neugründung unter den Wochenzeitungen erwies sich *Die Zeit* (Lizenzträger waren Lowis Lorenz, bis 1944 Chefredakteur der Illustrierten *Die Woche*; Richard Tüngel, von Hause aus Architekt, der sich nach 1933 als Schriftsteller durchgeschlagen hatte; Ewald Schmidt de Simoni, Vertriebschef der früheren *Frankfurter Zeitung*; Gerd Bucerius, Rechtsanwalt, Mitglied der ersten, von der Militärregierung ernannten Hamburger Bürgerschaft, im Senat dann zuständig für das Bauwesen). Die erste Nummer erschien am 21. Februar 1946. »Es gilt heute, Trümmer nicht nur in den Straßen der zerbombten Städte wegzuräumen, sondern auch geistige Belastungen einer untergegangenen Epoche, und dies kann nur geschehen, wenn wir den Mut haben, ungeschminkt die Wahrheit zu sagen, selbst wenn sie schmerzlich ist, und das wird sie leider häufig sein. Nur in der Atmosphäre unbestechlicher Wahrheit kann Vertrauen erwachsen.«[240] Für Kontinuität innerhalb der wechselvollen *Zeit*-Geschichte (mit vielen internen Streitigkeiten) sorgte Gerd Bucerius, später einer der großen Pressezaren der Bundesrepublik: im November 1949 kaufte er zusammen mit Schmidt treuhänderisch für die *Zeit* 50 Prozent der Anteile des Verlages, der die Illustrierte *Stern* unter Henri Nannen herausgab, was sein Presse-Imperium begründete. 1946 war er 30 Jahre alt; er gehörte der CDU an, war mit einer Jüdin verheiratet und hatte sich im Dritten Reich als aktiver Verteidiger und schützender Helfer der vom Regime Verfolgten erwiesen. Als erster Schriftleiter fungierte Ernst Samhaber, der wegen zu scharfer Kritik an den Besatzungsmächten bald ausscheiden mußte. Zur Redaktion gehörten u. a. Josef Müller-Marein, Marion Gräfin Dönhoff, Ernst Friedlaender. »Wir alle, Redakteure und Lizenzträger, stammten aus dem Bürgertum, fanden aber, daß es eben diese Bürger waren, die dem Nationalsozialismus den Weg bereitet, mindestens aber vor ihm kapituliert hatten. Wohl keiner von uns hatte in den letzten Jahren vor Hitler ›bürgerlich‹ gewählt. Deshalb empfanden wir uns alle in unbestimmter Weise ›links‹ – schließlich hatten (von den dogmatischen Kommunisten abgesehen) ja die Sozialdemokraten am längsten und tapfersten dem Hitlerschen Anschlag widerstanden. Es zeigte sich aber, daß wir aus der Katastrophe andere Lehren zogen als die Sozialdemokraten damals. Zur Freiheit gehört, meinten wir, auch die Freiheit vom Staate. Der aber bedrängte uns mit Arbeitsamt, Wohnungsamt, der unvermeidlichen Verwaltung des Mangels überhaupt. Und die Sozialdemokraten ließen erkennen, daß auch in Zukunft Leben und Wirtschaft vom Staate zu lenken seien. Unsere Entscheidung für die Marktwirtschaft war damals (vor der Währungsreform) noch nicht klar formuliert. Aber sie war erkennbar – zur Enttäuschung der von Labour regierten britischen Besatzungsmacht und ihrer sozialdemokratischen Freunde in Deutschland.« (Gerd Bucerius)[241]

Den politisch liberal-konservativen Kurs des Blattes bestimmte in der ersten Phase maßgebend Ernst Friedlaender, Sohn eines jüdischen Arztes aus Breslau, Kriegsfreiwilliger 1914, der den größten Teil der Nazi-Zeit im Ausland verbracht hatte. 1946 zog er mit seiner Familie aus Vaduz nach Hamburg, um dort inmitten von Zerstörung und Hunger sein Brot zu verdienen. »Der ›Unbelastete‹, Unverdächtigte hatte allerdings Dinge zu sagen, die keiner von uns anderen Heraus-

gebern der ›Zeit‹ hätte sagen können.« (Gerd Bucerius)[242] Friedlaender engagierte sich für das ganze Deutschland. »Wir wollen keinen West-Staat, sondern
einen deutschen Staat. Ein Kern-Deutschland also, solange es noch nicht das
ganze Deutschland sein kann« (17. Juni 1948). Angesichts der Entnazifizierungs-
debatte stellte er fest: »Die meisten jungen Deutschen wissen, daß der Nazismus
sie um das, was sie vielleicht in ihm zu finden hofften, gründlich betrogen hat.
Dieses Erhoffte war eine stabile und saubere Gemeinschaft des deutschen Volkes,
ein echtes Miteinander, das das lähmende Gegeneinander der Parteien hätte
überwinden können ... Bei diesem Wühlen in der Vergangenheit muß man bei
der Vorvergangenheit enden: bei der Weimarer Generation. Mit den Gescheiter-
ten der ersten Demokratie (Weimar) wurde die zweite Demokratie in Szene
gesetzt ... Was läßt sich Milderes über die Weimarianer berichten, als daß sie
versagt haben, menschlich und politisch. Sie ließen 1933 nichts zurück als ein
Unbehagen. Sie sind inzwischen um vieles älter geworden und um nichts weiser«
(4. März 1948). Friedlaender bezweifelte den Wert politischer Parteien, da sie seit
1933 überraschend wenig hinzugelernt hätten. »Schon wieder entwickeln sie sich
zu intolerant abgekapselten Weltanschauungs-Organisationen mit Gesinnungs-
und Fraktionszwang. Schon wieder sind sie nicht in erster Linie Verwaltungs-
mannschaften, bereit, einander in sachlicher Funktion abzulösen ... Abermals
scheint der Kampf um den Staat wichtiger zu werden als die Arbeit am Staat.«

1947 begann *Der Spiegel* als Wochenzeitschrift in Hannover zu erscheinen,
initiiert von Rudolf Augstein, damals 24 Jahre alt, seit Beginn Mitherausgeber
und Chefredakteur, wenige Jahre später alleiniger Herausgeber; er orientierte
sich dabei an dem sehr kurzlebigen britischen Besatzungsmacht-Magazin *Diese
Woche*, an dem er zwei Monate lang als Redakteur tätig gewesen war. Im ersten
Brief an den »lieben Spiegelleser« vom 20. Dezember 1947, im Rückblick auf ein
Jahr Redaktionsarbeit, heißt es: »Eine unserer vornehmsten Aufgaben war es ja,
den tierischen Bierernst und die politische Wichtigtuerei in den neuen deutschen
Kleinstaaten mit aller Offenheit bloßzulegen ... Der Un-Ernst als politische
Aufgabe begriffen – wenn der *Spiegel* seine Leser zu einer Neujahrsbowle bei sich
versammeln könnte, würde man sie bitten, mit uns darauf anzustoßen: auf die
Selbstironie!« Der offizielle Werbeslogan des *Spiegel* hieß damals »Auch Herr Igel
liest den Spiegel«.

»Wir stießen damals«, so hat Augstein im Rückblick festgestellt, »von vornherein auf die Gegensätze zwischen den Worten und Taten der handelnden
Figuren. Diese Gegensätze haben uns von Anfang an beunruhigt, und wir haben
schon damals den Hohlraum geargwöhnt, der sich inzwischen als tatsächlich
vorhanden herausgestellt hat. In unserem Mißtrauen gegen die handelnden
Politiker sind wir ziemlich weit gegangen, bis zur Ungerechtigkeit ... Wir
wollten uns damals nicht mit Dingen abspeisen lassen, von denen wir wußten,
daß man uns nichts Nahrhaftes bot.« Man sei Praktiker ohne Praktikum gewesen;
am lebenden Objekt mußte man mühsam ein gedankliches Konzept für das zu
planende demokratische und parlamentarische Staatswesen erarbeiten.[243]

Die Entstehungsgeschichte des *Spiegel*, Hans Dieter Jaene folgend[244], mutet an wie ein publizistisches Sittenstück aus der Gründerphase der Bundesrepublik; Phantasie und Beharrungsvermögen, Improvisationsgeist und Chuzpe führten zum Erfolg.

Major John Chaloner, 23 Jahre alt, stellvertretender Pressekontrolloffizier der britischen Militärregierung in Hannover, hat Anfang 1946 die Idee, den Deutschen täte ein Nachrichtenmagazin gut; er denkt dabei weniger an amerikanische Vorbilder wie *Time*, sondern an ein britisches Magazin, das *News Review* heißt; dort werden abstrakte politische Vorgänge verdeutlicht, indem die handelnden Personen als Alltagsmenschen vorgestellt werden. Chaloner entwirft ein deutsches Pendant dazu; die erste Probenummer trägt das Datum vom 29. März 1946; diese inspiriert zum Mitmachen den britischen Stabsfeldwebel Harry Bohrer, der aus Prag stammt und in Hannover Zeitungen zu kontrollieren hat, sowie den Stabsfeldwebel Henry Ormond, einen nach England emigrierten deutschen Juristen, der etwas von Betriebswirtschaft versteht und Geld, Papier, Räume, den Drucker, Transportmittel, Fernschreiber zu beschaffen vermag (er zieht auch den Vertrieb und die Anzeigenabteilung auf). Deutsches Personal wird gesucht; Rudolf Augstein wird übernommen. Am 16. November 1946 erscheint die erste Nummer von *Diese Woche*; auf Seite 1, unter der Überschrift »Hunger an der Ruhr«, heißt es – ein Text, der einem Leserbrief von Victor Gollancz an den *News Chronicle* entstammt –: »Die Schamlosigkeit der [britischen] Regierung wird immer größer. Puter und Geflügel, Extrafleisch, Süßigkeiten und Zucker kündet Mister Strachey [der britische Ernährungsminister] für Weihnachten an. Haben denn diese christlichen Staatsmänner nicht die geringste Vorstellung von dem, was augenblicklich in Deutschland vorgeht? Augenscheinlich nicht, sonst würden sie nicht solch eine idiotische Erklärung abgeben.« *Diese Woche* ist mit ihren 15 000 Exemplaren für je eine Reichsmark im Nu vergriffen. Britische Stellen äußern ihr Befremden; weitere Artikel rufen weitere Beschwerden hervor, nun der Sowjets und der Franzosen. Die Briten bei der Kontrollkommission in Berlin ordnen an, daß die Engländer sich aus dem Blatt zurückzuziehen hätten; Major Chaloner kann jedoch erreichen, daß dem Magazin erlaubt wird, unter anderem Namen, als deutsche Zeitschrift mit britischer Lizenz, weiterzubestehen. Drei deutsche Lizenzträger müssen gefunden werden; die deutschen Redakteure, die neben Augstein tätig sind, kommen dafür nicht in Frage: der eine war in der NSDAP gewesen; der andere hatte als Feuilletonchef in der nationalsozialistischen *Niedersächsischen Tageszeitung* gewirkt; der dritte war als PK-Mann belastet. Augstein bleibt übrig; allein erhält er (1. Januar 1947) eine vorläufige Genehmigung als vorläufiger Herausgeber; er ersinnt den neuen Titel: *Der Spiegel*. »Wenn ich Verdienste an dieser Zeitung habe, dann war dies das größte Verdienst. Der Titel ist einfach gut.« So wird Rudolf Augstein, 23, ausgestattet mit dem Wissensstoff, den ein hannoversches Gymnasium ihm bis zum Kriegsabitur vermittelt hatte, und versehen mit den Erfahrungen von drei Jahren Artillerie, der Verantwortliche für ein Wochenblatt, dem ein Papierkontingent für wöchentlich 15 000 Exemplare zugestanden wird, die sprichwörtliche Menge, die zum Sterben zuviel und zum Leben zuwenig ist.

Bald wurde der *Spiegel* auf dem schwarzen Markt gehandelt, das Stück bis zu 15 Reichsmark; er war beliebt, auch wenn er keine großen Enthüllungen und Sensationen brachte; doch nannte er die Wahrheit beim Namen, vor allem, wenn sie unangenehm war – freilich mit Schläue und Geschick verpackt, so daß die Lizenz, auch wenn sie wackelte, nicht entzogen wurde. Der saloppe, zuweilen schnodderige Ton, verbunden mit einer für Deutschland ungewohnten Liebe zum persönlichen Detail, brachte frischen Wind in die Publizistik.

Deutschland ist wieder »in the air«

Noch vor der Kapitulation begann die Nachkriegsgeschichte des Rundfunks in Deutschland. Am 4. Mai 1945 war aus dem Hamburger Funkhaus die Ansage zu hören: »*This is Radio Hamburg, a station of the Allied Military Government.*« Seit dem 13. Mai 1945 sendeten die Sowjets aus einem Übertragungswagen via Sender Tegel. In München, Stuttgart, Frankfurt gelang es Spezialeinheiten der amerikanischen Besatzungstruppen, den Betrieb für die Sender der Militärregierung innerhalb weniger Wochen in Gang zu setzen. In Köln begannen die für die gesamte britische Zone ausgestrahlten Sendungen am 26. September 1945; die Anstalt hieß nun Nordwestdeutscher Rundfunk (NWDR). – Der Berliner Rundfunk blieb nach Aufteilung der Stadt in vier Sektoren unter sowjetischer Kontrolle; ab November 1945 richteten die Amerikaner den Drahtfunk im amerikanischen Sektor ein (DIAS), der bald zum Rundfunk (RIAS) erweitert wurde; die Briten folgten im Juni 1946 mit einer Zweigstelle ihres NWDR. In der französischen Besatzungszone übertrug der ehemalige Nebensender Koblenz ein regionales Programm. Der für die gesamte französische Zone in Baden-Baden gegründete Südfunk konnte am 31. März 1946 den Betrieb aufnehmen.

Der Großdeutsche Rundfunk, den die Nationalsozialisten zu einem ihrer wichtigsten Propaganda-Instrumente gemacht hatten, war mit der Stunde Null zerschlagen; es begann der Aufbau eines neuen Rundfunkwesens unter der Kontrolle der Besatzungsmächte. Im Dritten Reich sei mit der Ausschaltung der besten Kräfte und Werke auf allen Gebieten das Niveau katastrophal gesenkt worden, schrieb Hans Bredow, Staatssekretär a. D. (vor 1933 Reichskommissar für den Deutschen Rundfunk), in der *Neuen Zeitung*, März 1946. Das unaufhörliche, die Seele des Hörers zermürbende und die schlechten Instinkte weckende Trommelfeuer der Propaganda sei von mehr oder minder seichten Unterhaltungsprogrammen unterbrochen worden. Die eingestreuten Darbietungen von Werken rassisch und politisch unverdächtiger, meist verstorbener großer Meister hätten vergeblich versucht, über die geistige Armut und den kulturellen Tiefstand hinwegzutäuschen. Statt ein Instrument des Friedens und der Kultur zu sein – die Rundfunkpioniere hatten gerade dies vom »drahtlosen«, alle Grenzen überschreitenden Medium erwartet –, hätte der nationalsozialistische Rundfunk der internationalen Verhetzung und der Untergrabung der deutschen

Die erste drahtlose Ton-
bandreportage von Radio
München, 1946
(Photo: Hans Schürer)

Moral gedient und damit ungeheuere Schuld auf sich geladen. »Nun stehen wir
wieder vor dem Aufbau eines neuen Rundfunks. Wir haben viel gutzumachen.
Dazu müssen wir vorerst aus der Vergangenheit lernen.«[245]

Umerziehung, Wandlung, Besinnung, Aufbau auch hier. Der Volksempfänger
hatte seinen Platz zwar weiterhin auf dem Radiotisch in der guten Stube oder auf
dem Büfett in der Wohnküche – doch war er nun auf Demokratisierung eingestellt.

Offiziere der *Information Controll Division* hatten im Frühjahr 1946 »zehn
Gebote« zur Rundfunkfreiheit formuliert. Diese Richtlinien wollten die Amerikaner jedem zukünftigen Rundfunkgesetz vorangestellt oder gar in die Verfassung eingebaut sehen – im Gegensatz zur britischen Politik, die, traditionsge-
mäß, von geschriebenen, »papierenen« Vorschriften nicht viel hielt.

»1. Den Vertretern der hauptsächlichsten religiösen Bekenntnisse, die den
Wunsch äußern, gehört zu werden, eine angemessene Sendezeit einzuräumen.

2. Den Vertretern der verschiedenen Richtungen bei strittigen Fragen von
allgemein öffentlichem Interesse die gleiche Länge der Sendezeit zu gewähren.

3. Den Vertretern der gesetzlich zugelassenen Organisationen der Arbeitnehmer und der Arbeitgeber das Recht auf die gleiche Länge der Sendezeit zu garantieren.

4. Allen politischen Parteien, die auf regionaler oder breiterer Basis zugelassen sind, während ihrer Beteiligung an örtlichen sowie Landes- oder zukünftigen Reichswahlen die gleiche Länge der Sendezeit einzuräumen.

5. Den festangestellten Sprechern, Kommentatoren oder Programmverfassern nicht zu gestatten, bei Sendungen, an denen sie beteiligt sind, ihre Namen zur Werbung für irgend eine politische Partei herzugeben.

6. Die ganze Berichterstattung auf ein hohes Niveau wahrheitsgetreuer Objektivität an Inhalt, Stil und Wiedergabe einzustellen und bei Nachrichtensendungen jede offenbare oder versteckte Kommentierung zu unterlassen.

7. Bei Nachrichtenübermittlungen soweit wie möglich ausschließlich Material zu benützen, das von freien und unabhängigen Nachrichtenagenturen oder aus solchen Quellen stammt, von denen man annehmen kann, daß sie einen objektiven Standpunkt einnehmen, und es in unmißverständlicher Weise erkennen zu lassen, wenn Nachrichten übermittelt werden, deren Ursprung nicht als frei, unabhängig und unbeeinflußt festgestellt werden kann.

8. Demokratisch gesinnten Kommentatoren und Vortragenden das Recht zur Kritik an Ungerechtigkeiten, Mißständen oder Unzulänglichkeiten bei Persönlichkeiten oder Amtsstellen der öffentlichen Behörden und der Staats- oder der Reichsregierung mit allen verfügbaren Mitteln zu gewährleisten und zu sichern.

9. Keine Sendung zu gestatten, die irgendwie Vorurteile oder Diskriminierung gegen Einzelpersonen oder Gruppen wegen ihrer Rasse, Religion oder Farbe verursachen könnte.

10. Zu verhindern, daß der Sender Gedanken oder Begriffe verbreitet, die in grober Weise gegen die moralischen Gefühle großer Teile der Zuhörerschaft verstoßen würden.«[246]

Anfang 1947 war »Deutschlands Stimme« im Rundfunk wieder gut, wenn auch unter alliierter Anleitung und Überwachung, zu vernehmen; der Ausbau der Sendeanstalten war in einem erstaunlichen Maße vorangekommen.

Das Programm des Nordwestdeutschen Rundfunks – unter der Kontrolle von Hugh Carlton Greene (im Krieg Leiter und Kommentator der deutschsprachigen Sendungen der BBC)[247] – wurde von Hamburg, Köln und Berlin bestritten; Köln, mit 30 bis 40 Prozent Programmanteil, hatte zu dieser Zeit bereits wieder einen deutschen Intendanten. Der NWDR machte intensive Anstrengungen, die Bildungs- und Wissenslücken zu füllen, die die vergangenen zwölf Jahre des Nazi-Regimes hinterlassen hatten; auf das kulturelle und künstlerische Niveau wurde großer Wert gelegt. Die Diskussionssendung »Runder Tisch«, von Axel Eggebrecht geleitet, wurde auch für andere Rundfunkanstalten vorbildlich. Eggebrecht verkörperte den Typus des neu-alten Rundfunkjournalisten auf exzellente Weise. Als kritischer Linker, der in der Weimarer Republik einige Jahre der KPD angehört hatte, 1933 verhaftet und ins Konzentrationslager gekommen war, gehörte er zusammen mit Peter von Zahn, dem liberalen

Bürgerlichen, zu den Mitbegründern des Nordwestdeutschen Rundfunks. Beide zeichneten auch für die Herausgabe der *Nordwestdeutschen Hefte*, die ab Mai 1946 erschienen und vorwiegend Texte aus den Programmen des NWDR veröffentlichten.

Beim Südwestfunk lag die Durchführung der Programme, die von Kritikern als die besten im Kulturbereich gepriesen wurden, fast ausschließlich in Händen deutscher Redakteure, die von französischen Experten unterstützt und überwacht wurden. An der Spitze der Einrichtung stand Friedrich Bischoff, vor 1933 Intendant des Senders Breslau. Die Musikabteilung widmete sich im besonderen modernen Komponisten, die im Dritten Reich unterdrückt worden waren.

Die Sender der amerikanischen Zone (München, Stuttgart, Frankfurt) standen unter der Leitung amerikanischer Funkfachleute. Das Münchner Programm war bekannt für seine Hörspiele, wobei Hellmut M. Backhaus einen eigenen funkischen Stil für Kriminalreißer entwickelte. Dialektgebundene, folkloristisch-bajuwarische Programmelemente waren bereits stark ausgeprägt. – In Stuttgart lag der Schwerpunkt bei der aufgelockerten Unterhaltung, bei sogenannten »Bunten Programmen«; Literatur und Hörspiel nahmen einen verhältnismäßig geringen Raum ein. – Radio Frankfurt, der seinen Betrieb in einer Familienpension in Bad Nauheim begonnen hatte, war in das zerstörte und notdürftig wiederhergestellte Gebäude des ehemaligen Reichssenders zurückgekehrt. Als Intendant fungierte Eberhard Beckmann. Die Öffnung nach außen war ein wichtiges Anliegen des Senders; die kritische Betrachtung moderner Literatur, unter besonderer Berücksichtigung der in Deutschland bisher verbotenen Autoren, besorgte der aus der Emigration zurückgekehrte junge Dichter Stephan Hermlin. Bei Radio Frankfurt arbeitete auch eine Zeitlang der ebenfalls aus der Emigration heimgekommene Literaturwissenschaftler und Kritiker Hans Mayer, und zwar als Chefredakteur für Politik und Nachrichten, neben dem Chefredakteur Erich Lissner für Kultur. Im Nebenzimmer fungierte Golo Mann als amerikanischer Kontrolloffizier.

»Er«, so erinnert sich Hans Mayer, »überschaute die Machtpositionen und Intrigen eines Rundfunkhauses ebenso genußvoll, wie später die Ränke seines Wallenstein. Was er sich ausgedacht hatte, verstehe ich heute ganz gut. Es hing mit Montesquieu zusammen und seiner Erfindung: dem politischen Prinzip der *Gewaltenteilung*. Angewandt auf den Frankfurter Sender nahm sich das etwa so aus: Zuoberst die Militärregierung, das verstand sich. Sie war jedoch zur Aufsichtsbehörde gewandelt. Programmgestaltung und Verwaltung oblagen von jetzt an den deutschen Redakteuren, mit dem Intendanten Beckmann an der Spitze. Dem unterstanden ein Verwaltungsleiter und jene von Golo Mann ausgeklügelten zwei Chefredakteure . . . Ich war spontan, anfällig für Stimmungen, oft zornig und auch vorlaut. Eberhard Beckmann hatte im Großdeutschen Reich eine Hochschule der Verstellung absolvieren müssen. Er lächelte viel, war stets verbindlich, doch häufig geneigt, die Menschen seines Umgangs als Figuren eines subtilen Spieles zu bewegen. Eines Spieles der Macht und um die Macht.

Eben darum kamen wir recht gut miteinander aus, weil mich die Arbeit reizte, nicht die Macht. Der jetzige Intendant von Radio Frankfurt hatte einen bürgerlichen Beruf ausgeübt, mußte erfolglos bleiben lange Zeit, ohne eigene Schuld, weshalb er nun fast süchtig war nach äußerem Glanz und nach der Bevorzugung. Ich war lange Zeit ein Niemand gewesen ohne Beruf, Paß, Wohnung, regelmäßige Arbeit nach meinem Geschmack, auch ohne ein festes Einkommen natürlich. Nun hatte ich alles: so gut man es damals haben konnte im Lande der Besiegten und als Angestellter bei den Siegern, die einen von einer Stunde zur anderen ›feuern‹ konnten.«[248]

Wie im Pressewesen vollzog sich auch im Rundfunk die Umerziehungs- und Aufbauarbeit auf eine insgesamt erfolgreiche Weise. Das gute Gespür der westlichen Kontrolloffiziere für bewährte und neue publizistische Talente, die schrittweise mit Verantwortung betraut wurden, machten die Rundfunkanstalten zu Vororten der Demokratisierung und republikanischer Identität. Das Resümee, das die *Neue Zeitung* am 31. März 1947 zog, war in seinem Optimismus berechtigt: »So tönt also die Stimme Deutschlands zweiundzwanzig Monate, nachdem die Kapitulationsrede des Herrn Dönitz auf der Welle von Flensburg verklungen ist, wieder auf vielen Wellen. Deutschland ist wieder ›in the air‹ – wenn auch vorderhand noch unter alliierter Aufsicht. Aber die Zwischenbilanz über das Erreichte ist nicht übel und verspricht für die Zukunft noch vieles im freien Wettbewerb der Sender und Programme.«[249]

Abb. gegenüberliegende Seite: Kammermusikkonzert im zerstörten Grottenhof der Münchener Residenz, 1945 (Photo: Hans Schürer)

Welt der Künste

Musica nova

Für das Musikleben der Trümmerzeit war der neuentstandene Rundfunk von ausschlaggebender Bedeutung. Als Spitzenreiter unter den Sendeanstalten auf dem Gebiet der modernen Musik erwies sich der Südwestfunk in Baden-Baden. Dort hatte die französische Militärregierung Heinrich Strobel im November 1945 beauftragt, die Musikabteilung aufzubauen; er kehrte aus Paris, wohin er 1935 emigriert war, in ein Land künstlerischer und damit auch musikalischer Verödung zurück. Freilich war nach zwölf Jahren Marschmusik, Siegeshymnen und »in-Dienst-genommener« klassischer Musik die Ideologieabneigung groß, somit der Boden für »Neues« durchaus gelockert. Auch gab es relativ viele moderne Komponisten, die entweder im Dritten Reich geschwiegen und sich zurückgezogen hatten oder nun am Anfang ihrer Laufbahn standen.

Engagierte und couragierte Initiatoren, darunter Strobel als der wohl bedeutendste, bewirkten, daß sich die Entwicklung zeitgenössischer Musik nach 1945 zu einem sehr wesentlichen Teil auf deutschem Boden abspielte. »Trotz unzulänglicher Mittel begann bald schon zwischen Trümmern und Hoffnungen ein Musikleben aufzublühen, das den Keim wegweisender Entwicklungen in sich trug.«[250] In Baden-Baden hatte Heinrich Strobel ein kleines Archiv von Schellackplatten und die Reste eines Kurorchesters vorgefunden. In kürzester Zeit entstand ein leistungsfähiges Orchester, das unter Otto Klemperer bereits 1946 sein erstes Konzert gab. Paul Hindemith und Arthur Honegger dirigierten eigene Werke; 1948 wurde Hans Rosbaud als Chefdirigent des Südwestfunks verpflichtet.

In der ersten Nachkriegsnummer der von ihm herausgegebenen Zeitschrift *Melos* (November 1946) beklagte Strobel, daß der größte Teil der deutschen Musikfreunde so gut wie keine Kenntnis habe von den letzten dreißig Jahren der Kunst, ob man dabei an Chagall oder Picasso, an André Gide oder Huxley, an Debussy oder Strawinsky denke. »Und wie viele deutsche Musiker wissen einigermaßen Bescheid über das Werk ihres größten lebenden Komponisten? Ich meine Paul Hindemith.«[251]

Aber nicht nur Unkenntnis war vorhanden; die Abneigung gegenüber den »Neutönern« war beim Publikum wie in Fachkreisen weit verbreitet. An der Spitze der Antimodernisten stand der Münchner Komponist und Musikschriftsteller Alois Melichar[252]; er konnte sich nicht nur auf die Zustimmung der »Klassizisten« stützen, sondern auch derjenigen, die an die Zeit unmittelbar vor dem Dritten Reich anzuknüpfen dachten – hatten doch die dreißiger Jahre für die neue Musik eine Epoche des Rückschlags bzw. der Rückbildung dargestellt, in der sich populistische Tendenzen in den Vordergrund drängten und die Idee der Avantgarde dem Verdacht ausgesetzt war, ein Sektenprinzip zu sein.[253] Seit der Mitte der zwanziger Jahre formierte sich eine Gegenbewegung von starkem Ausmaß; sie zielte auf leicht spielbare Klaviermusik, Spielmusiken für Liebhaber und Laien, betrieb eine Erneuerung der Chorliteratur aus dem Geiste der Jugend- und Arbeiterbewegung. Laienspiel, Lehrstück und Schuloper wandten sich gegen Esoterik. Für die Kinder schuf man leicht darstellbare, in der Schule aufzuführende Spiele. Der Laie sollte überhaupt zum aktiven Musizieren gebracht werden; die moderne komplizierte und komplexe Musik stand dem entgegen. Walter Abendroth, maßgebender Musikkritiker der *Zeit*, konservativ eingestellt, artikulierte später (bei der Besprechung des Melichar-Buches *Musik in der Zwangsjacke*) diesen Antimodernismus, wie er sich aus der Zeit vor 1933 in die Zeit nach 1945 hinüberrettete: »Die extrem-revolutionäre Richtung der neuen Musik war, wie alle übersteigerten Umsturzideen im Kunstleben, zu Anfang der dreißiger Jahre bereits im Abklingen. Was an ihr fruchtbare Anregung gewesen war, fing an (gemäß den gar nicht so radikalen Absichten Schönbergs) in die Evolution, die organisch-logische Entwicklung einzugehen und damit seine eigentliche Mission zu erfüllen. Da kam Hitler mit seinen Verboten. Und nun ging der Extremismus in die Emigration. Dort aber, wo diese Dinge bis dahin gar keine besondere Rolle gespielt hatten, wurden sie plötzlich zur Repräsentanz der verfolgten Geistesfreiheit. Sie bekamen zugleich einen politischen

Akzent (das heißt: sie hatten ihn schon eben von Hitler bekommen), durch den sie zur Ehrensache der freien Welt wurden.«[254]

Ein solches Diktum war allerdings typischer für die Wirtschaftswunderwelt als für die Trümmerzeit; denn unmittelbar nach Kriegsende und in den Jahren danach fand die neue Musik als Auflehnung gegen die Harmonielehre, fand die atonale Melodie als Gegenposition zum Sensualistisch-Emotionalen (auch Trivialen und Sentimentalen) verhältnismäßig große Resonanz; jedenfalls größere Aufgeschlossenheit als später, da die Abstraktion den Konkretismus, in dem man genießerisch aufging, hervorrief.

Natürlich war auch in der Trümmerzeit das Musikverständnis dichotom. Die Restauration der Oper zeigte, daß nach wie vor, vielleicht sogar mehr denn je in ihr der Bürger zum Menschen zu transzendieren hoffte (Theodor W. Adorno). Heinrich Strobel, der von Baden-Baden aus seine ersten Informationsfahrten durch den Südwesten machte, war enttäuscht, was sich da auf dem Musiktheater tat. »Ich sah entweder den alten Illusionsplunder, der um so peinlicher wirkte, als die Not aus jeder Falte der mager bestrichenen Kulissen lugte – oder die alte Spielastik, deren ›bewährte‹ Effekte Sinn und Geist jeglicher Musik abtöten. Ich las Opern-Spielpläne, die sich kaum von den Spielplänen des ›tausendjährigen Reiches‹ unterschieden.« Dazu kam der »Run auf die Operette«.[255]

Daneben vollzog sich die Wiederentdeckung der antiromantischen Generation und der Aufstieg ihrer variantenreichen Nachfolger (auch Überläufer) – der Schönberg, Berg, Webern, Hindemith, Egk, Jarnach, Reutter, Hartmann, Fortner, Blacher, Zimmermann, Klebe, Henze . . . Deren »Liebe zur Geometrie« faszinierte; in vielen, wenn auch kleinen Kreisen, wurden leidenschaftliche Diskussionen um die neue Musik geführt. Man erkannte, daß hier Künstler am Werk waren, die Vergangenheit nicht nur als zu bewahrendes Erbe, sondern auch als wegzuräumendes Hindernis begriffen. Nicht mehr in Gettos und Geheimbünden sollte die neue Musik in Zukunft eingesperrt sein; vor allem von der Breitenwirkung des Rundfunks und der Schallplatte erhoffte man sich die Heranbildung einer anders hörenden Generation.

Zur Pflege zeitgenössischer Musik wurden eigene Konzertreihen geschaffen; bereits im Oktober 1945 hatte Karl Amadeus Hartmann in München »Musica viva« gegründet – ein Modell für analoge Versuche im In- und Ausland. In besonderen Kursen und Wochen wurden Komponistenkollegen und Musikstudenten wie interessierte Laien mit moderner Musik vertraut gemacht.

Voraussetzung für die Heranbildung einer neuen Hörergeneration sei das Schaffen eigener Formen, so Hans Mersmann in einem Zeitungsaufsatz Februar 1948. »Sie werden nicht mehr wie früher durch begrenzte Ausschnitte aus einem großen Hörerkreis bestimmt; solche Zirkel und Geheimbünde brauchen wir nicht mehr. Aber die von den repräsentativen Konzerten abweichenden Formen, wie die des Studios oder Arbeitskreises, zeigen den Weg. Hier wird die Neue Musik nicht nur in ihren eigenen Kreis gestellt, sondern auch durch das gesprochene Wort ergänzt und unterbaut. Werke von einer problematischen Tonsprache werden ganz oder teilweise zweimal gespielt und geben gerade dadurch dem

Hörer die Möglichkeit zur Vertiefung und Korrektur des ersten Eindrucks. In andersgearteten Kreisen wird die Schallplatte wieder in ihre alten Rechte eingesetzt; sie hatte uns in authentischen, oft hervorragenden Wiedergaben die Neue Musik auch in einer Zeit lebendig erhalten, in der wir sie entbehren mußten. Sie bringt uns auch heute teilweise solche Werke nah, die in den Bezirken unseres Konzertlebens unerreichbar sind. Alle diese Wege sind an keine feste Form gebunden. Das Podium des Konzertsaales ist nur eine Art ihrer Verwirklichung.«[256]

Die Internationalen Ferienkurse für Neue Musik im Jagdschloß Kranichstein bei Darmstadt (gekoppelt mit den von der Stadt Darmstadt veranstalteten »Musiktagen«) waren zunächst nur als ergänzende Verlängerung des regulären Lehrangebotes an deutschen Konservatorien und Musikhochschulen gedacht; sie wurden jedoch zusehends zu einem internationalen Forum der Moderne, von dem wesentliche Impulse ausgingen. »Seit 1946 arbeitet das Kranichsteiner Musikinstitut in Darmstadt unter der aufopfernden, zielbewußten Leitung eines Mannes: Wolfgang Steinecke. Das Unternehmen, dem Widerstand und Abwehr in die Wiege gelegt war, hat sich als der stärkste Treffpunkt der schöpferischen, internationalen Musik entwickelt . . . Der Grund für dies Echo liegt zweifellos in dem unaufdringlich geführten, niemals aufgezwungenen Austausch der Ideen, in der Verflechtung von Kurs, Konzert, Gespräch, privater Auswertung.« (Egon Vietta)[257] Im August/September 1946 studierte hier Wolfgang Fortner mit den Teilnehmern Brecht-Hindemiths *Lehrstück* ein; Hermann Heiss berichtete über die Zwölftonmusik; erstmals erklangen in Deutschland Hindemiths *Ludus tonalis* und das 5. Streichquartett.

Wolfgang Fortner, 1907 in Leipzig geboren, wirkte immer wieder bei den Darmstädter Ferienkursen mit, leitete auch Musica-viva-Reihen in Heidelberg und Freiburg. Seine ersten Kompositionen waren durch Bach, Reger, Hindemith und Strawinsky geprägt; nach dem Zweiten Weltkrieg vollzog er den Wechsel zur Zwölf-Ton-Technik, die er sehr individuell handhabe. Seine einzige Symphonie schrieb er 1947; die Uraufführung fand am 2. Mai 1948 in Baden-Baden statt.

1947 standen auf dem Programm Bartók, Strawinsky, Hindemith und Schönberg; neben Fortners Violinkonzert und seinen *Shakespeare-Songs* gab es Uraufführungen von Rolf Liebermann und Carl Orff, Hermann Heiss, Heinz Schröter und Heinrich Sutermeister. Unter der Leitung von Hermann Scherchen wurde der langsame Satz der ersten Symphonie von Hans Werner Henze gespielt; mit der symphonischen Ouvertüre *China kämpft* erklang erstmals in Deutschland ein Werk von Karl Amadeus Hartmann.

Zum Ferienkurs waren 140, vorwiegend junge Menschen aus allen deutschen Besatzungszonen zusammengekommen, »um bei Komponisten, Pianisten, Sängern, Geigern, Dirigenten, Regisseuren und Kritikern, die sämtlich als Spezialisten für zeitgenössische Musik gelten, Aufschluß über Theorie und Praxis zu empfangen«. Hans Heinz Stuckenschmidt, der als Vortragender mitwirkte, meinte, daß die Tendenz, das Musikverständnis herauszuheben aus der Sphäre des gefühlsmäßig Verschwommenen in die des Bewußtseins – mit dem Ziel, unverdaute Begriffe wie »linear« und »konzertant«, »atonal« und »polytonal« zu klären – im wesentlichen gelungen sei; freilich sei dies nicht ohne Widerstände abgegangen; noch spukten in den Hirnen und Herzen auch dieser jungen Deutschen, einer Elite von Aufnahmebereiten, die Folgen zwölfjähriger Verdummungs- und Einlullungspolitik. Noch werde Ausländisches als fremd und feindlich empfunden; es gäbe Fälle von bedenklicher Ahnungslosigkeit und Rebellion gegen alles Kritisch-Analytische.[258]

Carl Orff, 1885 in München geboren, erlebte nach dem Zweiten Weltkrieg mit den bereits 1937 entstandenen *Carmina burana* einen internationalen Durchbruch; auf diesen Erfolg aufbauend, entwickelte er sein musikalisch-dramatisches und musikpädagogisches Werk konsequent weiter. 1949 schloß er die Arbeit an der *Antigonae* ab (die Uraufführung der Oper fand im gleichen Jahr bei den Salzburger Festspielen statt – in der Inszenierung von Oskar Fritz Schuh, Bühnenbild Caspar Neher, musikalische Leitung Ferenc Fricsay).

Karl Amadeus Hartmann, geboren 1905, hatte es im Dritten Reich abgelehnt, mit Kompositionen hervorzutreten – und somit für die Schublade gearbeitet. Nach Kriegsende vollendete er sein zweites Streichquartett und revidierte seine ersten vier Symphonien, die nun ebenso wie das szenische Oratorium *Simplicius Simplicissimus* uraufgeführt wurden. Auch von Boris Blacher, Jahrgang 1903, wurden wichtige Werke, die in den Kriegsjahren entstanden waren, erst nach 1945 bekannt. 1948 erhielt er eine Berufung an die Berliner Musikhochschule. Aus seinen in der Trümmerzeit entstandenen Werken ragen hervor die Kammeropern *Die Flut* (1947) und *Die Nachtschwalbe* (1948).

Die Avantgarde der älteren und jüngeren Künstler (neben den Erwähnten sind vor allem noch Bernd Alois Zimmermann und Gieselher Klebe zu nennen) orientierte sich, was deutsche Komponisten anging, in starkem Maße an Arnold Schönberg, Anton von Webern und Paul Hindemith. Die Zwölf-Ton-Technik Schönbergs faszinierte als ein Prinzip, das Konstruktivität und subjektiven Ausdruck zugleich versprach. Thomas Manns Auseinandersetzung mit ihr in seinem Roman *Doktor Faustus. Das Leben des deutschen Tonsetzers Adrian Leverkühn, erzählt von einem Freunde* (1947) verlieh ihr zusätzlich einen dämonischen Glanz, was ihr kulturelles Ansehen steigerte. In Schönberg verkörperte sich die Dialektik der Aufklärung: Sein aus dem romantischen 19. Jahrhundert übernommener messianischer Glaube an die Idee des rastlosen, ewigen Fortschritts, den er mit ungeheurer Gründlichkeit auf die gesamte Klangmaterie der Musik ausdehnte (unter der Annahme, ihr für die Zukunft ungeahnte Möglichkeiten eröffnen zu können), stand in Widerspruch zum Niedergang eben dieses bürgerlich-romantischen Geistes. »Aus der Geschichte der Musik ist er nicht wegzudenken: Verfall und Niedergang des Bürgertums: Gewiß. Aber welch eine Abendröte«, meinte Hanns Eisler, Schönberg-Schüler, der aus Amerika, wo er als deutscher Kommunist »unamerikanischer Umtriebe« verdächtigt wurde, nach Ost-Berlin zurückgekehrt war.[259]

Schönberg, der nach dem Krieg ergreifende kompositorische Trauerarbeit leistete (mit der Kantate *Ein Überlebender aus Warschau* von 1949), widmete sich in seinen letzten Jahren vor allem metaphysischen und religiösen Fragen – die Position eines utopischen musikalischen Konstruktivismus gewissermaßen transzendierend; er starb 1951 in Los Angeles, wohin er 1934 emigriert war.

Anton von Webern war 1945 umgekommen; als er in dem salzburgischen Städtchen Mittersill, in dem er, aus Wien geflohen, bei seiner Tochter untergekommen war, vor die Tür ging, um frische Luft zu schöpfen, schoß ihn ein amerikanischer Posten nieder; Webern hatte die Ausgangssperre übertreten. Die musikalischen Avantgardisten der zweiten Generation sahen in ihm, über Schönberg hinaus, das höchste Vorbild. Um seinen Namen kristallisierte sich die serielle Musik; bereits 1949 hatte Oliver Messiaen beim Kranichsteiner Ferienkurs das erste gänzlich durchstrukturierte Musikstück komponiert, bei dem die Reihenordnung für die zwölf verfügbaren Tonhöhen auch auf andere kompositorische Bestimmungsgrößen (Rhythmik, Lautstärke, Klangfarbe) ausgedehnt wurde.[260]

Paul Hindemith feierte ein großes Comeback. An ihm oder durch ihn ließ sich, so Ulrich Dibelius, die allgemein herrschende Unsicherheit im künstlerischen Stilempfinden gleich dreifach kompensieren: »Zuerst persönlich als Rehabilitierung eines Musikers, den die Nazis – obwohl Furtwängler ihn (mit mehr Recht als er wußte) ›einen ausgesprochen deutschen Typus‹ nannte – diffamiert und vertrieben hatten, in seinem, von solcher Schmach befreiten Heimatland; sodann war aber durch die Neuauflage einer Hindemith-Schule auch möglich, die einst unterbrochene und verhinderte Entwicklung so, wie es ihr zukam, fortzuführen und dabei der Zustimmung oder gar praktischen Unterstützung einer tonangebenden Gruppe gleichaltriger oder jüngerer deutscher Komponisten (wie Blacher, Fortner, Jarnach, Orff, Pepping, Reutter) sicher zu sein; schließlich konnte der Mangel an wirklich junger unvorbelasteter und zeitgemäßer Musik damals unter dem prägenden Signum eines allgemeinen kulturellen Nachholbedarfs, den jeder nach zwölf Jahren Abgeschnittensein als vordringlich empfand, durch die Rückerinnerung oder den imaginären Wiedererwerb einer Jugendlichkeit von einst am ehesten ersetzt und ausgeglichen werden. Und bei der Inthronisation Hindemiths, wie sie in Konzerten vorgeführt, bei den Darmstädter Ferienkursen für Neue Musik gelehrt und von den wieder erscheinenden Musikzeitschriften (›Melos‹, ›Musica‹ ab 1946/47) propagiert wurde, dachten die meisten eben an den musikalischen Treibauf der zwanziger Jahre, aber nicht an den etablierten Meister, der in Amerika unterrichtete und inzwischen daranging, seine Frühwerke den ›ethischen Notwendigkeiten der Musik‹ durch Zweitfassungen anzugleichen.«[261] Dazu kam, daß Hindemith durch seine frühere Lehrtätigkeit an der Berliner Hochschule für Musik, seine Zusammenarbeit mit den Vertretern der musikalischen Jugendbewegung und durch seine Auseinandersetzung mit den Nationalsozialisten (er verließ 1938 Deutschland) in weitesten Kreisen von Musikern und Musikerziehern bekannt war. Schließlich waren Hindemiths Werke beim Verlag B. Schott's Söhne (Mainz) sogleich wieder zugänglich. Gegenüber der radikalen Atonalität stellte sein Schaffen einen Kompromiß dar: Es stand für Kontinuität.

216

Zu seinem 50. Geburtstag im November 1945 feierte man ihn als einen Meister redivivus; Anfang 1946 war er bereits mit großem Erfolg in die deutschen Konzertsäle zurückgekehrt. Es werde, hieß es in einem Bericht aus Hamburg, wo Eugen Jochum beim zweiten Philharmonischen Konzert nach dem Kriege die *Symphonie in Es* vorstellte, um sein Werk nicht diskutiert; es werde einfach musiziert, aus der Überzeugung und dem Bewußtsein seiner wahren künstlerischen Bedeutung. Hindemith sei nie vergessen worden; nicht nur die Älteren, sondern auch ein Teil der musikalisch fortschrittlichen deutschen Jugend habe stets zu ihm gestanden und habe an ihn geglaubt. Die Aufführung eines Hindemith sei kein Experiment mehr.

Die Erstaufführung von Hindemiths *Mathis der Maler* fand im Dezember 1946 im Württembergischen Staatstheater statt; gefeiert wurde vor allem »das Deutsche« an dieser Oper über das Leben des Malers Grünewald, des Schöpfers des Isenheimer Altars.

Als Paul Hindemith im Frühsommer 1947 nach Frankfurt kam – die dauernde Rückkehr aus Amerika nach Deutschland lehnte er ab –, wurde dies als »Familienfeier« empfunden (im benachbarten Hanau geboren, hatte er seine ganze Jugend in Frankfurt am Main verbracht, war hier Konzertmeister der Oper gewesen, hatte seine Laufbahn am Main begonnen). »Das wußten die Frankfurter – und so begrüßte man ihn. Es war nicht nur ein Gruß an den wunderbaren Musiker, sondern auch an ein Familienmitglied, das jetzt zu Besuch zurückgekehrt war. Es fehlte nicht an alten Freunden Hindemiths im Saal, und er selber wunderte sich, wenigstens doch so viele Menschen noch fast unverändert wiederzufinden . . . Er berichtet über seine letzten Werke, die bisher in Deutschland unbekannt blieben: da ist vor allen Dingen ein großes musikalisches Totenopfer, eine Art weltlichen Requiems, das er über ein großes Gedicht Walt Whitmans konzipierte. Der amerikanische Dichter gedenkt darin der Gefallenen des amerikanischen Sezessionskrieges. Er schildert weiter, wie Abraham Lincolns Sarg nach der Ermordung des Präsidenten das Land durchreist, und wie die Menschen zu ihm hinströmen. Hindemith hat diesen englischen Text komponiert, um daraus ein musikalisches Opfer für die Gefallenen dieses Krieges zu geben. Er wollte bewußt auch die lebendige amerikanische Demokratie darin gestalten, und er erblickt eine Fortführung dieses echten demokratischen Lebensgefühls, das in Whitmans Versen mitschwingt, auch darin, daß nach Roosevelts Tod, als der Sarg auch dieses Präsidenten das Land durchreiste, sich die gleiche Form der Verehrung und Dankbarkeit im Volk zeigte wie einst vor dem Leichnam Abraham Lincolns.«[262]

Der *Abraxas*-Skandal

Das musikalische Trümmerzeit-Bewußtsein fühlte sich bei Hindemith, dem deutschen Amerikaner, dem amerikanischen Deutschen, gut aufgehoben. War *Mathis der Maler* auch »dämonisch« – es war doch eine typisch deutsche, nämlich faustische Dämonie.

Beim Mephistophelischen fühlte sich das kulturelle Bewußtsein weniger wohl. So rief der 1901 geborene Werner Egk mit seinem Faust-Ballett *Abraxas* (1948) den größten musikalischen Skandel der Trümmerzeit hervor – zumal er sich an Heinrich Heines Faust-Fragment hielt, das »teuflische« elementare Triebhaftigkeit in den Mittelpunkt stellt. (Schon mit den Trollszenen seiner Oper *Peer Gynt* von 1938 hatte er das Mißtrauen der damaligen Machthaber erregt.) Abraxas bezeichnet eine Kraft, die über dreihundertfünfundsechzig Gottheiten herrscht. Beim Tanz ums Magisch-Sinnliche treten auf: Faust und Margarete, Archiposa, die Erzbuhlin des Teufels, Bellastriga, eine schöne verführerische Hexe (ein Mephisto gleichzusetzender höllischer Geist von Grazie und Esprit) und einige weitere mythologische wie historische, dem Hofkreis Karls IV. von Spanien zugehörende Gestalten. Die Konzertfassung brachte der Südwestfunk heraus, wobei das Funkorchester der von Heinrich Strobel eingeladene Werner Egk dirigierte.[263] Die Welturaufführung fand dann im Juni 1948 in der Bayerischen Staatsoper statt – eines »jener seltenen, erregenden Ereignisse, die zur Anteilnahme und zur Auseinandersetzung verlocken«.[264]

Der »sinnliche Bewegungsreiz«, vor allem die »Schwarze Messe« im 3. Bild irritierte jedoch den damals amtierenden bayerischen Kultusminister Alois Hundhammer so, daß er – auch auf Wunsch des Erzbischöflichen Ordinariats – das Ballett nach fünf Vorstellungen absetzen ließ. (In Berlin gab es eine Voraufführung für das Domkapitel, den Senat, das Abgeordnetenhaus und die Frauenverbände; die Einwände waren geringfügig; das Ballett lief dann 116mal.) In seiner Autobiographie *Die Zeit wartet nicht* hat Werner Egk ausführlich dieses Lehrstück aus der bajuwarisch-katholischen Provinz beschrieben:

»Im Herbst, genau gesagt am 25. Oktober 1948 fing ich an, das Betriebsbüro der Oper mit Fragen zu belästigen: ›Für welchen Termin ist die zweite, mit Herrn Dr. Hartmann besprochene Aufführungsserie des ‚Abraxas‘ vorgesehen?‹

Sie blätterten vergeblich in ihrem dicken Buch, in dem die Termine von Proben, Aufführungen, Anwesenheiten und Abwesenheiten, ja selbst die der vorhersehbaren Indispositionen der Singvögel verzeichnet waren. Sie fanden keine Spur von ›Abraxas‹, sosehr sie die Köpfe verdrehten. Darauf meldete ich mich bei Dr. Georg Hartmann und hörte nicht auf mit Fragen, bis Stück für Stück der unangenehmen Wahrheit ans Licht kam.

›Also wann?‹ fragte ich.

›Wovon sprechen Sie denn gleich?‹ – Ein Intendant hat so viele Dinge im Kopf, daß es oft eine Zeitlang dauert, bis sie sich ordnen. –

›Ich spreche von meinem Ballett!‹

›Ah, jetzt verstehe ich, es handelt sich wohl um ‚Abraxas‘.‹

›Wann‹, deklamierte ich Silbe für Silbe, ›erscheint mein Ballett wieder im Spielplan?‹

›Ja, ja, das ist in der Tat . . .‹ Er stockte, und das dünne Rinnsal seiner Rede versiegte wieder.

›Was ist, bitte?‹

›Es ist etwas geschehen.‹

Ich drückte ihm stärker auf den Magen. Dann würgte er Brocken für Brocken heraus. Was herauskam, war nicht schön. Der Kultusminister hatte die Wiederaufnahme des Balletts verboten.

›Verboten? Das darf doch nicht wahr sein. Wer macht den Spielplan, Sie oder der Kultusminister?‹

›Sie erinnern sich doch, daß der Dr. D. vom Ministerium den Verkauf Ihres Librettos im Prinzregententheater unterbunden hat. Das war vielleicht vierzehn Tage vor der Aufführung.‹

›Die schwarze Messe‹, sagte ich. ›Die haben wir doch schon ohne Proteste unter dem Jubel der Bevölkerung und der Presse aufgeführt. Oder etwa nicht?‹

›Ja, das schon.‹

›Ich erinnere mich sogar noch an eine Kommission, die auf höhere Weisung die ‚Schwarze Messe‘ noch vor der Generalprobe angesehen hat. Die Herrschaften hatten damals einige belanglose Änderungen gewünscht, damit ja keine Seele in Gefahr kam. Ich weiß noch, was die Kommission gestört hatte: Bei einem Überschlag der ‚Bellastriga‘ – sie hing dabei mit dem Kopf nach unten – schlug sich das Ballettröckchen, den Gesetzen der Schwerkraft folgend, zurück. Man sah, o Schreck, ihren von einem dicken Baumwolltrikot bedeckten Bauch. Daraufhin verlangte die Kommission, daß der Überschlag verkürzt würde, damit kein Auge zu lange auf dem Baumwolltrikot verweilen konnte. Der Überschlag wurde so stark verkürzt, daß jede topographische Orientierung unmöglich war. Dann wurden die Scheinwerfer weggedreht und einige Pas verändert. Das war alles.‹

›Ich kann es leider nicht ändern, das Stück bleibt verboten.‹ Mehr kam nicht heraus.

Stante pede meldete ich mich bei dem von mir sehr geschätzten Dr. Dieter Sattler, damals Staatssekretär im Kultusministerium. Er war bester Laune, wie immer, und plauderte frisch aus dem Nähkästchen: ‚Also, das lief so: Vor der Premiere rief eines Tages der Weihbischof vom Erzbischöflichen Ordinariat bei uns an und bat den Kultusminister, das ‚Abraxas‘-Ballett aus dem Verkehr zu ziehen. Sie einigten sich, die schon in Vorbereitung befindliche Serie ablaufen zu lassen. Nach den Theaterferien sollte das Ballett ohne viel Gesumse und Gebrumm hinter den Kulissen verschwinden. Wie das Kaninchen im Zylinder.‹

›Wissen Sie, warum?‹

›Zwei weibliche Mitglieder des Balletts hatten sich beschwerdeführend an den Weihbischof gewendet.‹

›Haben sie sich auch an ihre vorgesetzte Behörde, den Intendanten oder an das Kultusministerium gewendet?‹

›Nicht daß ich wüßte.‹

›Was haben die Damen dem Weihbischof mitgeteilt?‹

›Sie haben sich über den Ballettmeister und über Ihr Ballett beschwert.‹

Aus der Tatsache, daß sie an einen kirchlichen Würdenträger und nicht an einen weltlichen Vorgesetzten geschrieben hatten, schloß ich, daß sie sich über Verstöße gegen Moral und Religion beschwert hatten.

Waren es vielleicht die beiden Damen gewesen, die bei der Rollenbesetzung ihre Wünsche nicht durchsetzen konnten? Die eine war steif wie ein Bolzen und wollte partout etwas Biegsames tanzen, um die Vorzüge ihrer Anatomie zur Geltung zu bringen. Mit ihr aber konnte man bestenfalls – aber nur bei völliger Windstille – einen Baum besetzen. Und die andere? Sie war nicht zufrieden damit, daß das ihr zugedachte Kostüm zu viel von ihren Reizen verhüllte, und hatte ein Kostüm verlangt, in dem sie zeigen konnte, was sie hatte, oder eine andere Rolle. Wenn meine Vermutungen zutrafen, hatten die beiden dem Weihbischof geschrieben, daß man ihnen nicht zumuten dürfe, was man ihnen in meinem Ballett zugemutet habe.

Es fiel mir nicht ein, einen Canossagang zu versuchen. Lieber schrieb ich einen Protestbrief an zweihundertundfünfzig Zeitungen: Der Artikel 108 der Bayrischen Verfassung sei durch ein ministerielles Verbot meines Balletts ›Abraxas‹ verletzt worden.

Daraufhin geschah zunächst nicht allzuviel. Es erschienen einige Kommentare und Karikaturen. Unser Kultusminister, der durch seine Plädoyers für die Prügelstrafe und für das Gesetz gegen Schmutz und Schund den Liberalen schon aufgefallen war, konnte sich in einer Zeitung mit einem dicken Brett vor dem Kopf und einem Nagel im Hirn betrachten. In einem anderen Blatt erschien er als dicker Hund mit Vollbart, saß unter dem Grenzpfahl des Freistaates Bayern und wachte darüber, daß ›Abraxas‹ nicht wiederkehre. Karikaturen bedeuten Publicity. Eine Zeitlang betrachtete ich mich als einen Wohltäter des Ministers.«[265]

Musik als Überlebensmittel

Die »ernste Musik«, eine sehr signifikante, typisch deutsche Gattungsbezeichnung für Klassik, rangierte auf der Wunsch- und Wertungsskala der Trümmerzeit sehr hoch oben. »Man wollte sie – nach der Kulturdemontage des ›totalen Krieges‹ – einfach wieder hören können, gerade als Trost und Abschirmung gegen Gewesenes, als Ausgleich und Mutmacher in der Gegenwart. Und dank dieser unbefragt restaurativen Tendenzen etablierte sich schon wenige Monate nach Kriegsende eine ebenso notdürftige wie regsame Konzerttätigkeit von meist provinziellem Zuschnitt . . . Und nahezu irreal im Vergleich zur allenthalben herrschenden Bedürftigkeit im Lebensnotwendigsten kreisten bereits früh bei den neu eingesetzten Verwaltungsorganen Ideen und Pläne zum Wiederaufbau von Konzertsälen und Opernhäusern. Tatsächlich jedoch spielten schnell

Erstes Konzert der
Münchner Philharmoniker
nach dem Krieg in der
Großen Aula der
Universität mit Beethovens
9. Symphonie, 1945
(Photo: Hans Schürer)

zusammengewürfelte Musikergruppen zumeist noch in Notquartieren, in Kirchen, Gasthäusern, Schulen oder auch Privathäusern. Und dort, wo sich der neue Geist der Nachkriegszeit am ehesten hätte abzeichnen können, im Repertoire der aufgeführten Werke, unterschied sich das Gebotene – außer in der zudiktierten Begünstigung von kleineren Besetzungen oder Kammermusik – höchstens insoweit vom Üblichen und Vertrauten, als nun die Werke der unterm Nazi-Regime verbotenen, verpönten oder, nach der geltenden Sprachregelung, ›unerwünschten‹ Komponisten einbezogen, manchmal sogar mit Vorrang behandelt wurden.«[266]

Ulrich Dibelius' Analyse ist, bezogen auf die durchschnittliche Situation, sicherlich richtig, bedarf aber der Ergänzung durch den Hinweis auf relativ viele Ausnahmen; sehr bald gab es, vor allem in den großen Städten, wieder hervorragende Orchester, zumal mit der großen Masse an Flüchtlingen auch hochqualifizierte Musiker in die Westzonen gekommen waren und Beschäftigung suchten. Die neugegründeten »Bamberger Symphoniker« etwa rekrutierten sich weitgehend aus solchen. Auch an hervorragenden Dirigenten war kein Mangel.

Will man die Qualität des Musiklebens der Trümmerzeit gerecht beurteilen, muß man auch an die schlimmen äußeren Bedingungen, unter denen es sich entwickelte, denken. Die Musiker waren, wie alle anderen, unterernährt; im Mai 1948 beeinträchtigte eine Massenerkrankung, die auf Unterernährung zurückzuführen war, in München den gesamten Kulturbetrieb. Kultusminister Alois Hundhammer forderte sofort bei der Zwei-Zonen-Verwaltung in Frankfurt eine Lebensmittelzulage für Künstler an; er wurde dafür von der Presse gelobt.[267] Dazu kamen die völlig unzureichenden Konzertsäle, die im Winter eiskalt waren.

Was die klassische Musik für die Menschen dieser Zeit bedeutete, machen besser als alle Statistiken Photographien deutlich. Eine der ergreifendsten aus dieser Zeit stammt von Hans Schürer und zeigt Zuhörerinnen und Zuhörer bei einem Konzert der Münchner Philharmoniker in der Aula der Universität 1945 (gespielt wurde Beethovens 9. Symphonie). Aus den Gesichtern spricht Entrückung, Hingabe an eine andere Welt, die als Vor-Schein der Idee die Misere erleuchtete. Das war Nachvollzug von Kunst ohne Pose und Gehabe, Versenkung ohne Innerlichkeitskoketterie, Feierlichkeit ohne Pathos. Musik als Lebens-, als Überlebensmittel. Die Musik, so Ernst Bloch, habe kraft ihrer so unmittelbar menschlichen Ausdrucksfähigkeit mehr als andere Künste die Eigenschaft, das zahlreiche Leid, die Wünsche und die Lichtpunkte der unterdrückten Klasse aufzunehmen – und unterdrückt mußten sich in dieser Zeit fast alle fühlen. »Und keine Kunst hat wieder so viel Überschuß über die jeweilige Zeit und Ideologie, worin sie steht, einen Überschuß freilich, der erst recht die menschliche Schicht nicht verläßt. Es ist der des Hoffnungsmaterials, auch noch im tönenden Leid an Zeit, Gesellschaft, Welt, auch noch im Tod; das ›Schlage doch, gewünschte Stunde, gewünschte Stunde, schlage doch‹ der Bachschen Kantate geht durch die Finsternis und gibt als Klang, dadurch, daß er da sein kann, einen unbegreiflichen Trost.« Das Objektiv-Unbestimmte im ausgedrückten, abgebildeten Inhalt der Musik sei der vorläufige Schatten ihrer Tugend. »Wonach sie jene Kunst des Vor-Scheins ist, die sich am intensivsten auf den quellenden Existenzkern (Augenblick) des Seienden bezieht und am expansivsten auf dessen Horizont; – cantus essentiam fontis vocat.«[268]

Auch in einer ganz anderen Musikgattung trat das Blochsche »Prinzip Hoffnung« besonders deutlich hervor. Da es jedoch nicht »von oben«, aus dem Himmel der Genien, hernieder-, sondern aus dem anonymen Volk aufstieg, nicht mit klassischem Instrumentarium intoniert, sondern mit *»dirty tones«* improvisiert wurde, da es nicht transzendierend-deutsch, sondern gesellschaftsimmanent-amerikanisch war, blieb die Resonanz begrenzt. Der Jazz, im Dritten Reich Ausdruck innerer Opposition, bei jungen Leuten Teil einer Antihaltung zur Hitlerjugend, konnte in der Trümmerzeit nur eine Heimstätte in Kellern finden; da er außerhalb der europäischen Tradition stand, wurde er im etablierten oder sich etablierenden Kulturleben nicht anerkannt. Besonders fatal wirkte sich aus, daß sich ihm gerade auch die Schule verschloß; und damit eine Möglichkeit versäumt wurde, Jugend musikalisch zu inspirieren, ihr eine Kunstform zu erschließen, die das Gefühl von und für Freiheit sinnlich »transportierte« und durch ihre unkonventionelle, die gängigen Kunstregeln mißachtende Kreativität auch evozierte.

Im »Untergrund« entwickelte sich in der Trümmerzeit eine alternative Musikkultur, getragen vom Jazzfan. Er existiere in zahlreichen Varianten, bemerkte Joachim-Ernst Berendt (damals Redakteur beim Südwestfunk), der zu den ersten gehörte, die in Deutschland mit Mut und Kompetenz sich ernsthaft mit dem Jazz befaßten. Da gäbe es junge Männer und Mädchen, die unter den Rhythmen der Jazzmusik buchstäblich außer sich gerieten, in eine Begeisterung, die ·für die bürgerlichen Menschen alle Zeichen des Schockierenden und Abstoßenden trage. Berendt fragt – und seine Fragen spiegeln indirekt die damals herrschenden Vorurteile –: Was treibt sie in diese Begeisterung? Was fasziniert sie am Jazz? Sind es haltlose Menschen, die auf jeden Augenblicksreiz mit seismographischer Empfindlichkeit reagieren? Sind es unreife Jünglinge, denen das Gefühl für alles, was mit dem Wort »Maß« bezeichnet ist, abgeht? Sind es schlecht erzogene Menschen, die keinen Sinn für jenen Begriff der Menschenwürde haben, der zu den Kennzeichen der abendländischen Welt gehört?

»Es scheint unmöglich, die Herkunft der Jazzbegeisterung sozial zu orten. Die Jazzfans kommen aus allen Kreisen: Arbeiter und Studenten, Angestellte und Beamte, Journalisten und Kaufleute, Techniker und Industrielle oder die Söhne und Töchter solcher Berufsschichten. Allenfalls eine ›geographische‹ Ortung scheint möglich: es sind fast stets Stadtmenschen mit jener undeutlichen ›Modernität‹, die sie international abstempelt. Es sind Menschen, die in das Netz von Verpflichtungen und Bezogenheiten, von Aufmerksamkeits- und Vorsichtsmaßnahmen, von Reizen und Ansprechversuchen, von Geschäftigkeit und Beschäftigtheit eingespannt sind, das den modernen Menschen selbst in seinen freiesten Momenten – etwa auf dem Wege von oder zur Arbeitsstätte – nicht losläßt. Es sind fast stets – sofern es junge Menschen sind – Menschen, für die der ›Ernst des Lebens‹ früher begonnen hat, als er vor ein oder zwei Generationen zu beginnen pflegte, und die doch in keiner Sekunde zugeben werden, daß darin etwas Ungewöhnliches oder Bemerkenswertes läge.«[269]

Aufschlußreich, daß Theodor W. Adorno, der bürgerliche Revolutionär, der geistreiche Philosoph einer neuen Musikästhetik und scharfsinnige Beobachter wie Kritiker der Musikszene, gegenüber dem Jugendlich-Elementaren des Jazz versagte; Musik war ihm eben »jenes andere«, Jazz dagegen, wie so vielen seiner Zeitgenossen, »parterre«. »War einmal der ästhetische Bereich, als eine Sphäre eigener Gesetze, aus dem magischen Tabu hervorgegangen, welches das Heilige vom Alltäglichen sonderte und jenes rein zu halten gebot, so rächt sich nun die Profanität am Nachkommen der Magie, der Kunst. Diese wird am Leben gelassen nur, wenn sie aufs Recht der Andersheit verzichtet und der Allherrschaft der Profanität sich einordnet, an welche am Ende das Tabu überging. Nichts darf sein, was nicht ist wie das Seiende. Jazz ist die falsche Liquidation der Kunst: anstatt daß die Utopie sich verwirklichte, verschwindet sie aus dem Bilde.«[270]

Die bildende Kunst verläßt die Katakombe

Das deutsche Wesen, so Ernst Wiechert 1946 in einer Rede über Kunst und Künstler, habe seinen unsterblichen Niederschlag durch lange Jahrhunderte in der Musik, der Dichtung, der bildenden Kunst, der Philosophie, der Wissenschaft gefunden. Es habe die Augen derer geformt, die durch Geschlechter auf diese Dinge geblickt hätten, und durch ihre Augen habe es ihre Herzen geformt. »Es hat an der Güte, der Weisheit, der Duldung, der Humanitas und über allem und mit allen an der Liebe geformt. Es hat uns mitwohnen lassen in dem großen Haus der Menschlichkeit, das die Völker der Erde aufgerichtet haben, und unter diesen Völkern waren wir nicht das geringste.« Nun aber sei deutlich geworden: Tief im Urgrund unseres Volkes, tief unter Christenheit, Schönheit, Weisheit und Humanitas lag der Dschungel, der unberührte und seit der Steinzeit unveränderte, und in diesem Dschungel lauerte die Bestie, halb wachend, halb träumend, ungezähmt, ungebändigt, unberührt von zehntausend Jahren der Mühe, der Hingabe, der Liebe. Im Dritten Reich sei der Erdgeist entfesselt worden, und das entsetzte Menschengesicht starre wortlos in seine glühenden Augen. »Zu keiner Zeit der Menschheitsgeschichte sind die Verheißungen jenseits der Sterne so fraglich geworden wie heute. Zu keiner Zeit ist solch ein Glanz der wirklichen Seligkeit um die Hände derer gesponnen, die schon auf Erden verheißen können, und wenn auch nur in Bildern und Tönen. Propheten und Dämonen sind in den Abgrund gestürzt, aus dem sie aufgestiegen waren. Aber unverändert ist das Gesicht dessen leuchtend über uns geblieben, woran die Dämonen mit aller Gewalt vergeblich gerüttelt haben: das Gesicht der guten Erde, der Kunst und der Liebe.« Wiechert, der mit dem ihm eigenen metaphernreichen Pathos den Vor-Schein der Idee in der Kunst beschwört – daß die Weglosen der Seele einen Weg bekommen, die im Dunkel der Verzweiflung und Trostlosigkeit Dämmernden ein Licht, die Leidenden einen Balsam und die Rechtlosen einen Schimmer der großen Gerechtigkeit –, Wiechert, derart vom Boden der Realität abhebend, kritisiert auch konkret den Kunstbetrieb des Alltags: »Kein Verständiger wird leugnen, daß die Amerikaner ihr Bestes tun, um unser Haus zu säubern, aber niemand wird auch leugnen, daß es nicht angeht, wenn die größen-künstlichen Künstler des Dritten Reiches wie Thorak oder Breker, die das Ethos des Dritten Reiches in Marmor und Beton verewigten, nach ein paar Wochen Haft entlassen werden, um die Büsten amerikanischer Generale anzufertigen.«[271]

Würde nun, so fragten sich viele bildende Künstler, die in äußerer oder innerer Emigration das Ende des Dritten Reiches erhofft hatten, die große Katharsis stattfinden, oder drohte die Gefahr, daß die Mitläufer, die Opportunisten, die Angepaßten, die Wandlungsfähigen sich wieder durchsetzten?

Wenige Tage nach Kriegsende schrieb der 1902 geborene Maler Ernst Wilhelm Nay dem Kunsthändler Günther Franke, der ein Refugium am Starnberger See gefunden hatte (den Brief nahm ein in diese Gegend entlassener Kriegskamerad mit): »Was wird nun weiter werden? Sicher kann man wohl damit rechnen,

Karl Rössing, Zerstörte Kunst, 1946 (aus dem Zyklus »Passion unserer Tage«)

daß sich für die Kunst einiges tun wird . . . Hoffentlich gewinnt die Kunst jetzt ihre Freiheit wieder – nach diesen dreizehn bösen Jahren.«[272]

Bald entbrannten die Auseinandersetzungen um die Stilfrage. Welcher Stil war der Zeit angemessen – Expressionismus, Surrealismus, Realismus, Abstraktion, absolute Kunst? Zwar hatte der maßgebende Kunsthistoriker Franz Roh in einem Vortrag Frühjahr 1946 (in dem er unter anderem auch für eine starke Gewerkschaft plädierte, deren Aufgabe die Lösung der materiellen Probleme der bildenden Künstler und die Sicherung des politischen und wirtschaftlichen Einflusses der Künstlerschaft sein solle) gesagt: »Ob Sie, liebe Kollegen, Barrikaden oder eine Wiese mit scheuen Veilchen malen, ist uns völlig gleichgültig, wenn nur beides ein Kunstwerk darstellt«[273], doch entsprach solche friedlichgelassene Koexistenz der Stile nicht dem geistigen Bewußtsein der aufgewühlten Zeit. Das bildnerische Denken und Gestalten der Vergangenheit wurde leidenschaftlich danach befragt, welche Gültigkeit es für Gegenwart und Zukunft haben konnte.

Mit der totalen Niederlage war endlich die Möglichkeit gekommen, die von der nazistischen Ideologie als »entartet« diffamierte Kunst zu rehabilitieren. Es spricht für das gute geistig-kulturelle Klima der Trümmerzeit, daß diese Wiedergutmachung unter größerer Anteilnahme der Bevölkerung erfolgte, als man angesichts der Entwicklung bis 1945 hätte erwarten können. Freilich gab es auch signifikante Gegenpositionen im konservativen Lager, das sich dafür den Vorwurf einhandelte, prä- bzw. postfaschistische Tendenzen zu vertreten.

Der Expressionismus wurde freilich auch von einer anderen Position her relativiert. Bei aller Achtung vor seiner historischen Leistung – die Entwicklung sei weitergegangen. Im Katalog einer der ersten Ausstellungen in München, die der Maler Fritz Burkhardt durchführte (er präsentierte klassisch-expressionistische und »entartete« Graphik neben Werken neuester Münchner Kunst), heißt es: »Die Kunst der Gegenwart, wie sie sich außerhalb des deutschen Bereiches in der Öffentlichkeit und wie sie sich innerhalb Deutschlands ›unterirdisch‹ entwickelt hat, deckt sich nicht mehr mit dem, was wir in dem mehr retrospektiven Teil unserer Ausstellung zeigen, das heißt mit dem Expressionismus, dessen Blütezeit bereits drei Jahrzehnte zurückliegt. Aber diese verflossene Epoche ist die Voraussetzung für die folgende gewesen und das Verständnis ihres Wesens ist auch die Voraussetzung für das Verstehen unserer Zeitkunst.«[274]

Schärfer noch stellte der Kunstschriftsteller Friedrich Adama von Scheltema in Heft 2 der ab November 1946 von Hans Eberhard Friedrich herausgegebenen Zeitschrift *Prisma* fest, daß der Expressionismus bis zu den extremen Formen Picassos und Kandinskys schon vor dem Ersten Weltkrieg eine vollendete Tatsache gewesen sei und heute nach allen umwälzenden Ereignissen kaum noch als modern bezeichnet werden könne. Außerdem warnte er davor, den Expressionismus, der seiner Ansicht nach dem gleichen geistigen Nährboden entstammte, der schließlich auch die schlimmsten Blüten des Nazitums hervorgebracht habe, wiederaufzunehmen. Auch Karl Scheffler sah in seinem Buch *Die fetten und die mageren Jahre* (1946) eine Verbindung zum Nationalsozialismus und lehnte deshalb den Expressionismus ab. Schließlich warf H. Lüdecke 1949 dem Expressionismus vor, er sei eine »Kunst der Disharmonie, des Nicht-in-Einklang-Seins, des Unbehagens und der Verneinung«. Diese »scheinrevolutionäre Kunst mit gefühlsmäßig echten rebellischen Antrieben« habe als Stil des Kleinbürgertums versagt und solle deshalb gemieden werden.[275]

Neben dem Expressionismus fand in den Trümmerjahren der Surrealismus besondere Beachtung: Er stelle eine spirituelle Bewegung dar, »keine materialistische, was nicht ausschließt, daß die meisten Surrealisten extreme Marxisten sind . . . Es besteht ein betontes Internationalitätsbedürfnis und eine wohl ebenso deutliche antinationalstaatliche Gesinnung. Und, um noch politischer zu werden, die Surrealisten in Paris waren keine Kollaborationisten . . . Wenn heute in Deutschland oder in Berlin einige Künstler als Surrealisten bezeichnet werden, . . . so waren auch diese Künstler keine Kollaborationisten oder Opportunisten«; keiner von ihnen habe in der Großen Kunstausstellung 1937 in München ausgestellt. Heinz Trökes stellt dies 1947 im *Kunstwerk* fest, einer vom Woldemar-Klein-Verlag, Baden-Baden, gegründeten Zeitschrift, dem wohl wichtigsten publizistischen Forum für moderne Kunst in dieser Zeit.[276]

Trökes, 1913 geboren, war Angehöriger einer Generation, die den Nationalsozialismus von Anfang an bewußt miterlebt hatte. 1933, nach dem Abitur, bezog er die Kunstgewerbeschule in Krefeld, wo er bei Johannes Itten, dem ehemaligen Bauhausmeister, studierte. Immerhin gab es an den Kunstschulen und Akademien auch im Dritten Reich noch kleine Zirkel und Widerstandszellen, die der modernen Kunst verbunden blieben, also nicht völlig gleichgeschaltet waren. Bei Itten und später bei Georg Muche kam Trökes in unmittelbaren Kontakt mit den verfemten Bauhausideen; 1937, auf seiner ersten Paris-Reise, besuchte er Wassily Kandinsky. Als ihm 1938 die Berliner Galerie Nierendorf, die sich gelegentlich eine gewisse Opposition gegen die offizielle Kunstdoktrin leistete, eine Ausstellung einrichtete, wurde diese sofort von den Nationalsozialisten geschlossen. Das war das Ende einer noch nicht begonnenen Karriere und der Anfang einer intensiven Tätigkeit, die für Trökes surrealistisches Schaffen Kunst im Untergrund bedeutete. »Trökes hat nicht resigniert, und er hat sich den braunen Machthabern nicht angedient – für einen halbwegs begabten Maler wäre es lächerlich leicht gewesen, auch ohne Hitlerbilder, mit bewährt konventionellen Landschaften ins Haus der Kunst zu gelangen. Trökes hat es vorgezogen, eine Zeitlang Textilentwürfe zu machen (was er in Krefeld gelernt hatte) und im übrigen im künstlerischen Bereich seinen phantastisch-surrealistischen Weg weiterzugehen. Seine literarischen Weggenossen waren Jean Paul und James Joyce. Sie haben ihn durch das Dritte Reich und durch den Krieg begleitet, den er als Flaksoldat in Berlin erlebt hat. Auf dem Vorsatzpapier einer seiner ersten Skizzenbücher, begonnen 1945, beendet im Mai 1945, steht ein Wort von Jean Paul: ›Unter der Erde ist Schlaf, über der Erde ist Traum, aber zwischen Schlaf und Traum seh ich Lichtaugen wandeln wie Sterne.‹« (Gottfried Sello)[277]

Die Landschaft, die der Krieg hinterlassen hatte – die reale wie geistig-seelische: die Großstädte als Trümmerhalden, das Nebeneinander von Hoffnung und Verzweiflung, Aufbauleistung und Verwahrlosung, das allenthalben anzutreffende panische Idyll –, glich selbst, so hat es Barbara Klie formuliert, einem riesigen »Musterbuch der surrealen Malerei«. Und die Bilder zeichneten es nach: Diese Kunst wollte nicht den mangelnden Wohlstand kompensieren; weder die Sicherheit der fünfziger noch die Langeweile der sechziger Jahre lagerte über den Quartieren, in denen man nicht wohnte, sondern hauste. Wenn eines aus jener Epoche als ganz gewiß feststeht, dann die Erinnerung, daß die Kontrastbeziehung zwischen Kunst und Leben, zwischen einem beruhigten Leben und einer uferlos beunruhigten Kunst, damals nicht gegolten hat. Die unbeholfenen Warnzeichen, die der Bildhauer Hans Uhlmann aus Eisen schmiedete, die wie aus Urgeröll herausgegrabenen Kolosse Karl Hartungs, Alexander Camaros dünne Drahtseillinien und die glimmenden Kraterlandschaften von Trökes, Max Zimmermann und anderen Surrealisten »gaben das böse Unreale, das gauklerhaft Verlorene wieder, das jedermann in seinem Alltag an der nächsten Straßenecke und am nächsten Kalendertag wiederfinden konnte. Damals wanderte Werner Heldt zwischen seinem östlichen Pankow und den westlichen Sektoren hin und her und fand in den Dünen aus Schutt, die sich in den schwarzen Kanälen spiegelten, jenes ›Berlin am Meer‹, das ihm als Vision vorgeschwebt hatte und das nun Wirklichkeit war.«[278]

»Berlin war . . . eigentlich eine Sphäre zwischen den Reichen, surrealistisch«, notierte Werner Gilles im August 1947, und Hans Sedlmayr fragte: »Gibt es surrealistischere De-Kompositionen als die Bilder der Ruinenstädte?«[279] Das Unerwartete, das Unwahrscheinliche, das Ungewöhnliche, das die Surrealisten von der Kunst hergestellt sehen wollten, fand sich in der Realität und mußte von der Imagination, dem Traum, dem Zufall nicht erst vorgestellt werden. Die Menschen der durch den Krieg und seine Folgen aus den Fugen geratenen Realität nennt Hans Egon Holthusen 1947 »Zeitgenossen einer amorphen und anarchischen Welt, Schiffbrüchige, deren Leben ein fortwährendes angestrengtes Provisorium ist, Treibholz einer zu Bruch gegangenen Zivilisation, Bewohner einer phantastischen Traumstadt, die zwischen Schutthalden und Geröllmoränen sich ausbreitet in den skurrilen und zerrissenen Formen eines Bleigusses in der Silvesternacht. Augen- und Leibeszeugen einer weltüberflutenden Katastrophe . . ., Kenner des Feuers und des öffentlichen Wahnsinns, mühsam Überlebende und mit knapper Not und wider Erwarten noch einmal Davongekommene, wunderlich verwickelt in den Widerspruch zwischen der Unmöglichkeit ihrer Lebensbedingungen und der Möglichkeit zu leben.«[280]

Solche »Schiffbruchstimmung« durchzieht die Bilder von Karl Hofer. Der 1878 geborene, seit 1920 an der Hochschule der Bildenden Künste in Berlin lehrende und 1933 von den Nationalsozialisten entlassene Künstler, fand eindringliche Metaphern für das heraufziehende Unheil: Larven, Masken, Hungrige, Blinde, Wahnsinnige, Totentänzer, Trümmerfelder, Ruinennächte – das waren Variationen zum »beschädigten Menschen«. *Der Gefangene* (1933) nimmt die Konzentrationslager vorweg, *Der Turmbläser* (1935) gibt eine Ahnung von Bombenalarm, *Die Wächter* (1936) erweisen sich als Voraussage einer langen Nachtzeit. 1937 malt Hofer einen *Mann in Ruinen*, die Stadtzerstörung vorwegnehmend. – Zwischen 1938 und 1943 gingen über sechshundert seiner Werke verloren: die eine Hälfte im faschistischen Bildersturm, die andere durch einen Bombenangriff, der das Atelier zerstörte. In seinen Lebenserinnerungen berichtet Hofer, daß er nie so gut verkauft habe wie nach dem Arbeits- und Ausstellungsverbot, was deutlich macht, daß gerade realistisch-symbolische bzw. surrealistische Kunst von den Nationalsozialisten nicht völlig unterdrückt werden konnte.

Wie bei Gottfried Benns stoischer Ästhetik (»Nichts – aber darüber Glasur«) hatten auch bei Hofer Faschismus und Krieg ein tiefes Mißtrauen gegenüber der Zukunft hervorgerufen. Seine Nachkriegsbilder bringen der Neubesinnungs- und Wandlungseuphorie einen tiefen Pessimismus und große Skepsis entgegen. Bilder wie *Totentanz, Im Neubau, Atomserenade, Die Blinden* machen deutlich, daß das Tun des Menschen töricht und vergeblich, rettungslos verloren und von jedem Heil ausgeschlossen ist. Auf dem Bild *Die Blinden* sind vier Menschen zu sehen, die, sich festhaltend, orientierungslos durch einen Wald tapsen, der aus abgestorbenen, morschen Bäumen besteht.

»Wir kommen zu der Erkenntnis: Die erbärmlichste, die verbrecherischste menschliche Tätigkeit ist die Politik«, so beschließt Karl Hofer um die Jahreswende 1948/49 einen Brief an Hermann Hesse. »Politik, ob sie sich konservativ, demokratisch oder sozialistisch kleidete, ob sie rechts, links oder in der Mitte angesiedelt war – Hofer war es gleich. Immer ging es um die Macht und immer wurde mit Gewalt und Verbrechen operiert: das Elend der Welt liegt darin begründet, daß immer ein Anspruch, ein Recht, eine Idee, eine Weltanschauung bekämpft oder durchgesetzt werden soll. Dies hält das verhängnisvolle Geschehen in Gang. Für viele Künstler gab es deshalb nur *eine* Haltung, die moralisch zu verantworten war: die Verweigerung. Gegen alle Ansprüche und Forderungen ›mittelmäßiger und blindwütiger Weltanschauungen‹ (Albert Camus) bestanden sie hartnäckig auf ihrer individuellen Freiheit und Unabhängigkeit. ›Angesichts der gegenwärtigen politischen Gesellschaftsordnung‹ – so Albert Camus in einem vielbeachteten Artikel –, ist es zwecklos und lächerlich, wenn man von uns eine Rechtfertigung, ein Engagement verlangt.« (Freya Mühlhaupt)[281]

Die abstrakte Kunst, wie die anderen modernen Kunstrichtungen im Dritten Reich verfemt, fand in der Trümmerzeit eine neue bedeutsame Resonanz, weil sie die aktuelle triste Wirklichkeit transzendierte – auf das Eigentliche, Wesentliche hin. 1946 stellte Wilhelm Uhde fest: »Der Surrealismus ließ es sich auf eine ebenso originelle wie überraschende Weise angelegen sein, das menschliche Gefühl mit Gegenständen zu verquicken; man braucht sich also nicht zu wundern, wenn man jetzt einem abstrakten Kunstschaffen begegnet, das mit allem Gefühl und mit aller Gegenständlichkeit aufräumt.«[282]

So wie die erste große Welle der abstrakten Kunst vor dem Ersten Weltkrieg eine Antwort auf die Plüschwelt der wilhelminischen Kultur darstellte, wird nach 1945 die Abstraktion zum Ausweg aus dem düsteren Konkretismus der Trümmerlandschaft. Das Abstrakte war nicht nur geistiger als das Konkrete, es war letztlich eben »wirklicher«, wenn man – wie Willi Baumeister, die zentrale Figur der abstrakten Malerei – Kunst als Bewußtseinserweiterung, als Vorstoß in ein noch nicht erforschtes Gelände begriff. Die 1947 erschienene Schrift *Das Unbekannte in der Kunst* hatte Baumeister (geboren 1889) noch während des Krieges, da er Unterschlupf als Mitarbeiter am Technischen Institut in Wuppertal gefunden hatte, verfaßt. Die Wirklichkeit erweise sich nur als Anstoß zum Bild; der Gegenstand sei lediglich ein Fenster, das in unbekannte Formwelten führe. Das Totale werde zum ungewöhnlich Kühnen, es zerreiße jegliche Konvention, zugleich werde es zum Selbstverständlichen, zum Einfachsten, zum »Natürlichen«, zum Beispielhaften. Geniale Menschen seien nicht nur Entdecker und Erfinder; je höher ihre Belange gingen, desto allgemeingültiger werde auch ihr Verhalten in allen Fragen und Situationen. Das Geniale zeige sich im Einfachsten, indem es sich Stufe für Stufe baut und Logik, Hypothese, Einkreisung, praktische Forschung und Intuition je im richtigen Augenblick einsetzt; Künstler und Wissenschaftler seien innerhalb der Methode des Findens, des Genialen einander gleich; freilich gäbe es in der Kunst im Gegensatz zur Wissenschaft keine Beweise. Kunst verlange Glauben an die Kunst. Die Wissenschaft als gesamter Komplex von außen gesehen, könne jedoch auch nicht »bewiesen« werden, setze den Glauben an die Wissenschaft voraus. So stünden Kunst und Wissenschaft in einem engen inneren Beziehungszusammenhang.

Als Baumeister 1946 an die Kunstakademie in Stuttgart berufen wurde, begann eine für die Kunst der Nachkriegszeit sehr bedeutsame Phase seines Wirkens. »Baumeister ist neben Beckmann, Max Ernst und vielleicht noch Feininger, einer der wenigen großen Künstler, deren Nachkriegswerk sich mit dem vorangegangenen messen kann, ohne abzufallen. Wie bei Beckmann, aber in anderer Methodik und konsequent ins Abstrakte übersetzt, herrschen bei ihm Themen aus dem mythischen Bereich vor. Doch es waren nicht diese mythischen Bezüge, die seine Schüler in den Bann zogen, zu wievielen Formfunden ihn die Erinnerungen an mexikanische Tempel- und afrikanische Felsbilder, an altorientalische und chinesische Sinn- und Schriftzeichen auch führten. Es war das Ständig-Suchende, Forschende, Analysierende seiner Methode des Malens wie des Lehrens, das eine Jugend faszinierte, der Nüchternheit wichtiger war als jeder Anklang an mythische Gehalte, selbst wenn diese sich der direkten symbolischen Lesbarkeit konsequent enthielten. Baumeister blieb, wie Josef Albers, ein Lernender auch als Lehrer. Bis zuletzt war er vielen Anstößen und Anregungen offen, die in seinem Werk nie als Fremdkörper erscheinen. Sein Ziel war nie das isolierte ›schöne Bild‹, sondern immer die Chance neuer Werkgruppen. Nicht der Einzelfund war ihm wichtig, sondern das Aufspüren ›fündigen‹ Bodens, und mehr: Es ging ihm um die Methode des Schöpferischen.« (Wieland Schmied)[283]

Zur ersten großen Ausstellung Willi Baumeisters, im September 1947, führte Franz Roh eine Art Selbstgespräch über abstrakte Malerei (zwischen »Er und ich«). Ausgehend von den bedeutenden Ausstellungen der Galerie Franke, bekundet der Kritiker seine Unsicherheit hinsichtlich der Einordnung Baumeisters.

»Bei Nolde war die Natur breit hingeschwemmt, grünes Marschland atmete feucht, und schwere Wolken dampften über dem Meer. Bei Beckmann stauten sich Geländestreifen, und Figurenzonen lagen barrikadenartig im Raume. Bei Marc war die Kreatur ins Dasein eingebettet, Farben umkreisten die Tiere, und nur selten machten sich die Formen selbständig. Bei Baumeister aber haben wir's schwer: unlesbare, seltsame Chiffren gaukeln hier wie vor gekalkten Wänden. Runenartig treiben Formen dahin, undeutbar wie frühe Höhlenzeichnungen. Rätselhafte Ballungen werden von scharfen Lineamenten überschnitten. Manches bewegt mich, oft aber verliere ich den Boden unter den Füßen . . ., Malerei ohne Gegenstände kommt mir so vor, als gäbe man nur interessante Kompositionsschemata, hinter denen die eigentliche Arbeit erst beginnen müßte. Halbiert man denn auf diese Weise nicht den Bildgenuß? Alte Meister wie Giotto, Mantegna, Brueghel kann man doch abstrakt ablesen, das heißt ihre Bilder wie farbige Architekturen sehen. Dennoch tragen sie das Wunder der Vergegenständlichung in sich. Abstrakte Malerei erscheint mir also puritanisch, irgendwo Verzicht leistend . . . Andererseits kommt auch etwas hinzu. Wenn ich der Oper zum Beispiel die absolute Musik gegenüberstelle, so ist bei der Oper alles Tönen auf einen Gegenstand (die Handlung) bezogen, der bei der Symphonie wegfällt. Dafür tritt bei dieser wie bei der ungegenständlichen Malerei auch etwas Neues hervor: Rhythmen, Farben und Formen werden als Selbstzweck empfunden, rein

Werner Gilles, Der Krieg, 1947

und losgelöst von allem anderen. Wir erleben jetzt Gesetzmäßigkeiten, die jenseits aller Dinge liegen. Sonst werden Farben und Formen immer spezialisiert, also auf bestimmte Figur oder Landschaft angewandt. Nun aber werden teils allgemeinere, teils sinnlich direktere Regungen ausgelöst.« Franz Roh kommt am Ende zu dem Ergebnis, daß die »absolute Malerei« die gegenstandsbetonende nicht verdrängen werde; beide Arten würden in Zukunft nebeneinander herlaufen; jede habe ihre eigene Magie, sobald starke Menschen sich ihrer bedienten.[284]

Gerade »aufbaustarke«, von der »Magie des Zukünftigen« bestimmte Naturen waren von der abstrakten Kunst begeistert. Die Tristesse der Trümmerjahre versank vor einem neuen Formen- und Farbenreichtum, der dann auch »verwertet« werden konnte. Vergangenheitsbestimmte Melancholie (etwa eines Karl Hofer, der in heftiger Fehde mit der abstrakten Kunst, besonders auch mit Willi Baumeister lag) wurde durch einen Futurismus abgelöst, der sich später, im Design der Wirtschaftswunderwelt, zum spielerisch-heiteren Frischwärts wandelte. Hatte die abstrakte Kunst der Trümmerjahre den Umschlag in einen auf neue Essenz zielenden Progressivismus bedeutet (eben in dem Sinne, daß das Abstrakte geistiger sei als das Konkrete), so brachte es die Dialektik der abstrakten Kunst mit sich, daß in den fünfziger Jahren das Geistig-Abstrakte aufs Formal-Abstrakte regredierte und sich als »Formgestaltung« beliebig und unverbindlich verdinglichte. So wurde gerade eine Kunstrichtung, die sich von dem Verhaftetsein an die Realität lösen wollte, in Umkehr ihrer eigentlichen Botschaft zur Verpackung – zur Verpackung eines Materialismus, der dadurch freilich den

Schein enthebender Formalität erhielt. Vor allem die Rezeption von Joan Miró und anderer vom Geometrismus sich lösender abstrakter Künstler für den Bereich angewandter Kunst und Gebrauchskunst verkehrte eine Entwicklung, die unter ganz anderen Auspizien nach der Stunde Null begonnen hatte.

Das bedeutendste Zentrum der neuen Abstraktion entwickelte sich in München, einmündend in die 1949 gegründete ZEN-Gruppe, der u. a. Willi Baumeister, Rupprecht Geiger, Fritz Winter angehörten. In Frankfurt begann Ernst Wilhelm Nay seine Nachkriegskarriere.

In einem Rundschreiben markierte Geiger das Spannungsfeld, in dem sich abstraktes Kunstschaffen entwickelte: »Angriffe ewig Rückschauender richten sich gegen die entdinglichte Darstellung ... Aus der Erkenntnis einer erneut drohenden Gefahr erwächst der Gruppe die Verpflichtung, das neue Gedankengut um so aktiver auch durch Wort und Schrift vorzutragen.« Ehrenmitglied der Gruppe wurde die Deutsch-Amerikanerin Hilla von Rebay, die nach dem Studium in Düsseldorf, München und Paris in den zwanziger Jahren Kandinsky, Chagall, Léger, Delaunay kennengelernt und 1929 in Berlin ein privates Museum für ungegenständliche Kunst eingerichtet sowie eine Zeitschrift mit dem Titel *Das Geistreich* herausgegeben hatte. Sie begeisterte Solomon R. Guggenheim für gegenstandslose Kunst und initiierte damit die Guggenheim-Sammlung, deren erster Direktor sie wurde. Als sie in den Nachkriegsjahren München besuchte, war sie erschüttert von der dort herrschenden Not, aber auch begeistert vom Neubeginn abstrakter Malerei. Sie versorgte nicht nur die Maler Münchens mit Care-Paketen, sondern stellte auch 1948 eine Auswahl von 50 Werken abstrakter Kunst aus den Beständen des Guggenheim-Museums zusammen für eine Ausstellung, die in Paris, Zürich, Stuttgart, München, Hamburg, Düsseldorf, Braunschweig, Amsterdam und London zu sehen war.[285]

Fritz Winter, der nach seiner Rückkehr aus der Kriegsgefangenschaft als Kopf der jungen Avantgarde in München galt, hatte sich bereits vor dem Krieg mit dem Thema Natur beschäftigt. Die Bilder und Zeichnungen der dreißiger Jahre hatten Titel wie *Waldgrund, In den Zweigen* oder *Pflanzliches*. »In den vierziger Jahren hatte Winter sich jedoch hiervon weit entfernt. Die Zeichnungen wurden düster und bekamen einen wilden Duktus. Die Formen wirken wie kristalline Gebilde, die durch Brüche und Beugungen ihre Starrheit verlieren und stark bewegt scheinen. Eine dramatische Lichtführung läßt diese Zeichnungen äußerst explosiv werden. Die Titel sprechen nun von Angst und Schmerz. Die abstrakte Form wird für Winter Ausdruck des psychischen Zustandes. Im Jahre 1949 haben sich diese Formen beruhigt, sind kompakter und setzen sich als Einzelformen voneinander ab, ohne die starken Verflechtungen der Formen früherer Zeichnungen aufzuweisen.«[286]

Ernst Wilhelm Nay, in dessen Kunst Ernst Jünger bereits 1943 einen »Stempel sowohl von Primitivität als auch von Bewußtheit« entdeckt hatte, war mit seiner abstrakten Farbkunst ein vitaler Vertreter der euphorischen Wiederaufbauphase. Sein hymnisch bewegtes Schaffen (Nay spricht gelegentlich selbst von »rasendem Malen«) stand im Gegensatz zur »Trauerarbeit«, wie sie zum Beispiel Max

Beckmann mit seinen rückwärtsgewandten Visionen leistete. An Nay kann man auf besonders deutliche Weise den Niedergang des Ansehens abstrakter Kunst verfolgen, wie er zu Ende der Wirtschaftswunderzeit einsetzte. 1964 glaubte sein Malerkollege Hans Platschek polemisch-kritisch die Unverbindlichkeit von Nays Schaffen dadurch dekuvrieren zu können, daß er sein *Freiburger Bild* in Einzelelemente zerlegte; es zeige einhundertelf Farbscheiben, davon einundvierzig unversehrte, »die restlichen siebzig sind nur als Halb-, Viertel- oder Kümmerscheiben erkennbar, nicht mitgerechnet sind die neunundvierzig Punkte, welche, vielleicht der Abwechslung halber, über die Leinwand verstreut sind. Das Bild ist 6,34 m breit und 2,51 m hoch. Es hätte also leicht die doppelte Scheibenzahl hineingepaßt, sogar die dreifache, die zehnfache Zahl hätte der Meister zur Not unterbringen können. Von den Punkten ganz zu schweigen.« – In der Trümmerzeit jedenfalls erlebte man in dieser Kunst das »Magische«: das sinnliche Bild einer geistigen Welt. Der Ruinenwelt war man dadurch enthoben; die Katharsis vollzog sich *more geometrico*.

Zu Nays Bild *Kythera*, das in der Ausstellung »Kunst in Deutschland 1898 bis 1973« der Hamburger Kunsthalle als typisches Bild für das Jahr 1947 präsentiert wurde, heißt es im Katalog: »Grundzüge des Wiederaufbaues werden einsichtig und klar ausgesprochen. Wer handelt danach? Der Motor ›Privatinitiative‹ dient anderen Zielen. So wird, kaum bemerkt, das urbane Lebensgefüge dem Fetisch Produktionspotential geopfert. Erste Anzeichen der Ost-West-Spannung: ein Kritiker aus der Sowjetzone wirft den Veranstaltern einer Ausstellung in Baden-Baden mangelnde Objektivität gegenüber der ›sozialen Strömung‹ vor.«[287]

Mit dem Verdikt, »ästhetische Fluchtbewegung« zu sein, wurden auch andere Strömungen der unmittelbaren Nachkriegszeit bedacht. Die Flucht aus »Grauwelten« in »Farbzonen« war dabei jedoch oft ein Überlebensmittel, abgesehen davon, daß die Flucht aus dem verhangenen Norden in die Klarheit des Südens eine Grundkomponente deutscher Kultur- und Kunstgeschichte ausmacht (»Auch ich in Arkadien«). Wer konnte es da der Kunst verargen, daß sie den tristen Alltag des Dritten Reiches, des Krieges und der Trümmerzeit mit der Heiterkeit südländischer Landschaft zu vertauschen suchte – wobei die Ambivalenz antiker Mythen durchaus präsent blieb?

Werner Gilles hat sich 1947 besonders mit dem Orpheus-Mythos auseinandergesetzt. Die Geschichte vom Sänger und Dichter Orpheus, die von Liebe und Tod, vom Gang zur Unterwelt und von der Auferstehung, von Glück und Leid, von Verzweiflung und Hoffnung handelt, war für ihn ein Gleichnis für das Schicksal des von den Göttern geliebten wie geschlagenen Menschen, des Menschen, der den Grenzsituationen des Lebens ausgesetzt ist. Mit dem *Orpheus-Zyklus* wolle er, so hat es der Künstler selbst formuliert, sichtbar machen, was hinter dem Begreifbaren liege. Dazu brauche man nicht die ganze Vergangenheit zu illustrieren oder anzuklagen.

Gilles, geboren 1894, u. a. Schüler von Lyonel Feininger, bis 1941 (Einberufung zum Militär) meist in Süditalien lebend, hat den Beginn seines Nachkriegsschaffens, bei dem Figuren aus Sagen und Mythen einen breiten Raum einneh-

Otto Dix, Selbstbildnis als Kriegsgefangener, 1947

men, mit den Worten kommentiert: »Der Krieg war kaum ein paar Tage zu Ende, da stand eine neue Welt in neuem Licht vor mir. Über Nacht waren die Ketten gesprengt und sorgsam verstecktes Unbewußtes blühte hoffnungsvoll auf . . . Da entstand ein ganzer Zyklus von Pastellen, Spuk und Traum und Vision . . .«[288] Märchengestalten (darunter St. Georg, der Heilige Martin, Charon) verhalfen dazu, die Bilder des Leidens, der Ratlosigkeit, des Todes mit den Vorstellungen von Wunder, Errettung, Erlösung auf »wundersame« Weise zu verschränken und damit aktuelles Geschehen ins Zeitlose zu entrücken.

Eine gewisse Fließstruktur kennzeichnet solche »eskapistische« Kunst, wobei sich realistische und surrealistische, expressionistische und abstrakte Formen überlappen. Auch das Walten der »freien Natur« wurde zur erlösenden Metapher; über alles wuchs Gras. Von »Ruinenschönheit« spricht Eberhard Hempel in der *Zeitschrift für Kunst* 1948: »Nicht nur wir Deutsche, auch viele andere Völker Europas werden sich daran gewöhnen müssen, zwischen Ruinen zu leben. Das niederdrückende Gefühl des unersetzlich Verlorenen muß zunächst die Gemüter beherrschen. Aber ein für künstlerische Eindrücke offenes Auge entdeckt bald, daß die größere Einheit, wie sie sich durch das Hervortreten des Kernbaues ergibt, den Bauten oft eine Schönheit verleiht, die sie früher bei meist mannigfach dekoriertem Bewurf von vielen unwesentlichen Einzelheiten nicht besessen haben. Diese Wirkung steigert sich noch mit der Zeit, sobald die zerfallenen Mauern dem Walten der freien Natur anheimfallen.«[289]

Werner Heldt, ein Freund von Werner Gilles, der im Dritten Reich eine schwere Zeit erlebt hatte, in der ständigen Angst, verhaftet zu werden, gab einigen seiner Bilder nach 1946 den Titel *Berlin am Meer*. Der pessimistische Fatalismus des Künstlers, der wie Max Beckmann die Bedrohung durch den Kollektivismus, den »Aufstand der Nullen«, fürchtet, erfährt durch »Natur« eine gewisse Beruhigung. »Ich habe in meinen Bildern immer den Sieg der Natur über das Menschenwerk dargestellt. Unter dem Asphaltpflaster Berlins ist überall der Sand unserer Mark. Und das war früher einmal Meeresboden. Aber auch Menschenwerk gehört zur Natur. Häuser entstehen an Ufern, welken, vermodern. Menschen bevölkern die Städte wie Termiten.« Ein organischer Kreislauf waltet: Die von Menschen geschaffenen Städte unterliegen dem unerbittlichen Gesetz der Natur und des Lebens; sie wachsen und vergehen. *Berlin am Meer*: »Das sind Bilder eines unfaßbaren elementaren Geschehens, Bilder eines tragischen und unabwendbaren Schicksals. Die Stadt sinkt in Natur zurück, ihr Untergang ist der Beginn eines anderen Erdzeitalters.« (Freya Mühlhaupt)[290]

»Kunst in der Katakombe« – mit diesem Topos beschrieb Bruno E. Werner die Situation all derjenigen im Dritten Reich, die nach einer neuen Aussage, einer neuen Ausdruckskraft und nach Formen strebten, wie sie ihrem Erlebnis der Zeit entsprochen hätten. Keiner dieser Künstler, die meist zwischen 55 und 70 Jahre alt waren, durfte nach 1937 in Deutschland mehr ausstellen. Die einen, wie Karl

Werner Heldt, Berlin am Meer, 1949 (Photo: Jörg P. Anders)

Hofer, Ernst Barlach, Emil Nolde, Karl Schmidt-Rottluff, Max Pechstein, Erich Heckel, Otto Dix, waren im Lande geblieben und hatten im Verborgenen gearbeitet; andere, wie Max Beckmann, Max Ernst, Oskar Kokoschka, Josef Scharl, hatten Deutschland verlassen, um sich, oft mit großen Schwierigkeiten, eine neue Existenz aufzubauen. Das gleiche traf für die jungen Künstler zu, die auf den Schultern ihrer Lehrer standen; sie arbeiteten gleichfalls in der Katakombe, noch einsamer und nur für ihre wenigen Freunde, die sie besuchten. Oder sie gingen ins Ausland; viele wurden vergessen.[291]

Mit der Stunde Null begann der Aufstieg aus der Katakombe. Die Künstler, die zur inneren oder äußeren Emigration gehörten, hatten volle Schubladen; diejenigen, die vor 1933 bekannt gewesen waren, hatten es leichter; aber auch von diesen konnte mancher sich nicht mehr durchsetzen. Die Jüngeren und Unbekannteren mußten wieder Anschluß gewinnen. Dann gab es die Künstler, die im Dritten Reich Zugeständnisse gemacht hatten; vor allem die figürlichen Bildhauer, wie etwa der 1947 verstorbene Georg Kolbe, waren den Nationalsozialisten genehm gewesen. Sich von solcher Belastung zu lösen, fiel schwer. – In der ersten gewichtigeren Nachkriegspublikation über Maler und Bildhauer in München (wo immerhin Toni Stadler wirkte) schrieb Hans Eckstein: »Nichts. Es gibt keinen neuen Stil, keine neue ›Richtung‹, die nicht schon vor zehn oder mehr Jahren dagewesen ist ... Man genießt das schon Erreichte und variiert das Resultat von gestern.«[292]

Aufbruch und Ausbruch aus der Katakombe: Das war ein mühseliger Weg. Man reise durchs Land; Aquarelle, Gemälde, auch Kleinplastik im Rucksack; machte Besuche in Museen, von denen man hoffte, daß sie neues Interesse zeigen würden, auch wenn von Ankäufen noch keine Rede sein konnte; man hoffte auf Privatgalerien, die oft in abenteuerlicher Umgebung hausten; in das im ersten Stock eines Hauses am Roßmarkt gelegene »Frankfurter Kunstkabinett« von Hanna Bekker vom Rath in Frankfurt gelangte man anfangs nur über eine außen am Haus angebrachte provisorische Holztreppe.[293] Die erste deutsche Privatgalerie nach dem Krieg eröffnete Gerd Rosen August 1945 in Berlin, in den verwüsteten Räumen eines ehemaligen Textilien- und Militäreffektenladens am Kurfürstendamm. Die Eröffnungsrede *Um die Freiheit der Kunst* hielt der Kunst- und Kulturhistoriker Edwin Redslob (von 1949 bis 1954 Rektor bzw. Prorektor der Freien Universität Berlin). Die Galerie Günther Franke faßte im Frühjahr 1946 wieder in München Fuß und bezog den großen Atelierraum in der Stuckvilla; sie begann ihre Ausstellungstätigkeit mit einer Präsentation von Xaver Fuhr; es folgten fünf Beckmann-Ausstellungen aller Arbeitsperioden, eine große Franz Marc-Gedächtnisausstellung und ein Überblick über das Werk von Oskar Schlemmer.

Eine wichtige Mittlerfunktion übernahmen die Ausstellungen, die recht bald nach Kriegsende wieder durchgeführt wurden. Die erste deutsche Kunstausstellung nach Kriegsende fand in Berlin statt; im Frühsommer 1945 wurde sie in den Räumen des Hauses Kamillenstraße 4 in Berlin-Lichterfelde eröffnet. Sie war zusammengetragen worden von dem Berliner Bildhauer Hans Uhlmann, der

Karl Hofer, Die Blinden,
1948

während der nationalsozialistischen Herrschaft zur völligen künstlerischen Iso-
lation verurteilt gewesen war. Zu Rad war er in Berlin herumgefahren und hatte
seine alten Kollegen aufgesucht, die während der Zeit des Dritten Reiches
ebenfalls mit Ausstellungs- und Berufsverbot bedacht worden waren.[294]

Unter den vielen Ausstellungen dieser Jahre – die Kestner-Gesellschaft, Hannover, wurde 1948 mit einer Nolde-Präsentation eröffnet – waren zwei, die das
Kunstverständnis der Nachkriegszeit besonders entscheidend prägten: die eine
in der Mitte, die andere gegen Ende der Trümmerzeit. Im Februar des Jahres
1947 wurde im Augsburger Schaetzler-Palais »Extreme Kunst« vorgestellt. Man
zeigte ausschließlich Werke von Künstlern, die während des Dritten Reiches mit
ihren Bildern nicht an die Öffentlichkeit hatten treten können, das heißt im Exil
oder heimlich in der inneren Emigration ihren Weg weitergegangen waren.
Vertreten waren unter anderem die Maler Josef Scharl, Günther Strupp, Georg
Rohde, Richard Ott, Ernst Geitlinger, Werner Gilles, Max Ackermann, Willi
Baumeister, Conrad Westphahl, Fritz Winter, Karl Kunz, Rupprecht Geiger.
Von den Besuchern der Vernissage hieß es in der *Neuen Zeitung* vom 3. Februar
1947:

»Einige trugen hohe Pelzmützen und kurze Vollbärte wie Fernfahrer oder
russische Kriegsgefangene, andere Baskenmützen und Brillen auf geröteten
Nasen, wieder andere wollene Kappen und Ohrenschützer. Es gab auch Hüte
dabei. Sie hatten dicke Schals um den Hals gewickelt, unter ihren grauen Mänteln
schauten zuweilen ausgebuchtete Soldatenschuhe und Skistiefel hervor, und die
Damen, die dabei waren, konnte man kaum von den Männern unterscheiden.

Unbekannter Entwerfer, Ausstellungsplakat, 1947

Aus ihren Mündern rauchte die warme Luft, und sie traten von einem Fuß zum anderen, um die Zehen warm zu bekommen. 25 Grad Kälte draußen, und drinnen ungeheizt, aber sie waren sichtlich guter Laune und animiert und blieben wohl vor einem Bild stehen, um eine Kontur mit dem Handschuhfinger in die Luft zu zeichnen oder vor einem anderen, um festzustellen, wie großartig sich etwa ein Zinnoberrot von einem Kobaltblau abhöbe. Es waren sichtlich arme Irre, denn sie waren zu diesem Zweck und keinem anderen in eisverschalten überfüllten Zügen aus München, aus Tübingen, aus Stuttgart, vom Staffelsee und wer weiß woher nach Augsburg gefahren. Sie kamen nicht in Geschäften, sondern sie kamen, um eine Ausstellung zu besichtigen! Ein ordentlicher Mensch kann darüber nur die Achseln zucken.«[295]

Waren in Augsburg nur vierzehn, vorwiegend abstrakte Maler vorgestellt worden, wobei die Provokation in der Stilrichtung lag, so diente die 1949, vier Jahre nach Kriegsende, ein Jahr nach der Währungsreform, vom Kölnischen Kunstverein und der Stadt Köln durchgeführte Ausstellung (initiiert von dem damaligen Leiter des Kölnischen Kunstvereins Toni Feldkirchen) einer Sichtung des gesamten deutschen zeitgenössischen Schaffens. Gezeigt wurden 496 Werke von 131 Künstlern, darunter von Nolde, Heckel, Hofer, Dix, Beckmann, Nay, Pankok, Pechstein, Schmidt-Rottluff, Baumeister, Meistermann, Trier, Winter.

Moderne Kunst stellte – vor allem für die jüngere Generation – auch zu diesem Zeitpunkt noch ein sehr unbekanntes Terrain dar, obwohl sofort nach Kriegsende, vor allem auch unterstützt von den alliierten Kulturoffizieren, eine intensive »Erziehung zur modernen Kunst« eingesetzt hatte. »Erziehung kann helfen.

Und zwar, da es um die Kunst geht: Kunsterziehung. Das künstlich Versäumte muß künstlich nach- und eingeholt werden ... Kunsterziehung also! Geschmacksbildung durch berufene Fachleute. In den Universitäten, in den Volkshochschulen, in öffentlichen Veranstaltungen, durch Lehrer, durch Künstler, durch Gelehrte, durch die Gewerkschaften. Es wird höchste Zeit. Es geht um Deutschlands Jugend. Es geht um den Wert und um die Geltung der deutschen Kunst«, schrieb Erich Kästner im Januar 1946 anläßlich einer Ausstellung süddeutscher Maler der Gegenwart in Augsburg, bei der mit Stimmzetteln die Reaktion des Publikums eruiert worden war; es zeigte sich, »daß die intolerantesten, die dümmsten und niederträchtigsten Bemerkungen fast ohne Ausnahme von Schülern, Studenten, Studentinnen und anderen jungen Menschen« herrührten.[296]

An den Universitäten vor allem formierte sich der konservative Widerstand gegenüber moderner Kunst. Die Seismographen machte man für das Erdbeben verantwortlich; man befürchtete ein durch die Autonomie der Künste entfesseltes Chaos. 1948 publizierte Hans Sedlmayr (von 1936 bis 1945 an der Universität Wien, dann ab 1951 an der Universität München als Kunsthistoriker tätig) sein Buch *Verlust der Mitte. Die bildende Kunst des 19. und 20. Jahrhunderts* als Symptom und Symbol der Zeit (mit einem Pascal-Wort als Motto: »Die Mitte verlassen, heißt die Menschlichkeit verlassen«); der Antimodernismus fand hier eine breit angelegte, immer wieder in Polemik ausufernde Begründung.

»Die Malerei ist in der modernen Zeit die hemmungsloseste aller Künste. Freigeworden von den Bindungen öffentlicher Aufgaben, für die sie schafft, freigeworden von verbindlichen Themen, die ihr gestellt sind, schaffend nur ›für sich‹ oder für die Anonymität der Ausstellung, droht ihr der ›Zufall des Beliebigen‹. Für die Maler, für sie am meisten trifft zu, was Jaspers von dem geistig Schaffenden unserer Zeit überhaupt sagt: ›Die sichere Begrenzung durch ein Ganzes fehlt. Aus der Welt kommt kein Auftrag, der ihn bindet. Er muß auf eigenes Risiko den Auftrag sich selbst geben. Ohne Widerhall oder mit einem falschen Widerhall und ohne echten Gegner wird er sich selbst zweideutig.‹ ›Die Möglichkeiten scheinen unerhörte Aussichten zu eröffnen. Aber die Möglichkeiten drohen sich zu überschlagen. Aus der Zerstreuung sich zurückzufinden, fordert fast übermenschliche Kraft.‹ Auch wohnt in der entfesselten Farbe selbst – wo sie nicht mehr durch plastische und architektonische Gegengewichte gehemmt wird – ein Element des Formlosen und Chaotischen.«

Verlust der Mitte: das bedeute ein Fort vom Menschen, ein Fort vom Humanismus, den Verlust des Menschenbildes, ein Hinab zum Anorganischen, Hinab zum Chaotischen:

»Gestört ist das Verhältnis des Menschen zu sich selbst. Er betrachtet sich – das wird unmittelbar anschaulich im Menschenbild – mit Mißtrauen, Angst und Verzweiflung. Er fühlt sich dem Tode ausgeliefert. In ihm selbst ist auseinandergerissen die Welt des Verstandes und der Triebe. Dieser Riß spiegelt sich in dem Gegensatz zwichen dem Kult des Verstandes im modernen Bauen und dem Kult des Irrationalen in der modernen Malerei.«

Sedlmayrs Intentionen, die auf eine ästhetische Theokratie zielen, kulminieren in seinem »einzigen Rezept«: Innerhalb der neuen Zustände das ewige Bild des Menschen festhalten, wiederherstellen! Dieses ewige Bild könne nicht vom Menschen selbst erdacht werden: sonst stünden wir wieder bei dem Gott der Philosophen. Das Menschliche sei nicht festzuhalten ohne den Glauben, daß der Mensch – potentiell – Ebenbild Gottes sei und eingeordnet in eine wenn auch gestörte Weltordnung. »Das ist der feste Punkt. Der Hebel ist nicht außen anzusetzen, im Allgemeinen, sondern in uns selbst. Die ganze Diagnose des Zeitalters wird wirksam nur, wo man sie benutzt, um sie auf sich selbst zurück-zuwerfen, sich zu erkennen und zu verändern . . . Das Zutrauen ist nicht aufzu-geben, daß der einzelne, indem er sich selbst heilt, zur Heilung des Ganzen beitragen kann. Denn es besteht eine Solidarität im Leiden. Auch die Erkran-kung des Ganzen ist zunächst vom ›Abfall einzelner Zellen‹ ausgegangen. Und sie wird nur von denen überwunden werden, die in sich die allgemeine Störung radikal überwunden und sich erneuert haben . . . Die Erneuerung kann aber nur dort angestrebt werden, wo der Zustand als Krankheit empfunden wird, wo man an ihm leidet, wo man sich der Ent-setzung des Menschen schämt und fast verzweifelt. Und wo man zugleich das Leiden auf sich nimmt und ihm einen Sinn zu geben versucht. ›Das Geheimnis liegt darin, daß das Leiden höhere heilende Kräfte erzeugt‹ (Ernst Jünger). Die Hoffnung liegt dort, wo am tiefsten unter diesen Zuständen gelitten wird.«[297]

Sedlmayrs Buch wurde ein Bestseller und löste heftige Kritik aus. Beim 2. Deutschen Kunsthistorikertag 1949 stellte Werner Haftmann in einer glänzenden Polemik fest, daß alle sogenannten Verluste in der neueren Kunst positive Zeugnisse der Freiheit vor allem und zu allem seien. Beim Darmstädter Gespräch *Das Menschenbild unserer Zeit* (1950) attackierte Willi Baumeister Sedlmayr, indem er zum einen dessen NS-Vergangenheit beschwor und zum anderen die ange-wandten methodischen Tricks dekuvrierte: nämlich die kunsthistorischen und kunstästhetischen Kriterien »gut« und »schlecht« durch moralische Kriterien wie »gut« und »böse« ersetzen zu wollen. »Sedlmayr ist kaum Demokrat, noch erweist er der Kirche einen rechten Dienst. Seine Theorie ist so einspurig wie die Rassentheorie von Rosenberg . . . Sedlmayr sieht keinen Unterschied zwischen Humanität und Entartung. Er sieht nur Entartung in der Humanität. Ich prote-stiere gegen die Behauptung, die moderne Kunst sei ohne ethische Werte und hätte keine Rückverbindung – religio.«[298]

Zu dieser Zeit war das Bemühen um Radikalität, wie es vielfach die Trümmer-zeit bestimmt hatte (als ein Bemühen, zu den Wurzeln von Existenz und Welt vorzustoßen), bereits durch restaurative politische und wirtschaftliche Tenden-zen überlagert. Im Land der großen Mitte wurden die aufregenden Fragen, die moderne Kunst stellte, als Störfaktoren empfunden; aber immerhin gerieten sie noch zum Skandal.

Theaterkunst wiedererstanden

1942, mit 31 Jahren, erhielt die Sängerin Martha Mödl ihr erstes Engagement am Stadttheater Remscheid. Kurz danach wurden Stadt und Theater durch Luftangriffe schwer getroffen; die Künstlerin bekam eine Arbeitsverpflichtung und setzte in einer Fabrik Granatzünder ein; einen Vertrag nach Düsseldorf konnte sie in der letzten Kriegsphase nicht mehr antreten. Aber als die Stunde Null gekommen war, hoffte sie, daß das Angebot noch gelte; zu Fuß ging sie, kurz nach der Kapitulation, von Remscheid nach Düsseldorf; sie wurde angenommen und begann damit eine Karriere, die zu Weltruhm führte. Die Episode kann verdeutlichen, mit welchem Elan man sofort nach Kriegsende das Theater zu beleben versuchte. Die Strecke war steinig; aber viele machten sich auf den Weg. Fußmärsche – konkret wie im übertragenen Sinne!

Überall entstanden Theatertruppen; ihre Zusammensetzung war höchst unterschiedlich; der Zufall spielte eine große Rolle. Die Ensembles setzten sich zusammen aus Ortsansässigen, Flüchtlingen, Kriegsheimkehrern, aus der Emigration Zurückgekehrten; neben den Neulingen spielten die Arrivierten, solche, die dem Nationalsozialismus widerstanden und solche, die sich ihm angepaßt hatten. In einer Reihe von Städten bildeten sich künstlerische Schwerpunkte des Nachkriegstheaters; hier wirkten dann vor allem die Berühmtheiten aus vergangenen Tagen. Eine große Anzahl von Theatern war zerstört oder schwer beschädigt; viele der intakten Häuser hatten die Besatzungsmächte beschlagnahmt: sie dienten als Soldatenclub oder Soldatenkino. Man spielte in Ausweichquartieren.

Was konnte bei dem Übergang in eine neue Gesellschafts- und Lebensform die Theaterkunst ausrichten? Es galt menschliche Erlebnismöglichkeiten nachzuholen; man wollte in karger Zeit geistiges Vergnügen bereiten und glaubte an die Schaubühne als moralische und politische Umerziehungsanstalt. Zum 1. September 1944 hatte Goebbels als Reichsbevollmächtigter für den totalen Kriegseinsatz alle Theater schließen lassen; nun war die schreckliche, die theaterlose Zeit zu Ende; der Nachholbedarf war groß. Hitler hatte dem deutschen Theater sein Bestes genommen: die Internationalität. »Da es keine Tradition besaß, auf die es sich hätte zurückziehen können, war denjenigen, die unter der Diktatur weitergespielt hatten, nichts anderes übrig geblieben, als wenigstens einiges von dem zu verteidigen und über die Jahre hinwegzuretten, was in den zwanziger Jahren lebendig gewesen war. Aber, abgeschnitten von den Bewegungen des Welttheaters, hatten die Fehling, Gründgens, Hilpert, Erich Engel, Caspar Neher, Felsenstein, Schweikart . . . keine andere Wahl, als auf der Stelle der damals gewonnenen Position zu treten.« (Siegfried Melchinger)[299]

Dennoch war ihnen die begeisterte Zustimmung eines nach den Belustigungen und Erbauungen der Theaterkunst dürstenden Publikums sicher. Als Käthe Dorsch nach Berlin zurückkehrte, wurde sie mit Ovationen überschüttet. »Ihre Süße, ihre herzliche Fraulichkeit und ihr verhaltener Liebreiz betörten und besiegten nicht nur ihre Partner, sondern vor allem auch das Publikum, das Schwächen der Aufführung gern übersah und Käthe Dorsch feierte. Endlos und mit voller Hingabe an die große Künstlerin, die vielleicht ein noch größerer Mensch ist.«[300]

Besondere Erwartungen waren mit der Rückkehr der emigrierten Schauspielerinnen, Schauspieler und Regisseure verknüpft (darunter eine Reihe von Juden und Kommunisten). Ernst Deutsch, als »feuriger Ephebe« fortgegangen, kam als Charakterdarsteller über Wien (1947) und die Salzburger Festspiele 1951 nach Berlin, von Karl Heinz Stroux gerufen. Nach 16 Jahren der Abwesenheit spielte Therese Giehse ab September 1949 wieder an den Münchner Kammerspielen. Elisabeth Bergner besuchte Deutschland 1949 gastweise; Adolf Wohlbrück wurde September 1951 von Gründgens nach Düsseldorf geholt. Zusammen mit seiner Frau, der Schauspielerin Valerie von Martens, wollte Curt Goetz Deutschland, dem er alles zu verdanken habe, wieder zum Lachen bringen.[301] Albert Bassermann und Else Schiff-Bassermann verkörperten im besonderen ein Stück Weimarer Theatergeschichte. »Es ist gleich, ob Sie das Gewand eines Königs, Bettlers oder Missetäters tragen. Der gütige, schöne Klang Ihrer kranken Stimme, Ihr Auge, Ihre streichelnden Hände sind Ihnen nicht nur, dank vollkommenster Technik, für die begrenzten Stunden eines Theaterabends untertan. Sie leben immer und überall aus ihnen. Unumschränkt sind Sie Herr Ihres Genies«, so hatte Alexander Moissi 1927 Albert Bassermann zum 60. Geburtstag gratuliert. Als 1934 das Leipziger Schauspielhaus seine Frau als Nichtarierin ablehnte, ging er ins Exil nach den USA. »Als jedoch den fast achtzigjährigen Schauspieler jetzt die deutsche Bitte zur Rückkehr erreichte (er war indessen auch in New York und Hollywood als englischsprechender Schauspieler einer der Auserwählten geworden), drahtete er: ›Ich komme.‹ Bevor er nach Wien zurück- und nach Berlin heimkehrt, tritt er in seiner Glanzrolle als Baumeister Solness, beifallüberschüttet, zum erstenmal wieder auf einer deutschsprachigen Bühne im Züricher Schauspielhaus auf. Und die Almina spielt die Partnerin seines Lebens, Else Bassermann.«[302]

Zu den ersten der heimkehrenden Regisseure gehörte Gustav Hartung (November 1945); er hoffte, seine früheren Heidelberger Festspiele wiederbeleben zu können, starb aber bereits Februar 1946 (über der Inszenierung der *Maria Stuart*). Ludwig Berger, der in Amsterdam überlebt hatte, arbeitete ab Dezember 1947 in Berlin.

In einem amerikanischen Militärzug kam Fritz Kortner Ende 1947 nach Berlin – als bedeutender Schauspieler, der sich in den nächsten Jahren zum wohl wichtigsten Regisseur des deutschen Theaters entwickeln sollte. In Kortners Autobiographie *Aller Tage Abend* ist diese »unbehagliche Wiederkehr« beschrieben: »Ich ging, mit Blei in den Füßen, durch die Schuttstadt, wurde vielfach erkannt und bestaunt. Daß einer freiwillig in diese Hungerhölle gekommen war, erregte Kopfschütteln. Als ich zum erstenmal ins Theater ging – es war das Kurfürstendamm-Theater –, begrüßte mich das Publikum mit Applaus. Wahrscheinlich aus Dankbarkeit für den Trost, der für die Menschen darin lag, daß einer zurückgekommen war, um mit ihnen zu leben. Mir wurden die Augen feucht. Die Vorstellung, die ich bis zum Ende über mich ergehen lassen mußte, war unfaßbar scheußlich. Ich blieb aus Artigkeit sitzen. Eigentlich wollte ich kurz nach Aufgehen des Vorhangs weglaufen, bis nach Amerika zurück. Eine dummdreiste Schmiere, ein verwilderter Humor, eine menschenfremde Bühnenlustigkeit beleidigten Augen, Ohren, Herz und Hirn. Über der heruntergekommenen, liederlichen, verluderten, besorgniserregenden Komik verging mir noch Tage danach das Lachen. Viel zu lachen gab's auch sonst nicht. Die Begegnungen mit alten Bekannten waren unfrei. Selbst das Wiedersehen mit Erich Engel, zu dem ich mich schließlich durchgefragt hatte, war beklommen, und die Gesprächsthemen stellten sich nur langsam ein.

Ich hatte, als ich von Amerika wegfuhr, systematisch und wohl auch durch die Aufregung ziemlich an Gewicht verloren. Ich, der ich zur Fülle neige, war in meiner schlanksten Form. Hier in Berlin erschien ich mir falstaffisch dick und fett. Ich ahnte und merkte, daß meine Fülle, die es nur in der Relation zu den für die Eroberer beschämend abgemagerten Berlinern gab, provokativ wirken mußte. Ich war auch viel zu gut angezogen. Auch nur relativ. Alles das behelligte mich. Ich sah mich mit den Augen der Betrachter: ein herausgefressener Amerikaner, der keine Ahnung von den durchgestandenen Höllenqualen haben kann. Ich bemerkte, und zunächst schien es mir unverständlich, daß das meinesgleichen Zugefügte im Bewußtsein der Mehrzahl derer, denen ich begegnete, keine Rolle spielte. Erwähnte ich – in einem Verteidigungsversuch, denn die Rolle des schicksalsverwöhnten Juden lag mir nicht –, daß allein in meiner Familie elf Verwandte vergast worden waren, so war die Reaktion darauf kondolenzartig höflich. Ich kämpfte um die Anerkennung meiner Gleichberechtigung am Unglück, am erlittenen Elend. Ich wollte ausdrücken: Wir, die wir da miteinander verlegen herumstottern und mit unserem jeweils erlittenen Elend gewissermaßen wetteifern, wären doch – ob Arier oder Jude – jetzt wieder Christ *und* Jude, Überlebende ein und derselben Katastrophe. Und unser Überleben wäre etwas gemeinsam Erlebtes, wie auch das Erlittene. Ich schien mit dieser Argumentation nicht viel Glück zu haben. Die meisten verharrten im Gefühl, kein Leid reiche an ihres heran. Wahrscheinlich brauchten sie das Bewußtsein des am schwersten erlittenen Unrechts zur Beruhigung des Unterbewußtseins.«[303]

Am frühesten begann man in Berlin mit dem Theaterspielen.[304] Schon dreieinhalb Wochen nach der deutschen Kapitulation fand die erste Premiere, und zwar am 27. Mai, im Renaissance-Theater statt. Gespielt wurde Franz Schönthans Posse *Der Raub der Sabinerinnen*, eine aufgewärmte Staatstheater-Inszenierung aus der Zeit vor der »Pause«. Am 26. Juni wurde das mitten in den Trümmern des Stadtzentrums erhalten gebliebene Deutsche Theater mit Friedrich Schillers *Der Parasit*, ebenfalls eine Inszenierung aus der Staatstheater-Spielzeit 1943/44, wiedereröffnet. Kurz darauf wurde freilich das Stück verboten, weil den Sowjets der Schluß mißfiel: »Das Gespinst der Lüge umstrickt den Besten; der Redliche kann nicht durchdringen; die kriechende Mittelmäßigkeit kommt weiter als das geflügelte Talent; der Schein regiert die Welt, und die Gerechtigkeit ist nur auf der Bühne.« Die Beteiligten wurden mit je 500 Reichsmark und einem »Freßpaket« abgefunden. Der nächste Versuch war Thornton Wilders *Unsere kleine Stadt*, inszeniert von Bruno Hübner. Der Text war greifbar, weil Gustaf Gründgens ihn sich nach der Züricher Premiere 1939 auf Umwegen hatte besorgen können.

Nach dem Einrücken der amerikanischen, englischen und französischen Truppen beauftragten die Engländer Karl-Heinz Martin mit der Leitung des Renaissance-Theaters. Nach der Eröffnungspremiere am 7. Juli (Schnitzlers *Grüner Kakadu* und Wedekinds *Kammersänger*) wurde jedoch das Theater zwecks Truppenbetreuung beschlagnahmt und einer der Geschäftsführer, Kurt Raeck, zusammen mit Victor de Kowa, zur Organisation des Truppenentertainments wegengagiert. Martin erhielt zum Ersatz die Lizenz für das Hebbel-Theater; es wurde am 15. August mit der *Dreigroschenoper* eröffnet.

Die Städtischen Bühnen Friedenau zeigten am 31. August die erste Oper nach Kriegsende, Rossinis *Barbier von Sevilla* (und zwar als Kammerspiel, begleitet von Klavier und kleinem Streichorchester). Ein pensionierter Sänger hatte das Werk mit sparsamsten Mitteln einstudiert.

Am 6. Oktober inszenierte Jürgen Fehling im Saalbau eines Garten-Etablissements in Lichterfelde den *Urfaust* mit Joana Maria Gorvin als Gretchen und Otto Eduard Hasse als Mephisto. »Der da oben stand und sich verneigte zum Dank für den überströmenden Beifall, den ein aufgewühltes Publikum ihm und seinen Schauspielern darbot, ist ein Mann über sechzig Jahre und ist so jung, daß er noch einmal, fünfundzwanzig Jahre nach seiner ersten Berliner Inszenierung, auszieht, um die Langeweile, die Konvention, die Halbheit von der Szene herunterzujagen und sie mit seiner Dämonie zu füllen.« (Walther Karsch)

Der Neubeginn in »Max Reinhardts Deutschem Theater«, so wurde das Theater durch den Senat nun genannt, fiel auf den 7. September; gezeigt wurde Lessings *Nathan*; Paul Wegener spielte die Titelrolle.

Boleslaw Barlog, bisher Theaterassistent und Filmregisseur, machte aus einem Steglitzer Kino ein Theater (das Schloßpark-Theater); es begann, mit amerikanischer Lizenz, am 3. November 1945 mit *Hokuspokus* von Curt Goetz.

Insgesamt fanden in den sieben Monaten von Juni bis Dezember 1945 in Berlin mindestens 121 Premieren statt – in den erwähnten Theatern, aber auch in Wirtshaus- und Gemeindesälen, Schulaulen und Kinos. (Eines der kurzlebigsten Unternehmungen war das im Pankower Tivoli-Kino eröffnete »Volkstheater«; es spielte Tolstois *Lebenden Leichnam*. Das Ensemble bestand aus 80 Personen; in zehn Tagen kamen 6000 Zuschauer; bald verschwand das Unternehmen spurlos.) Gezeigt wurden 19 Operetten, 11 Opern, über 50 Schwänke, Lustspiele mit Musik, Revuen, Boulevardstücke, gleich dreimal Shakespeares *Sommernachtstraum*, des weiteren aber nur sechs Klassiker-Inszenierungen und etwa zwei Dutzend Werke aus der Dramenliteratur des 20. Jahrhunderts.[305]

Friedrich Luft, geboren 1911, der regelmäßig in der *Neuen Zeitung* über die Berliner Theaterereignisse berichtete, hatte Anfang Februar 1946 mit seiner allsonntäglichen Theaterkolumne im Drahtfunk des amerikanischen Sektors (DIAS), die legendäre Berühmtheit erlangen sollte, begonnen. Im ersten Bericht hieß es: »Gestern hatte ich Gelegenheit, einmal im Wagen durch die ganze Breite der Stadt zu fahren. Es war gespenstisch. Man ist an die Trümmer seiner Umwelt, seines Weges zur Arbeit, seines Bezirkes gewöhnt. Aber da wurde mir einmal bewußt, wie wenig von Berlin noch da ist. Ich fragte mich, ob wir uns nicht eigentlich nur etwas vormachen. Ich fuhr an einer Litfaßsäule vorbei, die beklebt war mit unzähligen Ankündigungen von Theatern, Opern, Konzerten. Ich sah nachher im Inseratenteil der Zeitung: an fast 200 Stellen wird Theater gespielt. Tatsächlich. Überall. In allen Bezirken. Täglich finden mindestens ein halbes Dutzend Konzerte statt. In allen Bezirken. Zwei Opernhäuser spielen ständig – welche Stadt der Welt hat das noch? Ob da nicht eine ungesunde Hausse in Kunst ausgebrochen ist – ob es nicht nötiger ist, Handfestes zu tun – ob der Drang vor die Bühnen und in die Lichtspielhäuser nicht etwas Leichtfertiges und Frivoles an sich hat?« Man erwartet ein Ja, wenn man bedenkt, wieviel noch zu klären und zu leisten war, wieviel Entscheidendes nicht getan, wie gefährdet, gefährlich die Lage der Stadt war und blieb. Aber Luft antwortete mit Nein, in der damals typischen verzweifelten Hoffnung: »Nein, Kunst ist kein Sonntagsspaß und Schnörkel am Alltag, kein Nippes auf dem Vertiko. Kunst ist notwendig, gerade jetzt in der Not.«[306]

Friedrich Luft verkörperte eine neue Kritikergeneration, die, trotz der Abkapselung im Dritten Reich, kompetent und geistreich das künstlerische Geschehen kommentierte – beeinflußt von den Theaterkritikern der Weimarer Republik, von denen die wichtigsten freilich nach dem Krieg nicht mehr, abgesehen von Reiseaufenthalten, in Deutschland wirkten. (Alfred Polgar und Julius Bab, die 1955 starben, waren in die Vereinigten Staaten emigriert; Alfred Kerr, der 1948 starb, war nach England ausgewandert.) Die neue Theaterkritik, die rasch an Ansehen gewann und auch viel Staub aufwirbelte, grenzte sich allerdings vom früheren Feuilletonismus ab und betonte ihre pädagogische, gesellschaftspolitische Aufgabe. »Das genießerische Auf-der-Zunge-Kosten der impressionistischen Kritik vom Anfang des Jahrhunderts beispielsweise hat heute einen Beigeschmack von abgestandenen Speisen. Aber die alten Gourmets (die 1928 bereits im Aussterben waren) verließen sich wenigstens auf ihre eigene Nase. Sie waren auch keineswegs isoliert, sondern konnten mit Andeutungen und Assoziationen ein Stenogramm ihrer Eindrücke geben, das verstanden wurde. Der Kritiker heute kann nicht mehr bei allen Lesern mit den Bildungsvoraussetzungen der letzten hundertfünfzig Jahre rechnen. Für die Bühne brauchte das kein Haken zu sein, denn nichts ist unfruchtbarer als ein Publikum, das ausschließlich wegen der ›Bildung‹ ins Theater läuft. Für den Kritiker aber bedeutet es, daß er oft zunächst Tatbestände klarstellen muß, von denen man früher ausging . . . Die Aufgabe der Kritik heute? Das Theater ist seit rund zweihundert Jahren eine Angelegenheit der Gesellschaft. Zerfällt diese Gesellschaft, so verrutschen die Proportionen. Man lehnt dann gegen schiefe Wände, und die Türen gehen nicht mehr auf. Der Kritiker sieht sich der seltsamen Lage gegenüber, deutlich machen zu müssen, mit welchem Maßstab er ein Stück oder eine Aufführung gemessen hat.« (Bruno E. Werner)[307]

In den drei westlichen Besatzungszonen begann man mit dem Theaterbetrieb meist später als in Berlin, wo der kulturelle Wettbewerb der anwesenden vier

Alliierten für Beschleunigung sorgte. Man spielte meist in Behelfsgebäuden; von den 262 Theatergebäuden innerhalb der Grenzen von 1937 waren im Jahre 1945 28 zerstört, fast alle waren mehr oder minder beschädigt. Eine Statistik von August 1947 besagt, daß 86% aller Bühnen zerstört oder schwer beschädigt waren; 46% aller Behelfstheater spielten in Sälen ohne Bühne, 31% in Vereinsräumen und Kinos mit mehr oder weniger brauchbaren Bühneneinrichtungen; 15% hatten sich einen Spielraum im eigenen Theater eingerichtet (in Probesälen, in Foyers etc.); 7,5% besaßen ein Notquartier in Turnhallen; über 300 Theater brauchten eine neue technische Einrichtung.[308] War auch nicht an Neubauten zu denken – mit diesen begann man erst in den fünfziger Jahren –, man bemühte sich um Konsolidierung und Verbesserung der Ausweichquartiere.

Die ersten Aufführungen in den Westzonen fanden statt: in Essen am 20. Juli 1945 (*Im weißen Rössl*), in Hamburg am 29. August 1945 (Hofmannsthals *Jedermann*), in Hannover am 3. September 1945, in Frankfurt am 5. September 1945 (*Ingeborg* von Curt Goetz), in München am 8. September 1945, in Düsseldorf am 23. September 1945, in Mannheim am 11. November 1945, in Darmstadt am 15. Dezember 1945, in Bochum am 17. Dezember 1945 (Grillparzers *Weh dem, der lügt*).[309]

In den Trümmerjahren waren die Menschen geradezu von einem Theaterrausch erfaßt. Was Lutz Besch, Chefdramaturg der Städtischen Bühnen in Erfurt, 1948 in der Zeitschrift *Diogenes* für die sowjetische Besatzungszone feststellte – dort waren bereits 1945 74 Theater gegründet worden –, galt auch für die Zonen der westlichen Alliierten: »Meist wird nachmittags und abends gespielt; fast jede Bühne unternimmt Abstecher . . . in mehreren Städten wird in zwei Häusern gespielt . . . Die monatlichen Aufführungsziffern liegen meist zwischen 40 und 50 Vorstellungen, ja, es werden sogar bis zu 55 und noch mehr!«[310] Im Herbst 1945 lagen der Abteilung Volksbildung des Magistrats in Berlin 400 Gesuche für die Eröffnung von Theatern vor; dazu kamen 1000 Anträge für Kabaretts. Zur zweiten Nachkriegsspielzeit vergab die US-Militärregierung in ihrer Zone und in ihrem Sektor Berlin 400 Theaterlizenzen. In Nordrhein-Westfalen gab es 1947 74 feste Theater; dazu kamen ungezählte Wandertruppen. Große Zuwachsraten gab es auch in den anderen Landesteilen.

Die Vielfältigkeit des damaligen Theaterlebens kann eine Tour d'horizon für das Jahr 1947 deutlich machen; daraus wird auch der vorwiegend konservative Grundzug des deutschen Nachkriegstheaters deutlich.

Gustaf Gründgens war aufgrund seiner zehnjährigen Tätigkeit als Intendant des Berliner Staatstheaters (wobei man ihm auf der einen Seite ehrgeizigen Opportunismus vorwarf, auf der anderen seine künstlerisch kompromißlose Haltung lobte) von der deutschen Entnazifizierungskommission zunächst nicht zugelassen worden; März 1947 wurde er von der Stadt Düsseldorf mit der Intendanz des Schauspielhauses betraut.

Gründgens, der eine Vorliebe für konservative Autoren wie T. S. Eliot und Christopher Fry hatte, ist nicht zu Unrecht vorgehalten worden, er habe sich dem Experiment weitgehend verschlossen. »Doch entsprach dies bei ihm weniger idealistisch überhöhten Anforderungen an die ›Kunst‹. Vorherrschend war bei ihm vielmehr der Begriff der Solidität . . . Das Beharren auf dem ›Soliden‹ war für Gründgens, den Suhrkamp einen Seiltänzer ›ohne Sicherungsnetz‹ genannt hat, mehr als eine künstlerische, es war eine existentielle Frage. Das ist kein Widerspruch, im Gegenteil: das Artistische verlangt zu allererst Präzision; Solidität in der Sache selbst, Sicherheit um des Unversicherbaren willen. Die starke Akzentuierung der Form (auch des Formalen), die Feindschaft gegen ›unsere Originalitätssucht‹, die Zustimmung zu Iherings Forderung nach ›anwendbarer Regie‹, nach ›stilbildender Regie also‹, die Gründgens ›vordringlicher zu sein scheint als die Suche nach unverwechselbaren, einmaligen Genies‹, oder auch der Satz: ›Ich finde es heute nicht so wichtig, ob in Deutschland gut oder schlecht Theater gespielt wird. Viel wichtiger ist, ob richtig oder falsch Theater gespielt wird‹ (1948) – all dies sind Variationen auf das Thema ›Solidität‹.« (Hans Schwab-Felisch)[311]

Das Hamburger Theater (Februar 1947 mußte es wegen Strommangels pausieren) hatte bislang vor allem Franzosen und Amerikaner aufgeführt. Ein Publikum, das problematischen Stücken entgegenkomme, fehle – heißt es in einem Bericht aus dieser Zeit.[312] Man habe in der Stadt der großen Handels- und Fahrensleute zur Kultur im allgemeinen und zum Theater im besonderen immer in einer Art Abonnementsverhältnis gestanden. »Aber man soll das Hamburger Publikum nicht zu schlecht machen. Theaterfreudig ist es. Das muß man ihm lassen. Es hat sich sogar mit den vielen kleinen Theatern, die auch hier in den unwahrscheinlichsten Gegenden sich aufgetan haben, abgefunden und füllte sie Abend für Abend. Wegen Theatermüdigkeit hat hier noch kein Theater zu schließen brauchen. Aber von dieser Theaterfreudigkeit sind keine vorwärtstreibenden Impulse ausgegangen. Soweit sie nicht nur naivem Unterhaltungsbedürfnis entspringt, einer gesunden, aber doch unfruchtbaren Wurzel des kulturellen Lebens, ist diese Theaterfreudigkeit nämlich nur ein Rückgriff auf die Reste des bürgerlichen Bildungstheaters, die es vor 1933 in Deutschland noch gegeben hat.« Aber die Welt sei diesmal erheblich stärker aus den Fugen geraten als 1918. Während man damals, als es leichter gewesen wäre, einfach wieder an Vergangenes anzuknüpfen, nach neuen Wegen suchte, bemühe man sich heute, inmitten der Trümmer die alten Wege zu entdecken. »Man sah hier zum Beispiel ›Don Carlos‹ als bürgerliche Ehetragödie, ›Was ihr wollt‹, als schäkernde Faschingsredoute, und ›Die Dreigroschenoper‹ war plötzlich ein heiteres Märchenspiel geworden. Solche Aufführungen sind im Grunde weniger Stilentgleisungen der Regisseure als Spiegelung jenes grausamen Als-Ob-Tanzes, den das von der Katastrophe noch immer betäubte Bewußtsein der Deutschen aufführt.« Von einem Theater, das so nur den Vordergrundimpulsen des Durchschnittspublikums folge, könne keine neue Anregung ausgehen.

Darmstadt war in einem Nachtangriff der Royal Air Force im September 1944 fast völlig zerstört worden; es gab 12 000 Tote. Die Theaterarbeit begann wieder am 15. Dezember 1945, mit einer Inszenierung der *Iphigenie* in der Regie von Karl Heinz Stroux (in der Orangerie mit 570 Plätzen). Nach dem Weggang von

Stroux, heißt es in einem Bericht von Heinz Rode, November 1947[313], fehle die
führende Hand im Schauspiel. Doch werde in der Oper Außergewöhnliches
geleistet. Der auf die Mittel der Illusionsbühne verzichtende »Darmstädter Stil«
wagte sich sogar an den *Freischütz*, dessen Romantik ohne Kulissenzauber, rein
von der Musik und Bewegung her, ausgeschöpft wurde. »Wir hören und sehen
noch manches in dieser unsagbar heimgesuchten Stadt, über deren Ruinen der
›Lange Ludwig‹ jetzt wie ein gespenstischer Leuchtturm aufragt. Überall sind
schon längst wieder Sammelpunkte kulturellen Aufbauwillens am Werk, die das
trübe Wort, mit dem man uns empfing: ›Hier passiert nichts, Darmstadt ist ein
Provinznest geworden‹, Lügen strafen: die Hochschule, das Theater, die ›Kunst-
schule der Künstlerkolonie‹, die ebenfalls auf Schloß Kranichstein und im
›Hochzeitsturm‹ ihre Ateliers hat, und die Kunst- und Buchhandlung des unter
dem Namen ›Vincent‹ zu einem ›Günther Franke von Darmstadt‹ gewordenen
unternehmungsfreudigen Robert D'Hooghe.«

Frankfurt: Dort war Heinz Hilpert, der einstige Leiter des Berliner Deutschen
Theaters, der nach dem Krieg zunächst in Konstanz gewirkt hatte, als Chefinten-
dant der Frankfurter Städtischen Bühnen verpflichtet worden. Die Gebäude
waren zerstört; die Oper fand im »Börsensaal« ein akustisch mangelhaftes Unter-
kommen. Das Schauspiel quartierte man in einer ehemaligen Turnhalle in Sachsenhausen ein; es benutzte bei »großen« Stücken ebenfalls den »Börsensaal«.
»Wer Hilperts Arbeitstempo kennt«, schrieb der rundreisende Kritiker[314], »er-
mißt seine Ungeduld und die nicht sehr rosige Stimmung, in der wir den
theaterbesessenen Mann antrafen. Auch die Ensemblebildung machte ihm viel zu
schaffen . . . Liegt es an den besonders trostlosen Wohnungsverhältnissen in der
zum Verwaltungszentrum gewordenen Stadt, die schon mehrfach neuver-
pflichtete gute Kräfte zur Wiederabreise zwangen? Ist das allzu lange Provisorium in der Theaterleitung schuld, wodurch es verabsäumt wurde, schon in der
ersten Zeit nach Kriegsende Künstler von Rang an Frankfurt zu binden? Trotzdem braucht man nicht pessimistisch in die Theaterzukunft der sich zum Goethe-
jahr und zur Hundertjahrfeier des ersten deutschen Parlaments rüstenden Stadt
zu blicken . . . Das Publikum jedenfalls ist theaterfreudig wie eh und je. Fünfzig-
mal zum Beispiel konnte in diesem Sommer Lessings ›Nathan‹ im Hof des
Karmeliterklosters vor ausverkauften Sitzen gegeben werden . . . Das nächste
große Theaterereignis wird hier ›Des Teufels General‹ von Zuckmayer sein, den
Hilpert als erste Inszenierung seit Übernahme des neuen Amtes und deutsche
Erstaufführung für den 25. November vorbereitet.«

Theater in Stuttgart: Das Staatsschauspiel spielte in zwei Häusern unter der
Leitung von Karl Heinz Ruppel. Es sei, lobte Bruno E. Werner Dezember 1947,
eine Bühne von solcher Qualität entstanden, wie sie Stuttgart seit langem nicht
mehr besessen hätte. Im Kammertheater, dem »mit viel Geschmack hergerichte-
ten schneeweißen, ehemaligen Probensaal«, gab es Federico García Lorcas *Bluthochzeit* und Ibsens *Gespenster*. In beiden Stücken wirkte, neben Erich Ponto,
Hermine Körner mit, eine der letzten klassischen Tragödinnen. Neben dem
Staatstheater und dem Theater der Jugend existierte noch das Neue Theater mit

Plakat der Münchner Kammerspiele zur
Eröffnung der ersten Nachkriegsspielzeit
1945/46 (Entwurf: C. Hansmann)

STÄDTISCHE BÜHNEN MÜNCHEN
KAMMERSPIELE
IM SCHAUSPIELHAUS
INTENDANT: ERICH ENGEL
MILITARY GOVERNMENT INFORMATION CONTROL LICENSE NO. 1054
ERÖFFNUNG DER SPIELZEIT 1945/46

zwei Häusern. Dort wurde zur Zeit des Berichts die *Dreigroschenoper* von Bertolt
Brecht gespielt; »einst zündete sie als Anklage, heute als lebendiges Repertoire –
und nicht allein durch die Faszination der Weillschen Musik«. Eine temperament-
volle Inszenierung; die jungen Besucher klatschten begeistert.[315]

In München hatte Sommer 1947 der seit 1945 amtierende Intendant Erich
Engel die Kammerspiele verlassen; er begründete seinen Abschied mit gewissen
Anpassungsschwierigkeiten an die Stadtatmosphäre und mit der Feststellung,
daß er in dieser Funktion zu wenig Zeit für Regietätigkeit habe. Nachfolger
wurde Hans Schweikart, der schon unter Otto Falckenberg (der im gleichen Jahr
starb) an den Kammerspielen gearbeitet hatte. Der Staat Bayern, der im Herbst
1945 zuerst mit Oper und Operette, dann mit dem Schauspiel wieder als Theater-
unternehmer in Erscheinung getreten war, bekräftigte 1947 mit der Berufung
eines Staatssekretärs für die schönen Künste (Dieter Sattler), daß die Kunstpflege
in Bayern als besonders wichtige Staatsaufgabe betrachtet wurde. Neben der
Repräsentation Bayerns vor der Welt sollten die Staatstheater, so Sattler bei einer
Ansprache vor der Versammlung der Theaterdirektoren Oktober 1947, auch
ihren Beitrag zur Umerziehung des deutschen Volkes leisten und wieder die
Fenster zur Welt öffnen, indem sie neue Stücke englischer, französischer, amerikanischer und deutscher, im Dritten Reich verbotener Autoren zeigten. Schließlich betrachte man es auch als ihre Aufgabe, von den Sorgen des Alltagslebens
abzulenken und Lebensmut zu verbreiten. Immer wieder ertöne deshalb der Ruf
nach den ewigen Werten, nach einem humanen Menschenbild.[316]

Der Leiter des Staatsschauspiels, Paul Verhoeven, verstand es, hervorragende Schauspieler an sein Haus zu binden, darunter Heidemarie Hatheyer, Maria Wimmer, Elisabeth Flickenschildt, Erich Ponto, Wolfgang Büttner, Peter Pasetti und Inge Langen. Sämtliche Aufführungen im Theater am Brunnenhof der Residenz mußten sich mit einer Bühne von eher kammerspielartigen Ausmaßen begnügen; in den Kälteferien im Winter 1947 wurde diese um etliches vergrößert; für die Arbeiten verwendete man Bauschutt der Residenz. »Nicht genug mit Kohlen- und Ernährungskrisen, unter denen das Staatsschauspiel ebenfalls erheblich zu leiden hatte, es kam auch noch eine Intendantenkrise hinzu. Verhoeven hatte einen Herzinfarkt erlitten und wollte sich mehr künstlerischer, privater Arbeit widmen. Außerdem war das Verhältnis zu Kultusminister Hundhammer nicht das beste; der Minister betrat das Theater zu Verhoevens Zeit kein einziges Mal. Der Intendantenvertrag wurde von Verhoeven nicht verlängert, es mußte ein Nachfolger gefunden werden – Verhandlungen mit Heinz Hilpert scheiterten nicht zuletzt an der Unvereinbarkeit von Forderungen des Kultusministers nach der unbedingten Berücksichtigung der katholisch-bayerischen Eigenart und Hilperts Auffassungen. Schließlich wurde – nach langem Rätseln um genehme Kandidaten – Alois Johann Lippl zum Intendanten ernannt. Er kündigte an, er werde weltoffenes, christlich-abendländisches, bodenständiges Theater bringen.«[317]

Ein besonderer Theaterort in dieser Zeit war Recklinghausen mit seinen Ruhrfestspielen, deren Entstehung der erste Bundespräsident Heuss auf die Formel brachte: »Kohle gab ich für Kunst – Kunst gab ich für Kohle.« Dabei war die wirkliche Geschichte der Ruhrfestspiele viel nüchterner.[318] Im Nachkriegswinter 1946/47 fuhr der damalige Verwaltungsdirektor des Hamburger Deutschen Schauspielhauses, Otto Burrmeister, zusammen mit einigen seiner Mitarbeiter und Betriebsräte mit Lastwagen ins Ruhrgebiet, um Kohle zu beschaffen; in den Theatern fror man so, daß die frierenden Künstler streikten.

Burrmeister stammte aus einfachen Verhältnissen und hatte nur die Volksschule besucht; er war Sozialdemokrat und Gewerkschaftler; im Dritten Reich war er im Gefängnis gesessen. Seine Bildung hatte er sich autodidaktisch erworben; Ideale waren ihm die deutsche Klassik, Goethe, Schiller und Herder; er träumte von einem neuen, demokratischen Deutschland, in dem die »bürgerliche« Kunst und Kultur auch den Arbeitern vermittelt würde. Bei ihrer Fahrt durch das Ruhrgebiet kam die Gruppe zu einem Seiteneingang der Zeche »König Ludwig 4/5« in Recklinghausen-Suderwich. Der dortige Wachposten war früher Seemann gewesen und schwärmte für Hamburg, im besonderen für St. Pauli; er überredete den Betriebsrat der Schachtanlage, den »armen Leuten aus Hamburg« zu helfen. »Die Kohlen waren die, um die wir die Engländer vorher beschissen hatten« (denn die Zeche mußte die Kohlen an die Engländer abliefern).

Als Dank für diese »unter persönlichen Opfern« erbrachte, in Wirklichkeit illegale Kohlelieferung kamen die Hamburger Theater zu einem Gastspiel nach Recklinghausen. Die Stadt und die Zeche organisierten die Aufführungen; die eine Hälfte der Karten wurde an die Bevölkerung, die andere an die Zechenangehörigen verkauft; die Künstler wurden in Recklinghäuser Privatquartieren untergebracht und auf der Zeche mit Eintopfessen verpflegt. Am 28. Juni 1947 wurde das Gastspiel mit einer Aufführung von *Figaros Hochzeit* eröffnet; ferner wurden gegeben: *Don Pasquale*, ein *Russischer Komödienabend* mit Einaktern von Tschechow und Tolstoi (vom Schauspielhaus) und das Lustspiel *Das verschlossene Haus* von Michael Horward (vom Thalia-Theater). Das gesamte Gastspiel kostete 25 000 Reichsmark, die der Hamburger Senat zahlte. Die Resonanz war ungeheuer. Hamburgs Bürgermeister Max Brauer war so begeistert, daß er bei einer Abschiedsfeier empfahl, die Gastspiele fortzusetzen. Warum sollte es nur Festspiele in Salzburg und Bayreuth, warum sollte es nicht auch Festspiele an der Ruhr geben? (Die Salzburger Festspiele erlangten 1947 durch die Aufführung der Oper *Dantons Tod* von Gottfried von Einem erneut größere Bedeutung; 1948 debütierte Herbert von Karajan als Festspieldirigent; auch Wilhelm Furtwängler kam zurück. Von 1951 an wurde auf dem »grünen Hügel« in Bayreuth wieder Richard Wagner aufgeführt. Neue Festspiele entstanden 1946 in Bregenz.)

Zum zweitenmal trat Otto Burrmeister auf den Plan. Er fuhr zu Hans Böckler, dem damaligen DGB-Vorsitzenden, und erreichte ihn in einer Konferenzpause bei einer Tagung mit Gewerkschaftsführern in Norddeutschland. Er trug ihm seinen Plan vor, daß die Gewerkschaft die »Ruhrfestspiele« zusammen mit der Stadt Recklinghausen organisieren solle. Böckler ging in seine Konferenz zurück; nach einer halben Stunde kam er wieder. »Ich bringe dir, Kollege Burrmeister«, sagte er, »das Ja der deutschen Gewerkschaften.« Burrmeister wurde Kulturreferent des DGB und dann Leiter der Ruhrfestspiele.

Während die großen Bühnen alle Anstrengung daransetzten, die Notlage zu überwinden, und die ersten Vorbereitungen für den Wiederaufbau bzw. Neubau der Häuser getroffen wurden, machten freie Gruppen aus der Not eine Tugend: Mit dem Zimmertheater, einem Theater ohne Vorhang und Rampe, wurde auch eine neue Dramaturgie geschaffen, die in Helmuth Gmelin einen ihrer hervorragendsten Vertreter fand. Er hatte schon vor dem Krieg das Konzept eines Miniaturbühnenraums entwickelt; nach seiner Befreiung aus dem Untersuchungsgefängnis in Hamburg-Fuhlsbüttel begann er wieder als Spielleiter tätig zu sein, wurde auch Präsident der Bühnengenossenschaft, die 1948 als Zusammenschluß regionaler Gruppen gegründet wurde. Bestärkt von dem 1946 in Berlin erschienenen *Deutschen Stanislawski-Buch* von Ottofritz Gaillard, begann er ab Juli 1947 seine Theaterarbeit im obersten Stock eines Hauses an der Hamburger Alsterchaussee; im März des nächsten Jahres wurde dann sein »Theater im Zimmer« in einer Biedermeier-Villa mit Hebbels *Maria Magdalene* eröffnet.[319] »Auf einem echten Bauerntisch qualmte eine echte Petroleumfunzel, und das restliche Bühnenlicht gaben . . . aus alten Konservendosen gefertigte Reflektoren. Über der Zimmertür, die zugleich in den Zuschauerraum führte, hing ein Schild ›Zur Tischlerei‹. Gmelin, der selbst den Meister Anton spielte, zeigte so sachkundig den Tischler, daß den Zuschauern in der ersten Reihe die Sägespäne auf die Füße fielen. Das Publikum saß so nahe, daß es das Gefühl hatte, es könne Meister Anton den Suppenlöffel aus der Hand nehmen. ›Kein Zufallstreffer, sondern planvolle, sehr gewissenhafte Arbeit‹ – so urteilte die Presse, und Abend für Abend stolperten die Zuschauer die zeitgemäß unbeleuchteten Treppen hinunter, mit dem Gefühl, eine Kostbarkeit empfangen zu haben«, berichtet Wera Liessem, die erste Dramaturgin.

Ein solches Beispiel machte Schule: in Bremen, in Mainz, in Sommerhausen am Main (wo der Maler Luigi Malipiero 1948 im Rathaussaal sein kleines Theater eröffnete und zum Goethejahr 1949 mit fünf Schauspielern die beiden Teile des *Faust* an einem einzigen Abend spielte; Herbst 1950 zog er dann in einen Torturm).

Die Notlage prägte insgesamt den Inszenierungsstil, der seine Inspirationen aus dem Mangel bezog. Man spielte in Alltagskleidung oder nur soweit in Kostümen, als solche vorhanden waren – was als Aktualisierung verstanden werden konnte. Auch die Kargheit der Dekoration war stilprägend. Als im November 1946 das Staatstheater Kassel auf der Behelfsbühne des Blauen Saales in der Stadthalle *Aida*, »Verdis prunkvollste Oper«, aufführte, bestand das Bühnenbild nur aus drei Säulen, einigen Podesten und Vorhängen, alles in Dunkelblau. Durch geschickte Anordnung der Säulen wurde in jedem Bild, ob Tempel, ob Königsaal oder Nilufer, eine andere räumliche Wirkung erzielt; das Experiment wurde außerordentlich gelobt.[320] Anstelle der Illusionsbühne rückte der Bühnenraum als solcher wieder ins Bewußtsein; »Bewegung« und Requisiten waren wichtiger als Ausstattungseffekte. »Ein Theater, das der Wahrheit – auch der schmerzlichen, furchtbaren – zu dienen hat, muß sich auch der sublimeren Formen des Mogelns entäußern, welche es dank einer raffinierten Bühnentechnik virtuos zu beherrschen gelernt hat. Wie das moderne Drama vom Schauspieler verlangt, daß er aus seiner Substanz, nicht aus seinem Können (das als selbstverständlich gilt) spielt, so verlangt es vom Bühnenbildner Realität, nicht Täuschung. Realität – nicht zu verwechseln mit Realismus – heißt aber in diesem Fall, daß das fiktive Wesen des Theaters überhaupt grundsätzlich bejaht und nicht durch irgendwelche gröberen oder feineren Tricks hinweggezaubert wird. Im Grunde ist das nichts anderes als eine Rückbesinnung auf die Elemente des Theaters. Die Bühne, die entblößte, ›entzauberte‹ Bühne ist nicht nur im technischen, sie ist auch im künstlerischen Sinne wieder Spielgerüst geworden. Was war sie beim Theater Shakespeares anderes?« (Karl Heinz Ruppel)[321]

Als August 1947 die Bühnenbildner und technischen Bühnenvorstände in Hamburg zu einer internationalen Tagung zusammenkamen, stellten sie fest, daß der Mangel an Produktionsräumen und die Materialnöte, die zu einer Vereinfachung der Ausstattung zwängen, durchaus ideelle Vorteile mit sich brächten. Der freiwillige Verzicht auf den Kulissenzauber der Illusion erfordere eine szenische Gestaltung, die das Theater dazu bringe, sich auf die elementaren Grundwahrheiten zu besinnen. Alles wegzulassen bis auf das Wesentliche sei die Kunst, das Notwendige zur Darstellung des Wesentlichen herbeizuschaffen – ein Kunststück, das Erfindungsgabe und Geschicklichkeit verlange. Zusammen mit der Tagung fand unter dem Motto »Unsere Not – unsere Tugend« eine Ausstellung statt. Gezeigt wurde nicht nur, wie man mit sparsamsten Mitteln beste Wirkungen erzielen könne; in vielen Beispielen wurde die erfindungsreiche Anwendung von Ersatzmaterial demonstriert: elegante Frackanzüge aus Einlageleinen, Rokokokleider aus Jute, Kostüme aus Papierstoff, Zinngefäße aus Konservendosen, Rüstungen aus Eipulverkanistern, Kulissen aus Nazifahnen. Die Theater, so führte der Hamburger Senator Landahl in seinem Eröffnungsreferat aus, könnten nicht damit rechnen, daß sie nach einer Währungsreform noch durch staatliche oder städtische Subventionen erhalten würden; infolgedessen sei die Beschränkung der Ausstattung nicht nur eine Frage des neuen Stils, sondern auch eine Frage der Selbsterhaltung. In den Diskussionen war man sich darüber einig, daß die komplizierte und zeitraubende Theaterapparatur mit Schiebe-, Dreh- und Versenkbühne nicht wiederauferstehen werde; allerdings sollte besonderes Augenmerk auf die architektonische Gestaltung des Zuschauerraumes gelegt werden, um diesen besser mit der Bühne zu verbinden.[322]

Die große Theaterfreudigkeit in den Trümmerjahren hatte verschiedene Ursachen. Einmal gab es nicht sehr viele Ablenkungs- und Vergnügungsmöglichkeiten; neben Radio und Kino war das Theater gerade deshalb so wichtig, weil es eine Flucht aus dem grauen Alltag zu den höheren Bildungsgütern hin ermöglichte. Zum anderen bot es Trost an für den materiellen Verlust, den man erlitten hatte, und kompensierte den Rückgang an Sozialprestige, der damit verknüpft war – als deklassiert fühlte sich mehr oder weniger jeder, sei es als Flüchtling, Bombengeschädigter, Entnazifizierter, Heimkehrer, Arbeitsloser . . . Der Theaterbesuch galt als ein Zeichen für wiedererlangtes gesellschaftliches Ansehen, war ein Abglanz von dem, was bessere bürgerliche Zeiten bedeutet hatten. Die neuentstehenden Besucherorganisationen – die »Freie Volksbühne« geht auf 1947[323], Dr. Kastens »Besucherring« auf 1949 zurück – förderten die Theaterfreudigkeit, indem sie die in dieser Zeit besonders schwierigen organisationstechnischen Probleme (Kartenbeschaffung, Transport zu den Spielstätten) lösen halfen; sie waren aber auch, viel stärker als später, an geistigen Fragen des Theaters interessiert.

Die rasche Blüte des Theaterlebens nach der totalen Niederlage, vor allem was das Schauspiel betraf, war in einem erheblichen Maße der Tatsache zu danken, daß während der Zeit der Verfolgung und danach eine deutschsprachige Bühne von höchstem Niveau existierte, die, nicht in Deutschland gelegen, dem Einfluß des Nationalsozialismus entzogen gewesen war. Das Zürcher Schauspielhaus erwies sich als Bastion des freien Geistes und als Refugium für viele, die Deutschland und dann Großdeutschland verlassen mußten. 1933 war die Arbeit dort noch ziemlich provinziell gewesen; man war hauptsächlich auf kassenfüllende Unterhaltung aus. Bald begriff man jedoch die neue Aufgabe: nämlich dem Angriff der Barbarei auf Humanität und Kunst standzuhalten und geistigen Widerstand zu leisten. In der Spielzeit 1934/35 wurden in Zürich Ferdinand Bruckners *Die Rassen* und Friedrich Wolfs *Professor Mamlock* gezeigt; es gab Ausschreitungen rechtsradikaler Kräfte, die mit Stuhlbeinen, Biergläsern, Stahlruten, Stinkbomben sich im Zuschauerraum des Theaters bemerkbar machten.

»Es waren ein paar wilde Wochen. Etliche Leute wurden nervös, und die brave

›Neue Zürcher Zeitung‹ forderte in einem Artikel auf, ›mehr Takt‹ zu beweisen, wobei die Aufforderung nicht etwa den randalierenden Frontisten, sondern dem Schauspielhaus galt. Es war ... der größte und bedeutendste Sieg des Schauspielhauses, daß es in dieser ungemütlichen Zeit die Nerven nicht verlor und nicht nur seiner Überzeugung treu blieb, sondern sie auch weiterhin laut und deutlich zu äußern wagte. Denn damit hörten die direkten Angriffe auf, die ›Erneuerer‹ zogen sich kläffend zurück, und auf der Bühne des Schauspielhauses wurde – ohne dynamische Zwischenrufe – das freie deutsche Wort zur Wirkung gebracht.« (Gody Suter)[324]

1938 übernahm Oskar Wälterlin die Leitung des Schauspielhauses; noch entschiedener und kompromißloser als bisher konnte nun die neue Linie eingehalten werden; Brecht, Giraudoux, Zuckmayer, Wilder, Bruckner wurden am Schauspielhaus uraufgeführt oder zum ersten Mal in deutscher Sprache gegeben. Kurt Hirschfeld, der Dramaturg, ließ einen besonderen Spürsinn für brennende Tagesfragen und moderne Autoren erkennen. Es entstand ein Ensemble von hohem schauspielerischen Niveau; ihm gehörten u. a. an: Maria Becker, Therese Giehse, Ernst Ginsberg, Emil Stöhr, Wolfgang Heinz, Kurt Horwitz, Wolfgang Langhoff, Karl Paryla. Neben Oskar Wälterlins eigenen Inszenierungen waren es vor allem Leonard Steckel und Leopold Lindtberg, die – unterstützt durch den Bühnenbildner Theo Otto – den besonderen Stil des Hauses prägten; im Mittelpunkt stand der Mensch der Zeit in seinen zahllosen Verwandlungen, Nöten, Anfechtungen, in seinem falschen Glanz und dem verdienten Elend. Kurt Hirschfeld hat einmal in einem Aufsatz die Aufgabe des Schauspielhauses folgendermaßen umrissen:

»Es galt, das Theater wieder als wirkende kulturelle Institution einzusetzen, seinen geistigen Ort zu bestimmen und seine Funktionen zu restituieren in einer Zeit, in der das deutschsprachige Theater lediglich Propagandawaffe war.

Es galt, künstlerische, ethische, politische und religiöse Probleme zur Diskussion zu stellen in einer Zeit, in der Diskussion durch blinde Gefolgschaft abgelöst schien.

Es galt, das Bild des Menschen in seiner ganzen Mannigfaltigkeit zu wahren und zu zeigen und damit eine Position gegen die zerstörenden Mächte des Faschismus zu schaffen.

Es galt, gegen den aufrufenden und gewalttätigen Stil des offiziellen deutschen Theaters einen nüchternen, humanen Stil auszubilden, der die Inhalte der Werke vermittelte und die Diskussion über sie anregen und fördern konnte.«[325]

Als nun der Krieg zu Ende war, erwies das Zürcher Schauspielhaus erneut seine große zentrale Bedeutung. Nicht zu unterschätzen war zunächst die materielle Hilfe; am Tag, als die Kapitulation der deutschen Wehrmacht in Kraft trat, am 9. Mai 1945, organisierte Wolfgang Langhoff eine »Hilfsaktion für Deutschland«. Züricher Schauspieler schrieben für ihre deutschen Kollegen Dramen von Giraudoux, Jean-Paul Sartre, Friedrich Wolf, Thornton Wilder, Ferdinand Bruckner ab; das Schauspielhaus wurde zur Auskunftei. Kleider und Lebensmittel sowie Requisiten, Vorhangstoffe und Textbücher wurden gesammelt. Vor allem aber war das Zürcher Haus eine geistige Umschlagstätte von nicht zu überschätzender Bedeutung. Am 6. Mai schon hatte sich Leonard Steckel, Bühnenvorstand und Regisseur, »Notizen zum ideellen Neuaufbau des Theaterwesens im freien Deutschland« gemacht. »Es wird aller Wahrscheinlichkeit nach in Deutschland in der ersten Nachkriegszeit keine ständigen Theater geben. Gastspieltruppen, zum Teil von den Besatzungsmächten zusammengestellt und umhergeschickt, werden in den Ortschaften auf improvisierten Bühnen spielen.« Steckel hoffte, daß Verwaltung und Zensur der Besatzungsmächte erkennen würden, daß das Theater eine »gewichtige Stimme für den demokratischen Staatsgedanken zu sein vermag, dann wird sich in nicht ferner Zeit irgendwo zwischen den Trümmern der deutschen Städte der Vorhang heben, und ein Festspiel wird eine neue, freiheitliche Spielzeit eröffnen«.[326]

Für eine solche »freiheitliche Spielzeit« war es von großer Bedeutung, daß Zürich einen umfangreichen Einblick in die zeitgenössische Dramenliteratur bot. Gespielt wurden von Camus *Die Gerechten* 1950; von Claudel *Der seidene Schuh* 1944; von Eliot *Familientag* 1945 und *Mord im Dom* 1947; von Giraudoux *Undine* 1940, *Sodom und Gomorrah* 1944, *Die Irre von Chaillot* 1946; von García Lorca *Bluthochzeit* 1944; von Arthur Miller *Der Tod des Handlungsreisenden* 1950; von O'Neill *Trauer muß Elektra tragen* 1943 und *Der Eismann kommt* 1948; von Sartre *Die Fliegen* 1944 und *Die schmutzigen Hände* 1948; von Wilder *Unsere kleine Stadt* 1939; von Tennessee Williams *Die Glasmenagerie* 1947 und *Endstation Sehnsucht* 1949.[327] Dazu kam, daß eine ganze Reihe in Deutschland verbotener Autoren wie Kaiser, Bruckner, Wolf, Brecht, Werfel, Hasenclever, Bruno Frank, Horváth in Zürich gezeigt wurden und dort die für das Schweizer Drama so wichtige Berührung zwischen Max Frisch, Friedrich Dürrenmatt und dem epischen Theater Brechts sowie dem Parabelstil Thornton Wilders und John Steinbecks stattfand. Eine andere Entwicklungslinie zog sich von Zürich zum Berliner Ensemble Brechts und zum Deutschen Theater in Ost-Berlin. 1947 kam Brecht aus Paris, sah seinen Schulkameraden Caspar Neher wieder und lernte Oskar Wälterlin kennen. Er begann die Spezies Theater auf ihre »Stellung in der Ästhetik zu prüfen oder jedenfalls Umrisse einer denkbaren Ästhetik für diese Spezies anzudeuten«; es entstand das *Kleine Organon für das Theater*, eine Zusammenfassung seiner Theorie. Am 5. Juni 1948 ging *Herr Puntila und sein Knecht Matti* zum ersten Mal in Szene, mit Leonard Steckel als Herr und Gustav Knuth als Knecht, mit Therese Giehse als Schmuggler-Emma, mit Helen Vita, Regine Lutz und Blandine Ebinger. Brecht inszenierte, doch stand auf dem Programmzettel Kurt Hirschfeld, da er wegen der Fremdenpolizei nicht genannt werden konnte.[328]

Brecht ging schließlich nach Berlin zurück, wo er am 22. Oktober 1948, nach fünfzehnjähriger Abwesenheit, eintraf. Er bildete das »Berliner Ensemble«, Bedingung seiner Ansiedlung in Ost-Berlin, das zuerst im Deutschen Theater spielte und 1954 ins eigene Haus, ins Theater am Schiffbauerdamm einzog.

Hirschfeld hatte Max Frisch ermuntert, für das Theater zu schreiben. Der »Versuch eines Requiems« *Nun singen sie wieder* wurde Ostern 1945, die Romanze

Santa Cruz 1946 aufgeführt; im gleichen Jahr entstand nach einer Reise ins zerstörte Deutschland *Die chinesische Mauer* als Warnung vor dem kollektiven Selbstmord (»Die Sintflut ist herstellbar«). Drei Jahre danach folgte das Schauspiel *Als der Krieg zu Ende war*. – Von Dürrenmatt war das Wiedertäufer-Drama *Es steht geschrieben*, in der Inszenierung von Kurt Horwitz, 1947 gespielt worden; 1949 kam die »historische Komödie« *Romulus der Große* heraus (insgesamt jedoch mußte sich Dürrenmatt außerhalb seines Landes durchsetzen).

Die Autoren und Werke, die das Zürcher Schauspielhaus, meist in deutschsprachigen Erstaufführungen, vor und nach 1945 erschloß und vermittelte, fanden verhältnismäßig rasch ihren Weg ins zerstörte Deutschland. Gerade weil sich Leonard Steckels Prognose, daß es in der ersten Nachkriegszeit in Deutschland keine ständigen Theater geben werde, nicht bewahrheitete, sondern zwischen den Trümmern der deutschen Städte der Vorhang sich verhältnismäßig rasch hob, war es so wichtig, daß auf der Bühne das selbstverschuldete Getto, in das die deutsche Theaterkultur im Dritten Reich geraten war, aufgebrochen wurde. Die deutschen Theaterleiter, Regisseure und Dramaturgen nutzten die Chance, die ihnen Zürich in seiner Statthalter-Funktion bot.

Theatralischer Wettstreit der Alliierten, deutsches Zeitstück, Klassiker

Weite Kreise der Bevölkerung genossen, nachdem sie zwölf Jahre lang zu dumpfem Provinzialismus verdammt gewesen waren, die internationale Diversifikation, die ihnen die Alliierten in theatralischem Wettstreit anboten. Zunächst reinigten diese das Repertoire von nationalsozialistischen Dramen und ließen »unbelastete« Stücke, darunter natürlich auch die klassischen, rasch wieder zu; häufig wurden alte Inszenierungen revitalisiert. Vor allem aber sorgten sie für die rasche Einfuhr von Stücken aus dem eigenen Sprachbereich.

Die USA hatten dabei eine besonders günstige Situation, da in ihrer Zone wichtige Theaterstädte wie München, Frankfurt, Stuttgart, Wiesbaden, Mannheim, Bremen, Kassel und der US-Sektor von Berlin (mit Hebbel- und Schloßpark-Theater) lagen. Ähnlich war die Ausgangslage in der britischen Zone – mit Hamburg und dem Rhein-Ruhr-Gebiet. Im französischen Besatzungsgebiet gab es nur Baden-Baden als Theaterstadt.

Der offizielle Dramenkanon der USA umfaßte 60 übersetzte Stücke, von denen etwa 45 tatsächlich auf die Bühne gebracht wurden; die Liste der übersetzten französischen Dramen enthielt 98 Werke, die der Briten 15 (allerdings nur zeitgenössische) Stücke. Da die Reichsmark nicht konvertibel und so im Ausland praktisch wertlos war, erwarben die Militärregierungen die Übersetzungs- und Aufführungsrechte für eine gewisse Zeit und fungierten als Vermittlungsagentur; sie schätzten das Theater »vor allem als Instrument der Kulturpropaganda und der Umerziehung. Außerdem wollten sie sich nicht nachsagen lassen, sie seien kunstfeindlich. Drittens gerieten sie bald untereinander in Wettbewerb. Sie wollten einander imponieren, vor allem die Westalliierten den Sowjets und umgekehrt. Es dauerte nicht lange, da wollten die Eroberer auch den Eroberten imponieren, weil sie sie als Fußvolk im Wettkampf der Systeme brauchten. Darum beeilten sie sich, Brot und Spiel zu bieten, vor allen Dingen in den beiden vierfach regierten Hauptstädten Berlin und Wien.« (Hans Daiber)[329]

Im Gegensatz zur Wirklichkeit des amerikanischen Theaters, bei dem die Broadway-Vergnügungen, gerade auch in dieser Zeit, eine große Rolle spielten, zielte das Kulturprogramm der US-Militärregierung auf ideelle Umerziehung – jenseits des Unterhaltungs- und Amüsierbetriebes. Ins Übersetzungsprogramm wurden dabei vorwiegend Stücke aufgenommen, die die USA positiv darstellten oder »zum abendländischen Diskurs beitrugen«. Trotz eines solchen anspruchsvollen Demokratisierungsprogramms waren dann doch über die Hälfte aller aufgeführten Stücke Broadway-Komödien, Lustspiele, Boulevardstücke, Farcen, Possen und Kriminalreißer.

Während auf der einen Seite die amerikanische Militärregierung sehr darauf aus war, Stücke, die das Leben in Amerika negativ charakterisierten, zu verhindern, wandten sich auf der anderen amerikanische Kulturoffiziere gegen solche Zensur. So kritisierte der zuständige Mann in Berlin, daß Stücke, die Kritik am Leben in den USA übten, genauso verpönt seien wie die Werke von Autoren, die entweder als Kommunisten oder als Sympathisanten des Kommunismus gälten. Es würden zum Beispiel Arthur Miller oder Clifford Odet nicht aufgeführt, wohl aber unkritisch-positive Stücke von William Saroyan oder Paul Osborn. Die antikommunistische Politik Harry S. Trumans hatte zur Folge, daß in der Theaterabteilung der US-Militärregierung die Liberalen der ersten Stunde abgelöst wurden. »So mußte Benno Frank, der Leiter der Abteilung, von seinem Amt zurücktreten, nachdem er sich dafür eingesetzt hatte, Bertolt Brecht an die Kammerspiele München zu holen. Vom Außenministerium in Washington verlautete, man denke nicht daran, sich für den Marxisten Brecht einzusetzen, den man gerade in den USA kommunistischer Umtriebe verdächtigt hatte.«[330] Amerikanische Theateroffiziere und westliche Theaterkritiker rechtfertigten gegenüber solcher Engstirnigkeit die Dramatiker der Moderne, indem sie auf das angeblich »Optimistische« in deren Dramen hinwiesen. Thornton Wilder etwa sei gar kein Pessimist, denn er beweise ja gerade, daß der Mensch alle bisherigen Katastrophen (Eiszeit, Sintflut, Zweiter Weltkrieg) überlebt habe und daher wohl auch die zukünftigen überleben werde. In diesen Werken stehe ferner dem Prinzip des Bösen (Kreon, Ägist, Medea) als optimistischer Gegenentwurf stets das reine Gute gegenüber (Antigone, Orest, Elektra, Jason).

Anhand von 24 Theaterstücken, die von der Theater- und Musikabteilung des Nachrichtenkontrollamtes bei der amerikanischen Militärregierung zum Gebrauch für die deutschen Bühnen herausgegeben wurden, unternahm es Walter Kiaulehn im Januar 1947, in einer gründlichen Analyse Rückschlüsse aufs Publikum zu ziehen. Der verlockende Reiz, der von dem Stapel broschierter Bücher ausgehe, sei der Reiz einer Entdeckungsreise; wer diese Bücher gelesen habe, müßte eigentlich wissen, was das Herz, das Hirn und die Seele der Menschen bewege, die sie einmal als lebendiges Theater, als ihr Theater gesehen und empfunden haben. Unter vielen Nebensächlichkeiten, die man antreffe, findet Kiaulehn den Erfolg der Stücke *Wir sind noch einmal davongekommen* (Thornton Wilder) und *Die Rechenmaschine* (Elmer L. Rice) besonders bezeichnend.[331]

Aus dem offiziellen britischen Dramenkanon waren die gesellschaftskritischen Familienstücke *Ein Inspektor kommt* und *Die Zeit und die Conways*, beide von John Boynton Priestley, besonders erfolgreich. Bald kam auch T. S. Eliot ins deutsche Theater – und zwar über Zürich, wo im Juni 1947 *Mord im Dom* aufgeführt wurde. Anläßlich der drei westdeutschen Aufführungen im Herbst 1947 (in Köln, Göttingen und München) sprach Bruno E. Werner davon, daß Eliot, der geborene Amerikaner, der sich in England hatte naturalisieren lassen und der katholischen Kirche beigetreten war, zu jenen europäischen Persönlichkeiten gehöre, die nicht nur das Christentum als den lebendigen Erben der antiken Welt empfänden, sondern die Erhaltung der europäischen Kultur allein in einer Renaissance des christlichen Glaubens sähen. Sein christliches Schauspiel zeige eine Weltaufgeschlossenheit, die provinzielle Enge und kleinbürgerliche Moral weit hinter sich lasse. Es bleibe freilich zu bezweifeln, ob Form und Thema das bewirke, was Theater wolle, nämlich packen, ergreifen, erschüttern; doch könne das Stück den Menschen zum Nachdenken bringen.[332]

Von den übersetzten französischen Dramen wurden besonders oft gespielt Anouilhs *Antigone*, Sartres *Die Fliegen* und Camus' *Die Pest*. Bei der *Antigone* war man tief beeindruckt von der »Gerechtigkeit«, die der Autor beiden Positionen zuteil werden ließ: dem die Staatsräson verkörpernden Kreon wie der aufbegehrenden jugendlichen Antigone. In den Dialogen der beiden glaubte man die Zwiespältigkeit der eigenen Situation wiederzufinden – hatten doch auch diejenigen, die sich im inneren Widerstand zum Nationalsozialismus befanden, immer wieder »vernünftige« Argumente für Anpassung und Mitmachen (um des Staates, um der Nation, um der Ordnung willen . . .) gesucht und gefunden.

Bei Jean Giraudoux genoß man die »hinreißend gescheiten Dialoge«. Da war ein Dichter, der, ohne Schulmeister zu sein, »der Dummheit der Menschen und der Dummheit der Ereignisse« Vernunft predigte. Anläßlich der Aufführung von *Der trojanische Krieg findet nicht statt* in den Münchner Kammerspielen im Frühjahr 1946 hieß es in einer Besprechung: »Dieser Lehrer aus Frankreich trug keinen abgeschabten Bratenrock, sondern einen eleganten, auf Seide gefütterten Frack. Die Schauspieler werfen sich auf der Bühne seine Pointen und Aperçus zu, als seien es keineswegs gedankenschwere Gewichte, sondern federleichte Bälle. Man fühlt sich an erstklassige Varieténummern erinnert, wo die Artisten eiserne Kugeln hochschleudern, lächelnd im Genick auffangen, als sei es nichts, und sie sich, dem Gesetz der Gravitation zum Tort, den Arm hinauflaufen lassen.«[333]

Die westliche Theaterkunst, deren Intensität das Geschehen auf den deutschen Bühnen der Trümmerzeit bestimmte, war bei aller Umerziehungsprogrammatik vielfältig und vielseitig. Drei Grundströmungen lassen sich dabei feststellen[334]:

Die existentialistische, die die Befreiung des Individuums *an sich* auf einer

258

vorwiegend philosophisch-abstrakten Ebene abhandelte; bei Sartre etwa bedeutet Freiheit nicht soziale Freiheit, sondern innere, psychische Freiheit; so ist auch seine doppeldeutige Aussage verständlich: »Niemals waren wir freier als unter der deutschen Besatzung.« Orest in *Die Fliegen* handelt »für die Menge, aber ohne die Menge«; er vollzieht die befreiende Tat um ihrer selbst willen; nach der Tat verläßt er das Volk, dessen Zukunft ungewiß bleibt. Man kann von einer gewissen Entpolitisierung des Theaters sprechen; die Marxisten wandten sich dementsprechend gegen diese individualistisch-psychologische Konzeption von Freiheit.

Die Strömung eines irrationalistischen Geschichtsfatalismus. Weltablauf und Leben erscheinen sinnentleert; alles ist immer gleich; Geschichte erweist sich als Abfolge von Naturkatastrophen; die Menschen, etwa in Wilders *Wir sind noch einmal davongekommen*, tun gut daran, den Kopf einzuziehen und nicht »aufzufallen«. Oder aber man sagt »Nein!« und opfert sich (wie die Anouilhsche Antigone); das reine Ethos hat zwar keine realistische Chance, aber im Scheitern leuchtet die Idee auf. Handlungsanweisungen für Praxis enthält eine solche Widerstandsposition nicht; allerdings behalten nicht die handelnden Gewissenlosen recht, sondern diejenigen, die sich um der Idee willen opfern. Als Antigone und Hämon (Kreons Sohn) sich gemeinsam im Grab einmauern lassen und umkommen, bleibt Kreon als Gebrochener zurück.

Die Tendenz des »magischen Realismus«, der auch die beiden erwähnten Strömungen mitbestimmt; ist nach Gunter Groll Ausdruck der Hilflosigkeit, Sehnsucht, Wirklichkeitsflucht und Urangst der Epoche.[335] »Die Beschwörung des Immateriellen« zeigt sich dabei vor allem in der religiösen Dramatik, die nach 1945 eine starke Renaissance erfuhr (bei Eliot, Claudel, François Mauriac, Christopher Fry). »Der Magische Realismus konnte in der ästhetischen Diskussion der Nachkriegszeit eine prominente Rolle spielen, griff er doch weit verbreitete und offensichtliche Phänomene wie die Todesthematik und den Bezug zum Metaphysischen auf. Aber nur indem der Begriff ›magisch‹ äußerst weit gefaßt wurde, konnte das ›magische‹ Theater zur dominierenden und charakteristischen Strömung der Zeit erklärt werden. Alles Phantastische, Surrealistische, Parabelhafte und Visionäre, mit andern Worten alles, was über einen vordergründigen Oberflächen-, Tatsachen- und Widerspiegelungsrealismus hinausging, wurde dem Magischen Realismus zugerechnet. So erscheinen alle andern ästhetischen Methoden vergleichsweise unbedeutend und können vernachlässigt werden. Schließlich bleibt Gunter Groll eine historische Erklärung für seine Theorie schuldig. Da ist lediglich von ›Lebensgefühl‹, ›unbewußter Zeit-Reaktion‹ und ›Gesamtsituation unserer Zeit‹ die Rede, ohne daß das je genauer definiert würde. Es wird ignoriert, daß ja Weltflucht und Ängste nicht unabhängig existieren, sondern von den jeweiligen historisch-gesellschaftlichen Zuständen und Kräften abhängen und deshalb auch beeinflußbar sind. Hier hätte der Zusammenhang mit der Kulturpolitik der Westmächte und dem ›Kalten Krieg‹ gesehen werden müssen. Der Magische Realismus wurde ja gerade als das ästhetische Mittel gefördert, das geeignet war, eine rational-realistische Behand-

Uraufführung von Wolfgang Borcherts
»Draußen vor der Tür« im Hamburger
Schauspielhaus, 1947 (mit Hermann
Lenschau als der Andere und Hans Quest
als Beckmann)

lung und Bewältigung der materiellen und geistigen Probleme der Nachkriegszeit zu verdrängen und zu verhindern.«[336]

Was die deutsche Dramatik betraf, so stammten Werke von Bedeutung nur
von Autoren, die dem antifaschistischen Widerstand oder der äußeren wie
inneren Emigration angehört hatten. »Leuchtpunkte bleiben das Wiedersehen
mit alten Freunden, die überlebt haben – drinnen oder draußen. Die Erfahrungen
und Schicksale jedes einzelnen ergäben Bücher. Die Zeit hat alles zum Extrem
getrieben: Heldentum und moralische Feigheit, Unmenschlichkeit und Opfer-
mut, Ausdauer und Verzweiflung, Kühnheit und Verschlagenheit, Gläubigkeit
und Zynismus, Schurkerei und Selbstlosigkeit, Großherzigkeit und List – aber
das ist alles so verworren und verknotet, daß zehn Grimmelshausen nicht
ausreichen würden, die wirrsälige, widerspruchsvolle Substanz in einem gleich-
nishaften Schicksal zu verdichten«, notierte Alfred Kantorowicz in seinem
Tagebuch, Berlin, 26. Februar 1947.[337] Vielleicht war in einer solchen »Wirrsal«
der Grund zu sehen, daß bei den deutschen Autoren, mit Ausnahme von
Wolfgang Borchert, kaum ein Zeitstück von Bedeutung anzutreffen war. »Wir
waren so glücklich, so optimistisch in unserer kulturellen Emsigkeit. Wir wußten noch nicht, daß die vielzitierten Schubläden sich als leer erweisen sollten. Wir
dachten ja noch, mit einem Schlage würde es dort fortgehen, wo es 1933 hatte

aufhören müssen. Die Wochen der schönen Täuschungen und Illusionen!«
(Friedrich Luft)[338] Die Szene wurde verhältnismäßig selten zum Tribunal. Immerhin erlebte Friedrich Wolf (geboren 1888, im Ersten Weltkrieg Militärarzt,
dann wegen Kriegsdienstverweigerung in eine Heilanstalt verbracht, USPD-
Mitglied, 1933 über die Schweiz und Frankreich in die Sowjetunion emigriert,
von wo aus er nach 1941 publizistisch gegen den Faschismus wirkte) ein Comeback. Im April 1947 schrieb der Autor aus Pankow – inzwischen zurückgekehrt
und maßgeblich am Wiederaufbau des Rundfunk- und Theaterwesens in der
Sowjetzone beteiligt – an Erwin Piscator in New York, daß er zur Zeit wie eine
ägyptische Mumie von Archäologen ausgegraben werde: Es laufe *Cyankali*
(1929) im Hebbel-Theater; *Die Matrosen von Cattaro* (1930) im Theater am
Schiffbauerdamm; »›Mamlock‹ war hier mit Walter Franck über 90mal und ist
seltsamerweise – das Kassenstück an den Kammerspielen in München, aber
meine besseren Sachen ›Was der Mensch säet‹, ›Patrioten‹ und ›Dr. Wanner‹
sowie ›Die letzte Probe‹, dazu fehlt den Rampenwarten der nötige Mut. Grund:
in diesen Stücken wird die Schuldfrage unserer Landsleute aufgeworfen, und das
ist zur Zeit unerwünscht. Überdies sind die alten Mächte wieder ganz vorn; die
Demokratie zeigt sich – da die nazistischen Pgs natürlich heute noch die unbe-
strittene Mehrheit sind – in entsprechender Weise.«[339]
Von der Berliner Aufführung des 1935 entstandenen Stückes *Professor Mamlock* (die Tragödie einer Mischehe, die mit dem Selbstmord der Titelfigur, eines
jüdischen Chirurgen, endet) und einem damit verknüpften Diskussionsabend im
Deutschen Theater heißt es in einem »Theaterbrief« April 1946: »Als Friedrich
Wolf, der aus russischer Emigration zurückgekehrte Dramatiker, von dem
Kampf deutscher Männer an der Seite der Partisanen sprach, kam der Ruf von
der Galerie: ›Die Schweine sind unseren Brüdern in den Rücken gefallen.‹
Aufruhr im Saal und stürmische Forderung nach Entfernung der ›Profaschisten‹.
Bis Fred Denger, der 25jährige Dramatiker, in die Empörung rief: ›Nicht so!
Helft ihnen doch! Es sind junge Menschen!‹ Das ist die Situation des Bühnen-
schriftstellers: die Jugend, um die seine Sorge geht, ist auch im Theater noch
verstört, störrisch und tief skeptisch. Sie mißtraut allem. Helft ihr! Aber wie? Mit
seinem ›Professor Mamlock‹ hat Friedrich Wolf das geistige Terrain zu säubern
gesucht. Der böse Denkfehler des Jahres 1933 wird in diesem Stück seit Wochen
in einem jüdischen Schicksal dramatisiert. Der Dichter hat die Jugend damit
angerührt. Er konnte uns Briefe zeigen, in denen von Dank und Umkehr im
Denken junger Menschen die Rede war. Das Werk räumte Schutt beiseite und
machte Raum für die Fundamente des Neuen.«[340]
Neben Friedrich Wolf und Georg Kaiser, der mit seinem 1939/40 geschriebenen Drama *Der Soldat Tanaka* einen direkten, auf die damalige Militärachse
Berlin–Tokio zielenden Zeitbezug herstellte und mit seinem Stück *Das Floß der
Medusa* (1945) die allgemeine Conditio humana beschrieb, sowie Günther Weisenborn, der mit *Die Illegalen* (1945) erfolgreich war, hatten es die jungen
Dramatiker schwer. Von den Heimkehrer-Stücken (darunter Fred Dengers *Wir
heißen Euch hoffen*) erzielte lediglich Borcherts *Draußen vor der Tür* postum einen

Durchbruch. Außerhalb der vorherrschenden Trends, im Rückgriff auf expressionistische Ausdrucksformen, erschütterte das Drama vor allem deshalb, weil hier, so in einer Besprechung der Uraufführung in den Hamburger Kammerspielen November 1947 (inszeniert von Wolfgang Liebeneiner, der später den Film *Liebe 47* nach dem Stück drehte), der Autor einen entscheidenden Schritt weitergegangen sei als die meisten Dichter seiner Zeit – nämlich an den Rand des Abgrundes, an dem man lebe. Die anderen wandten dem Abgrund den Rücken zu, hielten sich an die Erinnerung und holten von dort ihre Hoffnung. *Draußen vor der Tür* sei hoffnungslos; die verzweifelte Frage: »Gibt denn keiner Antwort?« verhalle angesichts eines Meers von Gleichgültigkeit. »Der Zuschauer, der Übliches erwartete, fand auf dem Theaterzettel keine Bezeichnung für die Gattung des Werkes. Schauspiel? Tragödie? Drama? Da das Wesen des Dramas die Konfrontierung zweier Welten ist, ist die Dichtung, die zuerst der Hamburger Rundfunk als Hörspiel brachte und die nun von sechzehn Theatern angenommen ist, wahrhaft dramatisch. Wenn die Welt derer, die der Krieg noch einmal an ein Ufer warf, und nicht die andere Welt, in der wir rückwärts leben, die bürgerliche, museale, in der der Abglanz des Gestrigen als Wirklichkeit gilt, wesenlos würde, dann schlösse sich allerdings der dramatische Bogen zur Tragödie.«[341]

Den größten Bühnenerfolg der Trümmerzeit wie Nachkriegszeit überhaupt (3238 Aufführungen zwischen 1947 und 1950) errang ein Theaterroutinier der Weimarer Republik, Carl Zuckmayer, mit seinem Drama *Des Teufels General*. Mit sicherem Gefühl für plakative Charaktere und gleichzeitig großem Einfühlungsvermögen in die Zeitsituation, bot sich hier moderne deutsche Dramatik voll »blühender Vitalität« dar – gespeist aus der »unmittelbaren Anschauung der menschlichen Existenzen in ihrer ganzen Lebensfülle«.[342] Die Beifallsstürme, die vor allem dem General Harras zuteil wurden, galten einem Idol, mit dem sich auch der kleine Mitläufer gerne identifizierte: einer tragischen unpolitischen Person, die – nicht zuletzt, weil sie einer »Sache« (dem Fliegen) leidenschaftlich verfallen ist – von dämonischen Mächten verführt wird und dafür mit Tapferkeit büßt.

Die Währungsreform 1948 bedeutete für das Theaterleben einen tiefen Einschnitt.[343] Allein in Bayern wurden 300 Theater, Orchester und verwandte Betriebe stillgelegt. Die *Hessischen Nachrichten* meldeten am 11. September 1948: »Das Kasseler Staatstheater ringt um seine Existenz. Es wirbt, es veranstaltet Lotterien, es läßt das Publikum mitwirken, seine prominentesten Kräfte spielen Fußball, der Intendant geht – nach eigenem Eingeständnis – betteln, um das Institut zu retten.« In der *Stuttgarter Zeitung* hieß es am 27. September: »In den nächsten Tagen wird der Theaterausschuß des Landtags über die Staatszuschüsse an die Theater beraten, und man kann nur hoffen, daß das bayerische Beispiel nicht Schule machen möge.« In Bayern hatte der Finanzminister erklärt, das Staatsschauspiel sei unnötig. Die Münchner Presse sprach von einer bevorstehenden »Kultur-Demontage«. Bei den Frankfurter Bühnen wurden zum 31. August 1949 150 Kündigungen ausgesprochen; im Februar 1950 beschloß man die Schließung beider Häuser. In einem Volksentscheid stimmten dann jedoch 50 000 Frankfurter für das Theater; daraufhin genehmigten alle Parteien des Stadtparlaments neue Mittel; Harry Buckwitz wurde zum Generalintendanten gewählt.

Überall erfolgte eine drastische Reduzierung der Theaterzuschüsse. Im Rechnungsjahr 1949 bekamen die Städtischen Bühnen Essen nur 827 000 statt einer Million Mark, die Städtischen Bühnen Dortmund 625 000 statt 1 255 000 Mark, die Städtischen Bühnen Wuppertal 629 000 statt 833 000 Mark zugeteilt. Auf eine Umfrage der *Neuen Zeitung* nach der Höhe der Gagen Herbst 1949 nannte Harry Buckwitz für die Münchner Kammerspiele Durchschnittsgehälter von 750 Mark brutto (etwa 550 Mark netto). Am Schluß der Spielzeit 1948/49 ließ Gründgens die erfolgreichsten Inszenierungen spielen, um die Gagen voll auszahlen zu können. Auch in der Sowjetzone gab es Einbrüche.

In dieser Notzeit schuf Bertolt Brecht, im Oktober 1948 nach Berlin zurückgekehrt, mit der am 11. Januar 1949 herausgebrachten Inszenierung der *Mutter Courage* (zusammen mit Erich Engel) ein Modell für die Theaterkunst der fünfziger Jahre – ein Beispiel »hellen, heiteren, belehrenden und unterhaltenden Theaters.« Bis dahin hatte Brecht keine *Courage*-Aufführung genehmigt; er wollte Helene Weigel ein nachhaltiges Entrée als Schauspielerin verschaffen und zielte auf eine demonstrative Vorführung »seines« Theaters. Zugleich fiel diese Aufführung zusammen mit einem Höhepunkt des Ost-West-Gegensatzes. Als Brecht eine neue Phase der Theatergeschichte Nachkriegsdeutschlands einleitete, stellten viele, nicht nur »kalte Krieger« die Frage: Darf, kann, soll man Brecht überhaupt noch spielen?

»Die beiden größten Westberliner Zeitungen, ›Der Tagesspiegel‹ und ›Der Telegraf‹, schwiegen zu der Aufführung. Sie boykottierten die Ostberliner Theater seit der Sprengung des Gesamtberliner Abgeordnetenhauses durch die SED. Während der ›Courage‹-Proben war die sowjetische Blockade der Zufahrtswege nach Westberlin noch im Gange; der größere Teil der Stadt wurde von westlichen Alliierten durch die Luftbrücke versorgt. Desungeachtet hielt Brecht an dem Plan, sein Theater auf Dauer in Berlin aufzurichten, fest. Fünf Tage vor der Premiere, am 6. 1. 1949, war ihm zwar der ›stinkende Atem der Provinz‹ entgegengeschlagen, als ihm nämlich in einer Konferenz beim SED-Oberbürgermeister Ebert klar gemacht wurde, daß er vorerst das Schiffbauerdammtheater nicht bekommen werde (erst 1953 wurde es frei, als nach dem Wiederaufbau der Volksbühne Fritz Wisten mit seinem Ensemble dorthin überwechselte); das ›Berliner Ensemble‹ (Leitung Helene Weigel) wurde aber doch gegründet und eröffnet mit Brechts ›Puntila‹-Inszenierung November 1949 im Deutschen Theater. Die Sommermonate vorher hatte Brecht noch einmal in der Schweiz verbracht – und erreicht, was er vor der endgültigen Übersiedlung nach Ostberlin für ›enorm wichtig‹ hielt: einen österreichischen Paß; denn: ›Ich kann mich ja nicht in irgendeinen Teil Deutschlands setzen und damit für den anderen Teil tot sein‹ (Brief von Anfang April 1949).«[344]

Die Nationalsozialisten hatten mit großem propagandistischen Aufwand die klassische deutsche Dichtung ihrer Ideologie »eingegliedert« und, unterstützt von einer seit dem 19. Jahrhundert sich zunehmend national und nationalistisch gebärdenden Germanistik, die deutsche Dichtung in eine Weihestätte völkischen Geistes umfunktioniert. Wo dies nicht recht ging, behalf man sich mit Streichungen, etwa bei Schillers *Don Carlos* (»Sire, geben Sie Gedankenfreiheit!«). Bestimmte Stücke, wie Lessings *Nathan*, waren als »undeutsch« verfemt. 1941 verbot Hitler sogar den *Wilhelm Tell*.

Insgesamt jedoch wurden die deutschen Klassiker als »Führer«, als heroische Vorbilder propagiert. Stefan George und sein Kreis hatten solcher Stilisierung vorgearbeitet; dazu kam, daß die »Agenturen der Gesellschaft«, vor allem die Schule und die Universität, seit Jahrzehnten eifrig damit beschäftigt waren, den deutschen Geist »auf Vordermann« zu bringen; und das hieß: Aufklärung durch Mythos, Ethos durch Pathos und Emanzipation durch Hörigkeit zu ersetzen. Statt Anmut und Würde galten »Adel und Untergang«. Die Fehlinterpretation Friedrich Schillers etwa – schon Friedrich Nietzsche hatte kritisiert, daß man aus ihm einen »Moraltrompeter von Säckingen« gemacht habe – kann beispielhaft bekunden, wie man mit Hilfe eines verlogenen Klassikerkults abgründiger Barbarei eine glanzvolle Fassade vorschob. Gerhard Schuhmann, der als junger Autor in der NSDAP eine rasante Karriere machte (er war unter anderem Präsidialrat der Reichsschrifttumskammer, Mitglied des Reichskultursenats und erster Präsident der 1943 gegründeten Hölderlin-Gesellschaft) pries dementsprechend Hitler und die deutschen Klassiker, vor allem Hölderlin und Schiller, als messianische Kultfiguren.[345]

Solche Perversion des deutschen Geistes bestätigte Franz Grillparzers ahnungsvolles Diktum, wonach die deutsche Kultur ihren Weg von der Humanität über die Nationalität zur Bestialität nehmen werde. Niemals, schrieb Paul Rilla 1945 über den Versuch der Nationalsozialisten, ihr Theater unter Berufung auf die deutsche Klassik zu legitimieren, habe es einen blutigeren Hohn auf die Ideen des klassischen deutschen Jahrhunderts gegeben, als die nationalsozialistische Praxis. »Das Jahrhundert Lessings, Herders und Kants, das Jahrhundert Schillers und Goethes: niemals ist die historische Wahrheit so in ihr Gegenteil umgelogen worden wie in der frechen Berufung des Nationalsozialismus gerade auf diese nationale Tradition.«[346]

Hatten schon während des Dritten Reiches die Klassiker-Inszenierungen von Gustaf Gründgens, Heinz Hilpert, Jürgen Fehling und Otto Falckenberg in ihrer Subtilität einen Protest gegen solche Usurpation angemeldet, so war die starke Präsenz der klassischen Dramen in den Nachkriegsspielplänen (aber auch schon auf der Exilbühne – das Zürcher Schauspiel etwa basierte wesentlich auf deutscher Klassik) als bewußte Gegenposition zu dem Mißbrauch der humanistisch-idealistischen Werte im Dritten Reich zu verstehen. Viele Theater wurden nach Kriegsende mit *Nathan der Weise* eröffnet. 1945/46 stand in der Aufführungsstatistik Lessings Drama an dritter Stelle, gefolgt von Goethes *Iphigenie* und Schillers *Kabale und Liebe*.

Freilich stellte Berthold Viertel, Schriftsteller, Regisseur, Übersetzer und

Graf Luckner, Paul Wegener als
Nathan der Weise, 1946

Freund Bertolt Brechts, als er 1948 aus den USA nach Westdeutschland reiste, mit Befremden fest, daß offensichtlich das hohle Pathos früherer Klassiker-Inszenierungen weiterwirke. »Reichskanzleistil« nannte er diesen alt-neuen Stil, den er bei Vorstellungen in Berlin, Düsseldorf und Wien beobachtete. »Was sich hier herauskristallisiert und offenbar eingebürgert hatte, war eine seltene Mischung: eine wurzellose Ekstase oder eine kalt prunkende Rhetorik, die das Offizielle, Repräsentative der Darstellung betonte und überbetonte, in jäher Abwechslung mit einer sich ins allzu Leise, Private und Unterprivate flüchtenden Diskretion. Manie und Depression folgten einander ohne Übergang und ohne Zwischentöne.« Der Berserkerton einer gewaltsamen Rhetorik, die überschrie, wo sie überreden wollte, dieser Paroxysmus, der dem Schauspieler Schaum auf die Lippen treten ließ, erregte jedoch in besonderem Maße die Bewunderung des Publikums, »das die losknallenden Tiraden regelmäßig mit lebhaftem Beifall quittierte«. Die leisen Stellen erinnerten ihn an die erzwungene Diskretion einer Zeit, in der die Freiheit der Meinung einer scheuen Geheimnistuerei gewichen war, und nicht nur der politische Widerspruch, sondern auch das Privat-Menschliche, das sich nicht gleichschalten ließ, Zuflucht im flüsternden Versteck abgeschlossener Räume suchen mußte. »Gerade das eigenartige Verhältnis von offiziellem und privatem Ton schien mir für diesen Ausdrucksstil so überaus bezeichnend zu sein. Eine natürliche Balance zwischen beiden bestand durchaus nicht. Und die Folge war eine Verarmung der Ausdrucksmöglichkeiten, geistig, und der Ausdrucksmittel, technisch genommen.«[347]

Solche Beobachtung ist geeignet, insgesamt das Verhältnis zur klassischen Dichtung in der Trümmerzeit zu charakterisieren. Auf der einen Seite hatte der totale Zusammenbruch für das »Gute, Schöne und Wahre« jenseits affirmativer Kultur und repräsentativer Pathetik (»Unsere Klassiker!«) sensibilisiert, auf der anderen war es nicht gelungen, sich wirklich radikal, bis »auf die Wurzeln gehend«, mit der Erbschaft der Zeit auseinanderzusetzen. Warum werden die Klassiker, fragte Viertel, mit solcher Andacht genossen? Hat dieses Theater, das vor Ruinen spielt, heute die Funktion, der Not zu entfliehen, der Entscheidung auszuweichen und eine Einheit und Freiheit vorzutäuschen, die es noch nicht gibt und noch nicht geben kann? Täuscht das Gros dieser Klassiker-Aufführungen nicht eine Kultur vor, die sich nicht üben läßt, ohne sie wahrhaft zu erwerben? Der Weg bis zu Peter Steins *Tasso*-Inszenierung, Ende März 1969 in Bremen, war noch weit.

Bald mehr Kabaretts als unzerstörte Häuser

Von der »Bank der Spötter« aus gesehen hatte hohe wie hohle, hehre wie aufgequollene Rhetorik keine Existenzberechtigung mehr; die Zeit der großen Worte und fatalen Taten war zu Ende; das Ergebnis: Kahlschlag, Trümmerwelt. Da Lächerlichkeit tötet, hatten die Nationalsozialisten einen erbitterten Kampf gegen die großstädtische Kleinkunst geführt; die urbane Freigeistigkeit des Weimarer Kabaretts war ihrem bombastischen Provinzialismus gefährlich; so wurden die »Tucholskys und Konsorten« verboten, verfolgt, ausgerottet. In den Hauptorten des Exils blieb das Kabarett eine wichtige Waffe im antifaschistischen Kampf; in Deutschland selbst konnte der politische Witz nie völlig mundtot gemacht werden (selbst wenn seinen Verbreitern die Todesstrafe drohte).

Kaum war das Dritte Reich zu Ende, da zeigte sich, daß der Wert der Respektlosigkeit doch nicht ganz vergessen war. Mit der Befreiung vom totalitären Joch war aufbegehrendes, kesses Mund-Werk nicht mehr zu knebeln. Es setzte ein erstaunlicher Kabarett-Boom ein. »Wenn sich alle Pläne dieser Wochen verwirklichten«, notierte Erich Kästner August 1945, »gäbe es bald mehr Kabaretts als unzerstörte Häuser.«[348]

»Endlich kam der Deckel vom Topf der öffentlichen Meinung. Endlich konnte hier (so wenig Freiheit es sonst noch geben mochte) mit freier Brust und kecker Stimme lang Verbotenes wieder verlautbart werden, konnte man den Götzen von gestern am Barte zupfen, durfte man die Grundirrtümer einer ganzen Epoche unverhohlen durch den Kakao ziehen.« (Friedrich Luft)[349]

Daß in der Trümmerzeit viele der Kabarett-Projekte verwirklicht werden konnten, lag an der Hilfsbereitschaft der westlichen Siegermächte, die, zumindest solange sie nicht selbst in den Mittelpunkt der Attacken gerieten, in diesen ein sehr praktikables Instrument für Aufklärung sahen. Das Kabarett wurde zu einem wichtigen Forum politischer Meinungsäußerung. »In welcher Form man auch auftrat, ob als Reisekabarett oder Kabarett mit festem Haus, als Keller- oder Theaterkabarett, um literarische Qualität bemüht oder eher um einen lockeren Revue- oder Musicalstil, überall war der politische Zeitbezug unverkennbar.

Eröffnungsplakat der
Münchener Schaubude,
1947

Obendrein blieb man nicht – wie noch zumeist in der Weimarer Republik – auf
einen recht elitären Zuschauerkreis beschränkt, sondern erreichte eine beachtliche Breitenwirkung, vor allem dank der jetzt üblich werdenden Radioübertra-
gungen.«[350]

Die Münchner »Schaubude« eröffnete bereits im August 1945 in den Kammerspielen. Ursula Herking, in Werner Fincks Berliner »Katakombe«, die noch bis
1935 hatte »überwintern« können, groß geworden, war die beherrschende Figur
des Ensembles. Wichtigster Autor wurde sehr bald Erich Kästner; seine »linke
Melancholie« prägte die Programme. Den Auftakt bildete *Elegie mit Ei*, ein
Gedicht, das 1928 im Erstling des Autors, *Herz auf Taille*, erschienen war. Daß
eine junge Generation sich von der Schuld der Väter befreien und ihr Recht auf
eigene Fehler einfordern wollte, dabei an nichts mehr glaubte, aber doch den Mut
zur Arbeit besaß, war als lyrischer Kommentar zur Situation im Sommer 1945
besonders gut geeignet:

> »Es ist im Leben häßlich eingerichtet,
> daß nach den Fragen Fragezeichen stehn.
> Die Dinge fühlen sich uns keineswegs verpflichtet;
> sie lächeln nur, wenn wir vorübergehn.
>
> Wer weiß, fragt Translateur, was Blumen träumen?
> Wer weiß, ob blonde Neger häufig sind?
> Und wozu wächst das Obst auf meterhohen Bäumen?
> Und wozu weht der Wind?

Wir wolln der Zukunft nicht ins Fenster gaffen.
Sie liegt mit der Vergangenheit zu Bett.
Die ersten Menschen waren nicht die letzten Affen.
Und wo ein Kopf ist, ist auch meist ein Brett.

Wir werden später jung als unsre Väter.
Und das was früher war, fällt *uns* zur Last.
Wir sind die kleinen Erben großer Übeltäter.
Sie luden uns bei ihrer Schuld zu Gast.

Sie wollten Streit. Und *uns* gab man die Prügel.
Sie spielten gern mit Flinte, Stolz und Messer.
Wir säen Gras auf Eure Feldherrnhügel.
Wir werden langsam. Doch wir werden besser!

Wir wollen wieder mal die Tradition begraben.
Sie saß am Fenster. Sie ward uns zu dick.
Wir wollen endlich unsre eigne Aussicht haben
und Platz für unsern Blick.

Wir wollen endlich unsre eignen Fehler machen.
Wir sind die Jugend, die an nichts mehr glaubt
und trotzdem Mut zur Arbeit hat. Und Mut zum Lachen.
Kennt Ihr das überhaupt?

Beginnt ein Anfang? Stehen wir am Ende?
Wir lachen hunderttausend Rätseln ins Gesicht.
Wir spucken – pfui, Herr Kästner – in die Hände
und gehn an unsre Pflicht.«[351]

Nach »leidvollen winterlichen Umbauerlebnissen« konnte sich die »Schaubude«
im Frühjahr 1946 einen eigenen Saal leisten. Vom Eröffnungsprogramm im
neuen Haus, *Bilderbogen für Erwachsene*, hieß es in einer Besprechung der *Neuen
Zeitung*, daß die gut ausgewogene Mischung aus beißender Satire, unkomplizier-
tem Ulk und echtem Gefühl ein literarisches Vergnügen bereite:
   »Die Österreicher bekamen eines aufs Dach, die Bauern auf dem Land und die
Denunzianten in der Stadt, die konjunkturbeflissenen Mädchen und sogar die
heiligen Institutionen der Militärregierung. Der Song von ›Staat und Individuum‹ (durch Bum Krüger vorgetragen), die Szene ›Jugend und Politik‹ (beide
von Kästner), der Sketch ›Schule in Umschulung‹ (Axel von Ambesser), zum Teil
unterstützt durch die Bühnenbildplakate von Gustav Tolle, warfen ihrerseits das
härteste Scheinwerferlicht auf die Herrschaft und die Herrschaften, denen wir bis
vor einem Jahr untertan waren, mit dem psychologisch bemerkenswerten Effekt, daß das Publikum sich offenbar nicht so einmütig Beifall zu klatschen traute
wie etwa bei dem scharmant-bissigen ›Oh du mein Österreich‹-Couplet Kästners
oder bei Krügers Anpflaumung der ›Amis‹. Ganz rein und echt und unmittelbar
ans Herz gehend das ›Plädoyer einer Frau‹ (Kästner, interpretiert von Inge

Bartsch) und der ›Briefkasten‹ des gleichen Autors, ein Lied, das alle Mütter angeht, und das Margarete Hagen so sang, daß man glauben mochte, es würde nie mehr eine ›Heldenmutter‹ und nie mehr eine ›stolze Trauer‹ geben. Dann war da das blau-weiße Element, leicht durch den Kakao gezogen von Ambesser und bestens urwüchsig verkörpert durch Sepp Nigg und Margarete Hagen. Herbert Witts ›Zünftiges Zukünftiges‹, eine reizende Vorschau auf das ›München 1966‹, in dem die Amis zu Bajuwaren geworden sind und München zu neuer Blüte erstanden ist, stellt eine kleine Liebeserklärung der Zugereisten an die Wahlheimat dar, verschämt in dornigen Rosen versteckt. Hier hatte Ursula Herking ihren zweiten großen Erfolg. Den ersten und nachhaltigsten hatte sie mit Kästners ›Marschlied 1945‹, dem Kampfgesang eines zähen und illusionslosen Optimismus, von dem man nur wünschen möchte, daß er der Ausdruck dieser Zeit nicht nur sein soll, sondern wirklich ist. Er begleitet als Ausklang dieses ersten Programms die Zuschauer hinaus in die unmittelbar bevorstehende Enttrümmerung.«[352]

Kästners Texte, die die Misere der Trümmerjahre einfangen, sind mehr elegisch als satirisch, mehr auf Stimmung als auf analytische Schärfe ausgerichtet. Seine Gegenwartssicht wird besonders deutlich im *Deutschen Ringelspiel* (1947).

»Einige bezeichnende Figuren unserer Tage kommen nacheinander, an im Kreise bewegte Marionetten erinnernd, ins Rampenlicht«:

Die »verschneite Flüchtlingsfrau« (»Ob euer Herz aus Eisen ist?«); der Geschäftemacher, ein auffällig dicker Mann mit steifem Hut, jovial und gerissen lächelnd; der heimkehrende ältere Kriegsgefangene (»Das Nirgends ist dein Ort«); das Frauenzimmer, sich im Tango-Rhythmus wiegend; der Dichter im Straßenanzug, mit einer Leier in der Hand (»Ihr seid das Volk, das nie auf seine Dichter hört«); das junge Mädchen, die »arme Jugend« verkörpernd; der Parteipolitiker, der ein Wahlplakat mit fingiertem Text umhängen hat (»Es gibt nur meine Partei!»); der Halbwüchsige, verwildert, mit einem Bündel; der Widersacher, breitbeinig, Hände faul in den Taschen, alte Breeches und schwarze Reitstiefel.

Jede Figur singt ihr Lied; nachdem alle an der Reihe waren, enthüllt die auf einem Sockel stehende, »im Dämmer der Bühnenmitte bisher nur geahnte allegorische Figur, die Zeit, ihr Gesicht« – wie Justitia trägt sie eine Binde vor den Augen; ihr Abgesang:

> »Mein Reich ist klein und unabschreitbar weit.
> Ich bin die Zeit.
> Ich bin die Zeit, die schleicht und eilt,
> die Wunden schlägt und Wunden heilt.
> Hab weder Herz noch Augenlicht.
> Ich kenn die Gut und Bösen nicht.
> Ich trenn die Gut und Bösen nicht.
> Ich hasse keinen. Keiner tut mir leid.
> Ich bin die Zeit.

Im folgenden immer eisiger, immer verächtlicher, immer unnahbarer.

> Da ist nur eins, – das sei euch anvertraut:
> Ihr seid zu laut!
> Ich höre die Sekunden nicht,
> ich hör den Schritt der Stunden nicht.
> Ich hör euch beten, fluchen, schrein,
> ich höre Schüsse mittendrein,
> ich hör nur euch, nur euch allein . . .
> Gebt acht, ihr Menschen, was ich sagen will:
> Seid endlich still!

Nun etwas weniger kühl, eine Nuance menschlicher.

> Ihr seid ein Stäubchen am Gewand der Zeit, –
> laßt euren Streit!
> Klein wie ein Punkt ist der Planet,
> der sich samt euch im Weltall dreht.
> Mikroben pflegen nicht zu schrein.
> Und wollt ihr schon nicht weise sein,
> könnt ihr zumindest leise sein!
> Schweigt vor dem Ticken der Unendlichkeit!
> Hört auf die Zeit!

Während die Spieluhrmusik wieder einsetzt und die Figuren sich erneut zu drehen beginnen, fällt der Vorhang.«[353]

Die Konvergenz zur Geschichtsauffassung des »magischen Realismus« ist unverkennbar. Eigentlich nützt kein Eingreifen, die Welt dreht sich ohnehin weiter, die Zeit schreitet voran; der Mensch als »Stäubchen am Gewand der Zeit« tut gut daran, sich zu ducken und zu schweigen.

Sein Solokabarett definierte Werner Finck als »humorige Zukunftskunst des Großstadtmenschen«; gerichtet gegen Bürokratie, Verplanung, Arbeitsstreß und politische Unbeweglichkeit. Im November 1945 meldete er sich »zur Stelle!«. Nach der Schließung der »Katakombe« war er ins KZ verschleppt worden; Kollegen gelang es, ihn herauszuholen; er spielte bei der UFA und erhielt Berufsverbot, wurde aus der Reichsschrifttumskammer ausgeschlossen und zur Wehrmacht eingezogen, bekam das EK II und die Ostmedaille; 1942 saß er wieder in Untersuchungshaft, war dann erneut Soldat und geriet schließlich in italienische Gefangenschaft, aus der er nun entlassen war.

Dem vergangenen Jahr, so Finck in seiner *Silvesterrede 1945*, brauche man keine Träne nachzuweinen. »Am Anfang dieses Jahres waren wir noch reich. Ich buchstabiere jenes Reich: R wie Ruhmsucht. E wie Eitelkeit. I wie Irrtum. C wie Cäsarenwahn. H wie Heroeninflation. Jetzt am Ende sind wir das Gegenteil von reich. Es ist längst Wirklichkeit geworden, was vor ein paar Jahren als Flüsterwitz kursierte: Daß ein Optimist gesagt: ›Nach dem Kriege werden wir alle betteln gehen‹, und ein Pessimist geantwortet hätte: ›Bei wem denn?‹ O du traurige, o du armselige, schadenbringende Nachkriegszeit . . . Das Alte stürzt, und neues Leben – wollen wir hoffen. Aber wenn wir Pech haben, blühen uns neue Ruinen. Hört, liebe Freunde, sie rufen es jetzt aus, das neue Jahr. Die Toren johlen und heulen! Die Weisen lächeln und zittern. Sei gegrüßt 1946! (Du hast eine angenehme Lizenz-Nummer. Mit einer geraden Quersumme. Deine Vorderbeinchen ergeben eine Zehn, und deine Hinterbeinchen auch eine.) Laß uns in Frieden! Wende unsere Not, gib uns neue Illusionen! Du sollst leben: Neunzehnhundertsechsundvierzig!«[354]

Wie Kästner und andere Kabarettisten betrachtete Finck die zeitgenössische Situation illusionslos; das Programm, mit dem er 1946 herauskam, hieß *Kritik der reinen Unvernunft*. Später wollte er eine alternative Partei als »Gesellschaft der fröhlichen Hoffnungslosen« gründen; ihre Zielvorstellung war, keine Zielvorstellung zu haben. »Es wird spätestens hier klar, daß Fincks Humorkonzept, so effektiv sich damit faschistische Parolen unterlaufen oder lächerlich machen ließen, letztlich unter dem Vorzeichen eines politischen Nihilismus stand. Aus der Verachtung der nationalsozialistischen Politik wurde tendenziell die Verachtung von Politik überhaupt. Auch die Schweykperspektive stand im Dienste einer Haltung, der es primär darauf ankam, sich aus der Politik möglichst herauszuhalten.«[355]

Günter Neumanns Kabarett »Ulenspiegel« orientierte sich am Revuestil, der teils an die zwanziger Jahre anzuknüpfen trachtete, teils dem amerikanischen Musical verpflichtet war. *Alles Theater*, 1947, inszenierte Gustaf Gründgens, der unter Max Reinhardt einst im Theater am Kurfürstendamm die Kabarett-Revue *Alles Schwindel* inszeniert hatte. Man dürfe keine sensationelle Neuigkeit, keine bahnbrechende künstlerische Leistung, keine Revolutionierung des Kabaretts erwarten. Der Autor glossiere in freundlicher, gewinnender Weise nicht nur das Zeitgeschehen, sondern auch das schwierige Leben in Berlin, besonders die Verhältnisse in der Theaterwelt. »Das ist alles so charmant durchgeführt, so versöhnlich bei aller Ironie, daß wir hoffen, die Zustimmung des Publikums zu finden.«[356]

Damit war auch bereits die Stimmungslage der folgenden, noch erfolgreicheren Revue *Schwarzer Jahrmarkt* vorweggenommen. Die Politik erscheint als Zirkus, der deutsche Durchschnittsbürger als »dummer Aujust«, das ganze Leben als ein Rummelplatz, eine bunte, unübersichtliche, zuweilen groteske Mischung von Attraktionen und Abnormitäten. Alles dreht sich, wie in Kästners *Ringelspiel*, im Kreise.[357] Die satirischen Spitzen werden in milder Alltagsphilosophie verpackt. Zwar kommen zuerst die »Kohlen«, aber das Herz ist doch das Wichtigste. Angesichts der harm-vollen Zeiten nahm man eine gewisse Verharmlosung dankbar an. Diese Tendenz bestimmte auch die *Insulaner*, eine satirische Zeitschrift, die Günter Neumann 1948 gründete; da sie nach der Währungsreform nicht mehr recht ging, entstand aus Beiträgen eine »Schleichwerbesendung« für den Sender RIAS; eine einzige Sendung sollte es sein; sie fand jedoch so viel Resonanz, daß fast 150 Folgen daraus wurden.

Schwierigkeiten bekamen die Kabaretts – neben den erwähnten Kleinkunstbühnen wurden besonders bekannt die »Hinterbliebenen« (seit 1945), die
»Amnestierten« und das »Kom(m)ödchen« (seit 1947) – mit der Zensur der
Besatzungsbehörden. So beklagten sich die regional tätigen amerikanischen
Theateroffiziere über zunehmenden Antiamerikanismus. Die bayerische Thea-
terkontrolle drohte September 1947 ihren Lizenzträgern schärfste Maßnahmen
an: »Die nächste Stichprobe, die wir bei einer Ihrer Schaus machen, wird, falls sie
negativ ausfällt, Ihnen teuer zu stehen kommen. Der Lizenzträger ist verantwortlich für jedes Wort, das in seiner Schau gesprochen wird, auch wenn der
betreffende Künstler gerade nur an diesem Abend improvisiert hat.«[358] Die
oberen Stellen verhielten sich unterschiedlich. Der Frankfurter »Palette« wurde
nur geraten, einen aggressiven und geschmacklosen politischen Witz aus dem
Programm zu streichen. In München mußte das Programm des »Bunten Wür-
fels«, der ein trauriges Bild von den Folgen der Besatzung gemalt hatte, geändert
werden; das Eindringen amerikanischer Kultur nach Deutschland war dort mit
den Worten »Zigaretten, Schokolade, Penicillin« zusammengefaßt worden. In
Gießen wurde dem Leiter eines Kabaretts die Spielerlaubnis entzogen, nachdem
er die zahlreichen farbigen Truppen in der Umgebung als Zigeuner bezeichnet
hatte ... Oft waren es freilich gar keine politischen Themen, die Anstoß erregten, sondern Obszönitäten, schierer Unsinn und hohe Preise; die amerikanischen
Theateroffiziere, aber auch die deutschen Stellen verlangten »Niveau«.

Im Februar und März 1948 sandte die Informationskontrolle Hessen Beobachter aus, die alle Kabarett-Shows in Frankfurt, Wiesbaden, Kassel und Umgebung
besuchten und schriftliche Berichte über ihre Beobachtungen anfertigten. Dabei
wurde unter anderem festgestellt, daß der Anteil an den Programmen, der sich
direkt mit der Besatzungspolitik beschäftigte, relativ gering sei; in Kassel und
Frankfurt nur etwa 5 Prozent, in Wiesbaden ungefähr 20 Prozent. Als Grund
wurde angegeben, daß Autoren und Schauspieler sich aus Furcht, die Militärregierung könne das Programm verbieten oder gar die Lizenz entziehen, zurück-
hielten; auch könne dies noch die Folge des autoritären Nazi-Regimes sein.
Typische Besatzungsthemen seien: die Entnazifizierung, »Ami-Fräuleins«, Kau-
gummi kauende US-Soldaten, ihre Vorliebe für Swing, ihre Ernährungssitua-
tion. Bei der Kritik an der deutschen Regierung verführen Autoren und Schauspieler eindeutig freizügiger: »Ungefähr 25 Prozent aller Witze sind gegen die
deutschen Politiker, ihre Programme und ihr Verhalten gerichtet. Witze gegen
die deutsche Regierung werden viel spontaner, ohne Furcht und Zurückhaltung
gemacht. Die Autoren wissen, daß die amerikanischen – und nicht die deutschen
– Behörden die Lizenzierung der Kabaretts kontrollieren, und scheuen sich
deshalb nicht vor Angriffen auf Politiker vom Ministerpräsidenten an ab-
wärts.«[359] Folgende Themen waren besonders beliebt: die Ineffektivität und
Korruption der Lebensmittel- und Wohnungsämter, die Lebensmittel- und Ka-
loriensituation, die bizonale Verwaltung, die »Burgomasters«, der Schwarzmarkt
(»Hurra, wir leben noch, jeder weiß wovon, aber man spricht nicht davon«), die
Absurdität der Papierrationierung (eine Schwemme von Plakaten und Frage-

bögen bei gleichzeitigem Mangel an guten Schulbüchern), die Bestechlichkeit der Beamten und Händler, der Leichtsinn der »Fräuleins«; ferner der bayerische Partikularismus; die Eisenbahner und die Polizei; die Gefahr, mit Kriegsgedanken zu spielen, wenn der Militarismus noch nicht ausgelöscht sei; der Versuch vieler Deutscher, ihren Lebensstandard dadurch zu verbessern, daß sie sich als Verfolgte ausgaben; die Tendenz, die individuelle Schuld zu leugnen.

Die »Schaubude« wurde 1946 als das »mit Abstand beste Kabarett« gelobt; es sei »ausgezeichnet literarisch«. Das Programm *Vorwiegend heiter – leichte Niederschläge*, 1947, kam dann freilich unter scharfen Beschuß. Neben Vorwürfen wie Geschmacklosigkeit, Unwissenheit, Dummheit, Unverschämtheit, Taktlosigkeit und Arroganz (der Deutschen den Amerikanern gegenüber) stand der politische Inhalt im Zentrum der Kritik.[360] Wenn die Amerikaner auf öffentlicher Bühne als Schwarzhändler oder politische Versager hingestellt würden, wenn impliziert werde, ein Amerikaner vergewaltige deutsche Frauen bei der geringsten Provokation, dann sei das ein böswilliger und schon fast gefährlicher Angriff auf die Besatzungsmacht USA. Als vier Monate später die »Hinterbliebenen« in der »Schaubude« auftraten, wurde ein Sketch zum Stein des Anstoßes, der den Plan des bayerischen Kultusministers Alois Hundhammer kritisierte, nach dem Flüchtlinge in verschiedenen Gebieten, nach Konfessionen getrennt, angesiedelt werden sollten. Der inkriminierte Text enthalte verschiedene Sätze, »die auch einem liberal gestimmten Menschen jedwedenfalls für bayerische Verhältnisse als unvorsichtig und überflüssig erscheinen« müßten, meinte Hans Ludwig Held (Stadtbibliotheksdirektor, Honorarprofessor der Universität München, Erster Vorsitzender der Volkshochschule München, von maßgeblichem Einfluß auf die Münchner Kulturpolitik seit Kriegsende). CSU-Stadtrat Max Gerstl sprach davon, daß die »Hinterbliebenen« geeignet seien, den Boden für eine neue Form des Nazismus oder gar des Bolschewismus zu bereiten. Der rechte Flügel der CSU konnte sich jedoch nicht durchsetzen; das Programm wurde unverändert fortgesetzt, aber auch der Skandal schwelte weiter.

Das Problem der aufmüpfigen Kleinkunstbühnen »löste« sich von selbst; nach der Währungsreform schlossen die meisten von ihnen ihre Pforten; das Interesse an satirischer und kabarettistischer Kritik – oft genug eine nur sehr leichtgewichtige Kritik – ging rapide zurück. Man wollte nun lieber sein Geld für die dringend benötigten materiellen Güter ausgeben.

Kino von außen und innen betrachtet

Die nationalsozialistische Filmindustrie, die seit 1942 im UFI-Konzern (UFA-Film GmbH) zusammengefaßten reichseigenen Betriebe, produzierten bis in die letzten Tage des Zweiten Weltkrieges. »Die letzten seelischen Kraftreserven des Volkes sollten geweckt, wo nicht der Glaube an den Sieg und das Vertrauen in die Führung, so doch der blinde Gehorsam gegenüber den Autoritäten des Staates und der Partei eingeübt werden. Ob in evident zum Durchhalten um jeden Preis aufrufenden Filmen wie ›Kolberg‹ oder in den zur Alltagsflucht einladenden unpolitisch getarnten Unterhaltungsrevuen wie ›Die Frau meiner Träume‹, stets war der Zusammenklang zwischen der filmischen Handlung und der propagandistisch opportunen Aussage gewahrt. Zum Zeitpunkt der bedingungslosen Kapitulation befanden sich über dreißig, zumeist noch im Jahr 1944 im Zusammenwirken von Propagandaministerium und Filmindustrie konzipierte Spielfilme in den Ateliers unmittelbar vor ihrer Fertigstellung. Die letzte Ausgabe der ›Deutschen Wochenschau‹ gelangte Ende März 1945 in die wenigen, noch verbliebenen Kinos.« (Friedrich P. Kahlenberg)[361]

Bis Ende 1945 waren 1150 Kinos im Gebiet der westlichen Besatzungszone wiedereröffnet worden (von 6484 Lichtspieltheatern im Jahre 1944); die Zahl hatte sich 1946 auf 2125 fast verdoppelt und stieg dann bis Ende 1947 auf 2850, Ende 1948 auf 2950 und Ende 1949 auf 3360 Theater an.[362]

Das Kino war neben dem Rundfunk eine der wenigen Möglichkeiten, sich unterhalten und informieren zu können; es bildete in der Stadt wie auf dem Lande einen Mittelpunkt des gesellschaftlichen und kulturellen Lebens. Da saß man also wieder »in den verdunkelten Räumen, vor jener magischen weißen Wand, auf der eine photographische Scheinwirklichkeit ihren alten Zauber entfaltete«. Hermann Kadow, der August 1946 in den *Frankfurter Heften* »Kino von innen und außen« betrachtete[363], stellte fest, daß vor allem in den ländlichen Gebieten, wo die kleinen Filmtheater und Kinohäuser überwiegend erhalten geblieben waren, das Publikum (durch die Kriegsevakuierung neu gemischt) sich zwar wieder mit dem alten Vergnügen »füttern« ließ, aber nicht mehr mit jener unbedingten Begeisterung, die vor der Zerstörung der alten Welt so natürlich gewesen sei. »Die Urteile und Meinungen sind merklich kritischer geworden. Man fühlt, daß die Träume, die auf der Leinwand ihre Photowirklichkeit ausspielen, nicht mehr ganz stimmen. Zumindest nicht mehr in Deutschland, vielleicht auch nicht mehr in Europa. Das Tragische wird belächelt, weil man über einen persönlichen Schatz von tragischen Erfahrungen verfügt, an den die Phantasie der Filmautoren nicht heranreicht. Auch das Komische wird bedauert, weil man ahnt, daß Tragik und Komik in einem tieferen Sinnzusammenhang stehen. In der dargebotenen Form erscheinen Lustspielfilme dumm, laff und etwas langweilig. Aber man geht ins Kino, weil der Hohlraum des Lebens hier immerhin eine freundliche, haarige Warze aufweist, die im verwüsteten Gesicht des deutschen Lebens belustigt und die graue Monotonie des Alltags sogar verschönt.« Was hier in eine Metapher gefaßt war, bedeutete, daß zunächst vorwiegend Filme aus den USA, England, Frankreich und der UdSSR bereitgestellt wurden, meist bezogen auf die jeweilige Besatzungszone, also ohne Austausch; dann wurde das Kinoprogramm auch zunehmend mit »jenen überlebenden deutschen Filmen bestritten, die frei von Nazismen und Militarismen der puren oder belehrenden Unterhaltung dienen«. Nur gelegentlich wurden Filme wie *Die Todesmühlen* geboten, die vom Beschauer etwas anderes forderten als unverbindliche Unterhaltung. (Der Dokumentarfilm *Die Todesmühlen* von Hans

Aufführung des Films »Todesmühlen« im Münchener Luitpold-Filmtheater, 1945

H. Burger, zusammengestellt aus Filmaufnahmen der Alliierten in den Konzentrationslagern nach der Befreiung, der die Mitschuld einer Mehrheit der deutschen Bevölkerung aufzeigte, wurde 1946 wieder aus dem Verleih gezogen. 1947 folgte der ein ähnliches Ziel verfolgende Film *Nürnberg und seine Lehren.*)

Ein wichtiges Instrument der alliierten Filmarbeit in den ersten Nachkriegsjahren stellte die Wochenschau dar; die von den Engländern und Amerikanern produzierte *Welt im Film* wurde in ihrer ersten Ausgabe bereits am 18. Mai 1945 in deutsche Kinos gebracht. Im Mittelpunkt stand die Präsentation der Besatzungsmächte als Garanten der Gerechtigkeit und als Helfer beim demokratischen politischen Wiederaufbau. Zunächst wurde ausführlich über die Abrechnung mit den Verbrechen der NS-Zeit berichtet, ab Sommer 1946 jedoch von jeder Schuldzuweisung an die deutsche Bevölkerung abgerückt. Zur gleichen Zeit gewann die Unterhaltungsfunktion mit einem Drittel der Stories einen starken Anteil an der Wochenschau, die übrigens während der ersten Jahre keine Berichte aus der sowjetisch beziehungsweise französisch besetzten Zone enthielt.[364]

Was die deutsche Filmproduktion betraf, so war die Filmindustrie »in ihrem kapitalstärksten Bereich und in ihren maßgeblichen Extremitäten zerhackt und gründlich amputiert worden« (Hermann Kadow). Doch hatte die während des Dritten Reiches immer zentralistischer arbeitende Produktion Berlin-Babelsberg verhältnismäßig wenig gelitten. In Berlin-Ost wurde auf dieser Basis die Defa gegründet, die in enger Zusammenarbeit mit der sowjetischen Militäradministration am 15. Oktober 1946 mit Wolfgang Staudtes *Die Mörder sind unter uns* den ersten deutschen Spielfilm nach dem Kriege herausbrachte; die Defa stellte auch die in der sowjetisch besetzten Zone vertriebene Wochenschau *Der Augenzeuge* her.

In den westlichen Besatzungszonen folgte als erster Film (mit britischer Lizenz) *Sag die Wahrheit*, ein belangloses Lustspiel, in der Regie von Helmut Weiss. Im Juli 1947 brachte die Hamburger Camera-Film GmbH, mit Helmut Käutner als künstlerischem Leiter, der auch Regie führte, den Film *In jenen Tagen* heraus. In sieben Episoden erzählt ein altes Auto, das unmittelbar nach dem Krieg von zwei Mechanikern ausgeschlachtet wird, seine wechselvolle Geschichte: Berichtet wird von Menschen, die im Dritten Reich politische und rassische Verfolgung erleiden mußten, die Widerstand leisteten und ermordet wurden, die im Krieg umkamen oder aus dem Osten noch flüchten konnten.

Zu dieser Zeit gab es in der britischen Zone sechs mit Lizenzen ausgestattete Produktionsfirmen und einen Verband der Filmproduzenten; die Theaterbesitzer hatten sich zusammengeschlossen; der Verleih war in deutsche Hände übergegangen. Vordringliche Probleme waren die Beschaffung des Filmrohmaterials und der Mangel an Atelierraum.

Schwierig war es auch, gute Drehbücher zu bekommen; zudem fehlte es an geeigneten Regisseuren. Die Finanzlage entwickelte sich dennoch günstig; Filme mit einem Kostenaufwand von 600 000 Mark, was als sehr hoch empfunden wurde, spielten nach einiger Zeit bereits Gewinn ein; da der Theaterpark kleiner geworden war, dauerte es freilich länger als früher (bei dem Käutner-Film *In jenen Tagen* konnten aus Materialmangel nur fünf Verleihkopien gezogen werden).[365]

Der erste Film, der mit amerikanischer Lizenz uraufgeführt wurde, war der in Berlin-West hergestellte, im Dezember 1947 gezeigte Film *Und über uns der Himmel!* mit Hans Albers in der Hauptrolle (Regie Josef von Baky). Ein Mann kehrt aus dem Krieg heim; er gerät in das Neuberliner Leben, pendelnd zwischen Hunger, Not und Hochstapelei, und in die Klauen des Schwarzhandels; sein Sohn kommt ebenfalls aus dem Krieg heim, erblindet; doch findet er das Augenlicht wieder und sieht nun seinen Vater auf dem Wege der zeitgemäßen Untugend wandeln. »Er rebelliert, trennt sich vom väterlichen Hause, arbeitet und führt am Ende den lieben Erzeuger in die Armut und in den Anstand zurück. Sie wollen es auf redliche Weise versuchen.« Neben der Freude, die Filmkunst, die so lange geruht hatte, technisch sauber und liebevoll geführt wieder anlaufen zu sehen, wohne auch der Zweifel: ob man einen so optimistischen Schauspieler, einen Mann der lustvoll aufgekrempelten Hemdsärmel, einen Star, behängt mit Erinnerungen an unzählig frühere Filme, in einen Zeit- und Trümmerfilm hineinstellen dürfe, ohne einen Bruch im Bewußtsein des Zuschauers zu riskieren. Ein Publikumserfolg ohne Zweifel; aber man hätte sich gewünscht, daß nicht Routine den Anfang mache, sondern das Neue, das Revolutionäre. Man hätte sich gewünscht: ein Dokument der Zeit, ein Wagnis, einen Versuch im

Neuland (Friedrich Luft). Die Filmpause war offensichtlich nur eine Unterbrechung gewesen; es ging, freilich nun ohne Weltanschauung und Propaganda, in gewohnten Bahnen weiter.[366]

An die Filmpause, wie sie der Zusammenbruch mit sich gebracht hatte, waren mancherlei Hoffnungen geknüpft. 1945 meinte der Filmregisseur Harald Braun, daß sie, bewirkt durch technische und personelle Schwierigkeiten, in einem tieferen Sinne notwendig sein könne. Es sei eine alte diätetische Erfahrung, daß es nach Zeiten eines besonders konzentrierten und angespannten Lebens kaum ein besseres Mittel der Regeneration gebe als eine verhängte Fastenzeit, so schwer sie dem einzelnen auch falle. Vielleicht helfe die deutsche Filmpause zu einigen Einsichten, die dann unsere Not als Tugend erscheinen ließen. Der deutsche Film der letzten dreizehn Jahre habe den fragwürdigen Vorzug gehabt, sich der besonderen Aufmerksamkeit und »Betreuung« der diktatorischen Stellen zu erfreuen. Man hatte die propagandistischen Möglichkeiten des Films zum absolut beherrschenden Gesichtspunkt gemacht. Das zukünftige Filmschaffen sei ideell auszurichten: die Ordnung des freien künstlerischen Spiels wolle erarbeitet, der Humor neu erfahren und erlebt sein. Wenn es einen gemeinsamen Nenner für all diese, so fremd gewordenen und neu zu bewältigenden Aufgaben gebe, so könne dies nur die Forderung sein, »daß die Filme, an denen wir arbeiten wollen, den Menschen helfen möchten, mit dem schweren Leben leichter fertig zu werden«. Während auf den deutschen Bühnen, soweit sie noch erhalten seien, bereits ein eifriges Probieren anhebe und da und dort der Vorhang schon wieder aufgegangen sei, während die Kabarettisten die Köpfe zusammensteckten, um an ihren neuen Programmen zu tüfteln, und während fast täglich neue Spielgruppen von Schauspielern entstünden, die heute noch in leeren Zimmern erproben, was sie morgen, durch das Land reisend, der Allgemeinheit bringen wollten, während also der große Kreis der schauspielerisch Schaffenden in Arbeitsfieber und Planung stecke, bleibe den Leuten vom Film vorläufig nichts anderes übrig, als die Hände in den Taschen zu behalten und mit schwerem Herzen nachzudenken. Eines Tages schlage wieder die Stunde des deutschen Films, der zur Lebenshilfe bereit sein müsse. »Ob wir es erfreulich finden oder nicht, niemand kann heute so tun, im Leben nicht, auf dem Theater nicht, im Film nicht, als habe es die Schuld, die Wirrnis, den Tod und die Angst der letzten Jahre überhaupt nicht gegeben. Wir wollen gewiß nicht nur ›Zeitfilme‹ produzieren, aber Filme, die – mögen sie noch so heiter und zeitlos und kostümiert sein – gespeist sind aus dem dunklen Brunnen unseres Schicksals, und die uns helfen, uns mit diesem Schicksal zu behaupten.«[367]

Was aus der »filmischen Fastenzeit« in den darauffolgenden Jahren entstand, war von unterschiedlicher, jedoch nicht – von ganz wenigen Ausnahmen abgesehen – durchschlagender Qualität. Den Trümmerfilmen fehlte der Mut zur Radikalität; sowohl was die Inhalte als auch was die Form betraf. So blickte man mit Bewunderung und Neid auf den italienischen Film, der mit seinem Neorealismus eine neue Phase der Filmgeschichte einleitete. Roberto Rossellinis Meisterwerk *Rom – offene Stadt* (1944/45) und dann *Paisa* (1947), *Deutschland im*

Jahre Null (1947) schilderten den Zusammenbruch des Faschismus im eher dokumentarischen Stil einer Chronik, während Vittorio De Sica, meist zusammen mit dem Autor Cesare Zavattini, von Anfang an auf die dramaturgisch durchkomponierte Handlung setzte (*Schuhputzer*, 1946, *Fahrraddiebe*, 1948).[368]

Als Erich Kästner sich November 1947 in Zürich befindet und den Film *Schuhputzer* sieht, ist er tief beeindruckt: »Der italienische, von De Sica gedrehte Film ›Sciuscia‹ – er schildert das Schicksal der vom Schwarzen Markt ins Jugendgefängnis geratenen und dort seelisch und körperlich zugrunde gehenden Kinder – ist einer der erschütterndsten sozialen Filme, die seit dem ›Panzerkreuzer Potemkin‹ entstanden sind. Nichts sollte unversucht bleiben, dieses Meisterwerk in mehreren Kopien nach Deutschland zu bekommen. Nicht nur des gerade auch uns bewegenden Inhalts und Sinnes wegen, sondern um Publikum und Fachwelt mit dem verblüffenden Fortschritt bekanntzumachen, den der künstlerische italienische Film seit Kriegsende gemacht hat. Wenn man sich der früheren italienischen Filme erinnert und sie mit ›Sciuscia‹ aber auch mit den Filmen Rossellinis vergleicht, wenn man zusätzlich bedenkt, unter welch herabgeminderten Bedingungen heute gearbeitet werden muß, so steht man vor einem Rätsel. Dieser unerklärliche, ans Wunderbare grenzende Fortschritt läßt die Hoffnung zu, daß auch andernorts im zertrümmerten Europa und daß auch an anderen zerbrochenen Kulturzweigen über Nacht Blüten aufbrechen könnten.«[369]

Szene aus Wolfgang Staudtes Film »Die Mörder sind unter uns«, 1946 (mit Hildegard Knef und W. Borchert)

Unter dem Eindruck des italienischen Filmschaffens wurden die Fragen des deutschen Gegenwartsfilms verstärkt erörtert. Anfang 1948 forderte die *Neue Zeitung* zur Diskussion auf; Bruno E. Werner steckte einleitend das Terrain des Diskurses ab:

Der deutsche Film dürfe nicht dem Thema Gegenwart ausweichen; Gegenwart, das sei der lebendige Bewußtseinsraum, der rund zwanzig Jahre umspanne; die wichtigsten Filme hierzu seien: *Die Mörder sind unter uns, Ehe im Schatten, In jenen Tagen, Über uns der Himmel* und *Zwischen Gestern und Morgen*.

Die einen verlangten, daß in einem Gegenwartsfilm die Dinge wahr sein müssen, mögen auch Engel über die Leinwand schreiten oder andere Wunder geschehen; die anderen aber sind bereit, sich durch beliebte Schauspieler, Gags und andere Spannungsmomente unterhalten zu lassen. Bei dem Albers-Film in Berlin wurde von vielen begeistert geklatscht, während andere zum Schluß wutschnaubend das Theater verließen. Die einen freuten sich, ihren Hans wiederzusehen, wie er sich als Heimkehrer in einer Ruinenwelt zurechtfinde, wie er mit rauher Stimme seine Lieder singe, wehmütig Mutter und Kind betrachte, eine gewaltige Holzerei anfange, schließlich einen Schwarzhändler mit dem Greifer des Baggers packe und ins Wasser tauche. Die anderen sind der Meinung, daß hier mit den deutschen Ruinen Schindluder getrieben werde, daß die Zweiteilung in furchtbares Elend und furchtbaren schwarzen Markt, aus der sich der Held schließlich losreißt, Kintopp mit Biedermannsmaske wäre, und daß man vergessen hätte, den letzten Akt der Filmpremiere am Nollendorffplatz gleich mitzudrehen, wo Herren im Frack und Damen in Abendkleidern sich anschließend um das vom »Himmel über uns« gelieferte, reichbestellte markenfreie Büfett für Ehrengäste drängten.

Die Fachleute vom Film wiederum erklärten, daß der Film sich nicht an einige Kunstverständige, sondern an die breite Menge wende und daß man dieser die harte Gegenwart oder Politik nur in homöopathischen Dosen vorsetzen könne, da sie an einen Spielfilm andere Erwartungen richte. Demgegenüber erklärten die Kritiker, daß diese Praktiker nur ihre »alte Masche« beherrschten und daß die kalte Berufsroutine, mit der sie die Ingredienzien der Filmküche nach bewährten Rezepten mixten, gerade das Hindernis wären, das dem neuen Aufstieg des Films im Wege stünde; sie führten als Gegenbeispiel die neuen italienischen Filme *Leben in Frieden* und *Schuhputzer* an, wo mit unbekannten Volksgesichtern von neuen Regisseuren mit dokumentarischer Treue spannende, erschütternde und erheiternde Werke aus einem neuen Geist entstanden seien, die in der ganzen Welt Aufsehen erregten. Hier bestünde nicht die Gefahr, daß verfälschte Zeitgeschichte die Gehirne im eigenen Land und die Vorstellung im Ausland verwirre; hier in Italien zeige sich deutlich, daß ein Volk einen hohen menschlichen und künstlerischen Gewinn aus seinem Leiden gezogen habe.[370]

Sooft er am Abend – damit begann Eugen Kogon seinen Diskussionsbeitrag – in sein Taunusstädtchen heimkehre, stünden die Leute dort vor dem einzigen Kino in langen Reihen Schlange: »Soll uns nur ja kein Filmproduzent in Deutschland erzählen, er müsse sich heute nach dem Geschmack des Publikums richten!

In fünf oder zehn Jahren vielleicht. Jetzt hat er allein es in der souveränen Hand, unser Leben wie einen Traum und unsere Träume als unser Leben an uns vorüberziehen zu lassen.« Es gäbe zwei Arten von Wirklichkeit, die unserer Phantasie und die des Konkreten; in beiden sei der gesunde Mensch zu Hause. Nicht bloß mit der einen wolle er sein Dasein verbringen: gehe ihm der klotzige Tageskram, mit dem er bestenfalls neunzig Jahre in Lust und Leid Baukasten spielt, zeitweilig auf die Nerven, so besteige er den Wunderteppich seiner oder fremder Vorstellungskraft und erhebe sich erleichtert über die Sorgen des Alltags. »Daraus folgt: Der Mensch, den wir als Publikum hinter uns gelassen haben, tritt aus der ganzen, der vollen, gräßlichen und großartigen Wirklichkeit vor uns – wir selbst, wie wir sind und wie wir uns dargestellt sehen wollen. Was soll die Frage, ob der deutsche Film unsere Welt, die Welt dieses Deutschland mit seinen Trümmern und Zerrissenheiten darzustellen habe oder nicht? Kann man denn in ›Wohnräumen‹, denen die Zentralheizungsröhren aus den Balkontüren hängen, nicht Lustspiele drehen, daß uns das hohle Gedärm nicht mehr vor Hunger, sondern vor Lachen weh tut, und in Baracken, deren Elend unseren Herzschlag stocken läßt, die Tragödie einer Familienflucht mit Kind und Roß und Wagen aus der Bukowina oder einer Umsiedlung aus Südtirol ›zur Festigung des deutschen Volkstums‹ enden lassen? Und wenn Vergangenheit statt Gegenwart und Irrealität – zwischen Erde, Zukunft und Jenseits laufend – Vorstellungsbahnen beschreitet wie der englische Film ›A matter of life and death‹ (der bei uns natürlich noch nicht aufgeführt worden ist), so ist das in seiner Art echt und darum wirksam. Es ist eine Frage der Kunst, also des Künstlers. Eine uralte Frage, nicht im geringsten neu.«[371]

Wenn der Film, so meinte Inge Scholl, eine Zukunft habe, dann nur als künstlerischer Film. Der Film müsse, im übertragenen Sinne, heraus aus den Ateliers und in die Wirklichkeit, in die Zeit, ins Leben hinein; wo die Zeit selbst den Film präge, verblaßten die hohlen Filmgesichter, die uns heute weniger denn je noch etwas zu sagen hätten. Die Kameraführung sei bei uns noch viel zu starr und unbeweglich; sie vollziehe nicht im Spiel des Nah und Fern, des Umschweifens und Eindringens, die seelischen Bewegungen des Geschehens. »Es ist also meine Ansicht, daß es heute viel weniger auf das Was als auf das Wie ankommt. Ein Film mag einen zeitnahen oder einen historischen Stoff zum Thema haben, er mag in Innenräumen oder im Freien spielen, wenn er sich nur immer in die großen aktuellen Bewegungen mit einschaltet, von denen die Künste unserer Zeit ergriffen sind. Er muß den Geist des Experiments und des Wagnisses in sich tragen. Nicht nur in der zeitnahen Thematik des Films sollte sich also heute der Mut des Fortschrittes ausdrücken, sondern vor allem auch in seinen Mitteln und in seiner Form.«[372]

Mit der Währungsreform waren Wagnisse, auch der »kleineren Art«, nicht mehr gefragt. Regisseure und Produzenten interpretierten und antizipierten den Massengeschmack als Sehnsucht nach parfümierter Idyllik. Es gab zwar noch Trümmer, aber Trümmerfilme wollte man nicht mehr sehen; die Woge der Heimatfilme brach über das Kino herein – und die Kasse stimmte.

».. . Heimat deine Sterne,
sie strahlen mir auch am fernen Ort.
Was sie sagen, deute ich ja so gerne
als der Liebe zärtliches Losungswort.
Schöne Abendstunde,
der Himmel ist wie ein Diamant.
Tausend Sterne stehen in weiter Runde,
von der Liebsten freundlich mir zugesandt.
In der Ferne träum' ich vom Heimatland.«

Das Lied, das die neue Stimmungslage der nun konstituierten Bundesrepublik wiedergab, war zwar schon 1942 entstanden (die *Capri-Fischer* trugen den Copyrightvermerk von 1943) – doch wurde die Regression in die Sentimentalität nun zur breiten Flut. Der UFA-Stil war unverwüstlich; der erste deutsche Nachkriegs-Heimatfilm, der wieder voll in Operettenseligkeit schwelgte, hieß *Schwarzwaldmädel* (1950).

Mangelware Buch

Schriftstellerische Existenz in der Trümmerzeit: Das bedeutete Kampf mit der täglichen Not. Allerdings war der dürftige ökonomische Unterbau auch überwölbt von einem Ideen-Himmel, in dem sich die Utopien nur so tummelten.

Da gab es auf der einen Seite die Schriftsteller und Dichter, die unter dem Eindruck der Kriegskatastrophe die Bilder der äußeren und inneren Zerstörung realistisch oder surrealistisch festhielten; da gab es auf der anderen die Schriftsteller und Dichter, die, oft in Fortführung ihres Innerlichkeitskults während des Dritten Reiches, weiterhin mit Silberstift Bilder ausgegrenzter Naturidyllik zeichneten. Da gab es eine Literatur, die sich in voller Lebenslust der Welt in all ihren sinnlichen Möglichkeiten neu zuwandte, und eine solche, die zweifelnd oder verzweifelt, agnostisch oder gläubig eine Antwort auf die Sinnfrage suchte. Da waren die Alten bzw. Älteren und ehemals Arrivierten, die Exilierten und Lädierten; diejenigen, die auf ein bedeutsames Werk zurückblickten, oder zumindest meinten, sie besäßen ein solches; die voller Stolz und Wehmut sich der Vergangenheit, etwa der Weimarer Republik erinnerten; die ihren Widerstand gegen die Nazis, so er überhaupt geleistet worden war, hochstilisierten; die ihre Anpassung im Dritten Reich verdrängten oder verschwiegen; die nun selbstkritisch oder belehrend, sauertöpfisch oder enthusiasmiert die neuen Horizonte priesen. Da waren die Jüngeren – wobei Militärdienst und Kriegsgefangenschaft dafür gesorgt hatten, daß die Jüngeren älter als in sonstigen Zeiten waren –, die nun ihre Chance gekommen sahen und sie auch ergriffen; die im Dritten Reich noch gar nicht literarisch tätig gewesen waren oder nur für die Schublade gearbeitet hatten, beziehungsweise das, was sie geschrieben hatten, als unwichtige Vorübung unerwähnt ließen; die sich zu aktiven literarischen Gruppen und Zirkeln zusammenschlossen und im Rundfunk, bei Zeitung und Zeitschrift intensiv mitarbeiteten.

Aufbruchsstimmung war mit Weltuntergangsvisionen durchsetzt; der Geist wanderte zwischen verschiedenen Welten hin und her, wobei das »Licht«, wenn auch bald gebrochen, vorwiegend aus dem Westen schien. Das Abendland: frag-würdig; doch in seinen Überlieferungen als Lebenshilfe empfunden. Die Klassik war kein leerer Wahn. Nach wie vor, mehr denn je: Um einen Goethe von innen bittend! Oft freilich waren die Topoi kultureller Stabilität nur scheinhafte Fluchtburgen; man verdrängte den Heraufzug einer Modernität, die andere, des früheren dumpfen Provinzialismus eingedenk, vehement begrüßten. Würden die Wunschträume von einer schönen neuen Welt ein Paradies auf Erden bewirken oder bei »1984« enden?

Trümmerzeit – literarisch gespiegelt: Jahre der schönen Not; notvolle Jahre schöner Hoffnung. Erkenntnis von Not-wendigkeiten; wendige Nothelfer am Werk. Die Stunde Null fand statt; die Stunde Eins – wurde sie versäumt? Gab es überhaupt eine Stunde Null, eine Stunde Eins? Kahlschlag wurde aufgeforstet; Ödfelder verblieben zwischen den grünenden Wäldern.

Um auf den materialen Unterbau des literarischen Lebens zurückzukommen: Manuskripte zu schreiben nützte wenig, wenn keine Bücher produziert werden konnten. Schon einige Monate nach der totalen Kapitulation, als der Schock des Zusammenbruchs abklang, beschäftigte man sich intensiv mit der Frage, wie es denn im Verlagswesen und beim Buchhandel weitergehen könne und solle. Die ersten Lizenzen wurden vergeben. Es erfolgte »eine langsame Anreicherung des Büchermarktes mit Neudrucken und Neuerscheinungen aus allen Literaturgebieten. Nicht gering ist die Zahl an Werken von beachtlichem Wert und wesentlicher Bedeutung. Aber der Mangel an Papier, Einbandmaterial, Druckereien und Bindereien, dazu Herstellungs- und Versandschwierigkeiten aller Art verbieten, von seltensten Ausnahmen abgesehen, über 5000 Exemplare hinausgehende Auflagenhöhen je Titel oder Werk.«[373] Ende 1946 gab es bereits wieder über 2000 Buchhandlungen in den drei westlichen Besatzungszonen; durchschnittlich erhielt jeder Buchhändler zwei bis drei Stück eines neuen Werkes.

Innerhalb von zwei Jahren (1945-1947) waren in Deutschland rund 5000 Bücher neu erschienen oder neu aufgelegt worden (der anläßlich der Berliner Deutschen Buchausstellung, Juni 1947, herausgegebene Katalog führte 4913 Titel an, bemerkte jedoch, daß er keinen Anspruch auf Vollständigkeit erhebe). Das ergab bei der üblichen Standardauflage von 5000 die Zahl von rund 25 Millionen Bänden. Allerdings handelte es sich bei diesen Titeln häufig nur um Heftchen und Traktätchen, die vierzig und fünfzig, in manchen Fällen nur zwölf oder auch nur acht Seiten umfaßten. Zudem waren die Fachbücher eingeschlossen; schließlich gab es Parallel-Editionen.

Die »Fragwürdigkeiten der deutschen Buchproduktion« analysierte Manuel Gasser im August 1947.[374] Die meisten Verleger begnügten sich damit, das Phänomen des Mangels zur Kenntnis zu nehmen – sehe man von Ernst Rowohlt

ab, der immerhin das Papier für seine neuen Rotationsromane in einer Auflagenhöhe von je 100 000 zu erkämpfen vermochte. Das Problem zu lösen, Sinn und
Ordnung in den Vertrieb (um nicht zu sagen in den Verschleiß) ihrer Produktion
zu bringen, hätten sie längst aufgegeben. Sie arbeiteten, wie die meisten anständigen Leute im heutigen Deutschland, um der Sache willen und in der Hoffnung,
daß eines Tages der Kontakt zwischen dem Buch und dem ihm gemäßen Leser
wiederhergestellt werden möge. Eugen Claassen, Mitinhaber des Verlages Claassen und Goverts in Hamburg, meinte, daß die Verteilung der wenigen Bücher am
besten aufgrund der Berichte der Verlagsreisenden erfolgen solle. Eine enge
Fühlungnahme mit dem Händler, der eine eifersüchtige Überwachung des Ver-
teilungsaktes garantiere, böte die bestmögliche Garantie für die vernünftige
Nutzbarmachung kleiner, allzukleiner Auflagen. Peter Suhrkamp, damals noch
Treuhänder des deutschen S. Fischer-Erbes, erklärte: »Wenn ich aus einem
Setzerkasten wahllos Buchstaben zusammenstelle, diesen Unsinn drucke, einbin-
den lasse und verkaufe, so bin ich sicher, die ganze Auflage in wenigen Tagen zu
verkaufen und auch nicht eine einzige Reklamation zu erhalten.« Sein Vertei-
lungssystem erwies sich als das umständlichste, zeitraubendste, aber auch an-
spruchsvollste; er ließ überall in Deutschland von Freunden und Vertrauens-
leuten Listen von geistig interessierten Menschen anlegen; ganze Karteien mit
genauen Angaben über den Grad und die Art ihrer Bildung, über die Frage, ob
sie den schönen Künsten oder den exakten Wissenschaften mehr zugetan, den
belehrenden eher als den erzählenden Literaturprodukten gegenüber aufgeschlossen waren. Erschien nun ein neues Buch, so wurden diese Listen gesichtet
und die in Frage kommenden Leser durch eine Postkarte benachrichtigt, daß das
Werk bis zu einem bestimmten Datum beim Buchhändler zur Verfügung stehe.

»Die Situation wäre tragisch zu nennen, fiele die Misere der Papierbeschaffung
und der technischen Hilfsmittel nicht zusammen mit einer ausgesprochenen
Flaute der geistigen Produktion. Kein Verleger in ganz Deutschland, der nicht
über das Ausbleiben der ›Schubladenliteratur‹ klagte, über das offenbare Nicht-
vorhandensein jener Werke, die während des Naziterrors heimlich hätten hervorgebracht werden sollen. Keiner, der nicht feststellte, daß den jungen Autoren die
Spannkraft für große Würfe, die Voraussetzungen für eine Abrechnung mit der
Zeit fehlen. Keiner, der unter den einlaufenden lyrischen Ergüssen, den Bekennt-
nissen und Erlebnisbüchern etwas Brauchbares fände. Und was soll man dazu
sagen, wenn man vernimmt, daß junge Verleger zwar über Lizenz und Papier
verfügen, mit diesen Schätzen aber nichts anzufangen wissen und sich nicht
entblöden, alte Verlage um Nachdrucksrechte vergriffener Erfolgsbücher anzugehen?«

Auf diese scharfe Kritik Manuel Gassers antwortete Ernst Heimeran in einem
offenen Brief: »Jedes Druckwerk hat eine geistige und eine materielle Voraussetzung. Wenn es zum Beispiel an Autoren fehlt, hilft das beste Papier nichts; wenn
es an Papier fehlt, werden die fähigsten Autoren und Verleger unfähig, sich zu
entwickeln. Fehlt es an Autoren? Wenn man in der Mitgliederliste des Schutzverbandes der Autoren allein in Bayern 500 Namen liest, meint man, es gäbe für die

beschränkte Buchproduktion, die außerdem Neuauflagen nur in Ausnahmefällen und halbjährigen Zwischenpausen zuläßt, schöpferische Kräfte genug. Fragt man dagegen nach hervorstechenden neuen Talenten, die sich international sehen lassen können, kommt man in Verlegenheit. Inneres und äußeres Elend machen den Mangel an großen schöpferischen Leistungen erklärlich. Doch bleibt darum doch Tatsache, daß die Büchernot, qualitativ gesehen, bereits mit einer Autorennot anfängt.«[375]

Was die äußere Notlage betraf, so verteilte die *Publication Branch* der *Information Control Division* (ICD) das Papier, soweit es für Bücher und Zeitschriften zur Verfügung stand (etwa sechs Prozent des gesamten »Papierkuchens«). Zunächst arbeitete die alliierte Behörde ohne deutsche Mitwirkung; dann schaltete sie deutsche Ausschüsse ein. Im ersten Quartal 1947 standen in Bayern für Bücher 198 Tonnen Papier, für Zeitschriften 185 Tonnen zur Verfügung; im zweiten Quartal für Bücher 111 Tonnen, für Zeitschriften 171 Tonnen; im dritten Quartal für Bücher 70 Tonnen, für Zeitschriften 220 Tonnen (die zweibändige Ausgabe von Ernst Wiecherts *Jerominkinder* erforderte bei einer Auflage von 5000 Exemplaren sechs Tonnen).

Lizenzen wurden – ebenfalls von der ICD – nur an einen ausgewählten Verlegerkreis vergeben. In Bayern gab es im September 1947 rund 90 Buch- und Zeitschriftenverlagslizenzen, gegenüber reichlich 200 bayerischen Verlagen vor 1933. Die ICD hielt sich angesichts der Produktionsschwierigkeiten mit weiteren Lizenzen äußerst zurück; der deutsche Ausschuß trat für wenigstens formelle Zulassung aller »unbescholtenen Verleger von Beruf und Berufung« ein. »Der Fachverband bayerischer Verleger hat die bisherige Produktion seiner Mitglieder einer Art Leistungsprüfung unterworfen. Das Resultat: zwei Verlage erschienen im ganzen als entbehrlich, des weiteren wurden etwa zwei Dutzend Erscheinungen als schlecht und überflüssig angesehen; diesen standen reichlich ebenso viele besonders auszuzeichnende gegenüber; das Gesamtbild von 600 Titeln war guter Durchschnitt. Diese Bilanz muß zu gesteigerter Selbstkritik anspornen, weist aber ein verallgemeinerndes ›fragwürdig‹ der Produktion in Schranken. Zeitgenössische, hier vertretene Autoren wie Barth, Benz, Bergengruen, Buschor, Claudius, Diesel, Dörfler, Edschmid, Flake, Graf, Groth, Jaspers, Kaphan, Kogon, Le Fort, Meißinger, Niemöller, Ortner, Penzoldt, Pfandl, Radecki, Roth, Scheffler, Schnack, Schneider, Sellmair, Stepun, Taube, Voßler, Wiechert, Windisch, Auslandsautoren wie Barzun, Buck, Churchill, Curie, Gide, Mead, Munthe, Steinbeck, Verlagsbegriffe wie Biederstein (Beck), Desch, Ehrenwirth, Happel, Hanser, Kaiser, Kösel, Leibniz (Oldenbourg), List, Münchner Verlag (Bruckmann), Piper, Rinn, Schnell und Steiner, Schöningh, Urban und Schwarzenberg – sie mögen belegen, daß auf den verschiedensten Buchgebieten schon in Bayern Beachtliches geleistet worden ist.«

Die in Ernst Heimerans Bilanz zutage tretende Büchernotlage war besonders gravierend im wissenschaftlich-universitären Bereich. Ende 1947 führten Studenten des Zeitungswissenschaftlichen Instituts der Universität München eine erste Meinungsumfrage nach dem Gallup-System durch. 78 Prozent der Studentinnen und Studenten besaßen weniger als zehn Fachbücher; die Vorlesungen wurden auf Packpapier und auf den Rückseiten alter Schulhefte mitgeschrieben. Um ein Buch aus den durch die Bombenangriffe reduzierten Beständen der Universitätsbibliotheken ausgeliehen zu erhalten, mußte man sich Wochen vorher in Wartelisten eintragen. Einen wesentlichen Fortschritt bedeutete es, als 1948 Hochschullehrbücher im Rotationsdruck, bogenweise und ungebunden, erschienen. Papier wurde »aufgeteilt« je nach Studentenzahl und »unter Berücksichtigung des Umfanges der einzelnen Werke«. An erster Stelle stand dem medizinischen Bereich mit 30 Prozent der vorhandenen Papiermenge der größte Brocken zu; 56 Titel sollten gedruckt werden, doch nur 11 kamen heraus. Medizinische Werke hätten einen besonders hohen Papierverbrauch, hieß es; ein Leitfaden für gynäkologische Operationen benötigte bei einer Auflage von 5000 Stück bereits sieben Tonnen Papier.[376]

Der intensive Diskurs über die deutsche Buchproduktion in der Trümmerzeit verwies immer wieder, im Namen der allgemeinen Erziehungseuphorie, auf die Notwendigkeit pädagogisch gelenkter Zwangsmaßnahmen, die allein in der Lage wären, die durch wirtschaftliche Not auferlegten geringen Papierkontingente besser nutzen zu können.

Freie Initiative muß sein, aber Planung ist ebenfalls notwendig – sogar vordringlich, solange Knappheit besteht, meinte Eugen Kogon im September 1947 in den *Frankfurter Heften* (die Zeitschrift hatte damals eine Auflage von 50 000). Die Verleger hätten große Aufgaben zu erfüllen; aber was Clemens Münster, ebenfalls in den *Frankfurter Heften*, im Juni 1946 festgestellt habe, gelte nach wie vor: »Daß die meisten Bücher vernichtet und keine mehr zu haben sind, daß die Lage auf das dringlichste nach dem klärenden, deutenden und zielweisenden Wort verlangt, daß der Bildungsstand einer ganzen Generation ein Vakuum darstellt – wobei allerdings nicht zu übersehen ist, daß diese selbe Generation mit Erfahrungen angefüllt ist, deren Last ihr bis ans Lebensende schwer zu schaffen machen wird –, das könnte für den Verleger nur der Ansporn nie dagewesener Möglichkeiten und Aufgaben sein.« Statt dessen sei zwar manches Gute, aber vor allem viel Überflüssiges auf dem deutschen Buchmarkt erschienen. »Das alles hat sich so herausgebildet in unserem ziemlich umfassenden Durcheinander. Wie sollte man mit der auch insgesamt viel zu geringen Papiermenge eine der Vernunft und dem Bedarf entsprechende Verteilung zuwege bringen? Ein schweres Stück Arbeit.«[377]

Man stellte sich eine Art Musterbibliothek hohen Niveaus vor, die dann aufgrund der entsprechenden Verlagsentscheidungen dem geistig interessierten Menschen zur Verfügung stünde. Allerdings widersprach eine solche Konzeption der gewünschten Freiheit des Geistes, die sich auch in einem freien Buchmarkt und einem freien Verlagswesen widerzuspiegeln hatte.

So blieb es dabei, daß die deutsche Buchproduktion der unmittelbaren Nachkriegszeit kaum »klare Linien« erkennen ließ; die Zufälligkeiten dominierten; oder, positiver formuliert, die Fenster, die zur Erhellung eines verdunkelten kulturellen Daseins geöffnet wurden, waren noch sehr klein und in alle möglichen Richtungen, ohne klare »Geometrie«, orientiert. Als die Londoner Zeitung *Evening Standard* im Februar 1947 im Rahmen einer Schilderung der geistigen Lage Deutschlands von einer »kulturellen Verdunkelung« sprach und sie mit der wegen der Papierknappheit fehlenden Buchproduktion begründete, was ein »unübersteigbares Hindernis für den Versuch einer erfolgreichen Umerziehung der deutschen Jugend und einer Wiederbelebung des demokratischen Gedankens« darstelle –, also dergestalt das Buch als »Mangelware Nr. 1« bezeichnete und vor einer geistigen Hungersnot in Deutschland warnte, fand die erste deutsche Buchausstellung aller vier Zonen, »Deutsches Buchschaffen«, in der Oetker-Halle in Bielefeld statt. Es hieß: die Lage sei ernst, aber nicht so schlimm, wie sie geschildert werde. Es grenze schon an ein Wunder, wenn man sehe, was die bis dahin 320 deutschen Verlage, ungeachtet aller Mängel, technischer Schwierigkeiten und sonstiger Hemmnisse geleistet hätten und täglich leisteten.

Diese erste Präsentation deutscher Verleger unterstrich durch Zusammenfassung der vier Zonen die Einheit Deutschlands wenigstens auf dem Gebiet des kulturellen Wiederaufbaus. Vereinigt waren rund 4000 Bücher von 260 Buchverlagen und etwa 120 Zeitschriften von insgesamt 80 Zeitschriftenverlagen. Dazu kamen reichhaltige Sonderschauen über die Buchproduktion des Auslandes, besonders der USA, Englands, Frankreichs, der Schweiz, Italiens und Belgiens, und über das Buch der Emigration, vor allem anhand des Verlagsprogramms von Bermann Fischer in Stockholm; des weiteren über Buchkunst, Buchdruck, Einbandkunst, Buchherstellung, bibliophile Kostbarkeiten, die Buchproduktion vor dem Krieg und Gebrauchsgraphik.

Schwer mitgenommen war auch das Bibliothekswesen. Mit der Zerstörung vieler Gebäude waren wertvolle Buchbestände verlorengegangen; für die vor den Bombenangriffen ausgelagerten Bücher fehlte es vielfach an Platz, um sie wieder zugänglich zu machen. Weite Bereiche moderner Literatur waren im Dritten Reich »ausgemerzt« worden; allerdings hatte eine Reihe findiger Bibliotheksdirektoren dafür gesorgt, daß die Werke nicht vernichtet wurden, sondern, in Kellerräumen verpackt, das »Tausendjährige Reich« überstanden.

Es gab zunächst wenig Möglichkeiten, die Bestände zu ergänzen. Die Alliierten verbesserten allerdings durch Buchspenden die Situation; außerdem gründeten sie eigene Bibliotheken. Bis August 1946 hatte man in der britischen Zone eine Lesestube, »Die Brücke«, und in Hamburg eine gleichnamige englische Lesehalle, die bereits in der ersten Woche von 6000 Personen besucht wurde, eingerichtet. In Bayern waren von den Amerikanern vier Bibliotheken gegründet worden; als erste die »American Library« in München, die 3000 amerikanische Bücher und 300 Werke der Emigrantenliteratur (darunter Franz Werfel, Thomas Mann, Lion Feuchtwanger) enthielt; täglich kamen 100 bis 150 Lesefreudige in die Bibliotheksräume; man hatte tausend Karten zu je fünf Reichsmark an ständige Leser ausgegeben. Kleiner waren die Bibliotheken in Augsburg, Erlangen, Regensburg. Die Eröffnung von Bibliotheken in Würzburg, Nürnberg, Passau und Garmisch stand bevor. In den anderen Gebieten der amerikanischen Besatzungszone waren ebenfalls »Libraries«, die vom deutschen

Publikum begeistert aufgenommen wurden, geschaffen worden – darunter in Berlin, Frankfurt, Stuttgart, Heidelberg, Wiesbaden, Mannheim, Karlsruhe, Ulm und Kassel.[378]

Wie die Bibliothekssituation aus der Sicht eines Buchbenützers aussah, noch dazu in einer Kleinstadt (im schwäbischen Nürtingen), schildert Peter Härtling, der 1947 vierzehn Jahre alt war. Es gab zwei Bibliotheken, die der amerikanischen Besatzungsmacht und die der Arbeiterwohlfahrt.

»Ich war vierzehn Jahre alt, lesewütig und bediente mich beider mit Eifer und Neugier. Bis heute erinnere ich mich beinahe buchstabengenau an drei Bücher, die ich als erste auslieh. Es waren: der 1945 bei Aufbau erschienene Gedichtband ›Heimatfern‹ von Max Herrmann-Neisse; die 1946 in der Schweiz veröffentlichte zweibändige Ausgabe des großen und schon wieder ganz vergessenen Erinnerungsbuches ›Geheimnis und Gewalt‹ von Georg K. Glaser; und ein dünnes rostbraunes Pappbändchen, in dem ich wieder und wieder las, das ich ständig bei mir trug, und das mir die Bibliothekarin schließlich schenkte: Joseph Roths Geschichte vom ›Leviathan‹, herausgekommen 1947 bei Querido in Amsterdam.

Ich geriet lesend in eine Welt, die mir neu war; ich erfuhr von Aufruhr und Widerstand, Verfolgung und Mord, von der Einsamkeit in der Fremde und erhielt auf alle meine Fragen nur ausweichende Antworten. In der Schule kamen solche Dichter nicht vor. Die Lehrer kannten nicht einmal ihre Namen. Aber

Buchhandlung in München, 1946 (Photo: W. B. Francé)

auch von Hitler, dem Todfeind dieser Dichter, wurde nicht mehr gesprochen. Wir lasen Raabes ›Else von der Tanne‹ und meditierten stundenlang über Carossas Brunnen-Gedicht. Noch Jahre danach weigerte sich ein Lehrer, eine Erzählung Thomas Manns durchzunehmen. Er denke nicht daran, uns jemanden nahezubringen, der feige geflohen, sein Land beschimpft und besudelt habe. Als wir ihm widersprachen, verhöhnte er uns als Unwissende.

Ich war dennoch nicht allein. Die junge Bibliothekarin der Arbeiterwohlfahrt ging ernsthaft auf meine Fragen, meine Zweifel ein und machte mich, als sie selber nicht mehr weiter wußte, mit ihrem Mann bekannt, dem Maler Fritz Ruoff, einem Freund Grieshabers. Er konnte aus eigener Anschauung berichten: Man hatte ihn zu Beginn der Nazizeit in das Lager auf dem Heuberg verschleppt, und danach mußte er die Straßen Nürtingens kehren. Bescheiden und wortkarg machte er nicht viel daraus; er sei im Gegensatz zu Unzähligen noch gut davongekommen.

So ließ er die anderen sprechen, reihte Namen zu einer Litanei von Wut und Klage, stapelte Bücher vor mir auf, Zeitungen und Zeitschriften, die er versteckt gehalten, mit denen er sich getröstet und gestärkt hatte. Nein, die Kolbenheyer, Blunck, Vesper, Melusisch, Grimm oder Dwinger seien nie, wie man uns weiszumachen versucht hatte, die wahren Vertreter der deutschen Literatur gewesen. Wir seien betrogen worden um einen großen Reichtum. Den breitete er in Fragmenten aus, drängte mich, Stück für Stück in der Zitatensammlung ›Verboten und verbrannt‹ von Drews und Kantorowicz zu lesen, und gab mir René Schachhofers Anthologie ›Vom Schweigen befreit‹ mit nach Hause.«[379]

Überall gab es Menschen, die, oft unter großen Opfern, deutsche Buchkultur über das Dritte Reich hinweggerettet hatten. In den Privatbibliotheken standen viele Werke »in der zweiten Reihe«, die nun, in den persönlichen Leihverkehr gebracht, die verfemten Autoren wieder bekannt machten.

Deutsche Literatur im Exil

Zeitungen und Zeitschriften, allen voran die *Neue Zeitung* und *Der Monat* (der übrigens auch Georg K. Glasers Erinnerungsbuch in mehreren langen Ausschnitten vorstellte), bemühten sich um Vermittlung der Exil- wie fremdsprachigen Literatur.

Bahnbrechend, von hohem informativen und analytischen Gehalt, war die Artikelreihe, die F. C. Weiskopf ab Februar 1947 in der *Neuen Zeitung* über die Themenkreise der deutschen Literatur im Exil veröffentlichte.[380] Diese Literatur hatte sich, in tiefer Trennung von dem Schrifttum der im Lande verbliebenen Autoren, auf außerordentliche Weise entfaltet. »Beide Zweige der deutschen Literatur fanden sich in ihrer weiteren Entwicklung durch unnatürliche Existenzbedingungen und außerordentliche Schwierigkeiten gehemmt. Aber während das Schrifttum unter der Fuchtel der Reichskulturkammer in wachsendem

Maße verkam oder verstummte, gab die Literatur in der Verbannung weder ihr Leben noch ihre Stimme auf. Trotz der Vielfalt von Formen und Temperamenten, von Kunst- und Lebensanschauungen, einte den Kern der exilierten Literatur das Bewußtsein, Erbe einer großen, von den Nazis schmählich verratenen und geschändeten humanistischen Tradition zu sein. ›Wie steht es um die Emigrationsliteratur 1933-1945?‹, schrieb, in einem Artikel über ›Die beiden deutschen Literaturen‹, Alfred Döblin nach seiner Rückkehr aus dem Exil. ›Was trieb man draußen? . . . Im allgemeinen schlug man um sich, so gut man konnte. Es wurden heftige Kampfbücher geschrieben. Der deutschen Zustände wurde unaufhörlich gedacht. Die Auseinandersetzung riß nicht ab. In Romanen, Lyrik und Drama, auch in Biographien wurden die Dinge drüben scharf reflektiert. Man schilderte sie teils direkt und kritisierte sie, teils in durchsichtigen historischen Parallelen. Wie gesagt: nur wenige schlüpften abseits und flüchteten in mythische Wolken. Es starben und verkamen viele. Aber ich habe nicht den Eindruck, daß die Emigration die Autoren schwach und defaitistisch machte. Vergleiche ich die beiden Literaturen, so möchte ich feststellen, die Außenliteratur hat ihre Autoren im allgemeinen frisch und kämpferisch rüstig erhalten.‹«

Seine Übersicht deutscher Exilliteratur gliedert Weiskopf in mehrere Kategorien:

Erste Rechenschaft, erste Abrechnung. Aus der Heimat vertrieben, versucht man, Klarheit über den sich ausbreitenden Unrechtsstaat zu gewinnen und diese Einsicht zu verbreiten. Viel Raum nahmen Werke über das Konzentrationslager-Thema ein; sie haben an das Gewissen der Welt gerührt und, wie vielleicht kein zweites Aufklärungsmittel, geholfen, den Begriff der braunen Barbarei anschaulich zu machen. Etwa Willi Bredels Roman *Die Prüfung*, Ferdinand Bruckners Schauspiel *Die Rassen*, Lion Feuchtwangers Roman *Die Geschwister Oppenheim*, Walter Hornungs Chronik *Dachau*, Wolfgang Langhoffs Tatsachenbericht *Die Moorsoldaten*, Ernst Tollers Drama *Pastor Hall*, Friedrich Wolfs Tragödie *Professor Mamlock*.

Auf der Suche nach den Wurzeln des Hitlertums. Der Wunsch nach Veranschaulichung des zur Macht gelangten Nationalsozialismus war von allem Anfang an mit dem Bestreben gepaart, das Geheimnis seines Werdens und Wachsens zu entschleiern. Dies taten in Romanen und politisch-historischen Schriften unter anderem Johannes R. Becher (*Abschied*), Alfred Döblin (*Arbeiter und Soldaten 1918*), Oskar Maria Graf (*Der Abgrund*), Konrad Heiden (*Geburt des Dritten Reiches*), Hermann Kesten, der sich in ganz besonderem Maße um die Emigranten gekümmert hatte (*Die Zwillinge von Nürnberg*), Erich Maria Remarque (*Drei Kameraden*), Anna Seghers (*Der Kopflohn*), Theodor Wolff (*Der Krieg des Pontius Pilatus 1914-1934*).

Versenkung in die Geschichte. Eine der interessantesten literarischen Diskussionen – von den Exilierten in Paris, Prag, Moskau und Kopenhagen, dann in London, New York, Los Angeles auf den Podien ihrer Versammlungslokale und in den Spalten ihrer Presse mit Eifer und Elan geführt – betraf den historischen Roman. Es wurde zwar kritisiert, daß die Wahl des historischen Stoffes einer

Flucht in den Elfenbeinturm gleichkomme, doch waren viele mit Ludwig Marcuse der Meinung, daß die historische Darstellung bisweilen mehr die Gegenwart erhelle, als manche Schilderung aktueller Ereignisse. Wiederum war es Alfred Döblin, der in seinem Essay *Der historische Roman und wir* den Kern des Problems traf, als er schrieb: »Eine Gesellschaft, mit deren Schicksal wir verwachsen sind und deren Sprache die unsrige ist, umgibt uns nicht. Wir sind aus dem Kraftfeld der Gesellschaft, in der wir lebten, wenigstens physisch, physikalisch entlassen und in kein neues eingespannt. Da finden sich wenige Dinge, die der Tätige braucht und die ihm als Lebensreiz dienen. Ein großer Teil des Alltags, der ihn umgibt, bleibt ihm, wenigstens lange Zeit, stumm. Das ist so in allen Emigrationen. Hier entsteht ein gewisser Zwang zum historischen Roman für den Erzähler. Es ist eine Notlage. An sich ist der historische Roman selbstverständlich keine Noterscheinung. Aber wo bei Schriftstellern die Emigration ist, ist auch gern der historische Roman. Begreiflicherweise, denn abgesehen vom Mangel an Gegenwart ist da der Wunsch, seine historischen Parallelen zu finden, sich historisch zu lokalisieren, zu rechtfertigen; die Notwendigkeit, sich zu besinnen; die Neigung, sich zu trösten und wenigstens imaginär zu rächen.«

Ähnliche Bedeutung hatte das Historische auch im dramatischen und biographischen Bereich; Weiskopf erwähnt *Mutter Courage* und *Das Leben des Galilei* von Bertolt Brecht; *Simon Bolivar* und *Die Geburt der Neuen Welt* von Ferdinand Bruckner; *Der falsche Nero* von Lion Feuchtwanger; *Cervantes* von Bruno Frank; *Johann Strauß und das 19. Jahrhundert* von Heinrich Eduard Jacob; *Ferdinand und Isabella* von Hermann Kesten; *Jacques Offenbach und das Paris seiner Zeit* von Siegfried Kracauer; *Cleopatra* von Emil Ludwig; *Die Jugend des Königs Henri Quatre* und *Die Vollendung des Königs Henri Quatre* von Heinrich Mann; *Ignatius von Loyola, Diktator der Seelen* von Ludwig Marcuse; *Friedrich Engels* von Gustav Mayer; *Struensee* von Robert Neumann; *Kaiser Friedrich III.* von Werner Richter; *Die Hundert Tage* von Joseph Roth; *Beaumarchais* von Friedrich Wolf; *Bonaparte in Jaffa* von Arnold Zweig; *Castellio gegen Calvin* von Stefan Zweig.

Bau der großen Brücken. Als Freunde in der Schweiz dem durch Krankheit und Emigrationsnöte arg mitgenommenen Robert Musil nahelegten, er möge die Arbeit am dritten Band seines Romans *Der Mann ohne Eigenschaften* unterbrechen, das Exil sei ohnehin nicht der geeignete Zustand, um ein breit angelegtes Werk weiter und zu Ende zu führen, antwortete der Dichter: »Wenn man eine große Brücke zu bauen begonnen hat, wird man die Arbeit doch nicht in der Mitte unterbrechen; nein, man wird sie zu vollenden trachten, auch bei Hochwasser und Sturm.« *Der Mann ohne Eigenschaften* wurde im Rohmanuskript beendet, freilich kam der dritte Band erst nach dem Tod des Autors als Buch heraus. »Ähnlich wie Robert Musil dachten auch andere, sie bauten unentwegt an den ›großen Brücken‹ weiter, zu denen sie die Grundsteine schon viele Jahre vor der Emigration gelegt hatten. Lion Feuchtwanger schloß die ›Flavius-Josephus-Trilogie‹ ab, Arnold Zweig vervollständigte den ›Grischa-Zyklus‹ durch die Bände ›Erziehung vor Verdun‹ und ›Einsetzung eines Königs‹, Jakob Wassermann führte in ›Joseph Kerkhovens dritte Existenz‹ das in ›Etzel Andergast‹

angeschlagene Thema weiter aus. Und Thomas Mann beendete das Romanepos von Joseph und seinen Brüdern.«

Das Exil als Thema. Was lag für einen vertriebenen Schriftsteller näher, als das Exil selbst zum Vorwurf zu wählen? Günther Anders, Johannes R. Becher, Albert Ehrenstein, Oskar Maria Graf, Walter Hasenclever, Stephan Hermlin, Stefan Heym, Mascha Kaleko, Else Lasker-Schüler, Fritz von Unruh, Berthold Viertel, Franz Werfel, Alfred Wolfenstein, Karl Wolfskehl, Paul Zech, Carl Zuckmayer haben Verse über das Exil geschrieben; andere haben Gedichtbände zur Gänze oder zum großen Teil auf dieses Thema abgestimmt, so Bertolt Brecht (*Gedichte im Exil*), Franz Theodor Csokor (*Das schwarze Schiff*), Max Herrmann-Neisse (*Um uns die Fremde*), Alfred Kerr (*Melodien*). Von Werken der erzählenden Prosa und Reportagebüchern erwähnt Weiskopf: *Unholdes Frankreich* und *Exil* von Lion Feuchtwanger; *Der Reisepaß* von Bruno Frank; *Kind aller Länder* von Irmgard Keun; *Der Vulkan* von Klaus Mann; *Ein Mann fällt aus Deutschland* von Konrad Merz; *Arc de Triomphe* von Erich Maria Remarque; *Zwei an der Grenze* von Friedrich Wolf. Dann sind da noch die Anthologien wie *Die Vertriebenen. Dichtung der Emigration*, *Das Wort der Verfolgten. Gedichte und Prosa, Briefe und Aufrufe deutscher Flüchtlinge*; und schließlich die vielen Abhandlungen, Essays, Pamphlete in der Art von Wolf Francks *Führer durch die Emigration*, Alfred Kantorowicz' *In unserem Lager ist Deutschland* und Heinrich Manns *Der Sinn dieser Emigration*.

Jüdisches Schicksal. Dieses spielte bereits in den Darstellungen über die Konzentrationslager eine wichtige Rolle; mit zunehmender Verfolgung des deutschen und dann des europäischen Judentums rückte die Thematik immer mehr in den Mittelpunkt: *Die jüdische Frau* von Bertolt Brecht, später aufgenommen in die Szenenfolge *Furcht und Elend des Dritten Reiches*; *Nur ein Judenweib* von Paul Zech; *Theresienstädter Bilder* von Else Dormitzer; *Lieder eines Juden* von Georg Mannheimer; *Die Stimme ruft* von Karl Wolfskehl; *Geschichten aus sieben Ghettos* von Egon Erwin Kisch. Bedeutsam war auch das Gebiet der politischen, soziologischen und historischen Literatur: *Rassentheorie und Judentum* von Max Brod, *Flucht und Wandlung des Judenvolkes* von Alfred Döblin, *Die Aufgabe des Judentums* von Lion Feuchtwanger und Arnold Zweig, *Israel unter den Völkern* von Erich Kahler, *Das Schicksal der deutschen Juden* von Josef Kastein, *Kriegstagebuch eines Juden* von Julius Marx, *Bilanz der deutschen Judenheit* von Arnold Zweig.

Der österreichische Stoff. Die Februarereignisse des Jahres 1934 in Österreich – die mit heroischen Niederlagen endenden Kämpfe der Arbeiter von Wien, Linz, Wiener Neustadt und Bruck gegen den Faschismus österreichischer Prägung – gaben einer Anzahl exilierter Autoren Stoffe zu Bühnenwerken, Novellen und Romanen: *Der Weg durch den Februar* von Anna Seghers, *Floridsdorf* von Friedrich Wolf; besonders stark war das Echo der Wiener Februarkämpfe in den Gedichten von Stefan Heym, Berthold Viertel, Erich Weinert. Auch sonst hat Österreich als Erinnerung und Traum (wie Trauma) die Phantasie der exilierten Schriftsteller beschäftigt, ob sie nun aus Österreich, aus der Tschechoslowakei oder aus Deutschland kamen; zum Beispiel die *Kapuzinergruft* von Joseph Roth, *Abschied vom Frieden* von F. C. Weiskopf, *Der ewige Aufbruch* von Otto Zoff.

Spanien. »Dreiundzwanzig deutsche Schriftsteller kämpften an den Fronten des spanischen Freiheitskrieges«, schrieb im November 1938 *Der deutsche Schriftsteller*, die Zeitschrift des Schutzverbandes deutscher Schriftsteller, Paris; sie kämpften als Soldaten, Offiziere, Kriegskommissare und Ärzte der »Internationalen Brigaden«, aber sie vergaßen darüber nicht, daß sie Schriftsteller waren. Sehr viel Lyrik wurde geschrieben, ferner entstanden Kurzgeschichten, Erzählungen, Romane, Bühnenwerke, dokumentarische Bücher, Berichte, Reportagen (*Begegnung am Ebro* von Willi Bredel, *Die Gewehre der Frau Carrar* von Bertolt Brecht, *Grüne Oliven und nackte Berge* von Eduard Claudius, *Tschapajew, das Bataillon der 21 Nationalitäten*, herausgegeben von Alfred Kantorowicz, *Die Kinder von Guernica* von Hermann Kesten, *Drei Kühe* von Egon Erwin Kisch, *El Hell* von Rudolf Leonhard, *Als Katholik im republikanischen Spanien* von Hubertus Prinz zu Löwenstein, *Der kugelfeste Hidalgo* von Franz Werfel).

Der innere Blick. Ernst Toller prägte in einer Rede vor jugoslawischen PEN-Mitgliedern das Wort von der »ebenso Segen wie Fluch, Vorrecht wie Verpflichtung bedeutenden Gabe des Schriftstellers, mit seinem inneren Blick selbst Wände von Stahl, wie Hitler sie um sein Drittes Reich gezogen hat, zu durchdringen«; und er knüpfte daran die Forderung, das »derart Erschaute der Welt sichtbar zu machen«. Nicht wenige vertriebene deutsche Schriftsteller sind dieser Forderung nachgekommen; was sie mit innerem Blick erschauten, was sie aus dem Studium von Untergrundberichten, Nazidokumenten, Zeitungen und Radioreden errieten, was ihnen aus Gesprächen mit Flüchtlingen und später mit Kriegsgefangenen offenbar wurde, haben sie der Welt zu zeigen versucht – in Versen (Albert Ehrenstein, Stefan Heym, Alfred Wolfenstein); in Theaterstücken wie *Das trojanische Pferd* von Friedrich Wolf; in Romanen und Novellen wie *Dein unbekannter Bruder* (Willi Bredel), *Die Brüder Lautensack* (Lion Feuchtwanger), *Nach Mitternacht* (Irmgard Keun), *Mephisto* (Klaus Mann), *Es waren ihrer Sechs* (Alfred Neumann), *Das siebte Kreuz* (Anna Seghers), *Das Beil von Wandsbek* (Arnold Zweig). Die Darstellung dessen, was innerhalb der braunen Stahlwände vorging, schloß auch die Darstellung des Hitlerkrieges an den Fronten und im Hinterland ein; dabei sollte das »Geheimnis« der Barbarisierung von Hunderttausenden deutscher Soldaten aufgehellt werden (*Schlacht um Moskau*, dramatische Dichtung von Johannes R. Becher; *Stalingrad*, Roman von Theodor Plivier; *Himmelfahrtskommando*, Roman von F. C. Weiskopf; *Dr. Wanner*, Schauspiel von Friedrich Wolf; *Des Teufels General*, Drama von Carl Zuckmayer).

Die Leiden eines ganzen Kontinents. Da sie selbst in anderen Ländern Zuflucht gefunden hatten, konnten sich die Exilierten in besonderem Maße in das Leid derjenigen Staaten und Völker hineinversetzen, die von Hitler niedergeworfen und geknechtet worden waren. Leo Katz berichtet in seinem Roman *Die Totenjäger*, wie die Nazimörder Rumänien verwüsteten; Bruno Frank gelang es in seinem Roman *Die Tochter*, tief in das Wesen des leidreprobten polnischen Volkes einzudringen; Ferdinand Bruckner wählte den norwegischen Freiheitskampf zum Vorwurf des Schauspiels *Denn seine Zeit ist kurz*; Franz Theodor Csokor schrieb ein jugoslawisches Partisanenstück, *Der verlorene Sohn*; Lion Feuchtwangers Roman *Simone* spielt im Frankreich der Nazi-Besetzung und der Résistance; Bruno Frei verfaßte eine Szenenfolge *Partisanen in Kärnten*; Stefan Heyms Roman *Die Geiseln* handelt vom tschechischen Untergrundkampf; in dem Roman *Lidice* setzte Heinrich Mann dem böhmischen Dorf, das von den Nazis dem Boden gleichgemacht wurde, ein Denkmal.

Die Heimat mit ins Exil. Waren die Dichter und Schriftsteller auch verbannt, wurden sie auch von Asylland zu Asylland gehetzt, bekamen sie auch nur Drohungen und Verleumdungen von ihrem Vaterland her nachgesandt – noch hatten sie die Heimat nicht verloren; deren Bild erstand in schwermütigen und heiteren, verzweifelten und hoffnungsfreudigen Strophen. Im Steinmeer von New York besingt Ernst Waldinger österreichische Dorflandschaften; in Palästina träumt Louis Fürnberg von Böhmen, im Londoner Nebel hört Artur Zanker slowakische Hirtenflöten, an der Moskwa sieht Johannes R. Becher den Neckar, unter dem Kreuz des Südens schreibt Paul Zech Gedichte über die deutsche Landschaft. Diesem Bereich zuzuordnen sind auch Leonhard Franks *Deutsche Novelle*, Oskar Maria Grafs *Das Leben einer Mutter*, Ernst Lothars *Der Engel mit der Posaune*, Joachim Maaß' *Das magische Jahr*, Anna Seghers' *Der Ausflug der toten Mädchen*, Carl Zuckmayers *Der Seelenbräu* und Arnold Zweigs *Versunkene Tage*.

Fremde Länder. Auf ihrer Flucht und ihren unfreiwilligen Weltreisen kamen die exilierten Schriftsteller in viele fremde Länder, versteckte Erdenwinkel, verlorene Gegenden, exotische Orte; diese weite, bunte Welt spiegelt sich, wenn auch weniger, als man annehmen müßte, in ihren Werken – in der Lyrik von Albert Ehrenstein, Max Herrmann-Neiße, Else Lasker-Schüler, Berthold Viertel, Paul Zech; in den erzählenden Werken von Theodor Plivier (*Im letzten Winkel der Erde*), René Schickele (*Die Flaschenpost*), Bodo Uhse (*Der Weg zum Rio Grande*), Carl Zuckmayer (*Salvare, oder Die Magdalena von Bozen*); in den Reisebüchern und Reportagen von Lion Feuchtwanger (*Moskau 1937*), Otto Heller (*Auf dem Baikal*), Egon Erwin Kisch (*Abenteuer in fünf Kontinenten, Landung in Australien, Entdeckungen in Mexico*), Else Lasker-Schüler (*Hebräerland*) und Stefan Zweig (*Brasilien*). Das Heimweh freilich überwog.

Streitschriften. Das Exil hat eine nahezu unübersehbare Menge von kleineren und größeren Streitschriften, Enthüllungsbüchern und anderen Werken polemisch-pamphletistischer Natur hervorgebracht (darunter Johannes R. Bechers *Deutsche Lehre*; Wilhelm Herzogs *Hymnen und Pamphlete*; Alfred Kerrs *Die Diktatur des Hausknechts*; Heinrich Manns *Haß*, *Mut* und *Es kommt der Tag*; Thomas Manns *Ein Briefwechsel*, *Achtung, Europa* und *Deutsche Hörer!*; Konrad Heidens und Rudolf Oldens Hitler-Darstellungen; Norbert Muehlens *Der Zauberer – Leben und Anleihen des Doktor Hjalmar Horace Greely Schacht*). Die Art, wie Thomas Mann eine seiner Radiosendungen schloß, ist durchaus charakteristisch für diese ganze Gattung: »Hitler ist zuweilen mit Napoleon verglichen worden – eine geschmacklose Zusammenstellung in meinen Augen; denn der Korse war ein Halbgott im Vergleich zu dem blutigen Duckmäuser, den Ihr Deutsche eine Weile für den großen Mann gehalten habt. Und die Universalherrschaft, mit der der Sohn der Revolution damals die Welt bedrohte, war eine Harmlosigkeit, ja, sie wäre tyrannische Wohltat gewesen, verglichen mit dem schmutzigen Schrekken, den Hitler errichten würde. Aber hört die Verse, mit denen Goethe nach Napoleons Sturz in ›Des Epimenides Erwachen‹ das Hitler-Abenteuer im voraus verdammte:

> ›Wie jedem, der nach falschem Rat
> Und überfrechem Mut
> Das, was der Korse-Franke tat,
> Nun als ein Deutscher tut.
> Er spüre spät, er spüre früh,
> Es sei ein ewig Recht:
> Ihm geh es trotz Gewalt und Müh',
> Ihm und den Seinen schlecht.‹«

Scherz, Satire, Ironie. Erich Kästner, der – nach F. C. Weiskopf – als einer von den echten, inneren Emigranten in einer Darstellung der Exilliteratur Heimatrecht besitzen müsse, meinte, als er in Deutschland wieder schreiben durfte, daß die deutsche Literatur einäugig sei; ihr fehle das »lachende Auge«. Wer den kometenhaften Aufstieg des Nationalsozialismus und den Einbruch dieser konzentrierten unbändigen Humorlosigkeit in die Weltgeschichte aus eigener Anschauung kenne, sei versucht, besonders an regnerischen Tagen zu glauben, der Humormangel gehöre zum deutschen Volkscharakter. Verging den Exilierten oft auch das Lachen – Satire, Witz, Humor und tiefere Bedeutung erblühten: Bertolt Brechts *Satiren für den deutschen Freiheitssender*, Mascha Kalekos *Verse für Zeitgenossen*, Walter Mehrings *Und Euch zum Trotz*; ferner die Dramen *Der aufhaltsame Aufstieg des Arturo Ui* von Brecht, *Klawitter* von Georg Kaiser, *Jacobowsky und der Oberst* von Franz Werfel. Schließlich an erzählender Prosa Brechts *Dreigroschen-Roman*, Oskar Maria Grafs *Anton Sittinger*, Hermann Kestens *Oberst Kock*, Walter Mehrings *Müller*, Roda Rodas *Roda Roda und die 40 Schurken*.

Historisches, Philosophisches, Kulturgeschichtliches, Literaturgeschichtliches. Abgesehen von Arbeiten, die für einen Kreis von Fachleuten bestimmt waren, entstanden im Exil große geisteswissenschaftliche Werke, die den Rang von Literatur in Anspruch nehmen können. Darunter *Der Irrweg einer Nation. Ein Beitrag zum Verständnis deutscher Geschichte* von Alexander Abusch, *Philosophie der Gegenwart* von Ernst von Aster, *Erbschaft dieser Zeit* und *Freiheit und Ordnung* von Ernst Bloch, *Die Philosophie im 17. und 18. Jahrhundert* von Ernst Cassirer, *Mein Weltbild* von Albert Einstein, *Der österreichische Volkscharakter* von Ernst Fischer, *Der Mann Moses und die monotheistische Religion* von Sigmund Freud, *Sechstausend Jahre Brot* von Heinrich Eduard Jacob, *Der deutsche Charakter in der Geschichte Europas* von Ernst Kahler, *Demokratie und Sozialismus* von Arthur Rosenberg, *Die Hugenotten* von Otto Zoff.

Es erschienen auch zahlreiche literaturgeschichtliche Werke: *Der lebendige Heine im germanischen Norden* von Walter Berendson, *James Joyce und die Gegenwart* von Hermann Broch, *Franz Kafka* und *Heinrich Heine* von Max Brod, *Die deutsche Literatur im Auslande* von Alfred Döblin, *Thomas Manns Roman ›Joseph und seine Brüder‹* von Käthe Hamburger, *Süßkind von Trimberg* von Josef Kastein, *Thomas Mann in seiner Zeit* von Ferdinand Lion, *Gottfried Keller* und *Zur Geschichte des Realismus* von Georg Lukács, *Handbuch des Kritikers* von Alfred Polgar, *Liebe und Ärgernis des D. H. Lawrence* von René Schickele, *Franz Kafka, Deutung seiner Werke* von Herbert Tauber.

Erinnerungen und Selbstbiographien. »Was bleibt unsereinem im Exil übrig, als von Erinnerungen zu leben und Memoiren zu schreiben«, sagte Joseph Roth bei einer Zusammenkunft des PEN-Clubs in Paris zu Beginn des düsteren Jahres 1939. »Memoiren werden wir schreiben, wenn wir aus dem Exil zurückgekehrt sind, jetzt soll unser Blick der Gegenwart und der Zukunft gelten«, entgegnete ihm Rudolf Olden. – Im Exil wurde manches Memoiren-Werk, mancher autobiographische Roman geschrieben. *Von Weimar zu Hitler* von Otto Braun, *Jahrmarkt der Sensationen* von Egon Erwin Kisch, *Einmal und nicht wieder* von Theodor Lessing, *Ein Zeitalter wird besichtigt* von Heinrich Mann, *Adel im Untergang* von Ludwig Renn, *Ein Mann von mittlerer Intelligenz* von Roda Roda, *Vorkriegseuropa im Gleichnis meines Lebens* von Carl Sternheim, *Eine Jugend in Deutschland* von Ernst Toller, *Von Bismarck bis Picasso* von Wilhelm Uhde, *Die Welt von Gestern* von Stefan Zweig.

Legenden und Märchen, Mythen und Mysterien. Dunkle Zeiten, und die Zeit des Exils war dunkel, verstärken die Zuwendung zu »jenseitigen« Themen, was aber nicht hieß, daß diese Art Schriften grundsätzlich eskapistisch waren; sie hatten mit der zeitgenössischen Welt, ihren Problemen, Bedürfnissen und Wünschen durchaus zu tun (Hermann Broch, *Der Tod des Vergil*; Thomas Mann, *Die vertauschten Köpfe*; Joseph Roth, *Antichrist* und *Die Legende vom heiligen Trinker*; Anna Seghers, *Die schönsten Sagen vom Räuber Wojnok*; Franz Werfel, *Das Lied von Bernadette* und *Stern der Ungeborenen*; Stefan Zweig, *Legenden*).

F. C. Weiskopf erwähnt als letzte Kategorie dann noch die kleine Form (Aphorismen, Anekdoten, Miniaturen, literarische Plaudereien, Kinder- und Jugendbücher) sowie eine Reihe von Werken, die Unterhaltungsliteratur im besten Sinne des Wortes darstellten.

Die Bilanz zeigte: Die deutsche Exilliteratur hatte in Quantität (die Bibliographie umfaßte rund 2500 Titel) und Qualität Hervorragendes geleistet. Im befreiten Deutschland bestand nun die Chance, diese Erbschaft zu nutzen; aber es fehlte nicht nur an Papier für den Druck wichtiger Bücher; es fehlte auch an Kenntnissen und literarischem Bewußtsein. Die wiederentstandenen Verlage zögerten, das Exilschrifttum in großem Umfang in ihre Programme aufzunehmen; der Trauerarbeit, die damit zu leisten gewesen wäre, ordnete man in Hinblick auf das Publikumsinteresse keinen hohen Stellenwert ein. Man vermutete, und, wie sich besonders nach der Währungsreform zeigte, mit Recht, daß die Interessen der Leserschaft vor allem der Aneignung westlicher aktueller Literatur galten.

Verlagswesen

Viele der Verlage stammten aus dem Kaiserreich oder der Weimarer Republik; sie knüpften so an alte Traditionen an; einige waren emigriert gewesen und hatten Zweig-Verlage im Ausland gegründet. Die Lektoren der im Land verbliebenen Häuser hatten einen guten Kenntnisstand; die kulturelle Osmose zwischen Drinnen und Draußen war auch im Dritten Reich nicht zum Erliegen gekommen; außerdem standen nun mit den Emigranten und den alliierten Kulturoffizieren eine große Zahl von Beratern zur Verfügung. Dennoch war es schwer, angesichts des ungeheuren Nachholbedarfs die richtigen Entscheidungen zu treffen, zumal die materiellen Voraussetzungen für umfassende Expansion nicht gegeben waren.

Im Frühjahr 1946 waren wiederentstanden bzw. wiedereröffnet worden: der Insel Verlag, die Dieterich'sche Verlagsbuchhandlung und der Verlag Brockhaus in Wiesbaden; die Verlage Springer, Walter de Gruyter, S. Fischer und Herbig in der britischen Zone Berlins; Goverts, Christian Wegner, Marion von Schröder und Wolfgang Krüger in Hamburg; J. C. B. Mohr und Rainer Wunderlich in Tübingen; Herder in Freiburg; der Zinnen-Verlag Kurt Desch, die Verlage Piper und Carl Hanser in München; Rowohlt in Stuttgart, der sich kurz darauf in Hamburg niederließ.[381]

Zu dieser Zeit war es für die Verlage noch schwer, von ausländischen Autoren Copyrights zu bekommen; man war weitgehend auf die treuhänderische Unterstützung durch die alliierten Behörden angewiesen. Mit Spannung erwartete das Lesepublikum daher das Erscheinen der bisher in den USA und Schweden herausgekommenen Bücher des bedeutenden Bermann Fischer Verlages; er war Mittelpunkt der literarischen Emigration gewesen und besaß die Verlagsrechte wichtiger Bücher des Auslandes.

Der jüdische Arzt Gottfried Bermann aus Gleiwitz, Assistent an einer Berliner chirurgischen Klinik, hatte 1925 die Tochter des Verlegers Samuel Fischer geheiratet und war in den S. Fischer Verlag eingetreten; er übernahm dessen Leitung 1932. Nach der Machtübernahme der Nazis emigrierte er mit dem in Deutschland verfemten Teil des Verlages nach Wien, wo er sich 1938 mit knapper Not vor der SS retten konnte; zwei Jahre nach der Neueröffnung des Verlages in Stockholm wanderte er mit seiner Familie nach den USA aus und leitete das Stockholmer Haus von dort aus weiter.

In seiner Autobiographie berichtet Bermann Fischer, wie er Mitte September 1945 die ersten Nachrichten von Peter Suhrkamp, der den in Deutschland verbliebenen Teil des Verlags weitergeführt hatte, erhielt; zunächst erreichte ihn ein Schreiben, das Suhrkamp an den amerikanischen Journalisten Louis P. Lochner, der in Berlin weilte, gerichtet hatte (». . . Ich habe meine Verlagstätigkeit die ganze Zeit über als eine Statthalterschaft oder Treuhänderschaft betrachtet. Ich wäre Ihnen, sehr verehrter Herr Lochner, sehr dankbar, wenn Sie helfen könnten, daß die Verbindung zwischen Herrn Dr. Bermann Fischer und mir, gerade in dieser letzten Frage, bald aufgenommen werden könnte . . .«); dann kam ein handschriftlicher, persönlicher Brief, der Bermann Fischer, wie er in seiner Autobiographie berichtet, zutiefst erschütterte.

»Berlin, den 3. August 1945

Lieber Gottfried und liebe Tutti Bermann – die letzten Nachrichten von Ihnen kamen über Hesse zu mir, im Jahre 43. Danach ist das Schicksal lawinenartig über uns gekommen: am 22./23. November 43 wurde unsere Wohnung in der alten Dernburgstr. durch Bomben zerstört, am 4. Dez. ging in der Morgenfrühe beim Angriff auf Leipzig die Auslieferung bei Fleischer drauf, ebenso die Vorräte und angefangenen Bücher bei Spamer, Poeschel, Haag Drugulin, Bibliogr. Institut usw.; am 15. Februar 44 unsere Ausweichwohnung in der Brahmsstr. im Grunewald; am 13. April wurde ich von der Gestapo verhaftet, unter Hochverrats- und Landesverrats-Anklage gestellt, lag in verschiedenen Gefängnissen und kam Anfang Januar 45 ins Konzentrationslager Sachsenhausen b. Oranienburg, von dort wurde ich am 8. Februar mit einer schweren Lungenentzündung und Rippenfellentzündung entlassen, lag im Krankenhaus Potsdam auf den Tod, bis Potsdam zerstört wurde, am 14./15. April, und erlebte, noch immer krank, am 27. April den Einmarsch durch die Russen; zuguterletzt, in den letzten Apriltagen, wurde das Verlagshaus in der Lützowstraße noch zerstört. Diese Kette von Ereignissen hat meine Frau mit durchgelebt – aber wir leben und sind im Begriff, die Arbeit wieder aufzunehmen. Das wird schwer sein – angesichts der Tatsache, daß das zwischen Menschen sein muß, die noch nichts begreifen und schwer begreifen werden, die ameisenhaft ihr Gut in Trümmern und Ruinen zusammenschleppen, zu müde um den Himmel wahrzunehmen, geschweige denn auf einen Schimmer von Geist und im Herzen zu achten. Ich versuche Freunde zu einer Gemeinschaft zu sammeln, um die Mission aufzunehmen, die in Untergang und Not auf uns gelegt ist.

Im übrigen warte ich täglich auf Sie, um wieder in Ihre Hände geben zu können, was wir von Herrn Fischer übernahmen, und was ich nun neun Jahre hindurch allein verwaltet und mit meiner Person gedeckt habe. Äußerlich sind nur Trümmer übrig, aber der Ruf ist rein und blank geblieben und Sie könnten, ohne Scham, vielleicht ohne aufzugeben, was Sie inzwischen in Stockholm und dort aufbauten, hier auch auf einem guten Boden wieder anfangen.«[382]

Es war, so Bermann Fischer, als wären die Toten auferstanden. »Wir hatten wohl daran gedacht, daß einmal das Ende der Schreckenszeit kommen würde. Aber wie weit reicht menschliche Vorstellungskraft! Jetzt war es nicht mehr ein Denken ins Leere. Unfaßbar, dieser Brief war wirklich, greifbar, trug die vertraute Handschrift eines ins Unbekannte Entschwundenen, der uns in tiefer Not rief und unser längst verloren geglaubtes Erbe, den uns entwundenen Teil des Verlages S. Fischer, in unsere Hände legen wollte. Vor diesem Schicksal gab es nur eines: helfen und stützen, bis die Wege sich wieder zueinander öffneten.«[383] Noch galt das für alle Amerikaner gültige Verbot, in Deutschland geschäftliche Unternehmungen durchzuführen; die Bücher mußten durch Übertragung von Verlagslizenzen an einen deutschen Verlag dem Buchhandel zugänglich gemacht werden. So fragte Bermann Fischer bei Suhrkamp an, ob er eine Lizenz der

Control Commission für die Eröffnung oder Weiterführung des Verlags habe, ob er daran denke, seinen Verlag fortzuführen bzw. ihn in die Fischer-Organisation wieder einbringen wolle, und auf welche Weise dies geschehen könne. Suhrkamp antwortete, daß er als erster Verlag im britischen Sektor Berlins die Lizenz zur Weiterführung des Verlags erhalten habe; ferner schrieb er: »Wie Sie sicher wissen, ist die Änderung des Firmennamens 1942 nur auf Verfügung des Ministeriums nach langen Auseinandersetzungen erfolgt. Jetzt war eine meiner ersten Überlegungen, ob ich nicht sofort wieder S. Fischer Verlag firmieren sollte, ich habe mich dann aber, um Ihren Dispositionen auf keinen Fall vorzugreifen, vorläufig für Suhrkamp Verlag, vormals S. Fischer Verlag, entschieden.« Er habe, betonte er erneut, seine Aufgabe nie anders denn als eine Statthalterschaft oder Treuhänderschaft für die Fischer-Familie aufgefaßt und darauf gewartet, daß sie den Verlag wieder in Besitz nehme.[384]

Im Mai 1947 kam Bermann Fischer nach Deutschland; in Berlin traf er mit Suhrkamp zusammen. Nach tagelangen Verhandlungen mit den amerikanischen Behörden übertrug Bermann Fischer die Publikationslizenz einiger seiner wichtigen Bücher auf die amerikanische Armee, die sich ihrerseits verpflichtete, die Rechte ausschließlich an den Suhrkamp Verlag weiterzugeben; er erreichte auch, daß man diesem das notwendige Papier für den Druck der Bücher zur Verfügung stellte. Als so die letzte Hürde genommen war, entstand die erste Buchserie des Suhrkamp Verlages, hauptsächlich aus den im Exil veröffentlichten Büchern des S. Fischer Verlages bestehend. Von 1948 an erschienen in dieser Reihe in einer jeweiligen Erstauflage von 50 000 Exemplaren, die reißend weggingen, Ernest Hemingway, *Wem die Stunde schlägt*, Hermann Hesse, *Narziß und Goldmund*, Thomas Mann, *Ausgewählte Erzählungen*; es folgten Ernst Penzoldt, *Die Powenzbande*, William Saroyan, *Menschliche Komödie*, Stefan Zweig, *Sternstunden der Menschheit* und *Amok*, Carl Zuckmayer, *Salware*, Hugo von Hofmannsthal, *Deutsches Lesebuch*, Stefan Zweig, *Die Welt von Gestern*.

Bermann Fischer übertrug dem Suhrkamp Verlag, der 1946 mit einer eigenen Produktion (meist kleineren Broschüren) begonnen hatte, weitere Lizenzausgaben, u. a. für Thomas Manns *Doktor Faustus* und *Joseph der Ernährer* (den vierten Band der Joseph-Tetralogie), Franz Werfels *Das Lied von Bernadette*, Thornton Wilders *Die Iden des März* und die Bühnenrechte für Wilders Dramen, Franz Werfels Erfolgsstück *Jacobowsky und der Oberst* sowie Carl Zuckmayers *Des Teufels General*.

Da Bermann Fischer angesichts des zunehmenden Ost-West-Gegensatzes der Verlagsort Berlin zu gefährlich schien, veranlaßte er Suhrkamp, 1947 in Frankfurt den Suhrkamp Verlag, vorm. S. Fischer zu gründen, der schon 1948 mit seiner Tätigkeit das Berliner Haus fast völlig ablöste. Die Differenzen mit Suhrkamp, der den Frankfurter und Berliner Verlag leitete, zeigten sich seit Anfang des Jahres 1949. Über divergierende Auffassungen hinsichtlich der Aufgabe und Zukunftsperspektive des Verlages kam es schließlich zum Zerwürfnis zwischen den beiden Verlegern und zur Trennung der Verlage.

Ehe es jedoch zu einer gerichtlichen Auseinandersetzung kam, gelang es

Eugen Kogon, eine gütliche Vereinbarung zu formulieren, die von beiden Seiten schließlich akzeptiert und vor den Wiedergutmachungs-Kammern der Landgerichte Frankfurt am Main und Berlin unter dem Datum vom 26. April 1950 abgeschlossen wurde:

»Veranlaßt durch das Bestreben nationalsozialistischer Kräfte, den S. Fischer Verlag in Besitz zu nehmen, und zur Abwehr dieser Bestrebungen haben die Herren Dr. Gottfried Bermann Fischer und Peter Suhrkamp im Jahre 1936 einen Weg gesucht und gefunden, Namen, Substanz und Tradition des Verlages rechtlich und tatsächlich zu erhalten. Als dies, teils im Ausland, teils im Inland gelungen war, bemühten sich beide Partner nach 1945, den in Deutschland inzwischen durch Kriegsereignisse zerstörten Verlag wieder aufzubauen. Dieses ihr Zusammenwirken betrachteten beide Partner im Sinne eines in übereinstimmendem Ziel wurzelnden Treuhandverhältnisses. Die nachstehend getroffene Vereinbarung soll nunmehr als Durchführung des gemeinschaftlichen Bestrebens dazu dienen, einerseits den S. Fischer Verlag in seiner ursprünglichen Form wieder herzustellen, andererseits die unter dem Namen Peter Suhrkamp entfaltete verlegerische Tätigkeit als Peter Suhrkamp Verlag zu erhalten.«[385]

Schöne Wortkunst

Als Hans Mayer im Oktober 1945 nach Frankfurt am Main kommt, wird er von Stephan Hermlin besucht, der ihn auffordert, »mitzukommen«. »Wohin? Zu Bekannten, und zu einer Dichterlesung. Ich muß blöde dreingeschaut haben. Alles mochte ich erwartet haben, aber Dichterlesung, im zerstörten Frankfurt, an meinem ersten Vormittag in Deutschland?

Allein es war so, und war nicht einmal Schwindel, wenn von einer Dichterlesung geredet wurde. Eine große Bürgerwohnung im Frankfurter Westend, das Haus nicht zerstört, doch arg verkommen. Aber die Bomben waren hier nicht gefallen. In einem schönen und hellen Wohnzimmer mit vielen Büchern hatten sich etwa zehn Gäste eingefunden. Die Schwester unseres Gastgebers servierte ›richtigen‹ Tee, es gab etwas Gebäck. Ich blieb kühl und höflich: alles schien mir anachronistisch. Ich war doch in Deutschland, was mochten diese Deutschen begangen haben, wem hatte ich da die Hand gegeben . . . Oder ging alles mit rechten Dingen zu, so daß man mit ordentlichen Leuten beisammensaß, denen es gleichfalls nicht gut gegangen war im Dritten Reich?

Der Dichter dieser Lesung war ein schmaler blonder Mann, höchstens Mitte Dreißig, in verschlissener Montur. Also ein ›abgedankter Soldat‹, wie man das bei Lessing genannt hatte. Er hatte den Krieg in Italien erlebt und überstanden, das wurde im Gespräch erwähnt. Ich fühlte ein tiefes Unbehagen, wäre gern wieder fortgegangen, doch Hermlin schien sich wohlzufühlen. Ich kannte seinen strengen, oft überstrengen politischen Moralismus. Also ging es offenbar mit ›rechten Dingen‹ zu. Dann las der Soldat.

Sonette. Ein umfangreicher Zyklus. Nichts wurde ausgelassen, weil ein jedes Sonett, das merkte man bald, zur Komposition gehörte. Es hatte mit dem Krieg zu tun, und mit Italien, und mit dem abstrusen Gegensatz zwischen beidem: Krieg und Italien. Hier las ein begabter Lyriker, das war unverkennbar. Die Sonette schwindelten nicht: weder durch Leichtsinn noch durch falsches Herzeleid. Wir hatten das ›Venezianische Credo‹ gehört; der Soldat in der abgewetzten Montur hieß Rudolf Hagelstange.«[386]

Der 1912 geborene Hagelstange hatte deutsche Philologie in Berlin studiert und war Feuilletonredakteur geworden; im Zweiten Weltkrieg Soldat in Frankreich und Italien, geriet er 1945 in Kriegsgefangenschaft; nach seiner Entlassung wohnte er in Unteruhldingen am Bodensee. Er gehörte zu den jungen Schriftstellern, die nun in Erscheinung traten. Die moralische Erschütterung artikulierte diese Generation meist noch in »schöner Wortkunst«. »Mit der strengsten Form hoffte man dem Chaos am ehesten begegnen zu können. Die Übermacht der in zwölf Jahren Naziherrschaft keineswegs fortentwickelten, sondern verkümmerten literarischen Traditionen war gewaltig. Auch wo die Autoren subjektiv völlig offen und konsequent die Auseinandersetzung mit der jüngsten Vergangenheit und ihrer Situation suchten, blieben sie in diese eingebunden. Und es dominierte der Drang, geistig aus der Zeit zu fliehen, heile Welt zu imaginieren, in Romantik und Metaphysik Zuflucht zu finden.« (Heinrich Vormweg)[387] Dichtung hieß für die meisten nicht radikale Inventur, wie sie Günter Eich kurz nach Kriegsende lyrisch versucht hatte, sondern Bewahrung des »Spracherbes« – obwohl doch die zerrütteten Zeiten gerade daran Zweifel hätten hervorrufen müssen.

Noch viel stärker trat solcher Formalismus bei den sehr beliebten Naturdichtern zutage, die offensichtlich »ihren« Hölderlin, Rilke, George, Hofmannsthal ständig im Ohr hatten und die entsprechenden Tendenzen der inneren Emigration meist epigonal, gelegentlich auch einfallsreich aufgriffen bzw. fortführten. »Es rauscht in den Schachtelhalmen«, so charakterisierte Hans Mayer, April 1947, die »Irrwege deutscher Lyriker und Verleger«.

> »›Es klingt, wie wenn man Abend sagt,
> Und es besagt viel mehr wie viele Worte,
> Die man so hinspricht . . .‹
> Einen Augenblick bitte! aber das ist doch . . . Wie heißt es bei Hofmannsthal?
> ›. . . und dennoch sagt der viel, der Abend sagt.
> Ein Wort, daraus Tiefsinn und Trauer rinnt,
> wie schwerer Honig aus den hohlen Waben.‹«

Mayer knüpfte sich da ein unbedeutendes Produkt vor: Viktor Scheiterbauers Band *Glanz zwischen Disteln und Dornen* (1946).[388] Aber auch bei den Dichtern, die reüssierten, verhinderte alle Reduktionstechnik nicht das Talmi, das über deren Werken lag. Poetisch gesehen erwiesen sich diese grauen Jahre als durchaus nicht so golden, wie unsere Erinnerung sie gelegentlich male, meint Peter Rühmkorf in einer Analyse des lyrischen Weltbildes der Nachkriegsdeutschen.[389] Dieses schöne Hand-in-Hand von Kunst und Armut, Ausdruck und Entbehrung, Hunger und Schwung und Motus sei eine Fiktion des späteren Wohlstandsüberdrusses. »Zwar ist nicht zu leugnen, daß der Zeitraum zwischen 1945 und 47 sein eigenes Fluidum besaß aus Veränderungselan und Überlebenslust, und dennoch führten alle guten Vorhaben noch nicht zu Gedichten, die, gemessen an dem, was nach dem Ersten Weltkrieg Lyrik hieß, stand- und stichhalten können. Vor allem aber scheint sich mitnichten bekräftigen zu wollen, daß diese Zeit ihr wirklich eigenes, vom Hunger profiliertes Gesicht besessen und daß sich in ihr so etwas wie ein Epochenstil abgezeichnet hätte. Das krasse Gegenteil erstaunt. Daß nämlich die ersten Nachkriegspublikationen mit Umbruch und Erschütterung, mit Wandlung oder Neubeginn nicht das mindeste zu tun hatten und daß die Überkatastrophe anscheinend nichts Erheblicheres als die perfekte Mittelmäßigkeit gezeugt hatte.« Aus einer zu groß geratenen Zeit rettete man sich ins Geringe und Bescheidene; auf heroische Blähsucht antwortete man mit Kleinkunst; dem Grauen wurden grüne Enklaven abgetrotzt. Ein Publikum fand sich ein, das nach dem Höllentanz wieder Heimchen am Herd sein wollte. Der Hunger hatte zum täglichen Brot gehört, das Entsetzen war auf der Tagesordnung gestanden; nun grassierte das Verlangen nach der Windstille in der Zeit. »Nicht Stimulantien waren da gefragt, sondern Tranquilizer, nicht Höhenflug und Höllensturz, sondern Trost, Zuspruch und der Halt am Herkömmlichen. Das boten denn, das versprachen die meisten Publikationen jener Zeit bereits vom Titel her: ›Das Weinberghaus‹, ›Die Silberdistelklause‹ F. G. Jünger – ›Alten Mannes Sommer‹ R. A. Schröder – ›Abendländische Elegie‹ Hans Carossa – ›Venezianisches Credo‹ Rudolf Hagelstange – ›Irdisches Geleit‹ Oda Schäfer – ›Die Herberge‹ Albrecht Goes – ›Mittagswein‹ Anton Schnack – ›Hier ist das Wort‹ Josef Weinheber – ›Verse für Minette‹ Georg von der Vring – ›Die Begegnung‹ Georg Britting – ›Die kühlen Bauernstuben‹ Ernst Waldinger – ›Der Laubmann und die Rose‹ Elisabeth Langgässer.«

Der Einwand, daß es immerhin noch anderes, neben poetischen Silberdistelklausen doch auch Haushofers *Moabiter Sonette*, Nelly Sachs' *Die Wohnungen des Todes*, Marie Luise Kaschnitz' *Totentanz und Gedichte zur Zeit* gegeben hätte, verkenne die schlagende Disproportion der Mengenverhältnisse. »Und außerdem, wo waren denn nun eigentlich die Jungen, die Heimgekehrten, Tiefverstörten, die Fünfundzwanzig- bis Dreißigjährigen? Wo traten sie auf den Plan, definierten sich als Generation, hauten auf – nein, zerhauten die Pauke? Und wo, die Frage ist doch fällig, zeigten sich Spuren, zeigte sich auch nur der Hauch einer Auf- und Umbruchsliteratur, ein Wagnis aus Stil, ein Neubeginn aus Sprache, eine Wendung im Satzbau? Denn daß es dies nicht war, dieser rezidivierende Rilke, bedarf ja wohl nicht der Erörterung:

> ›Wie eine Felswand steigt dein Tod empor
> Aus lauter Übermacht und Überragen.
> Ich schwinde hin, und mein geringes Klagen
> Ist wie ein Mann, der sich im Fels verlor.‹
> (Hans Egon Holthusen, 1947)

War es vielleicht so, daß ein Zuviel an Erlebnis, ein Übermaß an äußerer

Gefährdung und innerer Unruhe dem jungen Menschen die Stimme verschlagen hatte, die Fähigkeit zur Artikulation? War es so, daß der erlebten Wirklichkeit keine Form gerecht wurde, kein Reim gewachsen, keine Stilisierung angemessen war? Wie es denn ja auch von dem begabtesten Prosamann der jungen Heimkehrergeneration, von Wolfgang Borchert ausgesprochen wurde: ›. . . wer denn, ach, wer weiß einen Reim auf das Röcheln einer zerschossenen Lunge, einen Reim auf einen Hinrichtungsschrei, wer kennt das Versmaß, das rhythmische, für eine Vergewaltigung, wer weiß ein Versmaß für das Gebell der Maschinengewehre . . .?‹«

Sieht man davon ab, daß Borchert selbst, wenn auch expressiv aufgewühlt, ein Meister metaphernreicher Sprache war – viele Autoren dieser Zeit wußten durchaus einen Reim auf das Entsetzen. Vormarsch und Sieg: der wilde Rausch des Gelingens; Rückzug; der bittere Wein der Niederlage. Die Wahrheit wurde lyrisch-bildreich verpackt: »Dies ist die Heimkehr. Dies gilt. O zarte, o himmlische Armut der letzten Soldaten!« Holthusen, der dergestalt in *Trilogie des Krieges* (1946) die »labyrinthischen Jahre« bedichtete, traf den Nerv der Zeit, weil er eben »formschön« über Zeit und Tod nachdachte.[390] (1942 hatte er seinen »Mann vor Stalingrad« von der Landschaft des Krieges, in der »sogar die roten Disteln verbrannten«, sagen lassen: »Gott hat sie mit einem Diamanten/ aus lauter Bitternis abgegrenzt.«)

In einer der ersten Kulturzeitschriften der Nachkriegszeit erschien 1945 Holthusens Gedicht *Tabula rasa*, dessen erste Zeilen lauteten: »Ein Ende machen. Einen Anfang setzen,/ Den unerhörten, der uns schreckt und schwächt.«[391] Genau dies fand nicht statt. Das bislang Gehörte wurde »fortgesprochen«. Dem Anfang ging kein Ende voraus.

Eine eigenartige Paradoxie durchzieht das lyrische Weltbild der Trümmerzeit. Düstere Wirklichkeit sollte durch schöne Kunst überholt werden. Die Entfernung von der Realität erbrachte Annäherung ans Wesentliche. So wie im totalitären Staat, der alles »in Dienst nehmen« wollte, ein Gespräch über Bäume Widerstand signalisiert hatte, bedeutete nun dichterische Sublimierung Enthebung von alltäglicher Plackerei. Diejenigen, die zwölf Jahre lang der »geistigen Güter« entbehrten, »unbemittelt«, unbehaust dastanden, richteten sich im Wort ein. »Das Sonett, gegen den Ungeist kreiert, wurde geradezu zu einer Modeform des Widerstandes.«[392] »Hier in der Zeit« (so der Titel eines Gedichtbandes von Holthusen aus dem Jahre 1949) stand man vor allem, wenn man sich ihr entzog – durch reine Dichtung. »Je fragwürdiger mein äußeres Leben sich gestaltete«, so formulierte es Wolfdietrich Schnurre, »desto erbitterter wuchs meine Feindschaft gegen die Wirklichkeit, desto rücksichtsloser zerbrach ich die Bindungen zum Tätig-Lebendigen. Ich kapselte mich ab. Ich bezog Position im Elfenbeinturm.« »Machen Sie sich bitte klar«, interpretierte Schnurre später seinen Ausspruch, »was es für einen 25jährigen, der ich 1945 war, bedeutete, sechseinhalb sinnlose Kriegsjahre lang auf der falschen Seite gestanden zu haben. Machen Sie sich bitte die Skrupel und Gewissensbisse klar, die meinen zwei Desertionen vorausgingen, bzw. sie begleiteten. Machen Sie sich ferner bitte klar, was es, bis in seine tiefsten Auswirkungen hinein, mit jener vorhin erwähnten, ich möchte fast sagen: gesteuerten Schizophrenie auf sich hat, die ständige Grenzüberschreitungen und an die Substanz gehende Frontwechsel zur Folge hatte. Und dann darf ich Sie fragen, ob eine (scheinbar) gehobene Position, wie die im Überzeitlichen, im Elfenbeinturm, nicht zumindest deshalb weiter verteidigt worden zu sein scheint, weil hier einer endlich mal auch sein Terrain halten wollte, statt es, schon wieder, ›verraten‹ zu müssen. Die verbissene Verteidigung dieser wolkigen Stellung geschah aus mißverstandenem Selbsterhaltungswillen. Man wußte, was los war. Die große Sinnlosigkeit hatte einem für alle Zeiten ihr Kainsmal spendiert. Man schrieb längst die karge Stenographie des Noch-mal-Davongekommenen. Aber da so viele erlauchte Geister sich huldvoll über seine Brüstung gebeugt hatten, wollte auch man selbst die längst zerschossene Turmruine nicht räumen und hatte übersehen, daß selbst die Fledermäuse sie schon verlassen hatten.«[393]

In der Elfenbeinturmruine

Die erlauchten Geister, die sich da huldvoll über die Brüstung der Elfenbeinturmruine beugten, waren die Arrivierten, die Routiniers der Untergänge und Schiffbrüche; sie stilisierten ihre Überlebensfähigkeit als große Einsamkeit; das profane Volk wollten sie sich fernhalten, sie beobachteten Blätter und Steine so wie Turbulenzen und Explosionen. Man gehörte zu den »wenigen«, und diese wenigen wußten, wo die Wahrheit lag. In Ernst Jüngers Roman *Auf den Marmorklippen* (1939) stehen sich zwei Welten gegenüber: auf den Marmorklippen der Marina haust ein human gezähmtes, edles, Wein und Getreide anbauendes Geschlecht mit alter Kultur; es kennt Gelehrsamkeit und Kirchen, hohe Magie und die Künste; der idealische Küstenstreifen der Siedlung ist historisch gesättigt mit burgundischem Ritual. Die andere Welt ist das Land des »Gelichters«, voll jägerhafter Verschlagenheit, vitaler Überlegenheit, geführt von einem dämonischen, starken Herrn, dem »Oberförster«. Die alte Kultur wird besiegt, doch geht sie nicht unter; die Ritter besteigen ihre Schiffe und entschwinden übers Meer.[394]

In der Arche überleben: Schlimm war das Hitlerreich gewesen, aber die demokratische Nivellierung war auch ein Greuel. Den Marmorklippen drohte nun die Amerikanisierung. Der Masse entzog man sich am besten mit Gebärde. Ein Denker des magischen Aristokratismus: »Jünger kennt die alten Menschenvorbilder, den Ritter, den Kavalier, den König, den Heiligen, aber ihre Möglichkeit scheint ihm in der modernen Massenwelt verloren gegangen zu sein. Zweifelt er an der Substanz überhaupt? Auch im Menschlichen nehmen ja die Surrogate überhand. Die bohrende Qual kann durch Drogen betäubt werden, aber es gibt keine Mittel, sie zu beseitigen. Reumütig und mit einer Art von schlechtem Gewissen kommt der Mensch allmählich zurück aus den Tiefen des

Nichts. Für die Wiedergeburt des Ewigen reichen Verehren und Erinnern nicht aus – aber Jünger weiß: Erkennen, Erinnern und Verehren sind schon Anteile des Menschen an der Realität.« (Curt Hohoff)[395]

Was Gottfried Benn am Anfang des Dritten Reiches, großstädtischer Hypersensibilität müde, am Faschismus so fasziniert hatte, der populistische Irrationalismus, der aufklärungsfeindliche geschichtsmorphologische Dämmerzustand, analysierte er später als den Aufstand eines in seiner Dumpfheit abgründigen Spießertums:

»Ein Volk in der Masse ohne bestimmte Form des Geschmacks, im ganzen unberührt von der moralischen und ästhetischen Verfeinerung benachbarter Kulturländer, philosophisch von konfuser idealistischer Begrifflichkeit, prosaistisch dumpf und unpointiert, ein Volk der Praxis mit dem – wie seine Entwicklung lehrt – alleinigen biologischen Ausweg zur Vergeistigung durch das Mittel der Romanisierung oder der Universalierung, läßt eine antisemitische Bewegung hoch, die ihm seine niedrigsten Ideale phraseologisch vorzaubert, nämlich Kleinbausiedlungen, darin subventionierten, durch Steuergesetze vergünstigten Geschlechtsverkehr; in der Küche selbstgezogenes Rapsöl, selbstbebrüteten Eierkuchen, Eigengraupen; am Leibe Heimatkurkeln, Gauflanell und als Kunst und Innenleben funkisch gegrölte Sturmbannlieder. Darin erkennt sich ein Volk. Ein Turnreck im Garten und auf den Höhen Johannisfeuer – das ist der Vollgermane. Ein Schützenplatz und der zinnerne Humpen voll Bock, das sei sein Element. Und nun blicken sie fragend die gebildeten Nationen an und erwarten mit einer kindlich anmutenden Naivität deren bewunderndes Erstaunen.«[396]

Angesichts des »Reichs der niederen Dämonen«[397] wird Stil zur Gesinnung und Gesittung. Das Gedicht war für Benn Produkt des großen lyrischen Ich, das sich einzig am Pathos seiner Einsamkeit wärmen konnte – wichtigstes Ergebnis des Versuchs der Kunst, angesichts des allgemeinen Zerfalls der Inhalte sich selber als Inhalt zu erleben und aus solchem Erlebnis einen neuen Stil zu bilden. Angesichts des allgemeinen Nihilismus gäbe es nur noch die Transzendenz der schöpferischen Lust. Lyrik müsse entweder exorbitant sein, oder gar nicht. Das in diesem Sinne »absolute Gedicht« sei das »Gedicht ohne Glauben, das Gedicht ohne Hoffnung, das Gedicht an niemanden gerichtet, das Gedicht aus Worten, die Sie faszinierend montieren.«[398] Form sei der höchste Inhalt – das Sein, der existentielle Auftrag des Künstlers, sein Ziel. Die neuen Götter hießen Ordnung und Form; die neuen Gesetze: Ausdruck, Prägung, Stil. Alles andere bedeute Untergang.

Die kleinen und kleineren lyrischen Ichs der Nachkriegszeit hingen an den Lippen des großen lyrischen Überich. Benns Parlando verkündete die Botschaft, daß die Welt, die aus den Fugen, zwar nicht mehr geleimt werden könne; daß man aber, wenn man sie dichtend banne, überstehen würde. Stolz der Geschlagenen, die um ihre inneren Siege wußten.

Die erlauchten Geister literarischer Aristokratie winkten den jungen Schriftstellern ihr ästhetisches »Bleibt einsam« zu. Und freudig erfaßte diese Trümmerjahrgeneration, die in die Orientierungslosigkeit eines totalen Zusammenbruchs geworfen war, das Wissen, daß – wie es in Jüngers *Marmorklippen* hieß – »die Vernichtung in den Elementen nicht Heimstatt findet und daß ihr Trug sich auf der Oberfläche gleich Nebelbildern kräuselt, die der Sonne nicht widerstehen«. Und die verlorene Generation ahnte: »Wenn wir in jenen Zellen leben, die unzerstörbar sind, dann würden wir aus jeder Phase der Vernichtung wie durch offene Tore aus einem Festgemach in immer strahlendere gehen.« Und die Zurückgekehrten, die nun erfuhren, daß sie vom »Gelichter« mißbraucht worden waren und die auch jetzt der Wandlung nicht trauten, faßte ein »Schauer im Innersten«. Angesichts des Bleibenden, das die Dichter stifteten, begriffen sie: »Es gab noch Edle unter uns, in deren Herzen die Kenntnis der großen Ordnung lebte und sich bestätigte.« Und wie das hohe Beispiel sie zur Gefolgschaft führte, so schwuren sie, »in aller Zukunft lieber mit den Freien einsam zu fallen, als mit den Knechten im Triumph zu gehen«.[399]

Jenseits des Lebensflusses

Die Botschaft derer, die sich über die Brüstung beugten und dazu aufforderten, das Psychodrom weltzugewandter Emsigkeit zu verlassen, fand ihr Echo. Hermann Kasacks Roman *Die Stadt hinter dem Strom* (1947), im Gefolge der allegorischen Bildlichkeit und parabelhaft-abstrakten Konstruktion von Jüngers Werk, aber auch unter dem Einfluß der aus dem Nachlaß herausgegebenen großen Romane Franz Kafkas, fand nicht zuletzt deshalb so große Zustimmung, weil es entsetzliches Geschehen in seiner brutalen Faktizität surreal-symbolisch überhöhte. Das Geschehen ist in ein Niemandsland verlegt, das zwar eine gewisse Ähnlichkeit mit dem Niemandsland hatte, in dem man sich selbst tagtäglich bewegte, aber mehr in Form von »Tagesresten« innerhalb einer Traumlandschaft, die sich in metaphysische Dimension erstreckte. – Durch ein Schreiben der Stadtverwaltung wird Dr. Robert Lindhoff »zum Kommen« aufgefordert. Er fährt mit dem Zug, überquert einen großen Fluß und erreicht bald darauf den Hauptbahnhof der Stadt. Er trifft Anna, seine Geliebte, die vor wenigen Monaten aus dem Leben geschieden ist; er trifft auch seinen toten Vater. Da wird ihm klar, daß er den Fluß des Lebens überschritten hat, daß er sich in der Totenstadt befindet. Aber die Stadt hinter dem Strom ist nur ein Zwischenreich: ein Bezirk zwischen dem Reich der Lebenden und dem der endgültig Vergessenen, die Zone letzter Erinnerung. Lindhoff kehrt eines Tages wieder ins Leben zurück; aber welche Kunde kann er mitbringen? Alle, die er liebte und kannte, müssen auch das Zwischenreich der Stadt hinter dem Strom wieder verlassen; sie werden abberufen, brechen ins Unbetretbare auf, ihnen nachzuspüren, ist allen Lebenden versagt. »Als ich das Buch im Sommer 1946 beendete«, berichtet der Dichter, »war ich fünfzig Jahre alt.«

»Es ist der rechte Zeitpunkt, sich weder vom Ruhm verwirren, noch von der Ächtung beirren zu lassen. Zudem war ich als schreibender Chronist durch die

Hölle gegangen, die wir etwas euphemistisch unsere Erdenzeit nennen. Ich hatte die gläserne, figurale Situation unserer Wirklichkeit bildhaft erlitten und fand mich gefeit und verwandelt wieder. Auch der Leser, der durch die Methode der Erzählweise gleichsam zum Nachbarn, zum Gefährten des Chronisten wird, könnte, so meinte ich, nach diesen Erlebnissen verwandelt dem Dasein gegenüberstehen: weniger schreckhaft, gelassener und, wenn auch nicht getröstet, so doch befreit von dem übertriebenen Ernst seiner Wichtigkeit als Person . . . Wie ein Seismograph die Schwankungen der Erdrinde registriert, habe ich ohne vorgefaßte Meinung und ohne Rücksicht auf Dogmen und Ideologien die Erschütterungen unserer gegenwärtigen Existenz aufgezeichnet. Die dichterische Diagnose zeigt, daß der Europäer des 20. christlichen Jahrhunderts ziemlich hilflos wirkt. Das ist nicht meine Schuld. Aber es wäre Schuld, die Wirklichkeit zu idealisieren. Die Aufgabe des Dichters besteht darin, das Gewissen der Zeit zu sein. Sonst wäre das Schreiben eine müßige Spielerei.«[400]

Groß war die Zahl der Kritiker, die bei Kasacks Werk weniger metaphysische Probleme suchten, als vielmehr in der »Stadt« das Abbild der eigenen Zeit und Welt zu erkennen glaubten. Im *Tagesspiegel* hieß es: »Auf der Ebene einer höheren Dimension, dort, wo die Wirklichkeit in der Nähe des Todes transparent zu werden beginnt, spiegelt sich hier unser Jahrhundert des Massenmenschen, des Massenmordes, der Massenliebe, des Massenwahns, des totalen Systems, der dunklen Mächte und der Emanzipierung des Geistes bis zur Pervertierung des automatischen, spezialisierten und materialistischen Denkens, und uns erfaßt ein Grausen, als sähen wir unser eigenes Schicksal im voraus.«[401]

Auch in dem Roman *Das unauslöschliche Siegel* von Elisabeth Langgässer, dessen Erscheinen 1946 als großes literarisches Ereignis gewertet wurde, ist individuelles in transpersonales Geschehen aufgelöst; es vollzieht sich innerhalb eines Welttheaters, das von den »exorbitanten« Wirkungsmächten Taufe und Gnade bestimmt wird. Tief beeindruckt sei man, hieß es in einer Besprechung von Erich Pfeiffer-Belli, daß während der fürchterlichen geistigen Stille des Hitlerschen Dritten Reiches ein Werk von so eigenartiger Kraft der Aussage, von eisiger Spiritualität und einem beinahe chaotischen Reichtum der inneren Bilder entstehen konnte, »ein Buch, in dem Blut und Geist in wunderlichem Kampf liegen, in Haßliebe sich begegnen und das in seiner transzendenten Sehnsucht, der reinen Glut seines Glaubens, Fragens und Zweifels einzigartig in der Welt der neuen deutschen Literatur dasteht, ein Originalwerk, doppelt bewunderungswürdig als die Arbeit einer Frau, für die das Schicksal besondere persönliche Qualen und Prüfungen bereitgehalten hat (eben durch dieses Dritte Reich), aber auch besondere Begnadung, wie fast jede Seite dieses Buches sie ausweist.« Visionäres wechsle mit »Supra-Naturalismus«, Grellstes mit Zartestem; das Chaotische der Welt und im Menschen werde durch den kühnen Zugriff der Dichterin wenigstens für Augenblicke geordnet. »Woher ihr, aus welchen Tiefen und Quellgründen die Kraft der Aussage, der deutenden Sinngebung und des Glaubens zukommt, welche den Zusammenbruch und die Neuschöpfung einer Welt aufzuzeigen sich bemüht, das erkennt wohl nur der Leser, der sich ahnungsvoll gläubig der Gläubigkeit der Langgässer, wenigstens für die Dauer der Lektüre, nahe weiß.«[402]

Die Rezeption des Buches wie die rhapsodischen Kritiken verweisen auf einen wichtigen Trend des literarischen Bewußtseins der Trümmerjahre: daß nämlich ein allegorisches, mystisch-mythisches Verhältnis zur Wirklichkeit direkter realistischer Deskription vorgezogen wurde. Einer sinnlosen Wirklichkeit war man lange genug ausgesetzt gewesen; nun war man auf eine Sinndeutung sub specie aeternitatis geradezu süchtig.

Alte und neue Sprache

»Die Zeit rast wie mit Siebenmeilenstiefeln: Jetzt sind es zwei Jahre her, daß der Stacheldraht unwiderruflich hinter uns versank. Ein singender schwarzer Soldat fuhr uns zum Bahnhof der kleinen oberbayerischen Stadt, wir kletterten mit unseren Seesäcken vom Truck, und da standen wir in der schwarzen Uniform mit den ölfarbenen Buchstaben PW auf dem Rücken in der Freiheit. Wir waren wieder zu Hause. Deutschland wartete auf uns, man sagte es uns überall. Wir gingen durch seine Ruinen wie durch ein fremdes Land. Wir mußten uns erst an den Albdruck, der seine Bewohner zu ersticken drohte, gewöhnen. Das war vor zwei Jahren.«

So schrieb Walter Kolbenhoff 1948; er war damals 40 Jahre alt; sein Beitrag war angekündigt als eine »Stimme aus der jungen Schriftstellergeneration«.[403] Man frage diese Generation immer wieder, warum es keine junge Literatur in Deutschland gebe, was die Ursachen des Schweigens seien. Wo bleibe die Literatur, die sich der Zeit stellt und ihr nicht ausweicht, die nicht Kunstgebilde schafft, sondern Wahrheitsbeweise antritt? »Ich mußte beim Lesen dieser Fragen an meinen Freund G. denken, der ungefähr gleichzeitig mit mir aus der Gefangenschaft entlassen wurde. Dieser Junge war früher Schriftsetzerlehrling gewesen, er hatte sich mit eisernem Fleiß eine gewisse Bildung zusammengekämpft, schrieb beachtliche kleine Sachen, wurde im Jahre 1936 wegen Hochverrats eingesperrt und verbrachte ein paar Jahre hinter Gefängnismauern. Es folgten Jahre der Unsicherheit und der Unmöglichkeit, irgend etwas Geschriebenes zu veröffentlichen. Der Krieg kam, er wurde in die berühmte Division 999 gesteckt und nach Afrika verfrachtet. Dann lebte er ein paar Jahre in der Gefangenschaft hinter Stacheldraht, sitzt jetzt in einer dunklen kalten Bude im Norden Berlins und schreibt. Die ungezählten Erlebnisse seines abenteuerlichen Lebens drohen ihn zu zersprengen. Er sagt: Laßt mir Zeit! Jede Minute ist kostbar. Wartet, ich habe allerlei zu sagen –.«

Zwei Jahre sei er, Kolbenhoff, nun wieder zu Hause und mit einem nicht geringen Teil der jungen Schriftsteller zusammengekommen. Er wisse, was in ihnen vorgehe. Wer sollte sie besser verstehen als der, der mit ihnen den Karabiner über die Landstraßen Europas schleppte, die Höllen von Sewastopol, von El Alamein und Montecassino kannte und an stillen Abenden, zermürbt und müde, durch den Stacheldrahtzaun der Gefangenenlager starrte? »Laßt uns Zeit! Was sind zwei Jahre? Alles ist zertrümmert, weshalb sollen unsere Seelen nicht zertrümmert sein?« Man lese die geschliffenen Artikel und Geschichten der »Alten«; es seien funkelnde Perlen, die gekonnten Spitzenleistungen routinierter Literaten. »Alle Achtung vor ihrem faszinierenden Können, trainiert und gepflegt in langen olympischen Jahren. Aber ich wage zu behaupten, daß der ehemalige Schriftsetzer aus Berlin in kurzer Zeit Dinge schreiben wird, die unser Herz heftiger ergreifen, unser Gewissen stärker packen werden als die gleißenden Sätze der anderen. Vergeßt nicht: sie schlichen blutenden Herzens durch die Städte ihres eigenen Vaterlandes, sie krochen durch Schutt und Schlamm, sie fühlten den eisernen Stiefel im Nacken und zerbrachen nicht.«

Auch bei Kolbenhoff trifft man wieder auf die Paradoxie des »Trümmerjahrstils«: Man will die alten Sprech-, Denk und Gefühlsmuster aufbrechen – formuliert aber dann selbst gemäß gängiger »Metapherndramaturgie«. Zeit für literarische Stilübungen habe diese Generation nicht gehabt; doch die neue Freiheit, die nach den Jahren des Grauens nun in Anspruch genommen wurde, voller Ungestüm, »ihre berstenden Herzen zu befreien«, ist gebunden an das Pathos der »alten« Sprache. »Vielleicht werden ihre Sätze nicht so funkeln« – sie funkelten. »Sie sprechen die Sprache dieser Zeit, sie werden das ausdrücken, was in dem gemarterten, verirrten, sehnsuchtskranken Volke, dem sie angehören, bisher unausgesprochen geblieben ist« – sie sprachen die Sprache der Vergangenheit und was sie ausdrückten, war bisher auch so ausgesprochen worden . . .

Wie klingt das? fragte Hellmuth von Cube in einer Entgegnung auf Kolbenhoffs Aufsatz; ach, allzu deutlich habe man das noch im Ohr: »Es klingt nicht nur, es ist. Das gleiche tragische Pathos, die gleiche Mischung von Larmoyanz und Arroganz, die gleiche Frontsoldaten-Mentalität, der gleiche Appell an Herz und Gewissen (weil Erfahrung und Geschmack gleich von ferne abwinken). Die gleiche, kaum verborgene Animosität gegen den Geist und alles, was sein ist: Freiheit, Grazie, Ironie, lächelnde Einsicht, Liebe zur Form, aristokratische Haltung. Es ist genau das, was vor fünfzehn Jahren die Demagogen und ihr Gefolge von Kleinbürgern gegen den Intellektuellen vorbrachten. Es ist der Ton, und es sind die Melodien jener Musik, die sehr bald in das Johlen der Menge, in den Schrei aus den Konzentrationslagern, in den Donner der Geschütze überging. Und die Weisen jenseits der Elbe, abgestimmt auf die Balalaika der Kulturdiktatur, tönen kaum anders. Herr Kolbenhoff war, dessen bin ich sicher, kein Nationalsozialist, aber es ist nur ein winziger Schritt von seinen Worten zu dem Entschluß, den Geist unter Kuratel zu stellen und die verspielte, leichtfertige Muse zur Raison zu bringen. Jedenfalls liegt ihm am Geist der Zeit wesentlich mehr als an einer Zeit des Geistes.«[404]

Bei solchen Auseinandersetzungen – wobei dann der metaphernreiche Kolbenhoff mit einigem Recht den Spieß wieder umdrehte und Cubes Kritik der »Metaphernpolemik« bezichtigte – geht es letztlich um »alte« und »neue« Sprache. Die Sprache der Dialektik war im Dritten Reich verfolgt und verfemt gewesen; sie hatte nie so recht Einfluß gewinnen können, war verdrängt und vergessen. Die nationalsozialistische Nomenklatur hinterließ Worthülsen unvorstellbarer Barbarei: Aufnordung, Herrenrasse, Judenvernichtung, Menschenversuche, Vergasen, Endlösung ... Nun kamen hinzu der Sprachschatz der Umerziehungsbürokratie (Spruchkammer, Mitläufer, Persilschein ...) und ein menschliche Verkehrsformen burschikos demokratisierender Jargon (Boß, Babysitter, Teenager, Fan ...).[405]

Die politische Sprache war, wie »offizielles Sprechen« überhaupt, weitgehend geprägt durch affirmative Sprachmuster, die nun für die »Heeressiege der Demokratie eingesetzt« wurden. Hans Habe stellte bei seiner Zeitungsarbeit fest, daß offensichtlich nur wenige deutsche Publizisten von dem Bazillus der Hitler-Sprache unberührt geblieben waren. »Einer der besten deutschen Journalisten brachte mir einen trefflichen Aufsatz, in dem die Sprache des Unmenschen angeprangert, die Rückkehr zur deutschen Sprache gefordert wurde. Es war der treffliche Aufsatz eines Mannes voll guten Willens, und wenn wir ihn nicht drucken konnten, dann nur deshalb nicht, weil er in Hitler-Deutsch geschrieben war.«[406] Was nun freilich das »Hitler-Deutsch« ausmachte, war nicht klar zu definieren – sah man von den Inhalten ab, so gab es eben ein Pathos der Freiheit wie der Unterdrückung; Metaphern konnten der Emanzipation wie der Repression dienen.

Im November 1945 begann Dolf Sternberger in Heft 1 der Zeitschrift *Die Wandlung* mit seiner Rubrik *Aus dem Wörterbuch des Unmenschen*; die Serie, an der auch Gerhard Storz und W. E. Süskind mitwirkten, lief durch drei Jahrgänge. Es ging darum, mittels Sprachanalyse die Verwahrlosung der Worte und Begriffe im Dritten Reich aufzuzeigen und aufzuarbeiten; gewalttätiger Satzbau, verkümmerte Grammatik, monströser und zugleich krüppelhafter Wortschatz als Ausdruck von Gewaltherrschaft sollten von einer demokratischen Sprache, als Artikulation humaner Gesinnung und Gesittung, abgelöst werden. Angeprangert wurden u. a. Wörter wie Anliegen, Ausrichtung, Betreuung, charakterlich, Durchführen, Einsatz, Frauenarbeit, Gestaltung, Kulturschaffende, Lager, leistungsmäßig, Mädel, Menschenbehandlung, organisieren, Propaganda, Schulung, Vertreter, Zeitgeschehen.

»Sprache ist die Gabe allein des Menschen, das verwirrende und befreiende, verräterische und erhellende, ausgreifende und fesselnde, lösende und bindende, selige und gefährliche Medium und Siegel seines Wesens. Soviel und welche Sprache einer spricht, soviel und solche Sache, Welt oder Natur ist ihm erschlossen. Und jedes Wort, das er redet, wandelt die Welt, worin er sich bewegt, wandelt ihn selbst und seinen Ort in dieser Welt. Darum ist nichts gleichgültig an der Sprache, und nichts so wesentlich wie die façon de parler. Der Verderb der Sprache ist der Verderb des Menschen. Seien wir auf der Hut! Worte und Sätze können ebensowohl Gärten wie Kerker sein, in die wir, redend, uns selbst einsperren, und die Bestimmung, Sprache sei allein die Gabe des Menschen oder eine menschliche Gabe, bietet keine Sicherheit. Denn der Begriff des Menschen schließt die Möglichkeit (und Wirklichkeit) des Unmenschen in sich; im anderen

Falle ist er ein unzulänglicher Begriff, und eben daran können und müssen wir ihn prüfen, da wir das Unmenschliche kennen. So hat der Mensch auch als Unmensch seinen Wortschatz, seine eigentümliche Grammatik und seinen eigentümlichen Satzbau. Wir wollen hier seinem Wortschatz nachspüren und in der Sprache jeweils der Sache auf die Sprünge kommen, die sie bedeutet. Sie ist – leider – keine fremde Sprache, aber dieses Wörterbuch hat eine Aufgabe, die derjenigen der übrigen und gewöhnlichen Wörterbücher genau entgegengesetzt ist: es soll uns diese Sprache fremd machen . . .«[407]

Gegenüber pseudoidealistischem Wortrausch (»Wortgeräusch«) und ideologisch ausgerichtetem Jargon (»Sprache des Unmenschen«), zielte aufklärerische Sehnsucht auf eine neue Sprache, die »realistisch« war. »Die heutige schreibende Jugend hat sich zum großen Teil von dem ungeheuren Schock der letzten Jahre noch nicht erholt und zieht sich in eine imaginäre, romantische Welt zurück. Ein Beispiel dafür ist das kolossale Anwachsen der Lyriker, die zum Teil gute Sachen schreiben. Aber diese Romantiker leben noch immer in einer anderen Zeit, ihre Vorbilder sind meist Rilke, George, Heyse, Alverdes und andere. Eine zeitgemäße Sprache sprechen sie nicht. Im ›Skorpion‹ werden alle die jungen Schriftsteller zu Worte kommen, die etwas zu sagen haben und die Talent besitzen. Unsere Sprache wird modern sein, es wird jedoch genügend Spielraum vorhanden sein, allen wirklichen Talenten das Wort zu erteilen.« Hans Werner Richter begründete mit diesen Worten im November 1947 die Absicht, eine neue Zeitschrift zu gründen; der *Skorpion* sollte ein Sprachrohr für die sich neu bildende junge deutsche Literatur sein, von der »Gruppe 47« getragen werden.[408]

Junge Autoren waren im Hause der Schriftstellerin Ilse Schneider-Lengyel im Allgäu zusammengekommen; unter anderen waren anwesend Walter Kolbenhoff, Alfred Andersch, Wolfdietrich Schnurre, Heinz Friedrich, Ernst Kreuder, Walter A. Guggenheimer, Wolfgang Bächler, Friedrich Minssen, Nicolaus Sombart, Günter Eich, Walter Hilsbecher, Walter Heist. Vielfach handelte es sich um ehemalige Mitarbeiter des verbotenen *Ruf*.

»So wie wir die politischen Konzepte der Vergangenheit für nicht mehr realisierbar hielten, so waren auch die literarischen Schulen der Vergangenheit für uns veraltet. Ja, ich selbst hielt die Zeit der literarischen Revolution, vom Naturalismus bis zum Expressionismus, für endgültig abgeschlossen. Eine neue Literatur mußte nach diesem Zusammenbruch entstehen, nicht aber eine neue Schule, die nur die Formexperimente der alten fortsetzte. Diese Literatur mußte realitätsnah, realitätsbezogen sein, ähnlich dem Neo-Verismus, der zu dieser Zeit in Italien entstand, eine Literatur also, die dem politischen Engagement und der Wahrheit dienen sollte. Wir glaubten an den indirekten, wenn auch langfristigen Einfluß einer solchen Literatur auf die gesellschaftspolitische Entwicklung. Doch was wir nicht wollten, war eine Agitationsliteratur. Sie erschien uns als Un-Literatur, als Propaganda, mit der uns das Dritte Reich und vorher die Parteien überfüttert hatten. Und die Sprache? Wir hatten uns . . . gegen die Sklavensprache des Dritten Reiches, von uns Kalligraphie genannt, und gegen die Partei- und Propagandasprache des Dritten Reiches gewandt. Die Sklavensprache, das war die Sprache der inneren Emigration, in der die Kritik an der Diktatur nur in der esoterischen Verschlüsselung sichtbar wurde, erkennbar nur für den Eingeweihten, den Gleichdenkenden. Die offizielle Sprache des Dritten Reiches? Man hat uns vorgeworfen, auch wir hätten uns noch im ›Ruf‹ dieser Sprache bedient, gleichsam die Sprache unserer Gegner geschrieben. Das mag sein. Aber die jungen Leute, die aus dem Zweiten Weltkrieg zurückkamen, waren in diesem Sprachgehäuse aufgewachsen, hatten in dieser Sprache gelebt. Sie konnten sich ihr nicht sofort entziehen. Erst die nachfolgende Zeit – die Zeit des radikalen Kahlschlags – brachte die Veränderung.« (Hans Werner Richter)[409]

Die erste Tagung der »Gruppe 47« hat Richter ausführlich beschrieben. Der Bericht gibt anschaulichen Aufschluß über den neuen Sprach- und Sprechstil, den man anstrebte.

»So hocken wir im Kreis herum auf dem Fußboden in Ilse Schneider-Lengyels Wohnstube, manche mehr liegend als sitzend, hören zu, angestrengt, konzentriert, und nur selten geben wir unserer Zustimmung oder unserem Mißfallen durch Kopfnicken, Lachen oder irgendwelche Gesten Ausdruck. Es gibt keine Zwischenrufe, keine Zwischenbemerkungen. Neben mir auf dem Stuhl nimmt der jeweils Vorlesende Platz. Es ist selbstverständlich, hat sich so ergeben. Nach der ersten Lesung – es ist Wolfdietrich Schnurre – sage ich: › Ja, bitte zur Kritik. Was habt Ihr dazu zu sagen?‹ Und nun beginnt etwas, was keiner in dieser Form erwartet hatte: Der Ton der kritischen Äußerungen ist rauh, die Sätze kurz, knapp, unmißverständlich. Niemand nimmt ein Blatt vor den Mund. Jedes vorgelesene Wort wird gewogen, ob es noch verwendbar ist, oder vielleicht veraltet, verbraucht in den Jahren der Diktatur, der Zeit der großen Sprachabnutzung. Jeder Satz wird, wie man sagt, abgeklopft. Jeder unnötige Schnörkel wird gerügt. Verworfen werden die großen Worte, die nichts besagen und nach Ansicht der Kritisierenden ihren Inhalt verloren haben: Herz, Schmerz, Lust, Leid. Was Bestand hat vor den Ohren der Teilnehmer sind die knappen Aussagesätze. Gertrude Stein und Ernest Hemingway sind gleichsam unbemerkt im Raum. Der Dialog, der Sprechstil dominiert. › Ja‹, sagte er, oder auch ›nein‹, und das ›Nein‹ und › Ja‹ hat Bestand, aber schon die nächste Wortzusammensetzung › Ja, du Gute‹ wird hohnlachend verworfen. Wer sagt schon noch ›du Gute‹, und wenn er es sagt, kann er es noch lange nicht schreiben, es sei denn ironisch, aber die Ironie ist abwesend in dieser ersten Zeit des Neubeginns.

Was bei allen ebenfalls unbemerkt zum Ausdruck kommt, ist die nur auf die Aussage zielende Sprache der ›Landser‹, die Reduzierung der Sprache auf das Notwendige, eine Abkehr vom Leerlauf der schönen Worte und eine Hinwendung zu ihrem unmittelbaren Realitätsbezug. Sie haben es alle gelernt in der Masse des Volkes, in der sie gelebt haben, jahrelang, tagaus, tagein, in den Kompanien, in den Kasernen, in den Lagern und Gefangenenlagern. Sie haben in dieser Zeit immer am Rand der menschlichen Existenz gelebt. Das hat sie mißtrauisch und hellhörig gemacht.«[410]

Wolfgang Weyrauch nannte wenige Monate später in einem Kurzgeschichtenband neuer Erzähler (*Tausend Gramm*) die Literatur, die mit diesem so privaten und intimen Treffen am Bannwaldsee sichtbar geworden war, »Kahlschlagliteratur«. Verpönt war die bürgerlich gepflegte Kunstsprache, die stilisierte »Schönschreibekunst« in allen ihren Variationen. Verpönt war die bürgerliche Kunstsprache; sie erschien veraltet, verrostet, verlogen. »Nichts hatte mehr Bestand vor der Wirklichkeit, in der wir lebten. Eine neue Sprache war notwendig, um diese Wirklichkeit transparent zu machen, eine Sprache der direkten Aussage, klar, eindeutig, präzise.«[411]

Bei der Tagung in Inzighofen 1950 erhielt Günter Eich den zum ersten Mal vergebenen Preis der Gruppe 47. Ausgezeichnet wurde er unter anderem für das Gedicht *Fränkisch-tibetanischer Kirschgarten*.

> »Wen hält mit wehenden Ärmeln
> die Vogelscheuche fest?
> Mich stört nicht wie die Stare
> der Hasenbalg im Geäst.
>
> Die pendelnden Sensenschneiden,
> Stanniol, emporgeweht,
> die blechernen kleinen Mühlen,
> schnurrend vom Wind gedreht.
>
> Entferntes Sperlingszetern
> und Straßenlärm verklang,
> mit unsichtbaren Betern
> füllt sich der Kirschenhang.
>
> Lies auf den leeren Bändern:
> Om mani padme hum,
> die Zeichen aus den Ländern
> um Lhasa und Kumbum.
>
> Und hör aus solchen Zonen
> vervielfachtes Gebet,
> wenn auf den Kirschbaumkronen
> sich fremd die Mühle dreht.«[412]

Die Preisverleihung war bezeichnend für die Veränderungen im Sprachbewußtsein innerhalb kurzer Zeit. Die »Kahlschlagliteratur« war zu Ende, kaum daß sie begonnen hatte. Diente die Reduktion vorher der Konkretisierung und der Fixierung einer realen, geschichtlichen Welt, so zielt sie nun auf überzeitliche Allgemeingültigkeit. Das »reine Gedicht« kennzeichnet die Wende, die nun einsetzt. Die Zeit einer »magischen Poetik«, in der das Materielle »verhaucht«, kehrt mit diesem spirituellen Verklärungsstil sprachlich zurück. »In diesem Zusammenhang ist trotz der politischen Motivation auch die Wirkung der ›hermetischen‹ Dichtungssprache Paul Celans zu sehen. Entgegen dem Willen des Autors bleiben dem Leser – der zudem seine früher erworbene Lese- und Interpretationsgewohnheiten mitbringt – zahlreiche politische und autobiographische Informationen so stark verschlüsselt, daß die Gedichte auch rein formal-ästhetischen und erbaulichen Interpretationen offenstehen und ihr aufklärerischer Zug verschwindet. Die Preisverleihung an Eich im Jahre 1950 kann man als Symptom für die Entwicklung der Literatursprache in den 50er Jahren sehen.« (Hugo Steger)[413]

Literaturpreise

Die Entwicklung der »neuen Literatur« verläuft dichotomisch: Die einen verblieben, bewußt oder unbewußt, auf dem Weg der Innerlichkeit und konservativer Bewahrung; sie waren introspektiv, pflegten ihre abgekapselte »Eigentlichkeit«; die anderen versuchten, möglichst viel Welt sich anzueignen, sich zu öffnen, Anschluß an die Weltliteratur und ihre Strömungen zu gewinnen. Provinz war deshalb nicht immer provinziell, Großstadt keineswegs immer urban; der Weg nach innen entdeckte Werte, die gerade das nationalistische und nationalsozialistische Spießertum verachtet und vernichtet hatte; die nun wiederum rehabilitierte »Asphaltliteratur« fand oft, vor lauter Moden und Trends, nicht die Zeit und die Kraft zur Vertiefung.

Bei aller Differenzierung, die bei der Beurteilung der einzelnen Autoren und Werke notwendig ist, kann man jedoch verallgemeinernd sagen, daß die Literatur, die sich der Öffnung nach außen versagte und nach wie vor glaubte, das Wesentliche sei allein in »vertikaler Richtung« zu finden, in kunstreicher Oberflächlichkeit (mit vorgegebenem Tiefsinn) steckenblieb. Wie stark verbreitet solche Abkapselungstendenzen waren und wie sehr sie gerade vom offiziellen Geschmack gefördert wurden, zeigen die Literaturpreise nach 1945, die Friedhelm Kröll mit Recht als Wegweiser in die Restauration bezeichnet.[414]

Die Tradition dieser Preise reichte vielfach bis in die Weimarer Republik zurück: Der Lessing-Preis der Freien und Hansestadt Hamburg, begründet 1930; der Georg-Büchner-Preis, begründet 1923, wiederbegründet 1945 (seit 1949 vergeben von der Deutschen Akademie für Sprache und Dichtung); der Immermann-Preis der Stadt Düsseldorf, begründet 1935, wiederbegründet 1947; der Literaturpreis der Stadt München, begründet 1927, wiederbegründet 1947; der Wilhelm-Raabe-Preis der Stadt Braunschweig, wiederbegründet 1946. Diese wie andere Literaturpreise waren durchwegs in den letzten Kriegsjahren stillgelegt worden und pausierten meist noch einige Zeit nach dem Zusammenbruch. Eine entscheidende Ausnahme stellte der Georg-Büchner-Preis dar, der vom Jahre 1933 ab bis zum Ende des letzten Weltkrieges stillschweigend nicht mehr verliehen worden war. 1945 erhielten den Preis der wenig bekannte Hans Schiebelhuth und 1946 Fritz Usinger, zwei Autoren, deren literarische Anfänge mit dem rührigen »Darmstädter Dichterkreis« verbunden waren. Usinger, der zwischen 1933 und 1945 eine Reihe von Gedichtbänden in Deutschland publiziert hatte, fand nach expressionistischen Versuchen unter dem Einfluß Stefan Georges zu strengen lyrischen Formen wie Sonett, Ode, Hymne und Elegie.

Die Stadt München verlieh 1945 ihren Literaturpreis an Peter Dörfler, einen heimatverbundenen, gemütvollen, oft auch sentimentalen Erzähler, der im Dritten Reich eifrig publiziert hatte. Was Joseph Bernhart 1965 in dem von Hermann Kunisch herausgegebenen *Handbuch der deutschen Gegenwartsliteratur* zu Dörfler feststellt, hätte, so meint Friedhelm Kröll, aus Anlaß so mancher Preisverleihungen in den Jahren nach 1945 gesagt werden können. »Treu dem Gesetz einer immanenten Christlichkeit ist er im Gedränge der Polaritäten seiner Anlage und Existenz Herr im eigenen Hause geblieben. Seine von Grund aus priesterliche, der Heilung der Dinge zustrebende Natur bestimmte auch das dichterische, den Räumen und Zeiten sich öffnende Lebenswerk voller Wärme des Lebens und einer dem Ewigen trauenden Weisheit.«[415] In diesem Zitat seien alle den Preiserfolg verbürgenden Topoi versammelt und heilsmetaphysisch erhöht.

1947 ging der Literaturpreis der Stadt München an Gertrud von Le Fort, 1948 an Ernst Penzoldt und 1949 an Georg Schwarz.

Der Raabe-Preis, den 1932 als letzter vor dem nationalsozialistischen Machtantritt Ernst Wiechert bekommen hatte, ging 1944 an Ricarda Huch; 1947 erhielt ihn Fritz von Unruh; 1948 ging er an Werner Bergengruen, 1949 an Ina Seidel. Der Lessing-Preis, 1930 an den aus dem George-Kreis stammenden Literarhistoriker Friedrich Gundolf verliehen, fiel 1947 Rudolf Alexander Schröder zu.

Der Immermann-Preis der Stadt Düsseldorf, im Dritten Reich Hauptpreis für faschistische Autoren, von 1944 bis 1947 nicht vergeben, ging nach seiner Wiederbegründung an Emil Barth. Darin drückte sich, so Heinrich Vormweg, mehr als nur Lokalspezifisches aus; Barths *Aufzeichnungen und Meditationen*, zwischen 1943 und 1945 in Haan/Rheinland niedergeschrieben und 1946 unter dem Titel *Lemuria* publiziert, können als Schulfall einer »Stimme der inneren Emigration« gelten. Dieses Tagebuch erweise sich als Zeugnis eines permanenten Auf-der-Flucht-Seins vor den Zeitereignissen und als Versuch, historisch-konkrete Konfrontationen in ein unverbindliches Höheres zu retten. Die Rezeption des Tagebuchs von Barth nach 1945 habe fraglos repräsentative Bedeutung. »Das ›geistige Deutschland‹ als Publikum hörte die Botschaft gläubig. Die Tradition der Innerlichkeit, dieserart an der Öffentlichkeit gehalten, die ihr gerade auch die Nazis durchaus konzidiert hatten, wurde ihr zur ideologischen Basis und zur Legitimationsgrundlage der inneren Emigration. Mit in jeder Hinsicht hohem Anspruch signalisiert . . . Emil Barths Tagebuch eine Grundtendenz der frühesten Nachkriegszeit. Es war ihre bestimmende Grundtendenz.«[416]

1949 wird der 1948 neugegründete Fontane-Preis erstmals an Hermann Kasack für sein Werk *Die Stadt hinter dem Strom* verliehen. Ihm folgte Friedrich Georg Jünger, ein Meister der »heroischen Gesänge und zuchtvollen Form«.

Daß 1950 Günter Eich den Preis der Gruppe 47 erhielt, stand nur scheinbar im Gegensatz zum konservativen Trend bei der Vergabe der Literaturpreise. Er hatte zwar, als Mitinitiator der Kahlschlagliteratur, das »Wortkunstgeklingel« der inneren Emigration mit Hilfe seiner lapidar-realistischen Sprache erheblich irritiert; zur Zeit der Preisverleihung befand er sich jedoch schon auf dem Rückzug in eine chiffrenhafte Esoterik. Zudem kann Eich als Person für den Kontinuitätsbogen stehen, der sich vom Antimodernismus des »Kolonne«-Kreises 1929/30, dem er angehört hatte, über die Jahre des Dritten Reiches, in dem er als Schriftsteller weiterhin veröffentlichte, bis zur Nachkriegszeit erstreckt; von der Gruppe 47 wurde er freilich mit der Aura eines literarischen Novizen ausgestattet. Die Gruppe 47 nahm für sich in Anspruch, ein Organ des literarischen Neuanfangs zu sein – Legitimierungsinstanz, die sich viel darauf zugute hielt, die Literatur der Weimarer Republik ebenso wie die antifaschistische Exilliteratur als versunkene Literaturwelten zu interpretieren und für nicht anknüpfungsfähig zu erklären, wenngleich man in der Gruppe 47 den Exilautoren großen persönlichen Respekt zollte. »Die Gruppe 47 erscheint in diesem Lichte gleichsam als Testamentsvollstrecker des ›Kolonne‹-Kreises, insofern sie wesentlich mit dazu beitrug, ›moderne Stile abzumildern und in eine metaphysisch-meditative Literatur‹ einzuschmelzen. Damit war der Weg für eine moderate, genauer: restaurative Moderne auch von seiten der ›Jungen Generation‹ bereitet.«[417]

Dem Ideologie-Verdacht fielen die Autoren des Exils zum Opfer; die antifaschistischen Schriftsteller verzeichnete kaum eine Preis-Liste; statt dessen stiegen die Schriftsteller der restaurativ gestimmten Moderne zu Kronautoren des totalen Neuanfangs, der »Inventur« auf, schief beleuchtet durch den Mythos, alle Autoren der jungen Generation stünden am Beginn oder Wiederbeginn ihrer literarischen Sozialisation.

»Meinen Sie Zürich zum Beispiel . . .«

Gottfried Benn war insofern eine Schlüsselfigur des poetischen Weltbildes der Trümmerzeit, als seine Dichtung Irrationalismus und Rationalismus, Weltflucht und Weltsucht in sich verschmolz. Auf der einen Seite sah er im Gehirn einen Irrweg: »Ein Bluff für den Mittelstand. Ob man aufrecht geht oder senkrecht schwimmt, das ist alles nur Gewohnheitssache. – Alle meine Zusammenhänge hat es mir zerdacht. Der Kosmos rauscht vorüber. Ich stehe am Ufer: grau, steil, tot. Meine Zweige hängen noch in ein Wasser, das fließt; aber sie sehen nur nach innen, in das Abendwerden ihres Blutes, in das Erkaltende ihrer Glieder. Ich bin abgesondert und ich. Ich rühre mich nicht mehr.

Wohin? Wohin? Wozu der lange Weg? Um was soll man sich versammeln? Da ich einen Augenblick nicht dachte, fielen mir nicht die Glieder ab?

Es assoziiert sich etwas in einem. Es geht etwas in einem vor. Ich fühle nur noch das Gehirn. Es liegt wie eine Flechte auf meinem Schädel. Es erregt mir eine von oben ausgehende Übelkeit. Es liegt überall auf dem Sprung: gelb, gelb: Gehirn, Gehirn. Es hängt mir zwischen die Beine herunter . . . ich fühle deutlich, wie es mir an die Knöchel schlägt – – –

O so möchte ich wieder werden: Wiese, Sand, blumendurchwachsen, eine weite Flur. In lauen und in kühlen Wellen trägt einem die Erde alles zu. Keine Stirne mehr. Man wird gelebt.«[418]

Auf der anderen Seite war es gerade Benn, der denjenigen (vor allem auch Jüngeren), die, verschüttete Klassiker im Kopf, bei Carossa oder Hauptmann hängengeblieben waren, den Weg ins »gelobte Land« großstädtisch-urbaner Freiheit wies. »Dranbleiben« hieß die Parole. »Der Lyriker kann gar nicht genug wissen, er kann gar nicht genug arbeiten, er muß an allem nahe dran sein, er muß sich orientieren, wo die Welt heute hält, welche Stunde an diesem Mittag über der Erde steht. Man muß dicht am Stier kämpfen, sagen die großen Matadore, dann vielleicht kommt der Sieg. Es darf nichts zufällig sein in einem Gedicht. Was Valéry über Moltke schrieb: ›für diesen kalten Helden ist der wahre Feind der Zufall‹, gilt für den Lyriker, er muß sein Gedicht abdichten gegen Einbrüche, Störungsmöglichkeiten, sprachlich abdichten, und er muß seine Fronten selbst bereinigen. Er muß Nüstern haben – mein Genie sitzt in meinen Nüstern, sagte Nietzsche –, Nüstern auf allen Start- und Sattelplätzen, auf dem intellektuellen, da wo die materielle und die ideelle Dialektik sich voneinander fortbewegen wie zwei Seeungeheuer, sich bespeiend mit Geist und Gift, mit Büchern und Streiks – und da, wo die neueste Schöpfung von Schiaparelli einen Kurswechsel in der Mode andeutet mit dem Modell aus aschgrauem Leinen und mit ananasgelbem Organdy. Aus allem kommen die Farben, die unwägbaren Nuancen, die Valeurs – aus allem kommt das Gedicht.«[419]

Mit Benns Ambivalenz identifizierte sich die junge Generation, die nicht so recht wußte, ob sie aus der Not eine Tugend machen und »innerlich« bleiben sollte, oder ob sie die Trutzburg der Seele verlassen, die Mauern metaphorischen Hochmuts schleifen und sich in den Strudel großstädtischer Modernität stürzen sollte.

> »Meinen Sie Zürich zum Beispiel
> sei eine tiefere Stadt,
> wo man Wunder und Weihen
> immer als Inhalt hat?
>
> Meinen Sie, aus Habana,
> weiß und hibiskusrot,
> bräche ein ewiges Manna
> für Ihre Wüstennot?
>
> Bahnhofstraßen und Ruen,
> Boulevards, Lidos, Laan –
> selbst auf den Fifth Avenuen
> fällt Sie die Leere an –
>
> Ach, vergeblich das Fahren!
> Spät erst erfahren Sie sich:
> bleiben und stille bewahren
> das sich umgrenzende Ich.«[419a]

Als Erich Kästner im Juni 1947 erstmals nach dem Krieg wieder nach Zürich kommt, ist er jedenfalls fasziniert von der »Großstadtmelodie«, von der man annahm, daß sie in den deutschen Städten nicht mehr erklingen werde.[420] Über den Asphalt rollen, von hafersatten glatten Pferden gezogen, offene Equipagen mit rotbäckigen Brautpaaren; die Kutscher tragen glänzende Zylinder und haben bunte flatternde Bänder am Rock. In den Bars stehen Teller mit Mandeln und Kaffeebohnen an der Theke; die Gäste greifen achtlos zu. Volle Schuhgeschäfte; in den Auslagen Nylonstrümpfe. Überall kann man englische, amerikanische, türkische, griechische Zigaretten kaufen. Streichhölzer gibt's; die Schachteln haben, es kommt Kästner wie Sünde vor, zwei Reibflächen. Die Verkäufer sind sanft wie Samt. Der Friseur fragt besorgt, ob das Rasiermesser auch ganz gewiß scharf ist. Die Erdbeeren stehen in gestaffelten Spankorbreihen vor den Läden bis zum Rinnstein; das Gemüse türmt sich hinter den Schaufenstern zu Bergen. Vor dem Mittagessen wird ein üppiger Wagen mit Vorspeisen herangefahren. Glitzernde Juwelierläden, üppige Konditoreien; seriöse Banken; Buchhandlungen, wo man unbegrenzt Bücher kaufen kann; Reisebüros; Kauf- und Konfektionshäuser mit persischen Teppichen, Uhren, Photoapparaten; Parfüms; volle Zeitungsstände. »Das war früher auch einmal unsere Welt gewesen, und nun machten wir Augen wie über einem Märchenbuch. Wie Kinder, die nicht lesen können und nur die Bilder bestaunen.«

Als Kästner, wieder zurückgekehrt, in Schwabing am Fenster steht und die Züricher Tage überdenkt, sieht er einen Herrn und einen Dackel die Straße heraufkommen; sie gehen gemessenen Schritts an den grünwuchernden Trümmerhaufen vorbei; nur die Gemessenheit ist nicht ganz echt; jetzt klettert der Mann mit einem halbgefüllten Leinensäckchen, vorsichtig und verschämt, auf einen der bewachsenen Schutthügel und sucht in dem grünen Gewucher herum. »Was pflückt er? Was sammelt er in die Scheunen? Löwenzahnblätter und Sauerampfer! Die Gattin hat ihn ausgeschickt, Gemüse und Salat zu ernten. Er stopft das nahrhafte Unkraut hastig in das graue Säckchen, steigt vorsichtig wieder bergab, staubt sich die Hosenbeine sauber und schreitet, elastisch wie ein rheumatischer Attaché, um die Ecke.«

Kästner war zum Kongreß des PEN-Clubs angereist. Er kommt mit »unvergessenen Freunden und Bekannten zusammen, vor allem mit Verlegern, Schriftstellern und Schauspielern, die vor Bedrohung und Tod im Dritten Reich hatten fliehen müssen und dafür andere Nöte, Ängste und Schmerzen erlitten hatten«. Von den deutschen und österreichischen Schriftstellern trifft er Werner Bergengruen, Ossip Kalenter, N. O. Skarpi, nun in der Schweiz ansässig; Thomas Mann aus Kalifornien; Alfred Kerr, Robert Neumann, Friedrich Burschell, Richard Friedenthal, Hilde Spiel und Peter de Mendelssohn aus London; Franz Csokor aus Rom; Max Tau aus Oslo. Erich Kästner übergibt dem Kongreß des PEN-Clubs eine Erklärung des im Mai 1946 gegründeten »Schutzverbandes deutscher Schriftsteller«, die dieser kurz vorher beschlossen hatte:

»Diejenigen unter den deutschen Schriftstellern, die sich freigehalten haben von den Verführungen der autoritären Herrschaftssysteme und ihrer Unmenschlichkeit, senden dem PEN-Club zu seinem XIX. Kongreß ihre kollegialen Grüße und Wünsche. Sie beklagen aufs tiefste die zwei Jahre nach Beendigung der

Kriegshandlungen noch immer unlösbar scheinenden Schwierigkeiten, die einem wirklichen Frieden entgegenstehen . . . Während sie der Meinung sind – und dies ihrem eigenen Volk zurufen –, daß die Tugend der Besiegten Bescheidenheit ist, glauben sie aussprechen zu dürfen, daß die Tugend der Sieger Großmut heißt. An jene Bescheidenheit und an diese Großmut appellieren sie in der quälenden Sorge, daß das Lebensgefüge Europas der völligen Zerstörung nahe ist. Von der Einsicht der deutschen Schriftsteller erwarten sie Verständnis für die hohe Aufgabe, die ihnen auch heute noch im Kampf gegen jede überlebende Gesinnung der Rechtlosigkeit und Unmenschlichkeit erwächst. Von der Einsicht der Schriftsteller in den andern Ländern erhoffen sie, daß sie in ihren, den siegreichen Völkern die Erkenntnis verbreiten, wie allein das Gefährdete zu retten ist: nämlich durch einen allgemeinen, nicht in Worten, sondern aus Taten bestehenden Akt der Humanität, der den ersten Schritt zum angestrebten Ziel, zur Aufrichtung einer besseren Welt darstellen würde.«[421] (1948 wurde dann in Göttingen das »Deutsche PEN-Centrum« wiedergegründet; 1952 kam es zur Spaltung in ein »Deutsches PEN-Zentrum der Bundesrepublik« und ein »Deutsches PEN-Zentrum Ost und West«, das sich 1967 in »PEN-Zentrum Deutsche Demokratische Republik« umbenannte.)

Goethe als Nothelfer

Das Gefährdete retten – Akte der Humanität wagen: Goethe erwies sich für die Trümmerjahrkultur als ein bedeutsamer Nothelfer; zugleich spiegeln die Kontroversen um Goethe-Preis und Goethe-Jahr die Schwierigkeiten einer daniederliegenden, gespaltenen Nation, zu einer neuen Identität zu gelangen.

Jede Generation, meinte Hans Mayer im Februar 1947, trete das Erbe der Vergangenheit immer wieder neu an – mit immer neuen Entdeckungen und auch mit immer neuen Ungerechtigkeiten.[422] Ein derart »dialektisches« Verhältnis zu den Klassikern war jedoch für die Trümmerzeit keineswegs typisch. Altmeister Goethe wurde, wie Friedrich Schiller, unverändert hymnisch verehrt. »Er war unser, er ist unser, er wird unser sein« – eine solche Suggestion, mit deren Hilfe man sich weiterhin als Volk der Dichter und Denker verstand, verhalf zur Enthebung von trister Wirklichkeit. Die Integeren unter den Rhapsoden verschlossen sich nicht der Tatsache, daß dieses Volk in seiner jüngsten Geschichte vor allem ein Volk der Richter und Henker gewesen war; aber mit um so größerem Pathos versuchte man zu beweisen, daß solche Verirrung überwunden werden könne, wenn man nur wiederum mit der ganzen Kraft des Gefühls Goethe in sich aufnehme.

Die Entwicklung der letzten hundertfünfzig Jahre, so eine aphoristische Formulierung von Werner Bergengruen, lasse sich auf die Formel bringen: von I. G. Cotta zu I. G. Farben. Da müsse Umkehr, Wandlung, Besinnung einsetzen. »Die Straße des Bösen, die von Weimar nach Buchenwald gepflastert worden ist,

Max Pechstein, Goethe-Zeichnung, 1949

sie darf ja nicht die Straße unseres Todes sein.« Albrecht Goes, 1908 geboren, seit 1930 Pfarrer, ein volkstümlicher Lyriker von christlich-humanistischer Anschauung, der später mit *Unruhige Nacht* (1950) und *Das Brandopfer* (1954) zwei Erzählungen schuf, die (nicht zuletzt deshalb wurden sie zu Standardwerken im Lektürekanon der höheren Schulen) am Beispiel eines zum Tode verurteilten Soldaten und der nationalsozialistischen Judenverfolgung gefühlvoll über die Barbarei des Dritten Reiches aufklärten – Albrecht Goes schrieb im Februar 1947 über »Goethegedichte in dieser Zeit«, dabei um einen Goethe von innen bittend: »Nie, auch in den dunkelsten Jahren nicht, haben die Stimmen der Weisheit und der Güte, die Stimmen der Liebe und der Geduld aufgehört zu rufen. Goethe – wir hören es wohl – ist eine der Hauptstimmen in diesem Bereich . . . Wen ruft diese Stimme? Die Menschheit. Ihr Volk. Das Volk ihrer Sprache. Ja. Aber zunächst ruft sie den einzelnen. Sie wartet nicht auf die Akklamation der Menge. Sie wartet auf die Freude des Wanderers . . . Kennen wir, so möchten wir zuletzt fragen, die Weise der Genesung schon, wenn wir die Krankheit kennen? Heißt die Krankheit: Atomisierung des Lebens, Zerschlagung eines Ganzen in Teile – und dergleichen ist ja wohl in Bergengruens Warnwort angedeutet –, so müßte eine Genesung ihren Ausgangspunkt und ihr endliches Ziel im Ganzheitlichen suchen und finden. Es wird keine Stelle im abendländischen Bezirk geben, da der Zerteilung stärkerer Widerstand entgegengesetzt wird als im Werke Goethes . . .«[423]

Der 1927 gestiftete und erstmals Stefan George zuerkannte Frankfurter Goethe-Preis – es erhielten ihn unter anderem Gerhart Hauptmann, Hermann Stehr, Ricarda Huch, Albert Schweitzer, Sigmund Freud und Georg Kolbe (in den beiden letzten Kriegsjahren wurde er nicht verliehen) – ging 1945 an den Physiker Max Planck. 1946 wurde er an Hermann Hesse verliehen. Das Kuratorium, dem auch Vertreter der Goethe-Gesellschaft, des Freien Deutschen Hochstiftes und der Universität Frankfurt angehörten, wollte damit einen Dichter ehren, »dessen Ideen der Grundlage unseres geistigen Wiederaufbaues dienen«. »Der wesenhaft deutsche, der schwäbische Dichter Hermann Hesse zog sich schon früh aus den Zwiespälten Deutschlands in die lateinische Klarheit und die italienische Schönheit der Südschweiz zurück, nach Montagnola bei Lugano, wo er, allezeit ein Herold der Freiheit und des Gewissens, noch heute lebt und von wo er seit dem Zusammenbruch mehrfach seine unlösliche Verbundenheit mit dem Schicksal der Heimat, seinen Glauben an Deutschland bekundete.«[424] (Zu dieser Zeit bereitete der Suhrkamp Verlag eine Herausgabe von Hesses Roman *Das Glasperlenspiel* vor.)

Das Jahr 1949 bot dann mit der zweihundertsten Wiederkehr von Goethes Geburtstag die einmalige Chance, der Welt das »eigentliche«, das andere, das eigentlich ganz andere innere Deutschland zu präsentieren. Zum ersten Male nach dem Krieg wurden in großem Maßstab kulturpolitische Möglichkeiten kulturtouristisch genutzt, Klassik und Kommerz amalgiert: *»Goethe's Germany invites you!«* Goethe, versehen mit allen affirmativen Weihen, sollte mithelfen, daß Deutschland nun endlich in die friedliche Gemeinschaft der Kulturnationen zurückkehren dürfe.

Nach sechzehn Jahren betrat Thomas Mann wieder deutschen Boden. Seine Ansprache im Goethe-Jahr hielt er in Frankfurt, wo er auch mit dem Frankfurter Goethe-Preis geehrt wurde, und in Weimar – das Verbindende zwischen den beiden deutschen Staaten damit unterstreichend. »Was hat Goethe uns bedürftigen Menschen geraten? Die Zeitgenossen hat oft genug ein zum Scheiden und Werten unwilliger Objektivismus – der Objektivismus der Kunst und Natur – verschüchtert, der sein Wesen war, ein Element umfassenden Zweifels, das ihn, wenn wir seiner Umgebung glauben dürfen, gern Sätze sprechen ließ, die gleich den Widerspruch auch schon enthielten, und: ›Er hat sein Sach' auf nichts gestellt‹ ist das moralisch beklommene Wort, in das Schillers Frau, Charlotte, diese Erfahrungen zusammenfaßt. Aber dieses ›Nichts‹, es ist ein anderer Name für ›Alles‹, für das Menschlich-Umfassende, die tausendfache Lebendigkeit des Proteus, der in alle Formen schlüpft, alles zu wissen, alles zu verstehen, alles zu sein, in jeder Haut zu leben verlangt. Nichts und alles sind da eins, wie Mephistopheles und Faust eins sind in der Person ihres Schöpfers, der sie ihren Pakt schließen läßt auf dem Grund einer totalen, das Höllische ins Allmenschliche umdeutenden Lebenshingegebenheit. Das ›gute Deutschland‹, das ist die Kraft, gesegnet durchs Musische, gesittete Größe. So konnte ein Deutscher musterhaft werden, Vorbild und Vollender seines Volkes nicht nur, sondern der Menschheit, zu deren Selbst er sein Selbst erweiterte.«[425]

Thomas Manns Bereitschaft, in West und Ost Goethe zu gedenken, rief Kritiker auf den Plan. Friedrich Sieburg meinte, daß der Weg von Frankfurt nach Weimar zwar kurz sei, aber für den Dichter des *Doktor Faustus* zum Kreuzweg werde. »Thomas Mann hat kein Glück mit Deutschland, aber wer hätte das!«[426] Thomas Mann antwortete auf solche Proteste: »Das Entscheidende ist, daß mein Besuch dem alten Vaterlande als Ganzem gilt und daß es mir unschön schiene, mich von der Bevölkerung der Ostzone fern zu halten, sie gewissermaßen links liegen zu lassen.«[427] Daraufhin forderte Eugen Kogon – in Hinblick auf die politische Unterdrückung in der sowjetisch besetzten Zone – den Dichter auf, sich zu realer Humanität zu bekennen und nicht nur an einer Humanität in abstracto festzuhalten. »Der einzige, allerdings fragwürdige, aber immerhin begreifliche Ausweg, den ich für Sie sehe, wenn Sie der gleichen Meinung nicht sein sollten, ist der: in Weimar öffentlich zu schweigen – für Goethes und für Ihr Ansehen hörbar zu schweigen.«[428]

In der ostzonalen *Täglichen Rundschau* schrieb Wolfgang Harich: »Freche Mißbilligung und ›wohlgemeinte Ratschläge‹ seitens der Spalter Deutschlands haben Thomas Mann nicht in dem Entschluß beirren können, auch nach Weimar zu kommen. Er hat den von der Reaktion aus Lügen und Verleumdungen fabrizierten ›Eisernen Vorhang‹ durchbrochen, um durch seine Anwesenheit hier zu dokumentieren, daß er die Zonen und Zonengrenzen nicht anerkennen kann und will. Was aber findet Thomas Mann nun hier, in der neuen antifaschistischdemokratischen Ordnung der Ostzone vor? Er findet ein in völliger Wandlung begriffenes, neues Deutschland, in dem der Faschismus mit der Wurzel ausgerottet ist. Er findet eine soziale Ordnung, deren Struktur die reale Garantie gibt, daß – wenigstens in diesem Teil seines Heimatlandes – nie wieder die Mächte der Reaktion und des Krieges ihr Haupt erheben werden. Er findet werktätige Menschen, Arbeiter, Bauern, Ingenieure, Wissenschaftler und Künstler, deren ganze Arbeit ausschließlich im Dienste des friedlichen Aufbaus steht und die täglich und stündlich beweisen, daß man in Deutschland – sich selbst und der Menschheit zum Heil – ohne Kriegstreiber, ohne säbelrasselnde Militaristen, ohne ›völkische‹ Volksverführer und profitlüsterne Monopolherren und Bankiers viel besser und aussichtsreicher für Gegenwart und Zukunft sorgen kann, als dies jemals zuvor in unserer tragischen Geschichte geschah . . .«[429]

Trotz aller offiziellen Bemühungen, den Glanz des Goethe-Kults nicht zu trüben, wurde im Jubiläumsjahr um das rechte Goethe-Verständnis, zumindest in der Gelehrtenwelt, heftig gestritten. Bei der Auseinandersetzung um Karl Jaspers lag der Ausgangspunkt verhältnismäßig weit zurück. 1947 hatte Jaspers, als er den Frankfurter Goethe-Preis erhielt, für eine kritische Aneignung plädiert. Goethe sei nicht Vorbild zur Nachahmung; von Goethe gingen Gefahren aus, auch wenn er diesen selbst nicht erlegen sei. »Es ist nur ein Schritt vom Ernst des sich zum vollständigen Menschen bildenden Mannes zur egozentrischen Abschließung von der Welt, – von der befreienden Übersetzung der Erfahrung in Dichtung zur ästhetischen Unverbindlichkeit, – von der Hingabe an den hohen Augenblick bis zur verantwortungslosen Lebendigkeit des bloßen folgenlosen Momentes, – von der Tiefe Goethe'scher Gedanken zur Unschärfe verschwimmenden Denkens, – vom echten Schweben Goethe'scher Weisheit zur Unentschiedenheit des Wesenlosen, – von der Alloffenheit zur Charakterlosigkeit. Es ist das Verhängnis der deutschen Bildung nach Goethe, daß diese Wege gegangen wurden. So Viele wollten jeder ein kleiner Goethe sein. Durch Goethe ließ sich alles entschuldigen. Aber es darf keine Rechtfertigung durch Berufung auf Goethe geben.« Wolle man geistig weiterleben, müsse man eine Revolution der Goethe-Aneignung bewirken. Goethe-Bilder der Vergangenheit seien, bei allem Respekt, nicht zu übernehmen, der Goethe-Kult dürfe nicht fortgesetzt werden.[430]

Ein Kulturbewußtsein, das vor und nach 1945 – einmal zur Fundierung des Rückzugs aus der Politik, dann zur ideellen Ausstaffierung demokratischen Engagements – sich mit Goethe und den Klassikern schmückte, war dadurch zutiefst getroffen. Ernst Robert Curtius polemisierte gegen Karl Jaspers in der Schweizer Zeitung *Die Tat*; der Aufsatz des Bonner Romanisten wurde dann von der *Zeit* (28. April 1949) übernommen. »Wir stehen im Goethejahr. Wir beklagen im Namen aller, denen Goethe Höchstes bedeutet, daß ein Philosoph von internationaler Geltung das Ansehen des deutschen Geistes und der deutschen Philosophie durch eine zugleich subalterne und arrogante Zurechtweisung Goethes kompromittiert.«[431]

Der in die USA emigrierte und dort lebende österreichische Romanist Leo Spitzer schrieb in der *Wandlung* zum Streit Jaspers–Curtius: »Warum sollte es einem besinnlichen, um sein Vaterland moralisch besorgten und zweifellos mit Recht angesichts des tragischen Zustandes der heutigen Welt tragisch gestimmten Philosophen verwehrt sein, im Goethejahr sogar über mögliche böse Folgen des Goethekults nachzudenken und sich öffentlich zu äußern? Ist dem Vaterland, dem nur allzu unkritischen, oder dem Andenken Goethes, des höchst Selbstkritischen, mit militärisch ausgerichteten, humorlos-strammen, ein ganzes Jahr dauernden Lobes-Chören, ›von der Etsch bis an den Belt‹ gedient? Ist solche Massenparadeheuchelei der kühn besinnlichen Fragestellung überlegen? Woher schöpft ein Philologe, vor Gott, vor der Nation, vor sich selber, das Recht, bei drei ›Tathandlungen‹ seines philosophischen Kollegen ›das Maß voll‹ zu finden und von selbstgerechter Gereiztheit zur Tätlichkeit des derb abkanzelnden Pamphlets zu schreiten?«[432] (Curtius hatte unter Verwendung eines Wortes von Fichte von drei »Tathandlungen« Jaspers gesprochen, die ihn in seiner Achtung gegenüber Jaspers erschüttert hätten, nämlich: daß dieser sich zu Deutschlands Kollektivschuld wie zu einer jüdisch-christlichen Mischreligion bekannt und daß er Goethe geschulmeistert habe.)

Neue Hoffnung. Schicksalsjahr 1948

Der sich zusehends durchsetzende unermüdliche, vielfach auch unerbittliche Aufbauwille und Aufbauelan bezog seine Kraft aus der Sehnsucht nach Amerikanisierung des Lebens, aus dem Motiv, an der amerikanischen Prosperität teilzuhaben. Daß dann die Blütenträume so rasch reiften und aus den Westzonen die Bundesrepublik wurde, aus der Trümmerlandschaft das Wirtschaftswunder hervorging, war freilich vor allem der weltpolitischen Entwicklung zu danken. Bei der Potsdamer Konferenz (Juli/August 1945) hatten die Amerikaner, sowieso konsterniert angesichts der unüberbrückbaren Gegensätze zwischen demokratischer und totalitärer Staatsform, erkannt, daß ihr marktwirtschaftlich orientiertes und das zentralwirtschaftliche System der Sowjets einander in der Weltwirtschaft ausschlössen; das galt auch für das deutsche Kondominium. Nur zwei Möglichkeiten zeichneten sich ab: entweder die wirtschaftliche Trennung der SBZ von den Westzonen oder die Einbeziehung Deutschlands in den westlichen beziehungsweise in den sowjetischen Wirtschaftsbereich.

»Zu ersterem zeigten sich weder sowjetische Bereitschaft noch englisch-amerikanische Neigung. Die zweite Lösung wurde jeweils von den Russen oder von den Westmächten abgelehnt. Offizielle Pläne zur Bildung eines Weststaates bestanden weder in London noch in Washington. Eine solche Entwicklung deutete sich noch nicht als akute Gefahr an, schien aber als künftige Möglichkeit nicht ausgeschlossen, wenn die Elendslage in Deutschland für längere Zeit fortbestünde. Aus welchen Gründen und mit welchen Mitteln auch immer die Westzonen unter sowjetischen Einfluß gerieten – in jedem Fall wäre dadurch das Vierzonen-Deutschland für den Westen, und damit auch für Amerika, verloren. Ein kommunistisch orientiertes Deutschland, befürchteten die Westalliierten, könnte in den benachbarten Staaten, vor allem in Frankreich, Wirkungen auslösen, die dem Kommunismus weiteren Auftrieb geben würden.

Auch die französische Besatzungsmacht bereitete den USA Sorgen, nicht nur in der Frage der wirtschaftlichen Einheit, der Reparationen und des Außenhandels. Später, während der Moskauer Außenministerkonferenz im März/April 1947, äußerte Clay einmal, daß die Russen ›hartnäckig sind wie Pferdehändler‹, aber auch, daß ›wir mit ihnen Tag für Tag auf der Basis eines vernünftigen Gebens und Nehmens verhandeln und dabei nicht schlecht abschneiden. Die Franzosen mit ihrem Anspruch auf das Saarland und in der Forderung auf Internationalisierung des Ruhrgebietes sind wesentlich unnachgiebiger.‹ Unablässig betrieb Frankreich die Abtrennung des Ruhrgebiets und des Rheinlands, sowohl zum Zweck der Zerstückelung Deutschlands und aus wirtschaftlichen Interessen, wie aus Angst, daß die Demarkationslinie von der Elbe an den Rhein verlegt werden könnte. Die so separierten Gebiete böten unter ständigem französischem Einfluß eher eine Sicherung gegenüber sowjetischer Expansion, als wenn sie bei Deutschland verblieben. Aber diesem französischen Plan widersetzten sich Amerika und England, um zu verhindern, daß Deutschland nach dem Verlust des Gebiets jenseits der Oder-Neiße-Linie durch Abtrennung des Rhein- und Ruhrgebiets seine wirtschaftliche Selbständigkeit verlöre und damit zum Kostgänger Amerikas würde.

In dieser Situation ergriff der amerikanische Außenminister die Initiative. Als sich abzeichnete, daß der Demontagestopp General Clays nicht die erhoffte Wirkung zeigte, forderte Byrnes am 11. Juli 1946 auf der Pariser Außenministerkonferenz die drei anderen Zonen zu wirtschaftlicher Vereinigung mit der amerikanischen Zone auf. Dieses Angebot konnte weder Frankreich noch die Sowjetunion reizen, Großbritannien hingegen nahm es an. Amerika und England rechneten damit, daß die Vereinigung ihrer Zonen einen wirtschaftlichen

Aufschwung herbeiführen würde und dieser dann eine Magnetwirkung auf die beiden anderen Zonen und deren Besatzungsmächte ausüben könnte.

Am 6. September 1946 hielt James Byrnes als erster alliierter Außenminister nach der Kapitulation vor einem geladenen Kreis aus Deutschen und Angehörigen der Militärregierung in der Stuttgarter Oper eine aufsehenerregende Rede. Ihr Wortlaut wurde sofort von Presse und Rundfunk veröffentlicht. Diese Rede signalisierte offiziell eine Wende in der amerikanischen Deutschlandpolitik, wie sie in der Praxis schon unauffällig eingetreten war. Byrnes verkündete nunmehr vor Deutschen zum ersten Mal die alten amerikanischen Bedingungen: im Kondominium die wirtschaftlichen Schranken zwischen den Zonen fallenzulassen, die Revision des Industrieplans, das Entnahmeverbot sowie die Ablehnung einer Abtrennung des Rhein-Ruhr-Gebiets.« (Theodor Eschenburg)[433]

Byrnes schlug auch vor, das Modell des Länderrats der US-Zone auf die Doppelzone und, nach Möglichkeit, auf das gesamte besetzte Gebiet zu übertragen. Die Regierung solle nicht von den Alliierten gebildet werden, sondern aus einem deutschen Nationalrat bestehen, der sich aus den verantwortlichen Ministerpräsidenten der Länder zusammensetze. Der Nationalrat wäre auch zu beauftragen, den Entwurf einer Bundesverfassung für Deutschland vorzubereiten. In Byrnes' Rede hieß es unter anderem wörtlich: »Die Befreiung vom Militarismus wird dem deutschen Volke Gelegenheit geben, seine großen Kräfte und Fähigkeiten den Werken des Friedens zuzuwenden. Es braucht sie nur zu ergreifen. Sie gibt ihm die Gelegenheit, sich der Achtung und Freundschaft friedliebender Völker würdig zu erweisen und eines Tages einen ehrenvollen Platz unter den Mitgliedern der Vereinten Nationen einzunehmen.«[434]

Byrnes' Rede gab zu großen Hoffnungen Anlaß; sie war nicht nur ein politisches, sondern auch ein wichtiges kulturgeschichtliches Ereignis. Maßgebenden Anteil an der sich nun verhältnismäßig rasch vollziehenden Umstellung der Besatzungspolitik hatte der Militärgouverneur der amerikanischen Besatzungszone in Deutschland, General Lucius D. Clay, von dem schon im Mai 1946 ein vorläufiger Demontagestopp in der amerikanischen Zone verfügt worden war, und der dann für die Vereinigung der amerikanischen und britischen Zone zur Bizone, dem Vereinten Wirtschaftsgebiet (1. Januar 1947), verantwortlich zeichnete. Seine konsequente, auf die Verbesserung der Zustände in Westdeutschland gerichtete Politik fand schließlich ihr entscheidendes Betätigungsfeld bei der Verwirklichung des von US-Außenminister Marshall verkündeten European Recovery Program (ERP), genannt Marshallplan.[435]

Im Juli 1947 übermittelte die amerikanische Regierung General Clay neue Richtlinien für ein »geordnetes und blühendes Europa«, in dem die wirtschaftlichen Beiträge eines stabilen und produktiven Deutschland ebenso notwendig seien, wie die Beschränkungen der deutschen Macht dafür sorgen sollten, daß der destruktive deutsche Militarismus nicht wiederauflebe. Für alle Gebiete des öffentlichen Lebens, für Politik, Wirtschaft, Verwaltung, Rechtspflege und Kultur, wurden Bestimmungen erlassen, die dafür bürgen sollten, daß Deutschland auf dem Weg des friedlichen und demokratischen Wiederaufbaus fortschreite.

Im Dezember 1947 forderte George C. Marshall vor Beginn der Außenministerratssitzung in London den endgültigen Reparationsstopp für den 1. Januar des nächsten Jahres – was vor allem gegen die UdSSR gerichtet war. »Ich möchte keinen Zweifel daran lassen: die Vereinigten Staaten von Amerika sind nicht bereit, als Gegenleistung für die Einigung Deutschlands einem Programm der Wiedergutmachung aus laufender Produktion zuzustimmen. Die USA und Großbritannien bringen jährlich 700 Millionen Dollar nach Deutschland. Gleichzeitig aber werden aus Ostdeutschland Werte abtransportiert, die auf mehr als 500 Millionen Dollar jährlich geschätzt werden. In der Sowjetzone werden deutsche Betriebe in Eigentum der Sowjetunion überführt und in einem gewaltigen sowjetischen Konzern zusammengefaßt.«[436] Nach Verabschiedung des US-Soforthilfeprogramms sollte nun der von Marshall angekündigte Plan dem Kongreß zur Billigung vorgelegt werden; bis 1948, so schätzte man, würden 1,5 Milliarden Dollar benötigt, um das langfristige Unterstützungsprogramm in Gang zu bringen.

Das eigentliche Schicksalsjahr der deutschen Nachkriegsgeschichte war dann 1948. Nach dem Scheitern der Londoner Außenministerkonferenz im Dezember 1947 begann für die westlichen Besatzungszonen eine äußerst dynamische Entwicklung. Der Marshallplan wurde im April verabschiedet. Der Versuch der UdSSR, durch die Abriegelung von Berlin sich die Stadt völlig einzuverleiben, scheiterte an der Entschlossenheit der westlichen Alliierten, vor allem an der von General Clay eingerichteten, die Versorgung (wenn auch unter großen Opfern) sicherstellenden Luftbrücke; am 12. Mai 1949, nach 322 Tagen, hob die Sowjetunion die Blockade wieder auf. Die Vier-Mächte-Verwaltung für Deutschland und Berlin brach zusammen, was letztlich zur Bildung zweier deutscher Teilstaaten führte. Nach dem Verfassungskonvent auf Herrenchiemsee, einem Expertenkomitee für Verfassungsfragen, das im Juli von den Ministerpräsidenten einberufen worden war, wurde der Parlamentarische Rat – mit dem Auftrag, für Deutschland eine Verfassung auszuarbeiten – am 1. September eingesetzt. In der Sitzung vom 8. Mai 1949, die am 9. Mai um 0.40 Uhr zu Ende ging, stimmten für die Annahme des ausgearbeiteten Grundgesetzes 53 Abgeordnete, darunter geschlossen die SPD, CDU und FDP; mit Nein stimmten die beiden Abgeordneten des katholischen Zentrums, die beiden Vertreter der niedersächsischen Deutschen Partei, die beiden Kommunisten, die bayerische CSU, mit Ausnahme von zwei fränkischen Abgeordneten.

Die wichtigste innenpolitische, auch das kulturelle Leben wesentlich verändernde Entscheidung fiel in den Juni 1948. Am 20. 6. fand in den von den Westmächten besetzten Zonen die Währungsreform statt. Einen Tag später wurden Preiskontrolle und Bewirtschaftung vieler Verbrauchsgüter aufgehoben. Ziel der Währungsreform war es, die im Krieg völlig zerrüttete deutsche Finanzwirtschaft zu sanieren; der Geldüberhang aufgrund der Rüstungsfinanzierung stand in einem grotesken Mißverhältnis zum Warenangebot. Die zwangswirtschaftliche Verwaltung mit Preiskontrolle hatte zwar eine inflationäre Entwicklung verhindert, doch war zu den staatlich fixierten Preisen so gut wie nichts zu bekommen. Die wahren Wertverhältnisse spiegelten sich auf dem schwarzen Markt wider. Durch die Währungsreform wurde eine drastische Verminderung des Geldumlaufs und eine radikale Entschuldung des Staates erreicht. Jeder erhielt am Stichtag 40 Deutsche Mark und zwei Monate später nochmals 20 Deutsche Mark ausgezahlt. Alle Bargeldrückstände wurden auf ein Zehntel ihres ursprünglichen Wertes zusammengestrichen; für 100 Reichsmark auf einem Bankkonto gab es nur 6,50 Mark. Gleiches passierte mit allen Schuldverhältnissen – mit Ausnahme von Hypotheken, die im Verhältnis 1:1 umgestellt wurden, weil man die Eigentümer von Sachwerten nicht über Gebühr begünstigen wollte.

Das Wunder geschah: Die Menschen vertrauten dem neuen Geld; lange zurückgehaltene Güter waren plötzlich auf dem Markt; die Schaufenster zeigten von einen Tag auf den anderen ein Warenangebot, das zuvor niemand für möglich gehalten hätte. Professor Ludwig Erhard, 1948 bis 1949 Direktor der Verwaltung für Wirtschaft des Vereinigten Wirtschaftsgebietes und in dieser Funktion maßgeblich an der Wirtschaftsreform beteiligt, behielt recht mit der Auffassung, daß Währungsreform und Wirtschaftsreform untrennbar zusammenhingen. Das eine hätte ohne das andere nicht gelingen können.

Das Kulturideal des Liberalismus und der Tag X

Freie Marktwirtschaft war das Zauberwort des Aufstiegs; der Planwirtschaft wurde abgeschworen; Privateigentum und Konkurrenz, Grundprinzipien des Kapitalismus, wurden als Antriebskräfte wirtschaftlicher Motorik anerkannt; freilich sollten sie gebändigt werden durch soziale Verantwortung. Neubesinnung habe den Liberalismus zu bestimmen – und das hieß auch Rückerinnerung an das »Wesen eines unvergänglichen Liberalismus«.

Was ist Liberalismus? fragte Wilhelm Röpke, Nationalökonom (1933 emigriert, seit 1937 Professor in Genf), einer der wichtigsten »Vordenker« der neuen ökonomisch-gesellschaftlichen Konzeption, in seiner 1947 erschienenen Schrift *Das Kulturideal des Liberalismus*.

»Er ist *humanistisch*: d. h. er geht von der zum Guten fähigen und erst in der Gemeinschaft sich erfüllenden Natur des Menschen, von seiner über seine materielle Existenz hinausweisenden Bestimmung und von der Achtung aus, die wir jedem als Menschen in seiner Einmaligkeit schuldig sind und die es verbietet, ihn zum bloßen Mittel zu erniedrigen. Er ist daher individualistisch oder, wenn man das lieber hört, *personalistisch*: d. h. entsprechend der christlichen Lehre, daß jede Menschenseele unmittelbar zu Gott ist und als ein abgeschlossenes Ganzes zu ihm eingeht, ist die einzelne menschliche Person das letztlich Wirkliche, nicht aber die Gesellschaft, so sehr auch der Mensch nur in der Gemeinschaft, in ihrem Dienste und möglicherweise in der Aufopferung für sie die ihm gesetzte Erfüllung finden kann. Der Liberalismus ist daher *antiautoritär*: d. h. bei aller Bereitschaft, dem Kaiser zu geben, was des Kaisers ist, hütet er sich klug vor jeder Gemeinschaftsromantik, die die staatliche Organisation zum Gegenstand eines mystischen Kultes, zu einer Art von Supraorganismus oder gar zum Gott macht, und ebenso widerstrebt er männlich dem Kaiser, wenn er mehr fordert als was des Kaisers ist. Der Liberalismus ist daher *universal*: d. h. indem er humanistisch, personalistisch und antiautoritär ist und den Menschen als solchen respektiert, während er sich vor der Vergottung des Staates hütet, widerstrebt er der Übersteigerung des Patriotismus zum Nationalismus und damit dem Machiavellismus und Imperialismus. Mit alledem ist er schließlich *rationalistisch* in dem zunächst noch nicht kritisch gemeinten Sinne, daß der Liberale als Humanist allen Menschen die nämliche Vernunft zuschreibt, als Personalist in ihr ›des Menschen allerhöchste Kraft‹ sieht, als antiautoritärer und universaler Sozialphilosoph aber die Vernunft zum Richter macht, vor dem sich die Torheiten, Lügen und Bosheiten der Menschen zu verantworten haben.«[437]

Wie sich das Kulturideal des Liberalismus konkret auswirkte, nämlich am Tag X, dem Tag der Währungsreform, zeigt eine Erinnerung von Ursula von Kardorff, damals Reporterin bei den Nürnberger Prozessen: »Die Geldreform

Ausgabe der neuen DM am
21. Juni 1948 in München

war über Nacht gekommen. Ich machte nur eine kurze Eintragung in mein Tagebuch: ›Indessen ist die Währungsreform über uns hereingebrochen mit dem Ergebnis, daß ich ohne einen Pfennig dasitze, da ich aus bürokratischen Irrsinnsbestimmungen nicht einmal die allen zugesprochenen 40 Mark hier in Nürnberg bekommen kann. Ich finde das ganz lustig, kann mich darüber nicht aufregen.‹ Irgendwann habe ich die brandneuen, knisternden Scheine dann auch in Nürnberg bekommen; mein ›Kopfgeld‹, wie nun das allerneueste Wort in unserem Sprachschatz hieß, die ›Deutsche Mark‹, so getauft vom Amerikaner Eduard Tenenbaum. Vertrauenerweckende, üppige Frauenspersonen waren darauf abgebildet. Für das Kopfgeld kaufte ich vier Weingläser mit rotem Rand, eine Weinflasche, einen Korkenzieher und ein Billett für den Film ›Kinder des Olymp‹, für das ich in Nürnberg fünf D-Mark hinblättern mußte. Abends wurden die Gläser von Gästen in meiner Bude geleert. Am Wochenende, wieder auf dem Dorf, trat eine Bäuerin auf mich zu und bot mir zwanzig frische Eier für zwei D-Mark an. Jetzt erst wußte ich es wirklich: Ein neues Zeitalter war angebrochen.«[438]

Die *Neue Zeitung*, die sonst nur zweimal in der Woche erschien, brachte eine Sondernummer mit dem Gesetzestext und der Ersten Durchführungsverordnung heraus. Am 27. Juni veröffentlichte sie einen umfangreichen Stimmungsbericht »Eine Woche neues Geld. Vom Tag X bis zum Tag X + 6«.[439] Wohin man auch blicke, ob in die amerikanische, britische oder französische Zone, die Wirkung der Währungsreform sei mehr oder minder überall gleich klar ersichtlich: leidenschaftliche Liebe zur »Neumark«; ein jeder Käufer und auch Verkäufer wolle sie besitzen, je mehr und rascher, desto lieber: Es ergab sich ein seit Jahren nicht mehr erlebter Zustand: überraschend starkes Angebot bei tragbaren Preisen, aber Kundenzurückhaltung, denn man hatte ja nur ganz wenige Mark zur Verfügung.

Frankfurt: Wohlmundende Torten; aber weil noch zu kostspielig, nur von »Sehleuten« im Schaufenster bewundert; frisches Obst und Gemüse, überreichlich angeboten.

Darmstadt: Die frischeste Butter, das Pfund fünf Mark.

Heidelberg: Hier drängen sie einem das Pfund Pfirsiche für eine Mark auf; Bauern bieten bereits Frühbirnen an; grüner Salat, seit Jahren nicht mehr gesehen, ist für dreißig Neu-Pfennig zu haben. Wem fünfzehn Pfennig für eine Zitrone zu hoch erscheinen, bekommt eine schon angefaulte als Propaganda-Geschenk in die Hand gedrückt.

Kassel: Bauern bieten das Ei für 1 Mark 10 und das Pfund Butter für 30 Mark an; Käuferstreiks; so senken sie die Preise auf 20 Pfennig und 1 Mark 50.

Stuttgart: Gemüse in nie geahnten Haufen; gekauft wird wenig.

München: Die Städter benützen ihr Kopfgeld für Schuhreparaturen und Unvorhergesehenes. Schlächter haben ihre Lagerbestände ausverkauft, um Bargeld zu besitzen. Bauern verkaufen das Vieh freudig, auf Treu und Glauben.

Französische Zone: Ein Vertreter des Ernährungszentralausschusses verkündet: die Hauptnahrungsmittel blieben weiterhin streng bewirtschaftet.

Britische Zone: Freier Fischverkauf nach Willkür der Geschäfte; Fleisch ist allerdings noch nicht genügend auf dem Markt.

»Herzlich Willkommen‹, steht unsichtbar über den Eingangstüren der Ladengeschäfte und sichtbar in den Mienen der Verkäufer. Nach Überwindung des ersten Schrecks am Montag hat beinahe überall das Geschäft wieder eingesetzt, teilweise über alle Erwartungen gut. Aber das kommt wohl daher, daß die Erwartungen sehr gering waren. Am lebhaftesten gefragt sind Engpaßartikel wie Strümpfe, Stoffe, Nägel, Babyausstattungen, Nähgarn, Emailwaren, Rasierklingen, Gebrauchsgeschirr, Schuhbänder und Gummilitzen. Lebhaftes, allerdings teilweise erst platonisches Interesse finden auch Radioapparate, Kühlschränke, Bügeleisen (die von 25 Mark am Montag bis zu 14 Mark am Donnerstag gefallen sind) und Fahrräder. Völlig ›tot‹ sind im Augenblick kunstgewerbliche Artikel (die dreißig RM-Kacheln bleiben auch für 1,80 DM liegen), Parfümerien, Pelze und Schmuck. Uhren dagegen (zwischen 30 und 90 Mark) gehen wie warme Semmeln. In den Warenhäusern wimmelt es von Menschen, aber 80 v. H. der Besucher sind ›Orientalen‹ – Leute, die sich orientieren wollen. Man stürzt sich auf Gelegenheiten.

Wohin man auch blickte: neue Herrlichkeiten bei durchschnittlichen Preisen! Dreiteilige Herde 70 DM, Gaskocher 50 DM, Vierröhrenrundfunkgeräte 475 DM, Volksempfänger 120 DM, Taschenlampenbatterien 0,40 DM, Nähmaschinen 250 DM, Fahrräder 80 DM, Damenstrümpfe 4 DM, Fahrradschläuche 2 DM, Lederkoffer ab 8 DM, Herrenanzüge 90 DM, Tennisschläger 60 DM, Schnürsenkel 0,30 DM, Handschuhe 6 DM, Krawatten 2,50 DM, Einweckgläser 1 DM, Junghans-Armbanduhren (15 Steine) 80 DM, Wecker und Schreibtischuhren 18 DM, Gummihosenträger 4 DM, Meißner Porzellanservice 500 DM, Opel-Olympia 5900 DM. Die ersten drei gegen Barzahlung verkauften Wagen gingen in Wiesbaden an ein Kaufhaus, die Stadtwerke und die Finanzverwaltung.«

Eine der bekanntesten Figuren der Nachkriegszeit, der Trittbrettfahrer der Straßenbahn, sei bereits im Laufe der ersten Woche nach der Währungsreform aus dem Straßenbild so gut wie verschwunden. Privater Autoverkehr habe stark nachgelassen; man könne allerdings wieder, so man Geld habe, nach Herzenslust mit dem Taxi fahren. »Ein Taxichauffeur nahm am Dienstag bei siebenstündiger Wartezeit die Summe von drei Mark ein.« Fremdenverkehrsgebiete baten um Besucher. An der Tür eines Hotels stand folgendes Schild: »Kurgästen, die im Augenblick noch nicht im Besitz von Bargeld sind, räume ich Kredit ein.«

Auf dem schwarzen Markt brach Panik aus; die Parole hieß: »Wir müssen den amtlich festgelegten Stopp-Preis noch unterbieten!« So sank der grüne Bohnenkaffee auf 20 DM pro Pfund, amerikanische Zigaretten, mit 45 DM pro Stange angeboten, blieben liegen.

Die Hersteller von fertigen Holzhäusern waren bereits in Preiskämpfe verwickelt. Auf dem Arbeitsmarkt meldeten sich viele zur Arbeit. Die meisten Barverkäufe erzielten die Händler landwirtschaftlicher Maschinen und Geräte; selbst Objekte im Wert von rund 400 DM wurden in großen Mengen verkauft. Bei den Banken mußten Überstunden eingerichtet werden; man arbeitete täglich mindestens zwölf Stunden. Das Kreditbedürfnis war sehr stark. Doch erhielten die Sparkassen auch schon Einzahlungen bis zu 20 DM aus dem Kopfgeld; den Einzahlungsrekord hielt ein Münchner Zigarrenhändler mit 1600 DM am 22. Juni.

Kultur war nunmehr, und auch längere Zeit danach, ein »Ladenhüter«. Die konkrete Ästhetik des neuen Warenangebots faszinierte viel mehr als die Produkte der Kunst. Da man nun im Unterbau die Sehnsüchte nach einem schöneren, besseren, glücklicheren Leben zu befriedigen vermochte, konnte man der Sublimierung und der Projektion auf den Überbau entraten.

Geistesschaffende standen am Ende der Schlange – so die »bittere Erkenntnis, die aus allen Berichten und Kommentaren zur derzeitigen Situation widerhallt. Kultur ist plötzlich nicht mehr gefragt und die Drohung des wirtschaftlichen Zusammenbruchs hier entsprechend am stärksten.«

Die Theater sahen ihre Eintrittskarten, vor kurzem noch Tauschware, schimmeln; sie zogen daraus die Konsequenz einer mehr oder minder radikalen Anpassung. Viele freilich, darunter die Hamburger Staatsbühnen, die Städtischen Bühnen München, Hannover, Kassel und Nürnberg, hatten bis zum Ende des Monats in alter Währung vorverkauft, ja sogar Abonnements für die nächste Spielzeit in alter Mark ausgegeben; sie spielten infolgedessen die ersten Tage vor ausverkauften Häusern. Stuttgart, Düsseldorf, Baden-Baden und Koblenz senkten ohne allzu großen Erfolg die Eintrittspreise um rund 50%; Bremen versuchte es mit Verkauf in DM und setzte pro Theater am ersten Tag 18 bis 30 Karten ab. Heidelberg verlangte 4 und 5 DM und mußte die Vorstellungen des 21., 22. und 23. Juni absagen. Einige Theater griffen zu Panikmaßnahmen: so die Frankfurter Oper, die bei Eintrittspreisen von 30, 40 und 50 Pfennig dann allerdings ausverkauft war (die Frankfurter Kinos erhoben ihre alten Preise in neuer Währung und waren dennoch nachmittags halb und abends ganz voll). Immerhin erzielte *Des Teufels General*, auch bei den alten Preisen in neuer Währung, gute Vorverkaufsresultate. – Theaterferien wurden vorverlegt oder überhaupt gestrichen. Die Situation der Wanderbühnen, der Kabaretts, der Zirkusunternehmen war noch verzweifelter; da saßen Hunderte von Künstlern fest, ohne Fahrgeld nach Hause. Tourneen wurden abgesagt, Gastspiele konnten mangels Reisegeld und Honorar nicht mehr stattfinden; ein Tanzpaar zum Beispiel war bereit, sein Augsburger Engagement für 5 bis 10 DM Tagesgage fortzusetzen, aber das Hotel allein kostete 7 DM. Die Konzertsäle waren leer; die meisten geplanten Abende wurden abgesagt.

Bei Zeitungen und Zeitschriften wurden die Abonnements gekündigt. Das große Zeitschriftensterben setzte kurz darauf ein. Der Verleger Lambert Schneider erinnert sich, wie tief deprimiert er angesichts der schlagartig einsetzenden Interesselosigkeit seiner Zeitschriftenleser war, die nun in harter DM ihre geistige Anteilnahme hätten bekunden müssen. »Es war nicht ganz leicht, den Verlag durch alle diese Fährnisse hindurchzusteuern.« Die hohen Auflagen waren auf einmal winzig klein, die Redaktions- und Herstellungskosten so hoch wie in Blütezeiten.[440] Unter den vielen Zeitschriften, die in den nächsten Monaten ihre Tätigkeit beendeten, war auch der (neue) *Ruf*. Im Heft 6/1949 stellte die Redaktion lapidar fest: »Mit diesem Heft verabschiedet sich ›Der Ruf‹ von seinen getreuen Lesern und Freunden. Redaktion und Verlag haben sich in den letzten Monaten mit allen Kräften bemüht, die Spanne zwischen einer Auflage, die in früheren Friedenszeiten bequem ausgereicht hätte, das Erscheinen der Zeitschrift zu sichern und die unausgesetzt gestiegenen und weiter steigenden Unkosten zu überbrücken. Trotz dem Interesse, das der ›Ruf‹ immer wieder als Echo aus dem Kreis seiner Leser spüren konnte, sind alle Bemühungen vergeblich gewesen, so daß der Verlag sich gezwungen sieht, das Erscheinen der Zeitschrift vorläufig einzustellen.«[441]

Als der Verlag Lambert Schneider mitteilte, daß mit dem Herbstheft 1949 *Die Wandlung* aufhöre zu bestehen, zog Dolf Sternberger (Mitherausgeber) ein Fazit: »›Die Wandlung‹ hat sich auf keine Körperschaft stützen können, auf keine Kirche und auf keine Partei. Zwischen Kirche und Partei leben wir heute in Europa, und die ›Flucht vor der Freiheit‹ nimmt oft genug die Form der ausdrücklichen oder unausdrücklichen Konversion an – fast ebensooft wie die des Parteianschlusses oder der Mitläuferschaft . . . So hatte diese Zeitschrift keinen dogmatischen Rückhalt, nicht einmal den einer ›liberalen‹ Ideologie, geschweige einer solchen Organisation. Jeder ihrer Herausgeber und Autoren trat als Einzelner hervor, als Person . . . Der Friede ist fern. Die Friedfertigkeit wird täglich härter auf die Probe gestellt, die Vorstellung eines künftigen Krieges zugleich täglich grausiger. Unterdessen sind in Deutschland das Ressentiment und die schleichende Lust an der Furcht noch weit verbreitet. Wir leben nahe an der Demarkationslinie der Welt. Europa ist ein Fragment, hat eine reale Lebensaussicht nur als Element des umfassenderen atlantischen Systems. Deutscher Nationalismus kann nur noch, sich selbst mißverstehend, als Werkzeug und Hilfstrupp neuer Parteidiktatur wirken. Im fortdauernden Unfrieden der Welt innere Neutralität bewahren zu wollen, kann die Menschenwürde kosten. Die edelsten Begriffe sind in der Anwendung die zweideutigsten: Friede, Freiheit, Gerechtigkeit. Diese Spannungen sind kaum zu ertragen. Der wahre Friede kann nicht in Sklaverei und Unterdrückung liegen, die wahre Freiheit soll nicht durch das Verbrechen eines Atomkrieges erkauft und besudelt werden. In diesen Widersprüchen, in dieser Gefahr leben wir. Wer sich nicht entscheidet, wird verloren sein. Und doch wollten wir Glück und Sicherheit – endlich, nach so viel mutwillig-gefährlichem Leben.

In dieser Lage bricht die Folge dieser Zeitschrift ab. Als wir anfingen, glaubten wir zwar viele Mühen, aber doch hellere Zukunft vor uns zu haben. Auch das hat sich gewandelt. Doch geben wir's nicht auf. Die Herausgeber und die engen Mitarbeiter der ›Wandlung‹ werden miteinander verbunden bleiben und werden sich mit verwandten Geistern vereinigen, um es noch einmal von neuem zu versuchen. Unter einem in Deutschland altvertrauten Zeichen, nämlich unter dem Namen der ›Neuen Rundschau‹ werden sie wiederum die Zuneigung und die Aufmerksamkeit ihrer Leser suchen. So ist dies kein Abschied, nur eine Art Umzug. Wir sehen uns wieder.«[442]

Insgesamt brachte die Währungsreform zutage, daß die »Flucht in die Zeitschrift« wirklich eine Flucht und die Zeitschrifteneuphorie wirklich eine Euphorie, nämlich »Heiterkeit vor dem Ende«, gewesen waren. Die Krise der Kultur, die mit der Währungsreform einsetzte, war tiefenpsychologisch von größter Bedeutung. Es zeigte sich, daß vieles von dem, was man in der Trümmerzeit als große geistige Wandlung und Besinnung, als moralischen Aufbau begriffen hatte, doch nur eine Kompensationserscheinung zum versagten Materialismus gewesen war. Es begann jedoch auch, wie Dolf Sternbergers pessimistisch-optimistisches Resümee exemplarisch bekundet, eine neue kulturelle Entwicklungsphase, mit anderen Erscheinungen, Strömungen, Leistungen, Erfolgen.

Die wichtigsten Kulturereignisse der Nachkriegszeit

Offensichtlich in Vorwegnahme des bevorstehenden Endes der Trümmerzeitkultur und in Erwartung der weiteren, noch nicht voraussehbaren Entwicklungen, stellte die *Neue Zeitung* im Februar 1948 bei deutschen Zeitungen die Frage, was denn die Kolleginnen und Kollegen aus den Feuilletons und Kulturredaktionen für das wichtigste Kulturereignis der Nachkriegszeit hielten. Die Antworten darauf, kurz zusammengefaßt, sollen diesen kulturgeschichtlichen Rückblick auf

Schlußsitzung des Parlamentarischen Rates nach Verabschiedung des Grundgesetzes am 23. Mai 1949

die Entstehungszeit der Bundesrepublik, auf die »Zeit der schönen Not«, auf die Jahre nach der »Stunde Null« (die keine solche war), beschließen. Dreißig Zeitungen waren befragt worden, übrigens unter Einschluß von Zeitungen aus der sowjetischen Besatzungszone – darunter der *Münchner Merkur,* der *Rheinische Merkur,* die *Rheinische Post, Die Zeit, Die Welt,* die *Tägliche Rundschau,* der *Telegraph, Der Kurier, Der Tagesspiegel,* die *Leipziger Zeitung,* die *Stuttgarter Zeitung,* die *Kölnische Rundschau,* das *Neue Deutschland,* die *Frankfurter Neue Presse,* die *Frankfurter Rundschau,* das *Westdeutsche Tageblatt* (die *Frankfurter Allgemeine Zeitung* gab es zu diesem Zeitpunkt noch nicht). Die wichtigsten Antworten lauteten[443]:

Die beiden Besuche von Victor Gollancz in Deutschland und seine Veröffentlichung darüber in der englischen Presse sowie in Büchern seines Verlages. Die Tatsache, daß sich ein Engländer, ein Jude, mit leidenschaftlicher Bemühung für ein geschlagenes, ausgestoßenes, verachtetes Volk verwendet und alle ihm zur Verfügung stehenden Mittel aufruft, »möchte vielleicht manchem zwar erstaunlich, nicht aber ein ›kulturpolitisches Ereignis‹ erscheinen. Wir halten aber dafür, daß die Kultur genau da einsetzt, wo Victor Gollancz anfängt, und daß alle geistigen Bemühungen um ein Volk wirkungslos sind, das hungert und friert und dem die primitivsten Lebensnotwendigkeiten versagt sind.« (Vilma Sturm, *Rheinischer Merkur,* Koblenz)

Die Ausstellung französischer Malerei 1947, die in München innerhalb von vierzehn Tagen 55 000 Besucher anzog. »Es war nämlich ebenso lehrreich wie wohltuend, das ehrliche, ja andächtig ›interesselose Wohlgefallen‹ der Mehrzahl der Besucher zu beobachten, die sich auch vor der modernsten, zum Teil problematischen Malerei vorschnelle und vorlaute Urteile versagte. Dies war die Antwort auf zwölf sterile Jahre der Diktatur, in denen ein Klassiker etwa wie van Gogh zu den Entarteten gezählt und die farbige Ansichtskarte zum Kanon erhoben wurde. Hier öffnete sich die ganze Größe und Weite, die spontane Generosität jenes Frankreich, das von den dichten Nebeln der Politik so oft verhüllt wird.« (Franz Josef Schöningh, *Süddeutsche Zeitung,* München)

An Ereignissen fände man nicht viele – die Versäumnisse würden überwiegen; man hätte weniger reden und mehr bilden sollen, das heißt den Strom der künstlerischen Gestaltungskraft der Welt, von dem Deutschland so lange abgeschlossen war, durch weitgeöffnete Schleusen hereinlassen sollen, anstatt die Zeit der Abschnürung durch Copyrights und Übersetzungsmonopole für Schweizer Verleger künstlich zu verlängern. »Anscheinend haben nur die Franzosen diese Notwendigkeit erkannt und sie als Chance genützt – immerhin, Sartre wird auf allen Bühnen gespielt, während Heideggers Werke nur in Frankreich zu haben sind. Aber selbst die neuen Bücher von Thomas Mann, Hermann Hesse und der Nachlaß Stefan Zweigs unter anderen sind in Deutschland überhaupt nicht oder nur in verschwindenden Auflagen gedruckt worden.« Man bräuchte so etwas wie einen geistigen Marshallplan. Es sei schlimm, daß man Männer wie Hamsun und Carossa um ihrer politischen Verirrungen willen diffamiere, von Ernst Jünger zu schweigen; auch könnten nur Wirrköpfe auf den Gedanken kommen, Thomas

Mann seine politischen Instinktlosigkeiten anzukreiden, während jeder Verständige ihn als das nimmt, was er ist: als einen großen und verehrungswürdigen Schriftsteller. In der bildenden Kunst habe man immer noch nicht gelernt, daß die Umkehrung von Vorzeichen an sich noch keine Weiterentwicklung bedeute. Alle »Kulturwochen« täuschten nicht darüber hinweg, daß man für die brotlosen Künste in diesem Lande nicht viel übrig habe. Deshalb rangierten auch die geistigen Berufe bei allen Zeitungen an letzter Stelle. »So daß ich Ihnen auf Ihre Umfrage fast geantwortet hätte: das für mich wichtigste kulturpolitische Ereignis ist die Tatsache, daß es mir in der vorigen Woche gelang, ein Ofenrohr zu erwerben, so daß ich nun abends endlich Thomas Manns ›Doktor Faustus‹ lesen kann, den ich für das wichtigste Buch der Nachkriegszeit halte.« (Henri Nannen, *Abendpost*, Hannover)

»Ich halte die Vorlesungen und das Wirken Karl Barths an der Universität Bonn und die Vorträge, die er im Jahre 1946 und 1947 rundum in Deutschland gehalten hat, für das wichtigste kulturelle Ereignis.« Wer den abendländischen Menschen, insbesondere den jungen abendländischen Menschen retten wolle, dürfe sich nicht gegen den Existentialismus stellen, denn das hieße, sich gegen die Wahrheit und Wirklichkeit stellen; er müsse ihn vielmehr bejahen, müsse ihn in das, was der »Überwinder« zu sagen wisse, hineinnehmen, müsse ihn von sich selbst erlösen. »Das tut, so weit ich sehe, nur die Verkündigung des Neuen Testamentes. Nicht in der Form freilich wie eine Kirche, die nichts wagt und sich nichts zutraut, sie predigt, sondern in der radikalen, kompromißlosen, paradoxen, ungeheuerlichen Form, in der Urform, wie sie die Dialektik Karl Barths darzutun unterfängt.« (Manfred Hausmann, *Weserkurier*, Bremen)

Die Aufführung von Thornton Wilders *Wir sind noch einmal davongekommen*; »denn sie konnte uns zeigen, daß die Kontinuität der Geschichte nicht nur für unsere Gegenwart, sondern schon in tieferen Untergründen zerbrochen war, eine Einsicht, deren drohende Gefahr wir aus Gewohnheit schon seit Jahrzehnten zu verdrängen versuchten«. Dann die Aufführungen von Claudels *Der seidene Schuh* und *Jeanne d'Arc auf dem Scheiterhaufen*. In beiden Stücken werde deutlich, daß die Zeit dramatisch eher in Beispielen als in ruhig und ununterbrochen dahinlaufenden Dramenhandlungen anzureden sei. – Schließlich der Schriftstellerkongreß im Oktober 1947 in Berlin: »Er zeigte, daß eine rationale Auseinandersetzung und Verständigung über Streitfragen, wie sie vielerorts in Deutschland, vor allem in Süd- und Westdeutschland, noch für möglich gehalten wird, allmählich auf unüberwindliche Schwierigkeiten stößt. Denn der rationale Grund sowohl des Sozialismus wie jeder gegenteiligen Denkweise droht sich zu verzehren, und es bleiben, wie es Raymond Aron ausgedrückt hat, ›Diesseitsreligionen‹, die sich nicht anreden lassen, geschweige selber reden oder gar das Schreiben der Schriftsteller möglich und sinnvoll machen.« (Carl Linfert, *Kurier*, Berlin)

»Das wichtigste Ereignis war die Gründung des ›Kulturbundes zur demokratischen Erneuerung Deutschlands‹, die wir der Initiative Johannes R. Bechers, Bernhard Kellermanns, Dr. Ferdinand Friedensburgs, Paul Wegeners, Professor

Eduard Sprangers, Pfarrer Dilschneiders und anderer zu danken haben.« Dank des Kulturbundes hätten in den vergangenen Jahren zahllose Diskussionen stattfinden können; geistige Menschen aller Berufe, Wissenschaftler und Geistliche, Schriftsteller und Schauspieler, Journalisten und Ärzte, Maler und Musiker, Pädagogen und Verleger, Vertreter aller weltanschaulichen Richtungen, Christen beider Konfessionen, streitbare Liberale und Marxisten, erörterten gemeinsam die geschichtlichen Entstehungsbedingungen des Faschismus, seine Vorläufer in der deutschen Geistesgeschichte, die Wurzel der Rassenirrlehre, des Antisemitismus, des Führerprinzips, der Lebensraumtheorie, des Militarismus und »heroischen« Nihilismus. »Die Aufklärungsarbeit des Kulturbundes über Ursprung und Wesen des Faschismus ist in Nachkriegsdeutschland ohne Beispiel. Keine Besatzungmacht, keine einzige Partei, keine sonstige politische oder kulturelle Organisation, keine Universität, kein Verlag, kein Theater hat sich mit solchem heiligen, brennenden Eifer der Aufgabe der Umerziehung unseres schuldverstrickten und tief verwirrten, ratlosen und demoralisierten Volkes gewidmet, hat mit solcher Hingabe vor allem die vom Faschismus vergiftete deutsche Jugend zu den großen freiheitlichen und humanitären Idealen der Menschheit hinzuführen versucht wie der Kulturbund.« Leider sei der Kulturbund im Oktober und November 1947 im amerikanischen und englischen Sektor Berlins verboten worden, nachdem er sich zwei Jahre lang ehrlich bemüht habe, mit den Vertretern des amerikanischen und englischen Kulturlebens in Kontakt zu kommen, und nachdem zahlreiche Amerikaner und Engländer auf Kulturbundveranstaltungen über die kulturellen Strömungen wie kulturpolitischen Institutionen ihrer Heimatländer gesprochen hätten. »Das Verbot hat aber auch ein Gutes: Es zeigt den deutschen Intellektuellen, wer die Feinde der demokratischen Erneuerung Deutschlands sind, und es beweist ihnen, daß ihre Solidarität heute so notwendig ist wie nur je zuvor.« (Wolfgang Harich, *Tägliche Rundschau*, Berlin)

Auf dem Theater die Begegnung mit Zuckmayers *Des Teufels General*, weil dieses Werk lehre, daß auch heute ein Zeitstück nach wirksamen dramaturgischen Gesetzen gebaut sein könne und daß es nicht notwendig sei, die Bühne in einen Predigtstuhl zu verwandeln; weil ferner die vortreffliche deutsche Erstaufführung in Hamburg Gelegenheit gab, dem gern für dumm erachteten Publikum manches abzubitten: »Es lachte und erzürnte sich in der vom Dichter gewollten Weise, und kein Schatten nazistischer Ressentiments (mit ganz wenigen Ausnahmen) trübte im Publikum die Aufnahme. Wohl das erste gültige Anzeichen, daß der Hitlerismus innerlich überwunden und auch wohl dereinst kein ›Mythos‹ zu befürchten ist. – Auf dem Büchertisch die Begegnung mit Kasacks ›Die Stadt hinter dem Strom‹, weil der eiseklar geschriebene Roman in ebenso großartigen wie erschreckenden Visionen zeigte, daß ein autoritäres System zwar lebensfähig, aber kein Leben, sondern ein Staat der Toten ist. Auf dem Gebiet der Musik die Begegnung mit Hindemiths ›Mathis‹ in Düsseldorf, weil dieses einzigartige Werk inmitten des ebenso zukunftsträchtigen wie gefährlichen Chaos, in das die Kunst in unseren Tagen geraten ist, eine neue Beseelung, neue Gläubigkeit und neue Formhaftigkeit offenbarte ... Auf dem Gebiet der bildenden Künste die Begegnung mit Meistern der altrheinischen Schule in Köln. Lochners ›Madonna‹, aus dem Luftschutzversteck wieder ans Licht gebracht, zeigte, daß es jenseits von totalen Kriegen, halben Friedenszeiten und jenseits von Hunger und existentiellen Sorgen ein Ewiges gibt.« (Josef Marein, *Die Zeit*, Hamburg)

Unvergessen geblieben und unvergeßbar für die Menschen am Bodensee seien: die erste Nachkriegsaufführung von Goethes *Iphigenie* mit der jungen Lola Müthel im Dezember 1945; die über die Grenzen hin auch vom Ausland gewürdigten Konstanzer Kunstwochen vom Juni 1946 mit französischen Gastspielen und amerikanischen Stücken; die deutsche Erstaufführung von Bertolt Brechts *Mutter Courage* mit Lina Carstens. (Carl Weichardt, *Der Südkurier*, Konstanz)

»Von den Ereignissen, die uns in dieser Zeit am nachhaltigsten beschäftigt haben, stehen in ihrer Ausstrahlung und geistig-seelischen Tiefenwirkung die Dramen ›Die Fliegen‹ von Jean-Paul Sartre und ›Des Teufels General‹ von Carl Zuckmayer gleichbedeutend nebeneinander.« *Die Fliegen* in ihrem vom Dichter ebenso leidenschaftlich erhobenen wie faszinierend formulierten unteilbaren Freiheitsanspruch des menschlichen Individuums; *Des Teufels General* als Projektion der deutschen Katastrophe, die nicht in den Mitteln der allzu herkömmlichen Schwarzweißtechnik steckenbleibt, sondern zwischen Schuld und tragischer Verstrickung abzuwägen sich bemüht; das Bekenntnis eines Dichters, der Haß nicht mit Haß zurückzahlt, »zu einem Deutschland unserer besten Träume, zu einem in aller Verzweiflung dennoch lebenswerten Leben, das wir in der Trostlosigkeit unserer Tage dankbar vernehmen«. (Werner Tamms, *Westdeutsches Tageblatt*, Dortmund)

Carl Zuckmayers *Des Teufels General*. Als Zeitstück treffe es ins Schwarze und überrage alle anderen Erscheinungen auf diesem Gebiet, da es seine, innere Entscheidung fordernde Fragestellung so ausrichte, daß sie uns alle angehe; weil es eine so subtile Kenntnis der Verhältnisse im Hitler-Deutschland zeige, wie man sie einem Emigranten kaum zugetraut hätte – und sich dabei fernhalte von jener Schwarzweißmalerei, die ein dramatisches Gleichgewicht von Stil und Gegenspiel unmöglich mache und daher eine tiefere künstlerische Wirkung verfehle; weil es in der Darstellung des Ringens und Kämpfens, des Suchens und Irrens, der Schuld und Sühne wirklicher Menschen ernste Besinnung und wahres Verstehen im deutschen Volke, aber auch für das deutsche Volk zu erwecken verstehe. (Heinz Stephan, *Kölnische Rundschau*)

»Den Kampf um ›Schulreform‹ halte ich für das wichtigste kulturpolitische Ereignis der Nachkriegszeit. Es handelt sich dabei keineswegs, wie man besonders in Bayern vielfach anzunehmen geneigt ist, nur um ein Ereignis von bayerischer oder süddeutscher Bedeutung. Vielmehr sehe ich in den einander widerstreitenden Tendenzen, die in den verschiedenen Stellungnahmen deutscher Fachleute unter- und gegeneinander und in ihrem Verhältnis zu den Auffassungen der Militärregierung zum Ausdruck kommen, ein entscheidendes Symptom der deutschen Zeitkrankheit. In unserer Haltung dem Problem der Schulreform gegenüber erblicke ich den Angelpunkt für eine Wendung unseres

Bewußtseins, nach vorwärts zu greifen oder zurückzubleiben, aufgeschlossen zu sein nach außen oder sich nach innen zu verkapseln. Der Begriff des Humanismus muß heute völlig neu verstanden werden. Wir stehen vor der Entscheidung, ob die geschichtliche Bewegung der geistigen Befreiung des Menschen, seine Entwicklung zu einem selbständigen, persönlichen Wesen, weitergeführt und auf das Gebiet der Erziehung ausgedehnt wird, oder ob wir uns mit der Übernahme alter Formen begnügen sollten.« (Herbert Hohenemser, *Münchner Merkur*)

Was der Journalist Hohenemser (später Kulturdezernent in München) hier unter Bezug auf die Schulpolitik feststellte, galt allgemein. Es ging in den nächsten Dezennien um die Frage, ob die geschichtliche Bewegung, die 1945 endlich dieser »verspäteten Nation« Aufklärung, Emanzipation und den kritischen, zu radikaler Fragestellung bereiten Diskurs gebracht hatte, weitergehe; ob deutsche Kultur der demokratisch-republikanischen Idee sich aktiv öffnen und diese, als Vor-schein eines menschenwürdigen Daseins, von Kopf auf die Füße stellen werde; ob die bald darauf im Grundgesetz der Bundesrepublik Deutschland niedergeschriebenen Grundwerte verinnerlicht und auch in der Verfassungsrealität alltäglich praktiziert würden. Ob, mit einem Wort, die in der Trümmerzeit feststellbare geistige Befreiung in die Verwirklichung des »Bürgerrechts Kultur« und damit in kollektiven Fortschritt einmünde. Noch liegen solche Tage fern.

Anhang

Anmerkungen

1 Walter Höllerer: Der andere Gast. München 1952, S. 21.
2 Vgl. Dieter Franck: Jahre unseres Lebens. 1945-1949. München, Zürich 1980, S. 32 f.
3 Erich Kästner. Notabene 45. Ein Tagebuch. In: Gesammelte Schriften für Erwachsene. Band 6. München, Zürich o. J., S. 83.
4 Wolfgang Borchert: Draußen vor der Tür und ausgewählte Erzählungen. Hamburg 1956, S. 8, 23.
5 Hartmut von Hentig: Aufgeräumte Erfahrung. Texte zur eigenen Person. München, Wien 1983, S. 39.
6 Thomas Mann: Deutsche Hörer! Fünfundfünfzig Radiosendungen nach Deutschland. In: Werke. Das essayistische Werk. Taschenbuchausgabe in acht Bänden. Hg. von Hans Bürgin. Politische Schriften und Reden. Dritter Band. Frankfurt am Main und Hamburg 1968, S. 290.
7 Günter Eich: Inventur. In: Gesammelte Werke. Band 1. Frankfurt am Main 1973, S. 35.
8 Günter Eich: Latrine; a.a.O., S. 36.
9 Joachim Kaiser: Wieviel gelogen wird. Auch eine Erinnerung an die Stunde Null. In: Süddeutsche Zeitung, 28./29. 4. 1979.
10 Vgl. hierzu Herbert Marcuse: Über den affirmativen Charakter der Kultur. In: Kultur und Gesellschaft I. Frankfurt am Main 1965, S. 63 ff.
11 Wolfgang Langhoff: Ein Deutschland-Brief. In: NZ*, 18. 2. 1946.
12 Wolfgang Borchert: Das ist unser Manifest. Zit. nach Klaus Wagenbach: Lesebuch. Deutsche Literatur zwischen 1945 und 1959. Berlin 1980, S. 13.
13 Thornton Wilder: Wir sind noch einmal davongekommen. Frankfurt am Main, Hamburg 1960, S. 91.
14 Walter Kolbenhoff: Ein kleines oberbayerisches Dorf. In: NZ, 20. 12. 1946.
15 Kyra Stromberg: Heidelberger Feuerwerk. In: Der Kurier (Berlin), 5. 8. 1947.
16 Brief vom 25. 9. 1946. Zit. nach Peter Kritzer: Wilhelm Hoegner. Politische Biographie eines bayerischen Sozialdemokraten. München 1979, S. 306.
17 Georg Britting: Lebenslauf eines dicken Mannes, der Hamlet hieß. Düsseldorf 1948, S. 252, 260.
18 Edmund Nick: Carl Orffs »Bernauerin«. In: NZ, 11. 7. 1947.
19 Erich Kästner: Notabene 45; a.a.O., S. 203, 200 ff., 204.
20 Hans Mayer: Ein Deutscher auf Widerruf. Erinnerungen (I). Frankfurt am Main 1982, S. 313.
21 Vgl. Henric L. Wuermeling: Die weiße Liste. Umbruch der politischen Kultur in Deutschland 1945. Berlin 1981.
22 Vgl. hierzu und für das Folgende Theodor Eschenburg: Jahre der Besatzung 1945-1949. Geschichte der Bundesrepublik Deutschland in fünf Bänden. Hg. von Karl Dietrich Bracher, Theodor Eschenburg, Joachim C. Fest, Eberhard Jäckel. Band 1. Stuttgart, Wiesbaden 1983, S. 22 ff.
23 Gustav Roeder: Der Demokrat. Zum Hundertsten von Theodor Heuss. In: Nürnberger Zeitung, 28. 1. 1984.
24 Michael Kienzle und Dirk Mende: Theodor Heuss. Politik durch Kultur. 1949–1959. Katalog und Ausstellung. Bonn 1984, S. 51.
25 Vgl. Max Gögler und Gregor Richter (Hrsg.): Das Land Württemberg-Hohenzollern 1945-1952, Darstellungen und Erinnerungen. Sigmaringen 1983.
26 Hartmut von Hentig: Beweger, Anreger und Beförderer. Hellmut Becker zum 70. Geburtstag. In: Die Zeit, 13. 5. 1983.
27 Zit. nach Hellmut Becker, Carl Nedelmann: Psychoanalyse und Politik: Frankfurt am Main 1983, S. 13 f.
28 Alexander Mitscherlich: Medizin ohne Menschlichkeit. Dokumente des Nürnberger Ärztepro-

---

* Die *Neue Zeitung* wird im folgenden als NZ abgekürzt.

zesses. Hg. und kommentiert von Alexander Mitscherlich und Fred Mielke. Heidelberg 1949. Einleitung zur Ausgabe Frankfurt am Main, Hamburg 1960, S. 14 f.

29 Vgl. Wolfgang Frühwald: Märzenbier und Seidenhimmel. Zur Darstellung der Stadt-Persönlichkeit Münchens in der deutschen Nachkriegsliteratur. In: Friedrich Prinz: Trümmerzeit in München. Kultur und Gesellschaft einer deutschen Großstadt im Aufbruch 1945-1949. München 1984, S. 231.

30 Marion Gräfin Dönhoff: Namen die keiner mehr nennt. Ostpreußen – Menschen und Geschichte. München 1964, S. 33 f.

31 Max Frisch: Tagebuch 1946-1949. München, Zürich 1965, S. 30 f., 35, 37.

32 Alexander Mitscherlich: Ödipus und Kaspar Hauser. In: Der Monat, Heft 25/1950, S. 16 f.; wiederabgedruckt in: Gesammelte Schriften VII. Politisch-publizistische Aufsätze 2. Frankfurt am Main 1983, S. 151 ff.

33 Herman Nohl: Die geistige Lage im gegenwärtigen Deutschland. In: Die Sammlung, November 1947, S. 604.

34 Marie Luise Kaschnitz: Von der Verwandlung. In: Menschen und Dinge 1945. Heidelberg 1946, S. 97.

35 Erich Kästner: . . . und dann fuhr ich nach Dresden. In: NZ, 30. 9. 1946.

36 Alfred Kerr: Fünf Tage Deutschland. In: NZ, 18. 7., 1. 8., 11. 8. 1947.

37 Peter de Mendelssohn: Gegenstrahlungen. In: Der Monat, 14/1949, S. 173 f.

38 Siegfried Unseld: Begegnungen mit Hermann Hesse. Frankfurt am Main 1975, S. 37.

39 Für das Folgende Siegfried Unseld: Begegnungen mit Hermann Hesse; a.a.O., S. 28, 35 f.

40 Programmheft zur Neuinszenierung des »Schwarzen Jahrmarkt«, Nürnberg 1975.

41 Für das Folgende Peter Roos: Genius loci. Gespräche über Literatur und Tübingen. Pfullingen 1978, S. 33 f., 55, 81 f.

42 Peter Roos: Genius loci; a.a.O., S. 81 f.

43 Isaac Deutscher: Bayerische Landstraßen. In: Bernd Schmidt, Hannes Schwenger: Die Stunde Eins, Erzählungen, Reportagen, Essays aus der Nachkriegszeit. München 1982, S. 21 ff.

44 Hans Werner Richter: Unterhaltungen am Schienenstrang. In: Der Ruf, 1. 10. 1946, S. 6 ff.

45 Dolf Sternberger: Reise in Deutschland. In: Die Wandlung, Heft 1/1945/46, S. 7 ff.

46 Klaus R. Scherpe: Erzwungener Alltag. Wahrgenommene und gedachte Wirklichkeit in der Reportageliteratur der Nachkriegszeit. In: Jost Hermand, Helmut Peitsch, Klaus R. Scherpe (Hg.): Nachkriegsliteratur in Westdeutschland 1945-49. Schreibweisen, Gattungen, Institutionen. Literatur im historischen Prozeß. Neue Folge 3. Argument-Sonderband. Berlin 1982, S. 35 ff.

47 Wolfgang Borchert: Generation ohne Abschied; In: Draußen vor der Tür und ausgewählte Erzählungen. Hamburg 1956, S. 125.

48 Karl-Heinz Janßen: Eine Welt brach zusammen. In: Die Zeit, 9. 5. 1975.

49 Alexander und Margarete Mitscherlich: Die Unfähigkeit zu trauern. Grundlagen kollektiven Verhaltens. München 1967, S. 78 f.

50 Josef Müller-Marein: Es war eine Kleiderfrage. Vor dreißig Jahren: Plötzlich war der tausendjährige Spuk vorbei. In: Die Zeit, 9. 5. 1975.

51 Marion Vriesländer: Das neue Modeschaffen. In: NZ, 31. 5. 1946.

52 Joachim Fest: Erziehung zur Skepsis. Gedanken aus Anlaß einer Selbstvorstellung. In: Neue Sammlung, Heft 4/1983, S. 335.

53 Walther von Hollander: Das Schicksal der Dreißigjährigen. In: NZ, 22. 4. 1948.

54 Winfried Maaß: Die Fünfzigjährigen. Porträt einer verratenen Generation. Hamburg 1980, S. 12 ff.

55 Aktenvermerk Martin Bormanns über ein Gespräch mit Adolf Hitler vom 29. 1. 1944. Zit. nach: Ausgewählte Dokumente zur Geschichte des Nationalsozialismus 1933-1945 (1). Hg. von H. A. Jacobsen und W. Jochmann. Bielefeld 1961.

56 Hierzu und für das Folgende Angela Vogel: Familie. In Wolfgang Benz (Hg.): Die Bundesrepublik Deutschland. Geschichte in drei Bänden. Band 2: Gesellschaft. Frankfurt am Main 1983, S. 98 ff.

57 Helmut Schelsky: Wandlungen der deutschen Familie der Gegenwart. Stuttgart 1953, S. 48.

342

58 Martha Maria Gehrke: Das Erlebnis von Suppe und Bett. In: Frankfurter Rundschau, 10. 5. 1975.

59 Inge Stolten (Hg.): Der Hunger nach Erfahrung. Frauen nach '45. Berlin, Bonn 1981.

60 Hierzu Angela Vogel: Familie; a.a.O., S. 103 ff.

61 Karl Schnog: Wann wird das sein? In: Ulenspiegel, 5/1948, S. 2.

62 Walter Kolbenhoff: »Wenn ich unsichtbar wäre –«. Kinder schreiben über einen alten Wunschtraum. In: NZ, 4. 4. 1948.

63 Wer bekommt die Care-Pakete? In: NZ, 11. 10. 1946.

64 F. H. Rein: Hunger – physiologisches und politisches Problem. In: NZ, 18. 11. 1946.

65 Spectator: Victor Gollancz. Rettet Europa jetzt. Der Kampf eines großen Menschen gegen die Not. In: NZ, 18. 11. 1946.

66 Margret Boveri: Ich stehle Holz. In: Fritz Heinrich Ryssel (Hg.): Unser täglich Leben. Freiburg im Breisgau 1948, S. 259.

67 In: Telegraf, 24. 6. 1947. Vgl. auch Paul W. Meyer: Die Zigarette als Generaltauschware im deutschen Schwarzen Markt 1945 bis 1948 – ein Beitrag zur Geldgeschichte und Geldtheorie. Augsburg 1984.

68 Thaddäus Troll: Vom Schwarzen Markt. In: Hans A. Rümelin (Hg.): So lebten wir . . . Ein Querschnitt durch 1947. Willsbach 1984, S. 62 f.

69 Heinrich Jaenecke: Die Jahre auf der Strafbank. Aus der Schwarzmarktzeit – Blick zurück in Scham. Besprechung des Buches Frank Gruber, Gerhard Richter (Hg.): Die Schwarzmarktzeit – Deutschland zwischen 1945 und 1948. Hamburg 1979. In: Die Zeit.

70 Adolf Guggenbühl: Die deutsche Tragödie. In: NZ, 25. 1. 1948.

71 Walter Dirks: Die Bauern. In: Frankfurter Hefte, Heft 10/1947, S. 979 f.

72 Clemens Münster: Das Dorf und die Not. In: Frankfurter Hefte, Heft 9/1946, S. 790.

73 Ernest L. Wynder: Penicillin, Streptomyzin, Paludrin. Wundermittel, die keine Wundermittel sind. Die Vereinigten Staaten führend. In: NZ, 1. 2. 1946.

74 Eine erfolgreiche Konferenz. In: NZ, 8. 3. 1946.

75 Rudolf Krämer-Badoni: Zustand einer Großstadtbevölkerung am Beispiel Frankfurts. In: Die Wandlung, Heft 9/1947, S. 831 ff.

76 Otto Bartning: Ketzerische Gedanken am Rande der Trümmerhaufen. In: Frankfurter Hefte, Heft 1/1946, S. 64.

77 Großstadt der Zukunft. Pläne zum Wiederaufbau Berlins. In: NZ, 23. 8. 1946.

78 Vgl. Vittorio M. Lampugnani: Wiederaufbau? Unmöglich. Deutsche Stadtplanung nach 1945. Keine »Stunde Null«. In: Frankfurter Allgemeine Zeitung, 24. 8. 1983. Vgl. auch die Themenhefte: Wieder-Aufbau oder Neubeginn?, Die Legende von der »Stunde Null«. Bauwelt Nr. 48/1981 und Nr. 48/1984.

79 Alfons Leitl: Erwägungen und Tatsachen zum deutschen Städte-Aufbau. In: Frankfurter Hefte, Heft 4/1946, S. 64.

80 Vgl. Vittorio M. Lampugnani: Wiederaufbau? Unmöglich; a.a.O.

81 Bruno E. Werner: Romantik und Wirklichkeit. Gedanken über den Wiederaufbau. In: NZ, 25. 7. 1947.

82 Erich Kästner: Gesammelte Schriften für Erwachsene. Band 7. Vermischte Beiträge II. München, Zürich 1969, S. 15.

83 Vgl. Werner Burkhardt: Musik der Stunde Null. In: Zeit-Magazin, Nr. 46 und 47/1983, S. 37 f.

84 Oliver Hassencamp: Der Sieg nach dem Krieg. Die gute schlechte Zeit. München, Berlin o. J., S. 109 ff.

85 Oliver Hassencamp: Der Sieg nach dem Krieg; a.a.O., S. 31 f.

86 Werner Burckhardt: Musik der Stunde Null; a.a.O. (47/1983), S. 44 f.

87 Thomas Mann: Deutsche Hörer! Fünfundfünfzig Radiosendungen nach Deutschland; a.a.O., S. 289.

88 Zit. nach Peter Hamm: Wille zur Ohnmacht. Ein Porträt des katholischen Schriftstellers Reinhold Schneider. In: Die Zeit, 20. 4. 1984.

89 Reinhold Schneider: Das Unzerstörbare. Freiburg i. B. 1945, S. 3 ff.

90 Sigrid Undset: Die Umerziehung der Deutschen. In: NZ, 25. 10. 1945.

91 Karl Jaspers: Antwort an Sigrid Undset. In: NZ, 4. 11. 1945.

92 Jaspers' Weggang von Heidelberg. In: NZ, 25. 3. 1948.

93 Zit. nach J. F. G. Grosser: Die große Kontroverse. Ein Briefwechsel um Deutschland. Hamburg, Genf, Paris 1963, S. 19.

94 Zit. nach J. F. G. Grosser: Die große Kontroverse; a.a.O., S. 24 f.

95 Thomas Mann: Warum ich nicht nach Deutschland zurückgehe; a.a.O., S. 180.

96 Hermann Hesse: Brief nach Deutschland. In: NZ, 2. 8. 1946.

97 Walter Muschg: Der Ptolemäer. Abschied von Gottfried Benn. In: Die Zerstörung der deutschen Literatur. München o. J., S. 140.

98 Alfred Weber: Abschied von der bisherigen Geschichte. Überwindung des Nihilismus? Hamburg 1946, S. 8.

99 Alfred Weber: Abschied von der bisherigen Geschichte; a.a.O., S. 221, 231, 252 f.

100 Friedrich Meinecke: Die deutsche Katastrophe. Betrachtungen und Erinnerungen. Wiesbaden 1946, S. 7 f., 174 ff.

101 Vgl. Hermann Glaser: Weltliteratur der Gegenwart. Dargestellt in Problemkreisen. Frankfurt am Main, Berlin, Wien 1970, S. 165 f.

102 Vgl. Hans Mayer: Von Lessing bis Thomas Mann. Wandlungen der bürgerlichen Literatur in Deutschland. Pfullingen 1959.

103 Thomas Mann: Doktor Faustus. Das Leben des deutschen Tonsetzers Adrian Leverkühn erzählt von einem Freunde. Frankfurt am Main 1981, S. 510.

104 Nelly Sachs: In den Wohnungen des Todes. In: Das Leiden Israels. Frankfurt am Main 1964, S. 79.

105 Ernst Niekisch: Das Reich der niederen Dämonen. Hamburg 1953, S. 111.

106 Erich Kästner: Streiflichter aus Nürnberg. In: NZ, 23. 11. 1945.

107 Hans Mayer: Ein Deutscher auf Widerruf. Erinnerungen (I). Frankfurt am Main 1982, S. 351 f.

108 Adolf Guggenbühl: Die deutsche Tragödie (II). In: NZ, 29. 1. 1948.

109 Zit. nach Klaus Hohlfeld (Hg.): Dokumente der Deutschen Politik und Geschichte; a.a.O., S. 20 f.

110 Vgl. hierzu und zum Folgenden Martin Greschat: Die Evangelische Kirche. In: Wolfgang Benz (Hg.): Die Bundesrepublik Deutschland. Geschichte in drei Bänden. Band 2: Gesellschaft. Frankfurt am Main 1983, S. 265 ff.

111 Zit. nach E. Gross: Die Schuld der Kirchen. In: Die Wandlung, Heft 2/1947, S. 133 ff.

112 Karl Barth: Offene Briefe 1945-1968. Zürich 1984.

113 Vgl. Heinrich Albertz: Martin Niemöller. Ein Christ und deutscher Patriot. In: Die Zeit, 16. 3. 1984. – Anton Andreas Guha: Eiferer und Versöhnender. Martin Niemöller – Ein Mensch des Widerspruchs. In: Vorwärts, 15. 3. 1984. – Karl Grobe: Ein Mensch mit seinem Widerspruch. Zum Tode von Martin Niemöller. In: Frankfurter Rundschau, 8. 3. 1984. – Christian Schütze: Guter Pastor und Bekenner. Zum Tode Martin Niemöllers. In: Süddeutsche Zeitung, 9. 3. 1984. – Heinrich Stubbe: Ein reiner Tor im Fegefeuer. Der Weg des früheren hessischen Kirchenpräsidenten. In: Rheinischer Merkur/Christ und Welt, 9. 3. 1984.

114 Die Ansprache Pastor Niemöllers in der Neustädter Kirche von Erlangen. In: NZ, 1. 2. 1946, 15. 2. 1946.

115 Hierzu und für das Folgende Günter Hollenstein: Die Katholische Kirche. In: Wolfgang Benz (Hg.): Die Bundesrepublik Deutschland; a.a.O., S. 238 ff.

116 Walter Jens: Unsere Vernichtung. Eine Rede über Juden und Deutsche. In: Frankfurter Allgemeine Zeitung, 22. 3. 1980.

117 An unsere Leser. Frankfurter Hefte, Heft 1/1946, S. 2.

118 Eugen Kogon: Gericht und Gewissen. In: Frankfurter Hefte, Heft 1/1946, S. 25 ff., 37.

119 Walter Dirks: Das gesellschaftspolitische Engagement der deutschen Katholiken seit 1945. In: Frankfurter Hefte, Heft 11/1964, S. 761 f.

120 Konrad Adenauer: Erinnerungen. 1945-1953. Stuttgart 1965, S. 51.

121 Vgl. Konrad Adenauer: Briefe 1947-1949. Rhöndorfer Ausgabe. Hg. von Rudolf Morsey und Hans-Peter Schwarz im Auftrag der Stiftung Bundeskanzler-Adenauer-Haus. Bearbeitet von Hans Peter Mensing. Berlin 1984.

122 Christoph Meckel: Suchbild. Über meinen Vater. Düsseldorf 1980, S. 28 ff.

123 Hans Dieter Schäfer: Das gespaltene Bewußtsein. Über deutsche Kultur und Lebenswirklichkeit 1933-1945. München 1981, S. 7, 10, 54.

124 Zit. nach Hans Dieter Schäfer (Hg.): Am Rande der Nacht. Moderne Klassik im Dritten Reich. Ein Lesebuch. Frankfurt am Main, Berlin, Wien 1984, S. 289.

125 Peter Buchka: Der Porträtist des deutschen Charakters. Zum Tode des Filmregisseurs Wolfgang Staudte. In: Süddeutsche Zeitung, 21./22. 1. 1984.

126 In: Das Kunstwerk, Heft 1/2, 1948, S. 36.

127 Klaus Mann: Der Wendepunkt. Ein Lebensbericht. Frankfurt am Main und Hamburg 1963, S. 427, 439 ff.

128 Zit. nach Bayerische Landeszentrale für Heimatdienst: Nach dem Zusammenbruch. Zur Zeitgeschichte seit 1945 (I). Wandzeitung Heimat und Staat. Nummer 7/1961.

129 Vgl. für das Folgende Melvin J. Lasky: Die kurze Geschichte des Morgenthau-Plans. Ein dokumentarischer Rückblick. In: Der Monat, Heft 10/1949, S. 7 ff.

130 Die »weiße Liste« deutscher Kultur. Ausschaltung nationalsozialistischer Elemente aus dem Kunstleben. In: NZ, 25. 10. 1945.

131 Alexander Mitscherlich: Analyse des Stars. Ein Beitrag zum Fall Furtwängler, In: NZ, 8. 7. 1946.

132 Steht Kunst über Politik? Furtwängler vor der Entnazifizierungskommission. In: NZ, 16. 12. 1946.

133 Zit. nach Hans Daiber: Deutsches Theater seit 1945. Bundesrepublik Deutschland, Deutsche Demokratische Republik, Österreich, Schweiz. Stuttgart 1976, S. 42.

134 Vgl. Hans Daiber: Deutsches Theater seit 1945; a.a.O., S. 45.

135 Hierzu und für das Folgende Hans Daiber: Deutsches Theater seit 1945; a.a.O., S. 42 ff.

136 Zum Folgenden Georg Meistermann: Die Legende von der Stunde Null. Über die Umwege bei der Vergangenheitsbewältigung. In: Süddeutsche Zeitung, 14./15. 2. 1981.

137 Georg Meistermann: Die Legende von der Stunde Null, a.a.O.

138 Ein Brief Erich Ebermayers. Ein politisches und sittliches Dokument. In: NZ, 8. 11. 1945.

139 Zit. nach Hans Daiber: Deutsches Theater seit 1945; a.a.O., S. 46.

140 Hans Werner Richter: Wie entstand und was war die Gruppe 47? In: Hans A. Neunzig (Hg.): Werner Richter und die Gruppe 47. Frankfurt am Main, Berlin, Wien 1981, S. 34.

141 Alfred Andersch: Das junge Europa formt sein Gesicht. In: Der Ruf, Nummer 1/1946. Zit. nach Hans A. Neunzig (Hg.): Der Ruf. Unabhängige Blätter für die junge Generation. Eine Auswahl. München 1976, S. 19 ff.

142 Hans Werner Richter: Wie entstand und was war die Gruppe 47?; a.a.O., S. 38. Vgl. auch Erich Kuby: Der legendäre »Ruf«. Über die Installation amerikanischer Gedanken. In: Transatlantik, Heft 9/1984, S. 16 ff.

143 Vgl. Alfons Söllner (Hg.): Zur Archäologie der Demokratie in Deutschland. Analysen politischer Emigranten im amerikanischen Geheimdienst. Frankfurt am Main 1982. – Ferner Michael Thomas: Deutschland, England über alles. Rückkehr als Besatzungsoffizier. Berlin 1984.

144 Gespräch mit einem Verleger. Ernst Rowohlt über seinen Ro-Ro-Ro-Plan. In: NZ, 9. 12. 1946.

145 Zit. nach Peter de Mendelssohn: Abbruch des geistigen Gettos. In: Bayerischer Rundfunk: Radio Revue. Die Jahre nach 45. Manuskript zur Sendung 2. 1. 1981, S. 7 f.

146 General Eisenhower an die »Neue Zeitung«. Zum Geleit. In: NZ, 18. 10. 1945.

147 Otto Zoff: Tagebücher aus der Emigration (1939-1944). Heidelberg 1968, S. 192 f.

148 Vgl. Peter Kritzer: Wilhelm Hoegner. Politische Biographie eines bayerischen Sozialdemokraten. München 1979.

149 Zit. nach Hans-Albert Walter: Tradition und Erbe. Das »andere« Deutschland in West und Ost. Bayerischer Rundfunk. Funkmanuskript. München o. J., S. 11. – Vgl. auch Gerhard Hirschfeld: Exil in Großbritannien. Zur Emigration aus dem nationalsozialistischen Deutschland. Stuttgart 1983. – Ferner John Russel Taylor: Fremde im Paradies. Emigranten in Hollywood 1933-1950. Berlin 1984.

150 Richard Drews und Alfred Kantorowicz: Verboten und verbrannt. Deutsche Literatur 12 Jahre unterdrückt. Berlin und München 1947, S. 9 f.

151 Paul E. Lüth: Literatur als Geschichte. Deutsche Dichtung von 1885-1947. Zwei Bände, Wiesbaden 1947, S. 580.

152 Gestrichene Namen. In: NZ, 21. 10. 1945; vgl. auch NZ, 21. 10. 1945.

153 Hierzu und für das Folgende Theodor Eschenburg: Jahre der Besatzung. 1945-1949. Geschichte der Bundesrepublik Deutschland in fünf Bänden. Hg. von Karl Dietrich Bracher, Theodor Eschenburg, Joachim C. Fest, Eberhard Jäckel. Band 1. Stuttgart, Wiesbaden 1983, S. 114 ff.

154 Zit. nach Peter Kritzer: Wilhelm Hoegner; a.a.O., S. 245.

155 Lutz Niethammer: Die Mitläuferfabrik. Die Entnazifizierung am Beispiel Bayerns. Berlin-Bonn 1982, S. 653 f.

156 Harold von Hofe (Hg.): Briefe von und an Ludwig Marcuse. Zürich 1975, S. 75.

157 Wolfgang Koeppen: Das Treibhaus. Berlin, Grunewald o. J., S. 10.

158 Hans von Eckardt: Es ist an der Zeit! In: NZ, 25. 10. 1945.

159 Gerhard Storz: Zwischen Amt und Neigung. Lebensbericht aus der Zeit nach 1945. Stuttgart 1976, S. 34.

160 Hierzu und für das Folgende: Jutta B. Lange-Quassowski: Demokratisierung der Deutschen durch Umerziehung? Die Interdependenz von deutscher und amerikanischer Politik in der Vorgeschichte der Bundesrepublik Deutschland. In: Aus Politik und Zeitgeschichte. Beilage zur Wochenzeitung »Das Parlament«, 22. 7. 1978, S. 17 ff. – Ferner Manfred Heinemann (Hg.): Umerziehung und Wiederaufbau. Die Bildungspolitik der Besatzungsmächte in Deutschland und Österreich. Stuttgart 1981.

161 Oskar Vogelhuber: Erneuerung der Schule. In: NZ, 15. 2. 1948.

162 Vgl. Ulrich Chaussy: Jugend. In Wolfgang Benz (Hg.): Die Bundesrepublik Deutschland. Geschichte in drei Bänden. Band 2: Gesellschaft. Frankfurt am Main 1983, S. 40. – Karl Dietrich Erdmann: Überblick über die Entwicklung der Schule in Deutschland 1945-1949. In: Neue Sammlung, Heft 3/1976, S. 215 ff.

163 O. Haase: Die drei Quellen der Schulreaktion. In: Die Schule, Heft 3/1948.

164 Die neuen Schulbücher. In: NZ, 17. 5. 1946.

165 Höhere Schulen in Betrieb. Ferien erst im Herbst – 9jähriger Unterricht – möglichst ohne Schulgeld. In: NZ, 4. 3. 1946.

166 Martha Maria Gehrke: Es kommt auf die Persönlichkeit an. In: NZ, 21. 2. 1947.

167 Höhere Schulen in Betrieb. In: NZ, 4. 3. 1946.

168 Gerhard Storz: Zwischen Amt und Neigung; a.a.O., S. 30 f.

169 Karl Dietrich Erdmann: Überblick über die Entwicklung der Schule in Deutschland 1945-1949; a.a.O., S. 220.

170 Für das Folgende Ludwig Kerstiens: Die höhere Schule in den Reformplänen der Nachkriegszeit. In: Zeitschrift für Pädagogik, Heft 6/1965, S. 538 ff.

171 In: Die Sammlung, Heft 4/1946, S. 197 ff.

172 Alfred Döblin: Reise zur Mainzer Universität. In: Das Goldene Tor, September 1946, S. 100 ff.

173 Nachfolgend: Berichte aus vier deutschen Hochschulen. In: NZ, 4. 11. 1945.

174 Hans J. von Goerzke: Internationale Diskussion in Marburg. Ausländische Professoren vor deutschen Studenten. In: NZ, 13. 9. 1946.

175 Karl Barth: Der deutsche Student. In: NZ, 8. 12. 1947.

176 Alexander Mitscherlich: Ein Leben für die Psychoanalyse. Anmerkungen zu meiner Zeit. Frankfurt am Main 1980, S. 187 f.

177 Karl Jaspers: Die Verantwortlichkeit der Universitäten. In: NZ, 16. 5. 1947.

178 Hochland. August 1947, S. 576 ff.

179 Die neuen Volkshochschulen. Übersicht des Wiederaufbaus. In: NZ, 22. 4. 1946.

180 Ludwig Kroeber-Keneth: Diskussion um die Volkshochschule. In: NZ, 8. 11. 1946.

181 Hildegard Brücher: Ein Wall gegen Haß und Not. Bericht aus Ulm. In: NZ, 27. 6. 1947.

182 Zit. nach Andreas Schwarz: Design, Grafik Design, Werbung. In: Wolfgang Benz (Hg.): Die Bundesrepublik Deutschland. Geschichte in drei Bänden. Band 3: Kultur. Frankfurt am Main 1983, S. 229.

183 Archiv Hermann Glaser, Roßtal.

184 Hannes Heer (Hg.): Als ich 9 Jahre alt war, kam der Krieg. Ein Lesebuch gegen den Krieg. Reinbek bei Hamburg 1983, S. 104 f. und für das Folgende S. 119, 129.

185 Die Sammlung, Heft 10/1949, S. 639.

186 Ulrich Chaussy: Jugend; a.a.O., S. 35 f.
187 Zit. nach Ulrich Chaussy: Jugend; a.a.O., S. 37.
188 Jugend zwischen gestern und morgen. Verwahrlosung und Kriminalität der Jugendlichen – Gefahr oder Zeiterscheinung. In: NZ, 8. 2. 1948.
189 Jugend zwischen gestern und morgen; a.a.O.
190 Junge Menschen über ihre Not. Briefe an die Neue Zeitung erörtern ein Generationsproblem. In: NZ, 1. 4. 1946.
191 Bruno E. Werner: Hoffnungslose Jugend? Anmerkungen zu einem Diskussionsabend. In: NZ, 7. 3. 1948.
192 Hans-Peter Berglar-Schröer: Die Vertrauenskrise der Jugend. In: Frankfurter Hefte, Heft 7/1947, S. 696.
193 Zit. nach Ulrich Chaussy: Jugend; a.a.O., S. 42.
194 Michael Theunissen: Wiedergelesen. Romano Guardini: »Das Ende der Neuzeit«. In: Frankfurter Allgemeine Zeitung, 3. 3. 1977.
195 Zit. nach: Ein Gespräch mit dem Schweizer Theologen. Karl Barth sagt: »Ich fühle mich wie Vater Noah«. In: Frankfurter Allgemeine Zeitung, 16. 5. 1964.
196 Nach Hans Fischer-Barnicol: Der Glaube als Befreiung. Rudolf Bultmann zum achtzigsten Geburtstag. In: Christ und Welt, 21. 8. 1964.
197 Zitiert nach Hans Fischer-Barnicol: Der Glaube als Befreiung; a.a.O.
198 Vgl. Uta Ranke-Heinemann: Jesus Christus und die Mythologie. In: Die Zeit, 11. 3. 1983.
199 Julius Ebbinghaus: Was ist Existentialphilosophie? In: NZ, 28. 7. 1947.
200 Vgl. Hans Daiber: Deutsches Theater seit 1945; a.a.O., S. 33.
201 Jean-Paul Sartre: Die Fliegen. Die schmutzigen Hände. Zwei Dramen. Reinbek bei Hamburg 1961, S. 59, 70 f.
202 Friedrich Luft: Berliner Tage mit Sartre. In: NZ, 5. 2. 1948.
203 Hierzu Kurt Rossmann: Martin Heideggers Holzwege. In: Der Monat, Heft 21/1950, S. 236 ff.
204 Theodor W. Adorno: Jargon der Eigentlichkeit. Zur deutschen Ideologie. Frankfurt am Main 1964, S. 14.
205 Albert Camus: Der Mythos von Sisyphos. Ein Versuch über das Absurde. Hamburg 1959, S. 101.
206 Vgl. Helmut Schelsky: Die skeptische Generation. Eine Soziologie der deutschen Jugend. Düsseldorf, Köln 1963, u. a. S. 74 ff. – Karl Seidelmann: Bund und Gruppe als Lebensformen deutscher Jugend. Versuch einer Erscheinungskunde des deutschen Jugendlebens in der ersten Hälfte des 20. Jahrhunderts. München 1955.
207 Vgl., auch für das Folgende Norbert Frei: Die Presse. In Wolfgang Benz (Hg.): Die Bundesrepublik Deutschland. Geschichte in drei Bänden. Band 3: Kultur. Frankfurt am Main 1983, S. 275 ff. – Ferner Harry Pross: Deutsche Presse seit 1945. Bern, München, Wien 1965.
208 Peter Weidenreich: Zeitungsparadies Berlin. In: NZ, 11. 1. 1946.
209 Ernst Strunk: Roman der Produktion. In: NZ, 1. 3. 1946.
210 Norbert Frei: Die Presse; a.a.O., S. 280 f.
211 Vgl. Harry Pross: Um Grundkonflikte herumgemogelt. Hat der deutsche Journalismus nach 1945 versagt? In: Süddeutsche Zeitung, 6./7. 10. 1979.
212 Zit. nach Kurt Pritzkoleit: Das deutsche Pressewunder. In: Die Kultur, 30. 9. 1955.
213 Zit. nach Kurt Pritzkoleit: Das deutsche Pressewunder; a.a.O.
214 Zit. nach Kurt Pritzkoleit: Das deutsche Pressewunder; a.a.O.
215 Eugen Kogon: Vom Elend unserer Presse. In: Frankfurter Hefte, Heft 7/1948, S. 616 f.
216 In: Freie Deutsche Presse, Heft 12/1948.
217 Norbert Frei: Die Presse; a.a.O., S. 295.
218 Nürnberger Nachrichten, Nummer 1 (11. 10. 1945) ff.
219 Hans Wallenberg: Dank an die Mitarbeiter. In: NZ, 21. 10. 1946.
220 Vgl. Heinz-Dietrich Fischer: Reeducations- und Pressepolitik unter britischem Besatzungsstatus. Die Zonenzeitung »Die Welt« 1946-1950. Konzeption, Artikulation und Rezeption. Düsseldorf 1978.
221 Der Monat, Heft 1/1948, S. 3.

222 Hans Schwab-Felisch: »Der Monat« – ein Zeitdokument. In: Merkur, Heft 4/1971, S. 407 f.

223 Hellmut Jaesrich: Das Besatzungskind. In: Der Monat, Heft 241/1968, S. 4.

224 Hans Schwab-Felisch: »Der Monat«; a.a.O., S. 405 ff.

225 Hartmann Goertz: Die Flucht in die Zeitschrift. In: NZ, 13. 1. 1947.

226 Karl Jaspers: Geleitwort. In: Die Wandlung, Heft 1/1945.

227 Eugen Kogon und Walter Dirks: An unsere Leser. In: Frankfurter Hefte, Heft 1/1946, S. 2.

228 Alfred Döblin: Geleitwort. In: Das Goldene Tor, Heft 1/1946, S. 3 ff.

229 Rudolf Pechel: In eigener Sache. In: Deutsche Rundschau, Heft 1/1946, S. 1.

230 Hans Paeschke: Verantwortlichkeit des Geistes. In: Merkur, Heft 1/1947, S. 109 f.

231 Heinrich Vormweg: Literatur war ein Asyl. In Nicolas Born und Jürgen Manthey (Hg.): Nachkriegsliteratur. Literaturmagazin 7. Reinbek bei Hamburg 1977, S. 203.

232 Theodor W. Adorno: Auferstehung der Kultur in Deutschland? In: Frankfurter Hefte, Heft 5/1950, S. 471.

233 Vgl. für das Folgende Ingrid Laurien: Politisch-kulturelle Zeitschriften in den Westzonen von 1945-1949. In: Helga Grebing (Hg.): Zur Politischen Kultur im Nachkriegsdeutschland. Politische und kulturelle Zeitschriften in Deutschland 1945-1949. Projektantrag Göttingen 1980 (unveröffentlicht), S. 11.

234 Hans Werner Richter: Briefe an einen jungen Sozialisten. Hamburg 1974, S. 113.

235 Heinrich Vormweg: Literatur als Asyl; a.a.O., S. 203.

236 Peter Sandmeyer: Schreiben nach 1945. Ein Interview mit Wolfdietrich Schnurre. In: Nachkriegsliteratur. Literaturmagazin 7; a.a.O., S. 191 ff.

237 Hartmann Goertz: Die Flucht in die Zeitschrift; a.a.O.

238 Vgl. hierzu Wilmont Haacke und Günter Pötter: Die politische Zeitschrift. 1665-1965. Band II. Stuttgart 1982.

239 Redaktionelle Notiz. In: Deutsches Allgemeines Sonntagsblatt, 1. 10. 1967.

240 Unsere Aufgabe. In: Die Zeit, 21. 2. 1946.

241 Gerd Bucerius: »Immer mehr gehalten als versprochen«. Brief an den toten Freund Josef Müller-Marein. In: Die Zeit, 23. 10. 1981.

242 Gerd Bucerius: Vom Wesen der Demokratie. Die Qualen des Neuanfangs 1945, gespiegelt in den Artikeln eines großen Journalisten: Ernst Friedlaender. Zu Norbert Frei und Franziska Friedlaender (Hg.): Ernst Friedlaender zur Zeit. Leitartikel aus den Jahren 1946-1949. München 1982. In: Die Zeit, 25. 3. 1983.

243 Zit. nach Hans Dieter Jaene: Der Spiegel. Ein deutsches Nachrichten-Magazin. Frankfurt am Main und Hamburg 1968, S. 25 f.

244 Hans Dieter Jaene: Der Spiegel; a.a.O., S. 29 ff.

245 Hans Bredow: Der Parteirundfunk im Dritten Reich. In: NZ, 1. 3. 1946.

246 Zit. nach Hans Bausch (Hg.): Rundfunk in Deutschland. Band 3. Hans Bausch: Rundfunkpolitik nach 1945, 1. Teil. München 1980, S. 73.

247 Vgl. Michael Tracey: Sir Hugh Greene. Mit dem Rundfunk Geschichte gemacht. Berlin 1984.

248 Hans Mayer: Ein Deutscher auf Widerruf. Erinnerungen (I). Frankfurt am Main 1982, S. 337, 353 f.

249 Hannes W. A. Schoeller: Deutschlands Stimme im Rundfunk. In: NZ, 31. 3. 1947.

250 Hierzu und zu Folgendem Hans Oesch: Zur Entwicklung der zeitgenössischen Musik. 1945-1950. In: Deutscher Musikrat. Zeitgenössische Musik in der Bundesrepublik Deutschland. I: 1945-1950. Begleitheft zur Plattenkassette. S. 8.

251 Melos, Heft 1/1946.

252 Vgl. Alois Melichar: Musik in der Zwangsjacke. Stuttgart und Wien o. J.

253 Vgl. Carl Dahlhaus: Einleitung zu Deutscher Musikrat: Zeitgenössische Musik in der Bundesrepublik Deutschland I; a.a.O., S. 5.

254 Walter Abendroth: Die Krise der Neuen Musik. Eine Polemik zur höchst notwendigen Aufklärung eines vertrackten Sachverhaltes. In: Die Zeit, 46/1958.

255 Zit. nach Hans Daiber: Deutsches Theater seit 1945; a.a.O., S. 113.

256 Hans Mersmann: Der Hörer der modernen Musik. In: NZ, 5. 2. 1948.

257 Egon Vietta: Die stetige Revolution der neuen Musik. Bericht und Bemerkungen zu den

internationalen Ferienkursen für neue Musik in Kranichstein, Darmstadt. In: Die Kultur, 1. 8. 1957.

258 H. H. Stuckenschmidt: Kranichstein, das Schloß der Neutöner. In: NZ, 8. 8. 1947.

259 Zit. nach H. H. Stuckenschmidt: Luft vom anderen Planeten. Notizen über Arnold Schönberg. In: Frankfurter Allgemeine Zeitung, 12. 12. 1964.

260 Vgl. Ulrich Dibelius: Musik. In: Wolfgang Benz (Hg.): Die Bundesrepublik Deutschland. Geschichte in drei Bänden. Band 3: Kultur. Frankfurt am Main 1983, S. 114.

261 Ulrich Dibelius: Musik; a.a.O., S. 112.

262 Hans Mayer: Begegnung mit Paul Hindemith. In: NZ, 6. 6. 1947.

263 Vgl. Fritz Brust: »Abraxas« von Egk. In: NZ, 12. 12. 1947.

264 Werner Suhr: Werner Egks »Abraxas«. In: NZ, 10. 6. 1948.

265 Werner Egk: Die Zeit wartet nicht. Künstlerisches, Zeitgeschichtliches, Privates aus meinem Leben. München 1981, S. 398 ff.

266 Ulrich Dibelius: Musik; a.a.O., S. 110 f.

267 Vgl. Franzpeter Messmer: Münchner Tradition und Klassische Moderne – der Musikalische Neuanfang. In: Friedrich Prinz (Hg.): Trümmerzeit in München. Kultur und Gesellschaft einer deutschen Großstadt im Aufbruch 1945-1949. München 1984, S. 174.

268 Ernst Bloch: Das Prinzip Hoffnung. Dritter Band. Frankfurt am Main 1973, S. 1249 f., 1258.

269 Joachim-Ernst Berendt: Der Jazzfan. In: Melos, 24. Jahr/1957, S. 289.

270 Theodor W. Adorno: Zeitlose Mode. Zum Jazz (1953). In: Prismen. Kulturkritik und Gesellschaft. München 1963, S. 132.

271 Ernst Wiechert: Über Kunst und Künstler. In: Das Gedicht. Blätter für Dichtung, Hamburg 1946. Zit. nach Berndt Schmidt und Hannes Schwenger: Die Stunde Eins. Erzählungen, Reportagen, Essays aus der Nachkriegszeit. München 1982, S. 47 ff.

272 Doris Schmidt: Briefe an Günther Franke. Portrait eines deutschen Kunsthändlers. Köln 1970, S. 179.

273 Gerhard Finckh: Die Suche nach dem »richtigen« Stil – Kunstdiskussion in München 1945-1949. In: Friedrich Prinz (Hg.): Trümmerzeit in München; a.a.O., S. 113.

274 Zeitgenössische Kunst I. Moderne Graphik. München, März-April 1946. S. 5.

275 Friedrich Adama von Scheltema: Ist der Expressionismus noch ›junge Kunst‹? In: Prisma, Heft 2/1946, S. 17 f. – Karl Scheffler: Die fetten und die mageren Jahre (1946); o. O. 1938, S. 414 ff. – H. Lüdecke: Die Tragödie des Expressionismus. Notizen zu seiner Soziologie. In: K. Hofer, O. Nerlinger (Hg.): Bildende Kunst 3, 1949, S. 109 ff.

276 Heinz Trökes: Der Surrealismus. In: Das Kunstwerk, Heft 8/1947, S. 30 ff.

277 Gottfried Sello: Surrealist fürs Leben. Das Gesamtwerk von Heinz Trökes. In: Die Zeit, Dezember 1979. – Vgl. auch Akademie der Künste Berlin: Heinz Trökes. Katalog. Berlin 1979.

278 Barbara Klie: Übergangszeit. Drei Phasen der Kunst nach dem Krieg. In: Der Monat, Heft 200/1965, S. 100.

279 Zit. nach Freya Mülhaupt: ». . . und was lebt, flieht die Norm«. Aspekte der Nachkriegskunst. In: Bernhard Schulz (Hg.): Grauzonen Farbwelten. Kunst und Zeitbilder 1945-1955. Katalogbuch zur Ausstellung der Neuen Gesellschaft für Bildende Kunst, Berlin-Wien 1983, S. 193.

280 Freya Mülhaupt: ». . . und was lebt, flieht die Norm«; a.a.O., S. 193.

281 Freya Mülhaupt: ». . . und was lebt, flieht die Norm«; a.a.O., S. 220.

282 Wilhelm Uhde: Abstrakte Malerei. In: Die Umschau, Heft 2/1946, S. 187 ff.

283 Wieland Schmied: Zeitgenössische Kunst: Entwicklungen der deutschen Malerei von 1945 bis zu den siebziger Jahren. In: Universitas, Heft 12/1979, S. 1253 f.

284 Franz Roh: Ein Gespräch über abstrakte Malerei. Zur Ausstellung Willi Baumeister. In: NZ, 26. 9. 1947.

285 Zit. nach Gerhard Finckh: ZEN 49. In: Friedrich Prinz (Hg.): Trümmerzeit in München. Kultur und Gesellschaft einer deutschen Großstadt im Aufbruch 1945-1949. München 1984, S. 120.

286 Vgl. Gerhard Finckh: ZEN 49; a.a.O., S. 120.

287 Hamburger Kunsthalle: Kunst in Deutschland 1898-1973. Katalog (hg. von Werner Hofmann u. a.). Hamburg 1973. Zum Jahr 1947.

288 Zit. nach Freya Mülhaupt: ». . . und was lebt, flieht die Norm«; a.a.O., S. 187.

289 Eberhard Hempel: Ruinenschönheit. In: Zeitschrift für Kunst, 2. Jg./1948, S. 76 ff.

290 Freya Mülhaupt: ». . . und was lebt, flieht die Norm«; a.a.O., S. 189.

291 Bruno E. Werner: Kunst in der Katakombe: In: Nordwestdeutsche Hefte, Heft 3/1946. Zit. nach Charles Schüddekopf: Vor den Toren der Wirklichkeit. Deutschland 1946-1947 im Spiegel der Nordwestdeutschen Hefte. Berlin, Bonn 1980, S. 343.

292 Hans Eckstein: Maler und Bildhauer in München. München 1946 (Einführung).

293 Vgl. Doris Schmidt: Bildende Kunst. In: Wolfgang Benz (Hg.): Die Bundesrepublik Deutschland, Bd. 3; a.a.O., S. 183.

294 Vgl. Akademie der Künste Berlin: Als der Krieg zu Ende war. Kunst in Deutschland 1945-1950. Ausstellungsverzeichnis. Berlin 1975, S. 9.

295 Bruno E. Werner: Zwischen Kopfschütteln und Anerkennung. Eröffnung der Augsburger Ausstellung »Extreme Malerei«. In: NZ, 3. 2. 1947.

296 Erich Kästner: Die Augsburger Diagnose. Kunst und deutsche Jugend. In: NZ, 7. 1. 1946.

297 Hans Sedlmayr: Verlust der Mitte. Die bildende Kunst des 19. und 20. Jahrhunderts als Symptom und Symbol der Zeit. Frankfurt am Main 1955, S. 88, 133.

298 Vgl. H. G. Evers (Hg.): Darmstädter Gespräch. Das Menschenbild unserer Zeit. Darmstadt 1950, S. 150 ff.

299 Siegfried Melchinger: Struktur, Klima, Personen. Deutsches Theater seit 1945. Ein Überblick. In: Theater heute, Heft 10/1970, S. 3.

300 Friedrich Luft: Triumph der Dorsch. In: NZ, 7. 10. 1946.

301 Vgl. Hans Daiber: Deutsches Theater seit 1945; a.a.O., S. 63 ff.

302 Köpfe der Woche. In: NZ, 7. 10. 1946.

303 Fritz Kortner: Aller Tage Abend. München 1959, S. 560 ff.

304 Hierzu und zu Folgendem Hans Daiber: Deutsches Theater seit 1945; a.a.O., S. 11 ff.

305 Henning Rischbieter: Theater. In: Wolfgang Benz (Hg.): Die Bundesrepublik Deutschland. Geschichte in drei Bänden. Band 3: Kultur. Frankfurt am Main 1983, S. 73.

306 Zit. nach Hans Daiber: Deutsches Theater seit 1945; a.a.O., S. 26.

307 Bruno E. Werner: Kritik der Theaterkritik. In: NZ, 30. 5. 1948.

308 »Unsere Not, unsere Tugend.« Von der interzonalen Tagung der Bühnenbildner und technischen Bühnenvorstände in Hamburg. In: NZ, 11. 8. 1947.

309 Vgl. Henning Rischbieter: Theater; a.a.O., S. 74.

310 Zit. nach Hans Daiber: Deutsches Theater seit 1945; a.a.O., S. 27.

311 Hans Schwab-Felisch: Am Ende des bürgerlichen Theaters? Der konservative Grundzug des deutschen Nachkriegstheaters – Düsseldorfer Schauspiel. In: Theater heute, Heft 10/1970, S. 49.

312 Thomas Kore: Hamburger Theatereindrücke. In: NZ, 14. 2. 1947.

313 Heinz Rode: Theaterfahrt durch die US-Zone (II). In: NZ, 17. 11. 1947.

314 Heinz Rode: Theaterfahrt durch die US-Zone (I). In: NZ, 10. 11. 1947.

315 Bruno E. Werner: Kulturvogel über Trümmern. Kunst und Theater in Stuttgart. In: NZ, 8. 12. 1947.

316 Dieter Sattler: Ansprache zur Versammlung der Theaterdirektoren, Oktober 1947. Zit. nach Friedrich Prinz (Hg.): Trümmerzeit in München. Kultur und Gesellschaft einer deutschen Großstadt im Aufbruch 1945-1949. München 1984, S. 203.

317 Christiane Wilke: Das mittelgroße Welttheater. Die Staatstheater in München. In: Friedrich Prinz (Hg.): Trümmerzeit in München; a.a.O., S. 208.

318 Zu Folgendem Walther Schmieding: Kunst gab ich für Kohle. Die Entstehung der Ruhrfestspiele. Legende und Wirklichkeit. In: Frankfurter Allgemeine Zeitung, 26. 5. 1977.

319 Hierzu und für das Folgende Hans Daiber: Deutsches Theater seit 1945; a.a.O., S. 77 ff.

320 Wolfgang Pöschl: »Aida« ohne Dekorationen. Ein gelungenes Experiment in Kassel. In: NZ, 15. 11. 1946.

321 Karl Heinz Ruppel: Das moderne Bühnenbild. In: Süddeutsche Zeitung, Jahrgang 1948.

322 Unsere Not – unsere Tugend. Von der interzonalen Tagung der Bühnenbildner und technischen Bühnenvorstände in Hamburg. In: NZ, 11. 8. 1947.

323 Vgl. Siegfried Nestriepke: Neues Beginnen. Die Geschichte der Freien Volksbühne Berlin 1946 bis 1955. Berlin-Grunewald 1956.

350

324 Gody Suter: Zürcher Schauspielhaus. Bilanz eines Zuschauers. In: NZ, 6. 1. 1947.
325 Zit. nach Gody Suter: Zürcher Schauspielhaus; a.a.O.
326 Zit. nach Hans Daiber: Deutsches Theater seit 1945; a.a.O., S. 8.
327 Vgl. Henning Rischbieter: Theater. In: Wolfgang Benz (Hg.): Die Bundesrepublik Deutschland. Geschichte in drei Bänden. Band 3: Kultur. Frankfurt am Main 1983, S. 76.
328 Hierzu und zu Folgendem Hans Daiber: Deutsches Theater seit 1945; a.a.O., S. 51 ff.
329 Hans Daiber: Deutsches Theater seit 1945; a.a.O., S. 33.
330 Wigand Lange: Die Schaubühne als politische Umerziehungsanstalt. Theater in den Westzonen. In: Jost Hermand, Helmut Peitsch, Klaus R. Scherpe: Nachkriegsliteratur in Westdeutschland 1945-1949; a.a.O., S. 23 f.
331 Walther Kiaulehn: Rückschlüsse auf ein Publikum. In: NZ, 4. 1. 1947.
332 Bruno E. Werner: Drei Aufführungen »Mord im Dom«. In: NZ, 27. 10. 1947.
333 Troja und der Pazifismus. Zu einer Aufführung in den Münchner Kammerspielen. In: NZ, 19. 4. 1946.
334 Für das Folgende Wigand Lange: Die Schaubühne als politische Umerziehungsanstalt; a.a.O., S. 27 f.
335 Gunter Groll: Das magische Theater. Vom Einbruch des Irrationalen in die junge Dramatik. In: Alfred Dahlmann (Hg.): Der Theater-Almanach 1946/47. München 1947, S. 252 ff.
336 Wigand Lange: Die Schaubühne als politische Umerziehungsanstalt; a.a.O., S. 28 f.
337 Alfred Kantorowicz: Deutsches Tagebuch. Erster Teil. Berlin 1978, S. 315.
338 Zit. nach Hans Daiber: Deutsches Theater seit 1945; a.a.O., S. 19.
339 Zit. nach Hans Daiber: Deutsches Theater seit 1945; a.a.O., S. 67.
340 Friedrich Luft: Die Szene wird zum Tribunal. Berliner Theater-Bilanz. In: NZ, 12. 4. 1946.
341 Heinz Pauck: »Draußen vor der Tür«. Uraufführung in den Hamburger Kammerspielen. In: NZ, 24. 11. 1947.
342 Heinz Pauck: »Des Teufels General«. Deutsche Erstaufführung in Hamburg. In: NZ, 21. 11. 1947.
343 Zu Folgendem Hans Daiber: Deutsches Theater seit 1945; S. 90 ff.
344 Henning Rischbieter: Berlin, Deutsches Theater 1949. Brechts Wiederkehr. In: Theater heute, Heft 10/1983, S. 20.
345 Siehe dazu Bernhard Zeller (Hg.): Klassiker in finsteren Zeiten. 1933-1945. Eine Ausstellung des Deutschen Literaturarchivs im Schiller-Nationalmuseum Marbach am Neckar. Band 2. Marbacher Katalog 38. Marbach 1983, S. 167. – Vgl. auch Bernhard Zeller (Hg.): Schau-Bühne. Schillers Dramen 1945-1984. Eine Ausstellung des Deutschen Literaturarchivs und des Theatermuseums der Universität zu Köln. Marbacher Kataloge 39. Marbach 1984.
346 Paul Rilla: Theaterkritiken. Hg. von Liane Pfelling. Berlin 1978, S. 24.
347 Zit. nach: Heimkehrer? Texte von Berthold Viertel, Fritz Kortner, Erwin Piscator. In: Theater heute, Heft 10/1970, S. 26.
348 Erich Kästner: Der tägliche Kram. In: Gesammelte Schriften für Erwachsene. Band 7. Vermischte Beiträge II. München, Zürich 1969, S. 14.
349 Friedrich Luft: Die gepolsterte Bank der Spötter. Zur Situation des politischen Cabarets in Deutschland. In: Der Monat, Heft 105/1957, S. 33.
350 Jürgen Pelzer: Das politische Kabarett in Westzonesien. In: Jost Hermand, Helmut Peitsch, Klaus R. Scherpe: Nachkriegsliteratur in Westdeutschland 1945-1949; a.a.O., S. 129.
351 Erich Kästner: Gedichte. In: Gesammelte Werke. Band 1. Köln 1959, S. 94 f.
352 Ein neues Kabarett. »Die Schaubude im eigenen Haus«. In: NZ, 19. 4. 1946.
353 Erich Kästner: Der tägliche Kram; a.a.O., S. 99 ff.
354 Werner Finck: Silvesterrede 1945. In: NZ, 31. 12. 1945.
355 Jürgen Pelzer: Das politische Kabarett in Westzonesien; a.a.O., S. 135.
356 Zit. nach Schauspielhaus Bochum: Schwarzer Jahrmarkt. Anzeiger. 2. 2. 1975.
357 Vgl. Jürgen Pelzer: Das politische Kabarett in Westzonesien; a.a.O., S. 137.
358 Zit. nach Wigand Lange: Antiamerikanismus und Zensur im Kabarett der Besatzungszeit 1945-1949. In: Frankfurter Hefte, Heft 2/1984, S. 56.
359 Zit. nach Wigand Lange: Antiamerikanismus und Zensur; a.a.O., S. 59.

360 Vgl. Wigand Lange: Antiamerikanismus und Zensur; a.a.O., S. 60.
361 Friedrich P. Kahlenberg: Film. In: Wolfgang Benz (Hg.): Die Bundesrepublik Deutschland. Geschichte in drei Bänden. Band 3: Kultur. Frankfurt am Main 1983, S. 359.
362 Vgl. Friedrich P. Kahlenberg: Film; a.a.O., S. 360.
363 Hermann Kadow: Kino von innen und außen. In: Frankfurter Hefte, Heft 5/1946, S. 7.
364 Vgl. Friedrich P. Kahlenberg: Film; a.a.O., S. 362.
365 Sorgenkinder der Produktion. Zur Filmlage in der britischen Zone. In: NZ, 30. 6. 1947.
366 Friedrich Luft: »Und über uns der Himmel«. Filmuraufführung mit Hans Albers. In: NZ, 12. 12. 1947.
367 Harald Braun: Die Bedeutung der »Filmpause«. Zwang und Ziel einer Fastenzeit. In: NZ, 12. 11. 1945.
368 Vgl. Dieter Krusche: Reclams Filmführer. Stuttgart 1973, S. 157 f.
369 Erich Kästner: Treffpunkt Zürich. In: NZ, 21. 11. 1947.
370 Gegenwartsfilm – ja oder nein. Aufforderung zu einer Diskussion. In: NZ, 9. 1. 1948.
371 Eugen Kogon: Gegenwartsfilm – ja oder nein? Eröffnung der Diskussion. In: NZ, 26. 2. 1948.
372 Gegenwartsfilm – ja oder nein? Eine Umfrage der »Neuen Zeitung«. In: NZ, 29. 2. 1948.
373 Hans Joachim Goltz: »Gelenkter« oder »freier« Buchverkauf? In: NZ, 20. 1. 1947.
374 Manuel Gasser: Fragwürdigkeiten der deutschen Buchproduktion. In: NZ, 4. 8. 1947.
375 Ernst Heimeran: Wo bleiben eigentlich die Bücher? In: NZ, 12. 9. 1947.
376 Vgl. Edith Eiswaldt: Studenten opferten Lebensmittel-Zulage für die Professoren. Studium 1948: Kampf um Bücher, Papier und um Schwerstarbeiterzulage. In: Abendzeitung, Jahrgang 1978.
377 Eugen Kogon: Papierknappheit und Verlagsprogramme. In: Frankfurter Hefte, Heft 9/1947, S. 873 ff.
378 Marion Vrieslander: Amerikanische Bibliotheken. Deutsche Leser blicken durch ein neues Fenster in die Welt. In: NZ, 9. 8. 1946.
379 Peter Härtling: Die Macht der Verdränger. Ein unbewältigtes Kapitel deutscher Nachkriegszeit. In: Frankfurter Allgemeine Zeitung, 18. 10. 1980.
380 F. C. Weiskopf: »Denk ich an Deutschland in der Nacht . . .«. Die Themenkreise der deutschen Literatur im Exil. In: NZ, 7. 2. 1947. – Ders.: »Die Heimat ist weit . . .«. Die Themenkreise der deutschen Literatur im Exil (II). In NZ, 3. 3. 1947. – Ders.: Blick in die Heimat – Blick in die Fremde. Die Themenkreise der deutschen Literatur im Exil (III). In: NZ, 9. 5. 1947. – Ders.: Haß, Ironie und philosophische Betrachtung. Die Themenkreise der deutschen Literatur im Exil (IV). In: NZ, 16. Juni 1947. – Ders.: Märchen aus dunkler Zeit. Die Themenkreise der deutschen Literatur im Exil (V). In: NZ, 7. 7. 1947. – Vgl. auch Hans-Albert Walter: Deutsche Exilliteratur 1933-1950. Darmstadt und Neuwied 1972 ff.
381 Hellmuth Andersch: Verlagsaufbau trotz größter Schwierigkeiten. In: NZ, 5. 4. 1946.
382 Gottfried Bermann Fischer: Bedroht – bewahrt. Der Weg eines Verlegers. Frankfurt am Main 1967, S. 221 f.
383 Gottfried Bermann Fischer: Bedroht – bewahrt; a.a.O., S. 222.
384 Gottfried Bermann Fischer: Bedroht – bewahrt; a.a.O., S. 225.
385 Gottfried Bermann Fischer: Bedroht – bewahrt; a.a.O., S. 268.
386 Hans Mayer: Ein Deutscher auf Widerruf. Erinnerungen (I). Frankfurt am Main 1982, S. 320 f.
387 Heinrich Vormweg: Literatur. In: Wolfgang Benz (Hg.): Die Bundesrepublik Deutschland. Geschichte in drei Bänden. Band 3: Kultur. Frankfurt am Main 1983, S. 50 f.
388 Hans Mayer: Es rauscht in den Schachtelhalmen . . . Irrwege deutscher Lyriker und Verleger. In: NZ, 7. 4. 1947.
389 Peter Rühmkorf: Die Jahre die Ihr kennt. Anfälle und Erinnerungen. Reinbek bei Hamburg 1972, S. 88 f.
390 Zit. nach Helmuth de Haas: Labyrinthische Jahre. H. E. Holthusens Lyrik. In: Das geteilte Atelier. Essays, entstanden in den Jahren 1948-1955. Düsseldorf 1955, S. 105.
391 Zit. nach Klaus Günther Just: Die deutsche Lyrik seit 1945. In: Universitas, Heft 5/1960, S. 517.
392 Rudolf Hagelstange. Zit. nach Hans Günther Just: Die deutsche Lyrik; a.a.O., S. 518.
393 Peter Sandmeyer: Schreiben nach 1945. Ein Interview mit Wolfdietrich Schnurre. In: Nicolas

Born und Jürgen Manthey (Hg.): Literaturmagazin 7. Nachkriegsliteratur. Reinbek bei Hamburg 1977, S. 194 f.

394 Vgl. Curt Hohoff: Ernst Jüngers Weg und sein literarisches Werk. In: Universitas, Heft 9/1954, S. 970 f.

395 Curt Hohoff: Ernst Jüngers Weg und sein literarisches Werk; a.a.O., S. 975.

396 Gottfried Benn: Kunst und Drittes Reich. In: Essays. Reden. Vorträge. Gesammelte Werke in vier Bänden. Hg. von Dieter Wellershoff. Erster Band. Wiesbaden 1965, S. 315 ff.

397 Vgl. Ernst Niekisch: Das Reich der niederen Dämonen. Hamburg 1953.

398 Gottfried Benn: Probleme der Lyrik. In: Essays. Reden. Vorträge; a.a.O., S. 524.

399 Ernst Jünger: Auf den Marmorklippen. Frankfurt am Main, Berlin, Wien 1980, S. 68, 119 f.

400 Der Schreibende und die Kritik. Hermann Kasack über seinen Roman. In: Süddeutsche Zeitung, Jahrgang 1948.

401 Zit. nach Der Schreibende und seine Kritik; a.a.O.

402 Erich Pfeiffer-Belli: Über die Form und den Gehalt. Anmerkungen zu einigen deutschen Neuerscheinungen. In: NZ, 1. 8. 1947.

403 Walter Kolbenhoff: Laßt uns Zeit. Stimme aus der jungen Schriftstellergeneration. In: NZ, 25. 1. 1948.

404 Hellmuth von Cube: Wir kennen die Melodie . . . In: NZ, 1. 2. 1948.

405 Vgl. Hugo Steger: Sprache im Wandel. In: Wolfgang Benz (Hg.): Die Bundesrepublik Deutschland. Geschichte in drei Bänden. Band 3: Kultur. Frankfurt am Main 1983, S. 15 ff.

406 Hans Habe: Im Jahre Null. Ein Beitrag zur Geschichte der deutschen Presse, München 1966, S. 123. – Vgl. auch Wolfgang Bergsdorf: Herrschaft und Sprache. Studien zur politischen Terminologie der Bundesrepublik Deutschland. Pfullingen 1983.

407 Zit. nach D. Sternberger, G. Storz, W. E. Süskind: Aus dem Wörterbuch des Unmenschen. Hamburg 1957, S. 9.

408 Gruppe 47. Zusammenschluß junger Autoren. In: NZ, 7. 11. 1947.

409 Hans Werner Richter: Wie entstand und was war die Gruppe 47? In: Hans A. Neunzig (Hg.): Hans Werner Richter und die Gruppe 47. Frankfurt am Main, Berlin, Wien 1981, S. 48 f.

410 Hans Werner Richter: Wie entstand und was war die Gruppe 47?; a.a.O., S. 52 ff.

411 Hans Werner Richter: Wie entstand und was war die Gruppe 47?; a.a.O., S. 54.

412 Günter Eich: Gesammelte Werke. Band I. Die Gedichte. Die Maulwürfe. Frankfurt am Main 1973, S. 247 f.

413 Hugo Steger: Sprache im Wandel; a.a.O., S. 23.

414 Friedhelm Kröll: Literaturpreise nach 1945. Wegweiser in die Restauration. In: Jost Hermand, Helmut Peitsch, Klaus R. Scherpe: Nachkriegsliteratur in Westdeutschland 1945-49. Schreibweisen, Gattungen, Institutionen. Literatur im historischen Prozeß. Neue Folge 3. Argument-Sonderband. Berlin 1982, S. 143 ff.

415 Joseph Bernhart: Peter Dörfler. In: Hermann Kunisch (Hg.): Handbuch der deutschen Gegenwartsliteratur. München 1965, S. 166.

416 Heinrich Vormweg: Prosa in der Bundesrepublik seit 1945. In: Dieter Lattmann (Hg.): Die Literatur der Bundesrepublik Deutschland. München, Zürich 1973, S. 152 ff.

417 Friedhelm Kröll: Literaturpreise nach 1945; S. 157 f.

418 Gottfried Benn: Ithaka. In: Gesammelte Werke in acht Bänden. Hg. von Dieter Wellershoff. Band 6. Stücke aus dem Nachlaß. Szenen. Wiesbaden 1968, S. 1475 f.

419 Gottfried Benn: Probleme der Lyrik. In: Gesammelte Werke in acht Bänden. Band 4. Reden und Vorträge; a.a.O., S. 1087 f.

419a Gottfried Benn: Reisen: In: Gesammelte Werke in acht Bänden. Band 1. Gedichte; a.a.O., S. 327.

420 Erich Kästner: Reise in die Vergangenheit. Wiedersehen mit Dingen und Menschen. In: NZ, 27. 6. 1947.

421 Zit. nach Gerhard Hay: Literarische Positionen im München der Nachkriegszeit. In: Friedrich Prinz (Hg.): Trümmerzeit in München. Kultur und Gesellschaft einer deutschen Großstadt im Aufbruch 1945-1949. München 1984, S. 219.

422 Hans Mayer: Vom goldenen Überfluß und vom Papier. Zur Frage der Neuausgaben deutscher Klassiker. In: NZ, 24. 2. 1947.

423 Albrecht Goes: Goethegedichte in dieser Zeit. In: NZ, 28. 2. 1947.

424 Hermann Hesse erhält den Goethe-Preis. Bevorstehendes Erscheinen des zweibändigen Romans »Das Glasperlenspiel«. In: NZ, 30. 8. 1946.

425 Thomas Mann: Ansprache im Goethejahr. Gehalten am 25. Juli 1949 in der Paulskirche zu Frankfurt am Main. Zit. nach Bernhard Zeller (Hg.): »Als der Krieg zu Ende war«. Literarisch-politische Publizistik 1945-1950. Eine Ausstellung des Deutschen Literaturarchivs im Schiller-Nationalmuseum Marbach a. N. Katalog Nr. 23. Stuttgart 1973, S. 492 f.

426 Friedrich Sieburg: Frieden mit Thomas Mann. In: Die Gegenwart, Heft 14/1949, S. 16.

427 Frankfurter Rundschau, 28. 7. 1949.

428 Frankfurter Neue Presse, 30. 7. 1949.

429 Wolfgang Harich: Das demokratische Deutschland grüßt Thomas Mann. In: Tägliche Rundschau, 31. 7. 1949.

430 Karl Jaspers: Unsere Zukunft und Goethe. In: Die Wandlung, Heft 7/8/1947, S. 573 ff.

431 Die Zeit, 28. 4. 1949.

432 Leo Spitzer: Zum Goethekult. In: Die Wandlung, Heft 7/8/1949, S. 584 ff.

433 Theodor Eschenburg: Jahre der Besatzung 1945-1949. Geschichte der Bundesrepublik Deutschland in fünf Bänden. Band 1. Stuttgart, Wiesbaden 1983, S. 273.

434 Voller Wortlaut der Ansprache Byrnes' in Stuttgart. Amerikas Ziele: Ein freies, unabhängiges Deutschland. In: NZ, 9. 9. 1946.

435 Vgl. John H. Backer: Die deutschen Jahre des Generals Clay. Der Weg zur Bundesrepublik 1945-1949. München 1983.

436 Marshall fordert Reparationsstopp für 1. Januar. In: NZ, 12. 12. 1947.

437 Wilhelm Röpke: Das Kulturideal des Liberalismus. Frankfurt am Main 1947, S. 15 f.

438 Ursula von Kardorff: Knisternde Scheine für die Kinder des Olymp. In: Süddeutsche Zeitung, 20. 6. 1978.

439 Eine Woche neues Geld. Vom Tag X bis zum Tag X und 6. In: NZ, 27. 6. 1984.

440 Lambert Schneider: Neubeginn 1945-1950. In: Rechenschaft über vierzig Jahre Verlagsarbeit 1925-1965. Ein Almanach. Heidelberg 1965, S. 90 f.

441 Der Ruf, Heft 6/1949.

442 Zit. nach Bernhard Zeller (Hg.): Als der Krieg zu Ende war; a.a.O., S. 512 f.

443 Welches war das wichtigste Kulturereignis? Eine Umfrage der »Neuen Zeitung« bei deutschen Zeitungen. In: NZ, 15. 2. 1948, 19. 2. 1948.

Zeittafel

1945

Januar: Die *Aachener Nachrichten* werden als erste deutsche Lizenzzeitung unter amerikanisch-britischer Kontrolle gegründet.

Februar: In Aachen kommt es zu ersten gewerkschaftlichen Kontakten mit dem Ziel der Wiederbegründung freier Gewerkschaften. (Nach der Kapitulation werden bis Ende des Jahres Hunderte gewerkschaftliche Organisationen auf lokaler und regionaler Ebene geschaffen.)

April: In Hannover beschließen die Sozialdemokraten auf Initiative Kurt Schumachers die Wiedergründung der SPD.
Selbstmord Adolf Hitlers in Berlin.

Mai: Bedingungslose Kapitulation der deutschen Streitkräfte in Reims und Berlin-Karlshorst (7./9. Mai).
Der amerikanische Präsident Truman billigt die Direktive über die Hauptziele der US-Militärregierung: Deutschland werde nicht zum »Zweck seiner Befreiung« besetzt, sondern als »besiegter Feindstaat«. Fraternisierungsbestrebungen seien zu unterbinden, desgleichen Maßnahmen, die in Deutschland die Wirtschaft stärken oder den Mindestlebensstandard über das Niveau eines Nachbarstaates heben.
Hitlers Nachfolger, Großadmiral Dönitz, wird zusammen mit der von ihm gebildeten »Geschäftsführenden Reichsregierung« verhaftet.

Juni: Die alliierten Vier Mächte übernehmen die oberste Regierungsgewalt in Deutschland; sie repräsentiert der Kontrollrat in Berlin, bestehend aus den Oberbefehlshabern, der im Juli, nach dem Einrücken der englischen und amerikanischen Truppen in die von den Sowjets eroberte Stadt, seine Arbeit aufnimmt.
Radio Hamburg unter britischer Kontrolle in Betrieb; innerhalb eines Monats folgen unter der Aufsicht der zonalen Besatzungsbehörden die Sender München, Berlin, Frankfurt, Stuttgart, Köln und Bremen.
Erste Ausgabe der von der britisch-amerikanischen Militärregierung gemeinsam gestalteten Wochenschau *Welt im Film*.
In Berlin Gründungsaufruf der KPD, der CDU und des Berliner Zentralausschusses der SPD (unter Vorsitz von Otto Grotewohl); in den Westzonen wird die SPD von Kurt Schumacher wiedergegründet, der jede Zusammenarbeit mit den Kommunisten ablehnt.
Kölner Leitsätze der am 17. 6. 1945 gegründeten Christlich Demokratischen Partei (ab Dezember 1945 CDU); postuliert wird ein christlicher Sozialismus.

---

* Die Zeittafel gibt keinen systematischen Überblick über alle Bereiche der Entwicklung zwischen 1945 und 1948; sie setzt lediglich einige Akzente für eine chronologische Orientierung; sie wurde erstellt unter Verwendung der Jahrgangsbände 1945-1948 der *Neuen Zeitung* sowie folgender Publikationen: Hans Georg Lehmann, Chronik der Bundesrepublik Deutschland 1945 bis 1981, München 1981; Wolfgang Benz (Hrsg.), Die Bundesrepublik Deutschland. Politik, Gesellschaft, Kultur. 3 Bände, Frankfurt am Main 1983; Theodor Eschenburg, Jahre der Besatzung. 1945 bis 1949 (Band 1 der Geschichte der Bundesrepublik Deutschland, hrsg. von Karl Dietrich Bracher u. a.), Stuttgart – Wiesbaden 1983.

Juli: Die Potsdamer Konferenz der Großen Drei: Harry S. Truman, Josef W. Stalin, Winston Churchill (ab 28. 7. Clemens Attlee). Deutschland, in vier Besatzungszonen aufgeteilt, soll entmilitarisiert, entnazifiziert und demokratisiert werden; die Gebiete östlich der Oder-Neiße kommen unter sowjetische bzw. polnische Verwaltung.

August: *Frankfurter Rundschau:* erste Lizenzzeitung in der US-Zone. Alliierte Richtlinien für Bildungspolitik.
Gründung des Hilfswerkes der Evangelischen Kirchen in Deutschland.
Erste Tagung der deutschen katholischen Bischöfe nach dem Kriege in Fulda; Anspruch auf Einrichtung von Bekenntnisschulen und Herausgabe von kirchlichen Zeitungen; Einwände beim Alliierten Kontrollrat gegen automatischen Arrest bei nominellen NSDAP-Mitgliedern und gegen die Vertreibung der Deutschen aus den Ostgebieten; in einem gemeinsamen Hirtenbrief wird eine politische Wertung der NS-Zeit vermieden.
Das Londoner Vier-Mächte-Abkommen schafft die Grundlage für die Einrichtung des Internationalen Militärgerichtshofes in Nürnberg.

September: Gründungstagung für die ersten evangelischen Akademien in Bad Boll.
Anton v. Webern wird in Mittersill bei Salzburg durch die Kugel eines amerikanischen Besatzungssoldaten getötet. Béla Bartók stirbt in New York.
Die US-Militärregierung bildet die Länder Bayern, Württemberg-Baden und Groß-Hessen. (Gemeinden und Kreise erhalten ab November Selbstverwaltungsrechte.)
Gründung der DVP in Württemberg und (im November) der FDP in Bayern als neue liberale Parteien; sie schließen sich im Dezember unter Theodor Heuss zur FDP zusammen.
Todesmühlen, ein Dokumentarfilm über die Konzentrationslager, läuft an.

Oktober: Erstes Konzert der Münchner Musica viva.
Sitzung des Rates der Evangelischen Kirchen Deutschlands: Stuttgarter Schuldbekenntnis.
Gründung der bayerischen CSU in Würzburg mit stark föderativen und konservativen Zielsetzungen; Bekenntnis zur »ewigen Gültigkeit des christlichen Sittengesetzes«; gefordert wird die innerstaatliche wirtschaftliche, politische und kulturelle Autonomie Bayerns.
Der Kontrollrat verfügt Arbeitspflicht und Arbeitslenkung für alle 14-65jährigen Männer und alle 15-50jährigen Frauen.

November: Der Kontrollrat bestätigt die Schaffung von drei Luftkorridoren nach und von Berlin; die Zugangsrechte zu Wasser und zu Lande wurden nur mündlich vereinbart.
In Nürnberg beginnt vor dem Internationalen Militärgerichtshof der Prozeß gegen die Hauptkriegsverbrecher (bis Oktober 1946; zwölf Nachfolgeprozesse richten sich u. a. gegen Angeklagte des Auswärtigen Amtes, des IG-Farben-, Flick- und Krupp-Konzerns, des Oberkommandos der Wehrmacht, der SS-Behörden).

Dezember: Etablierung der Nachrichtenagenturen der britischen Zone als Deutscher Pressedienst.
Erste Besprechung der Kultusminister der amerikanischen Zone.

Im Laufe des Jahres: Wiedereröffnung der Hochschule für Bildende Künste in Berlin. Gründung des Schutzverbandes deutscher Autoren. Käthe Kollwitz gestorben. Karl Hofer wird Direktor der Berliner Akademie der Bildenden Künste.
Es erscheinen: *Dies irae* von Werner Bergengruen, *Venezianisches Credo* von Rudolf Hagelstange, *Moabiter Sonette* von Albrecht Haushofer, *Der Totenwald* (Bericht aus dem KZ Buchenwald) von Ernst Wiechert. Die Zeitschriften *Der Aufbau, Die Wandlung, Die Gegenwart* gegründet. Meistgespieltes neues Stück: *Leuchtfeuer* des Amerikaners Robert Ardrey.

Januar: König Georg VI. von England eröffnet die Erste Vollversammlung der Vereinten Nationen in der Zentralhalle von Westminster (London).

General Charles de Gaulle tritt von seinem Amt als Staatschef Frankreichs zurück.

Bei den ersten deutschen Gemeindewahlen nach Kriegsende erhält in Groß-Hessen die Sozialdemokratische Partei 41 % der abgegebenen Stimmen; in Württemberg-Baden und Bayern gewinnen die Christlich-Demokratische Union und die Christlich-Soziale Union. Zusammenschluß liberaler Landesparteien zur FDP der britischen Zone.

Der Kontrollrat erläßt ein Gesetz, das die strafrechtliche Verfolgung der NS-Verbrechen ermöglicht und eine Direktive mit Richtlinien für die Entnazifizierung.

Februar: Präsident Harry S. Truman fordert alle Länder der Erde auf, die Nahrungsmittel über ihren Bedarf hinaus erzeugen, sich mit den Vereinigten Staaten im Kampf gegen den Hunger zusammenzuschließen.

Der japanische Kaiser begibt sich zum ersten Mal in der japanischen Geschichte unter das Volk und spricht mit Arbeitern.

In Bremen findet die Erste Interzonenberatung zwischen den Länderchefs der amerikanischen und britischen Zone statt.

Erste Gewerkschaftsdelegierten-Konferenz in Groß-Berlin.

Gründung der Defa in Berlin (Ost). Es entstehen die Filme *Die Mörder sind unter uns, Irgendwo in Berlin, Sag die Wahrheit.*

März: Das »Gesetz zur Befreiung von Nationalsozialismus und Militarismus« in der US-Zone überträgt die Entnazifizierung deutschen Spruchkammern; alle Deutsche über 18 Jahre sollen mit Hilfe von Fragebogen überprüft werden.

Winston Churchill spricht in Fulton/USA vom »Eisernen Vorhang« in Europa und propagiert eine enge amerikanisch-britische Zusammenarbeit.

Der Alliierte Kontrollrat in Berlin nimmt einen Industrieplan für Deutschland an, der das Kriegspotential der deutschen Industrie für alle Zeiten zerstören, ihr jedoch die nötige Bewegungsfreiheit zur friedlichen Produktion lassen soll. (Die Kapazität der gesamtdeutschen Rohstoff- und Fertigwaren-Industrie, den Bausektor ausgenommen, wird auf etwa die Hälfte der Vorkriegsproduktion von 1938 festgelegt.) Alle für die Friedenswirtschaft nicht erforderlichen Industriekapazitäten sollen zerstört oder als Reparationen abtransportiert werden.

Neun ehemalige Kriegsgefangene halten in München auf Einladung der *Neuen Zeitung* eine Round-Table-Konferenz ab, um die Zukunftsprobleme der deutschen Kriegsgefangenen zu erörtern.

Urabstimmung der Berliner Sozialdemokraten über die Verschmelzung von SPD und KPD entscheidet gegen die Vereinigung.

April: In der US-Zone Deutschlands wird der Briefpostverkehr mit dem Ausland wieder eröffnet.

Erster Parteitag der SPD Bayerns in Erlangen. Gründung der Sozialistischen Einheitspartei (SED) in Berlin.

In allen Ländern der US-Zone werden Kreistagswahlen abgehalten; in Bayern und Württemberg-Baden erhalten CSU und CDU die meisten Sitze, in Groß-Hessen die SPD.

Der Alliierte Konrollrat erklärt den 1. Mai zum gesetzlichen Feiertag. Betriebsrätegesetz.

Die katholischen Bischöfe der britischen Zone kritisieren in einem Hirtenbrief die Besatzungspolitik der Alliierten und protestieren u. a. gegen die Ausbeutung der deutschen Kriegsgefangenen.

Der Rat der Außenminister erzielt auf seiner Konferenz in Paris keinen Konsens in der Deutschlandfrage. Der amerikanische Außenminister James Francis Byrnes fordert den Zusammenschluß der vier Zonen und einen Friedensvertrag; Wjatscheslaw Molotow kritisiert die westliche Besatzungspolitik, er verlangt einen deutschen Zentralstaat und eine Vier-Mächte-Ruhrkontrolle, die »wirtschaftliche Entmilitarisierung« Deutschlands und 10 Milliarden Dollar Reparationen.

Zwangsvereinigung von SPD und KPD zur Sozialistischen Einheitspartei Deutschlands (SED) in der sowjetischen Besatzungzone.

Mai: England muß Brot- und Käserationen kürzen.
Stellungnahme des Rates der EKD und aller Kirchenleitungen zur Entnazifizierung.
Erster Nachkriegsparteitag der SPD in Hannover; Kurt Schumacher wird zum Vorsitzenden, Erich Ollenhauer, aus der Emigration in England zurückgekehrt, zum stellvertretenden Vorsitzenden gewählt.
Der stellvertretende US-Militärgouverneur Lucius D. Clay verfügt einen Demontagestopp und läßt die eben erst angelaufenen Reparationslieferungen an die Sowjetunion einstellen.
Im Gebäude des Amtsgerichts von Fürstenfeldbruck bei München wird das erste Spruchkammerurteil gefällt.
In der US-Zone wählen die Städte ihre Gemeindeparlamente.

Juni: In den USA können Privatpersonen Lebensmittelpakete (Gewicht dreißig amerikanische Pfund) an Verwandte, Freunde und Hilfsorganisationen in der amerikanischen Besatzungszone in Deutschland schicken.
Erste Sitzung der Atomkommission der Vereinten Nationen.
Wirtschaftssachverständige der amerikanischen und sowjetischen Zone schließen auf der Grundlage von Kompensationsgeschäften ein Interzonen-Handelsabkommen.
Eduard Benesch wird zum Präsidenten der Tschechoslowakischen Republik gewählt.

Juli: Atombombenversuch über Bikini.
Die amerikanische Militärregierung erläßt Generalamnestie für die deutsche Jugend.
In München, Stuttgart und Wiesbaden treten die Verfassunggebenden Landesversammlungen von Bayern, Württemberg-Baden und Groß-Hessen zusammen.

August: Der Nordwestdeutsche Rundfunk beginnt seine Sendungen.
Erster internationaler Ferienkurs für Neue Musik in Darmstadt.
Konferenz der amerikanischen Militärregierung in Frankfurt über Probleme der Jugend.
Großbritannien nimmt den Vorschlag der Vereinigten Staaten zur wirtschaftlichen Zonenvereinigung an.
Die britische Militärregierung konstituiert die Länder Nordrhein-Westfalen, Schleswig-Holstein (und im November Niedersachsen). Die französische Militärregierung bildet das Land Rheinland-Pfalz.
Beschränkungen des Reiseverkehrs zwischen der amerikanischen und britischen Zone Deutschlands werden aufgehoben.

September: Der amerikanische Außenminister James Byrnes kündigt in einer Rede in Stuttgart den Wandel der US-Besatzungspolitik an: Sie wolle dem deutschen Volk zu einem ehrenvollen Platz unter den freien und friedliebenden Nationen der Welt verhelfen und den demokratischen, föderativen und wirtschaftlichen Wiederaufbau Deutschlands fördern. Der französische Anspruch auf die Saar wird anerkannt; der Umfang der an Polen abzutretenden Gebiete soll erst auf einer Friedenskonferenz festgelegt werden. Molotow bezeichnet daraufhin die Oder-Neiße-Linie als endgültige deutsch-polnische Linie.
Die stellvertretenden Militärgouverneure der amerikanischen und britischen Zone geben die Erhöhung der Lebensmittelrationen in beiden Zonen auf 1500 Kalorien täglich bekannt.
In Sachsen und Thüringen finden die ersten Gemeindewahlen der Ostzone statt; stärkste Partei wird die SED.
Die erste unabhängige indische Regierung tritt unter Pandit Nehru zusammen.

Oktober: Der Internationale Gerichtshof in Nürnberg verkündet das Urteil gegen die einundzwanzig angeklagten Hauptkriegsverbrecher und gegen sieben angeklagte Organisationen. Hermann Göring begeht in seiner Zelle Selbstmord. Zehn der zum Tode Verurteilten werden in der Turnhalle des Nürnberger Gefängnisses durch den Strang hingerichtet.

Den lizenzierten Zeitungen und Zeitschriften in der amerikanischen Zone wird gestattet, Informationen ausländischer Nachrichtenagenturen zu publizieren.
Bombenattentat gegen die Stuttgarter Spruchkammer.
Gründung der Bayern-Partei.

November: Die amerikanische Militärregierung erweitert die Vollmachten der deutschen Selbstverwaltung. Lucius D. Clay übt scharfe Kritik an der Handhabung der Entnazifizierung durch die deutschen Behörden.
Der Landtag in Nordrhein-Westfalen appelliert in einer Entschließung zur Ernährungslage an den Alliierten Kontrollrat und die Weltöffentlichkeit.
Gesetz über die Rechtsstellung der Beamten und Angestellten im öffentlichen Dienst des Landes Groß-Hessen (mit reformerischem Ansatz gegenüber dem Berufsbeamtentum alten Stils).
Erste Interzonen-Gewerkschaftskonferenz in Mainz.
Besuch des Vorsitzenden der SPD (Westzone), Dr. Kurt Schumacher, in England auf Einladung der britischen Labour Party.
Die Schwedische Akademie der schönen Künste verleiht den Nobelpreis 1946 für Literatur dem in der Schweiz lebenden deutschen Dichter Hermann Hesse.
Konferenz von Rundfunkvertretern der vier Besatzungszonen in Berlin.

Dezember: Bayern und Hessen nehmen die Verfassung, die von den Verfassunggebenden Landesversammlungen ausgearbeitet wurden, mit großer Mehrheit an.
Der amerikanische Außenminister Byrnes und der britische Außenminister Ernest L. Bevin unterzeichnen das amerikanisch-britische Abkommen über die wirtschaftliche Vereinigung der amerikanischen und britischen Besatzungszone Deutschlands in New York.
Der Oberbefehlshaber der sowjetischen Besatzungszone, Marschall Wassili Sokolowski, überträgt die Befugnisse der Provinzialverwaltungen auf die neugebildeten Landesregierungen.
Der Außenministerrat in New York eröffnet seine Beratungen über den Friedensvertrag mit Deutschland.
Die Vollversammlung der Vereinten Nationen beschließt Resolution über die allgemeine Abrüstung, das Spanien-Problem, den Wiederaufbau, die Einrichtung einer internationalen Flüchtlingsorganisation.
Im großen Schwurgerichtssaal des Nürnberger Gerichtshofes beginnen die Verhandlungen gegen dreiundzwanzig SS-Ärzte.
Württemberg-Baden erhält als erstes Land in der US-Zone eine nach den Verfassungsbestimmungen gewählte Regierung.
Frankreich errichtet eine Zollgrenze zwischen dem Saargebiet, das zur französischen Zone gehört, und den Westzonen (nachdem seine Bestrebungen, alle linksrheinischen Territorien von Deutschland abzutrennen, am Widerstand der anderen Alliierten gescheitert sind).

Im Laufe des Jahres: Wiedereröffnung der Universitäten Köln und Hamburg sowie anderer Hochschulen.
Es erscheinen die Romane *Das Glasperlenspiel* von Hermann Hesse, *Das unauslöschliche Siegel* von Elisabeth Langgässer, *Die Gesellschaft vom Dachboden* von Ernst Kreuder. Die Zeitschriften *Der Ruf, Frankfurter Hefte, Nordwestdeutsche Hefte* werden begründet.
Thornton Wilders *Wir sind noch einmal davongekommen* wird von K. H. Stroux zuerst in Darmstadt, dann in Berlin inszeniert. Heinz Hilpert bringt am Zürcher Schauspielhaus die Uraufführung von Carl Zuckmayers *Des Teufels General* heraus (von 1947 bis 1950 das meistgespielte Gegenwartsstück).
Ausstellung der Planungen zum Wiederaufbau Berlins.
Möwe, du fliegst in die Heimat, gesungen von Magda Hein, leitet den Siegeszug des Heimatschlagers in der deutschen Unterhaltungsmusik ein.

Januar: Der amerikanische Präsident Harry S. Truman nimmt das Rücktrittsgesuch des bisherigen Außenministers Byrnes an und ernennt General George C. Marshall zu dessen Nachfolger.

Protest des US-Außenministeriums gegen die Unterdrückung der politischen Opposition bei den Wahlvorbereitungen in Polen.

Friedensverträge der USA mit Italien, Rumänien, Ungarn und Bulgarien.

Veröffentlichung eines französischen Planes für Deutschland, der einen dezentralisierten deutschen Staatenbund nach Ablauf der Besatzung vorsieht.

Amerikanische und britische Zone bilden das Vereinigte Wirtschaftsgebiet (Bizone). Die französische Zone schließt sich der Bizone im April an.

Erste Ausgabe des *Spiegel.*

Februar: Neue Regierung in Italien unter dem Christdemokraten Alcide De Gasperi.

Der Weltsicherheitsrat beschließt die Schaffung einer allgemeinen Abrüstungskommission.

In Nürnberg beginnt der Prozeß gegen fünfzehn nationalsozialistische Justizbeamte.

Der Staat Preußen wird durch Kontrollratsgesetz aufgelöst; er sei seit jeher Träger des Militarismus und der Reaktion in Deutschland gewesen.

Die CDU der britischen Zone verabschiedet das Ahlener Programm mit der Forderung nach grundlegender Neuordnung der Wirtschaft (mit weitreichender Sozialisierung).

März: Präsident Truman fordert in einer Rede die beiden Häuser des Kongresses auf, Griechenland und Türkei eine Unterstützung von 400 Millionen Dollar zu gewähren. »Eines der vornehmsten Ziele der Vereinigten Staaten ist die Schaffung von Verhältnissen, in denen wir und andere Nationen in der Lage sind, ein Leben frei von Zwang zu führen.« (Truman-Doktrin)

Die Vereinigten Staaten geben alle bisher unveröffentlichten Teile der Protokolle der internationalen geheimen Abkommen von Teheran, Jalta und Potsdam als Antwort auf die von Außenminister Molotow veröffentlichten Geheimprotokolle bekannt.

Der Kongreßausschuß zur Bekämpfung amerikafeindlicher Umtriebe nimmt einstimmig einen Bericht an, in dem die Kommunistische Partei in den USA beschuldigt wird, Agent der Sowjetunion zu sein; er fordert die Regierung auf, die Kommunisten strafrechtlich zu verfolgen.

Die USA heben die allgemeine Wehrpflicht auf.

Der spanische Staatschef Francisco Franco gibt ein Gesetz zur Wiedereinsetzung der Monarchie bekannt.

Außenminister Marshall legt auf der Außenministerkonferenz umfassende Pläne zur wirtschaftlichen Vereinheitlichung Deutschlands vor, die die Errichtung einer zentralen Verwaltung und Ausgabe einer neuen Währung vorsehen. Molotow verlangt die Aufhebung des wirtschaftlichen Zusammenschlusses der beiden Westzonen.

Vor dem Militärgerichtshof in Nürnberg wird das Verfahren gegen den Industriellen Friedrich Flick eröffnet.

April: Der ehemalige Kommandant des Konzentrationslagers Auschwitz, Rudolf Höß, wird von einem polnischen Gericht zum Tode verurteilt und hingerichtet.

Gegen das Lagerpersonal des Konzentrationslagers Buchenwald wird in Dachau ein Prozeß eröffnet.

Die Festung Helgoland wird gesprengt.

Die Landtagswahlen in der britischen Zone ergeben als stärkste Partei die SPD (Schleswig-Holstein und Niedersachsen: SPD-Mehrheit, Nordrhein-Westfalen: CDU-Mehrheit).

Der Außenministerrat tritt zu seiner letzten Sitzung in Moskau zusammen: »Kein Fehlschlag, aber Enttäuschung.«

Juni: Einrichtung des aus zweiundfünfzig (von den Landtagen delegierten) Mitgliedern bestehenden Wirtschaftsrats der Bizone und Schaffung einer Zentralverwaltung. Hauptstadt der Bizone: Frankfurt am Main.
US-Außenminister Marshall verkündet in einer Rede vor der Harvard-Universität ein europäisches Hilfs- und Wiederaufbauprogramm, an dem Deutschland teilhaben soll (Marshallplan).
Die gesamtdeutsche Ministerkonferenz in München, vom bayerischen Ministerpräsidenten Dr. Hans Ehard (CSU) initiiert, scheitert schon an der Tagesordnung. Die Vertreter der sowjetisch besetzten Zone reisen am Vorabend der Konferenz wieder ab, da ihr Antrag, die Bildung einer deutschen Zentralverwaltung zur Schaffung eines deutschen Einheitsstaates als Punkt 1 zu verhandeln, abgelehnt wird.

August: Der neue Industrie-Niveauplan für die Bizone, gegen heftigen französischen und sowjetischen Protest verabschiedet, revidiert den Industrieplan des Kontrollrates. Die Industrieproduktion soll etwa auf den Stand des Jahres 1936 erhöht, das Wirtschaftspotential wieder aufgebaut, die immer noch katastrophale Ernährungslage verbessert werden. Die Demontage wird trotz deutscher Proteste fortgesetzt, jedoch allmählich reduziert.
Hirtenbrief der Fuldaer Bischofskonferenz mit Stellungnahme zur sozialen Frage im Sinne des christlichen Ständestaates.

September: Der Ministerpräsident von Thüringen, Dr. Rudolf Paul, flieht in die Westzone.
Eröffnung der Leipziger Herbstmesse.
Der Panamerikanische Verteidigungspakt wird als Vertrag von Rio de Janeiro von zwanzig amerikanischen Republiken unterzeichnet.
Die Irrfahrt von etwa 5000 illegalen jüdischen Auswanderern findet mit dem Einlaufen der »Exodus«-Flotte in Hamburg ein Ende.
Die britische Militärregierung veröffentlicht das Boden-Reform-Gesetz für ihre Zone.
Gründung der Gruppe 47.
Erste Ziehung der Süddeutschen Klassenlotterie.
Beginn des Spielbetriebs in den Fußballoberligen.

Oktober: Bei den Wahlen im Saargebiet entscheiden sich 83% der Bevölkerung für die Parteien des Anschlusses an Frankreich.
Erster deutscher Auslandskorrespondent nach dem Krieg in London akkreditiert.

November: Zum 30. Jahrestag der bolschewistischen Oktoberrevolution erklärt Außenminister Molotow in einer Rede in Moskau, daß ein Geheimnis der Atombombe nicht existiere.
Wirtschaftsanschluß der Saar an Frankreich.
In Nürnberg Prozeß gegen Alfried Krupp.
Die Leitung des Ruhrkohlenbergbaus wird in deutsche Hände gelegt.

Dezember: Der UN-Ausschuß für Menschenrechte verabschiedet eine Erklärung, in der die internationalen Menschenrechte vertraglich festgelegt werden sollen.
Die CDU-Vorsitzenden der Ostzone, Jakob Kaiser und Ernst Lemmer, werden abgesetzt, nachdem die sowjetische Militärregierung festgestellt hat, daß die vertrauensvolle Zusammenarbeit zu wünschen übrig ließe.
Die Londoner Konferenz des Rates der Außenminister wird ergebnislos abgebrochen; die Differenzen in der deutschen Frage sind nicht mehr zu überbrücken; Hauptstreitpunkte: Reparationen, Demontagen, Marshallplan, Bizone, Oder-Neiße-Frage, Friedensvertrag, Fragen der deutschen Verfassung und Einheit.

Im Laufe des Jahres: Der Architekt Walter Gropius kommt zu einer Vortragsreise nach Deutschland, eingeladen von der amerikanischen Militärregierung.
Wolfgang Borcherts Stück *Draußen vor der Tür* wird zunächst als Hörspiel gesendet, dann in den Hamburger Kammerspielen vorgestellt. Gustaf Gründgens inszeniert *Die Fliegen* von Jean-Paul Sartre in Düsseldorf.

Ricarda Huch wird Ehrenpräsidentin des gesamtdeutschen Schriftstellerkongresses in Berlin. Es erscheinen *Dr. Faustus* von Thomas Mann, *Die Stadt hinter dem Strom* von Hermann Kasack, *Nekyia – Bericht eines Überlebenden* von Hans Erich Nossack. Die Zeitschrift *Merkur* wird begründet. Filme: *In jenen Tagen* (Helmut Käutner), *Und über uns der Himmel* (Josef von Baky), *Zwischen Gestern und Morgen* (Harald Braun).
Ausstellung »Extreme Malerei« in Augsburg. Die ersten Räume im stark zerstörten Germanischen Nationalmuseum in Nürnberg wieder benutzbar.
Deutscher Kunstrat e. V. in Köln von Künstlern, Verlegern, Kritikern und Kulturschaffenden gegründet.
Politische Schlager: *Wer soll das bezahlen?* und *Wir sind die Eingeborenen von Trizonesien.*

1948

Januar: Der Nordwestdeutsche Rundfunk (NWDR) geht in deutsche Hände über; im Laufe des Jahres entstehen gesetzliche Grundlagen für den Bayerischen Rundfunk, den Hessischen Rundfunk, den Südwestfunk, Radio Bremen und den Süddeutschen Rundfunk.

Februar: Konferenz der Kultusminister aller vier Besatzungszonen in Stuttgart-Hohenheim.
Als Rechtsnachfolgerin der Kaiser-Wilhelm-Gesellschaft wird die Max-Planck-Gesellschaft zur Förderung der Wissenschaften gegründet. Der gemeinnützige Verein privaten Rechts unterhält als Trägerorganisation ca. 50 unabhängige Institute, Forschungsstellen und Projektgruppen, die der technischen, natur- und geisteswissenschaftlichen Grundlagenforschung dienen.

März: Der sowjetische Militärgouverneur Sokolowski sprengt den Kontrollrat (der seitdem nicht mehr tagt): aus Protest gegen die Empfehlungen der Londoner Sechs-Mächte-Konferenz, die auf ein föderatives Regierungssystem in Westdeutschland und Beteiligung der Westzonen am Marshallplan zielen, sowie gegen die Brüsseler Westunion, einen Fünf-Mächte-Pakt zwischen Großbritannien, Frankreich und den Benelux-Staaten (vorwiegend gegen die Sowjetunion gerichtet). Öffentliche Kritik Kardinal Faulhabers an der Entnazifizierungspraxis.
Errichtung der Bank deutscher Länder.

April: Die 2. Session der Londoner Sechs-Mächte-Konferenz erachtet es als erforderlich, dem deutschen Volk zu ermöglichen, auf der Basis einer freien und demokratischen Regierungsform seine Einheit wiederherzustellen und allmählich volle Regierungsverantwortung zu übernehmen. Die Militärgouverneure sollen die westdeutschen Ministerpräsidenten ermächtigen, eine Verfassunggebende Versammlung einzuberufen. Als Sicherheitsvorkehrung werden eine internationale Ruhr-Kontrolle und eine militärische Sicherheitsbehörde empfohlen.
Erste Ausgabe der *Bunten Illustrierten* (zunächst unter dem Titel *Ufer*); es folgen *Quick, Der Stern.*

Juni: Warschauer Acht-Mächte-Konferenz der Sowjetunion und der osteuropäischen Länder; sie fordert eine gesamtdeutsche demokratische Regierung und einen Friedensvertrag gemäß den Beschlüssen von Potsdam.
20./21. Juni: In den drei Westzonen wird die DM-Währung eingeführt; die am 1. 3. 1948 gegründete Bank deutscher Länder erhält das Notenausgaberecht. Jeder Deutsche bekommt eine Kopfquote von DM 40, später noch einmal DM 20; die Reichsmark-Guthaben werden im Verhältnis 10 : 1 umgetauscht, Löhne, Gehälter, Renten und Pensionen im Verhältnis 1 : 1 umgestellt. Der Sachwertbesitz bleibt erhalten. Die öffentliche Hand wird von allen Verbindlichkeiten befreit. Die Planwirtschaft mit Bezugsscheinen, Preis-Lohnstopps sowie Inflation bei Warenknappheit bzw. -hortung, schwarzen Märkten und Zigaretten-Währung endet. Die neue markt-

wirtschaftliche Ordnung gleicht nach und nach monetäre Nachfrage und Güterangebot bei zunächst steigenden Preisen aus. Die Währungsreform ist vor allem das Werk Ludwig Erhards, der als Direktor für Wirtschaft im Verwaltungsrat der Bizone eine Vielzahl von Preis-, Bewirtschaftungs- und Rationalisierungsvorschriften aufhebt.

Der Versuch der Sowjetunion, die Währungsreform in der sowjetisch besetzten Zone auf ganz Berlin auszudehnen, scheitert am Widerstand der Westmächte, die in den Westsektoren die DM-West einführen.

Daraufhin verhängt die Sowjetunion eine Großblockade zu Lande und zu Wasser über West-Berlin und erklärt die Vier-Mächte-Verwaltung für »praktisch beendet«. Die Personen- und Gütertransporte werden wegen »technischer Schwierigkeiten« unterbrochen, die Strom- und Kohlenlieferungen »wegen Kohlenmangels« eingestellt. Am 26. 6. beginnt die britisch-amerikanische Luftbrücke, die West-Berlin mit Lebensmitteln und Waren versorgt; sie wird bis zum 30. 9. 1949 aufrechterhalten.

Juli: Die Militärgouverneure der westlichen Alliierten (Clay, Robertson und Koenig) unterbreiten den elf westdeutschen Ministerpräsidenten in Frankfurt drei Dokumente: Sie schlagen darin vor, bis zum 1. 9. 1948 eine Verfassunggebende Versammlung zur Gründung eines föderativen Staates einzuberufen; sie empfehlen, die Ländergrenzen zu überprüfen, und legen Leitsätze der Beziehungen zwischen der künftigen westdeutschen Regierung und den Besatzungsmächten fest.

Die westdeutschen Ministerpräsidenten beschließen widerstrebend in Koblenz, die gewährten Vollmachten wahrzunehmen. Doch soll an die Stelle einer Verfassung ein Grundgesetz treten, zu erarbeiten von einer parlamentarischen Vertretung der Landtage. Auf einer weiteren Konferenz in Rüdesheim wird unter dem Einfluß des Berliner Oberbürgermeisters Ernst Reuter (SPD) festgelegt, daß die Gründung eines westdeutschen Staates nicht die Aufgabe der Reichseinheit bedeute. Zunächst gelte es, ein Provisorium als Kernstaat aufzubauen, danach lasse sich etappenweise die Einheit Deutschlands in den Grenzen von 1937 wiederherstellen.

Einrichtung der Ständigen Konferenz der Kultusminister der Länder, mit ständigem Sekretariat und drei ständigen Fachausschüssen.

Konstituierung der Vereinigten Evangelisch-Lutherischen Kirche in Eisenach.

August: Ein vorbereitender Verfassungskonvent Sachverständiger, von den Landesregierungen berufen, entwirft auf Schloß Herrenchiemsee (Bayern) Richtlinien für das Grundgesetz eines Bundes deutscher Länder auf föderalistischer und liberaler Grundlage.

September: Die von den elf westdeutschen Landtagen gewählten 65 Abgeordneten des Parlamentarischen Rats (CDU/CSU und SPD je 27, FDP/DVP/LDP 5 und Zentrum, Deutsche Partei, KPD je 2) beginnen zusammen mit fünf beratenden Vertretern West-Berlins die Verhandlungen über das Grundgesetz in Bonn. Präsident: Konrad Adenauer (CDU), Vorsitzender des maßgeblich gesetzesformenden Hauptausschusses: Carlo Schmid (SPD).

Erster Katholikentag seit 1932 in Mainz.

November: Gegen die Wirtschaftspolitik Erhards organisieren die Gewerkschaften den bisher größten Streik der Nachkriegsgeschichte.

Eine von der SED einberufene außerordentliche Stadtverordnetenversammlung erklärt den Magistrat von Berlin für abgesetzt und wählt Friedrich Ebert (SED) zum Oberbürgermeister (Ost); der bisherige Magistrat verlegt seinen Amtssitz ins Rathaus Schöneberg (US-Sektor). Die Stadtverordnetenversammlung der Mehrheitsparteien, die sich bereits im September wegen kommunistischer Störungen in West-Berlin niedergelassen haben, wählt am 7. 12. Ernst Reuter (SPD) zum Oberbürgermeister (West). Damit ist Berlin politisch und administrativ endgültig geteilt.

Im Laufe des Jahres: Gründung der Studienstiftung des Deutschen Volkes e. V. zur Förderung hochbegabter Studenten.

Wiedergründung des Börsenvereins des deutschen Buchhandels.

Werner Egks Ballett *Abraxas* verletzt bei der Uraufführung in München das sittliche Empfinden des bayerischen Kultusministers und muß vom Spielplan abgesetzt werden.

Es erscheinen *Statische Gedichte* von Gottfried Benn, der Gedichtband *Abgelegene Gehöfte* von Günter Eich, *Gedichte* von Peter Huchel, der Roman *Die größere Hoffnung* von Ilse Aichinger. Die Zeitschrift *Der Monat* wird begründet.

Filme: *Affaire Blum* (Erich Engel), *Film ohne Titel* (Rudolf Jugert), *Der Apfel ist ab* (Helmut Käutner), *Berliner Ballade* (Robert A. Stemmle).

1949

Mai: Der Parlamentarische Rat billigt am 8. Mai in dritter Lesung das Grundgesetz der Bundesrepublik Deutschland mit 53 gegen 12 Stimmen (CSU 6, Zentrum, Deutsche Partei und KPD je 2); 6 von 13 CSU-Vertretern lehnen das Grundgesetz ab, weil es das Finanzwesen der Länder unzulänglich regele, Parteizersplitterung ermögliche und sich nicht eindeutig zur christlichen Staatslehre bekenne.

Der Parlamentarische Rat wählt Bonn zur vorläufigen Bundeshauptstadt. Von 62 gültigen, geheim abgegebenen Stimmen entfallen 33 auf Bonn, 29 auf Frankfurt am Main.

Nach Genehmigung des Grundgesetzes durch die Militärgouverneure und durch 10 von 11 Landtagen (außer Bayern) tritt es am 24. Mai in Kraft.

August-September: Wahlen zum Ersten Deutschen Bundestag.

Die erste Bundesversammlung wählt Theodor Heuss (FDP) zum Bundespräsidenten.

Der erste Bundestag wählt Konrad Adenauer mit 202 gegen 142 Stimmen bei 44 Enthaltungen und 1 ungültigen Stimme zum Bundeskanzler. Erstes Kabinett Adenauer: eine Koalitionsregierung aus CDU/CSU, FDP und DP. Oppositionsführer: Kurt Schumacher (SPD).

Personenregister

Quellennachweis der Abbildungen

Akademie der Künste Berlin: S. 81, 225 – Berliner Almanach 1947. Berlin 1946: S. 265 – Bildarchiv Preußischer Kulturbesitz, Berlin: S. 15, 47, 63, 147, 327 – Bildarchiv Dr. Glaser, Roßtal (Photos): S. 106, 120, 134, 170, 193 – H. M. Brockmann: S. 141 (aus: Dieter Franck, Jahre unseres Lebens, München 1980) – Deutsches Literaturarchiv/Schiller-Nationalmuseum, Marbach a. N.: S. 319 – Nachlaß Harald Duwe: S. 51 (Kunsthalle Kiel) – Titus Felixmüller, Hamburg: S. 76 – Karl Hofer Archiv, Berlin: S. 53 – Keystone Pressedienst, Hamburg: S. 58, 167, 275 – Kunstgeschichtliches Museum, Osnabrück: S. 91 – Kunstbibliothek/Staatliche Museen Preußischer Kulturbesitz, Berlin: S. 84 – Landesbildstelle Berlin: S. 60, 170 – Landesmuseum Oldenburg: S. 24 (Photo: H. R. Wacker) – Münchner Stadtmuseum: S. 69, 151, 238, 249, 267, 287 – Nationalgalerie/Staatliche Museen Preußischer Kulturbesitz, Berlin: S. 235, 237 – Presse- und Informationsamt der Bundesregierung/Bundesbildstelle, Bonn: S. 332 – Hans Schürer, München: S. 125, 183, 185, 207, 211, 221 – Städtisches Museum Mühlheim a. d. Ruhr: S. 231 – Stiftung Walter Groz in der Städtischen Galerie Albstadt: S. 113, 234 – Süddeutscher Verlag, Bilderdienst, München: S. 73, 108, 110, 260 – Technische Universität/Plansammlung, Berlin: S. 82 – Ullstein, Bilderdienst, Berlin: S. 19, 36, 45, 60, 66, 71, 78, 87, 94, 278 – Hilde Zenker, Berlin: S. 39